KB137015

법발견의 이론

Theorie der Rechtsgewinnung

법발견의 이론

초판 1쇄 발행일 2013년 4월 5일

지은이 _ 마르틴 크릴레
옮긴이 _ 홍성방
펴낸곳 _ 유로서적
펴낸이 _ 배정민

편집 / 디자인 _ 심재진

등록 _ 2002년 8월 24일 제 10-2439 호
주소 _ 서울시 금천구 가산동 329-32 대륭테크노타운 12차 401호
Tel _ 02-2029-6661, Fax 02-2029-6664
E-mail _ bookeuro@bookeuro.co.kr

ISBN 978-89-91324-55-8

Martin Kriele
Theorie der Rechtsgewinnung
entwickelt am Problem der Verfassungsinterpretation
ⓒ 1976 Duncker & Humblot, Berlin 41
Gedruckt 1976 bel fotokop, wilhelm weihert, Darmstadt
Printed in Germany. ISBN 3 428 03735 9

홍성방 교수의 법학 번역 시리즈 5

법발견의 이론

마르틴 크릴레(Martin Kriele) 지음
홍성방 옮김

저자와 이 책에 대하여_

이 책의 저자 크릴레 *Martin Kriele*는 1931년 독일 라인란트 지방의 소도시 오프라덴 *Opladen*에서 출생하였다. 그는 아비투어Abitur(김나지움 졸업시험)를 마친 후 프라이부르크 *Freiburg*, 뮌스터 *Münster* 그리고 본 *Bonn*대학에서 법학과 철학을 공부하였다. 그는 법학에서는 우리에게도 잘 알려진 행정법학자이며 법철학자인 볼프 *Hans Julius Wolff*의 영향[1])을, 철학에서는 헤겔 연구의 거장인 리터 *Joachim Ritter*의 영향을[2]) 깊게 받았다.

그는 *Münster*대학에서 *Wolff*의 조교로 있으면서 1960년대에 다시 법철학의 지배적 조류가 된 상대주의의 문제를 박사학위논문에서 다루

---

1) Kriele는 그의 박사학위논문의 제목을 Kriterien der Gerechtigkeit으로 정한 이유를 H. J. Wolff, Über die Gerechtigkeit als Principium juris, in : Festschrift für Sauer, Berlin 1949, S. 103ff.에서 받은 매력 때문이라고 고백하고 있으며(Vorwort zu Kriterien der Gerechtigkeit. Zum Problem der rechtsphiolsophischen und politischen Relativismus, Berlin 1963), 교수자격 취득논문인 Theorie der Rechtsgewinnung, Berlin 1967, 2, Aufl. 1976, 서문에서는 자신에게 미친 Wolff의 영향을 적고 있다. 1970년에는 Die Herausforderung des Verfassungsstaates. Hobbes und englische Juristen, Neuwied und Berlin을 Wolff에게 헌정하기도 하였다. 그리고 1988년에 쓴 Wolff평전(Hans J. Wolff, in : Juristen im Portrait, Festschrift zum 225jährigem Jubiläum des Verlages C. H. Beck, München 1988, S. 694ff.)은 짧기는 하지만 스승에 대한 감사와 존경과 애정으로 가득찬 것이다.
2) Kriele는 여러 곳에서 Ritter에게 고마움을 표하고 있다. 예컨대 Vorwort zu Kriterien der Gerechtigkeit, (주 1) ; Vorwort zu Theorie der Rechtsgewinnung, (주 1) ; Vorwort zu Recht und praktische Vernunft, Göttingen 1979 등.

었다. 그는 그곳에서 구체적인 판결과 결정이 그때그때 '보다 기본적인 이익'(fundamentaler Interessen)의 관점 하에서 '일반적 원리'(Maximen)와 그 결과의 형량을 지향해야 한다는 것을 논증하면서 법관의 판결과 입법자의 결정이 과연 그리고 어느 정도까지 정의의 관점에서 논의될 수 있는가 하는 문제를 논하였다.3) 박사학위를 받은 후 Kriele는 독일학술재단(Deutsche Forschungsgemeinschaft)의 연구비를 받아 미국 예일 Yale 대학의 Law School에서 연구를 하게 되고, 미국에서의 체제는 특히 두 편의 훌륭한 논문으로 남게 된다. 곧 Felix Frankfurter, in: Juristenzeitung, 1965, S, 241ff.와 Der Supreme Court im Verfassungssystem über USA. Ein Kritischer Bericht über neuere ameikamische Literatur, in: Der Staat, 1965, S. 195ff.가 그것이다.4)

---

3) 이 논문에 대하여 특히 Der Staat지는 다음과 같이 평하고 있다.
   "Kriele는 상대주의적 입장에 대하여 이론을 제기하여, 즉 '가치판단은 입증될 수 없다'는 C. A. Emge의 정식(定式)에 반대입장을 제기하여 특히 정의관념은 전혀 가치평가가 아닌 사실판단에 기초하고 있다는 것을 증명함으로써 정의의 경험적 표지를 제시하고자 한다. … 총괄적으로, 이는 중요하고 환영할 만한 출발점이며, 제시된 방향에로의 심층적 연구는 바람직한 것이다."

4) E. Benda, Buchbesprechung, DöV 1982, S. 43f.(43)는 이 두 편의 논문을 Kriele가 후에 쓴 Recht und Politik in der Verfassungsrechtsprechung. Zum Problem des judicial self-restraint, in : NJW 1976, S. 777ff.와 함께 미국헌법에 대한 특히 뛰어난 논문이라고 평하고 있다.

미국에서 돌아온 *Kriele*는 1966년에 *Münster*대학에 Theorie der Rechts-gewinnung을 교수자격취득논문으로 제출한다.

이 논문은 우선 독일 헌법학에서 아직도 지배적인 법학방법론 일반, 특히 헌법해석의 이론은 헌법 재판의 새로운 현실과는 대단히 상이한 입장을 취하고 있기 때문에, 헌법 실제에 대하여 건설적인 비판이 가해지는 대신 무익한 논쟁이 행해지고 있다는 확신에서 출발하고 있다. 그렇기 때문에 이 논문의 목적은 한편으로는 18세기부터 오늘에 이르기까지의 헌법학의 지배적인 조류들 - 법정책적, 평가적, "자연법적" 제요소를 법적 사고에서 배제하고 이를 입법자와 헌법제정자에게 독점시키려는 - 이 왜 허망한 시도에 그칠 수밖에 없는가를 논증하는 동시에 다른 한편으로는 이러한 시도로부터 출발하는 다양한 회의론에 반대하여 오늘날 독일의 법실무에서 행해지고 있는 방법이 현저하게 합리적이라는 것을 논증하고자 하는 것일 수밖에 없다. 그 결과 *Kriele*는 헌법에서의 법발견을 기본법의 문리적, 논리적, 역사적 및 체계적 해석에 제한시키고 그렇게 함으로써 이론적 체계화를 시도하는 포르스트호프 *Forsthoff*에 대하여 반대의 입장을 취한다. 그 대신 *Kriele*의 관심은 헌법 해석 방법론을 둘러싸고 행해지는 원칙상의 토론에 집중된다. 즉 *Kriele*는 헌법에 있어서 법적 사고 과정이 과연 그리고 어느

.

정도까지 법학을 통한 합리적 통제에 포섭될 수 있는가 하는 문제에 대하여 대답하고자 한다. 왜냐하면 그토록 많은 우여곡절 끝에 이루어 놓은 사법부의 통제를 받는 법치국가를 보호하고자 하는 경우 중요한 것은 헌법 재판을 이중의 위험 - (현실적 또는 가상적인) 정치적 남용에 의한 담합과 헌법 재판의 공전(空轉) - 으로부터 지키는 일이며, 이를 위해서 필요한 것이 방법론이기 때문이다. 즉 방법론은 헌법에 있어서 법발견시 사고 과정을 올바르게 이론적으로 이해하게 해주고 개별적인 판결을 실천적으로 성과 있게 비판하기 위한 여러 관점을 제공해 준다는 것이다[5].

*Kriele*는 1967년 헌법학자이며 법철학자인 히펠 *Ernst von Hippel*의 후임으로 *Köln*대학 법학부에 정교수로 초빙되어 1996년까지 『국가철학 및 법정책연구소』(Seminar für Staatsphilosophie und Rechtspolitik)[6]의 소장으로 재직하였다. 그는 1968년부터 게르하르트 *Rudolf Gerhardt*와 함께 독일 유일의 법정책 전문지 Zeitschrift für Rechtspolitik을 발행하고

---

5) 이 논문에 대하여 Gemeinsames Arbeitsblatt des Landes Baden Wurttemberg는 다음과 같이 평하였다. "이 연구는 높은 학문적 수준을 가지고 헌법해석의 문제를 둘러싼 새로운 토론을 계속하고 있으며, 그 배후에 놓여 있는 법발견의 철학적, 정치적 이론들까지를 다루었을 뿐만 아니라 헌법이론과 법학의 범위를 넘어 정치학, 사회학 및 철학의 해당 분과까지를 압도하였다."
6) 1997년 Kriele의 정년퇴임 기념논문집의 제목 또한 「국가철학과 법정책」이다.

있으며, 1977년 이후 노르트라인-베스트팔렌 *Nordrhein-Westfalen*주 헌법재
판소의 재판관직도 겸한 바 있다. 그는 그가 오랫동안 거주한 바 있는
레버쿠젠 *Leverkusen*시의 시문화회관에서 피아노 독주회를 가졌을 만큼
음악에도 조예가 깊다. 그는 1984년 한독수교 100주년 기념행사의 일
환으로 한독법학회의 초청을 받아 한국을 방문한 일도 있으며, 여러
명의 한국 법학도들을 지도하기도 했다[7]. 은퇴 이후 *Kriele*는 오스트리
아의 작은 도시 뫼거스 *Möggers*에 거주하면서 여전히 강연과 집필에 전
념하고 있다.

*Kriele*는 수많은 저술을 하였다. 그 중요한 것으로는 Die Herausforderung
des Verfassungsstaates. Hobbes und englische Juristen(Neuwied und Berlin 1970),
Einführung in die Staatslehre(Reinbek 1975, 6. Aufl. 2003),[8] Recht und
praktische Vernunft(Göttingen 1979), Die Menschenrechte Zwischen Ost und
West(Köln 1977, 2. Aufl. 1979), Befreiung und politische Aufklärung.
Plädoyer für die Würde des Menschen(Freiburg, 1980, 2. Aufl. 1986),[9]

---

7) 그의 지도로 1986년에 박사학위를 취득한 역자 외에도 그에게서 박사학위를 받
   은 한국학생이 많다. 예컨대 1992년과 1993년에 김수철, 전종환, 조홍석이 각각
   Ombudsman, 헌법재판, 평등권을 주제로 하여 박사학위를 취득한 것으로 알고
   있다.
8) 국순옥 (역), 민주적 헌정국가의 역사적 전개, 종로서적, 1983.
9) 홍성방(역), 해방과 정치계몽주의, 가톨릭 출판사, 1988.

Nicaragua - das blutende Herz Amerikas, Ein Bericht(1985, 4. Aufl, 1986),
Die demokratische Weltrevolution. Warum sich die Freiheit durchsetzen wird
(München-Zürich 1987, 2. Aufl. 1988),[10] Grundprobleme der
Rechtsphilosophie (Münster-Hamburg-London 2003) 등이 있다. *Kriele*의 자세
한 저술목록은 이 책의 말미에 있는 목록을 참고하기 바란다.

이 번역서는 역자가 한림대학교에 재직 중인 1995년에 한림대학교
출판부에서 출판된 바 있다. 그러나 그 동안 이 책은 절판되었다. 어려
운 출판사정에도 불구하고 유로서적의 배정민 사장이 조금의 주저도
없이 이 번역서를 출판해주겠다 하여, 오래된 번역원고를 다시 처음부
터 새롭게 옮기는 마음으로 손질하였다. 이 자리를 빌려 배정민 사장
에게 감사의 뜻을 표한다.

2013. 2.
옮긴이

---

10) 홍성방(역), 민주주의 세계혁명, 도서출판 새남, 1990.

서문 _

    헌법이론은 정치이론에 근거를 두고 있다. 따라서 헌법이론이 불충분한 것으로 입증되면, 그 헌법이론의 기초가 되는 정치이론을 새롭게 구성하는 것이 필요하게 된다. 독일헌법학에서 아직도 지배적인 법적 방법론 일반, 특히 헌법해석의 이론은 헌법재판의 새로운 현실과는 대단히 상이한 입장을 취하고 있다. 그런 만큼 헌법해석의 이론은 충족될 수 없는 요청에 경화(硬化)될 위험에 처해있다. 그 결과 헌법실제에 대하여 건설적인 비판이 가해지는 대신 무익한 논쟁이 행해지고 있다. 예컨대 포르스트호프 *Forsthoff*는 "헌법해석의 문제점에 대하여"(Zur Problematik der Verfassungsauslegung)란 논문의 서문에서 "이 논문이 헌법해석이 이미 접어든 길을 바꿀 수는 없을 것이다"라고 체념적인 소견을 진술하고 있다. 그러나 이러한 예언의 진리성이 입증되었다는 것은 단순히 헌법법률가의 무지나 만용이나 또는 월권에 그 이유가 있는 것은 아니다. 오히려 그 이유는 다음과 같은 사실, 곧 실무에서는 도대체 무엇을 하고 있는가, 실무에서는 왜 그렇게 하고 달리하지 않는가 하는 것이 이론 일반에서 충분히 반영되지 않고 있는 데 있다. 이러한 이유들을 비판적으로 토론한 연후에야 비로소 이론에 대한 교정이 가능할 수 있을 것이다.

    그렇지 않은 경우 입법자와 헌법제정자의 결정에 법률가가 엄격하게 구속되어 있음을 감시하고 헌법해석에서 오류와 월권을 통제하려는 이론의 정당한 목표는 결코 달성될 수 없다. 그밖에도 지나치게 성급한 주장만을 일삼는 이론은 헌법재판제도 - 이는 인류의 가장 지혜로운 발명품이긴 하지만, 동시에 가장 복잡하고 가장 상처를 받기 쉬운 발명품 가운데 하나이기도 하다 - 의 권위를 실추시키고 장기적으로는 정치적으로 위태롭게 한다.

그러므로 헌법해석의 문제를 둘러싼 최근의 토론이 그 배경을 이루는 법발견의 철학이론과 정치이론까지를 다루게 된 것은 정당한 일이다. 이러한 사정은 1961년 프라이부르크 *Freiburg* 독일공법학자대회에서 이 문제를 상론함으로써 명백해졌다. 추측컨대 이러한 논의대상의 확대가 중요하다는 것과 그것이 지금까지 결여되어 있었다는 사실이 점점 더 분명해 지고 있다. 특히 이러한 사실은 다음과 같은 사실, 곧 헌법해석의 문제에 대한 토론이 더욱 더 원칙적이고 철저하게 행해지고 있다는 것, 이러한 토론이 헌법학과 법학 일반의 범주를 넘어 정치학, 사회학 그리고 철학의 해당분야를 강타하고 있다는 것과 그리고 이러한 토론이 법과 이성의 문제를 새롭게 숙고하는 데 대한 적극적인 관심이 구체적으로 감지될 수 있을 정도로 커져가고 있다는 것과 관계가 있다는 데서 나타나고 있다. 아래의 - 필연적으로 개괄적일 수밖에 없는 - 법발견의 이론에 대한 초안적 구상은 두 가지 점에 대하여 논의하고 있다. 곧 이 구상은 한편으로는 18세기부터 오늘에 이르기까지의 헌법학에서 지배적인 - 법정책적, 평가적, "자연법적" 요소들을 법적 사고에서 배제하고 이를 입법자와 헌법제정자에게 독점시키려는 - 조류들이 왜 허망한 시도에 그칠 수밖에 없는가를 논증하고자 하며, 다른 한편으로는 이러한 현명한 시도로부터 출발하는 다양한 회의론에 반대하여 오늘날 서독의 법률실무에서 보통 행해지고 있는 방법이 위에 적은 이론들보다 훨씬 더 합리적이라는 것을 논증하고자 한다.

이 문제를 원칙적·이론적 차원에서 접근하여야 할 필요성과 주제의 무궁성 때문에 우리는 오래 전부터 방법론논의의 전면에 나타나는 법학적·실무적 측면을 무시하지 않을 수 없다. 곧 전통적 해석 이론을 현재의 수준에서 심사하고 법원에 의하여 정립된 헌법해석의 여러 원칙을 검토하는 것은 이 연구에서는 하지 않는다. 왜냐하면 이미 기존의 귀중한 여러 연구가 그에 대하여 본질적인 것을 행하였기 때문이다. 특히 이에 관해서는 애석하게도 여태껏 출판되지 않은 클라우스 슈테른 *Klaus Stern*의 박사학위 청구논문 "연방헌법재판소의 법률해석과 해석의 여러 원칙"(Gesetzesauslegung und Auslegungsgrundsätze des Bundes-verfassungsgerichts)을 참조하기 바란다.

저자는 법학의 스승들, 일차적으로는 볼프 *Hans J. Wolff*에게 감사를 드린다. 그의 제자이며 동시에 조교였던 저자는 그의 헌법과 행정법에 대한 연구업적이 교육에 미치는 영향력에 깊은 감명을 받았다. 그 밖에도 필자는 그의 현명하고도 앞을 내다보는 충고, 그가 모든 제자들

에게 스스로의 방법에 따라 발전할 수 있도록 해준 관대함과 필자가
학문적으로 발전할 수 있도록 끊임없이 도와주고 격려해준 것을 고맙
게 생각한다.

요아힘 리터 *Joachim Ritter*의 고무와 언급들 중 많은 것, 그 가운데서
도 아리스토텔레스적인 실천철학의 전통에 따라 이성을 처음부터 추
상적·연역적으로 추론하지 말고, 우선 법에 이미 실현된 이성을 추구
하라는 그의 지칠 줄 모르는 경고가 이 연구에서 결실을 맺었다.

끝으로 필자는 장학금을 지급해준 예일대학과 독일학술진흥재단에
지대한 감사를 표한다.

마르틴 크릴레

차 · 례

제 3 부　법원에 의한 법발전

제 9장　선결례의 추정적 구속력 · 341

제10장　선결례로부터 법을 발견하는 방법 · 374

약 어 표

ABGB	=(österreichisches) Allgemeines Bürgerliches Gesetzbuch
AcP	=Archiv für die civilistische Praxis
ALR	=(Preußisches) Allgemeines Landrecht
AöR	=Archiv des öffentlichen Rechts
ARSP	=Archiv für Rechts-und Sozialphilosophie
BGB	=Bürgerliches Gesetzbuch
BGBl.	=Bundesgesetzblatt
BGH	=Bundesgerichtshof
BVerfG	=Bundesverfassungsgericht
BVerfGG	=Bundesverfassungsgerichtsgesetz
BverwG	=Bunderverwaltungsgericht
DOG	=Deutsches Obergericht
DÖV	=Die öffentliche Verwaltung
DVBl.	=Deutsches Verwaltungsblatt
ed.	=(engl.) edition oder editor
GG	=Grundgesetz der Bundesrepublik Deutschland
GVG	=Gerichtsverfassungsgesetz
HdbDStR I	=Handbuch des Deutschen Staatsrechts Band I, Tübingen 1930
h. m.	=herrschende Meinung
JöR	=Jahrbuch des öffentlichen Rechts
JR	=Juristische Rundschau
JW	=Juristische Wochenschrift
JuS	=Juristische Schulung
JZ	=Juristenzeitung
MDR	=Monatsschrift für Deutsches Recht
NF	=Neue Folge
NJW	=Neue Juristische Wochenschrift
OLG	=Oberlandesgericht
RdA	=Recht der Arbeit
Rg	=Reichsgericht
RGBl	=Reichsgesetzblatt
RVerf.	=Reichsverfassung
VVDStRL	=Veröffentlichungen der Vereinigung der Deutschen Staatsrechtslehrer
WRV	=Weimarer Reichsverfassung
ZPO	=Zivilprozeßordnung

1. 서론

 법발견의 방법은[1] 헌법학에서 기성이론의 문장 하나하나가 문제될 정도로 원칙적인 문제가 되었다. 게르버 *Gerber*와 라반트 *Laband* 이래 헌법학에서 이른바 지배적인 "법적 방법론"은 1920년대 후반 그에 대하여 행하여진 공격으로 철저하게 극복되었다.[2] 그러나 이로써 명료성

---

1) "법발견"(Rechtsgewinnung)은 *v. Mangoldt-Klein*(*Kommentar zum Bonner GG* 2. Aufl., Einl. IV, 6)과 마찬가지로 협의의 "해석"(Auslegung)과 "법문보충"(Rechtssatzergäzung) - "목적론적 환원"을 포함하는 흠결보충 - 에 대한 상위개념(Larenz, *Methodenlehre*, S. 296)으로 이해되어야 한다. "해석"(Interpretation)이란 개념은 문헌에 따라 일부에서는 법발견 일반으로, 다른 일부에서는 특히 협의의 "해석"(Auslegung) - 법문보충을 포함하지 않는 - 의 의미로 일정하지 않게 사용되고 있다. 현재 "헌법해석"의 방법론을 둘러싸고 행해지는 논쟁에서는 일반적으로 첫 번째 의미가 지배적이다. 이는 또한 "interpretatio"라는 단어가 가지는 본래의 의미와도 일치한다. 그러므로 "해석"(Interpretation)은 아래에서는 "법발견"과 동의어로 사용된다.

2) 1930년에 Schwinge, *Der Methodenstreit in der heutigen Rechtswissenschaft*, S. 18f.는 "목적론적 방법"이 "모든 면에서 실증주의에 대하여 승리를 거두었다"라고 말할 수 있었다. 이 이야기가 과장된 것이라 하더라도, 전래의 방법론을 옹호하는 자들은 근본적으로 자신들에게 반대하여 제기된 논거의 맹공격에 대하여 의구심과 회의를 제기하는 데 그쳤으며 - 켈젠 *Klesen*과 그의 학파를 제외하고는 - 논거에 근거한 방어력을 상실하였다. 어떻든 헌법학상의 방법론에 대한 뛰어나고 섬세한 논저는 전래된 방법의 반대자들에 의하여 발표되었다. 특히, Triepel, *Staatsrecht und Politik*, 1927; E. Kaufmann, Die Gleichheit vor dem Gesetz,

과 합의가 이루어진 것은 결코 아니다. 오히려 이와는 반대로 원칙적인 것에서 문제가 발생하였다. 왜냐하면 새로운 인식의 핵심은 다음과 같은 취지이기 때문이다. 평가적, 목적론적인 법정책적 고려와 헌법정책적 고려는 외견상으로만 헌법해석에서 배제될 수 있을 뿐 실제로는 배제될 수 없고, 그렇기 때문에 이른바 "법적 방법론에 관한 학설"이 "모든 역사적, 정치적, 철학적 고찰은 ⋯ 구체적인 법재료를 해석하기 위해서는 중요하지 않다"(라반트)[3]라는 견해를 표명하는 경우 그와 같은 학설은 외견상의 합리성을 추구했던 것이다. 따라서 바로 합리성을 얻기 위해서는 본래의 법적 고찰 이외의 여러 고찰들을 병행하면서 이러한 여러 고찰을 독립시켜 이론적으로 체계화시키는 것으로는 충분하지 않고, 오히려 이들을 법적 방법론 속에 포함시켜야 할 것이다. 그러나 이러한 인식이 관철되면서 다음과 같은 새로운 문제가 제기되었다. 그렇다면 도대체 헌법에는 법적 객관성이 존재하는가? 정당한 법적 논거와 더 이상 정당하지 않은 논거를 구별할 수 있는가? 헌법해석이 해석자를 우연히 지배하는 이해관계와 감정에 영향을 받지 않는 것이 도대체 가능한가? 의회와 더불어 헌법재판이 정당정책이 대결하는 제2의 전쟁터가 되는 일을 피할 수 있는가? 기본법의 중립성과 영속성이 보장되는가? 요약해서 말한다면, 헌법해석 방법론은 결과에서 불편부당한 정당성을 보장할 수 있는가?

VVDStRL3(1927), 2ff. 특히 *Holstein*(S. 55)과 *Heller*(S. 57)의 토론내용을 포함하여; Holstein, Von Aufgaben und Zielen heutiger Staatsrechtslehre, AöR 50(1926), S. 1ff.; E. von Hippel, Das richteriche Prüfungsrecht, HdbDStR Bd. II, S. 546ff.와 *Untersuchungen zum Problem des fehlerhaften Staatsakts*, 1924; R. Thoma, Einleitung zum HdbDStR Bd. I, S. 1ff.; Jerusalem, Das Problem der Methode in der Staatsrechtslehre, AöR 54, 161; Nipperdey, *Kommentar zu den Grundrechten*, Smend, *Verfassung und Verfassungsreht*, 1928 참조.

3) *Das Staatsrecht des dt. Reiches*, 1. Bd. 4. Aufl., S. IX.

이러한 문제에 대하여 아직까지 궁극적인 대답을 얻을 수는 없다. 인문과학적 방법, 가치철학의 도입, 목적론적(예컨대 인간의 존엄을 통한) 고찰, 기본법의 자연법적 이해, 제도론, 규범적·목적론적 방법, 법적 사고의 문제변증법적 구조이론, 이러한 모든 것들은 옳든 그르든 헌법해석자의 그때마다의 기호와 소신의 영향을 배제할 수 없으며 경우에 따라서는 이들 요소에 개방되어 있다는 의혹을 받게 된다. 따라서 그것들은 언제나 불쾌감을 불러일으킨다. 어떻게 하면 해석의 자의를 배제할 수 있는가라는 문제뿐만 아니라, 이러한 문제가 도대체 가능할 것인가라는 문제는 목전(目前)의 시사성을 갖는다. 이러한 물음이 체념에서 부정되는 경우 다음과 같은 경향이 나타난다. 헌법재판을 완전히 폐지하지는 않는다 하더라도 가능한 한 헌법재판을 후퇴시키거나 그 기능을 제한시키게 되거나[4] 또는 그것을 사법(법적용)제도로 보기보다는 정치적·입법적 제도로 간주하게 된다.[5]

우리가 아주 포기하지 않는 한, 더 나아가서 합리적으로 해석을 편파성으로부터 보호할 방법을 찾으려고 하는 한, 여러 가지 가능한 해결책이 생각되고 논의될 수 있다. 첫째의 해결책은 평가적, 정치적, 경제적, 사회적, 역사적 요소들을 헌법재판에서 배제시킬 수 있을까라는 문제를 고찰하는 것이다. 헌법에서 법발견을 기본법의 문리적, 논리적, 역사적 그리고 체계적 해석에 제한시키고 그렇게 함으로써 이론적 체계화를 시도하는 포르스트호프 *Forsthoff*의 제안은 특히 이러한 방법을 지향하고 있다.[6]

---

4) 예컨대, Ernst Wolf, *Verfassungsgerichtsbarkeit und Verfassungstreue in den Vereinigten Staaten*, Basel 1961. 이 책은 스위스인들에게 법관에게 심사권을 부여하지 말라고 충고하는 것을 넘어서고 있다.

5) 예컨대, H. Krüger, *Allgemeine Staatslehre*, S. 709f.

6) Die Umbildung des Verfassungsgesetzes; Die Bindung an Gesetz und Recht; Der Jurist in der industriellen Gesellschaft; Zur Problematik der Verfassungsauslegung

이러한 제안에 대해서는 아래에서 그러한 제안이 도대체 실현될 수 있는가라는 물음이 제기되고 있으며, 그리고 이것이 긍정적으로 대답되는 경우 그 실현은 무의식 또는 무사려에 대한 단면적 설명을 배제하지 않음으로써만 가능한가라는 물음이 제기되고 있다. 후자의 경우 그러한 제안은 목표를 이룰 수 없다. 곧 그러한 경우에는 헌법해석을 이성적으로 통제하고 기술적으로 처리할 어떤 방법도 얻지 못할 것이다. 그렇게 되면 공공연히 자의적 관점에 의하여 위장적 속임수가 널리 퍼질 것이다. 그렇다면 오히려 해결책은 다른 측면, 곧 평가적 고찰을 이론적으로 체계화하는 반대제안에서 찾아야 할 것이다. 이것이 바로 이 연구에서 주장되고, 그 실현 여부와 방법을 검토하여야 할 제안인 것이다.

이와 같은 제안은 다음과 같이 널리 퍼져 있는 회의적인 의혹에 대하여 스스로를 방어하지 않으면 안 된다. 이러한 제안은 모든 해석자에게 자신의 철학적 또는 신학적 합리화를 적절한 "이론적 체계화"(Disziplinierung)로 생각할 가능성을 열어주지는 않겠는가?[7] 뿐만 아니라 다음과 같은 의혹에 대하여도 스스로를 방어하지 않으면 안 된다. 최근에 규범과학으로 등장하고 있는 정치학이 다시 주장하고 있는 바와 같이,[8] 규범적·정치적 토론이 원칙적으로 합리적이고 이성적으

참조.

7) 예컨대 Willms, "Ein Phönix zuviel", Bermerkungen zu zwei Versuchen über Zerstörung und Erneuerung einer Wissenschaft, Der Staat 1964, S. 488ff. 참조.

8) 특히 A. Bergsträsser, Wissenschaftliche Politik in unserer Zeit, in; Vjschr. für Zeitgeschichte 1958, 219; E. Voegelin, *Die neue Wissenschaft von der Politik*, 1959; D. Oberndörfer, Politik als praktische Wissenschaft, in; Wissenscaftliche Politik 1962, 225; W. Hennis, *Politik und praktische Philosophie*, 1963; K. Sontheimer, *Politik, Wissenschaft und Staatslehre*, 1963; E. Fraenkel, Die Wissenschaft von der Politik und die Gesellschaft, in; *Gesellschaft-Staat-Erziehung*, 1963; J. Habermas, *Theorie und Praxis*, 1963 참조.

로 수행될 수 있다고 하더라도 그로부터 얻을 수 있는 것은 자유민주적 기본질서를 정당화하는 것 이상의 무엇이겠는가? 토론의 종류와 토론이 행해져야 하는 합리성의 유형이란 것은 의당 토론이 수행되어야 하는 장소가 의회인 그러한 종류가 아니겠는가? 규범적·정치적 토론이 법정에서 - 그것도 매우 합리적이고 과학적으로 - 행해진다면, 법관은 반드시 법적용자로서 자신의 기능에 불성실하게 되는 일은 없을 것이다. 그러나 연방헌법재판소는 민주적 정당화와 필요한 전문지식은 물론 정치권력과 그에 따르는 책임에 대한 인적 전제를 결여하고 있는 제3의 입법부로 되지는 않겠는가?

이처럼 헌법이론에서 법발견 방법론의 원칙적인 문제들이 논의되고 있는 것과는 달리 기본법에 대한 법관의 해석과 적용은 기정사실이 되었다. 그리고 이러한 기정사실을 이론적으로 파악하기 위하여 기존의 개념과 범주로서는 충분하지 않은 것 같으며, 그렇기 때문에 이러한 기정사실은 헌법학을 통한 통제를 거의 벗어나려 하고 있거나 이미 벗어나 버렸다. 토론 시 종종 보이는 일종의 신경과민적 증세는 오도된 법학의 발전이 장래에는 거의 수정할 수 없는 것으로 생각되는 전통을 수립할 지도 모른다는 우려, 다른 말로 이야기하면 결정적인 것이 방법론상의 문제에 대한 대답에 좌우된다는 확신으로부터 설명될 수 있다. 이러한 확신은 분명 정당한 것이다. 왜냐하면 법적 방법론은 법적 결론을 좌우하기 때문이다. 그렇기 때문에 학설이 (예컨대 객관적 또는 주관적 해석방법과 같은 것을) 추천하는 데 더 이상 만족하지 않고 토론의 대상을 기본적인 문제에까지 밀고 들어간 것은 환영할 만한 일이다. 기반이 확고해진 연후에야 비로소 견실한 결과에 이를 수 있을 것이다. 방법론상의 개별적인 문제들에 대한 고찰이 의문시되고 그러한 한에서 단지 가정적인 전제 위에서 근거지어지는 한 그러한 고찰은 커다란 의미를 가질 수 없다.

아래의 고찰은 헌법해석방법론을 둘러싸고 행해지는 원칙상의 토론에 이바지하는 것을 목적으로 한다. 그것은 헌법에서 법적 사고과정이 과연 그리고 어느 정도까지 법학을 통한 합리적 통제에 포섭될 수 있는가 라는 문제에 대한 것이다 그것은 이러한 목적에서 행해진 종래의 노력 가운데 많은 것이 정반대의 결과를 가져왔다는 관찰에서 출발하고 있다. 그리고 그 이유는 그러한 노력 가운데 많은 것이 본질적인 문제들을 고려하지 않았고 그렇게 함으로써 결정적 사고단계를 무의식적 직관으로 밀어버렸기 때문이다 이는 비판적 통제를 통한 수정과 개선의 가능성을 저해한다는 이유만으로도 바람직하지 않다. 그뿐만 아니라 이러한 방법론상의 결함 때문에, 이러한 결함이 인식되자마자 - 이는 점증적으로 인식되고 있다 - 다음과 같은 양자택일을 강요받게 된다. 곧 법발견의 비합리성을 긍정하고 헌법에서 변화하는 정치적 견해에 어쩔 수 없이 내맡겨진 것을 보거나 아니면 판결거부와 그때마다의 정치적 권력분배의 현상을 승인하고 헌법재판소의 "자제"(judicial restraint, 사법부자제)에 의하여 비합리성을 모면하고자 한다.

이와 같은 반쪽 진리에로의 이분화현상은 서독의 경우보다 미국의 방법론에서 더욱 진전되어 있고 미연방대법원의 실제는 양극단 사이에서 - 여하튼 이론적으로 자명한데 - 동요하고 있다.9) 그러나 서독의 헌법이론도 이러한 이분화경향에 있다. 서독의 경우 이러한 경향은 미국의 경우보다 더욱 위험한 발전이다. 왜냐하면 미국에서는 재판을 모든 이론적 과정과 위기에서 보호하기 위한 수많은 요인들, 곧 오래되고 자명한 전통, 지배적인 비이론적, 실제적·실용주의적 견해, 어떤 것이 전혀 수인(受忍)할 수 없는 것으로 되기까지는 그것을 폐기처분하지 않는 신중한 개혁정신, 정당정치의 방향 변화에 친숙함이 공동

---

9) 이에 대하여는 Kriele, Felix Frankfurter, JZ 65, 242와 Der Supreme Court in Verfassungssystem der Vereingten Staaten, Der Staat, 1965, S. 195-214 참조.

작용하고 있기 때문이다. 서독의 경우는 통일된 헌법이론상의 전통이 결여되어 있을 뿐만 아니라, 보수적 견해가 기본법과 헌법재판을 스스로와 동일시할 수 있을 만큼 기본법과 헌법재판의 역사도 길지 않으며, 또한 사람들이 이론적 공리공론에 충분히 면역되어 있지도 않다. 만일 우리가 그토록 많은 우여곡절 끝에 이루어 놓은 사법적 통제를 받는 법치국가를 보호하고자 한다면, 헌법재판을 이중의 위험, 곧 한편으로는 (현실적 또는 가상적인) 정치적 남용에 의한 담합(談合)과 다른 한편으로는 공전(空轉)이라는 이중의 위험에서 지키는 것이 중요하다. 이를 위하여 필요한 것이 바로 방법론이며, 그것은 헌법에서 법발견 시 사고과정을 올바르게 이론적으로 이해하게 해주고 개별적인 판결을 실천적으로 성과 있게 비판하기 위한 여러 관점을 제공해 준다. 아래의 고찰은 이러한 노력에 이바지하려는 시도이다.

제1부

법발견의 여러 이론

제1장

헌법학 방법론의 이론과 실재

이론가 모두가 어느 정도 실무적 감각을, 그리고 실무가 모두가 이론적 감각을 보유하고 발전시켜 나간다는 것은 다행스러운 일이다. 그렇지 않은 경우, 곧 이론과 실무의 구별이 절대적인 경우에는 이론은 내용 없는 공론(空論)으로, 또 실무는 겨우 수공(手工)기술로 전락하는 위험을 피할 수 없게 된다. *Savigny*(System des heutigen römischen Rechts Bd. I, S. xx).

2. 문제제기

법학방법론은 실무에서 내려지는 판결이 방법론적으로 옳은가, 그른가를 심사할 수 있는 척도를 찾으려고 한다. 그러므로 법학방법론은 실무를 관찰하고 실무에서 적용되는 절차를 서술하는 데 그칠 수 없다. 왜냐하면 이런 방법으로는 그때그때의 실무를 이론적으로 인식할 수 있을지는 모르나, 비판할 수는 없기 때문이다. 이와 같은 생각에서 법학방법론은 실무로부터 독립되어야 한다고 믿고 있다. 법학방법론은 확고한 원칙을 - 그것이 전통적인 법학방법론(예컨대 사비니 *Savigny*의

법률해석이론)이든, 철학적 방법론(예컨대 리트 *Litt*의 정신과학적 해석
방법론)이든, 실질적 헌법이론(예컨대 슈미트 *Carl Schmitt*의 시민적 법치
국가이론)이든, 또는 법이론(예컨대 제도론)이든, 국법이론(예컨대 법관
을 "법률의 입"으로 보는 이론)이든 관계없이 - 추구한다. 법학방법론
은 각각 그들의 이론에 입각해서 실무를 판단하려 하지만, 실무는 이
에 영향을 받지 않고 독자적인 길을 간다. 실무가 칭송되기도 하고, 비
난의 대상이 되기도 하고, 또 특성이 규정되기도 하지만, 그렇다고 실
무가 법학방법론의 영향을 받는 일은 거의 없다. 포르스트호프 *Forsthoff*
는 그의 "헌법 해석의 문제점에 대하여"(Zur Problematik der Verfassungs-
auslegüng)라는 논문의 서문에서 "이 논문이 헌법해석이 이미 접어든
길을 바꿀 수는 없을 것이다"라고 체념적인 소견을 진술하고 있다. 그
리고 포르스트호프의 이야기는 현재까지는 어디까지나 옳다.

이론적인 측면에서의 제안들이 실무에서 도대체 고려될 수 있는 것
인지, 바꾸어 말하면, 이 제안들이 실천적인지 여부는 물론 의심스럽
다. 이론이 실무를 명확히 설명해주는 기능에 그쳐서는 안 된다는 것
을 확인한다고 해서 법학에서 이론과 실무의 관계가 설명된 것은 전
혀 아니다. 이론은 실무에 대한 근본적인 이해와 실무의 요청에 입각
하여 형성된다. 더 나아가서 이론은 실무를 판단하는 척도를 실무를
관찰함으로써 획득하여야 한다. 곧 이론은 실무 자체의 경험으로부터
무엇이 옳고 무엇이 그른 실무인가를 판단하는 방법을 배워야 한다.
왜냐하면 실무 이외에서, 예컨대 선험이론에서, 근거를 구하려는 모든
노력은 이론과 실무를 분리하는 결과를 가져올 것이기 때문이다. 이론
의 최우선 과제는 실무를 지도하면서도 종종 실무 자체가 의식하고
있지도 않은 원칙들을 성찰하고 명확히 하는 데 있다. 그런 다음에야
이론의 타당성을 심사하고 경우에 따라서는 객관적인 반대논거를 관
철시킬 수 있게 된다.

이와 같은 이론과 실무의 이중적이고 복잡한 관계에 대하여는 조금 자세한 설명이 필요하다. 왜냐하면 이론과 실무의 관계가 독일법학사에서는 일반적으로 충분히 숙고되지 않았고, 그 결과 1세기에 가까운 기간 이론과 실무는 거의 완전히 분리되었기 때문이다.[1] 이러한 관례적인 분리현상 때문에 오늘날의 헌법학방법론의 논의도 일련의 특유한 모순에 빠져 있다. 오늘날의 헌법학방법론의 논의는 이론과 실무의 상호관계를 다시 숙고하여야만 이러한 모순으로부터 벗어날 수 있을 것이다. 여기서 논의되는 문제를 구체적으로 조감하기 위해서는 먼저 몇몇 모순점들을 실례로써 살펴보아야 하겠다.

우선 **용어사용례**를 명확하게 하기 위한 언급이 있어야 하겠다. 앞으로 이 글에서 헌법학방법의 "이론과 실무"를 말할 때, 이론은 교수가 행하는 것이며 실무는 법관이 행하는 것이라는 뜻으로 이해해서는 안된다. 오히려 이 글에서 "이론"은 방법론에 대한 명확한 고찰을 뜻한다. 이론은 학술논문에서 뿐 아니라, 적지 않게, 법정판결에서도 찾아볼 수 있다. 한편 "실무"로 표현되는 것은 기본법에서 도출되는 구체적 결과의 획득을 말하는 데, 이것은 법관의 판결에서 뿐 아니라, 전문가의 소견서와 순수 학술작업에서도 이루어진다. 따라서 "이론과 실무의 분리"라고 하는 것은 두 직업 사이의 분리를 말하는 것이 아니라 실무에 대한 부적절한 이론적 견해를 가리키는 것이다. 이러한 예는

---

1) Koschaker, *Europa und das römische Recht*, 특히 248면. 이론과 실무의 연관성을 강령으로 삼은 사비니도 예외는 아니다(Vorrede zum "*System des heutigen römischen Rechts*"와 "*Vom Beruf unserer Zeit*", S. 126ff.). 젊은 시절의 폰 슈타인 *Lorenz von Stein*은 사비니의 위 책 "System"의 첫 4권에 대한 뛰어난 서평에서 이 책이 실무를 위해서는 유용하지 않다고 판정하고 있다(Dt. Jb. f. Wissensch. u. Kunst, 1841, S. 365-399). 곧 폰 슈타인은 이론과 실무의 분리가 해마다 커진다고 하면서(S. 365) 그에 대한 책임이 이론에 있음을 훌륭한 논거를 통하여 분명히 하였다(S. 398).

판결이유에서 찾아볼 수 있다. 예컨대 연방헌법재판소가 자칭 그들이 적용했다고 하는 방법론에 대해 옳지 않은 설명을 하는 경우가 그것이다. 이론과 실무의 분리는 문헌에서도 나타난다. 예컨대 법문해석과 포섭론의 옹호자, 주관적 또는 객관적 해석론의 옹호자가 실무에서 끌어내는 결론이 실제 그들의 이론을 적용했을 때 전혀 도출될 수 없는 경우가 그것이다. 이러한 부적합성의 위험이 항상 고려되어야 하기 때문에, 판결과 문헌에서 주장되는 방법이론을 근거로 방법론을 세우는 것은 옳다고 할 수 없다. 오히려 출발점은(사법司法상의 그리고 학문상의) 법실무에 대한 해석이론이어야 한다.

제1절 방법론논의의 모순

3. 방법론의 다원성

헌법을 해석하고 유권적으로 적용함에 있어 주관적 자의를 제한 - 그리고 가능한 한 배제 - 하려는 것이 방법론 논의의 제1차적 대상이며 또 목표이다. 가능한 한 기본법적용자의 의사가 아닌 기본법이 기준이 되어야 한다. 이 목적을 위해서 법적 사고과정을 지도하고 헌법적 논증방법의 옳고 그름을 구별할 수 있게 하는 원칙이 제시된다. 이 원칙을 잣대로 하여 헌법적 결정과 견해가 비판될 수 있어야 한다. 이와 같이 하여 헌법해석이론은 특히 법관의 윤리에 방향을 지시하는 관점을 제공하고자 한다. 법관의 독립성을 고려할 때 아마도 법관을 구속할 수 있는 유일한 요소는 결국 법관의 윤리이기 때문에 이 작업은 더욱 필수적이다. 방법론논의의 목표가 법적 사고과정에 가능한 한 객관적 방향을 제시하려는 데 있다는 것에는 근본적으로 의견이 일치되어 있다.[2]

---

2) 주관적 자의를 축소하는 일은 사법권의 확대를 (부정적으로) 서술하는 쪽은 물론이고, 이를 긍정적으로 평가하는 쪽에서도 원칙적으로 추구되어야 할 목표로서 인정되었다. 그래서 예컨대 "입법국가에서 사법국가로"(Vom Gesetzesstaat zum Richterstaat)라는 표현을 만들어내고, 이 표현을 제목으로 한 저작에서 사법권의 강화를 성공적으로 옹호했던 마르치스 *René Marcic*는 "새로운 법사상이라고 지칭되는 기준은 무엇인가"라는 질문에 대한 대답에서 "주관주의에서의 탈피와 법의 객관구조에의 지향"을 첫째로 꼽고 있다(S. 199f). 이러한 주장에는 존재 형이상학적 자연법관이 나타나고 있고, 이에 대해서는 무의식 가운데 감추어진 주관주의라는 비판을 하지 않을 수 없다. 이러한 비판이 타당한가의 문제는 더 이상 논의하지 않겠다. 왜냐하면 여기서는 주관주의의 배격이라는 공동의 의도를 예증(例證)하려는 것뿐이기 때문이다.

레스 *Less* 또한 "법관법의 본질과 가치에 대하여"(Vom Wesen und Wert des Richterechts)라는 저서에서 법관이 예외적으로 법으로부터 자유로울 수 있음을 정당한 것으로 인정했다. 그러나 그는 어떠한 경우에 그것이 정당한가라는 결정을 결코 주관적 자의에 일임하려 하지 않았고, 객관적으로 제시할 수 있는 근거에 기초하게 하였다(특히 Kap. 6, 89ff. 참조).

법관은 도대체 구속되어야 한다는 데에는 물론이고, 구속이란 - 적어도 정상적인 경우에는 - 법에의 복종을 말한다고 하는 데에는 의견이 일치되어 있다. 레스는 법에서의 일탈은 극히 예외적인 상황이어야 한다는 것을 특히 강조하고 있고(S. 81), 마르치스 역시 "모두가 단적으로 법에의 복종을 거부할 수 있는가"라는 질문에 대하여 "원칙적으로 정상적인 경우에는 그럴 수 없다"고 답하고 있다(앞의 책, S. 184). 법관이 자연법을 원용할 수 있는 것은 "긴급사태"의 경우뿐이다(앞의 책, S. 192). 자유법학파의 경우에도 논의의 중심은 철저한 오해에서 비롯하여 주장되듯이 결코 법관이 법으로부터 해방되는 것이 아니었다. 그들의 주장은 피할 수 없는 재량의 여지를 현실적으로 인식하자는 것이었다. 논리적 포섭을 통한 법률적용이 가능하다면 법관은 그 이상의 것을 추구해서는 따라서 이 방법론논의의 목표, 곧 방법의 타당성 여부에 관한 이론을 통해 주관적 생각을 배제하려는 목표가 달성되는 정도는 방법론상의 원칙들이 판결에서 얼마나 인정되고, **일관되게 존중되는가**에 비례한다. 하나의 방법론상의 원칙이 어느 때는 지켜지고 어느 때는 지켜지지 않는다면, 그것은 곧 그 원칙이 타당하지 않다는 것을 의미한다. 그렇게 되면 사법은 오히려 구체적인 사안에서 그 원칙이 자신이 바라는 결론의 근거로서 도움이 될 것인가 여부를 결정할 수 있는 자유를 가지게 된다. 예컨대 방법론상의 원칙이 적용되는 상황, 이른바 주관적 또는 객관적 해석방법에 부여되는 중요성의 정도, 그 적용순서 그리고 적용조건들을 사법이 일반적으로 확정짓지 않게 되면,[3] 사법은 그때그때 적당한 방법을 우선 적용할 수 있게 된다.[4] 그 결과는 방법론상의

안 된다는 것은 자유법학파 학자의 견해이기도 하였다(예컨대 칸토로비츠 *Kantorowicz*는 자유법학파를 강력히 옹호하면서 "자유법학파는 자유로운 법관을 원한다, 곧 법에의 구속에 이의를 제기한다"는 널리 만연된 이야기는 자유법학파를 비판하는 자들이 "자유법학파의 문헌을 잘못 이해한 데에서" 비롯된 허구라고 한다. *Rechtswissenschaft und Soziologie*, S. 142f. 참조).

단지 다음과 같은 점에 대하여는 의견이 갈려 있다. 곧 몇몇 관습법으로 보충되는 성문법률이 법관이 판결을 내리는 데 충분한가, 만약 충분하다면 법관은 법률의 적용으로 기능을 다한 것인가, 아니면 예외적인 경우에는 법에서의 일탈이 허용되는가, 만약 성문법률이 법관의 판결에 충분한 근거를 제공할 수 없다면 법관의 판결은 그밖에 어떠한 방법으로 이루어지고, 이루어져야 하는가 하는 점이 그것이다.

3) 연방 헌법 재판소의 실무에서 행해지고 있는 무원칙성에 대하여는 Müller, Subjektive und Objektive Auslegungstheorie in der Rechtsprechung des Bundesverfassungsgerichts, JZ 62, 471 참조.

4) 방법론논의에서 제기되는 문제점들은 다음과 같은 것들이다· 기본권의 체계적 연관성이 존재하는가, 기본법의 가치체계를 언급할 수 있는가, 경우에 따라서는 그것을 밝히기 위해 철학적, 이론적 사고의 원용이 가능한가, 기본권을 제도적으로 이해할 여지가 있는가, 그리고 기본권의 제도적 이해란 무엇을 의미하는가, 선결례에 어느 정도의 구속력이 인정되는가, 이와 관련하여 연방헌법재판소

원칙이 판결을 주도하는 것이 아니라, 방법론과는 관계없는 다른 방법으로 내려진 판결이 겉으로는 결정력을 가졌다고 사칭하는 방법론의 선택을 결정하게 된다. 그러면 법관의 자유의 기반이 되는 것은 무엇보다도 다수의 방법론이 존재하고, 그 모두는 정도의 차이는 있어도 존중할 가치가 있고 또 헌법학에서 옹호자가 발견된다는 사실이다. 어느 특정한 헌법적 논증방법은 학계에서 그것에 대한 몇몇 반대자가 있고 또한 그들이 매우 집요한 반대이론을 전개하더라도, 그 때문에 곧 부당한 이론이 되는 것은 아니다. 오히려 방법론의 타당성에 관한 논의의 결과는 다양한 방법론을 생겨나게 하며, 바로 이것이 법관의 자유의 매체가 된다. 헌법학에서 특정한 방법론이 영향력을 발휘하여 지지를 받게 되면, 이로 인해 법관의 구속이라는 목표만이 잘못되는 것은 아니다. 방법론적 제안이 새로운 것이거나 또는 새로운 변형일 때에는, 그것은 반대로 '헌법재판'에 자의적인 선택을 위해 제공되는 존중할 가치 있는 방법론의 종류를 증대시킬 뿐이다.

그래서 헌법학방법론을 위한 이론적 노력에는 어느 정도 돈키호테적인 비현실성이 따라다닌다는 인상이 풍긴다. 특정한 방법론적 방향을 학문적으로 지지하는 자에게는 오직 **학파형성** 또는 **학파전수**에 대한 희망이 남아 있다고 생각된다. 이 희망을 갖는다 해도 우리가 기대할 수 있는 것은 기껏해야 이 학파에 속하는 자들이 시간이 지나면서 특

의 판결을 "구속하는"(연방헌법재판소법 제31조 제1항) 법률의 규정은 어떠한 내용을 담고 있는가, 헌법에서도 흠결보충과 법의 계속형성이 가능한가, 이때 민법의 방법론에 의존하는 것이 가능한가, 또는 헌법의 특수성 때문에 민법의 방법론은 배제되는가, 헌법해석은 실질적 헌법이론, 헌법형성적 근본결단, 불문의 법원칙, 기본법의 법문 가운데서 무엇을 지향하여야 하는가, 경제, 권력, 사회적 요소를 일반적으로 고려하는 것이 법적으로 허용되는가, 또는 비법적 정치영역에의 간섭으로 배척되어져야 하는가, 외부상황에 대한 가치평가의 변화는 해석에 영향을 미치는가, 미친다면 그 정도는 어떠한가, 기본법에서 직접적으로 민법적 청구권이 도출될 수 있는가 등등.

정한 입장을 취하여, 그 위치에서 헌법해석에 관해 권위 있는 결정을 해야 할 것이고, 그렇게 되면 그들이 내리는 모든 판결이 일관되게 같은 방법론에 기초하여 이루어질 것이라는 것이다. 그러나 이로써 많은 것이 얻어지는 것은 아니다. 왜냐하면 학파가 다수 존재한다는 사실이 여전히 남기 때문이다. 설혹 모든 법관이 방법론상의 특정 학파에 충실하고, 그 학파의 입장을 일관되게 대변한다 하더라도, 그것만으로 방법론상의 다원성문제가 극복된다고 할 수는 없다. 여러 연방법원과 같은 법원 내의 개개 원(院)에서 각자가 자신이 속한 학파의 주장을 고수하게 되면 서로 모순되는 견해가 나타날 것이기 때문이다. 연방헌법재판소에서 (적어도 일정기간 동안) 어떤 방법론을 추종하는 안정 다수가 형성될 수 있으려면, 그것은 학파가 2개만 존재하는 경우일 것이다. 그러나 누구도 그러한 경우가 존재한다고 진지하게 주장할 수는 없을 것이다. 연방헌법재판소의 모든 재판관이 자기가 지지하는 방법론을 확고히 고수하면, 도대체 필요한 다수가 형성될 수 있을지 여부가 종종 의심스럽게 된다. 더구나 또 하나의 문제는 선결례가 다른 방법에 입각해서 이루어졌으며, 따라서 그 결론도 받아들여지지 않는 경우, 그 선결례가 존중되어야 할 것인가 여부가 문제될 수도 있다. 그러한 선결례가 존중된다면, 언제나 방법론적 일관성은 파괴되는 것이고, 이는 곧 과거의 방법론상의 혼란이 재현됨을 의미한다. 반대로 그러한 선결례가 존중되지 않는다면, 방법론적 일관성 때문에 법적 안정성과 판결의 예견가능성이 파괴되게 될 것이다. 요컨대 학파형성으로 인한 기대 또한 방법론 논의의 결과로 생겨나는 모순에 대하여 그럴듯한 위로가 되지 않을 뿐만 아니라 또한 해결책이 되지도 않는다.

4. 학파의 정치적 예속성

두 번째의 모순은 여러 가지 방법론들이 서로 다른 정치적인 "노선들"에 속하여 있다는 점이다. 물론 헌법은 법적 규율에 관한 일정한 기초적 구성요소를 정당 사이의 정치투쟁으로부터 배제하려고 한다. 따라서 기본법에서 내린 결단을 정치적인 견해나 소신의 영향을 받지 않고 유효하게 만드는 헌법해석이론만이 정당할 수 있다. 그리고 제안된 모든 이론들도 이와 같은 요청에 부합해서 해석방법을 학문적 정당성이라는 중립성에 의해서만 규정하려고 한다. 그럼에도 불구하고 헌법학의 방법논쟁에서 여러 가지 "노선들"이 형성된 이유는 무엇보다도 헌법학에는 학문적인 학파의 전통이 있기 때문이다. 이와 같은 학파의 전통에는 - 원하든 원치 않든 간에 - 오래된 정치적 논쟁이 표현되고 있다. 학문의 중립성을 지키기 위한 모든 노력에도 불구하고, 우리는 헌법학방향의 기본유형들을 적어도 개괄적으로 그리고 그 경향에 따라 관찰할 수 있다. 예컨대 **행정을 중시하는**, **의회를 중시하는**, 그리고 요사이 주장되고 있는 **사법을 중시하는** 경향이 그것이며, 이 상이한 경향들은 헌법적용에 관해 전적으로 다른 견해들을 지향하고 있다.

이 점에서는 오래된 정치적 당파형성도 분명해진다. 독일식의 헌법학적 전통은 국가와 사회, 군주 - 또는 대통령 - 와 의회, 행정부와 입법부라는 양자 간의 거대한 정치적 대립관계에 의해 특징지어진다. 이 양자는, - 주로 전자가 그러하다 - 헌법학이론에서도 **지지자**를 갖고 있으며, 이들에 의해 학파가 형성되었다. 이렇게 해서 성립된 전통들은 계속 이어지고 있으며, 다른 전통들과 마찬가지로 보수적인 속성을 지닌다. 기본법의 지배 하에서 전통적인 대립관계는 갑자기 상대화되고, 이 양자에 의해 대표된 기능들은 제3의 새로운 입장에 의해 연결되었다. 마치 서로 적대시하는 자들이 그들에게 공통의 적이 나타나면 손을 잡듯이, 현재는 행정을 중시하는 쪽과 의회를 중시하는 헌법학자들이 확장되는 사법세력에 대해 전적으로 공동전선을 펴고 있다.

판결의 엄격한 기술성 - "삼단논법이라는 의미에서 올바른 포섭절차의 확인" - 을 변호하는 포르스트호프는 그러한 주장을 행정에도 적용하려고 하지는 않는다. "일반적으로 사법법(司法法)에 부합하는 법기술적인 형성들은 행정법에는 근본적으로 생소하다고 말할 수 있다. 반면 사법법에는 예외가 되는 가치에로의 직접적인 환원은 행정법에는 전형적인 것이다."[5] 이 점에 관해 그는 다음과 같은 예를 든다.

"행정법이 법규에 의한 구속성을 필요로 하는 것은 … 단지 행정이 개인의 권리, 자유, 재산에 대해 침해를 할 때뿐이다."[6] 그러나 이와 같은 경우에도 재량의 여지는 있다. 그리고 "규범적인 구속이 있는 경우에도 규범적인 규정들은 사법법에서보다 훨씬 포괄적이며, 따라서 해석에 맡겨져 있다."[7] 이와 같은 모든 점을 포르스트호프는 다음과 같은 항의, 곧 사법의 한계설정은 그야말로 바로 행정을 사법의 통제로부터 해방시키는 것이라는 항의를 암시조차 하지 않은 채 감수하고 있다.

반면 예컨대 미국의 경제와 헌법에 관한 엠케 *Ehmke*의 저술들은 의회민주주의의 형성의 자유를 위해 사법의 제한을 훌륭하게 대변하는 유일한 것이다. 엠케가 경제규제에 관한 미연방대법원의 판결을 상세하게 전파시킨 이유는 무엇보다도 독일의 독자에게 법관의 자의가 가져온 파괴적인 결과와 법관의 자제가 가지는 해방적인 효과를 명백하게 보여주려는 데 있다. 이로부터 그가 독일의 상황에 대해 내리는 결론은 연방헌법재판소는 단지 일정한 외적 윤곽만을 확정하고, 나머

---

5) *Verwaltungsrecht*, 8. Aufl., München und Berlin 1961, S. 78.
6) 앞의 책, S. 14.
7) 앞의 책, S. 78r.

지는 의회의 경제정책적인 결정에 맡겨야 한다는 것이다. 연방헌법재판소는 이른바 "경제헌법"을 기본법 안에 포섭시켜 해석해서는 안 된다. 곧 광범위한 기본권해석이나, 개별 법규 또는 위원회 등을 제한해서 법적인 경제규제를 지지해서는 안 된다. 그러나 그렇다고 해서 "기본권의 제3자적 효력"을 이용해서 사회형성을 스스로 떠맡아서도 안 되며, 오히려 이것들을 모두 의회에 위임해야 한다.

이러한 생각은 1961년 공법학자대회에서 발표한 엠케의 논문의 근간을 이루고 있다.[8] 그에게 우선적으로 중요한 원칙은 "통일체로서의 헌법"에 관한 원칙이며, 이것은 "가장 중요한 헌법의 해석원칙"[9]이다. 이 원칙의 핵심은 기본법, 특히 기본권분야를 적용할 때 다음을 명심해야 한다는 것이다. 곧 기본법은 우리의 국가를 의회민주주의로 구성하고 있으므로 결정권한은 무엇보다도 우선적으로 선출된 의회에 있다. 엠케는 법관의 자제를 묵시적으로 경제규제분야 - 본래 이 분야에서만 법관의 자제가 합리적임이 밝혀졌다 - 이외의 분야에 대하여도 요구하고 있으며, 이 요구를 - 그의 프린스턴 대학의 스승 메이슨 *Mason*과 같이 - 단지 "**선호적 지위**"(perferred-position)원칙에 의해서만 다시 제한하려고 한다.[10]

포르스트호프와 엠케는 여기에서 서로 다른 두 개의 헌법학적 전통을 대표하고 있으며, 이들은 서로 다른 동기에서 법관의 강력한 권한을 불신하고 있다. 아마도 **행정을 중시하는** 전통은 법관계급에 대한 관리계급의 우월성으로부터 출발하는 것 같다. 이 전통은 무엇보다도 프로이센의 행정실무와 행정부에서 준비된 법률초안의 우수성을 강조하

---

8) Prinzipien der Verfassungsinterpretation, VVDStRL, 20, 53ff.
9) 주문 III 5a, S. 102를 보라.
10) 이 절차의 부적합성에 대하여는 저자의 *Mason*과 *Beaney*에 대한 논평, Der Staat 1965, S. 210f.를 보라.

며, "그 밖의 법관'보다는 고위관료들을 엘리트로 여기는데, 이 점은
예컨대 "관료연수자들"이 다른 실습자들보다 더 높은 사회적 지위를
누리거나, 더 나아가서 - 법관과 비교해서 - 지위, 칭호, 훈장[11]을 받을
기회가 더 많다거나, 또한 종종 높은 직업윤리에서나 발견되는 급료를
받는다는 점에서 잘 나타나고 있다. 그리고 예견하고, 계획하고, 적극
적으로 형성하고, 자기의 창의성을 발휘하는 관료들은 아마도 문제된
사례를 해당 규범에 포섭만 하는 법관의 활동과는 달리 훨씬 더 인격
성을 전제하는 것으로 생각된다. 요컨대 영국이나 미국과는 달리 독일
에서는 법관이 비교적 존경을 받지 못하기 때문에 법관에게 주어진 -
또는 사람들이 생각하는 것 같이 법관에 의해 찬탈된 - 권한은 위험한
월권으로 생각된다.

다른 한편 **의회를 중시하는** 전통에서는 법관의 초당파성에 대한 불
신은 여전히 "선동자소추"와 사회주의자탄압법 시대로부터 유래되고
있다. 그리고 바이마르시대에 "우익" 또는 "좌익"의 정치범죄에 대한
서로 다른 판결들 때문에 이러한 불신은 정당한 것으로 보인다.[12] 그
러나 더욱 중요한 것은 아마도 국민의 성숙성은 민주적 사고에 따르
면 의회의 결정책임에서 명백하게 나타난다는 것이다. 다시 말해서 정
치적인 규칙과 입법자의 재량의 외적 윤곽을 통제할 뿐만 아니라, 실
질적인 문제에 참여하여 심지어 우선권까지 주장하는 헌법재판은 이

---

11) 제정시대에 공무원에 비해 법관의 지위가 낮았던 점에 대하여는 A. Wagner,
   Der Richter, S. 72f.
12) *Wagner*(앞의 책, S. 75)나 그 밖의 여러 부류의 사람들이 시도하는 것처럼, 유
   감스럽게도 이미 밝혀진 사법절차에서 사법이 정치적인 성격을 띠고 편파적이
   었다는 점을 부인하거나 또는 대수롭지 않다고 생각하는 것이 과연 현명한 것
   인지는 매우 의심스럽다. 어떻든 사법에 대한 신임은 그것을 통해 증가되기 보
   다는 위태롭게 되었다. 요컨대 치욕을 명백히 "치욕"이라고 할 경우에만 그것
   을 극복했다는 신뢰가 주어진다. 변명은 의혹을 불러일으킬 뿐이다.

전의 행정의 우선권과도 같이 위험하게 생각된다는 것이다. "자기에게 속한 책임만을 사람들은 질 수 있으며, 책임 있는 결정이란 그 결정을 내릴 수 있는 자가 분명한 경우에만 배울 수 있는 것이다."13) 아른트 *Adolf Arndt*는 이 말을 "제국의회로부터 그의 책임을 박탈하는" 바이마르헌법 제48조를 통한 "대통령의 간교성"을 겨냥해서 주장했는데, 이 말은 의회주권의 정치적 이론을 표현한 것이며, 또한 이 이론으로부터 헌법재판의 책임영역을 제한해야 한다는 요구가 당연히 도출된다. 홀슈타인 *Holstein*은 이 점을 고전적으로 다음과 같은 질문으로 표현하고 있다. "법률의 내용을 의회의 원내정파(교섭단체)가 행하는 이해관계의 조정이 아니라, 법관의 활동권에서 관철되는 이해관계에 대한 평가가 결정한다는 것이 사실 바이마르헌법의 근본정신에 합치하는가?"14)

위에서 개략적으로 시도된 법관을 불신하는 행정중심적인 또는 의회중심적인 동기가 얼마나 이성적인가는 여기에서 전혀 문제 삼지 않겠다. 그러나 짚고 넘어가야 할 문제는 이와 같은 주장들의 결론들이 기본법으로부터 도출될 수 있는 것인지, 아니면 헌법외적인 영역에서 헌법에로 원용된 것인지 여부이다. 그리고 후자의 경우에는 그 절차가 정당한 것인지 아니면 기본법과 모순되는지를 질문하여야 할 것이다. 달리 말해서 헌법재판의 헌법적 지위는 우선 그 자체 헌법해석의 문제이다. 따라서 그 문제는 해석방법론의 문제점에 대한 설명을 시작하기도 전에 미리 결정될 수 없다. 그렇게 되면 방법론논의는 많은 모순을 갖게 된다. 겉으로 보기에 사람들은 일방적인 정치적 생각을 헌법 내로 포섭시켜 해석하는 것을 막기 위해 방법론규칙을 세우는 것 같

---

13) Demokratie - Wertsystem des Rechts, in: *Notstandsgesetzgebung - aber wie?*, Köln 1962, S. 9 ff., S. 21.
14) Von Aufgaben und Zielen heutiger Staatsrechtswissenschaft, AöR 50(1926), S. 1, 17.

으나, 실은 바로 이와 같은 방법론의 규칙들은 해석을 특정된 목표에 고정하는 데 기여하고 있다.

이러한 점은 또한 법관의 권한을 축소시키지 않고, 거꾸로 인정하고 확장시키는, 곧 제3의 사법을 중시하는 이론에도 마찬가지로 해당된다. 물론 이 문제를 더 검토하게 되면, 우리는 헌법의 문언으로부터는 도출되지 않는 정치적인 선결정(先決定)을 불가피하게 논의해야 될지도 모른다. 그러나 여기에서 중요한 것은 단지 그와 같은 불가피성을 미리 지적해두는 데 있다. 그렇게 해야만 너무 일찍 그러한 정치적인 선결정을 논의하기 시작해서 기본법으로부터 연역할 수 있는 결론을 처음부터 왜곡시키는 것을 방지할 수 있다.

5. 실질적 헌법이론의 상대성

똑같은 이유에서 해석방법을 "실질적 헌법이론"으로부터 이해하려는 것도 적어도 이 이론에 의해 어떤 해석규칙이 근거지어지거나 또는 배제된다면 문제가 있다. 그 이유는 이러한 시도를 통해서 헌법에 따라 헌법이론을 교정할 수 있는 가능성을 잃어버리기 때문이다. 다시 말해 헌법이론으로부터 얻어진 해석규칙들은 언제나 필연적으로 미리 준비된 이론의 정당성이 헌법으로부터 도출된다는 결론에 이르기 때문이다.

예컨대 우리의 기본법이 슈미트 *Carl Schmitt*식 헌법이론의 의미에서 자유시민적 법치국가를 구성한다고 전제하게 되면, 이 가정의 정당성 여부에 관해서는 거의 논의할 수 없을 것이다. 왜냐하면 이러한 전제는 기본법에 대한 다른 해석을 통해서만 문제될 것이기 때문이다. 따라서 그때그때 인정된 해석규칙들은 바로 미리 구성된 이론을 재확인하고 그 이론에 대한 비판을 부적당한 해석절차로 간주하도록 구성되어 있다. 이렇듯 헌법이론과 해석이론은 서로를 통제할 수 없는 상호보완관계에 있으며, 그 때문에 헌법이론과 해석이론이 규범적인 현실을 벗어나 사상누각에 있지 않다는 보장은 결코 없다.[15] 만약 이 두 이론을 헌법과 연결시키려 한다면, 그것들은 - 이 점이 우리들이 생각하는 모순인데 - 스스로를 포기하게 되는 위험에 빠지게 된다. 왜냐하면 "법관의 권한을 가능한 한 줄이고 권능에 따라 해석하라"는 요청은 우선 먼저 "헌법이 법관에게 부여한 법관의 권능에 따라 해석하라"는 해석목표에 이르기 때문이다. 아마도 법관에게는 우리가 긍정하는 것 이상의 권한이 주어질지도 모른다. 아무튼 이미 가능한 결과를 미리 확정하고 그에 어긋나는 견해들을 전제된 헌법이론과 해석이론에 모순되기 때문에 부당하다고 배척하는 식으로 위에서 말한 문제에 관한 토론을 막아서는 결코 안 된다.

엠케는 다음과 같이 기술하고 있다. "정치공동체의 기본질서의 실질적인 연관성을 지향하는 헌법이론이 없다면 부분적으로 헌법을 잘못 구성하거나 그와 같은 헌법규정을 잘못 해석할 위험이 따른다. 뿐

---

15) 슈미트의 자유주의적인 헌법모델이 오늘날의 법질서에 부합하지 않는다는 점은 슈미트 자신도 - 물론 처음 1954년판의 서문에서는 자기의 **헌법학**을 아직 유효한 것으로 권장했지만 - 이제는 인정하고 있다(*Schmitt*의 헌법논문집, Berlin 1958의 230, 231 면에 있는 "Grundrechte und Grundpflichten"의 주1, 3 참조). 특히 포르스트호프가 제안한 헌법해석의 엄격한 기술성은 그 밖에도 슈미트를 잘못 원용하고 있다. 왜냐하면 슈미트의 헌법학에서 가장 기본적인 헌법과 헌법률의 구별은 아마도 그로 하여금 조문해석 이외에도 헌법을 형성하는 기본적인 결단에 대한 해석을 요구했을 것이고, 이러한 기본적인 결단에 대한 해석을 조문해석보다 우위에 놓게 했을 것이기 때문이다. 이 점에 대하여는 무엇보다도 그의 헌법논문집 263면 이하의 ”Legalität und Legitimität"와 그의 *Verfassungslehre*, S. 22f., 26f.를 보라.

만 아니라 주관적인 가치인식이 헌법에 의해 주어진 가치질서에 관한 이론적인 인식을 대신하게 될 위험도 존재한다."[16]

이것은 물론 맞는 말이다. 그러나 우리가 첨부해야 할 것은 실질적인 헌법이론도 그것이 기본법이 아닌 다른 헌법모델을 지향하는 것이라면 마찬가지 위험이 따른다는 점이다. 사실상 엠케는 예컨대 미국헌법의 특정한 시대상황에서 성립된 "선호적 지위"에 관한 이론[17]을 원용하거나 또는 권장하고 있다. 이 원칙은 "사법자제"의 원칙과 관련시켜 이해해야 한다. 곧 "자제"가 통상적인 것이라면, "사법적 적극주의"는 "선호적 지위"를 누리는 특정의 정치적 권리[18]의 경우에만 예외로서 인정되는 것이다. "자제"의 원칙을 엠케는 "헌법의 통일성" 원칙 안에 숨겨놓고 있다. 그러므로 미국에서는 그와 같은 형태로 결코 유효한 헌법이 될 수 없고 단지 논란이 많은 학설에 지나지 않는 이렇듯 복잡한 이론이 해석규칙을 얻기 위한 초석이 되고 따라서 비판할 수도 없게 된다. 왜냐하면 그 이론에 반대하는 자는 곧 헌법해석의 원칙들을 위반하는 것이 되기 때문이다. 물론 이러한 사실 확인만으로 "자제"원칙이나 "우선적 지위"의 원칙이 지니는 합리성까지 평가된 것은 아니다. 곧 이 원칙들은 인정된 것도 아니고, 그렇다고 부정된 것도 아니다. 오히려 이러한 상론의 목적은 그와 같은 이론을 비로소 실질적인 법적 토론에로 개진하며, 그러기 위해 이 이론들을 엠케가 숨겨둔 해석원칙들에서 다시 끄집어내는 데 있다.

해석이론은 - 그리고 이것이 이 논의의 핵심인데 - 헌법적 논거의

---

16) *Wirtschaft und Verfassung,* S. 51.

17) 이에 대하여 프리젠한 *Friesenhahn*은 비판적인 논거를 펴고 있다. VVDStRL, 20, S. 121.

18) Kriele, Der Supreme Court in Verffassungssytem der Vereinigten Staaten, Der Staat 1965, 195, 특히 S. 200-206(사법자제에 대하여)와 210f.(선호적 지위에 대하여)를 보라.

"정당성"과 "무류성(無謬性)"을 서로 구별해야 한다. 따라서 유의해야할 점은 정당한 논거도 옳거나 또는 틀릴 수 있으며 설득력을 갖고주장될 수 있거나 또는 그 반대도 될 수 있는 것이다. 그리고 이 점은개별적인 경우에 실질적인 논의에서 밝혀져야 한다. 그러나 정당성과무류성을 혼동한다면, 따라서 옳다고 여기는 주장만이 정당하고(곧 해석규칙에 부합하기 때문에) 그와 다른 견해들은 정당하지 않다고 한다면, 사람들은 비사교적으로 되고, 토론을 방해하고 헌법적 문제의 해결을 지연시키는 결과를 가져 올 것이다.

6. 방법론과 기본법의 상호관계

어떠한 방법론도 어떻게 해서든 명시적으로 기본법에 적대적인 태도를 취하려고 하지 않는다. 그와 반대로 모든 방법론은 기본법에 부합하는 태도를 취하고자 한다. 그러나 본문의 무제약적 구속력을 의문시하는 규정들 때문에 법관의 실정법구속성에 대한 명확한 규정을 제한적인 효력을 가지는 것으로 간주할 수 있는 경우를 제외하고는 기본법의 문언은 확정적인 것을 거의 제공하지 않는다. 예컨대 법관은 **"오직 법률에만 구속된다"**라는 규정(기본법 제97조 제1항, 법원조직법 제1조, 법관법 제25조)으로부터는 여러 가지 해석을 할 수 있다. 이 규정은 문자 그대로 법관을 오직 형식적 법률에만 구속시킬 수 있다. 그러나 이 규정은 법관이 그 밖의 것에도, 예컨대 형식적 법률을 배제할수 있는 관습법, 일반적인 법의 여러 원칙, 자연법에도 구속되어 있다는 것을 반드시 배제하는 것은 아니다. 아마 어느 누구도 최소한 관습법이 형식적 법률을 변경할 수 있다는 것에 대해서 이론을 갖지 않기 때문에, 이 규정을 '문자 그대로'(cum grano salis) 이해하는 사람은 없다. 곧 사람들이 이 경우 취하는 태도는 단지 정도의 문제일 뿐이다. 뿐만 아니라 이 규정은 어떠한 경우에도 형식적 법률 외에도 부수적 법원(法源)을 배제하지 않는다. 사람들이 그러한 법원들이 형식적 법률을 배제할 수 있다는 것을 부정하려고 하더라도, 그들은 최소한 다음의 사실을 인정해야 할 것이다. 곧 그들은 형식적 법률이 부수적 법원들과 함께 체계적 전후관계에서 관찰되어야 하는 한 - 이는 해석에 심대한 영향력을 행사할 수 있다 - 부수적 법원들이 형식적 법률을 상대화시킨다는 사실을 인정해야 할 것이다.

기본법의 다른 조문들은 이와 비슷하게 폭넓은 해석가능성을 제시한다. 따라서 "**법률과 법**"에의 구속(기본법 제20조 제3항)은 예컨대 다음과 같이 해석될 수 있다. 이 규정으로써 자연법적 법에 대한 언급이 실정법적으로 정당화된 것으로 보아야 한다[19]라든지, 단지 입법자나 법전편찬상의 명백한 불비를 수정하는 것이 예외적으로 인정되어야 한다[20]라든지, "법"은 "법률"이라는 단어의 사용을 중복하여 강조하고 있을 뿐이며 따라서 아무런 의미가 없다[21]라든지, 이 규정으로써 법률 개념의 "실정성"과 "가치내용"의 요소들을 지시하고 있다[22]라든지, 기본권질서에 구체화된 실정법과 실질적 정의의 동일성이 표현된다[23]라든지, "법"은 원칙적으로 헌법에 기초를 둔 가치결정으로 이해해야 된다[24]라든지 또는 "법률과 법"은 "형식적 법률과 실질적 법률", "성문

---

19) 예컨대 A. Kaufmann, *Gesetz und Recht, Festschr. f. E. Wolf*, 1962, S. 357f.
20) Forsthoff, Die Bindung an Gesetz und Recht(Art., 20 III GG), *Rechtsstaat im Wandel*, S. 176, 183가 그러하다.
21) Schrader, *Recht, Staat, Wirtschaft* Bd. III. S. 84.
22) V. Magngoldt-Klein, Art. 20, Anm. VI, 4f.
23) Dürig in Maunz-Kommentar, Art. 20, Anm. 72.
24) Wernicke, in: Bonner Kommentar, Art. 20, S. 11.

법과 불문법"에 해당된다[25] 등으로 해석될 수 있다.

비슷한 이야기를 법관의 독립에 대해서도 할 수 있다. 법관의 독립은 역사적・논리적으로 법관의 법률에의 구속과 분명히 연관되어 있으며,[26] 이 양자가 "독립이며 오직 법률에만 구속된다"라는 하나의 조문 규정에 결합되어 있는 것은 우연이 아니다. 물론 법률에의 구속을 해석할 수 있는 가능성의 범위는 독립성과 결합될 수 있으며, 그렇기 때문에 독립성은 이러한 해석가능성의 범위를 좁힐 수 없다.

또한 기본법에서 사용하고 있는 **"법치국가"**(기본법 제28조)란 단어도 불확정개념이다. 사람들은 이 단어를 슈미트의 헌법학의 의미에서 법률이 지배하는 국가로 이해할 수 있을 뿐만 아니라 또한 완전한 권리보호국가 또는 실질적 정의의 가치에 구속되는 국가로도 이해할 수 있다. 곧 매우 다양한 내용을 이해할 수 있다.

또한 연방공화국은 **"민주주의"**이다(기본법 제20조, 제28조)라는 규정으로부터는 의회에 대한 헌법재판소의 통제를 제한할 필연성을 추론하는 것이 허용되지도 않으며, 그러한 통제를 확대하는 것이 허용된다고 추론할 수도 없다. 왜냐하면 입법에 대한 헌법재판소의 통제를 알지 못하는 영국은 물론 헌법재판제도의 고전적 국가인 미국도 우리의 법기술적 용어사용의 의미에서 민주국가이기 때문이다.

끝으로 제1조 제3항에 선언되어 있는 **기본권에의 구속** 또한 입법을 강하게 통제하는 헌법재판제도를 가능하게 한다. 이 규정이 없다면 법관의 권한은 특정한 극단의 예외를 통제하는 데 한정될 것이다.

따라서 기본법을 참조하라는 지시는 법관의 권한을 어느 선에서 제

---

25) Bettermann, Der Schutz der Grundrechte in der ordentlichen Gerichtsbarkeit, in: *Die Grundrechte* Bd. Ⅲ, 2. Halbbd., S. 523, 531.

26) 이러한 연관성을 특히 슈미트는 Das Reichsgericht als Hüter der Verfassung, Aufsätze, S. 84에서 강조하고 있다. 또한 *Verfassungslehre*, S. 133도 그러하다.

한할 수 있고 제한하여야 할 것인가라는 논쟁문제를 결정하는 데 어떠한 실마리도 제공하지 않는다. 반대로 해당 기본법 규정을 해석하기 위해서는 방법론적으로 어떻게 정당하게 접근해야 하는가에 대한 선이해(先理解)가 전제된다. 기본법은 그 안에서 여러 가지 법적 방법론이 허용되는 특정의 테두리를 제시하고 있다. 그러나 기본법은 방법론에 대하여 명확한 것을 규정하고 있지는 않다. 반대로 사람들이 기본법의 해석에서 어떠한 결과를 얻을 수 있는가를 방법론이 규정하고 있다.

우리는 뮌히하우젠 *Münchhausen*(역주: 독일의 가공 모험담의 작가)이 늪에 빠졌을 때 자기 자신의 머리털을 끌어당겨 자신과 자기가 탄 말을 늪에서 건져낼 수 있었다고 주장하는 것처럼 할 수는 없다. 곧 우리가 모종의 방법으로 기본법을 해석함으로써 방법론에 관한 문제에 대하여 명확성을 얻을 수는 없다. 따라서 우리는 기본법에 미리 제시되어 있지 않은 고려를 사용하여야 한다. 다른 한편 우리는 임의적인 방법론적 고려의 책임을 헌법에 전가해서는 안 된다. 왜냐하면 그렇게 함으로써 우리는 기본법 대신에 우리의 헌법 정책적 원망(願望)이 지배하도록 할 수도 있기 때문이다. 방법론과 기본법 사이의 이러한 상호관계 때문에 방법론의 문제는 매우 어려워진다.

이러한 장애는 특히 실증주의 쪽에서는 즐겨 간과되고 있다. 법관에 의한 계속적인 법형성의 현실을 방법론화 하려고 노력하는 이론에 대하여 사람들은 계속적인 법형성은 법관의 권한이 아니며, 이는 헌법상 명백하다고 이의를 제기한다.[27] 그러나 헌법으로부터는 확정적인

---

27) 예컨대 이러한 의미에서 라렌츠 *Larenz*의 방법론에 대한 릴 *Rill*의 논쟁은 특징적이다. Österr. Zeitschr. f. öffentl. Recht XV(1964), S. 281, 290. 릴은 자신의 이론에 거의 적용할 수 없는 기본법 제20조 제3항에 대하여 "법률과 법"이라는 조항으로부터는 반대논거를 획득할 수 없다는 논거가 박약한 논평으로써 논쟁

것이라곤 어떤 것도 결론되지 않으며, 모든 것이 명확하다는 가정은 사람들이 중요한 문제를 일별하는 것까지를 방해한다.

따라서 우리는 어쩔 수 없이 딜레마에 빠져 있으며, 그 딜레마는 한편으로는 기본법으로부터 올바른 방법론을 추출할 수 있는 것이 아니라 기본법의 해석은 이미 이론적으로 선재하고 있다는 것과 다른 한편으로는 우리는 가능한 테두리 안에서 과학적 객관성과 불편부당성을 견지하고자 한다는 것이다. 도대체 이러한 상황에서 우리는 방법론의 무류성에 대한 관점을 획득할 수 있을 것인가라는 회의적인 질문이 제기된다.

이상을 요약하면 현재의 방법론 논의는 다음과 같은 일련의 역설에 휩싸여 있다.

① 방법론은 법관의 자유를 제한하려고 노력하면서도 선택할 수 있는 방법론의 숫자를 늘림으로써 법관의 자유를 확장시키고 있다.
② 방법론은 가능하면 정치적 견해의 영향력으로부터 법적 논증을 순화시키고자 한다. 그러나 방법론에 관한 이론들은 그 자신 무의식적으로 정치적 목적을 지향하고 있는 학파로부터 깊은 영향을 받고 있다.
③ 방법론은 기본법해석의 방향을 실질적 헌법이론에 맞추고자 한다. 그러나 실질적 헌법이론은 스스로가 기본법에 방향을 맞출 때에만 틀리지 않을 수 있다.
④ 방법론은 기본법으로부터 방법론적 관점을 추론한다. 그러나 기본법으로부터는 사람들이 기본법을 어떠한 방법으로 해석하느냐에 따라 매우 상이한 내용이 추출된다.

을 종결하였다.

제2절 이론과 실무의 관계

7. 이론과 실무의 분리

이렇듯 역설에서 어찌할 수 없는 상황으로부터 방법론의 문제에 대한 최근의 헌법학문헌을 관통하고 있는 불안과 체념의 태도는 이해될 수 있다. 법관의 주관적 자의가 한계를 일탈하고 있으며, 그에 대하여 사람들이 무력하다는 인상이 지배적이다. "사법국가", "법관국가", "국가의 사법화", "후견적 법관법",28) "찬탈",29) "사법국가의 비대증",30) "제3권력의 무제한성"31)과 같은 표제어들은 법관의 권한에 대한 법치국가적 한계가 도를 지나쳤다는 불만을 표현하는 데 사용된다. 이에 대하여는 어찌할 수 없다는 확신은 방법논의에 "그럼에도 불구하고"라는 우울한 비장감을 부여하고 있다. 소수의 학자들은 올바른 사법권으로의 회귀가 원칙적으로 가능하다고 생각한다.32) 그러나 대다수의 학

---

28) J. Esser, JZ 1956, 225f.

29) Forsthoff, Der Richter in der industriellen Gesellschaft: *Rechtsstaat im Wandel*, S. 196.

30) Werner Weber, *Das Richtertum in der deutschen Verfassungsordnung*, S. 299.

31) 이 표현의 고안자인 폰 후젠 P. v. *Husen*은 이 개념을 아주 다른 의미로 생각하였다. 동명의 논문에서(AöR 73, 49ff.) 그는 사법부의 "무제한성"에서 행정부의 행정적합적 의존성으로부터의 무제한성을 요청하였다. 그럼에도 불구하고 그 제목은 독자적인 의미를 갖게 되었다. 그것은 정확하게 "사법국가"에 대한 논쟁의 기대지평을 표현하고 있으며, 종종 이러한 전후관계에서 인용된다.

32) 예컨대 Forsthoff, S. 21의 인용 참조: 레르헤 *Lerche*(Stil, Methode, Ansicht: Polemische Bemerkungen zum Methodenproblem, DVBl 61, 690)가 정당하게 논평

자들은 한층 체념적이다.

따라서 이러한 만연된 분위기를 히르쉬 *Ernst E. Hirsch*[33])는 다음과 같이 표현하였다.

" … 사람들이 상이한 원칙들 사이의 서열에 대하여 의견이 일치될 때에만 거의 냉소적으로 자신을 부당하게 주장하는 여러 판결, 곧 한편으로는 엄격한 문구만을 표준적인 것으로, 다른 한편으로는 입법자의 의사만을 표준적인 것으로, 또 다른 한편으로는 변화된 사회관계에 직면하여 객관적인 의미만을 표준적인 것으로 주장하는 여러 판결의 병존은 - 이러한 병존은 올바른 결과를 요청한다 - 중지될 수 있다. … 그러나 해석방법의 서열에 대해서 의견이 일치되기 위해서는 동시에 도대체 무엇이 법인가에 대해서 의견이 일치되는 것을 전제로 하기 때문에, 이러한 목표가 언젠가는 이루어지리라는 희망은 존재하지 않는다. 그렇다고 해서 이러한 목표를 이룩하려는 우리의 노력이 중단되어서는 안 될 것이다 … ."[34)]

어떤 요청을 제기하고, 그것을 이룰 수 없다고 명시적으로 승인하면서도 그러한 요청에 집착한다. 이러한 논증구조는 개신교신학에 그

한 바와 같이, 포르스트호프 *Forsthoff*의 모든 문헌에서 행해진 체념적 묘사의 음정은 회귀에 대한 호소 가운데서 수사학적으로 우아한 형태임이 분명하다. 동시에 이 음정은 아주 정당성이 있는 것으로 생각된다. 그러나 포르스트호프의 호소는 학계에서는 아주 커다란 반응을 불러 일으켰음에 반하여, 실무에서는 어떤 영향도 남기지 못한 채 사라져 갔다. 어쨌든 포르스트호프는 여전히 자신의 방법론상의 제안이 판결을 내리는 데 적합하고, 따라서 사람들이 그 방법론상의 제안을 따르고자 한다면 따를 수도 있으나 사람들이 따르려고 하지 않는다는 데에서 출발하고 있는 것 같다.

33) *Coing*의 서평 , JZ 61, 299, 300.
34) 앞의 서평, S. 300.

근거를 두고 있다. 개신교신학은 우리가 원죄로 인하여 타락되어 있기 때문에 교리와 10계명을 지키려는 항시적인 노력이 실패하고야 말 것이라는 가정에도 불구하고 교리와 10계명을 견지한다. 개신교신학은 여기에서 도덕적 차원을 종교적 차원을 통하여 은총과 구원이라는 개념과 가교하는 긍정적 기능을 수행한다. 그러나 철학적 윤리학의 내부에서 이러한 연쇄적 논증은 단지 숙명적일 뿐이다. 그것이 실현될 정치적 또는 교육적 가능성을 실제로 고려하지 않고 여러 가지 요청을 고집하는 가치윤리학과 당위윤리학은, 비록 윤리적 요청을 이행하지 않는 것을 환영하는 염세주의의 표현은 아니라 하더라도, 몽상적 혁명정신의 표현이거나 또는 현실형성에 대한 무관심의 표현일 뿐이다.

끝으로 학문에서는 달성할 수 없는 연구목표를 고집하는 것은 바로 무의미하며, 결국에는 정체와 무익한 결과를 가져온다. 문제해결의 가능성이 존재하지 않는다는 확신에서 가상적 영구기관(perpetuum mobile)을 구성하려는 노력이나 원을 사각화(四角化)하려는 노력은 시간과 금전을 낭비한다는 점을 제외하고는 해로운 결과를 가져오지 않는다. 그러나 헌법상의 방법론논쟁에서 달성할 수 없는 것으로 인정된 요청들에 논거를 제공하려는 노력은 법학을 그 밖의 유익한 활동에서 차단시킬 뿐만 아니라, 명백히 해로운 결과를 가져온다. 이러한 방법론적 요청을 고집하는 것은 - 그러한 비판이 무의미하고 무익하다는 것을 의식하면서 - 곧 법관계급에 대한 비난을 내포하고 법관의 판결의 신용을 해치며 법관의 권위적 헌법해석의 정당성에 대하여 의문을 제기하는 것이다.

그러한 비판은 첫째로는, 사법의 **평화기능**을 강화시키려는 본래의 의도와는 반대로 사법의 평화기능을 침해한다. 그러한 비판은 둘째로는, 극단적이며 **달성할 수 없는 요청**을 부인하는 법관과 입법자가 현명하다는 기본규칙에 모순되며 그렇게 함으로써 법관에 대하여 부당한 태도를 취하고 있다. 또한 그러한 비판은 셋째로는, 법관의 안목에서 볼 때에는 **학문의 신용**을 해치고, 그렇게 함으로써 합리적이고, 오류를 지양하고 수정하는 해석의 발전을 위해서 증대되어야 할 학문의 영향력을 감소시킨다.

학문적인 노력이 본래의 의도와는 매우 상반되는 상황을 가져오는 경우, 우리는 그러한 일이 현실적으로 과연 피할 수 없는가 하는 점과 그 이유는 어디에 있는가에 대하여 자문하지 않을 수 없다. 학문상의 방법론비판이 실무에 대하여 영향력을 행사하는 데 실패하는 경우 그 이유는 실무가 무지나 월권이나 타성 또는 그 밖의 동기에서 학문적 논증을 외면하는 데 있다. 바로 이 점이 보통 이론이 근거하고 있고 또한 사비니 *Savigny*가 그 당대에 근거했던[35] 가정이다. 이 경우 무익한 비난은 학문이 아직도 취할 수 있는 유일한 방법이다. 그러나 이유는 또한 논거들이 실무에 사용될 수 없다는 데에 있을 수도 있다. 이 점이 로렌츠 폰 슈타인 *Lorenz von Stein*이 사비니에 대하여 반대한 이유였다. 이 경우 이론이 실무와의 공통된 대화의 기반을 다시 발견하고 자신의 비판적 감시기능을 다시 효과적으로 행사할 수 있도록 하기 위하여 이제까지 이의 없이 전제된 기초에까지 성찰의 범위를 넓히는 것이 이론에 주어진 과제일 것이다.

8. 이론과 실무가 분리된 역사적 배경

이론과 실무의 분리는 오늘날 적어도 실질적 이론의 영역에서는 거의 극복된 듯하다. 코샤커 *Koschaker*[36]가 강조했듯이 이론과 실무의 분

---

35) *System*, S. XXIV 참조.

리는 지난 백여 년간 법학을 절름발이로 만들었다. "법학의 임무는 실무에서 내리는 법적 결정을 준비하는 것 외의 다른 것이 아니다"[37]라는 코잉 *Coing*의 명제는 과장된 면이 없지 않다 하더라도[38] 오늘날 전적으로 지배적인 견해를 표현하고 있다. 나아가서 이론은 또한 실제로 실무에 유용한 것이 되었다. 이론은 실천적으로 논증하고, 또 라이저 *Raiser*가 지적했듯이,[39] 실무는 보통 이론적 통찰을 고려하고 있다. 이 경향은 대체로 헌법에 대해서도 예외는 아니다.[40]

방법론에서는 사정이 다르다. 법적 사고과정을 이론적으로 파악하는 작업이 헌법에서는 예컨대 민법에서보다는 잘 되어 있지 않다. 이것은 쉽게 설명할 수 있다. 왜냐하면 헌법학은 법적 방법론의 문제를 포괄적인 헌법재판제도와 헌법재판이 도입된 후에야 비로소 만났기 때문이다. 헌법학에서 이전에 "법적" 방법이라 불렸던 것은 전혀 "법적"인 것이 아니었다. 어쨌든 그것에는 법적 사고가 갖추어야 할 다음과 같은 모든 특성이 결여되어 있었다. 사안에 접하여 소송을 통한 문

---

36) § 2 주1, S. 22.

37) *Die Juristische Auslegungsmethode und die Lehren der allgemeinen Hermeneutik*, 1959, S. 23.

38) 법학은 또한 법소재를 교육목적을 위해 체계화하고 입법에 법적 사고의 가능성과 헌법정책적 사고의 가능성을 제공해주는 기능도 갖고 있다. 더 나아가서 법이론과 비교법도 간접적으로는 법실무에 영향을 미치고 그 질을 높일 수 있다. 그러나 이것이 법이론의 전적인 기능은 아니며, 일반 역사와 민족학에 해당하는 기능이 덧붙여진다. 법철학적 성찰 또한 종종 정치에 커다란 영향력을 행사하긴 하였지만, 이는 대부분의 경우 법철학이 갖는 계몽기능과 혼란기능의 간접결과일 뿐이다.

39) Rechtswissenschaft und Rechtspraxis; NJW 64, 1201.

40) 물론 이론과 실무의 분리는 실무가의 불신을 자아냈으며, 그들은 대학에 학생 교육조차 전적으로 일임하려 하지 않을 뿐 아니라(이해는 가지만 유감스럽게도 미미한 형태로 밖에는 이루어지지 않는 대학의 반대에 대해), 제1차 국가시험 또한 실무가가 담당해야 한다는 주장을 한다. 아마도 이러한 주장은 낙제생을 없애는 데에는 커다란 기여를 할 것이다.

제의 제기, 절차가 규정된 대화를 통한 문제의 규명, 구체적인 생활사태의 맥락에서 책임 있는 판결에의 강제, 선례와 판결의 선결례적 효력의 존중 등.

그 밖에도 제정시대에는 도대체 기본권의 규범적 구속력이 결여되어 있었고, 바이마르시대에는 아직 기본권존중 여부에 관한 사법적 통제가 결여되어 있었다. 헌법위반에 대한 유일한 제재는 외부에서 가하는 비난이 있을 뿐으로, 이는 권력의 정당성과 권력복종자의 충성심에 대한 위협이 되었기 때문에, 결국에는 헌법파괴자에 대한 국민의 저항권행사가 있을 뿐이었다. 이와 같이 헌법파괴가 감수할 수 있었던 위험은 순수한 힘의 문제였다. 따라서 라쌀레 *Lassalle*의 헌법의 규범적 효력에 관한 비관적 평가는 그러한 한도에서 타당성이 있다. 이러한 상황에서 명백히 논증하는 헌법해석은 실제로 헌법학에 독점되어 있었다. 정치기관의 행위의 합헌성에 대하여 헌법학이 의문을 제기하는 경우에만, 곧 헌법학이 권력보유자를 일치된 의견으로 법파괴자로 지목하고 이 사실을 공적으로 선언하는 경우에만 이에 대한 제재의 문제는 여론의 반응이라는 형태로 제기되었다. 그러나 매우 위험한 파급력을 가진 고도의 정치행위는 실제로는 헌법학의 대상이 되지 않았다. 정치행위의 대변자들은 관조적이며 평화를 사랑하는 학자들이었으며 그밖에도, 그들 가운데 다수는 정치적으로, 또 부분적으로는 인간관계에서도 충실하게 대의기관의 견해를 추종하였다. 이른바 "법적 방법론"은 정치적 고려를 헌법의 관찰대상에서 분리하려는 의도를 충실히 반영하였으며, "순수법학"은 국가권력보유자의 공공연한 도전과는 전혀 무관하도록 구성되었다. 법적 방법론은 이론적으로는 달리 구성되었을 수도 있었을 것이나, 있던 그대로의 형태로는 항상 국가권력을 정당화하고 인정하는 결과만을 낳았다. 빌헬름 *Wilhelm*이 그랬듯이[41] 이것을 보수세력에 대한 정치적 편애라고 비난할 - 그러한 비난이 부분적으로는 타당하다 하더라도 - 필요는 없다. 학자로서 진지한 성격의 헌법분쟁을 멀리하려 하거나, 체계논리와 정치적 소망 사이의 괴리에 유감을 표시하려 할 때에는 관료주의적 조직의 연관성과 다른 한편으로는 산업화와 고도 자본주의 조건하에서 사회의 이익집단에로의 분열이 비스마르크제국의 구체적인 독일의 상황으로 서술되긴 하였지만[42] 이는 역사적 우연이었다. 예컨대 영국과 미국의 비슷한 역사적 배경에서는 헌법상의 실증주의가 탄생하지는 않았다. 예컨대 19세기 실증주의의 선구는 상이한 경제적, 사회적 상황에서 성립되었다.

"법적 방법론"은 학자를 위한 방법이었고, 이들이 하나의 "학설"을 만들어 나갔다. "법관"을 위한 방법론은 또 다른 것이었다. 법관은 존경과 결정기능을 가진 공직의 존엄, 그리고 제도적으로 보장된 독립성을 향유한다. 법관의 책임윤리는 "학문적 타당성"이 아닌 불편부당의 정의를 지향하고 있으며, 이념적으로 양자는 일치하나 현실적으로는 그렇지가 않다. 따라서 사법적 판결에 의한 권위적 헌법해석이라는 새로운 형태는 그 당시만 해도 독일의 헌법학에는 전혀 생소한 상황이었고, 그렇기 때문에 지금까지의 해석방법론이 오늘날의 실무를 감당할 수 없으며, 적당한 이론을 즉시 발전시키지 못했다는 사실도 전혀 놀라운 일은 아니다.

또한 이른바 "법적 방법론"이 붕괴되면서 1920년대 중반, 곧 바로 법관이 "헌법의 수호자"로서 나타나기 시작한 시대에 시사적인 방법론 논의가 활발하게 이루어지게 된 것도 아마 역시 우연이 아니다. 1925년 제국법원은 최초로[43] 명시적으로 실질적 법규통제권을 행사하였으

---

41) *Zur Juristischen Methodenlehre*, 특히 S. 152.
42) Peter von Oertzen, *Die soziale Funktion des staatsrehtlichen Positivismus.*
43) 법률에 대한 사법적 통제를 긍정하려고 했던 선구적 영향에 대하여는 E. von Hippel, Das richterliche Prüfungsrecht, HdbDStR Bd. Ⅱ, S. 546, 547(주40). 그러나 이

며,44) 이로써 헌법재판의 가장 민감한 문제를 다루게 되었다. 여기서
제국법원은 법정립에 대한 입법자의 절대적 권리를 깨뜨리고 이를 헌
법에 근거한 법관의 법발견에 예속시켰다.45) 같은 시기에 헌법에 규정
된 미미한 권한46)을 넘어서는 법관의 헌법적용에 대한 요청은 중요한
여러 곳에서 제기되어 많은 공감을 받았다.47) 이로써 방법론은 시급한
대상이 될 수밖에 없었다. 왜냐하면 이른바 "법적 방법론"이 사실은
전혀 법적이지 않으며, 순수한 학자를 위한 방법론이라는 것이 현실적
으로 밝혀졌기 때문이다. 그때부터 이 문제는 원래 법적인, 곧 헌법재
판에서 적용될 수 있는 방법이 되었다. 그러나 아직 방법론을 법실무

경향은 현실적으로는 거의 실현되지 않았다. 그래서 예컨대 옐리네크 *W. Jellinek*는
제국법원의 사법심사권을 "동화"(童話)로 표현하였다. JW 1925, S. 454.

44) 1925년 7월 16일자 통화절상법의 바이마르 헌법 제153조 재산권 보장관련 합
헌성에 관한 1925년 11월 7일 판결: RG 111, 320면. 이에 대하여는, C. Schmitt,
Das Reichsgericht als Hüter der Verfassung, in; *Verfassungsrechtliche Aufsätze*, S. 63,
84ff., 90ff.

45) 제국법원은 위헌법률이 바이마르 헌법 제76조에 규정된 헌법개정절차에 따라
제정되었는가의 여부에 관한 형식적 심사권만을 가진다는 헹케 *Henke*(Der Staat
1964, S. 433ff.)의 소수의견은 무리한 견해이다. 왜냐하면 어느 법률의 개정에
헌법개정에 필요한 다수가 요구되는가의 문제는 실질적인 법규범 비교에 의해
서만 결정될 수 있기 때문이다. 그러므로 법률의 합헌성심사는 "입법형식의 준
수 여부에 대한 심사"에 그칠 수는 없고(S. 436), 오히려 후자의 심사는 규범통
제절차에서는 제2차적인 문제이다.

46) 특히 바이마르헌법 제19조와 제53조.

47) 특히 Verhandlungen des 33. und des 34. Dt. Juristentages 1924과 1926 참조. 여
기서 이 요청은 도나 *Graf zu Dohna*, 트리펠 *H. Triepel*, 안쉬츠 *G. Anschütz*와 같
은 저명한 학자의 지지를 받고 있다. 더 나아가서 W. Jellinek VVDStRL 2(1925),
S. 38ff.; 그라우 *Grau*의 제국법률과 제국명령의 헌법심사에 관한 법률초안, AöR
50(1926), S. 287ff. 이하; Morstein-Marx, *Variationen über richterliche Zuständigkeit zur
Prüfung der Rechtsmäßigkeit des Gesetzes*, Berlin 1927, 특히 S. 129ff. 이하; 심사권 찬
반의 문헌이 상세히 소개되어 있는 E. v. Hippel, Das richterliche Prüfungsrecht,
HdbDStR Bd. II S. 546, S. 554 주 32와 33을 보라.

에서 독립한 체계적 학문이라는 그 원천으로부터 분리시키는 것이 완전히 성공한 것은 아니었다. 이론과 실무의 분리는 방법론이 헌법재판의 실천적 요청과 필요성에 일치될 때에만 비로소 극복되는 것이다.

9. 이론과 실무의 연관성

위와 같은 이유에서 성공적인 방법론의 기초는 법관의 법인식에 대한 해석이론이어야 한다. 왜냐하면 법관의 법인식은 유익한 방법론비판의 전제조건인 도구를 학문에 제공하기 때문이다. 이 명제에 대하여는 분명 다음과 같은 불신과 이의가 제기될 것이다. 이 명제는 학문으로부터 실무를 비판하기 위한 기준을 뺏고 결국 모든 실무를 정당화하는 것은 아닌가? 그것은 존재와 당위, 사회학적 관찰방법과 규범적 관찰방법의 근본차이를 간과하는 것은 아닌가? 그것은 조심스럽게 분리시켜 취급하여야 할 두 문제, 곧 헌법적용자의 실제행태와 행태규범을 혼동하고 있는 것은 아닌가?[48]

이 질문들은 물론 진지하게 숙고될 만한 가치가 있다. 왜냐하면 헤겔 *Hegel*을 필두로 하는 존재와 당위의 연관성을 옹호하는 자들은 종종 다음과 같은 의혹에 실마리를 제공했기 때문이다. 곧 그들의 생각으로는 존재와 당위의 상관성은 그때그때 "존재하는 것이 또한 규범적인

---

48) 이것이 바로 벨첼 *Hans Welzel*의 리터 *J. Riter*에 대한 비판이기도 하다; *Naturrecht und materiale Gerechtigkeit*, S. 241 주 9. 또한 Wieacker, *Zum heutigen Stand der Naturrechtslehre*에 실려있는 벨첼과 리터 사이의 논쟁도 참조. 이에 대하여는 Kriele, Österr. Zeitschrift für öffentliches Recht 1966, S. 4 12f. 더욱 극단적인 견해는 예컨대 H. P. Rill, 앞의 글; 실무의 현실이 전혀 다른 모습을 띤다는 사실이 중요한 것이 아니다. "왜냐하면 법학은 규범학이지, 존재학이 아니기 때문이다."

것이어야 한다"는 것이 아니다. 이 명제는 그런 의미가 아니며,[49] 따라서 우리도 그러한 이해에서 출발할 수는 없다. 실천적 방법론은 흠결이 있을 수 있고 위법할 수도 있으며 바로 그 점을 확실히 할 가능성을 이론이 외면해서는 안 된다. 오히려 우리의 논의점은 의미 있고 유익한 비판을 하고 실무를 측정하는 척도를 획득하는 것이다. 그러나 이 목적을 위하여 법현실의 해석이론을 출발점으로 삼는 것이 불가피하고, 그것은 다음과 같은 이유에서이다.

첫째로, 실무가 본래 무엇을 행하는가, 그리고 그것을 어떠한 방법으로 행하는가에 대한 정확한 분석이 이루어진 후에야 비판이 의미를 가질 수 있다는 것은 아주 분명하다. 현실의 모든 중요한 관련이 관찰되지 않는 경우, 너무 빠른 방법론적 요청만으로는 다음과 같은 이유 때문에 무익한 것이 될 수 있다. 곧 정확히 관찰을 하면 방법론상의 요청이 이미 충족되어 있거나, 또는 그 요청을 충족시키는 것이 현실적으로 불가능하기 때문이다. 이에 대한 예들은 후에 언급될 것이다.

둘째로, 실무가 무엇을 행하는가에 대한 분석만으로는 불충분하다. 오히려 중요한 것은 실무가 왜 달리하지 않고, 왜 바로 그렇게 하는가를 파악하는 것이다. 이론은 그 이유를 발견하고 명확히 하려는 시도를 통하여 실무보다 현명해진다. 왜냐하면 실무는 자기의 임무에 통달하여 있기는 하지만, 종종 자기의 행위의 방법론을 비판적으로 성찰하고 의식하지는 못하기 때문이다. 실무에서의 행위이유의 타당성을 체계적으로 숙고하는 것을 통하여 이론은 그 이유가 불충분한 것으로 밝혀지면 그것을 건설적 비판으로 수정할 수 있고, 그 이유가 관철될 수 있는 것이면 실무를 부당한 공격으로부터 보호할 수 있게 된다.

---

49) 이에 대하여는 J. Ritter, *Hegel und die französische Revolution*, 1957 참조. 이것은 1965년 *Suhrkamp*에서 다시 인쇄되었다; ders., *"Naturrecht" bei Aristoteles*, 1961; O. Marquard, Hegel und das Sollen, Philosophisches Jahrbuch, 1964, S. 103ff.

셋째로, 실무의 행위이유의 타당성 여부를 판정하는 기준은 그 이유 자체를 성찰함으로써 비로소 획득된다. 이는 추상적이고 대단히 그 통찰이 어려운 진리이지만, 기술은 그렇게 하여야만 습득되고 발전될 수 있다는 오래된 진리 그 이상의 의미가 아니다. 더 이상 논의를 허용하지 않는 '최선의 진리처럼'(primum verum) 선험적 또는 적어도 기본법에서 도출되는 명령과 같이 취급되는 일련의 방법론적 이론의 예를 우리는 다음과 같은 것에서 볼 수 있다. 법관의 작업은 사안을 확정하고, 이를 법률 또는 헌법에 포섭하는 것 이외의 다른 것이 아니다. 법관의 법창조는 권력분립의 원칙에 어긋난다. 법문해석은 단지 법문의 다의성을 해명하는 작업에 불과하고, 이는 문법적, 논리적, 역사적 그리고 체계적 고찰에 한정되어 이루어진다. 사고과정에는 일정한 순서가 지켜져야 한다. 선결례는 우리 법체계에서는 원칙적으로 구속력을 갖지 않는다 등등. 물론 이러한 원칙들이 전적으로 타당할 수는 있다. 그러나 이 원칙들이 당연히 타당하다는 근거는 도대체 무엇인가?

앞(§ 5)에서 이미 밝힌 바와 같이 직접 기본법으로부터는 위에서 예로 든 어떠한 원칙도 도출되지 않는다. 포섭이론과 4가지 해석원칙이론 또한 기본법에서 직접 도출하는 것은 전혀 가능하지 않고, 단지 포섭과 4가지 해석방법에 따른 법문해석을 통해서만 비로소 도출할 수 있다. 정식으로 제정된 해석법칙 역시, 그 법정책적 합목적성이 이미 논의되고 추천되기도 했지만,[50] 우리는 가지고 있지 않다. 오히려 위의 원칙들은 전래의 인정된 학설의 내용일 뿐이다. 따라서 이 원칙을 지지한다는 것은 그 학설을 승인하고, 그것이 역사적 산물이라는 사실을 지적하거나 그 합목적성을 문제시함으로써 그 원칙들을 상대화시키지 않겠다는 의미를 가질 뿐이다. 이 의도에는 타당한 이유가 있을

---

50) Helen Silving, A Plea for a Law of Interpretation, 98 University of Pennsylvania Law Rev.(1958), S. 499ff.

수 있다.[51)]

그러나 이 원칙들은 결코 선험적 확실성을 가진 것이 아니고, 법관의 법인식에 대한 해석이론에 그 출발점을 가지고 있다는 사실이 간과되어서는 안 된다. 다른 말로 바꿔 말하면 전래의 방법론의 창시자들은 연역적으로 작업을 하였던 것이 아니다. 왜냐하면 연역할 수 있는 확실한 규범이 없었기 때문이다. 그들은 오히려 실무를 판정할 수 있는 기준을 귀납적으로 찾아나갔다. 그들에게 현실에서 어떤 것이 폐단으로 비쳐지거나, 또는 특별히 타당하고 모범적인 것으로 비쳐지면, 그들은 그 이유를 규명하려는 노력을 경주하였다. 표준적인 원칙을 구성하려는 시도는 항상 가설적일 수밖에 없었다. 그리고 그 시도는 다른 기회에 그리고 논쟁을 거치면서 증명되어야 했다. 따라서 현실을 판단하는 척도가 존재하기는 한다. 그러나 위와 같은 한에서는 존재와 당위는 동일시되지 않는다. 그러나 이 척도들은 알려져 있지는 않았고, 단지 가정되었을 뿐이며, 그것은 또 절대적으로 주어진 것도, 확실한 것도 아니었다. 그 척도들은 구체적인 실무를 관찰하는 기회에 처음에는 무의식적으로 나타나고, 그 다음에는 소급·성찰되면서 비로소 "발

---

51) 이 의도의 동기는 특히 다음과 같은 이해할 만한 우려에서 비롯된다. 곧 원칙의 상대화는 바로 법관의 법종속성, 그 결과로서 법적 안정성뿐만 아니라 법관의 독립성을 위태롭게 할 것이라는 것이다. 그러한 위험이 물론 경종을 울리는 것이고, 경우에 따라서는 진리탐구와 그 발표를 중지하는 그럴듯한 동기가 될 수도 있다. 원칙의 상대화가 위험을 야기하지도, 그 위험을 확대시키지도 않는 것이고, 반대로 기존의 위험을 제거하는 데 적절하다는 사실이 정확히 근거지어지고 통찰될 때 비로소 실용주의적 책임윤리관점에서도 계속적인 연구에 호의를 보일 수 있다. 물론 전래의 방법론원칙에 집착하게 되는 또 다른 이유도 있을 수 있다. 헌법재판을 폐지하거나, 극단적으로 제한하거나 또는 연방헌법재판소를 개인적으로 점령하기 위한 관점을 얻기 위하여 이들 원칙에 따라 판단하면 대단히 결함이 있는 것으로 보일 수밖에 없는 헌법재판의 현실을 불신하는 경향이 특히 그것이다.

견"된다. 이러한 맥락에서는 존재와 당위는 일원적으로 파악된다.

그러므로 주어진 원칙에서 구속력 있는 확실한 척도가 이미 존재하고 있다는 믿음을 갖는다면 이는 스스로를 속이는 것과 같다. 왜냐하면 원칙들이란 어떠한 방법론이 그 창시자에게 타당하고 합리적으로 비추어졌는가를 기술하려는 가설적 시도이기 때문이다. 실제 결과는 그 원칙들이 지나치게 광범한 것으로, 또는 지나치게 제한적인 것으로 또는 전혀 비이성적인 것으로 밝혀질 수도 있다. 이 원칙들은 예컨대 방법론적 현실에서 출발한다는 선의에도 불구하고 존재하지 않는 현실을 출발점으로 삼기도 하고(예컨대 사비니가 법문해석에 불가피한 "목적론적" 요소를 간과한 경우) 의식적으로 잘못 알려진 현실에서 출발하기도 하며(예컨대 몽테스키외 *Montesquieu*가 영국의 법관을 법적용자로 서술한 경우), 폐해의 해소를 위한 적절치 못한 수단을 권하든가 (예컨대 법관의 자의에 대해 - 포섭기능에 한정시킬 수 있다고 하면서 - 법전편찬을 제안하는 경우), 또는 일정한 상대를 폐해라고 지적하지만, 실제 자세히 관찰하면 유익하거나, 또는 거꾸로 위험한 결과를 가져올 수 있는 상황에 긍정적인 평가를 하기도 한다.

그러므로 이 원칙들에 안주할 수는 없고, 그것들을 새롭게 숙고하여야 한다. 그 창시자들이 현실과 그 현실의 구체적 폐해와 장점에서 출발하였듯이, 특히 오늘날 나타나는 방법론이론과 실무의 분리현상에 의문을 제기하고 법관의 현실과 새롭게 연계시켜 관찰하는 것이 필요하고 또 유용한 것으로 생각된다. 예컨대 사비니의 방법론에 만족하려는 것은 마치 피아노선생이 현재에도 체르니 *Czerny*나 비익 *Wieck*의 피아노 연주방법에 안주하려는 것과 같다. 훌륭한 피아노선생이라면 피아노연주가 훌륭한가, 형편없는가를 판단하는 관점을 훌륭한 또는 형편없는 피아노연주자의 연주를 분석적으로 관찰함으로써 획득할 것이다. 법적 방법론은 기술학이지 추상적인 학문이 아니다. 수공장인의 방법론이 그렇듯이 법적 방법론은 그 이전에 존재하였으며 독자적으로 전수된 대가의 지식을 체계적으로 구성하려는 시도이다. 아리스토텔레스가 말하는 기술과 이론의 관계는 기술과 학문의 현대적 관계보다 훨씬 더 법적 방법론에게는 모범이 된다.52)

---

52) 이에 대하여는 J. Ritter, *Die Lehre vom Ursprung und Sinn der Theorie bei Aristoteles*, S. 32ff.; ders., Freiheit der Forschung und Lehre, Studium Generale 18(1965), S. 143ff., 특히 S. 146, 148ff: 헤겔에게는 이론과 실무의 관계가 중요한 관심사였다. 이에 대하여는 Ritter, *Hegel und die französische Revolution*, H. Habermas, *Theorie und Praxis*, O. Marquard, *Hegel und das Sollen*, M. Riedel, *Theorie und Praxis im Denken Hegels*을 보라.

제2장

이상적인 포섭과 그 문제점

10. 문제제기

훌륭한 학문적 전통은 이미 인정된 이론체계를 그 체계의 모순이 발견되면 곧바로 포기하고 새로운 체계로 대치하려 하지 않고, 오히려 그 체계를 고쳐 체계적으로 만들고 그와 같은 변경이 원래의 체계를 압도할 경우에만 혁신적으로 전체를 고치려고 한다. 이러한 전통의 의미에서 여기에서는 독일헌법학에서 전해져 내려오는 법적 방법론을 그 출발점으로 삼고자 한다.

전래의 방법론이 간직해 온 법관의 임무에 관한 이상적인 모습은 삼단논법에 따라 판결을 법률로부터 연역적으로 포섭하는 것이다. 물론 이와 같은 이상형은 고쳐지고 제한될 필요가 있으며 그 경우 해석의 방법원칙과 법논리학의 방법원칙에 따라 조정되어야 한다는 점은 이미 긍정되고 있다. 그러나 사람들은 위와 같은 유보를 할 경우 포섭의 원칙을 고수할 수 있을 뿐만 아니라 더 나아가서 고수해야 한다고 믿고 있다. 그렇지 않으면 법관의 법률구속성은 포기되고 그 대신 무절제하게 고삐가 풀리게 된다고 한다. 물론 이 경우 헌법재판을 두고 하는 말은 아니다. 제정시대의 헌법재판은 형식적인 것에 한정된 심사권을 넘어서지 못했기 때문이다.[1] 헌법해석은 정치권력 자체의 일이었으며, 또한 무엇보다도 이른바 "법적 방법론"이란 개념구성에서 포섭을 전적으로 초월하는 헌법학의 일이기도 했다.

그러나 이와 같은 해석의 전담체가 없어지고 본질적인 헌법판결들이 헌법재판의 소관사항이 된 후, 헌법을 적용하는 법관 또한 포섭원칙에 구속되어야 하는가라는 문제는 진지한 토론대상이 되었다.

새로운 독일헌법학에서 이와 같은 이상적인 법관의 모습을 전통적으로 표현한 사람은 라반트 *Paul Laband*이다. "입법의 본질은 … 추상적인 법규를 정립하는 데 있으며, 사법의 본질은 구체적인 법적 관계를 구속력 있게 확정하는 것인데 … "[2] "… 그것도 주어진 사태를 현행법에 포섭하는 방식으로 확정하는 것이며, 따라서 포섭은 논리적인 추론과 마찬가지로 개별의지로부터 독립해 있다. 추론을 행하여야 하는가 여부를 결정할 자유는 결코 존재하지 않는다."[3] 물론 라반트는 다음과 같은 점, 곧 사태를 확정하는 데는 재량의 여지가 존재하며, 또한 법률도 법관에게 명시적으로 "포괄적인 심사권을 부여해서 형평을 고려할 것을 명령하며 임의적인 판결을 할 수 있다"는 점을 인정하기는 한다. 그러나 그는 다음과 같은 것을 강조하고 있으며 그리고 아마도 이 문장이 결정적인 것이다. "그럼에도 불구하고 법관은 자신의 의지가 아닌 객관적인 법의 의지를 관철시켜야 한다. 곧 법관은 '살아 있는 법의 입'(viva vox legis)이다. 법관은 **대전제를[4] 스스로 창조하는 것이 아니라,** 그것을 자기 위에 군림하고 있는 권력에 의해 주어진 것으로 감수하는 것이다."

---

1) Ernst v. Hippel, 앞 장, (주 47) 참조.
2) *Das Staatsrecht des Deutschen Reiches*, II, S. 163.
3) 앞의 책, S. 165.
4) 저자에 의한 강조.

이렇게 하여 우리는 '보통 주장되듯이'(modus ponendoponens) 가정적인 삼단논법의 도식, 곧 대전제로서의 추상적인 법문, 소전제로서의 사태확정 그리고 결론으로서의 구체적인 판결을 얻게 된다.

1. P의 경우에는 R이라는 법적 효과가 발생한다.
2. P의 경우이다.
3. 그러므로 R이라는 법적 효과가 발생한다.

각각의 어느 단계 - 곧 대전제의 발견, 증거인정 그리고 논리적 추론 - 에서나 오류는 가능하며 그렇기 때문에 상이한 법적인 의견이 있을 수 있다는 것이 라반트의 생각이다. "법관은 사태를 확정하거나, 법문이나 또는 그것으로부터 도출되는 결론에서 착오를 일으킬 수 있으며, 따라서 여러 법관들은 똑같은 사례를 서로 다르게 판결할 수 있다."

이와 똑같은 기본도식은 헌법학에서 두루 재발견된다.[5] 서독의 헌법학도 이와 같은 근본사상을 고수하고 있다.[6] 따라서 그의 저서 「법

---

5) 예컨대 "법률은 법적 원칙을 명하고, 판결은 사례를 추상적인 규범 안에 포섭한다"는 옐리네크 *G. Jellinek*의 경우(Allg. Staatslehre, S. 611)- "현대국가의 유형을 규정하는 경향, 곧 옳은 것과 합목적적인 것에 관한 결정은 입법자의 몫이다"라고 말하는 토마 *Thoma*의 경우(HdbDtStR Ⅱ, S. 144과 그곳에 인용된 것을 참조) 또는 "단지 그와 같은 (곧 미리 규정된 일반적인) 규칙이 효력을 가져야만 법관의 판결은 효력을 가진다'라는 슈미트의 경우(Verfassungslehre, S. 133) 또는 "사법의 유일한 목적은 … 개별적인 경우에 법정립자의 의사를 실현하는 것이다'고 말하는 안쉬츠의 경우(Deutsches Staatsrecht, S. 166).

6) 크뤼거 *H. Krüger*는 예컨대 사법에 "고유한 방법"을 "포섭"이라고 칭하며 (Allgemeine Staatslehre, S. 794) 법관이 삼단논법적인 추론을 할 경우에만 사법제도를 이야기할 수 있다고 생각한다(S. 707). 그러므로 헌법재판은 순수한 판결이 아니며 오히려 "헌법제정"만이 있을 뿐이다(S. 709). 포르스트호프는 간단명료하게 다음과 같이 말한다. "법률해석은 삼단논법적 추론이란 의미에서의 올바른 포섭이라는 것을 무조건 고수하지 않으면 법학은 스스로를 부정하는 꼴이

의 정신」의 그 유명한 제6장 제11권에서 법관을 "법의 말을 하는 입"
으로 표현하고 있는 몽테스키외가 항상 되풀이 원용된다. 이 장은 권
력분립이론에 관한 고전적인 논술을 담고 있기 때문에, 이 장에서 기
술된 법적 방법론에 관한 이해는 어느 정도는 권력분립이론의 구성부
분이 된다. 이렇듯 특정의 방법론은 헌법적인 근본원칙으로 고양되며
그에 상응해서 제고된 영향력을 획득한다.

그러므로 포섭이론과 같이 매우 뿌리가 깊고 중요한 이론을 문제
삼는 데는 매우 신중하지 않으면 안 되며, 가능한 한 그 이론을 고수
할 필요가 있다. 이 이론은 우리 헌법체계의 기둥이며, 이 기둥이 무너
지면 예상할 수 없는 결과가 올 수도 있다. 모든 학문의 발전 시에 수
행되는 신중한 보수주의의 적재적소는 헌법이다. 왜냐하면 학문적인
혁명은 헌법의 경우 이론적인 성격뿐만 아니라 실천적인 성격을 띨
수 있기 때문이다. 포섭이론을 경솔하게 취급하면 예컨대 법관은 법률
의 구속을 경솔하게 다룰 수도 있다. 그렇게 되면 법관의 자의뿐만 아
니라 모든 종류의 정치적 영향력들이 유입될 수도 있다. 그 결과 집단
독재가 생겨날 수 있으며, 이에 대해서는 민주적 헌법제정자와 입법자
는 무력할 수밖에 없을 것이다.

그러나 똑같은 정도로 신중한 논거에서 우리는 방법론을, 그것이
법적인 현실을 제어할 수 있는가라는 관점에서 검토하지 않으면 안
된다. 방법론이 사물의 본성에 따른 법적 사고의 요청을 받아들이지
않는다면 배척된 현실은 바로 불완전한 이론에 대항해서 자신을 관철
시킬 것이다. 다시 말해 법실무는 자기의 길을 가고, 자신을 이해하지
못하는 이론의 강단적인 성격을 무시할 것이다. 그러나 그렇게 되면

된다"(Schmitt-Festschrift, S. 41, Rechtsstaat im Wandel, S. 153). 그러나 그는 크
뤼거와는 달리 헌법재판은 사법이고 따라서 포섭방법에 구속되어야 한다는 점
을 고수한다.

사람들은 바로 그들이 모면하려고 했던 것을 얻는 결과가 될 것이다. 곧 법관들은 방법적인 구속을 존중하는 것은 절대적으로 불가능하다는 그럴듯한 논거로써 방법론으로부터 해방되고 그 제약을 받지 않는다고 느낄 것이다. 그렇게 되면 자의뿐 아니라 또한 정치적인 영향력에도 문을 열어놓게 될 것이다. 그런 까닭에 학문에서 보수주의는 다만 전래된 이론을 지지하는 추정, 그것도 논박될 수 있는 추정에 지나지 않는다. 전래된 이론을 고집하는 것 자체가 위험스러운 경우가 되면 그 이론을 비판적으로 검토하는 것이 절실하게 된다.

그렇기 때문에 우리는 매우 진지하게 다음과 같은 질문을 제기해야 한다. 방법론에 관한 포르스트호프의 경고적인 논문이 그렇듯 인상적으로 시사한 위험과 폐단의 원인은 아마도 이론의 불충분성에 있는 것은 아닌가? 포르스트호프는 법관이 광범위한 결정영역을 "찬탈했다"고 비난하면서 다음과 같이 첨부한다. "법관이 법률을 적용하는 법발견의 기술적인 원칙과 논리적인 절차로부터 스스로 벗어났기 때문에 이러한 찬탈은 가능하였다."[7] 그러나 숙고되어야 할 점은, 기술적인 원칙과 절차의 이론이 지니는 아마도 비현실적인 협소함이 바로 법발견의 실천적인 필연성을 도외시하게 함으로써 법관을 자유롭게 만드는 것이 아닌가 하는 것이다. 강을 막아 운하를 만들려면, 그 하상(河床)은 물이 지날 수 있을 만큼 넓어야 한다. 하상이 좁다면 강물은 둑을 넘치게 된다. 그렇게 되면 우리는 강물을 제어하기는커녕 강물에 대한 통제력을 완전히 잃게 된다.

---

7) Der Jurist in der industriellen Gesellschaft, in: *Rechtsstaat im Wandel*, S. 196.

11. 삼단논법과 대전제의 발견

이 문제를 좀 더 정확하게 파악할 필요가 있다. 포섭이론은 다음과 같은 이상으로부터 출발한다. 곧 법관이 그에 따라 결정할 원칙들은 미리 확정되어 있다는 이상, 다시 말해 삼단논법적인 추론의 대전제는 미리 주어져 있고 따라서 법관은 몽테스키외의 말과 같이 "법률의 입"으로서 포섭해야 한다는, 요컨대 대전제의 법적 효과를 구성하는 구성요건요소가 구체적인 사태에 주어져 있다는 것을 소전제에서 확인하기만 하면 그것으로부터 법이 규정한 법적 효과는 자동적으로 도출된다는 이상으로부터 출발한다. 이것은 마치 법관의 자의를 전혀 허용하지 않는 명백한 논리적 절차처럼 보이기는 하나, 단지 이상일 뿐이다.

왜냐하면 단지 문제가 되는 것은 어떻게 올바른 대전제를 발견해야 하는가라는 점이기 때문이다. 심지어 어떤 사람들은 단지 이 문제만이 방법론의 대상이라고 주장하기까지 한다. 이 문제에 관해 라반트가 대전제를 확정하는 데는 오류나 재량의 여지가 가능하나 **그럼에도 불구하고** 미리 주어진 법문은 올바로 적용되어야만 한다고 말한다면, 그것은 바로 라반트가 방법론의 문제에 관해 말한 것이 **아무것도 없다**는 것을 의미한다. 이른바 올바른 포섭에 관한 문제는 도대체 문제가 되지 않는다. 올바른 대전제가 발견된다면 포섭은 저절로 된다. 물론 논리적인 사고의 모순에 관해서는 무수한 예가 있으나, 그 모순은 항상 허용되지 않는 추론방식이나 그른 전제를 택한 것에 그 원인이 있다. 잘못된 삼단논법적인 포섭에 관해서는 기껏해야 흥미로운 사례들을 구성할 수 있으나, 법 논리학의 이론가들에게서 실무로부터의 예를 찾기는 어렵다. 예컨대 실증주의 쪽에서 라렌츠의 방법론에 대해 이의를 제기할 수 있다고 믿었던 바와 같이,[8] 전제가 확인되면 사례판단의 최종단계에서는 포섭추론이 행해진다는 것은 맞는 말이기는 하다. 그러나 논의가 되어야 할 것은, 방법론이 포섭추론에 관해서 광범위하게 상술하지 않는다면, 심지어 언급조차 하지 않고, 더 나아가서 포섭추론을 명시적인 "사고과정"으로서 인정하지 않는다면, 그것은 중대한 실책이라는 점이다.[9] 전통적인 삼단논법이 뜻하는 바는 어떻게 주어진 전제에서 올바른 결론을 발견하는가가 아니라 어떤 전제설정이 옳고 그른가를 가르쳐주는 데에 있다.[10]

법관은 올바르게 추론해야 한다는 요청은 시인될 수 있으나, 그것은 전혀 의미가 없다. 법적용이 포섭만으로 끝난다면 입법자나 헌법제정자에게 요구를 해야 할 것이다. 곧 이들은 생각할 수 있는 모든 법적 사례에 관해 명백하게 그리고 오해가 없게 적절한 법문을 만들어야 할 것이다. 그러나 가능성은 무한하기 때문에 이것은 공론적인 요구에 불과할 것이다. 그러나 어쨌든 가능한 범위에서는 이와 같은 것을 시도해서 기본법을 수천 개의 조문으로 편찬해줄 것을 제안할 수도 있다. 그럼에도 불구하고 이것만으로는 부족할 것이며, 헌법을 적

---

8) Heinz Peter Rill, Zur "Methodenlehre der Rechtswissenschaft": Österr. Zschr. f. öff. Recht XV, S. 281, 287(1964).

9) 삼단논법적인 연역에 관한 헤겔의 언명은 - 이것은 그의 논문에 있는데 - 이러한 전후관계에서 중요한 말이 된다. "역사적 논리에 대해서 우리가 금은 노란색이다 라는 식으로 판단을 하는 것은 분명하다. 이러한 판단은 개연적이다. 그러나 모든 사람은 죽는다. 가이우스 *Cajus*는 사람이다. 그러므로 그는 죽는다 라는 식으로 우리가 추론한다는 것은 판단과 같이 개연적인 것이 못된다. 적어도 나는 그렇듯 단순한 것은 생각해본 적이 없다. 그것은 우리가 의식하지도 못한 채 내적으로 진행되는 것이기 때문이다. 물론 내적으로 진행되는 것은 예컨대 소변이 마렵다든가 또는 그것보다 더한 것 등 많다. 그러나 그것이 외적으로 표출될 때는 우리는 코를 막는다. 그와 같은 것은 추론에 있어서도 마찬가지이다."(K. Rosenkranz, *G. W. E. Hegels Leben*, 1844, S. 538.)

10) Kapp, *Der Ursprung der Logik bei den Griechen*, 1965, S. 17ff., 86f.와 나아가서 이 책의 § 35f.를 보라.

용하는 법관은 많은 경우에 논리적, 문법적, 역사적, 체계적 해석에 만족하면서 포섭을 해야 할 것이다. 그리고 이와 같은 헌법의 편찬이 이루어지지 않는 한 - 사실상 이러한 방법은 합목적이지 않으며 따라서 권할 수도 없다 - 포섭이론은 그 의도와는 달리 내용적인 명제라는 허울 아래 시선을 본래의 문제로부터 벗어나게 해서 문제의 검토를 막는 결과를 가져온다. 무엇보다도 헌법에서 법적 방법론이 이제 막 발전의 초기에 있다는 것은 특히 전통적인 포섭이론이 - 어떻게 대전제가 올바르게 발견될 수 있는가라는 - 본래의 중요한 문제설정을 어렵게 만들었다는 점에 그 원인이 있다.

헌법해석의 방법론이 헌법적인 문제를 해결하기 위해 불가피한 사고과정을 묘사하지 않는다면 충분하지 않은 것이다. 예컨대 다음과 같은 문제는 언제나 생긴다. 연방에 충실한 행위를 할 의무가 있는가? 자유와 사회국가 사이의 모순은 어떻게 해결되는가? 기본권의 제3자적 효력은 존재하는가? 기본권은 적극적인 청구권을 허용하는가? 헌법재판소는 어디까지 "자제"를 해야 하는가? 기본법 제5조 제2항의 의미에서 "일반적 법률"은 어떻든 실질적으로 특정된 법률인가, 그렇다면 어째서 그런가? 기본법 제2조 제1항은 기업의 자유를 허용하는가? 소급효를 가지는 법률은 헌법상 허용되는가? 처분법률에 대한 헌법적 제한은 있는가? 국가의 정당지원은 허용되는가? 위헌판결을 받은 정당의 국회의원은 의원직을 상실하는가? 등등.

이러한 종류의 문제들은 기본법이 이에 대해 명확한 대답을 마련해놓고 있지 않기 때문에 발생한다. 만약에 기본법에 "위헌판결을 받은 정당의 국회의원은 의원직을 상실한다(또는 상실하지 않는다)"라고 규정해놓았다면, 연방헌법재판소는 문제가 발생할 경우 단지 포섭하기만 하면 된다. 그러나 연방헌법재판소는 그와 같은 법문을 스스로 만들어야 하는 것이다. 따라서 연방헌법재판소는 포섭에 한정되어야 한다는 요구는 충족될 수 없다. 왜냐하면 포섭에 의해 해결될 수 없는 문제들이 불가피하게 연방헌법재판소에 제기되기 때문이다. 연방헌법재판소가 그와 같은 문제를 고안한 것은 결코 아니고, 오히려 연방헌법재판소는 그에게 청구된 헌법적인 분쟁에 대해 입장을 밝히는 데 지나지 않는다. 대부분의 경우 연방헌법재판소는 법적 삼단논법의 대전제를 비로소 확정할 때에만 이와 같은 일을 해결할 수 있다.

12. 의견의 다양성과 법이성

따라서 헌법상의 방법론논쟁에서 고유한 문제는 대전제를 결정하는 데 과연, 어떻게 하면 그리고 어느 정도까지 자의를 피할 수 있을까라는 문제이다. 그러나 기본법에 선재(先在)하고 있지 않은 대전제는 간접적으로 기본법에서 획득되어야 하며, 그때그때 해석하는 자의 정치적 견해와 원망(願望)에서 획득되어서는 안 된다. 이를 위해서 "법률적 용적 법발견의 여러 기술원칙과 논리적 절차"[11]가 도움을 준다. 또한 기본법의 "정신", 기본법의 "여러 가치", 기본법의 "경향", "자유민주적 법치국가의 이념", "가치·문화체계", "내적 의미 관련성" 등등의 정식은 방법론적 기본요청에 부응하려는 노력의 표현이다.

언제나 법적 사고과정이 방법론화 될 수 있다고 하지만, 다음과 같은 한 가지 사실은 명백하다. 곧 서로 모순되는 결과가 가능한 것이 원칙적으로 **배제될** 수는 없다. 이것은 기본법의 일반조항의 애매성에 원인을 찾을 수 있는 헌법의 특성은 아니다. 법전화된 민법에서도 언

---

11) Forsthoff, Der Jurist in der industriellen Gesellschaft, in: *Rechtsstaat im Wandel*, S. 196.

제나 이견(異見)은 가능하며, 사람들은 이견을 내용적으로는 인정하지 않는다 하더라도 법적으로는 "역시 주장할 수 있는 것으로" 승인하여야 한다. 그렇기 때문에 실정법질서는 도처에서 하나뿐만 아니라 또한 여러 가지 법적 판결가능성이 존재한다는 것을 전제하고 있다.[12] 그러나 헌법에서는 "올바른" 결정의 일의적 확정성이 현저하게 결핍되어 있으며, 결정의 범위가 매우 넓다는 사실 때문에 원칙적으로 그러한 결핍은 일반적인 것일 수밖에 없다.[13]

그럼에도 불구하고 문제는 합리적인 법적 방법론이 존재할 수 있을까 하는 것이다. 이는 모든 방법론논쟁에 내재하는 기본문제의 특징을 표현하고 있으며, 여기에서 의견은 나누어지고 있다. 사람들은 관점들

---

12) 그렇기 때문에 상고심, 상고심법원의 법적 견해에의 구속(예컨대 민사소송법 제565조 제2항), 판결상의 법적 견해와 의견이 일치되지 않는 경우의 제출의무 (법원조직법 제121조 제2항, 제136조)와 같은 제도가 존재한다. 만일 기본법이 하나의 연방최고법원에 (또는 새로운 계획 - 기본법 제95조와 관련된 기본법개정을 위한 법률초안, 연방상원인쇄물 60/65 - 에 따르면 연방법원들의 합의부에) 대하여 "연방법의 통일성유지" 의무를 규정하고 있다면, 그것 또한 수많은 법적 견해가 가능하다는 것을 인정하는 것이다.

13) 일원(一院)이 어떤 판결에서 다른 원이 취한 법적 견해와 의견을 달리하고자 하는 법적 문제의 경우에 전원결정을 규정하고 있는 연방헌법재판소법 제16조는 원칙적으로 다른 법원의 부서에 대한 병행적 규정과 구별되지 않는다. 만일 연방헌법재판소가 "입법자의 헌법 구체화"를 자신의 "구체화"로써 대체한다면 (H. Krüger, *Allgemeine Staatslehre*, S, 708), 동 재판소는 여기에서 본질적인 측면에서 바로 행정행위와 법원판결을 통제할 때 하는 것과 같은 것을 하고 있는 것이다. 피통제자의 행위를 존중하지 않고 심사하고 경우에 따라서는 폐기하는 것이 법관에 의한 통제의 본질이라는 것은 바로 심급순서에서 바로 상급법원이 하급법원의 판결을 심사하는 것과 같다. 이때에 수많은 상이한 의견이 가능하다는 것은 바로 전제되어 있다. 반대의 경우 의문의 여지가 없는 사안에서, 특히 상고심절차에서, 그렇게 많은 사소한 법적 분쟁이 생기지도 않을 것이고 또한 민법전 공포 이래 그렇게 괄목할 만한 민법의 계속형성 - 그러나 이것은 개정이기도 하다 - 이 가능하지도 않았을 것이다.

을 대략 다음과 같이 서로 대비시킬 수 있다. 포섭실증주의는 다음과 같은 대안을 제시한다. 오직 한 가지 판결만이 정당하고 이는 방법론적으로 체계화된 이론적 사고를 통하여 인식될 수 있다. 아니면 법발견은 절망적으로 자의와 임의에 맡겨져 있다. 이에 대해서는 다양한 의견들이 주장될 수 있다는 단순한 사실로부터 모든 추상적으로 가능한 의견들이 주장될 수 있다는 논리적 결론은 내릴 수 없다고 반박할 수 있다. 어떤 의견이 주장될 수 있다는 확인은 그 의견이 방법론적으로 납득될 만한 근거에 의하여 정당화된다는 것을 뜻한다. 그러나 방법론적으로 납득될 만한 것은 오직 합리적으로 토론할 수 있는 근거들뿐이다. 근거들이 토론될 수 있는 경우 그 견해는 원칙적으로 수정될 수 있다. 곧바로 의견의 다양성이 조정될 수 없다 하더라도 논거들은 의미를 가지며 종종 개선될 수 있다. 그렇기 때문에 포섭실증주의에 대해서는 다음과 같이 합리적인 이의를 제기할 수 있다. 포섭실증주의는 "전체냐 무(無)냐"의 양자택일로써 법적 판결을 지도하는 여러 관점에 대한 가능한 합리적 토론을 불가능하게 하고, 그렇게 함으로써 법발전을 무의식적 직관에 내맡기며, 그뿐만 아니라 주장가능하고 주장 불가능한 의견의 경계를 인식할 수 없다. 이에 대하여 포섭실증주의는 추정적인 합리성은 현실에서는 이데올로기이며, 그 특성에 대해서 사람들은 오직 환영만을 볼 수 있다고 다시 항변할 수도 있을 것이다. 그러나 법이성과 이데올로기를 구별할 수 없다고 하는 것은 옳지 않다. 그렇기 때문에 오늘날 매우 중요한 과제는 법이성을 이데올로기비판에서 구원하는 일이다.[14]

---

14) 여기에서 전 서구 유럽정신사를 관철하는 원칙논쟁의 특수한 변형과 관계있다는 것이 분명하다. 그러한 원칙논쟁은 결단론과 합리론, 홉스와 록크, 권위적 결정과 국회에서의 토론, 궤변주의자와 아리스토텔레스, 주의설과 주지설과 같은 표제어와 이름들로써 특징지어진다. 신(神)이 그것을 원하기 때문에 어떤 것

이러한 논쟁에서 원칙적으로 상이한 두 가지 입장이 대치하고 있다 하더라도, 이로써 그들 사이에 결국 지양할 수 없는 상대성, 곧 그들이 원칙적으로 합리적인 토론을 통하여 가교될 수 없다고 주장되어서는 안 되며, 합리적 토론이 법학적 문제에 국한되는 한 어떠한 경우에도 그러한 주장을 해서는 안 된다(이에 상응하는 신학적 그리고 철학적 논의는 어떠한가는 미결일 것이다). 이와는 반대로 아래의 상론이 가지는 의미는 방법론적으로 주장가능하고 불가능한 의견의 차이점을 납득할 수 있도록 하는 데 있다. 물론 "납득가능성" 이상의 것을 처음부터 추구할 수는 없다. 삼단논법적 포섭만이 명확성을 창출할 수 있다는 이유에서 그리고 도대체 명확하게 입증될 수 있는 것만을 논거

이 선이냐 아니면 그것이 선하기 때문에 신이 그것을 원할 것이냐를 둘러싼 신학적·철학적 대논쟁은 결국 선의 합리적 통찰가능성을 대상으로 삼고, 세속적·법적 차원에서는 합리적 논증이 가능한 법이성이 존재하는가 여부에 대한 문제와 상응한다.

이러한 순수 법철학적 문제의 눈에 띄지 않는 영역과 (예컨대 형사소송법에서의) 법발전의 경험적 제시가능성 때문에 매우 확신을 가지고 법이성의 존재가능성에 대해서 언급할 수 있다. 그러나 헌법적 입장과 인식론적, 정치적 그리고 신학적 여러 전통과의 관련은 특수하고 상세한 연구를 필요로 하며 따라서 이곳에서는 그러한 관련이 단지 암시될 수 있을 뿐이다. 또한 이와 반대되는 입장도 그 역사적 불변성에 찬성하는 심리학적 또는 인류학적 유형론의 도움을 받아 설명될 수 있다. 예컨대 사람들은 명령적 유형과 설명적 유형, 적극적 유형과 관상적 유형, 조급한 유형과 침착한 유형, 지배적 유형과 지배에 정당화를 필요로 하는 형제적 유형 - 여기에는 다시금 수많은 윤리적 이상이 병렬될 수 있을 것이다(예컨대 무사의 용기와 지혜) - 을 대비시킬 수 있을 것이다. 끝으로 사람들은 또한 이해관계와 계급이데올로기, 국민의 성숙도, 유럽국가와 대서양국가(C. Schmitt, *Land und Meer* 참조), 또는 그 밖의 요인들이 모순적인 입장들을 조건지우는지 여부를 심사할 수도 있을 것이고, 그래서 여러 입장의 다양성을 설명하는 하나의 개념망을 조립할 수도 있을 것이다. 그러나 사람들은 동시에 쉽게 가정적 추정 속에서 헤매게 되고 이러한 추정은 이해를 위하여 거의 도움이 되지 않기 때문에 그러한 사변을 계속해서는 안 된다.

로서 채택할 수 있다는 이유에서 포섭실증주의가 옳다고 생각하는 사람과는 더 이상 토론을 할 수 없다.[15] 그러나 포섭실증주의는 일반적으로 상이한 - 헌법적 그리고 전통적 - 근원을 가지고 있다. 곧 그것은 스스로 납득가능성만을 주장하고 "명확성"을 주장하지 않는 고려에 기초를 두고 있다.

따라서 가능한 의견의 다양성에도 불구하고 어떤 법적 방법론이 거의 모든 법문제에서 주장되어야 한다면 이러한 주장은 단지 법률가는 합리적인 방법으로 납득할 수 있게 논증할 수 있다는 데에 근거를 둔다. 그저 납득할 수 있는 논거가 반박될 수 있다는 사실로부터 의견의 다양성은 무리 없이 설명된다. 그러나 그러한 사실로부터 그 논거가 비합리적이고 무의미하다는 결론을 내릴 수는 없다. 기본법이 창출해 낸 논거들은 거의 모두가 반박될 수 있다. 그러나 그것들은 대부분 역사적 경험에서, 비교에서, 통계적으로, 인간에 대한 지식에서 정도의 차이는 있지만 설득력이 있다. 예컨대 권력집중은 권력남용을 초래하고, 사형은 추정된 위하의 효과를 내지 못하기도 하고, 비건설적 신임투표는 복수정당제 안에서는 지나치게 빈번하게 행정부 부재의 시기를 초래할 수도 있을 것이며, 면책특권이 없다면 행형이 의회의 다수를 변경시킬 수도 있을 것이다 등등. 이러한 모든 논거들은 엄격하게 입증될 수는 없고, 그렇기 때문에 의견의 다양성은 자명하다. 그럼에도 불구하고 이러한 다양한 의견들은 합리적으로 지지되고 합리적으로 토론될 수 있다.

---

15) 명확성의 추구자는 도대체가 수학과 경험과학에만 종사할 수 있다. 만일 그가 인간적 행위의 합목적성이 설명되고 원칙적으로 설득가능성의 정도만이 존재할 수 있는 영역에 발을 잘못 들여 놓는 경우 그는 끝없는 비판의 현기증을 발견하게 된다. 그러나 그와의 논쟁은 어떠한 경우에도 그의 논쟁이 논박될 수 있다는 것을 증명함에서 끝나는 경우 무익하다. 왜냐하면 이로써 그는 단지 무한정 전제된 것만을 주장할 뿐이기 때문이다.

헌법**정책적** 논거로 통용되는 것은 바로 **헌법적**인 것으로 통용된다. 헌법적 논거에서 다양한 의견을 주장할 수 있는 여지는 선존하는 기본법과 법적 방법론의 특수한 요청들 때문에 단지, 그것도 괄목할 만한 정도로 제한되어 있다. 어쨌든 헌법적 사고에서도 법적 논거가 헌법정책적 논거의 구조를 취하는 최후의 영역이 남아 있다. 이는 이미 "대전제"가 발견되어야 하기 때문에, 곧 헌법법문이 명확하게 되어야 하기 때문이라는 사실로부터 추측할 수 있다. 만일 포르스트호프가 예컨대 거주의 자유와 결합된 국가성의 희생이 강화된 경찰통제를 통하여 나중에 다시 회복되어야 한다는 이유 때문에 연방헌법재판소의 약국판결에 이의를 제기하고 있다면,[16] 이는 그를 옳다고 생각하는 근거가 존재하는 한 주장할 수 있는 헌법정책적 구조를 가진 법적으로 주목할 만한 논거인 것이다. 그러나 연방헌법재판소 쪽에서 볼 때에는 이 논거는 설득력이 없는 것이고 또한 법적으로 주장될 수도 없는 것이다. 예컨대 제12조 제1항과 같은 선존하는 기본법의 문구로부터는 해석과 포섭을 통하여 전자의 생각도 또 후자의 생각도 얻어낼 수 없다. 오히려 중요한 것은 대전제가 우선 확정되어야 하는 경우 나타나는 논거들이다. 그리고 모든 논거가 주장될 수 있다고 할 수는 없을 것이다. 사람들은 예컨대 거주의 자유 때문에 약국영업에 지나친 지원자가 몰려 다른 직업부분의 성장이 눈에 띄게 제한된다는 둥의 것과 같은 최소한 정당성의 개연성이 없는 논거를 주장할 수는 없을 것이다. 또한 거주의 자유는 기존 약국영업자의 이해관계를 침해할지도 모른다는 논거 또한 타인의 이해관계를 고려하지 않는 한 주장될 수 없을 것이다. 따라서 단순히 다양한 의견의 가능성이 있다고 해서 모든 임의적인 논거를 주장할 수 있다는 결론은 허용되지 않는다. 항시 존

---

16) *Zur Problematik der Verfassungsauslegung*, S. 21.

재하는 의견의 다양성에도 불구하고 법이성을 이론적으로 파악하려는 의미 있는 시도가 있는 듯하다. 이러한 전제에서 우리로 하여금 대전제를 결정하는 데 이론적으로 체계화된 법적 사고를 그렇지 않은 사고와 구별할 수 있게 하는 방법론적 여러 규칙을 발견하려는 시도는 희망적인 것으로 생각된다.

13. 실천적 결론

법적 사고 일반을 합리화시킬 수 있고 방법론화시킬 수 있다는 통찰은 우선 그것이 법적 의견을 비판하고 그렇게 함으로써 흠 있는 법원의 판결을 예방하고 수정하는 데 하나의 척도를 제공하기 때문에 실천적인 의미를 갖는다. 방법론적 노력이 가지는 이러한 의미는 일반적으로 알려져 있고 따라서 더 이상의 상론을 필요로 하지 않는다. 그밖에도 법적 방법론에 대한 이해는 바로 헌법에서는 특히 중요성을 갖는다.

한편으로는 헌법재판에 적용되는 기본적 의미를 가지는 여러 규칙, 특히 연방헌법재판소 판결의 구속력(연방헌법재판소법 제31조 제1항)은 법적 방법론의 맥락에서 해석되지 않는다면, 올바르게 이해될 수 없다는 것이 명백해졌다.

다른 한편으로는 헌법재판을 통하여 그리고 국민 또는 어떤 경우에도 전문가, 헌법학자가 법적 방법론의 합리성을 올바르게 이해함으로써 법적 방법론을 올바르게 파악하는 것은 헌법재판뿐만 아니라 헌법재판제도 일반을 인정하고 그 권위를 인정하는 전제가 된다. 사람들이 법관에 의한 대전제의 발견을 개인적 이해관계나 개인적 가치판단에서 오는 결정으로 파악하거나 심지어는 사실이 그러하다면, 사람들은 그들이 동의하지 않는 구체적인 판결을 거부감이 드는 자의로 생각할 것이고, 헌법재판제도의 폐지를 시도하거나 자신들이 이해관계를 대변하는 자로 하여금 그것을 지배하도록 시도할 것이다. 그러나 위의 어떠한 경우에도 헌법재판은 공정한 권위로서 존경받을 수는 없다. 미국의 "사실주의" 역사는 이에 대하여 감명적이고 명백한 자료를 제공한다.[17)]

여러 가지 형태로 변형되어 나타나는 이론의 핵심은, 만일 대전제가 일의적으로 선재하지 않는다면 합리적인 법발견방법론이 존재할 수 없으며 그렇기 때문에 대전제를 결정하는 데 필연적으로 당파적 동기가 있게 된다는 것이다. 이러한 이론은 일방적으로 경험적 인식이론(또는 숙고된 인식이론 일반에 대한 결함)에 의해서 뿐만 아니라, 실제로 정치적 의미를 가진 당파적인 따라서 방법론적으로 잘못된 일련의 미연방대법원의 판결에 근거를 두고 있었다.[18)]

이 이론으로부터 헌법재판제도에 대하여 다음과 같은 두 가지 다른 결론이 추론된다. 법관의 권한을 그때그때의 당리(黨利)에 사용하는 것은 피할 수 없는 일이며 그렇기 때문에 법관의 권한을 공개적으로 사용할 수 있는 대로 사용하는 것은 비양심적인 것이 아니다. 또는 헌법재판은 민주적 정당성을 결여한 입법이기 때문에 폐지되어야 하나 그

---

17) 사실주의문헌에 대한 개관은 다음 책들에서 볼 수 있다. Llewellyn, *Some Realism about Realism*, Auburtin, Amerikanishce Rechtssoziologie und die neueren amerikanischen Theorien der Rechtssoziologie und des Rechtssozialismus, Ztschr. f. ausl. öffentl. Recht und Völkerrecht, Bd, Ⅲ, S. 529-567. 최근의 것으로는 Rostow, American Realism and the Sense of Profession, in: *The Sovereign Prerogative*, S. 3ff. 새롭게 전체를 설명해 놓은 것으로는 Julius Paul, *The Leggl Reqlis of Jerome Frank*, Den Haag, 1959와 Giovanni Tarello, *Il Realismo Giurdico Americano*, Milano, 1962.
18) 소묘적인 개관으로는 Kriele: Der Staat 65, S. 201f.; 상세한 것은 Ehmke, *Wirtschaft und Verfassung*, 여러 곳을 참조.

것이 존재하는 한에서는 공정성을 요구하는 법관의 윤리는 모든 가능한 수단을 동원하여 헌법상의 재판을 하지 말 것을 명령한다. 실제로 두 가지 결론이 행해졌다.[19] 그 결과 사람들은 헌법재판의 기능과 방법을 이론적으로 파악하려고 노력하고 있고 특히 헌법재판의 민주적 성격이 철저히 방어되었다는 유익한 결과를 가져왔다.[20]

그러나 특히 재판거부를 권장하는 후자의 이론은 여러 시대에 걸쳐 실제로 우려할 만한 영향력을 행사해 왔으며, 특히 매카시[McCarthy]시대에는 연방대법원의 재판거부를 그때그때 정당화하기까지 하였다.

"사실주의"는 포섭실증주의와 매우 밀접하게 관련되어 있다. 곧 양자는 대전제를 합리적으로 발견하는 방법이 존재한다는 것을 부정한다. "사실주의"의 가장 대표적인 주장자이며 재판거부의 이론가인 프랑크푸르터 Frankfurter판사가 법적 방법론의 특성을 포섭으로 표현한 것은 특기할 만하다.[21] 사람들은 헌법재판과 관련하여 포섭을 법관의 기능으로 보는 유럽적 관점이 "사실주의"라는 견해로 오도되었으며 헌법재판제도에 대한 회의가 그 결과임에 분명하다는 것을 기대할 것이다. 이에 대해서는 수많은 예가 존재한다. 이미 1920년대에 칼 슈미트는 특히 미연방대법원 내부에서 수많은 다양한 견해를 보급시킨 워렌 Warren의 미국헌법사를 연구함으로써 헌법재판은 법적 재판이 아니라 정치적 재판이라는 논거를 획득하였다.[22] 이는 바로 헌법재판을 반대

---

19) Kriele, Der Staat 65, S. 195ff. 참조. 전자의 결론은 로델 Rodell의 저서가, 후자의 결론은 핸드 Learned Hand의 저서가 대표적이다.

20) 특히 Charles L. Black jr., The Supreme Court and Democracy, in: The Occasions of Justice, 1963, S. 6; ders, The People and the Court, 1960(후자는 Kriele, 앞의 논문, S. 208ff.에서 논평됨); Eugene Rostow, The Supreme Court and the People's Will, in: The Sovereign Prerogative, 1962, S. 114ff.; ders, The Democratic Character of Judicial Review, 같은 책, S. 147-192.

21) 법령의 독회(讀會)에 대한 고찰은 Henson(Hg.), Landmarks of Law, S. 210. 이에 대해서는 Kriele, JZ 65, 242ff.와 Der Staat, 앞의 논문, S. 203f. 참조.

하는 "사실주의자들"의 논거인 것이다. 바로 최근에 볼프 *Ernst Wolf*는 바로 동일한 관찰의 결과 똑같은 논거로써 법관에 의한 법규통제를 스위스에 도입하는 것에 반대하는 입장을 표명하였다.[23]

법관의 기능이 포섭에서 끝난다는 것을 전혀 문제가 없는 것으로 간주하는 크뤼거는[24] 수미일관하게 "사실주의적" 표현(특히 프랑크푸르터: "대법원이 바로 헌법이다")을 원용하여 헌법재판을 헌법제정이라 선언하고 있다.[25] 그의 논거는 (바로 슈미트의 의미에서)[26] 헌법재판은 "헌법을 헌법에 내포되어 있는 수많은 가능성들 가운데 하나에 헌법적으로 확정한다"[27]는 것이다. 이 논거가 법적 사고방법을 이미 "정치적인 것"으로 특정지우기에 충분하지 않다 하더라도 - 이 논거가 충분하지 않다는 것은 아래에서 밝혀질 것이다 - 비록 크뤼거 자신은 헌법재판관직에 "나이든 정치가"를 고려할 것을 권장함에 그치고 있지만,[28] 이러한 논거는 헌법재판제도에 반대하는 정서를 분명 환기시키고 그렇게 함으로써 특히 기본권의 실효성을 위태롭게 하기 때문에 위험하다.

그러나 크뤼거식의 제안에 대해서 사람들은 단지 유보 하에서만 동의할 수 있다. 그로부터만 헌법이 이해될 수 있고 그 속으로 헌법이 작용해야 하는 정치적·역사적 현실의 맥락으로부터 헌법을 고립시키고자 하는 "순수법학적" 관찰방법은 연방헌법재판소에게는 적합하지 않을 것이다.

그러나 다른 한편으로는 공정하게 형량하고 토론하며 논거를 제시

---

22) Das Reichsgericht als Hüter der Verfassung, *Verfassungsrechtl. Aufsätze*, S. 81.

23) *Verfassungsgerichtbarkeit und Verfassungstreue in den Vereinigten Staaten*, Basel 1961.

24) *Allgemeine Staatslehre*, S. 696, 707, 794.

25) 앞의 책, S. 708f.

26) Das Reichsgericht als Hüter der Verfassung, 앞의 책, S. 77ff.

27) 앞의 책, S. 70f.

28) 앞의 책, S. 709f.

하는 훌륭한 법률가의 사고방법은 정당정책적 수사학에 대한 수년간
의 강제와 일방적으로 일그러진 관찰방법 - 이 방법은 정치가가 성공
하는 전제조건이기 때문에 정치가는 이들을 피하지도 않고 피할 수도
없다 - 에 의하여 필연적으로 부패하게 될 것이라고 생각할 수도 있다.
이상적인 헌법재판관은 비록 그가 과거에는 정당정치적으로 적극적이
었다 하더라도(이는 정치경험을 위해서는 유익하고 아마도 심지어는
필수적일 것이다) 이제는 객관적이며 거리를 두는 학문적인 관찰방법
을 선호하는 경향을 가진 정치적으로 개방된 법률가인 것이다.[29] 법적
사고는 비록 그것이 법문해석과 포섭에서 끝난다 하더라도 존재하는
것이며, 그렇기 때문에 단순히 정치적 사고는 아닌 것이다. 헌법재판이
헌법제정으로 간주된다면 헌법재판은 또한 비방법론적이고 당파적인
것으로 간주될 것이고 또한 사실상 그렇게 될 위험에 처하게 된다.

14. 독점적 입법권인가 우월적 입법권인가?

포섭실증주의는 입법자의 입법독점권과 입법에 관한 우월권을 근본
적으로 혼동하고 있다. 법제사를 뒤돌아보면 입법자는 입법에 관한 우
월권을 가지고 있었다는 것을 알 수 있다. 곧 입법자가 법적 문제에
대해 권위 있는 결정을 내리면 법관은 여기에 구속되었다. 그러나 입

---

29) 예컨대 전직 대통령 태프트 *Taft*는 후일 연방 대법원장으로서 브랜다이스
Brandies, 홈즈 *Holmes*, 스톤 *Stone*과 같은 "정치"경력이 없는 법률가들처럼 그리
명망 있는 역할을 하지 못했다. 전직 연방수상 아데나우어 *Adenauer*도 반드시 연
방헌법재판소 재판관으로 적합하다고 생각할 수는 없을 것이다. 미연방대법원
판사의 법률적 그리고 정치적 성장 과정에 대한 자료로는 Glandon A. Schubert,
Constitutional Politics, New York 1960, 특히 S. 277ff.가 있다.

법자가 그의 우월적인 입법권을 행사하지 않는 경우에야 비로소 법관은 전통적인 것이건, 관습법적인 것이건, 자연법적인 것이건 또는 그 밖의 의미에서건 이해된 법을 발견하고 창조하였다. 법관에 대하여 실정법에 구속되지 않는 법발견 또는 법창조를 금지하는 입법자의 **독점적** 입법권은 역사적으로는 완전한 형태라고 일컬어지면서 포괄적인 법전편찬작업이 이루어지는 경우에만 주장되었다. 그러나 이러한 독점적 입법권의 주장은 예컨대 유스티니아누스 *Justinian* 황제와 프리드리히 대제 *Friedrich der Große* 시대의 법전편찬작업 당시에도 헛된 것이었다.[30] 도대체 독점적 입법권이 이야기되기 위해서는 법전편찬이 전제되어야 하고, 이때 법전편찬은 첫째로 무흠결이어야 하고, 둘째로 시대상황을 초월하여 지속적이어야 하며, 셋째로 모든 면에서 명료하고 일의적이어야 한다. 흠결이나 해석의 필요성이 전혀 존재하지 않을 수야 없겠지만, 이 경우에도 입법자가 그것을 스스로 배제할 수 있는 정도의 극히 적은 정도에 그쳐야 할 것이다. 이러한 의미로 의도되었던 법전이 로마법 대전(Corpus Juris)이나 프로이센 일반란트법(Allgemeines Landsrecht: ALR)이었다. 이 법전들에는 구체적인 분쟁이 있는 경우 신청에 의해서 군주가 법률을 유권적으로 해석하도록 규정되어 있었다.[31] 이 규정을

---

30) 로마법대전에 대하여는 Savigny, *System* I, S. 158ff., 301ff.; H. Kantorowicz, *Aus der Vorgeschichte der Freirechtsschule*, S. 10ff.; Kaiser, *Römishce Rechtsgeschichte*, S. 214ff. 참조. 프로이센 일반란트법에 대하여는 H. Conrad, *Die geistigen Grundlagen des Allgemeinen Landrechts für die preußischen Staaten von 1794*와 같은 책 13면 이하 주9에 수록된 1780년 4월 14일자 프리드리히대제의 내각령(Cabinetts-Ordre); Thieme, Die Preußsche Kodifikation; Wieacker, Aufstieg, Blute und Krisis; ders., *Privatrechtsgeschichte der Neuzeit*, S. 197ff. 참조.

31) C. 1.14.12 §1; C 1. 17. 2 pr.와 §§ 15-21; 프로이센 일반란트법 서문(Einl. ALR) §§ 46-50. 유권해석을 금지하는 그 밖의 예로는 1667년 루드비히 14세의 사법개혁을 위한 민사령(Ordonnace civile) Tit. § 7; 1786년의 요셉(Josef)법전 제1편 § 26; 1813년의 바이에른 형법; 그 밖에 참고문헌으로는 Dernburg, *Preuß. Privatrecht*

당시 실제로 철저히 지키려고 했다면 그것이 실현될 가능성은 거의 없었을 것이다. 왜냐하면 이 경우 사비니가 지적했듯이 군주는 법률해석에만 매달려 있어야 하기 때문에 "그 밖의 통치는 거의 행할 수 없었을 것이기 때문이다."[32] 법전편찬 이후의 시대에 대비해서 프리드리히 대제가 예정한 입법위원회의 존재도 군주의 전 통치기간 법률해석을 위해 시간을 쏟아야 하는 것에 대한 적절한 대응책이 되지는 못했을 것이다. 실제로 포섭작업의 한계를 넘어서는 법관의 활동은 피할 수 없는 것이었다. 사비니는 유스티니아누스 시대의 법관들은 "무사고(無思考)와 자의(恣意)를 수단으로 스스로의 임무를 헤쳐 나갔다"고 하지만,[33] 그 당시 황제가 통치작용을 정상적으로 수행할 수 있었던 이유는 아마도 로마법대전에 수록되어 있는 많은 모순을 포함하는 법문에 접하여 당시의 법관들이 교묘하게 '의제'(Fiktion)의 기술을 사용하여 포섭의 형식을 벗어나지 않았으며, 또 특히 법관에게 다른 경우에는 엄격하게 적용됐던 규정의 예외로서 모순을 제거하는 것이 명시적으로 허용되었기 때문이었을 것이다.[34] 프로이센에서는 해석금지의 원칙이 현실성이 없다는 것이 곧 판명되었다. 곧 법관에게 다시 해석의 권한이 부여되었으며, 단지 이 경우 법관에게는 "장래의 입법을 위하여 법무장관에게 법문의 불명료함"을 고지할 의무가 부과되었을 뿐이다.[35] 그런데 이 규정은 흠결보충의 경우를 위하여 규정된 규정[36)]과

I, S. 15; Lukes, *Festschrift für Laband*, S. 412ff.; Somlo, *Juristische Grundlehre*, S. 385; Spiegel, *Gesetz und Recht*, S. 100ff.; Klaus Stern, *Gesetzesauslegung und Auslegungsgrundsätze des BVerfG*. 미출판 학위 논문, München 1956, S. 139; Bockelmann, Richter und Gesetz, in; *Festschrift für Smend*, Göttingen 1952, S. 23ff.; Ermacora, *Verfassungsrecht durch Richterspruch*, Karlsruhe 1960을 보라.

32) *System* I, S. 309f.
33) 같은 책, S. 311.
34) C. 1. 17. 2, 15.
35) Anhang §2, zu Einl. §48.

마찬가지로 현실성이 없는 것이어서 여전히 제대로 지켜지지는 않았다.

현재 서독의 상황에서 입법자의 우월적 입법권이 독점적 입법권으로 대체된다면 필연적으로 법제도가 마비되고 국가생활이 붕괴되는 결과가 오리라는 것을 상상하기는 어렵지 않을 것이다. 입법독점권은 과거의 군주정시대에도 비현실적이었지만 오늘날에는 다음과 같은 두 가지 이유에서 과거보다 더 비현실적으로 보인다. 곧 첫째로는 의회의 입법과정이 복잡해짐에 따라 입법에 훨씬 더 많은 시간이 소요되어야만 하게 되었고, 둘째로는 해석 가능한 법률의 양이 급격히 증가하여, 예컨대 이제는 판결이 요약·작성되는 주문이 작성됨에도 불구하고 연방헌법재판소와 5개의 연방최고법원의 해석작업을 항상 파악하고 있는 것이 법률가에게 불가능하게 되었고 또 특정분야 전문법률가의 존재가 불가피하게 되었기 때문이다.

기본법을 개정할 권한 있는 기관(기본법 제79조 제2항)에 헌법창조의 권한을 독점시키고, 헌법재판은 포섭만을 하도록 한정시키면, 실제로는 모든 중요한 헌법분쟁은 후자의 기관에서 결정하여야 할 것이다. 왜냐하면 기본법의 해석을 둘러싸고 의심이 생기거나 의견이 충돌하는 경우에 한하여 헌법분쟁은 발생할 것이기 때문이다. 그러나 현재 연방헌법재판소의 두개의 원(院)이 완전 가동하고 있으므로 입법기관이 이를 담당할 경우 기껏해야 연방헌법재판소 작업의 절반을 처리할 수 있을 뿐이며, 그것도 입법기관이 그 밖의 다른 일에 전혀 관심을 기울이지 않을 때에야 가능한 것이다. 요컨대 포섭을 이상으로 하여 이에 집착하는 것은 전적으로 환상에 지나지 않는다. 법관이란 도대체가 재판은 포섭작업에 그쳐야 한다는 요청을 받아들이는 데 적합한

---

36) Einl. §§49f.

자가 결코 아닌 것이다. 이 요청은 오히려 입법자나 헌법제정자에게 행해져야 한다. 곧 포섭이 가능하도록 법률을 제정하는 것은 입법자나 헌법제정자에 대해 요구되는 것이다(이러한 요청이 충족될 수 있는가는 또 별개의 문제이긴 하지만 말이다).

"법관은 법률에 선존하였다"(포탈리스 *Portalis*).[37] 법창조는 본래 법관의 권한에 속하는 것이고, 이 권한은 입법자가 법제정에 관한 우월적 권한을 사용하여 법적 문제를 결정했을 때에만 제한될 뿐이다. "법률의 흠결"이란 용어를 사용한다는 것부터가 이러한 사실을 흐리게 하고, 법문과 법재료에 법문제에 대한 결정이 명백히 나타나 있지 않을 때에도 이 결정이 이미 주어져 있다고 하면서 이를 찾도록 오도하고, 나아가서 그것을 발견했다고 주장하게까지 한다. 그러나 "흠결"이란 단어는 역사적으로만 잘못된 것이 아니라, 다음과 같은 인상을 갖게 한다. 곧 "흠결"은 예외적인 현상이고, 따라서 법적 방법론에 대한 숙고는 절실하지도 않으며, 오히려 포섭실증주의가 대체로 큰 폐해가 따르지 않는 충분한 이론이 될 수 있다는 것이다.[38] 사실상 이른바 "흠결"은 법관에게는 다반사이다. 사실문제가 아닌 법적 문제를 둘러싼 법적 분쟁이 단순한 포섭을 통해서 결정될 수 있는 것이라면 대부분의 법적 분쟁은 스스로 해결될 것이다. 입법자는 우월적 입법권을 가질 뿐, 독점적 입법권을 사실상 가지고 있지 않을 뿐더러 그것을 상상할 수도 없다는 것을 파악하게 되면서 입법자의 독점적 입법권 또는

---

37) 1803년 2월 23일자 연설. 그 주요 내용은 Kantorowicz, *Aus der Vorgeschichte der Freirechtsschule*, S. 30ff.에 다시 수록되어 있다. 또한 Mendelsohn-Bartholdy, *Das Imperium des Richters*, 1908, S. 153; Schäfer, *Die deutsche Justiz*, 1928; Marcic, *Vom Gesetzesstaat zum Richterstaat*, S. 241ff., 336ff., 372.; L. Wenger, Antikes Richterkönigtum, *Festschrift zur Jahrhundertfeier des ABGB* I, S. 481ff., 489; Ermacora, *Verfassungsrecht durch Richterspruch*, S. 5 참조.

38) 예컨대 Rill, 앞의 책, 209면.

그 당위성을 주장하는 헌법이론의 실체는 실제생활과 거리가 먼 '법전편찬으로 법적 문제가 해결되리라고 낙관했던 시대'(Zeit des Kodifikationsoptimismus)의 잔재라는 것을 우리는 알 수 있게 된다.

15. "자유법학파"의 불충분성

포섭실증주의의 문제점은 방법론에서는 이미 약 100년 전부터 그리고 사회학적 법학의 문헌과 부분적으로는 이와 동일시되는 "자유법학파"(Freirechtsschule)의 문헌에서는 특히 강력하게 언급되었다.[39] 방법론

---

39) 비록 예링 Ihering은 문제를 해결했다기보다는 제기했다는 표현이 더 적절하기는 하지만 새로운 방법론의 창시자로는 보통 적절하게도 예링(Ihering, *Der Zweck im Recht, Scherz und Ernst in der Jurisprudenz*)이 지적된다(이에 대하여는 특히 W. Wertenbruch, *Versuch einer kristischen Analyse der Rechtslehre Rudolf von Iherings*, Berlin 1955). 자유법학파의 전사(前史)에 대하여는 H. Kantorowicz, *Rechtswissenschaft und Soziologie*, 41ff. 참조. 사비니는 대체로 그가 의도했기 때문이라기보다는 그의 논리의 결과를 살펴볼 때 개념법학의 창시자로 취급되고 있다. 그의 반실증주의에 대하여는 다음 장에서 다룬다. 커다란 영향력을 가졌던 것은 "객관적" 해석이론(이에 대하여는 Kohler, Gesetzesinterpretation, Grühnhuts Zeitschrift 13, 1ff.; ders., Die rechtsschöpferische Kraft der Jurisprudenz, Iherings Jahrbuch 25, 262ff. Wach, *Handbuch des deutschen Zivilprozesses* I (1885), S. 254ff.; Binding, *Handbuch des Strafrechts* I, S. 450)과 흠결문제에 대한 집중적인 관심이다(이에 대하여는 E. Ehrlich, *Lücken im Recht*, 1888; ders., *Freie Rechtsfindung und freie Rechtslehre*, 1903; Zitelmann, *Lücken im Recht*, 1903; Canaris, *Die Feststellung von Lücken im Gesetz*, 1964). 여러 종류의 자유법학파의 주장자가 있지만 이들 모두의 공통점은 법관의 법창조기능을 강조하는 것이다. 이에 대하여는, Oscar Bülow, *Gesetz und Richteramt*, 1885; Gustav Rümelin, *Werturteile und Wertentscheidungen*, 1895; Emil Lask, *Rechtsphilophie*, 1905; Max Rumpf, *Gesetz und Richter*, 1906; Franz Adickes, *Stellung und Tätigkeit des Richters*, 1906; ders., *Grundlinien einer durchgreifenden Justizreform*, 1906; Gnaeus Flavius(H. Kantorowicz), *Der Kampf um die Rechtswissenschaft*, 1906; E. Jung,

운동은 이른바 "이익법학"(Interessejurisprudenz)의 형태로 - 이익법학의 대변자인 라이헬 *Reichel*은 이익법학을 "자유법학파 안에서 특별한 하나의 그룹"으로 표현하고 있다[40] - 민법분야에서 개가를 올렸다. 도대체 포섭실중주의가 논의되어야 하는 이유는 헌법이론이 주로 포섭실중주의에 집착을 했고 또 이에 집착해야 한다고 믿었기 때문이다. 그 이유는 아마도 헌법학이 새로운 견해에 대해서 한사코 주의를 기울이지 않은 때문이라기보다는 오히려 자유법학파의 영향을 받은 방법론 자체가 불충분한 때문일 것이다.

첫째로, 문제제기 자체가 잘못되어 법관은 법에 대해 더 많은 자유를 가져야 하는가라는 관점이 종종 주요논의의 대상이 되었다. 사실상이 질문에 대하여는 결정적으로 "부정"적인 대답이 주어질 수밖에 없다. 왜냐하면 법관은 법률에 구속되기 때문이다. 이 원칙을 벗어난다는 것은 곧 입법권으로부터 입법에 관한 우월권을 박탈하고 법적 결정을 법관의 자의와 통제할 수 없는 이해관계가 지배하는 암담한 영향력에 내맡기는 것을 의미하게 될 것이다. 요컨대 이는 곧 권력분립과 민주

Die logische Geschlossenheit des Rechts, 1900; ders., Positives Recht, 1907; ders., Das Problem des natürlichen Rechts, 1912; Brütt, Kunst der Rechtsanwendung, 1907; K. Wieland, Historische und kritische Rechtswissenschaft, 1910; Stampe, Die Freirechtsbewegung, 1911; ders., Grundriß der Wertungslehre, 1912(Interessenjurisprudenz); Danz, Richterrecht, 1912; Spiegel, Gesetz und Rechtsnorm und Entscheidung, 1939. 프랑스의 비슷한 운동에 대하여는 특히 Gény, Méthode d'interprétation et sources en droit, 1899; ders., Science et technique en droit positif, 1914; Lambert, La fonction du driot civil comparé, 1903. 영미의 "법현실주의"(Legal realism)도 비슷한 맥락으로 파악할 수 있으나, 그 논쟁의 상대방은 달랐다. 이에 대하여는 Julius Paul, The Legal Realism of Jerome Frank, Den Haag, 1959. 이 연구서는 법현실주의의 대표자를 중심으로 다루고 있지만 동시에 법현실주의에 대한 전반적인 서술을 하고 있다. 또한 Llewellyn, Some Realism about Realism; 44 Harward Law Review 1931, S. 1222, 1257, 이 글이 다시 수록된 Jurisprudence in Theory and Practice, Chicago 1962, 42, 74.

40) Gesetz und Richterspruch, S. 37.

주의원칙의 포기와 전체 헌법구조의 붕괴를 의미하게 될 것이다. 이에 대해 포섭실증주의가 결정하게 될 때에는 위에 든 이유 때문에 이에 지지를 보내야 할 것이고, 단지 매우 극단적이고 매우 조야한 명백한 입법적 불법의 경우에만 아주 신중하게 양보할 수도 있을 것이다. 그러나 이러한 문제의 제기는 우리가 대전제 하에서 포섭할 수 있도록 어떻게 대전제가 합리적으로 발견되어야 하는가라는 본질적인 문제점을 벗어난 것이다. 헌법이론은 포섭실증주의의 합목적성을 변호할 것을 몇몇 자유법학자로부터 요청받게 되자 그 논쟁을 효율적으로 이끌어가기 위해 본질적인 중요성을 갖는 문제를 묻어두고 완전히 관심 밖에 두었던 것이다.

둘째로, 이러한 결과는 다음과 같은 이유에서 더욱 심각한 양상을 띠게 되었다. 곧 자유법학파는 뤼멜린 *Rümelin*에서 시작하여 룸프 *Rumpf*를 거쳐 이사이 *Isay*에 이르면서 법구속에 대한 대안으로 법감정, 가치판단, 의지결정 (그리고 그 명칭이야 어쨌든) 법인식에서 "의지"적인 요소를 제시하였다. 이로써 방법론문제에 대하여 전적으로 잘못된 인상이 생겨났다. 중요한 것은 법적 사고과정을 의식하게 하고 그것을 가능한 한 합리적으로 통제하는 작업임에도 불구하고 논리적인 법적용의 합리성이 아닌 비합리주의가 지배하는 듯한 인상이 심어졌다. 이것은 물론 오해이긴 하였다. 왜냐하면 대부분의 자유법학자들은 비합리주의를 도입하려 했던 것이 아니라 그들이 생각하는 주어진 있는 그대로를 과장 없이 발견하려고 하였기 때문이다. 또 다른 일단의 자유법학자들이 법관을 경우에 따라서는 법률 위에 위치시키려는 요청을 제기한 것은 사실이다. 그러나 이때 그들이 생각한 것은 법감정을 중시한다고 해서 이것이 곧 비합리주의는 아니며, "감정"에서 오히려 직관적 통찰력이 매개된다는 것이었다. 이 두 가지 견해가 어느 정도 옳은 면이 없는 것은 아니나 극단적인 제3의 입장, 곧 비합리주의를 단순히 서술하는 데 그치지 않고 이것을 적극적으로 요청하고 더 나아가서는 인정하려는 입장과 동일시되는 것 또한 피할 수 없었다. 결과적으로 자유법학파에 대한 부분적인 오해에서 비롯된 왜곡된 인상은 해소될 수 없었으며, 그렇다면 포섭실증주의가 상대적으로 법기술적인 안정성을 확보해준다는 이유로 선호될 수밖에 없다는 결론에 이르렀다.

셋째로, 반실증주의적 방법론은 그 극단적 성격뿐 아니라 다른 한편으로는 의당 있어야 할 주장의 급진성이 결여되었다는 이유에서도 오해를 받았다. 자유법학파와 같은 투쟁적인 집단이 그 반대자들에게 불필요한 양보를 함으로써 그들은 의당 양보를 해야만 했으며 그리고 최소한 그러한 한에서는 반대자의 입장을 공고하게 한 것이라는 인상을 받게 되었다. 예컨대 자유법학파는 후기문헌에서 "흠결보충"(Lückenfüllung)의 문제41)를 다시 거론하고 도대체 "흠결"이라는 용어를 사용함으로써 흠결은 예외적인 현상이고 대전제의 선재성은 원칙이라는 견해를 겉으로는 인정하였다.42) 더 나아가서 자유법학파는 흠결보충과 확대해석 또는 축소해석의 차이를 근본적인 방법론상의 차이로 인정하였다.43) 그리고 끝으로 자유법학파는 "포섭"을 인정하지 않음으로써 "법적 삼단논법"(juristischer Syllogismus)이론의 내용 없는 진부함을 밝히는 데 실패하였다.44) 이러한 이유로 생겨난 잘못된 인상 때문에 방법론의 문제는 실제보다는 과소평가되게 되었고 사람들이 쉽게 포섭실증주의에 만족하게 되는 결과를 낳았다.

그러나 특히 헌법학영역에서 방법론연구가 열렬히 방어된 것도 자

---

41) 예컨대 Kantorowicz, *Aus der Vorgeschichte der Freirechtsschule*, 앞의 책 참조.
42) 전술 부분 참조.
43) 이에 대하여는 § 60을 보라.
44) § 11 참조.

유법학파에게 불리하게 작용하였다. 포섭실증주의에 문제를 제기하고 또 일련의 세부적인 연구가 수행되면서 오늘날 우리가 만나는 문제점들이 이미 적시되었고 많은 부분에서 그 해결을 위한 실마리가 제공되기도 하였다. 그러한 의미에서는 자유법학파는 개척자라 할 수 있고, 비록 그들의 문제제기가 정치하지 못했고, 그들의 논점이 가끔은 잘못된 방향으로 흘렀고, 본질적인 문제가 미해결의 상태로 방치되었지만 오늘날 우리가 계속 쌓아갈 수 있는 작업의 기초는 자유법학파에 힘입은 바 크다 하겠다.

제3장

"해석의 여러 요소"

제1절 *Savigny*의 방법론

16. 법률해석과 법의 계속형성

이제까지의 고찰이 결코 우리에게 전래된 방법론과 경솔하게 단절되는 데 대한 변론일 수는 없다. 이와는 반대로 전통은 가능한 한 계속해서 유지되어야 한다. 문제는 단지 그러한 일이 어느 정도 가능하고 어느 정도까지 수정이 불가피한가 하는 것이다. 그렇기 때문에 전통적 방법론의 고전적 표현, 곧 사비니의 방법론을 관찰하여야 한다. 법적 삼단논법의 대명제가 선재하는 것이 아니라 일차적으로 구성되어야 한다면 사람들은 다음과 같이 질문하여야 한다. 그렇다면 적절한 표현을 발견하기 위하여 법률과 헌법의 본문을 해석하는 것으로 충분하지 않은가? 대명제를 발견하는 문제는 단순히 선재하는 문언을 해석하는 문제가 아닌가? 그리고 그렇다면 우리는 사비니의 해석론을 고수할 수는 없는 것인가?

1840년에 출판된 그의 「현대로마법대계」 제1권에 있는 법률해석에 관한 그의 이론은 오늘날에도 기본법의 해석을 위하여 표준적인 것으로 우리에게 추천된 바 있다.[1] 이에 따르면 해석은 "법률에 내재하는 사상의 재구성"이며, 이는 사비니가 상세하게 설명한 의미에서 - 문법적, 논리적, 역사적 그리고 체계적 의미에서 - 4가지 협동적 요소들 속에서 수행된다.[2] 이곳에서 우선 추적되어야 하는 문제는 기본법이 이러한 방식으로 해석되는가, 해석되어야 하는가 또는 해석될 수 있는가 여부가 아니라, 사비니의 해석으로부터 현실적으로 이러한 방식으로 해석되어야 한다는 결론이 도출되는가 여부 또는 사비니 자신은 기본법을 이러한 법률해석의 방법으로 해석하는 것을 결코 권장하지는 않았을지도 모른다는 것이 결론되지는 않을까라는 여부인 것이다. 물론 이에 대하여는 단지 추측을 할 수 있을 뿐이나, 그럼에도 불구하고 이러한 추측은 강력한 간접증거를 통하여 사실적인 개연성을 가질 수 있다. 사비니의 해석론이 가지는 뛰어난 권위 때문에 이 문제는 중요하게 된다.

사비니의 방법론은 "개별적 법률의 해석"과 "전체적 법원(法源)의 해석"을 엄격하게 구별하는 것을 기초로 한다.[3] 법률해석의 방법은 매우 엄격하게 지켜지며 어떠한 법의 계속형성도 허용되지 않는다. 그에 반하여 그 밖의 법원의 해석에는 전혀 다른 관점이 적용된다. 곧 그것은 바로 법의 계속형성의 영역이다.

법률의 해석에 대하여 사비니는 이미 초기문헌에서[4] 엄격한 실증주

---

1) Forsthoff. *Zur Problematik der Verfassungsauslegung*, 앞의 책, 21.
2) *System* I, S. 212ff.
3) *System* I, 제4장 A와 B절, S. 212f.와 224 참조.
4) *Juristische Methodenlehre*, herausgegeben von Wesenberg, Stuttgart, 1951(Kollegenachschrift von Jacob Grimm), S. 39ff.

의적 견해를 가지고 있었다. 곧 법률문언의 확장해석과 제한해석은 법률의 근거, 곧 '입법이유'(ratio legis)를 고려하더라도 허용되지 않는다는 것이다. 사비니는 이를 그의 「로오마법대계」에서도 근본적으로 고집하고 있다. 단지 아주 제한된 경우에만 입법이유는 원용될 수 있을 것이며 그것도 어떠한 의심도 있을 수 없는 경우에만 허용된다고 한다.[5]

정당한 결과에 대한 고려는 사비니에게는 "그 때문에 아주 쉽게 해석자가 자기 업무의 한계를 유월하여 입법자의 영역을 침범하게 될"[6] 것이기 때문에 원칙적으로 전혀 고려되고 있지 않다. 하나의 법률을 상이하게 해석하는 것이 동시에 가능한 경우 - 사비니가 좀처럼 없는 예외로 취급하고 있는 경우 - 에만 "결과의 내적 가치"가 결정적인 것으로 될 수도 있을 것이라고 한다.[7]

따라서 법률의 보충 - 유추를 통한 흠결보충 또는 우리가 오늘날 라렌츠의 용어를 따라 "목적론적 환원"이라 부르는 것[8] - 은 해석의 영역에 속하지 않는다.[9] 법률해석의 "체계적" 요소는 그와 함께 개념법학의 체계나 내재적 법률목적의 체계를 통하여 법률보충이 시작되어야 한다는 의미로 이해되어서는 안 된다[10](후자는 또한 입법이유를 원용하는 데 대한 사비니의 비난과도 모순될 것이다). 오히려 언제나 문제가 되는 것은 실정적으로 이미 존재하는 법률본문의 이해일 뿐이다.[11] 곧 "전체 법질서에 대한 이 법률의 관계 … 와 그 법률이 전체

---

5) 자세한 것은 *System*, S. 216-221, 224, 228, 233-240 참조.

6) *System*, S. 225.

7) 같은 책, S. 229.

8) Larenz, *Methodenlehre*, S. 296ff.

9) *System* Ⅰ, S. 290ff. 참조.

10) 푸흐타 *Puchta*의 경우에는 체계적 해석은 목적적 해석을 포함하고 있지만, 사비니의 경우에는 그렇지 않다. 이러한 전후관계에서 푸흐타와 사비니를 같이 들고 있는 Esser, Die Interpretation im Recht, Studium Generale 1954, S. 372, 376은 이와 같은 것을 오해하고 있다.

법질서에 얼마나 유효하게 동화되고 있는가'[12)가 역사적 해석과 밀접한 관련을 맺고 있는 체계적 해석의 대상이다. 특히 법률에 나타나는 표현이 불확정적이거나 부정확한 경우 체계적 해석은 중요한 의미를 가지게 된다.[13)

따라서 "법의 계속형성"으로서 "법률해석"에서 방기된 채 남아 있는 모든 것은[14) 바로 그 이유만으로 법률가의 과제에서 제외되지는 않는다. 오히려 정반대라고 할 것이다. 바로 통일적인 법의 계속형성이야말로 법률가의 본연의 그리고 가장 중요한 과제인 것이다. 사비니는 로마법 전 체계의 발전을 염두에 두었다. 곧 법의 계속형성은 단순히 법률과 황제의 칙령으로 행해지는 것이 아니라 일차적으로 집정관(대법관)과 위대한 법학자들의 소견서에 의하여 이루어진다는 것을 염두에 두었다.[15) 법보충에 관한 로마인들의 견해는 그에게 모범을 이루었

---

11) 라렌츠는 초기문헌에서 법의 "체계적 취급"은 특히 "유추에 의한 … 법률흠결의 보충"과 관계가 있음이 틀림없다는 생각을 발견하고 있다(Methodenlehre, S. 9f.). 그러나 "체계적 취급"은 법률해석과 직접적 관계가 없는 법학의 임무이다. 라렌츠가 이러한 구별을 인정하고자 했는지는 분명하지 않다. 어떻든 초기문헌에서는 본래의 해석은 단지 세 가지 요소, 곧 논리적, 문법적 그리고 역사적 요소로 구성되고, 따라서 체계적 해석은 독립적인 것이 아니라 학문적·역사적 연구의 경우에 비로소 불가피하게 된다는 것이 특기할 만하다.

12) *System*, S. 214.

13) 같은 책, S. 222.

14) Larenz, *Methodenlehre*, S. 8ff.의 설명에서는 사비니의 경우 유추를 통한 흠결보충이 법률해석의 과제에 속하는 것이 아니라(*System* I, 33ff.), "전체적 법원의 해석"에 속한다는 것이 충분히 분명하지 않다. 사비니는 후자에 속하는 것으로 유스티니아누스 법전, 교회법, 제국법률과 (학문을 통하여 성립된) 관습법을 들고 있으며(S. 264), 이상하게도 개별적인 법률들을 이에서 제외시키고 있다. 따라서 문제가 되는 것은 분명히 개별적인 법이 결여되어 있거나 흠결된 경우에 보충적으로 적용되었던 공통법이다. 이와 같은 보충적 법 자체가 흠결되어 있는 경우 비로소 유추를 통한, 그것도 일차적으로 로마법의 조직적 계속형성을 통한 흠결보충의 문제가 대두된다.

고[16] 그의 목표는 "주어진 법재료를 우리가 로마인들에게 경탄해 마지않는 그러한 자유와 권능을 가지고 취급하는 것"이었다.[17] 비록 유스티니아누스 법전의 공포로 법의 계속형성이 단절되기는 하였다. 왜냐하면 법률가는 이제는 법전을 해석하기만 하여야 하기 때문이다. 그러나 사비니는 다음과 같은 자신의 견해를 근거지우기 위하여 대단한 주의를 기울이고 있다. 법의 계속형성의 금지도 그리고 또 로마법대전에서 발견되는 해석의 원칙들도 당대의 법률가에게는 구속적인 것일 수 없으며[18] 로마법대전 공포 전에, 특히 예컨대 파피니아누스 Papinian 같은 대가들에 의하여 행해진 법발전이 이상이 되어야 할 것이다. 따라서 로마법대전에 대해서는 사비니의 해석이론이 전혀 적용되지 않았다.

이와는 반대로 그의 논쟁도 로마의 원전을 역사적 관점이 아닌 실천적 관점에서 평가하는 '로마법의 현대적 관용'(Usus modernus Pandectarum)에 따라 로마법을 취급하는 데 반대하지는 않는다. 왜냐하면 그는 로마법의 현실관련적 수정을 반대하지 않았기 때문이다. 이와는 반대로 그에게는 바로 당대의 실무를 위하여 로마법을 체계적으로 취급하는 것이 중요하였다.[19] 오히려 그의 견해에 따르면 법을 "통일적으로"[20] 계속 형성하고 이와 같은 목적을 위하여 "주어져 있는 모든 자료를 원전에까지" 추급하는[21] 대신에 그의 견해에 따르면 현대적

---

15) 사비니가 입법의 사실적 영향력을 과소평가했는가 여부의 문제는 이와 같은 전후관계에서 더 이상 중요하지 않다. 이에 대하여는 Helmut Coing, *Zur Geschichte des Privatrechtssystems*, Frankfurt 1962, S. 15.를 보라.

16) *System* I, S. 294. 또한 Gmür, *Savigny und die Entwicklung der Rechtswissenschaft*, S. 15 참조.

17) *System* I, S. XXXI.

18) 같은 책 S. 297-317.

19) Vorrede zum System 참조.

20) *Vom Beruf unserer Zeit*, S. 161; *System* I, S. 104, 263.

관용을 취하는 법률가들이 원전을 평가했었을지도 모르는 독단적이고 비과학적인 방법을 그는 가지고 있지 않았다. "그 속에 내재하는 통일성의 정체를 폭로하고 그를 완성시키려는 자료에 주어진 학문적 형태를 통하여 자료 자체에 형성적으로 다시 작용하는 새로운 통일적 생명"이 형성됨으로써 "학문 자체에서 새로운 종류의 법창조가 끊임없이 진행된다"[22]고 사비니는 이야기하고 있다. 법의 계속형성을 통하여 "새로운 법제도가 창설되거나 기존의 법제도가 다시 구성될 수 있다. 곧 법제도가 시대의 의미와 요청에 부응하지 못한다면 이들은 아주 사라질 수 있다."[23][24] 그에게는 민족의 대변자로서 이와 같은 법률가의 "법창조적 활동"이 중요하다. 그가 말하고 있는 바와 같이 그는 주로 그 때문에 민법의 법전화에 반대한다. 왜냐하면 법전화는 "필연적으로 형식적 견해의 시대적 성과를 고정시켜 진보적인 학문발전을 통한 순화와 정제를 차단시킬 것이기 때문이다."[25] 사비니 자신은 「로마법대계」에서 그로써 그가 로마의 전통으로부터 벗어난 사상과 로마인들에게는 결코 존재하지 않았던 문제를 대답하는 자신의 사상을 자유롭게 이야기하였다.[26] 그의 목표는 기계적 포섭의 정반대, 곧 "모든 법적 경우에 법관이 법을 발견해야만 할, 동시에 분명히 엄격히 학문적인 방법을 통한다면 그럼에도 불구하고 온갖 자의가 배제될 수도 있

---

21) *Vom Beruf unserer Zeit*, S. 117.

22) *System* I, S. 46f.

23) 같은 책, S. 18. 마치 "나이든 실무가의 견해를 통하여 … 모든 시대에 불변의 결정이 이루어진 것처럼 그리고 마치 이전의 시대에 그랬던 것처럼 모든 시대가 법의 계속형성과 내적 권한에 대한 청구권을 유효하게 만들 수 없었던 것처럼" 가정하는 견해에 대한 그의 반론을 참조하라(같은 책, S. 267f.).

24) 같은 책, S. 46.

25) 같은 책, S. 48.

26) Kunkel, Savignys Bedeutung für die deutsche Rechtswissenschaft und das deutsche Recht, JZ 62, S. 457, 462는 범례를 설명하고 있다.

을'[27] 법률관계에 "최소한이나마 접근하는 것"이었다.

법을 역사적으로 고찰하는 이유는 그 자체 목적이 아니라, 그 시대의 법을 이해하고 "계속 형성하고 완성하는 데"[28] 이바지하기 위해서이다. 법제도의 통일적 발전에 관한 생각은 바로 법제도가 계속 생명력을 가지고 발전되고 변경될 수 있다는 것이다. 그러한 역사를 연구함으로써 발전노선을 현실화시키고 이를 지시된 방향에서 논리적으로 계속 발전시키는 것이 허용된다. 물론 이러한 목적을 위해서는 체계적 관찰이 전제가 된다. 역사적 연구와 체계적 연구는 이렇듯 상호 제약적이며,[29] 이 양자는 법의 계속형성에 이바지한다. 이러한 이유 때문에 바로 법학에서 "새로운 종류의 법이 직접 창조"[30]된다.

사비니의 이론을 이렇게 해석하는 것은 역사학파로부터 결국에는 이론적·체계적 요소가 역사적 요소를 더욱 배제시켰고 그 때문에 새롭게 대두되는 법정책적 요구를 해결하기에는 더욱 정태적이고 더욱 무능해진 개념법학이 성립했다는 것을 통하여 반박되지 않는다.[31] 비록 사비니 자신이 - 부분적으로는 강의 실제를 통하여[32] 부분적으로는 법제사를 사회적 그리고 정치적 관련으로부터 고립시킴으로써[33] - 법학을 무력화시켰다 하더라도 이는 고의가 아닌 간접적 결과이다. 그의 의도는 통일적인 법의 계속형성이었다.

---

27) *Vom Beruf unserer Zeit*, S. 130.

28) *Vom Beruf unserer Zeit*, S. 137.

29) Böckenförde, Collegium Philosophicum, 1 ff., S. 20 n. 19.

30) *System* I, S. 46f.

31) Wilhelem, *Zur juristischen Methodenlehre im 19. Jahrhundert*, 특히 S. 79ff. 참조.

32) Koschaker, S. 263f.

33) Böckenförde, 앞의 책.

17. 지방(支邦)법률과 보충법

법의 계속형성이 사비니에게는 매우 중요한 관심사였기 때문에 우리는 다음과 같은 질문을 던지게 된다. 왜 그는 자신이 여러 번 강조한 바와 같이[34] 그가 매우 예리하게 구별한 개념인 "해석"(Auslegung)과 "계속형성"(Fortbildung)을 포괄하는 "해석"(interpretatio)이라는 로마의 개념을 고집하지 않았는가. 바로 로마법의 공인된 권위자이자 역사학파의 거장으로서 그의 절대주의와 흠결 없는 법전편찬의 자연법적 이념과 그리고 권력분립이론의 결과인 포섭실증주의에 대하여 법률가에 의한 법의 계속형성의 필요성을 주장할 임무가 있다고 그는 생각했을지도 모른다. 마치 후일에 제국법원과 연방법원이 독일민법전이 공포되었기 때문에 사법부에 의한 법의 계속형성을 억제할 수 없었던 것처럼 당시의 법전편찬작업이 interpretatio를 통하여 로마적 의미의 계속형성을 가능하게 한다는 것을 변론할 수 있었을지도 모른다. 사실상 사비니는 이와는 반대로 상황이 로마의 법학자들의 시대와는 다르다는 상세하지 못한 논거로써 입법이유에서 법률을 해석하고 유추를 통한 흠결보충을 권장하는 저작자들에 반대하여 논쟁을 폈다.[35] 그러나 다음과 같은 문제는 끊임없이 제기된다. 어느 정도까지 상황이 다르며 사비니가 지방법률에 대해서는 "interpretatio"를 추천한 동기는 무엇인가.

물론 법의 계속형성을 가능한 한 제한하려고 하고[36] 사비니라는 법학자가 그것에 법관이 구속되어 있는 것으로 간주해야 했던 당대의 독일법전에 규정된 해석조항들이 결정적 역할을 하였다. 아마도 일반적으로 시간을 초월하여 형평에 기초를 둔 법제도(사비니의 의미에서

---

34) 특히 *System* I, S. 298과 더 나아가서 239, 294를 보라.

35) 같은 책, S. 318ff.

36) 특히 프로이센 일반란트법, Einl. §§ 46-50, 오스트리아 민법전, §§ 6-8 참조.

"정상적 법")37)에 한정되어야 하는 법의 계속형성이 또한 목적법률과 개별법률("비정상적 법")38)의 경우에도 남용될 수 있다는 우려가 어떤 역할을 하였다. 셋째로는, "사비니가 법전편찬에 반대하는 투쟁에서 무기로서 법률에 관하여 해석엄격주의를 환영했다고 추측할 수 있는 몇 가지 이유가 있다. 왜냐하면 법전편찬에 대한 사비니의 혐오는 법의 계속형성을 포함하는 interpretatio를 인정하는 것으로 배제될 수 없을지도 모르기 때문이다. 그러한 인정을 했다고 해서 역사와의 단절 - 후일 독일민법전의 공포가 사실상 의미한 단절 - 을 방해할 수 없었을지도 모른다. 곧 법전이 공포된 후에는 법의 계속형성의 방향은 필요, 목적, 이익, 법전에서 옳든 옳지 않든 발견되는 내재적 목적 또는 그 밖의 것에 대해서 행해지지, 결코 더 이상 "철두철미" 법제도의 통일적 발전을 역사적으로 연구하게 되지는 않는다.39) 법전편찬에 반대하는 사비니의 이러한 논거는 "역사학파" 밖에서는 거의 경청되지 않았을 수도 있기 때문에, 그가 해석엄격주의를 고집하고 이를 전면에 내세우려고 했다는 것도 있음직한 일이다. 곧 이러한 것으로부터 그는 법전편찬은 법의 계속형성 일반을 차단시킬지도 모른다는 - 그가 특히 강조하여 사용한40) - 논거를 획득할 수 있었다. 이것은 매우 유력한 논

---

37) *System* Ⅰ, S. 61ff.

38) 같은 곳.

39) 그렇기 때문에 사비니가 실제로는 단지 "자신의 시대"가 법전편찬을 위해 소명받은 것을 부정하고 단지 더 긴 시간의 준비기간을 요청했는지 여부는 최소한 의문이 있는 것으로 생각된다. 이에 찬성할 특정의 근거, 특히 투쟁문헌의 제목이 있다. 그러나 그로써 그러한 사정이 의문의 여지가 없어지는 것은 아니다. 그러나 사비니는 도대체가 법전편찬에 반대였으며 단지 법전편찬에 열광한 시민들에게 더 커다란 충격을 주지 않기 위하여 소극적으로 표현했을 뿐이라는 것을 찬성할 많은 근거가 있다. 이에 대하여는 Jaques Stern, *Thibaut und Savigny*, S. 19ff. 참조.

40) 예컨대, *System*, S. 48.

거였다. 왜냐하면 이에 대해서는 어느 누구도, 심지어는 진보적 사고를 지닌 그의 자유민족주의적 상대들도 반대할 수 없었기 때문이다. 그렇게 함으로써 그는 동시에 계속형성 중인 법으로서의 로마법의 계속효력의 길을 열어 놓을 수 있었고 시대의 새로운 요청에 가장 적합한 법을 추천할 수 있었다.

끝으로 사비니의 해석엄격주의에서 결정적인 것은 로마법의 보충적 효력이 그때까지 법전편찬에 의하여 배제되지 않았던 지방에서는 지방법률의 적용 범위가 좁을수록 그만큼 통일적인 법의 계속형성에 남게 되는 영역이 커진다는 사실이었던 듯하다. 사비니는 지방의 법에 대하여 법률의 전후관계에서 원칙적으로 방법론적 흠결보충을 고집할 수 없었다. 왜냐하면 흠결이 존재하는 한, 이전의 보통법이 보충적으로 적용되었고, 그리고 보통법도 흠결되어 있다면 "통일적인 법의 계속형성"이 가능했기 때문이다. **지방법률의 해석범위가 좁아지면 그만큼 더 계속 형성될 수 있는 보충법의 범위는 넓어진다.**

사비니가 그 밖의 생각에서 주관적 동기를 가졌었는가의 정도는 필요 없는 질문이다. 그러나 물론 우리는 사비니의 이론이 가지는 진정한 의미와 상대성을 바르게 평가하기 위하여 그의 법률해석에 대한 엄격이론을 그러한 맥락에 갖다 놓아야 한다. 사비니의 전 투쟁적 문서와 강령적 문헌을 관통하는 기본사상은 통일적인 법의 계속형성에 대한 변론이며, 이는 사비니에 따르면 엄격하게 해석되어야 할 법률의 공포에 의하여 제동이 걸릴 것이고 이는 개별적인 법률의 경우에는 타당하나 법전편찬에는 혐오스러운 것이라는 것이다.

독일의 여러 지방에서 사법(私法)법전이 존재하지 않고 로마법이 더 이상 보통법은 아님에도 불구하고 공통의 각방(各邦)법으로서 계속 효력을 가지고 있는 한, 법원은 로마법을 당대의 로마법학을 통하여 그들에게 매개된 형태로 적용해야 할 것이다. 학문은 학생들에게 그리고 문헌을 통하여 실무가들에게 로마법이 아직도 유용하고 효력을 가지고 있다는 것, 어떻게 로마법을 이해할 수 있을 것인가 그리고 어떻게 그것이 "통일적"·역사적·체계적 연구의 결과에 따라 수정되고 계속 형성되는가에 대한 교훈을 주어야 할 것이다. 그곳에 사비니가 「로오마법대계」의 서문에서 발전시킨 이론과 실제를 매개하는 계획의 본체가 있었다.[41] 이와 같은 계획이 사비니로 하여금 한편에서는 지방법률의 엄격한 해석, 다른 한편에서는 이와 같은 해석원칙에 구속되지 않는 로마법의 "학문적" 계속 형성을 구별할 수 있게 했으며, 그것을 의미 있는 것으로 나타나게 했다.

18. 법전편찬과 법의 계속형성

그러나 민법전이 이미 존재하고 있고 공통된 로마법의 적용을 배제하고 있던 여러 지방에서는 통일적인 법의 계속형성이 철저히 중단되어야 하는가라는 문제가 집요하게 제기된다. 이와 같은 문제는 이전 독일제국의 대부분의 영역에서 성문법전이 효력을 가지게 되면서 - 바이에른에서는 1756년 제정된 막시밀리안 민법전(Codex Maximilianus Bavaricus Civils)이, 프로이센에서는 1794년 일반란트법(ALR)이, 라인강 좌안지방에서는 나폴레옹 민법전(Code Civil)이, 바덴에서는 바덴란트법이 그리고 오스트리아에서는 오스트리아 민법전(ABGB)이 시행되었다[42] - 더 더욱 의미심장한 것으로 되었다.

---

41) 이는 물론 이미 로렌츠 폰 슈타인이 「로마법 대계」의 최초 4권에 대한 서평에서 경이로울 정도로 명확하게 소견을 말한 바와 같이 법률생활의 실천적 필요를 충분히 고려하지 않았던 숭고한 학자의 이상이다(앞의 S. 22, 각주 1을 참조하라).

사비니가 법전을 편찬해야 한다는 생각에 대하여 원칙적으로 조직적 투쟁을 시작한 것은 1814년이었고, 그가 투쟁을 시작했을 때 그는 근본적으로 이미 패배해 있었다. 따라서 실제로 토론되어야 할 것으로 그나마 남아있던 특히 중요한 문제는 이미 행해진 부분적인 법전편찬에 가름하여 전 독일에 공통적인 법전편찬작업이 행해져야 하는가라는 문제였다. 로마법의 계속적인 효력은, 최소한 법전적용시 뚜렷이 나타날 수도 있는 흠결을 보충적인 보통법으로써 보충할 수 있었더라면, 그렇게 의제적인 것은 아니었을 것이다. 그러나 이미 성립해 있던 여러 법전들은 이에 대하여 달리 규정하고 있었다. 예컨대 ALR은 "이 법에 수용된 일반 원칙들"43)을, ABGB는 보충적으로 "자연적인 법원칙들"44)을 참조하라고 명했다. 사비니는 이 규정들을 「로오마법대계」 제1권 말미에 있는 "해석에 대한 신법전들의 언급"이란 표제의 소절45)에서 인용하고 있다. 그러나 그의 해석이론에 대한 체계적 서술에서는 이것들은 상세하게 취급되고 있지 않다. 이와 같은 것은 그가 법전편찬 일반을 위로부터 취급하고 그가 프로이센정부의 관직을 얻어 베를린으로 초빙된 후 프로이센란트법 대신 로마법을 연구의 기초로 하는 것을 관철시킨46) 한에서는 그다지 이상한 일은 아니다. 프로이센란트법 대신 로마법을 연구의 기초로 삼아야 한다는 데 대한 그의 논거는 여러 법전의 철저한 이해는 그곳에 포함된 개념들과 원칙들의 역사적 근원을 통찰하는 데서 비롯된다는 것이었다.47) 코샤커 *Koschaker*는 이를

---

42) 그러므로 로마법은 하노버, 헤센, 작센, 슐레스비히-홀슈타인과 뷔템베르그 지방에서만 아직도 효력을 유지하였다.

43) 앞의 책, Einl. § 49.

44) 앞의 책, § 7.

45) 앞의 책, § 51, S. 326.

46) Koschaker, S. 268.

47) *System*, S. 104f.

"명백히 외견상의 근거일 뿐"[48]이라고 생각하고 있다. 사실상 이와 같은 논증으로서는 법전의 역사적 기원을 연구함으로써 법강의의 기초로서 법전연구를 보충할 수 있을 뿐 그를 정당화할 수는 없다.

사비니가 자신의 해석이론에 따라 당시 프로이센 현행법에 대한 베를린대학의 강의에서 ALR의 내용을 강의하고 그때에 그 법문을 문법적, 논리적 등등의 방법으로 해석하여야만 했을지는 모른다. 또한 그가 법문의 역사적 해석과 체계적 해석의 테두리 안에서 그 당시 ALR의 편찬과 공포를 지배했던 보통법적 생각들을 상세하게 설명할 수 있었을 수도 있다. 원래 ALR 제48조에 규정되었던 해석금지가 1798년에 다시 폐지된 후에는[49] 심지어 그는 그렇게 할 수 있는 실정법적 권한이 있을 수도 있었다. 법률에 흠결이 있는 경우에는, 그의 이론 - 학문에 의하여 계속형성되는 보통법의 보충적 적용 - 은 프로이센에서는 실정법으로 금지되었기 때문에, 그는 ALR 제49조 "이 법에 수용된 일반원칙들에 따라 … 그의 최선의 인식에 따라 … "에 의하여 법형성에 대한 제안을 할 수 있었을지도 모르고, 이러한 전후관계에서 로마법적인 교육을 최소한 간접적으로나마 풍부하게 할 수 있는 많은 가능성이 생겨났을지도 모른다.

그러나 그의 실제행동은 이와는 아주 상이하였다. 그는 체계적인 형태로 당대의 로마법이론을 수집하였고 통용중인 법전을 선존하는 질서도식에 강제로 편입시켰다.[50] 이렇게 하는 것이 현행법을 철저하게 다시 구성하고 계속 발전시키기에 적합하였고, 바로 이것이 사비니의 의도이기도 하였다.[51] 그렇게 해서 학문적인 로마법의 이론은 어느

---

48) 앞의 책, S. 268.
49) 앞의 책, § 48 Einl. ALR에 대한 추록 2 참조.
50) Thieme, Ztschr. Sav. Stiftung, germ. AbL. 57(1937), S. 409ff. 참조.
51) *Vom Beruf unserer Zeit*, S. 136f. 참조.

정도까지 법률을 설명하고, 수정하고, 보충하는 법률을 심사하는 이성의 역할을 행사했을 것이다. 곧 학문적인 로마법의 이론은 17·18세기의 자연법과 비슷한 기능을 수행했을 것이다. 코샤커는 이를 적절하게도 "독일의 로마법학은 자연법을 다른 수단으로써 발전시켰다"[52]고 말하고, "로마법은 우리의 자연법이다"[53]라는 후고 *Hugo*의 특징적 문장을 인용하고 있다. 이렇게 해서 사비니는 고전적 로마법에 따라 법을 계속형성해야 한다는 자신의 견해를 주장할 수 있었다. 그러나 그는 ALR의 해석에 관한 규정뿐만 아니라 또한 자기 자신이 설명한 방법론상의 원칙들과도 모순에 빠지게 되었다. 그럼에도 불구하고 그는 자신에게 가장 중요한 의도를 관철하기 위하여 그것을 감수하였다. 결국 그의 이론의 취지는 해석과 계속형성을 포괄하는 '해석'(interpretatio)에 있었고, 어떻든 이것이 법학의 과제인 것이다. 다만 법률을 적용하는 법관의 임무는 순수한 해석에 한정되었다.

이렇게 사비니의 방법론을 해석하는 것이 옳다고 한다면, 법관은 법을 계속 형성해서도 안 되고 또한 계속 형성되는 이론과 관계를 맺을 수도 없기 때문에, 사비니는 학문에 의해서 계속 형성된 법이 어떻게 실천적인 것으로 되어야 하는가라는 문제를 제기했어야 한다. 그런 다음에 사비니는 논리필연적으로 엄격한 해석원칙에 구속되지 않고, 계속 형성되는 법이론의 여러 인식을 법현실에 매개할 의무를 지니며, 그 법적 견해에 하급심법원들이 구속되는 최고법원의 창설을 주장했어야 할 것이다. 그가 그러한 법원의 창설을 요구했는가 여부의 문제

---

52) 같은 책, S. 269.

53) 같은 책, S. 362. Thieme, Naturrecht und historische Schule, Forschungen und Fortschritte, XIII, 18(1937), S. 221로 부터 인용함. 이렇게 프로이센란트법의 이론을 로마법적으로 해석하는 것은 학파를 이루었고, 사비니의 커다란 영향으로 19세기 프로이센 법이론의 계속발전을 규정하였다(Koschaker, S. 264와 그곳에 인용된 문헌 참조).

는 바로 이곳에서 시도된 해석의 무류성에 대한 검증이다.

그리고 그러한 검증의 결과는 그러한 해석의 무류성을 확인한다. 그 책의 이론들의 일치성을 더 이상 미룰 수 없는「로마법대계」제1권의 마지막 페이지에서, 곧 그것을 다루어야 될 장소가 아닌 문맥에서 "해석에 대한 신법전들의 언급"이라는 표제 하에 그의 희망사항이 발견된다. 곧 사비니는 "고대 로마법에서 집정관과 법학자들이" 그랬듯이 "순수한 법관직에 귀속되지 않는 절차로서 순수한 해석의 영역에서 추방"되어야 할지도 모르는 "자유로운 해석의 권한을 주저하지 않고 맡길" 수도 있을 법원이 없음을 한탄하고 있다.[54]

따라서 이곳에서 사비니는 "해석"(Auslegung)이라는 단어를 고대 로마인의 "해석"(interpretatio)[55]의 의미에서 사용하고 있다. 그는 이를 "진정한 해석"과 대립시키고는 있으나, 그럼에도 불구하고 매우 명백하게 후자가 충분하지는 않을 것이라고 고백하고 있다. 이로써 그의 해석이론을 담고 있는 책은 그의 전 생애의 저술을 관통하고 있고 신법전에 대한 반대투쟁과 법학강의의 방향을 기존법전에 맞추는 데 대한 반대투쟁을 지배하고 있는 근본적 의도, 곧 통일적인 법의 계속형성에 대한 법관의 자유로 귀결된다.

---

54) *System* I, S. 330.

55) 그가 그것을 더욱 자세하게 "진정한 해석"에 속하지 않는 "확장해석 또는 제한해석"으로 표현하고 있는 것은 확장적 문구해석과 제한적 문구해석에 관한 것이지, 유추나 목적론적 환언에 관한 것이라는 의미로 오해되어서는 안 된다. 이러한 것은 일반적인 문맥과 모범으로서의 프랑스의 상고법원에 대한 암시로부터 명백할 뿐만 아니라, 또한 해석과 본래의 법의 계속형성 사이의 경계는 모호하기 때문에 "이 두 가지 권한을 함께 가진" 권력이 바람직하다는 제안을 하고 있는 고찰로부터 결론지어진다.

19. *Savigny*와 헌법상의 방법문제

"그들에게 그런 식으로 제기되지도 않았고 그리고 그들에게는 정신적으로 생소한 현실생활의 문제에 대한 그들의 - 가정된 - 의견을 듣기 위하여 위대한 인물들을 마술을 사용하여 영원에서 현재로 불러내는 것은 불필요한 일이다."(토마스 만 *Thomas Mann*)[56]

사비니의 입장에서 볼 때 오늘날의 헌법해석의 문제점을 어떻게 판단할까 하는 문제는 일의적으로 대답될 수 없다. 왜냐하면 사비니는 이와 같은 문제를 제기하지 않았기 때문이다. 한편으로는 사비니가 살았던 역사적·정치적 그리고 정신사적 조건이 우리의 것과는 본질적으로 다르고, 다른 한편으로는 법치국가적 헌법은 민법이 아닐 뿐만 아니라, 헌법은 민법처럼 1000년이나 계속된 전통을 가지고 있지도 않으며, 똑같은 척도를 가지고 제도적 합리성과 그에 따른 계속성과 "통일적" 발전의 가능성을 확신할 수도 없기 때문이다. 또한 법치국가적 헌법은 이미 적용되던 법을 그저 법전화한 것이 아니라, 그것을 실정화하고 그것을 구체적으로 적용하기 시작한다. 곧 법치국가적 헌법의 공포는 새로운 법사(法史)가 시작됨을 의미한다. 끝으로 법치국가적 헌법은 민법에 비하여 정치적으로 훨씬 민감하다. 곧 모든 헌법적 결단은 강약의 차이는 있으나 정치적으로는 논란이 있다. 반면에 민법은 최소한 부분적으로는 정치적 논쟁과는 멀리 떨어져 있어서 "중립성"에 대한 언급이 곧바로 환상이 되는 것은 아니다.

그렇기 때문에 이 문제에 대한 대답은, 요컨대 단지 가정적으로만 그리고 사비니의 사상과 그의 정신사적 배경의 전체해석과 관련해서만 시도될 수 있을 것이다. 이 문제에 대한 대답은 우선 사비니가 헌

---

56) *Adel des Geistes*, S. 407.

법재판제도 일반의 확립에 대하여 어떠한 입장을 취했던가 하는 문제에서부터 시작하여야 할 것이다. 그는 이 문제를 그가 살고 있던 시대에 대하여는 전적으로 부정한 자유헌법운동의 요청으로서 해후하였다. 그리고 추측컨대 그는 이를 자유헌법운동과 마찬가지로 비난하였을지도 모른다. 그러나 이러한 종류의 고찰은 성과 없는 숙고에 그칠 것이 분명하다.[57)]

몇 가지 윤곽적인 특징에 한정되어야만 언급이 가능하다.

이러한 언급은 사비니라는 위대한 이름이 권위를 가지고 한때 헌법해석을 둘러싼 토론에 원용되었기 때문에 필요하다. 왜냐하면 그렇게 함으로써 그를 원용하는 것이 타당한가라는 질문을 하지 않을 수 없게 되었기 때문이다. 본질적인 문제는 그의 방법론으로부터 헌법해석의 방법을 위해 추론되는 결론이 근거를 가지는가 하는 점이다.

연구의 결과는 최소한 다음과 같다. 헌법의 해석을 법률해석방법의 네 가지 요소에 한정시키는 것은 분명히 사비니의 방법론이 뜻하는 바와는 다르다. 우리는 법률해석의 여러 원칙은 단지 사비니의 방법론의 한 단면만을 설명하고 있다는 것을 언제나 염두에 두지 않으면 안된다. 우리가 이러한 단면에만 한정시킨다면 우리는 사비니의 의도를 왜곡하고 심지어는 바로 정반대로 전도시키는 것이 될 것이다. 왜냐하면 사비니가 의도하는 방향은 바로 법관의 활동은 어떠한 경우에도 법률해석에서 끝나지 않는다는 점에 있기 때 문이다. 이미 이야기한 바와 같이 사비니는 다음과 같은 것을 염두에 두었다. 법률은 특수한 소재에 한정되며 가능한 한 엄격한 해석은 이들 해석원칙에 구속되지 않고 통일적인 계속형성이 가능한 보충적 (공통)법에 가능한 한 넓은

---

57) 예컨대 사비니가 입헌운동이 승리한 후 법학도로서 새로운 질서의 기초에 충실했는가, 그가 이 질서의 권위를 깎아내리고자 하였는가 또는 그가 쓰디쓴 체념에서 후회했는가 따위의 문제는 대답될 수 없기 때문에 무의미할 것이다.

여지를 허용한다. 또는 그렇지 않을 경우 법전편찬은 의도적으로 법영역을 고갈시킨다. 이 경우에 사비니는 해석의 여러 원칙의 구속을 받지 않는 계속형성의 권한을 가진 최고법원을 창설할 것을 주장한다. 이러한 생각에 따른다면 최소한 헌법재판을 관할하는 최고법원, 곧 연방헌법재판소는 기본법문언을 문법적·논리적으로 해석한다는 제약에서 자유로워야 한다.

이에 반대하여 사람들은 어쨌든 헌법은 민법이 아니며 다른 조건에 있다고 논증할 수 있을 것이다. 이에 찬성하는 근거가 몇 가지 있을 수 있으나, 그 결과는 객관적인 토론에 빠지게 된다. 사비니의 생각으로부터는 헌법해석방법론 일반에 관하여 확정적인 것이라고는 전혀 도출되지 않는다. 이러한 확인에는 헌법해석은 법률해석의 방법에 한정시켜야 된다는 제안도 포함되어 있다.

그 밖에도 어쨌든 사비니가, 게르버 *Gerber*와 라반트가 헌법을 위해서 발전시킨 것처럼, 경제적, 정치적, 철학적 등등의 숙고를 추상화하여 개념을 구성하는 "법적 방법론"에 찬성했을 수도 있지 않을까라는 질문은 의미가 있다. 이 물음은 미리 헌법해석은 법률해석뿐만 아니라, 계속형성을 포함한다는 것이 인정된 후에야 비로소 중요한 것이 된다. 왜냐하면 이른바 "법적 방법론"은 또한 흠결보충의 방법이기 때문이다. 요컨대 "구성"은 헌법의 여러 개념으로부터 귀납적으로 상위개념 - 경우에 따라서는 상위개념의 상위개념 - 이 획득되고 그리고 나서는 이 상위개념으로부터 연역되고 동시에 법문이 발견될 수 있다는 데에서 성립되고 있기 때문이다.[58] 이러한 "법적 방법론"을 옹호하기 위하

---

58) 이에 대하여는 아래의 § 25, S. 98을 보라. 헤크 *Heck*의 전도에 대한 설명, *Das Problem der Rechtsgewinnung*, Tübingen 1912, S. 13ff. 참조. 더 나아가서는 트리펠 *Triepel*의 "흠결보충적" 구성에 대한 적절한 특징 묘사, *Staatsrecht und Politik*, S. 22ff. 참조.

여 사비니의 권위를 주장하는 것은 오늘날 부분적인 사비니 해석이 가정하듯이 오직 법적 방법론을 수단으로 해서만 사비니의 생각으로부터 결론이 가능하다고 가정하는 것과[59] 가깝다. 역사법학파는 "비역사적"이었다는 그 곳에 사용된 표현은 (코샤커의 경우처럼)[60] 그들의 역사연구방법이 불충분하고 그들의 의도가 훨씬 현실관련적이며, 역사적이라기보다는 이론적이었다는 것을 뜻하는 것만은 아니다. 더 나아가서 이 표현은 역사법학파가 비정치적이었고 현실과는 거리가 멀었다는 것, 곧 이 학파가 정치적, 경제적, 사회적 그리고 그 밖의 현실을 제외시키려 했다는 것을 의미한다. 이러한 해석이 올바를 수도 있다면 "법적 방법"이 정당하게 사비니를 원용할 수도 있을 것이다. 물론 제자들이 역사법학파에서 끌어낸 반대추론이 그 대가에 대해서 이러한 잘못을 범한 것이 아닌가 하는 여부와 트리펠 *Triepel*이 게르버와 라반트를 "위대한 어머니에서 태어난 타락한 자식들"로 표현했을 때[61] 그가 잘못을 범하지 않았나 여부가 문제된다. 최소한 법의 발전과 "시대의 의미와 요청"을 부합시키는 것이 사비니의 의도였다.[62] 그럼에도 불구하고 그가 "아직도 생명력을 가지고 있는 것을 이미 고사한 것으로부터 '분리'시켜 그래도 역사에 속하게"[63] 하고자 하는 경우 "민족정신"은 이러한 "의미와 요청"을 지향하고 있다는 것이 아마도 묵시적으로 전제되어 있었다.

---

59) 특히 Walter Wilhlelm, *Zur juristischen Methodenlehre im 19. Jahrhundert*, Frankfurt 1958, 여러 곳, E. W. Böckenförde, Die historische Rechtsschule und das Problem der Geschichtlichkeit des Rechts, in: Collegium Philosophicum, S. 94. 참조.

60) 앞의 책. S. 269ff. 또한 *Die Krise des römischen Rechts und die romantische Rechtswissenschaft*, 1938을 보라.

61) *Stsstsrecht und Politik*. S. 25. Triepel, S. 2은 폰 그나이스트 *Rudolf von Gneist*에게서 역사법학파의 자식이 "정치적인 것과 관계"를 맺고 있음을 논증하고 있다.

62) *System* I. S. 18.

63) *Vom Beruf unserer Zeit*, S. 117f.

사비니가 형법전을 기초했다면 그것은 현실세계와는 동떨어진 구성작품으로 그다지 커다란 영향력을 행사할 수 없었을 것이다. 그의「로마법대계」제8권의 국제사법의 기초 또한 실천적·정치적 의미를 가진 것이었다. 그것은, 그가 되풀이하여 주장했듯이, 그 표본이 가지는 실제적 의미 때문에 사비니가 경탄해마지 않았던 로마의 법학자들로부터 빌려와서 제안한 "창조적 법의 계속형성"으로 간주되어야 한다.

사비니는 자유주의적 태도를 가진 시민계급의 정치적 요구를 도외시하려고 했으나 그렇다고 그 시대의 경제적 요청과 그 밖의 요청들을 도외시하려고 하지는 않은 것으로 생각된다(그는 천천히 진행되는 진보를 확신하는 보수주의자였지, 결코 반동주의자는 아니었다). 법전편찬, 특히 자유정신에 대한 논쟁적 방어태도는 그로 하여금 자유주의 사상이 버릇처럼 공언하던 실천적·정치적 요소를 강조하게끔 했다. 독일민족정신의 대변자임을 주장했던 "재산과 교양"을 대표하는 자유시민계급에 대하여 그는 반대작용을 하려고 함으로써 이러한 요청이 논의의 대상으로 삼아야 했던 민족정신의 대변자라는 칭호를 법률가계급에 유보시키려 하였다. 이와 같은 일들이 그로 하여금 그의 제자뿐만 아니라 현대의 해석자들에게도 저절로 발현하는 법창조적 민족정신과 시대의 실천적 요청의 무관계성을 결론지우게 하는 표현들을 하게끔 했다.

물론 이제까지의 언급은 어쨌든 논의의 대상이 될 수 있는 해석의 시도 이상의 것이 될 수는 없다. 어쨌든 이러한 언급은 헌법해석의 방법에서 사비니의 권위를 주장하는 것에 대하여 의문을 제기하고 헌법의 계속형성을 포함하고자 하는 방법을 위하여 맡은 바 기능을 다할 수 있을 것이다. 사비니의 방법론은 "시대의 의미와 요청"에 따라 계속적으로 법을 형성한다는 사상에 대단히 깊은 영향을 받고 있어서 이른바 "법적 방법론"도 그리고 또한 문법적, 논리적 그 밖의 법률문

언해석으로서의 헌법해석론도 사비니를 원용하는 것은 적절하다고 할
수 없다.

20. *Savigny*의 법률해석단계

그럼에도 불구하고 마지막으로 - 사비니의 권위와는 관계없이 - 헌
법조문을 해석하기 위하여 사비니의 법률해석방법이 추천될 만한가라
는 질문이 제기되어야 한다. 이미 존재하는 이론이 더 이상 자명하지
않은 경우 이 질문은 다음과 같은 질문을 통해서만 해명될 수 있다.
우리가 이러한 해석방법을 추구하는 경우 귀결점은 어디일 것인가? 법
원은 이러한 방법을 사용할까? 사용한다면 어떠한 결과가 오고, 사용
하지 않는다면 어떠한 이유 때문에 그럴 것인가? 이러한 방법을 적용
하는 것이 도대체 가능한가? 그리고 그렇다면 그 방법은 충분한가? 이
와 같은 질문에 대답하기 위해서는 헌법적 사고과정을 철저하게 분석
하는 것을 전제로 한다. 그렇기 때문에 여기에서는 단지, 예비적인 동
시에, 단순한 그러나 의미심장한 관찰이 행해져야 한다. 곧 어떤 헌법
해석자도 사비니가 말하는 문법적, 논리적, 역사적 그리고 체계적 해석
에 만족하지 않는다. 또한 변호사들도 그들이 실제사건을 변론하려 하
는 경우 결코 이러한 해석만으로 만족할 수 없다.[64] 사비니가 예를 들
지 않으면서 설명하고 있는[65] 불명료한 암시로써 생각하고 있는 바를

---

64) 예컨대 연방헌법재판소의 약국판결(Apothekenurteil)에 반대하는 포르스트호프의
   논거는 합리적이기는 하나, 결코 기본법 제12조 제1항을 논리적, 문법적 등등으
   로 해석함으로써 획득될 수는 없다(*Zur Problematik der Verfassungsauslegung* S. 21 참
   조). 앞의 S. 56 참조.
65) *System* I, S. 213f.

확정하기가 매우 어렵다는 것을 완전히 도외시하더라도 우리는 결코 만족할 수 없다. 이에 대해서는 아래에서 간략한 설명으로 그치겠다.

문법적 해석의 본질은 입법자가 사용한 언어법칙을 해명함에 있다고 사비니는 말하고 있다.[66] (오늘날 경우에 따라서는 문법적 해석을 "단어가 가지는 의미"의 확정[67]으로 이해하거나 또는 어떤 단어의 다의성을 단순히 확인하는 것으로[68] 이해하기도 한다. 그러나 이는 지나치게 확장된 것이다. 왜냐하면 이러한 것을 위해서는 다른 해석요소들도 기여할 수 있기 때문이다. 곧 예컨대 기본법 제2조 제1항의 "헌법적 질서"란 단어의 의미가 무엇인가는 역사적, 체계적 해석 등등을 통해서도 확인될 것이다.) 그러나 입법자가 사용한 언어법칙을 해명하는 것이 무엇에 도움이 될까는 보통 통찰되지 않는다. 아마도 사비니의 눈에는 라틴어 원문과 라틴어에 완전히 능통하지 못한 법률가가 아른거렸을지도 모른다. 곧 그렇다면 그 본문이 '분리되어 독립적으로' (ablativus absolutus) 사용되었다는 것과 그것을 어떻게 이해하는가를 설명하는 것이 적절하다. 독일어 원문의 경우에는 문법적 설명은 예컨대 여성명사의 앞에 오는 정관사 "der"[69]가 2격이냐 아니면 3격이냐에 대해서 진정한 의문이 있을 때에만 의미를 가지게 될 것이다. 그러나 그러한 경우에도 다음과 같은 두 가지 가능성이 존재할 수 있을 뿐이다. 곧 단어의 위치로부터 어떤 경우가 생각되고 있는지가 명백해지고 그

---

66) 완전한 표현은 다음과 같다. "해석의 문법적 요소의 대상은 입법자의 사고에서 우리들의 사고에 이행을 매개하는 단어이다. 그렇기 때문에(?) 해석의 문법적 요소의 본질은 입법자가 사용한 언어법칙을 해명함에 있다."

67) 예컨대 Engisch, *Einführung in das jurstische Denken*, 3. Aufl, S. 78.

68) 예컨대 Klaus Stern, *Gesetzesauslegung und Auslegungsgrundsätze des Bundesverfassungsgerichts*, Diss. München 1956(Man.), S. 191, 194.

69) 초기문헌(S. 19)에서는 논리적 구성부분의 본질은 "법률의 내용을 설명함에 있고, 부분들 상호간의 관계를 설명한다. 따라서 이는 법률에 있는 사고에 대한 발생학적 설명이다."

렇게 되면 그에 대해서 자세히 이야기하는 것이 무의미해지거나 그렇지 않다면 계속해서 의문이 남아있게 되는 경우이다. 그렇게 되면 언어법칙의 해명은 도움이 될 수 없고 판결은 다른 관점에 따라 행해져야 한다.

더 나아가서 사비니는 **논리적 요소**는 "사고의 구성, 곧 개별적인 부분들이 상호의존하고 있는 논리적 관계"에 관한 것이라고 이야기하고 있다.(또한 논리적 요소에 대해서도 오늘날 사람들은 여러 가지를 생각하고 있다. 예컨대 여러 개념의 의미와 전후관계의 확인[70], 또는 단어가 가지는 의미의 축소 또는 확장[71] 등. 엥기쉬 *Engisch*는 "논리적" 해석과 "체계적" 해석을 하나로 종합하고 있다.[72]) 사비니가 "**논리적 관계**"에서 이해하고 있는 것이 무엇인가는 분명하게 확인될 수 없다. 아마도 그는 시선을 하나의 문장 또는 문장의 부분에서 그를 둘러싸고 있는 전후관계로, 곧 원문 속에 존재하고 해석되는 원문의 위치와 "논리적" 전후관계에 있는 예외, 개념규정, 설명들에게로 돌리고자 하였을 것이다. 또한 우리들은 본문에 있는 모순을 확인하는 것도, 따라서 예컨대 직업선택의 자유와 직업행사의 규제가능성(기본법 제12조 제1항)이 서로 제한하고 있다거나 또는 정치적 의사형성에 정당의 참여와 국회의원의 정당에 대한 독립성(기본법제21조 제1항과 제38조)이 서로 제한하고 있다는 확인도 "논리적 해석"의 범주로 고려할 수 있을 것이다. 이러한 의미의 논리적 해석은 유익하고 반드시 필요하다. 물론 논리적 해석의 결과는 모순의 확인이 아니다. 왜냐하면 어디에서 한계를 그을 것인가 하는 문제는 문장 상호간의 논리적 관계에서는 결정될 수 없기 때문이다.

---

70) 예컨대 Wolff, *Verwaltungsrecht* I, § 28, IIIc 2.

71) 예컨대 Klaus Stern, 앞의 책 S. 201.

72) 앞의 책, S. 77. 78.

사비니에 따르면 **역사적** 요소는 "법규정을 통하여 존재하는 법관계에 대하여 주어진 법률의 시대를 규정하는 상태를 대상으로 한다. 법률은 특정한 방법으로 이러한 상태에 관여하고 이러한 관여의 유형은 (?) 이러한 법률에 의해서 법에 새롭게 삽입된 것인데 이는 저 요소를 분명하게 하여야 한다."[73] 따라서 이와 같은 의미에서 역사적 해석은 일차적으로는 법상태의 비교를 의미하고, 해석대상인 법률이 공포된 후에는 이러한 비교로부터 의미를 해석하는 준거점을 발견하는 것을 의미한다. 따라서 이는 원문에 대한 비판이 아니며, "발생시적" 해석(입법자의 의사의 확인)도 아니며, 입법자에게 요청하는 정치적, 경제적, 사회적 필요의 확인도 아니라 앞의 "법규정을 통한"(!) 특정한 상태의 규율인 것이다. 이러한 과정은, 도대체가 성과가 있을 수 있다면, 개별적인 법률에서만 가능하다. 곧 우리는 예컨대 하나의 유산분배규정을 어떠한 법률상의 재산상태가 법률의 공포시에 예견되었고 입법자에 의해서 전제되었는가를 알 때에만 이해할 수 있다. "개별적 법률의 해석"은 해석요소를 설명하는 장에서 언급되고 있다. 헌법과 관련해서는 이러한 종류의 역사적 해석은 어쨌든 기본법개정이나 기본법보충법률과 관련해서만 생산적일 수 있다. 따라서 우리는 예컨대 기본법 제142a조가 뜻하는 바를 그곳에서 인용된 조약이나 협약의 내용이 무엇이며 어느 정도까지 그 합헌성이 문제되었는가에 대해서 역사적으로 확인될 때에만 이해할 수 있다. 그러나 고유한 기본법의 규정에서는 이전의 법상태의 확인 - 곧 점령법 하의 무헌법적 상태의 확인 - 은 성과가 없다. 원래 역사적으로 확인되어야 할 것 - 곧 어떤 헌법정

---

73) 초기문헌에서 사비니는 역사적 해석을 다음과 같이 묘사하고 있다. "법률은 특정한 시대에 특정한 민족에게 주어진다. 따라서 법률의 정신을 알 수 있기 위해서는 우리는 역사적 규정들을 알아야만 한다. 법률의 설명은 법률이 유입하는 동기를 역사적으로 설명함으로써만 가능하다."

책적 쟁점이 기본법에 의해서 결정되어야 하는가 - 은 사비니의 "역사적 해석"에서는 생각되고 있지 않다. 왜냐하면 역사적 해석의 기초는 기본법에 의해서는 새로운 법이 창조되는 것이 아니라, 전제된 법관계가 "오류와 자의로부터 보호되어야 한다"[74]는 생각이기 때문이다.

끝으로 사비니의 생각에 따르면 **체계적** 요소는 해석대상인 법률의 개별적 규정이 가지고 있는 내적 관련에 대한 것이 아니라, "이 법률이 전체 법체계와 어떠한 관계가 있는가 그리고 이러한 관계는 전체 법률체계에 어떻게 관여해야 하는가"를 명백하게 하는 것과 관계가 있다.

따라서 예컨대 어떤 형법규정이 도입되는 경우 그것을 올바르게 이해하기 위해서는 정당방위와 착오, 미수와 공범, 책임의 정도와 (면책)특권 등에 대한 지식을 요구하고, 우리는 가축매매와 관련된 법률을 매매와 채권법상의 여러 계약, 법률행위 일반에 대한(따라서 보증, 취소, 의사와 표현의 불일치, 소멸시효, 형식 등에 대한) 원칙들과 관련해서만 이해할 수 있다. 그러나 기본법은 이미 존재하는 헌법상의 여러 제도의 체계에 자신을 끼워 맞추는 것이 아니라, 스스로 헌법을 제정한다. 우리는 사비니적인 사고를 개별적인 기본법의 규정들을 기본법의 체계로부터 해석해야 한다는 변형된 형태로만 적용할 수 있을지 모른다. 이는 물론 별개의 것이다. 왜냐하면 이곳에서 문제되는 것은 그로부터 개별적인 규정들이 이해될 수도 있는 기본법제정자에 의하여 이미 전제되고 인정된 체계가 아니라, 반대로 개별적인 규정들을 해석함으로써 비로소 획득되는 체계이기 때문이다. 그렇기 때문에 이러한 종류의 체계적 해석은 대답을 주기보다는 오히려 쟁점만을 만들어 낸다. 예컨대 인격의 자유로운 발현(기본법 제2조 제1항)의 제한은 모든 기본권에 관계되는가, 민주주의에 대한 기본적 결단은 어느 정도까지

---

74) *System* I, S. 212.

법규통제를 제한하는가, 연방체제로부터는 어느 정도까지 연방충성의 법원칙이 결론되는가 등등 … 이러한 논쟁의 대상이 되는 문제들은 체계적 해석을 통하여 해결되는 것이 아니라, 오히려 제기된다.

따라서 헌법해석에서 절대로 피할 수 없는 수많은 고려들이 사비니의 법률해석단계에서는 거의 포함되어 있지 않다. 오히려 우리는 다음과 같이 말할 수 있다. 해결되어야 할 거의 모든 문제들이 미결인 채로 남아 있고, 헌법적 해결은 이 방법으로서는 이루어질 수 없다. 따라서 이 방법이 헌법해석에 권장될 수 있을까라는 물음에 대한 대답은 이 방법이 해결을 가능하게 하는 한 권장될 수 있다는 것이다. 그러나 이 방법은 어떠한 경우에도 해결을 가능하게 하지 않고 그렇기 때문에 충분할 수 없다.

제2절 해석단계목록의 이상

21. 단계목록의 여러 조건

사비니의 법률해석 4단계가 헌법해석을 위해서는 충분하지 않다 하더라도 우리는 해석과정에 대한 다단계목록이 **법적 사고**로 하여금 분명히 올바른 결론으로 이끌어 갈 수 있지 않을까 여부를 고려할 수 있을 것이다. 그러한 목록이 가능하고 바람직할 수도 있다는 생각은 헌법해석방법론 논의의 기초를 이루고 있고, 이와 같은 논의는 그러한 목록의 작성을 제안하고 있다. 그 생각은 기본법이 비록 일견해서는 헌법적 문제를 인식하고 있지 않지만, 종국에는 명백하게 예비하고 있다는 것이다. 중요한 것은 단지 적절한 결정을 발견해내는 것이라는 것이다. 동시에 중요한 것은 바람직한 결과가 생각되고 그럼으로써 자의와 비객관적 영향력 행사에 결정이 맡겨질 위험을 방지하는 것이라고 한다. 그 대신 기본법에서 연역적으로, 그것도 결과가 올바르게 되도록, 방법적으로 하나하나 지도되는 방법으로 생각되어야 한다. 따라서 이상적인 경우는 아라비아 숫자계산법, 곧 어떠한 사고과정이 어떠한 순서에 따라 수행되어야 하는가를 정확하게 규정하고 그것이 오류 없이 적용된다면 올바른 결론을 보장하는 도식일 것이다. 따라서 이 생각에 따르면 이상적으로 더 이상 결과로서 올바를 수 없을 뿐만 아니라[75] (이에 대한 반대는 없을 것이다), 또한 우리가 단지 올바른 사고과정을 올바른 순서로 수행하기만 한다면 단 하나의 올바른 결과가 비교적 안전하게 발견될 수도 있으리라는 것이다.[76]

아래에서는 이러한 산술적 이상을 추구하는 것이 의미 있는가, 또는 이러한 이상은 분명히 달성될 수 없는가라는 문제를 추적해 보겠다. 이 문제는 부정적인 경우에는 공상적인 목표 때문에 귀중한 노력이 낭비될지도 모른다는 이유 **때문에 의미를 가질 뿐만 아니라, 또한 공상에 사로잡힌** 나머지 본래의 문제를 보지 못하고 헌법해석을 합리적으로 통제하는 현실적 가능성을 사용하지 않게 된다는 이유 때문에도 의미를 가진다.

가능한 해석목록의 문제를 심사할 수 있기 위하여 우리는 최우선적으로 우리가 개별적으로 해석목록을 작성하기 위하여 어떠한 과정을 수행하지 않으면 안 되는가를 숙고하지 않으면 안 된다.

---

75) 예컨대 Sax, *Analogieverbot*, S. 78.

76) 예컨대 Klaus Stern, *Gesetzesauslegung und Auslegungsgrundsätze des Bundesverfassungsgerichts*, S. 225f.

첫째로, 요청되는 것은 개별적으로 가능한 여러 단계를 가능한 한 **정확하게** 규정하는 것이다. 대략 논리적 해석, 체계적 해석 등등과 같은, 게다가 개별적 필자에 따라 그 밖의 사람들과는 어떻든 다른 것을 의미하는 애매한 서술에 우리가 만족해서는 안 될 것이다.[77] 왜냐하면 그러한 서술은 일반적으로 추구된 명확성의 정반대, 곧 커다란 불확정성을 만들어내고, 그 결과 현실적인 해석자가 언제나 자기가 바라는 결과를 그 속에 집어넣고 자기가 추구하는 결론을 방법론에 따른 해석의 피치 못할 결과라 부를 충분한 기회를 가지게 되기 때문이다. 그 대신 우리는 개별적인 해석과정이 그에 대하여 대답해야 하는 문제를 가능한 한 정확하게 확정하고자 노력해야 할 것이다. 동시에 우리는 현재 일반적으로 인정되어 있는 일곱 개의 해석단계, 곧 문법적, 논리적, 역사적, 체계적, 발생사적, 비교적 그리고 목적론적 해석으로 충분한가 아니면 그것들을 더욱 보충하여야 하는가를 검토하여야 할 것이다. 우리는 또한 이러한 모든 단계를 확실하게 구별해야 할 것이다. 최상책은 우리가 "체계적 해석" 따위와 같은 명확하게 하기보다는 오히려 오류를 불러일으키는 상표를 일체 제거하고 정확히 제기된 문제의 고리에 만족하는 것이다.

둘째로, 우리는 "**주관적·객관적** 해석"과 같이 대립되는 쌍으로 표현된 문제에 대하여 종국적인 결정을 내려야 할 것이다. 만일 우리가 "주관적" 그리고 "객관적"(또한 "성립사적" 또는 "효력시의")[78]과 같이 수많은 변형을 가진 개별적인 해석에 아직도 의미를 부여하려고 한다면, 우리는 어떠한 조건에서 어떤 해석방법이 적합한가를 결정하여야 할 것이다. 그 다음 우리는 얻어진 확정사항을 "우선적으로" 요청된 문제목록에 - 주로 아마도 "역사적" 그리고 "발생사적" 해석이라는 표

---

77) 앞의 § 20의 예 참조.

78) Adolf Keller, *Die Kritik, Korrektur und Interpretation des Gesetzeswortlauts*, S. 161ff. 참조.

제하의 문제에 - 삽입해야 할 것이다. 그렇게 되면 오직 하나의 문제 목록만이 존재하게 될 것이고 양쪽의 관찰차원이 다르기 때문에 생기는 특유한 분쟁은 사라지게 될 것이다.

셋째로, 우리는 보완되어야 할 **흠결**이 존재한다는 것이 인정되어야할 여러 조건을 가능한 한 정확하게 확정해야 할 것이다.[79] 그 다음 흠결보충에 적합한 가능한 논리적 결론을 가능한 한 수학적인 형태로 규정하여야 한다.(이는 이제까지 가장 잘 연구된 사고과정이다)[80] 더 나아가서는 어떠한 논리적 추론 과정 - 예컨대 유추, '반대논증' (argumentum e contrario) - 을 적용할 것인가를 확정하여야 한다.

넷째로, 우리는 어떠한 조건에서 해석적 판결을 통하여 **본문수정**이 허용되고, 어떠한 조건에서 경우에 따라서는 본문의 해결이 허용될 것인가를 구별해야 할 것이다.

다섯째로, 그러한 고려를 근거로 작성된 모든 문제를 특정한 **순서**에 따라 정돈하여야 할 것이다. 왜냐하면 "오늘날까지의 법적 해석이론의 약점은 주로 확보된 서열질서가 아직까지 다양한 해석 기준 하에 정돈되지 않고 있기 때문이다."(츠바이거르트 *Zweigert*)[81] 어떠한 조건에서 목록을 차례차례 섭렵하는 해석자가 그만둘 수 있거나 그만두어야 하는가, 예컨대 법률의 언어적인 의미가 일의적으로 해명되는 경우 그 의미는 발생사적 또는 목적론적 해석의 도움을 받아 다시 상대화되어도 좋은가 그렇지 않은가, 그리고 상대화되어도 좋다고 하는 경우 언제 또는 원칙적으로 최초의 넷 또는 다섯의 주단계가 인정되어야 마땅한가라는 것이 확정되어야 할 것이다. 더 나아가서 개별적 해석단계

---

79) 이에 대하여는 Claus-Wilhelm Canaris, *Die Feststellung von Lücken im Gesetz.*

80) Ulrich Klug, *Juristische Logik*; Rupert Schreiber, *Logik des Rechts*; Theodor Heller, *Logik und Axiologie der analogen Rechtsanwendung.*

81) Juristische Interpretation, in: Studium Generale 1954, S. 38Off., S. 385.

- 예컨대 비교적 해석단계 - 를 경우에 따라서는 통과해도 되는가 또는 통과해야 하는가, 그리고 이것이 긍정되는 경우 어떤 조건에서 그럴 것인가를 확정해야 할 것이다. 개별적 해석단계들 사이의 넘나듦이 허용되어야 한다면 어떠한 조건에서 그것이 행해지고 그때 어떠한 순서 또는 어떠한 순서의 변형이 정확하게 지켜져야 하는가라는 것이 확정되어야 한다.

여섯째로, 개별적인 해석과정을 통하여 모순되는 결과가 생긴다면 무엇이 행해져야 하는지를 명백히 하여야 할 것이다. 만일 우리가 결과는 오로지 "모든 해석과정의 협력"에서만 획득될 수 있다는 표현(법)에 머무른다면, 우리는 매우 힘들여 작성한 산술적 도식을 무의미하게 함으로써 무(無)로 만들어 버릴 것이다. 오히려 우리는 예컨대 역사적 해석의 방법으로 획득된 결과가 논리적 해석의 방법으로 획득된 결과에 대하여 **우위에 있는가** 또는 반대인가, 예컨대 목적론적 해석으로 획득된 셋째 번의 다른 결과가 앞의 양자에 대하여 우위에 있는가, 또는 달리 개별적인 해석단계들 상호간의 관계를 어떻게 규정할 것인가를 정확하게 확정하지 않으면 안 된다. 따라서 문제의 목록은 더 광범위한 목록에 의하여 보완될 것이다.

마지막 **일곱째로**, 판결이 산법에 따르지 않을 경우, 그것도 모든 법원이 모든 경우에 그렇게 하지 않을 경우, 우리가 "산법"을 작성한다고 해서 많은 것이 획득되는 것은 아닐 것이다. 이러한 목적을 달성하기 위해서는 모든 해석방법론을 법률에 의하여 **구속력 있는 것으로** 하고 그렇게 함으로써 모든 경쟁관계에 있는 방법론적 가능성을 허용될 수 없는 것으로 해야 할 것이다.[82] 동시에 변칙적인 방법의 사용은 언

---

82) 그러한 해석법칙은 미합중국에서 진지하게 논의된 바 있다. Helen Silving, A Plea for a Law of Interpretation, 98. University of Pennsylvania Law Review, S. 499(1958) 참조.

제나 항소사유가 되도록 법적으로 규정되어야 할 것이다. 필요한 경우에는 특수한 통제심급이 연방법원 위에 놓여져야 할 것이다.

이제까지 설명한 바와 같은 방법론적 도식에 대한 완성된 초안은 아직까지는 성공을 이루지 못했다. 그러나 방법론에 대한 적지 않은 수의 언급들이 다음과 같은 인상을 가지게끔 한다. 곧 그들이 그러한 도식을 추구하고 있다고 한다면 그들은 그러한 도식을 결국에는 완성시킬 거대하고 험난한 시도에 대한 단편적 기여로서 이해되지 않으면 안 된다.

22. 방법론적 도식작성의 몇 가지 어려움

우리가 서술한 종류의 방법론적 도식을 구성할 수 있는지 여부를 고려하는 경우 우리가 그때 어떤 과정을 밟아야 하는가라는 문제가 시급하게 제기된다. 어떠한 관점이 표준이 되어야 하는가 어디에 따라 결정되는가, "산법"에서 어떠한 문제와 원칙이 모습을 나타내어야 하고 어떠한 문제와 원칙이 그래서는 안 되는가, 그들은 어떠한 순서와 서열에 따라 나타나는가 등등. 이러한 물음에 대한 대답은 저절로 얻어지지는 않는다. 왜냐하면 저절로 밝혀지는 문제목록에 대한 "자연적" 질서는 존재하지 않기 때문이다. 이 문제는 우리가 우선 우리의 경험에 의존하여 우리가 이 문제 또는 저 문제를 고려하거나 배제하고 이러저러한 순서를 확정하는 등등의 일을 한다면 어떠한 효과가 나타나게 될 것인가에 대한 예를 발견할 수 있도록 접근할 수밖에 없다. 그러나 우리가 어떠한 배치가 특정의 예의 경우에 어떠한 방식으로 효과를 나타낼 것이라는 것을 명백히 하는 경우 어떠한 효과가 "올바르고" 어떠한 것이 "잘못"인가를 결정하는 관점을 필요로 한다. 따라서 우리는 최소한 우리가 든 예에서 해석결과를 판단하지 않을 수 없다. 그리고 이러한 판단은 문제목록에서 어떠한 배치가 올바르거나 잘못되어 있는가를 결정하게 될 것이다. 그러나 이로써 우리는 진퇴양난에 빠지게 된다. 곧 우리는 해석결과에 대한 판단을 피하고자 한다. 왜냐하면 그러한 판단은 우리에게 우리가 확실하게 대답할 수 없고 오히려 그러한 판단을 설명하기 위하여 바로 방법이 도입되어야 하는 문제를 제기하기 때문이다.

따라서 도대체 그것이 가능하다면 우리가 해석결과의 판단에 대하여 어떠한 의문도 생기지 않은 예를 적용하는 경우에만, 우리는 방법론을 발전시키려는 시도에서 앞으로 나아갈 수 있다. 그러한 경우에 우리는 우리가 결과를 연역적으로 획득하고자 한다면 어떠한 과정을 밟아야 하는가를 연구할 수 있다. 그 후에야 그때 발견된 방법이 다른 경우에도 올바른 결과를 가져오리라는 희망으로 그 방법을 일반화시킬 수 있다(여기에서 훌륭한 이론은 추상적으로 연역되는 것이 아니라 우선적으로 실무가 어떻게 하는가에 대한 분석에 의존하고 있다는 것이 다시금 명백해진다).

그러나 그와 동시에 다시금 일련의 문제가 제기된다. 우선 예의 선택에서 우리는 - 우리가 전제하고자 하는 - 결과의 **무류성**에 대하여 진정으로 그렇게 확신할 수 있으며 그 이유는 무엇인가를 질문하지 않으면 안 된다. 우리는 여기에서 동시에 다른 의견이 "또한 주장될 만한 것으로" 성립될 수 없고 그 밖의 모든 견해는 "잘못된 것으로" 그리고 단지 자신의 견해만이 올바른 것으로 주장될 수 있을 정도로 (근거가) 확실하게 방어될 수 있는 그러한 확실성만을 통용시킬 수 있다. 우리가 이러한 요청을 고수하지 않는다면 발견하는 방법을 무가치한 것으로 만들 수도 있는 애매하고 불확실한 요소가 처음부터 그러한 방법에 올 수도 있을 것이다. 그러나 이는 예컨대 논쟁의 여지가 있는 모든 경우를 고려의 대상에서 제외시켜야 한다는 것을 의미한다. 예컨대 연방헌법재판소의 판결에 반대하여 약국허가를 법률로써 제한하는 것이 기본법 제12조 제1항과 합치될 수 있는 것이라 확정하고 그리고 나서는 그에 이르는 과정을 연구하여 이를 일반적으로 확정하고자 하는 일은 거의 의미를 가질 수 없을 것이다. 이렇게 획득된 방법은 처음부터 제12조는 객관적인 허가제한을 원칙적으로 배제한다고 생각하는 것을 통하여 경시될 것이다. 곧 그와 같은 생각은 그 방법을 결과와 마찬가지로 잘못된 것으로 간주할 것이다.

물론 우리는 더욱 강력한 전투형식으로 이행하여, 타인이 "잘못된" 결과를 잘못된 방법의 도움을 얻어 획득하였다고 타인을 비난하고 연방헌법재판소는 이러한 타인을 옳다고 주장하여 부당하게 권력을 찬탈하였다고 함으로써 결과가 논의의 여지가 없는 경우에도 방법과 결과의 무류성을 고집할 수도 있을 것이다. 그렇게 되면 우리는 자신의 견해가 명백히 옳다는 것을, 곧 우리가 든 예에서는 약국에 대한 객관적 허가제한이 합헌적이라는 의견의 무류성을 입증하여야 할 것이다. 우리는 이 견해를 주로 허가의 자유는 정치통제를 수단으로 회복되어야 할 한 조각의 국가성을 희생시킨다는 논증으로써 주장했었다. 이는 분명코 주목할 만한 논거이다. 그러나 이 논거는 모순이 없는가? 약국의 자유는 실제로 필요한 것보다 더 강화된 경찰통제를 필요로 한다는 것이 경험상 입증되었는가? 기본법에 따라 이 문제가 도대체 중요하다는 것은 의심이 없는가? 아마도 올바른 해석은 다수가 직업선택의 자유를 위하여 경찰통제를 감수할 것을 요구하는가? 이 문제에 대해서 이곳에서는 결코 객관적인 견해를 표명할 수는 없고, 단지 Aporie(논리적 곤란, 경험 불가능)만을 보일 수 있다. 이와 같은 Aporie에 직면하여 허가제한이 합헌이라는 견해가 분명히 옳다는 주장은 유지될 수 없다.

그렇다면 이 견해는 또한 분명히 옳다는 법결과에 직면하여 분명히 올바른 해석방법을 획득하기 위한 기초로 삼을 수 없다.

비슷하게 거의 모든 의견이 상이한 경우에 그때그때 잘못으로 간주되는 반대견해가 올바를 수도 있다는 것을 배제할 수 없다. 그렇기 때문에 우리는 이론의 여지없이 올바른 해석결과에 의지하지 않으면 안 된다. 우리는 논쟁의 여지가 없음에도 불구하고 어떤 결과가 올바른가 여부를 결코 확실히 알 수 없다. 왜냐하면 무류성을 보증하는 방법은 미리 존재하고 있는 것이 아니라, 비로소 발견되어야 하기 때문이다. 그러나 무류성의 시금석에 대한 합치된 견해를 취하는 대범성은 최소한 어떤 커다란 손해도 발생하게 하지 않으며 그렇기 때문에 허용될 수 있다.

물론 논쟁의 여지가 없는 해석결과에 대한 실제적인 예는 헌법판례집에서는 결코 발견되지 않는다. 왜냐하면 사법의 기능은 분쟁을 결정하는 것이며, 따라서 언제나 결정되는 것은 분쟁문제이다. 물론 언제나 소송을 곧 잘 일으키는 어리석음, 어떠한 객관적 논거를 통해서도 정당화될 수 없는 법적 견해가 존재하는 것은 사실이다. 그러나 연방헌법재판소는 자명한 경우에는 재판하지 않으며[83] 단지 실제로 의문이 있는 문제만을 결정하도록 기본법과 연방헌법재판소법에 충분히 배려되어 있다. 어쨌든 의심스러운 문제를 제기하지 않으며, 연방헌법재판소가 더 이상 관련시켜 문제설명을 할 수 없는 해석결과가 존재한다.

따라서 연방헌법재판소는 예컨대 기본법 제71조에 대하여 여태껏 어떠한 설명도 하지 않아도 되었다. 만일 어떤 지방(支邦)법률이 연방의 배타적 입법권한 때문에 무효인가의 여부가 논쟁의 대상이 된다면 연방헌법재판소는 단지 대상이 연방의 배타적 입법권에 속하는가 여

---

83) 주로 누가 제소권이 있는가와 법적 수단의 고갈에 대한 규정과 예심을 통하여.

부만을 심사한다. 그것이 연방의 배타적 입법권에 속하는 경우 연방헌법재판소는 기본법 제71조를 원용하여 곧 바로 당해 지방 법률은 그렇다면 무효라는 결론을 내린다.[84]

그러나 우리는 이와 같은 예로부터 우리가 생각하는 문제목록을 작성하는 데 필요한 것을 아무것도 얻을 수 없다. 그러나 그러한 경우에는 해석된 것이라곤 아무것도 없기 때문에 분석될 해석방법도 존재하지 않는다. 해석은 해명할 필요가 있는 의심과 그에 적용되는 다양한 의견이 있을 때 비로소 시작된다. 물론 어떠한 경우에는 기본법 제71조의 해석이 문제가 될 수도 있다고 생각된다(예컨대 우리는 연방법률이 수권하였거나 유사한 경우 "연방의 법규명령에 의해서도 지방입법자에게 수권할 수 있는가 여부의 문제를 제기할 수도 있을 것이다). 우리가 여러 법률에서 관계하고 있는 자연적 언어의 어떤 문장도 의문과 해석의 필요성이 배제될 수도 있을 정도로 명확하게 표현될 수는 없다. 그러나 의심과 해석필요성이 생겨나자마자 바로 상이한 의견이 객관적으로 가능하고, 그러한 한 우리는 그렇게 하기로 마음먹은 해석결과를 우리의 방법설정에서 출발점으로 적용할 수 없다. 따라서 무류성의 시금석에 대하여 논쟁의 여지가 없는 경우 우리는 다음과 같은 진퇴양난에 부딪히게 된다. 의견이 상이하지 않고 결과가 명백하면 우리는 그 시금석을 사용할 수는 있으나 그렇게 되면 그 시금석은 완전히 무용지물이며, 그에 반하여 의견이 상이한 경우에는 어떻게 하면 이러저러한 결과가 획득되는가에 대한 방법을 분석하는 것이 유익할 수 있으나 우리는 그것을 사용할 수는 없다.

---

84) 예컨대 연방헌법재판소판례집 4. 60; Vfrspr. 73 IV Nr. 1.

23. 법률규정의 특성?

우리는 다른 방법을 택하여 처음부터 논의의 여지가 없는 해석결과를 출발점으로 삼지 않고 **논의의 여지가 없게 된** 해석결과를 출발점으로 삼을 수도 있을 것이다. 이 경우 이것들 가운데에서 특히 문제가 있었고 특히 격렬하게 논쟁의 대상이 되었던 해석결과가 가장 흥미로운 것일 것이다. 그러한 해석결과가 논의의 여지가 없게 되었다는 사실로부터 그것이 올바르다는 결론이 허용된다면, 우리는 그러한 해석결과를 발견하는 데 필요한 사고과정을 기술하고 그러한 사고과정 일반의 내용과 순서가 구속적이어야 한다는 주장을 할 수도 있을 것이다. 물론 이와 같은 예가 논의의 여지가 없기 때문에 올바르다는 결론은 문제가 있다. 왜냐하면 종종 어떤 논쟁은 단지 최고재판소의 판결이 어느 특정의 견해를 자기의 견해로 삼고, 그 이상의 문제점은 무익한 것으로 증명되었기 때문에, 그것을 더 이상 논의하지 않은 채 끝내고 말기 때문이다. 그러나 이는 결코 그것이 그 자체로서 그리고 저절로 정당화될 수 없다는 것을 의미하지는 않는다. 그러나 더 오랜 시간을 전망한다면, 오늘날 아마 그 누구도 더 이상 진지하게 그 합리적 정당화를 의심하지 않는 법제도의 성립을 우리는 추적할 수 있다. 따라서 우리는 그러한 예를 발견하기 위하여 무엇보다도 연혁이 너무 짧은 기본법과 실정헌법을 떠나지 않으면 안 된다(왜냐하면 이전의 모든 실정헌법은 지나치게 많은 관점에서 현재의 실정헌법과 다르기 때문이다). 그러나 민법은 오늘날에도 논의의 여지없이 통용되는 주목할 만한 양의 해석결과를 제공한다. 우리가 그러한 해석결과가 논쟁의 대상이 되지 않기 때문만이 아니라 또한 실제로도 의심의 대상이 되지 않기 때문에 그것이 옳다고 하는 데에서 출발한다면 그것이 우리에게 우리가 어떻게 올바르게 해석하여야 하고 그리고 그렇기 때문에 그것이 우리의 방법론적 도식의 작성을 지도할 수 있는가 여부가 문제된다. 민법상의 해석방법론이 헌법에도 적용될 수 있는가 또는 그 경우 수정이 필요할 것인가의 문제는 아직도 당분간 보류되어야 할 것이다. 이 문제는 민법에서 지배적인 방법이 가지는 몇 가지 본질적 징표를 상론한 후에야 비로소 논의될 수 있다.

따라서 우리가 논의의 여지가 없게 된 민법상의 해석결과를 획득하는 방법을 탐구한다고 해서 그것이 곧 우리가 그 방법을 곧바로 일반화시킬 수 있다고 말하는 것은 아니다. 물론 우리는 개별적인 경우에 어떤 방법적 과정이 우리가 올바른 것으로 인정하는 해석결과를 발견하는 데 대한 조건일 수 있다는 것을 기술할 수 있다. 그러나 문제는 우리가 동일한 방법을 다른 문제와 다른 조문에서 따를 수 있는가, 우리는 그것을 일반화해도 되는가 그리고 그 정도는 어디까지인가, 말을 바꾸면 어떤 것이 우리가 이 방법을 적용해야 하는 특별한 조건이고 어떤 조건에서는 우리가 다른 방법적 사고방식을 적용해야 하는가 하는 것이다. 중요한 것은 또한 이러한 조건을 일반적으로 그리고 명확하게 확정하는 일일 것이며, 그 이유는 그렇게 해야만 유효한 연역이 가능할 것이기 때문이다.

이러한 목적을 달성하기 위하여 우리는 다음과 같은 과정을 밟을 수도 있을 것이다. 우리는 민법전의 개별 조(條) 또는 항(項)과 문(文)을 샅샅이 조사하고 논의의 여지가 없는 해석결과를 기입한다. 이 때 소주석서가 커다란 도움이 될 것이다. 그 다음 우리는 다음과 같이 자문한다. 이러한 결과에 이르기 위하여 어떠한 종류의 해석과정이 필요한가? 이에 대한 대답은 매우 상이하게 나타날 것이다. 곧 어떤 때는 문법적 그리고 논리적 해석으로 충분할 것이고, 어떤 때는 우리는 역사적 그리고 발생사적 또는 체계적 해석의 도움을 받아야 할 것이고, 어떤 때는 목적론적 사고방식이 필요불가결하고, 어떤 때는 발생사적 해석의 결과 대신에 그와 모순되는 체계적 해석의 결과를 따라야 할 것이고, 어떤 때는 정반대일 것이며, 그리고 어떤 때는 법률본문이 흠결을 보충하는 유추의 실마리에 불과할 때도 있을 것이다 등등. 그렇기 때문에 더 나아가서 개별적인 법률규정들이 이러한 해석방식을 요구하고 저러한 해석방식을 금하는 특정의 특성을 가지는가 그리고 이러한 특성은 법률규정이 그에 따라 분류될 정도로 정확하게 규정되는가에 대하여 질문을 하여야 한다. 분류의 관점은 우리가 그것을 사용하여 법률규정을 정확하게 볼 수 있을 정도로 명확해야 할 것이다. 곧 여기에서는 정확하게 이러저러한 해석과정이 중요하게 된다.

그러나 그러한 시도는 그때그때 적용되는 해석방법이 전혀 개별적 법률규정의 특성에 의존하지 않고 해결될 법적 문제와 다른 한편으로는 법률본문 사이에 성립하는 관계의 특성에 의존하게 되는 어려움에 빠질 수도 있을 것이다. 동일한 조항이 상이한 여러 문제에 적용되는 경우 그 조항은 상이한 연역과정으로 때에 따라서는 이렇게, 때에 따라서는 저렇게 해석될 수 있다.

예컨대 민법 제930조의 "법률관계 …, 그에 따라 상속인은 간접소유권을 갖는다"라는 말은 민법전에 있는 법률관계로서 제868조에 열거되어 있는 바와 같은 전형적 채무관계로 생각될 수 있다. 제국법원도 그렇게 판결하였다.[85] 그러나 다른 한편 제국법원은 민법 제930조를 제국법원이 확정한 바와 같이,[86] 민법의 의미에서 "대여"는 존재하지 않고 따라서 민법에 규정된 채무관계도 존재하지 않고 일반적으로 담보제공자에게는 "가공하거나" 그와 비슷한 일을 할 수 있는 소유권이, 담보수취인에게는 조건부인도청구권이 있음에도 불구하고[87] 민법 제

---

85) RG Warn 13, 200; RG JW 27, 670.
86) RG JW 15, 656.

930조가 "양도담보"를 허용하는 것으로 해석하였다. 양도담보는 오늘날에는 논쟁의 여지가 없는, 인정된 법제도이다. 물론 입법상의 개혁(예컨대 형식의 강제와 등기강제)이 제안되는 한에서는 법정책적으로 논란의 여지가 있다. 그러나 그에 해당되는 법률이 결여되어 있는 한에서는 담보재산을 형성하는 민법의 해석이 올바른 것으로 인정된다는 것은 거의 논의의 여지가 없다. 이러한 해석이 가능하다는 것을 우리는 제930조의 본문으로부터 처음부터 볼 수는 없었다. 제930조의 본문은 신용대부가 신용대부를 받는 자가 그 동산을 직접적으로 소유하여야 하고 그렇기 때문에 그 동산을 담보로 제공할 수 없는 동산에 대하여 성립될 수 있는가 라는 문제를 우선 해결해야만 했다. 이 본문의 성격 때문에 민법 제930조가 그러한 문제를 긍정하는 해결의 출발점으로 삼을 수 있도록 규정되어 있다고 해석될 수는 없을 것이다.

따라서 본문의 특성 때문에 특정의 해석방법이 강요된다고 이야기할 수는 없다. 오히려 어떤 법률의 문구는 특정의 경우에는 축소 해석되고 또 다른 특정의 경우에는 확대 해석된다. 따라서 법률본문의 특성을 목록화하면 연역적 해석이 허용될 수도 있으리라는 가정은 부정되어야 한다.

24. 해석방법의 적용순서*

지도적 관점에 따라 연역적 해석방법을 포기하지 않으려 한다면, 법문과 이를 둘러싼 문제 사이에 존재하는 관계의 특수성이 목록화

---

87) RG 132, 187.

* 이 부분의 원제목은 Subsidiäre Stufenfolge?, 즉 '보충적 단계?'이다. 그러나 본문의 내용상 이렇게 의역하였다.

될 수 있을까라는 문제를 숙고하여야 한다. 이때 여러 종류의 그러한 관계가 상정될 수 있다. 예컨대 법문이 특정의 법적 문제에 대해서 명백하고 일의적인 해답을 줄 수도 있을 것이며, 또는 입법자가 해당 문제에 적용되리라고 의도했던 다른 법조문과의 관계가 먼저 해명되어야 하는 경우도 있을 것이다. 이러한 과정을 통해서 모든 가능한 관계에 관한 목록을 작성할 수 있을 것이며, 이는 곧 우리가 해결하려고 하는 과제인 해석방법의 적용순서를 정확히 알려주게 될 것이다. 곧 법문을 문법적으로 정확히 읽기만 하면 제기된 법적 문제에 대한 해답이 구해지는 경우에는 문법적 해석방법으로 충분하게 된다. 그렇지 않은 경우에는 논리적, 체계적, 역사적, 입법사적 해석방법이 동원되어야 할 것이다. 따라서 여기서는 '보충성의 원칙'(Subsidiaritätsgedanke)이 주요관점으로 등장한다. 곧 후순위의 해석방법은 제기된 문제에 대해서 법률이 명백한 해답을 주지 않는 경우에 한하여 적용된다.

이제 풀어야 할 과제에 가까이 접근할 수 있는 방법이 결국 제시된 듯하다. 법조문을 통해서 어떠한 법적 문제가 곧 결정될 수 있는 것인지, 또는 그 밖에 해석을 위한 사고과정을 거쳐서야 비로소 결정될 수 있는 것인지의 문제를 판단하기 위해서는 그 판단을 위한 명백한 기준이 제시될 수 있어야 할 것이다. 이 기준들을 열거하고 정리하면서 우리가 추구했던 것을 발견하게 되었는데, 그것은 수학적 "연산법"(連算法)과 같은 것이어서 법률해석의 사고과정에서 반드시 거쳐야 하는 것이고, "결과중심의 사고"를 배제하며, 정확히 적용될 경우 연역적 결론을 가능하게 한다. 이 연산법이 적용되면 법률의 해석은 추상적이 아닌, 구체적인 법적 문제와 관련해서만 이루어질 수 있게 된다. 그러나 이것이 단점이 되는 것은 아니다. 곧 법률의 해석이란 그것이 구체적인 문제의 해결에 도움을 줄 때 비로소 그 의미와 목적을 갖는 것이기 때문에 연산법이 유일한 방법론인 경우에 이것이 정확히 적용된다면 폐가 될 수 없는 것이다.

그러나 순차적으로 적용되는 해석방법의 순서를 정하는 작업은 새로운 어려움에 처하게 된다. 첫 번째 어려움은 어떤 관점에서 해석방법의 순서를 정할까 하는 문제이다. 예컨대 체계적 해석방법은 역사적 해석방법에서 행하는 것인가 또는 그 반대인가. 이 질문은 두 개의 해석방법이 전혀 다른 결론을 낳지만, 어떤 한 해석방법이 문제해결을 위해 충분한 경우에 그것은 문제해결에 결정적인 영향을 미칠 수 있다. 왜냐하면 이때는 어떠한 해석방법이 우선 적용되면 다른 해석방법을 다시 적용하는 것이 불필요하게 되고, 따라서 어떤 해석방법이 우선 적용될 것인가가 문제해결에 결정적인 변수가 되기 때문이다. 그러나 이 문제의 결정을 위한 기준을 찾다보면 우리는 벗어나고자 했던 순환논법에 다시 빠지게 된다. 왜냐하면 이때는 "올바른" 해석에 대한 예를 출발점으로 하려 하여 논쟁의 여지가 없는 판결을 참조하려고 하지만 이로부터는 어떠한 실질적인 내용도 획득할 수 없기 때문이다.

두 번째의 어려움은 더 심각하다. 곧 언제 문제가 해결됐다고 할 것인가라는 질문에 대답할 수 있는 기준이 요구된다는 것이다. 이 기준이 제시될 수 없다면, 방법론에서 가장 중요하고 난감한 문제가 결정되지 않은 상태로 남게 된다. 해석의 일정 단계에서 명백히 문제가 해결되었다고 주장하는 경우가 있지만, 많은 경우 그러한 외관을 띨 뿐이다. 곧 해석작업은 적용된 이외의 해석방법을 적용하여 또 다른 결과에 이를 때까지 계속될 수 있을 것이기 때문이다. 법조문의 어의로부터 명백한 결론을 이끌어낼 수 없다면, 소제기인의 청구가 기각되거나, 또는 그와는 반대로 예컨대 일반조항의 해석을 통해서 법이성을 근거로 원용하거나 또는 흠결보충의 방법으로 소가 인용될 수도 있을 것이다.

예컨대 '사회국가조항'(Sozialstaatsklausel)의 헌법적 의미를 부인하는 견해가 제시된 바 있다. 그 이유는 일반적인 해석방법을 적용하면 사회국가조항으로부터는 아무런 내용도 도출될 수 없다는 것이다.[88] 같은 이유에서 그 밖의 기본법규정, 특히 기본법 제1조, 제2조, 제3조, 제20조를 특별히 법적 의미가 없는 규정으로 취급할 수 있을 터이고, 따라서 이들 조항을 근거로 소송이 제기되는 경우 그 소가 기각될 수 있을 것이다. 미국에서는 심지어 헌법에 규정되어 있는 기본권은 일반적인 해석을 통해서는 극복될 수 없는 다의성을 띠고 있으므로 모든 기본권을 법적 의미를 갖는 규정으로는 적용하지 말자는 논의가 제기된 일도 있다.[89] 이것은 결국 그때그때의 권력분배의 현상을 유지하고, 문제된 행위에 정당성을 인정하는 결과가 될 것이다. 보충성의 원칙을 적용함으로써 이러한 결론에 언제나 도달할 수 있다. 곧 제기된 문제에 대해서 기본법은 소제기인에게 법원의 결정에 의한 현상의 변경을 요구할 권리를 부여하고 있지는 않다는 결론을 내리는 것이 항상 가능할 것이기 때문이다. 다른 한편 어떤 이유, 어떤 동기에서건 현상의 변경이 바람직하다는 생각을 가지면, 이것 또한 쉽게 가능하다. 곧 해석방법으로 "비교법적" 또는 "목적론적" 해석방법을 계속해서 적용하고, 그 이유로서는 우선 적용했던 해석방법이 문제를 해결하지 못했다고 하면 될 것이기 때문이다. 그것이 과연 정당화될 수 있는가 하는 문제는 남아있지만, 이에 대해 의문을 제기하고 결정적인 이유의 제시를 요구하는 것 역시 외관상의 합리성을 핑계로 무마될 수 있다.

해석작업에 늘 잠재해 있는 가치평가적, 규범적·목적론적, 법정책적 요소의 영향을 완전히 배제할 수 없는 것이라면, 이것을 가능한 한 합리적으로 파악하고 통제할 수 있도록 하는 과제가 남게 된다. 법정

---

88) Forsthoff, Begriff und Wesen des sozialen Rechtsstaats, VVDStRL 12, 8ff.

89) Learned Hand, *The Bill of Rights*, 이에 대하여는 Kriele, Der Staat (1965), S. 204ff.

책적 요소를 법적 사고과정에서 완전히 배제할 수 있으리라는 가정은 위에서 지적한 과제가 간과되는 결과로 이어진다. 곧 그러한 가정은 본래의 의도와는 전혀 다르게 오히려 통제범위 밖에 있는 법적 자의 의 가능성을 조장하게 된다.

그 밖의 학문화의 시도

제1절 체계연역

25. 법내체계

순차적으로 해석방법을 적용하여 법을 발견하려는 시도 이외에 체계로부터 연역함으로써 법을 발견하려는 시도는 사실상 비교적 중요한 역할을 수행하고 있지 않다.[1] 그러나 체계연역은 아직 완전히 극복되지 않았고, 계속해서 부분적으로 나타나고 있다.[2] 이것이 이 글에서

---

[1] 따라서 오늘날 법적 사고에는 보통 공리적 체계가 전제되어 있다는 피벡 *Viehweg*의 견해는 적어도 과장된 표현인 것으로 생각된다(*Topik und Jurisprudenz*, S. 56). 아래 § 32를 보라.

[2] 예를 들면 a) "연방국가", "국회책임" 등의 개념으로부터의 법적 추론, b) 예컨대 기본법 제2조 제1항을 "기본권의 어머니"로 이해하는 등의 "기본권체계"에서의 추론, c) 예컨대 "헌법체계" 또는 "실질적 헌법이론"에서 추론되는 개념으로 "시민적 법치국가", "자유민주주의", "자유주의적·사회적 기본질서", "정부" 등으로 불리는 것들, d) 가치체계로부터의 추론으로, 기본법은 가치체계의 표현으로 이해되고 있다. e) "자연법체계" 또는 그 밖에 초실정법적인 체계로부터의

도 체계연역에 대한 언급이 전혀 없을 수는 없는 이유이다. 예링 *Ihering* 이후로, 그리고 민법분야에서 "이익법학"이 개가를 올리고 1920년대에 헌법학에서 "법적 방법론"에 대한 비판이 활발하게 전개된 이후로[3] 체계연역사고의 불충분성에 대한 본질적인 문제는 모두 지적되었음에도 불구하고, 여기서 적어도 다음과 같은 점은 요약·언급되어야 할 것 같다. 곧 체계연역사고가 불충분한 이유는 무엇인가, 일정한 체계가 주어져 있다는 가정에서는 법발견이 이루어질 수 없는 이유는 어디에 있는가.

체계연역에 대하여 문제가 제기되는 결정적인 이유는 첫째로, 체계연역을 통해서 새로운 결과가 나오는 것은 아니라든가(곧 이 경우 헌법조문을 넘어서 체계로 이행하여 다시 연역적으로 추론되는 결론에 이르는 우회가 전혀 무의미하다는 것이다), 또는 둘째로, 일정한 결론에 도달하더라도 그것의 무류성과 합리성은 다시 체계외적 관점에서 증명되어야 하기 때문이다. 얻은 결론이 정당하지 않다고 판단되는 경우에는 인용할 만한 결론에 이를 때까지 체계 자체가 수정된다. 이 경우에는 결국 판단을 위해 결정적으로 중요한 관점이 제시될 필요가 없는 결과가 된다. 왜냐하면 논리적으로 명확하다는 주장이 개진될 수는 있겠지만 실제로 그러한 것은 존재하지 않기 때문이다.

법내체계와 법외체계는 다음과 같이 구별될 수 있다. 법내체계란 법률 또는 헌법조문으로 주어져 있는 법을 체계화하려는 시도이고, 법외체계란(예컨대 자연법이나 가치철학적으로 획득된) "초실정법적인"

추론. 이에 반해서 "순수법학이론"에서 서술된 법단계론에서는 해석대상인 규범의 형식적 타당성을 넘어서는 법적 추론을 허용하지 않고 있다. 여기서는 해석의 결과를 둘러싸고 다양한 의견이 형성될 수 있는 여지는 남아있고, 결국은 결정에 유보되어 있다.

3) 위의 § 1 참조.

(übergesetzliches) 법을 체계화하려는 시도이다.

법내체계 형성은 상위개념 또는 대전제구성을 위한 공통적인 특성을 이용할 수 있도록, 그리고 이것을 경우에 따라서는 다시 상위개념의 상위개념 또는 대전제의 대전제가 될 수 있도록 주어진 법소재를 정리하면서 이루어진다.[4] 이상적으로는 이러한 방식으로 하나의 피라미드가 구성된다. 그 하부를 이루는 것은 실정법에 주어진 개념 또는 법조문이고, 이 피라미드는 그것이 정확히 그리고 흠결 없이 구성된 경우에는 피라미드의 상하를 형성하는 구성요소들의 기반이 결국은 하부가 된다. 따라서 이상적인 것은 바로 실정법이고, 이것이 체계사고가 출발점으로 삼는 것이며, 또한 체계사고의 결과이기도 하다. 이상적으로 관찰하면 실정법이 해석의 문제에 대하여 대답하지 않는 경우 우리는 체계피라미드의 상하를 오르내릴 뿐이다. 그러한 체계가 가지는 의미는 다양할 수 있다. 그것은 교육목적에 유용하고, 외양적인 분류에 도움을 주며, 이로써 법질서에 대한 길잡이가 될 수 있어, 법정책적으로는 법구조의 단순화(예컨대 "총론"의 형성을 위한)에 이바지한다. 그러나 단지 해석을 위해서는 도움이 되지 못한다.

그러나 실제로 체계가 정확히 구축된 예는 거의 없다. 곧 체계피라미드의 상하를 살펴보면 체계구성의 출발점이 되는 하부구조와는 그저 대강 조화를 이루고 있는 데 지나지 않음을 발견하게 된다. 그러한 한에서 "어떤 새로운 것"이 발견되기도 하고, 체계연역이 해석에 도움이 된다는 환상을 가지기도 한다. 체계연역으로부터 얻을 수 있는 "새로운" 결론은 그 원인이 첫째로는 일상언어의 개념과 또 법률용어의 개념이 정확성이 결여되어 체계가 의도한 바와는 달리 너무 부정확하게 구성된 데에 있다. 두 번째는 새로운 결론이 의식적으로 도출되기도 하

---

4) 이는 Larenz, *Methodenlehre*, S. 322ff. 에 명확하게 설명되어 있다.

는데, 이는 상위개념 또는 대전제가 지나치게 넓게(또는 좁게) 파악되어 전제된 실정법의 기초가 광의로(또는 협의로) 이해되기 때문이다. 이 작업이 반드시 새로운 결론을 염두에 두고 이루어지는 것은 아니다. 대전제에 대한 확대 또는 축소이해는 주어진 소재를 어떻게 파악하느냐에 좌우될 수 있다. 상위개념 또는 대전제의 구성은 귀납적인 방법으로 이루어질 수밖에 없으며, 여기서 귀납적인 방법이란 가설을 구성함으로써 이루어질 수 있는 것이고, 이 가설은 전제된 하위개념 또는 소전제를 확인함으로써 스스로의 정당함을 증명할 수 있는 것이다.

그러나 이것이 증명된다 하더라도 그것은 일시적이다. 가설은 확실성이 있는 것이 아니고, 일시적이며 번복될 수 있는 추측에 지나지 않고, 가설을 통해서 새로운 결론에 이른다 하더라도 그것이 인용할 만한 것이 아닌 경우에는 가설 자체가 수정될 수 있다. 요컨대 하나의 체계에서 연역적으로 결론을 이끌어내야 한다고 주장하는 자는 실제로는 그 결론이 인용할 만하고 따라서 체계의 상위개념 또는 대전제를 수정할 필요성을 느끼지 않는다는 견해를 피력하는 것에 지나지 않는다.[5]

그런데 우리가 규명해야 하는 과제는 결론의 인용여부의 이유가 어디에 있는가 하는 것이다. 체계연역사고에서는 그것이 외관상 자명한 것이라고 하기 때문에 위에 제기된 질문에 침묵을 지키는 것이 가능하다. 베르크봄 *Bergbohm*은 이 문제점을 정확히 파악하여 가설의 구성과 연역에 잠재해 있는 "자연법"을 이야기하였다. 베르크봄이 생각했던 것은 물론 실증주의가 완성되면 법적 사고로부터 위와 같은 자연법적 요소는 제거될 수 있으리라는 것이었다. 이것은 물론 환상에 지

---

5) 이에 대한 예는 트리펠 *Triepel*의 "헌법과 정치"(Staatsrecht und Politik) 라는 제목의 총장취임연설에 언급되어 있는데, 여기서 트리펠은 "이해구성"과 "흠결 보충적 구성"이라는 상이한 개념을 도입하였다. *Staatsrecht und Politik*, S. 22ff.

나지 않는다. 왜냐하면 우리가 이룰 수 있는 것은 단지 법적 사고의 목적론적, 가치평가적 요소를 의식하고, 명료하게 하며 정당화될 수 있도록 만드는 것이기 때문이다. "자연법"을 막다른 골목까지 몰고 가 배제하려는 베르크봄의 의도[6]는 현대방법론의 과제를 적절히 지적하고 있다. 차이점이 있다면 현대방법론은 베르크봄이 "자연법"이라고 부르면서 배제할 수 있으리라고 희망했던 법적 사고에서의 가치평가적 요소를 합리적으로 정당화하려고 노력하는 데 있다.

26. 법외체계

법외체계는 법내체계와는 달리 실정 법조문 이상의 새로운 결과를 보여주며, 이때 결론에 이르는 결정적인 관점이 제시되지 않는다는 비난이 반드시 따르지는 않는다. 왜냐하면 최고의 진리에 대한 통찰과 이로부터의 연역은 충분하고도 수미일관한 논리전개이고 실질내용에 대한 논의를 불필요하게 하는 것일 것이기 때문이다. 그러나 이러한 견해는 잘못된 것이다. 왜냐하면 법외체계에서도 연역작업이 이루어지기 전에 연역의 출발점은 귀납적으로 획득되어야 하기 때문이다. 무엇을 연역의 출발점으로 삼을 것인가라는 질문에 대해서는 "가치관념"으로부터라는 대답이 주어진다. 희망, 이해관계, 양심상의 경험 등 법정책적 요청에 표현되어 있는 것들이 그것이다. 법내체계가 실정법을 그 출발점으로 삼듯이, 법외체계는 법정책적 요청을 그 출발점으로 삼는다. 이때 법정책적 요청은 사실상 실정법과 동일한 의미를 가질 수 있는데, 이는 법정책적 요청이 현상변경의 요청에 대해서 저항력을 행사

---

6) *Jurisprudenz und Rechtsphilosophie*, 1892의 서문.

하는 것이 법정책적으로 바람직하다고 판단되는 경우에 특히 그러하다. 따라서 예컨대 "자연법"은 혁명적으로도, 보수적으로도 작용할 수 있다. 아무튼 최고의 진리에서 연역을 한다는 것은 왜 특정한 상태가 법정책적으로 바람직하다고 판단되는가 하는 문제에 대해서는 아무런 내용 있는 답이 되지 못한다. 이와 같은 문제의 은폐는 법외체계에서는 법내체계에서보다 더욱 위험한 결과를 낳게 된다. 그 이유는 첫째로, 법외체계는 그것을 파악하기가 훨씬 어렵고, 둘째로, 분파작용을 조장하고 집단의지를 고착화시키는 한층 우려되는 정치적 결과를 낳기 때문이다.

하나의 예를 들어보자. 요 보호상황에 대한 법적 보호의무가 법정책적으로 바람직한 것인가 하는 문제에 대해서는 각각 찬성 또는 반대의견이 있을 수 있다. 이에 대해 찬성하는 견해는 예컨대 누진세제도나 사회급부를 통해서 자유경제체제에 수반되는 불의를 조정하여야 한다는 필요성을 내세울 것이고, 반대의견은 과장된 견해이기는 하지만 이러한 제도 때문에 자유와 생산이 제한된다는 우려를 할 것이다. 이상적으로 문제를 해결하기 위해서는 시간이 경과되면서 경제적, 인류학적 논증을 통해서 반대의견에 대한 논박을 하고, 경험을 명백히 표현하고, 이익이기주의와 정의를 빙자한 독단을 비판하여야 할 것이다. 사고발생 시 구조의무를 해태한 부작위를 처벌하는 형법규정(형법 제330c조)에 대해서도 찬성과 반대가 있을 수 있다. 그러나 이러한 논의는 자유주의적 사상이 선험철학적으로 법 원칙은 "타인무부담의 원칙"(neminum laede)을 의미하는 것이 전부이고, 반면에 사회적 사상은 자연법적으로 공공복리를 지향하는 것을 의미하는 것이라고 주장한다면 건설적으로 이루어질 수 없다. 이러한 논의에서는 실질적인 문제가 합리적으로 다루어지는 것이 아니라, 논의가 겉돌게 되고, 추상적으로 되어 복잡해지고, 원래 논의에 붙여진 구체적인 문제와의 관련성은 상실되고 만다.

이와 같이 법정책적 관점을 철학적으로 고양시키면 정치적 분파형성과 맹목주의 경향을 자체 내에 띠게 되는 오류가 생겨난다.[7]

결국 최고의 진리가 선존하고 이로부터 특정한 법정책적 결론이 연역된다는 견해는 유지될 수 없다. 최고의 진리는 그것이 무엇인가가 결정되어야 하거나, 또는 구체적인 법정책적 요청으로부터 거꾸로 추상화되어야 한다. 이러한 법정책적 요청이 체계를 형성하는 기반이 된다. 체계의 정점으로부터 연역적 추론을 하다보면, 결국 다시 위에 설명한 체계의 기반을 다시 언급해야 하게 된다. 그러나 여기서는 법정책적 요청이 올바른가, 그렇다면 그 근거는 무엇인가라는 문제는 도외시된다.

만약 기본법을 법외체계를 실정법적으로 규정한 것이라고 이해한다면, 이것은 실제로는 다음과 같은 결과를 낳게 된다. "의심스러울 때는 자유의 원칙"(in dubio pro libertate)이 옹호될 수도, 논란이 될 수도 있고, 기본법 제2조 제1항을 "포괄적 기본권"(Auffanggrundrecht)으로 파악할 수도, 그러한 개념을 부인할 수 도 있으며, 재산의 자유 또는 사회기속성을 둘러싼 분쟁에서 경우에 따라서 자유 또는 평등에 우선적 효력을 부여할 수도 있지만, 모든 경우에 반대견해에 대한 객관적인 논박근거를 상세히 제시할 필요성을 느끼지는 않게 된다. 따라서 법외체계로부터의 해석도 기본법을 부당하게 남용하는 위험을 해소시켜주는 것은 아니며 다만 그 위험을 은폐할 뿐이다.

---

7) 이에 대한 좋은 예가 현재 미국에서 일고 있는 우파보수주의운동이다. 이 운동에서는 원칙적으로 누진세와 사회급부에 대해서는 도대체 언급을 해서는 안 된다는 교조적인 급진자유주의가 표방되고 있다.

제2절 경험적·사회학적 방법론
(맥도갈 *McDougal*과 라스웰 *Laswell*)

27. 이론

해석에서 "합의", 견해, 기대 등 경험적(심리학적, 사회학적) 사실을 중시함으로써 학문적 객관성을 획득하려는 시도에 대해서도 간단히 언급하여야 할 것 같다. 왜냐하면 이러한 경향 또는 논의는 독일에서는 흔히 있는 일은 아니기 때문에 경험주의 만능의 유혹을 경고하는 데 필요한 범위 내에서만 언급되어야 하겠기 때문이다. 미국에서는 사회학적 법학과 "법현실주의"의 전통을 통해서 하나의 학파가 형성되었고, 놀랄만한 정열과 고도의 세밀성을 보이면서 경험적 방법이 극치에 이르고 있다.[8] 이러한 작업을 관찰하고 그 실제적 효과를 검토하는 것

---

8) 스스로를 "Law, Science and Policy"로 지칭하는 이 학파의 기수는 예일 대학의 맥도갈 *Myres S. McDougal*이다. 맥도갈은 특히 라스웰 *Harold D. Laswell*과 그 밖의 수많은 동료와 공동작업을 통해 학파를 구축하였고, 계속 발전시켰으며 특히 미국과 캐나다의 대학의 수많은 법과대학에 정신적으로 그리고 개인적으로 많은 영향을 미쳤다. 이 이론의 중요부분은 출판되지 않았고, 원고로 남아있는 상태이다. 그러나 몇몇 중요한 출판물을 통해서 이 학파의 경향과 의도를 살펴볼 수 있다. 그러한 문헌으로는 Legal Education and Public Policy: Professional Training in the Public Interest, 52 Yale Law Journal 203-95(1943), Laswell, *The Analysis of Political Behaviour, the Empirical Analysis*, Teil I Kap. III과 McDougal and Associates, *Studies in World Public Order*. New Haven 1960, 42면 이하에 재수록: McDougal, The Comparative Study of Law for Policy Purposes: Value Clarification as an Instrument of Democratic World order, 61 Yale Law Journal 1952: ders., Intenational Law, Power and Policy, Hague Academie de International, 82 RecuaiI

은 우리에게는 흥미로운 일이다. 왜냐하면 우리는 이로써 간접적으로 올바른 법적 방법론에 대한 통찰을 얻을 수 있기 때문이다.

위에 언급한 해석이론의 출발점은 법, 특히 헌법의 다의성과 흠결성 때문에 항상 임의의 상반되는 해석결과를 선택하는 것이 허용된다는 가정이다. "법현실주의" 학파와는 달리 경험적·사회학적 방법론은 위에 언급한 선택의 자유를 서술하는 데 만족하지 않고 이 선택의 자유를 방법론적으로 사용하기 위한 작업에 힘을 기울였다. 방법론의 목표는 무엇보다도 법공동체를 지배하는 '공통의 기대'(shared expectations), 특히 어떤 결정이 이루어질 것인가, 더 나아가서 어떤 결정이 이루어져야 할 것인가에 대한 기대에 가능한 한 접근하려는 것이다. 이 때 권위 있는 기대(곧 법률가의 기대)는 특히 존중되어야 한다. 그 기대가 불확정적이거나 모호하거나 또는 모순된 것일 때에는 지배적인 가치관념, 곧 "사회통념"(community standards)에 따라 결정되어야 한다.

이 이론에 도움이 되는 것이 해석자가 정신적으로 섭렵해야 하고, 해석자로 하여금 가능한 한 관련된 문제를 간과하지 않도록 도움을 주는 상세히 구성된 도식이며, 이는 일종의 현대적 '관점목록'(Topoi-Katalog)이다.9) 이때 세분화과정에서 나타나는 최후의 질문에 부수하여 경험적 심사를 위한 일련의 개별적인 의문, 암시, 지침이 나타나는데,

---

des Cours 137(1953).

9) 이 도식의 대강은 4열로 이루어져 있고, 필요에 따라서 어느 한 열이 상위열의 기초를 이루고, 두 번째 열이 상위열의 각점에 하위구성부분을 이루고, 제3열이 하위점들을 이루면서 구성되어, 결과적으로 각 열의 각점이 다른 각 열의 각점에 한번은 연결된다. 4열은 각각 다음과 관련된 것이다.
   a) 7개 결정기능: 지성, 권고, 지시, 호소, 신청, 평가, 종결
   b) 5개 기술: 목표설정, 선례의 경향, 조건(원인과 결과)의 연구, 투사, 대안의 발명과 평가
   c) 8개 가치: 부, 권력, 존경, 복지, 기술, 애정, 공정, 교화
   d) 7개 국면: 참여인, 목표, 상황, 기본가치, 전략, 결과, 효과.

이는 사항영역에 따라, 예컨대 그 사항영역이 국제조약인가, 행정결정을 위한 준비인가, 헌법의 해석인가에 따라 다르다. 그러나 언제나 중요한 것은 결정과정을 되도록 학문화하는 것이다. 분석을 통해서 결정이 남김없이 이루어지지 않은 경우에 한하여 주관적 가치판단(이른바 "policing")에 의해서 보충하는 것이 허용된다. 완전히 이루어진 결정을 가치판단의 입장에서 수정하는 것은 예외적인 경우에만 허용될 수 있다. 그러나 이러한 일도 학문적 분석이 종결된 다음에 허용되어야 하며 그 경우 명백히 언급되어야 한다. 이때 인간의 존엄이라는 가치를 지향하는 것이 바람직하다.

더 이상 자세하게 언급할 필요는 없을 것 같다. 우리에게 가장 흥미로운 것은 "공통의 기대"와 "사회통념"에서 법발견의 실마리를 발견하려는 시도이고, 이성과 정의의 성찰을 불필요하다고 하고, 그 대신 원칙적으로 경험으로 파악될 수 있는 사실을 중시한다는 점이다. 여기서 흥미로운 것은 이 이론의 정신사적 기원과 그 무류성, 효과성 그리고 절차의 실질적인 가능성에 대한 질문이다.

28. 정신사적 근원

영미계통의 문헌에서는 어떤 이론이 발생된 정신사적 뿌리를 명백히 하고 비판적으로 성찰하는 일은 보통 있는 일은 아니다. 그러나 유럽대륙의 관찰자에게는 맥도갈·라스웰식의 법이론이 가능하게 된 조건들은 명백하다.

① 우선 이 이론에서는 미국에서 지배적인 **경험주의**가 표현되고 있는데, 이 경험주의는 논리적·수학적인 연역을 제외하고는 단지 사

실의 기록만을 학문적인 것으로 인정하려 든다. 그러므로 이러한 경험주의에서는 고유한 인문과학적 방법이나 법학적 방법, 또는 이성의 성찰 등은 학문적인 것으로 고려되지 않는다. 사회적인 사실의 기술과 주관적인 가치판단은 단지 대립하고 있을 뿐이다. 왓슨 *Watson*의 행태주의는 "법, 사회 그리고 정치"학파에게 라스웰을 통해 직접 영향력을 행사하고 있다. 법이론적으로 이 학파의 출발점과 전제는 "법학적 사실주의"(legal realism)와 사회학적인 법학이라는 형태로서의 경험주의이며, 이 경험주의의 고전적인 표현은 19세기말의 홈즈 *Oliver Wendell Holmes*에게서 발견된다. "우리가 법이라는 말을 통해 나타내고자 하는 것은 바로 법원이 실제로 하고자 하는 것을 예언하는 일이다."10)

맥도갈과 라스웰의 경험주의는 다음과 같은 실천적인 결과를 가져온다. 곧 "공통의 기대"(shared expectations)나 "사회통념"(community standards)의 근거가 무엇인지는 결코 질문되지 않으며, 따라서 그 근거들의 타당성, 곧 그에 대한 반대나 찬성은 토론되지 않은 채 존재한다. "기대"와 "통념"은 사실로서 절대적인 것이며, 따라서 단지 주관적인 가치판단에 의해 배제될 뿐, 그의 합리적인 타당성을 문제삼아 상대화시킬 수는 없다. 그 이유는 - 아직은 합리적인 논거이겠지만 - 법이 기능하기 위해서는 사회의 승인을 필요로 하기 때문이며, 통념과 상반되는 판결은 법원의 권위를 위협하기 때문이다. 그러한 실용적인 고려들은 아마도 시민의 여론을 단지 고려하게 만들 뿐이지, 그 여론에 전적으로 굴복하라는 것이 아닐지도 모른다. 그러나 경험주의의 기본입장은 법정책이나 법발견에 찬성 또는 반대하는 근거들에 관한 합리적인 토론을 불가능하다고 여기거나 또는 사이비 합리성으로 간주하며, 경험적인 법률가의 말을 빌리면, 그러한 토론을 "신화"(神話)로 생각한다.

---

10) The path of the Law, 10 Havard Law Review, S. 457, 461(1897): abgedruckt in: *Collected Papers*, New York 1920. S. 173.

왜 "유력한"(kompetent) 의견들은 무엇보다도 특별한 고려를 받아야만 하고 그리고 이러한 전제에서 유력하다는 것이 무엇을 의미하는가라는 질문은 제기되지도 않고 대답되지도 않는다. 요컨대 기묘한 역설은 다음과 같다. "유력한" 견해는 그것이 객관적 인식, 경험, 판단능력 등, 단적으로 말하면 근거에 바탕을 둔다는 점에서, 유력하지 않은 견해와 구별된다. 유력한 견해가 있다는 것을 인정한다는 것은 곧 의견들에 대한 근거들이 존재한다는 것을 인정하는 것이다. 그러나 근거들이 존재한다면, 왜 법관의 판결을 근거에 바탕을 두려고 하지 않고, 그대신 단지 근거들에 관한 의견에다 의존시키는 지가 납득이 가지 않는다. 그럼에도 불구하고 "유력한 의견"이 법관의 관심을 끄는 것은, 그것이 법관에게 근거를 제시하고 가능한 관점들에 관해 환기를 시키며 그리고 선입관과 오류로부터 법관을 보호하기 때문이다. 어떤 견해가 "유력하다"고 말하는 것은 그 견해를 지탱하는 근거가 올바르다는 담보를 그 견해가 제공한다는 것을 의미한다. 경험주의자들이 한편으로는 근거들의 존재를 불가능하다고 여기며, 다른 한편으로는 그럼에도 불구하고 유력한 견해들을 인정하고자 한다면, 그것은 그 자체 모순이다.

인상적인 영미의 자연법전통이 미국법이론에서 이성을 도외시하는 경험주의에 양보하여야만 했다는 사실은 여러 가지 동기로부터 설명될 수 있다. 우선 미국헌법의 발효와 함께 그 실현이 추구되었던 자연법은 본질적으로는 이미 실정화된 것으로 여겨졌다. 곧 자연법과 실정법은 하나가 되었다. 자연법은 더 이상 존재할 필요가 없는 것처럼 보였으며 정신적인 동기를 유발시킬 수 없었다.

둘째, 자연법은 불필요할 뿐만 아니라, 또한 위험한 것으로 보였다. 미국인들은 그들의 혁명적인 힘을 경험했다. 그래서 혁명이 성공한 후에 그들은 보수주의를 지향했으며 그리고 무엇보다도 사회적인 자유주의로부터 유래된 힘과 재산의 분배를 안정시키는 데 주력했다. 헌법 실증주의에서 벗어난 자연법이론은 아마도 새로운 예속과 불의를 발견하고 그것을 극복하려고 했을 것이며 그러므로 미국에서는 그것이 매우 의심스러운 것이 되었을 것이다.

셋째, 이러한 이해관계에 대해 일반적인 학문이론이 도움을 주었다. 자연과학의 위대한 성공은 대단한 영향력을 가졌으며 자연과학으로 파악될 수 없는 것은 모두가, 따라서 자연법 또한, "신화"로서 그 정체가 밝혀졌던 것이다. 법이론은 우선 벤담 *Bentham*과 오스틴 *Austin*이 기초를 마련한 실증주의를 지향하는 "분석법학"에 의해 지배되었고, 그 후에는 "법적 사실주의"와 사회학적 법학에 의해 주도되었다. 원래 실천적이고 비학문적인 법률가양성을 생각할 때 도대체 미국의 고유한 법이론은 거의 100년 전부터, 곧 대학에서 법학의 학파가 퍼지고, 그 중요성이 증가한 때부터 시작되었다고 말할 수 있다. 그리고 거의 이 시기는 또한 경험주의가 영미의 법이론에서 완전히 승리했던 시기이기도 하다. 정치적이고 혁명적인 철학적 자연법이 자취를 감추고 정치적으로 안정된 미국에서 학문적 법이론은 아마도 자연법이 자리를 잡아야 했던 장소였을 것이다.

② 이렇듯 영미의 법이론의 일반적 경향이 주로 단지 "신화의 정체"를 폭로하고 화해와 파괴로만 치달은 반면, "법, 사회, 정치"학파에서는 그것을 넘어서서 법적 사고를 새롭게 방법화하고 새로운 기반을 마련하는 것이 문제가 되었다. 물론 이것은 이성적 성찰을 다시 획득함으로써가 아니라, 경험적으로 사실에 복귀함으로써 이루어졌다. 그리고 이것은 논리적으로 일관성이 있어 보인다.

그러나 설명을 요하는 것은, 다른 사실이 아니라 하필이면 바로 "공통의 기대"와 "사회통념"이 법발견의 척도를 제공해야 했는가라는 점이다. 그 점은 전통적인 '상식론'(sensus communis)이 미국인의 사회,

정치의식에 지속적으로 살아남아있는 것을 명백히 할 때 이해될 수 있다. "상식"은 하나의 "요청"(Postulat)이 아니라 법과 정치생활 어디에서나 전제되어 있다. 상식이란, 가다머 *Gadamer*가 비코 *Vico*와 의견을 같이하여 정의했듯이, "모든 사람 속에 살아있는 올바른 것과 공익에 관한 의미체이며, 더 나아가서 생활의 공동성을 통해 획득되고, 생활의 질서와 목적에 의해 결정되는 의미체이다."[11] 미국인들이 이러한 의미체를 신뢰하고 - 대체로 - 신뢰할 수 있다는 자명성은 그들이 또한 공통의 기대와 사회통념을 신뢰하는 것을 일관적인 태도로 보이게 한다. 왜냐하면 이러한 상식과 기대 속에는 그 전제에 맞게 이성이 표현되기 때문이다. 사람들이 "endoxa"에 관한 아리스토텔레스의 정의를 상기한다면, 또는 아리스토텔레스의 영역판이 "일반적으로 승인된 견해"[12]라고 올바르게 번역한 것을 상기한다면 "만인에게, 대부분의 사람에게 또는 현인에게 올바르게 보이는 명제들은, 그리고 현인들의 명제들이 만인의, 대부분의 사람들의 또는 잘 알려지고 명망 있는 사람들의 명제라면,"[13] "유력한 자들"을 특별히 고려하라는 요구 또한 당연한 것이다. 곧 그것은 전통에 속하는 것이다.

물론 상식론은 경험주의에 의해 어느 정도 망가지기는 했다. 왜냐하면 그것은 현인이 아니라 전문가를 이야기하기 때문이다. 현명함은 경험적으로 각인된 세계상에는 전혀 부합되지 않으며, 합리성을 논하는 것이 비학문적인 신화로 여겨진다면 권한은 판단의 합리성에 따라 측정될 수는 없다. 그 대신에 우선적으로 전체 공동체의 판단이 중요하다는 것이 기본관념으로 남아있게 된다. 반면 독일에서는 아리스토

---

11) *Wahrheit und Methode*, S. 19.

12) Aristoteles, Topik: The Loeb Classical Library(Hg. E. S. Forster), S. 273.

13) Topik 100b 18 (롤페스 *Rolfes*의 번역판, S. 1). 롤페스가 "endoxa"를 "개연적인 명제"라고 번역한 것은 적절하지 못하다. 이 책의 § 35을 참조.

텔레스식의 상식에 관한 전통은 다른 방향에서 위축되어 있다.[14)]

요컨대 경험주의에 위축된 법이론과 여론기술로 위축된 상식의 전통은, 헌법해석을 이론화하고 법이성, 정의 등뿐만 아니라 또한 모든 외견적으로 합리적인 조작들에 관한 모든 이야기를 엄격하게 극복하려는 매도갈·라스웰식 시도의 바탕을 이룬다. 얼마만큼 이러한 시도가 실용적이고, 그리고 어느 방향으로 치닫는지를 관찰하는 것은 우리에게도 또한 관심 있는 점이다.

---

14) "민족정신"이론과 법률의 "객관적 해석"이론에서 법생성의 합리성은 전제되어 있기는 하나, 그 합리성에 관한 판단은 법률가라는 직업집단에 유보되어 있다. 그 원초적인 형태에서 법학적 상식론은 최근에서야 비로소, 모든 이성적이고 정의롭게 사고하는 자들의 합의가 헌법이론의 선이해의 기본으로서 논의될 때 (Ehmke, VVDStRL 10, 71) 또는 통찰력있고 전문성이 있는 자들이 모두 형평한 것으로 여기는 것들이 이야기될 때(Wieacker, *Gesetz und Richterkunst*, S. 13) 다시 등장한다. 상식이란 사람들이 실제로 생각하는 것도 아니요, 또한 생각해야만 하는 것도 아니다. 곧 아리스토텔레스의 의도는 예컨대 Friesenhahn, VVDStRL 20, 121이 제시한 바와 같은 양자택일을 환상으로 여기는 데 있다. 왜냐하면 현명한 것은 추상적으로 미리 주어져 있는 것이 아니라, 실현될 의도를 가지고야 비로소(아리스토텔레스에 따르면 정치적으로) 명백해지기 때문이다. 이 점에 대하여는 J. Ritter, *Naturrecht bei Aristoteles*, Stuttgart 1961 참조. 이렇게 볼 때 미국의 상식에 대한 신뢰가 독일에서는 바로 관념주의, 진보맹목주의 그리고 인류학적 낙천주의로서 조소를 받는 것은 납득이 가지 않는다. 기능하고 있는 민주주의에서는, 예컨대 영국의, 홀랜드의, 스위스의, 스칸디나비아의 보기들이 보여주는 바와 같이, 사람들은 대체로 상식을 신뢰할 수 있다. 거꾸로 19세기 전체를 통해 독일에서 자유주의운동이 만난 지속적으로 자존심을 상하게 하는 실패들은 상식을 또한 실제로 손상시켰음에 분명하다. 그러나 현실적으로 기능하는 질서라는 근본에 입각해서 볼 때 상식은 다시 형성될 수 있는 것이다.

29. 비판

맥도갈·라스웰 학파는 가치판단적이고 법정책적인 고려들이 "법, 사회 그리고 정치"라는 도식을 지향하는 해석으로부터 형성될 수 있을 때에만 그들 강령의 목표를 달성한다. 그런데 이미 언급한 바와 같이 이 이론에 따르면 그와 같은 고려들은 기껏해야 해석 작업이 끝난 후에야 보충적으로 그리고 수정하는 식으로 관여한다. 단지 그렇게 될 때에만 목표지향적인 결과론적 사고가 은폐된 가상적인 객관성이 아닌 학문적 방법의 객관성이 실제로 보장된다. "공통의 기대"와 "사회통념"이 확인되는 경우에만 거의 모든 단계에서 가치판단적인 결정을 내릴 수 있다. 해석자는 결국에는 - 외관상 완전히 객관적인 방법으로 - 그가 원한 결과가 어긋나지 않을 무수한 기회를 가지게 된다. 곧 다음의 법정책적인 결정들은 불가피하다.

① 우리는 원래의 기대와 현재의 "기대"를 구별하고, 어느 것을 우선시킬 것인가를 결심해야 한다. 이에 대한 대답은 사법상의 법률행위에 관한 해석인가 아니면 법률에 관한 해석인가에 따라 서로 상이할 수 있다(법률행위에서는 원래의 이해를, 법률에서는 현재의 이해를 중시해야 한다는 것은 명백하다). 또는 법률인가 아니면 헌법이냐에 따라서도 일정한 전제에서는 원래의 기대들이, 또는 다른 전제에서는 현재의 고려들이 결정적인 것이 된다. 때때로 현재의 기대들은 다음과 같은 잘못된 가정, 곧 원래의 이해가 이런 것이었다는 식의 가정에 근거하기도 한다. 예컨대 적극적 채권침해로부터의 청구나 계약상의 과실은 원래의 법률이해와 합치하기 때문에 민법전으로부터 도출된다고 생각하기도 하는 것이다. 미국헌법은 역사가 오래되었기 때문에 그러한 착오에 대하여 많은 예를 제공한다. 예를 들어 수정헌법 제14조

는 애당초부터 인종분리를 금지하려고 했다는 견해가 널리 퍼졌던 것이다. 이러한 경우에 오류에도 불구하고 그와 같은 기대들을 근거로서 볼 것인가 아니면 오류를 밝히면 기대들이 수정될 것으로 생각해야 하는가 등의 문제가 제기된다. 모든 경우에 우리는 결정을 주도하는 척도가 무엇인지 밝혀야 한다. 곧 우리는 그에 대한 근거를 제시하여야 한다. 그러나 이러한 근거들을 상세히 언급하는 것을 "법, 사회 그리고 정치"학파는 예정하고 있지 않다. 주관적, 객관적 해석방법 사이의 충돌이나 객관적·발생사적인, 객관적·효력시점적인 해석이론 사이의 모순은 사회학적, 경험적인 방법으로는 풀 수 없다. 물론 사람들은 원래의 이해와 현재의 공통적인 이해 가운데서 어느 것이 주도적인 것인가에 관한 결정을 어떤 판결이 기대되고 있는가에 의존시킬 수도 있다. 그러나 그것은 문제를 미루는 것에 지나지 않는다. 왜냐하면 이러한 질문에서도 원래의 기대와 현실적인 기대는 여전히 남아있기 때문이다. 곧 사람들은 원래는 원래의 기대가, 그리고 현재는(항상은 아니라도) 현시대적인 기대들이 중요하다고 생각한다. 둘 가운데서 어느 것이 우선해야 마땅한가라는 질문은 결코 피할 수 없다.

② 맥도갈과 라스웰은 "있게 될 그리고 있어야만 하는" 결정에 관한 공통의 기대를 마치 이 두 가지가 같은 것인 것처럼 이야기하고 있다. 그러나 때때로 그렇지는 않다. 그 이유는 바로 경험이 풍부한 법률가나 또한 일상인들도 가끔 형평에 어긋나는 법원의 판결을 예상하기 때문이다. 이 경우에 법원이 실제로 사람들이 기대하는 바에 따라 판결을 한다면 법원은 이러한 기대에 어긋나지는 않을 것이다. 법원은 그의 지속적인 판결과 일상의 오류와 선입견의 어느 것도 포기해서는 안 된다.

따라서 문제가 되는 것은 "있어야 할" 판결이다. 이것을 통해 사람들은 실제로 문제가 되는 질문에 도달할 수도 있었을 것이다. 곧 어떤 근거에서 이러 저러한 판결이 내려져야 하는가라는 질문 말이다. 그러나 경험주의는 이러한 물음을 일관적으로 회피할 수밖에 없다. 문제가 되는 것은 있어야 할 판결이 아니라 "일반적인 기대"에 따라 있어야 할 판결인 것이다. 이미 "기대"라는 말을 이러한 전후관계에서 사용하는 것 자체가 시사하는 점이 많다. 왜냐하면 원래 이러한 전후관계에서 사람들은 "기대"(영어에서는 "expectation")를 운운하지 않고 오히려 의견, 견해 또는 그와 비슷한 것들을("opinions") 말하기 때문이다. 곧 사람들은 어떤 일이 일어날 것이라고 기대를 하면서 어떤 일이 일어나야만 한다고 생각하는 것이다. 그런데 경험주의자들이 "의견"을 논한다면, 그 의견이 맞느냐 아니면 틀리냐 하는 질문은 거의 불가피하게 제기될 수밖에 없다. 사람들은 그때그때 이 문제를 토론하고 그 토론에 의해 결정을 내릴 수도 있다. 그러나 그렇게 되면 의식하지 못한 채, 이른바 있어서는 안 되고 따라서 피하여야 할 이성적인 성찰의 영역에로 접어들게 되는 것이다.

③ 있어야 할 판결의 "공통의 기대들"이 문제된다면, 우선 그 말을 어떻게 이해하여야 하는가가 설명되어야 한다. 왜냐하면 이미 개개의 사람들이 서로 다른 의견을 가질 수 있는 것이고 그러므로 우리는 부정되어야 할 또는 우선되어야 할 기대가 무엇인지 결정해야 하기 때문이다. 동시에 다음과 같은 이야기를 하는 일련의 사람들이 있다. 곧 한편으로 헌법은 우리의 현대적인 법견해에 따라 이러저러하게 해석되어야 한다(예컨대 미국에서 인종분리는 위헌으로 보아야 한다). 그러나 다른 한편 헌법은 또한 그의 원래의 이해에 상응해서 해석되어야 한다. 이에 따르면 인종분리는 아마도 해당 조문인 수정헌법 제14조에 의해 폐지되지 않을 수도 있다. 도덕적으로 있어야 할 것에 관한 차원에서조차도 같은 사람이 서로 모순되는 견해를 가질 수 있다. 이러한 예에 머무른다면, 미국에서는 단호하게 인종분리에 항거는 하지만 그

러나 다른 한편 자유주의전통에서 인종분리를 관철하기 위하여 국가 권위가 간섭하는 것을 꺼리는 매우 강력한 집단이 있는 것이다. 그런 데 헌법해석자는 이 견해 가운데서 어느 하나를 부인할 수밖에 없다.

또한 명시적인 견해와 묵시적인 견해 사이에는 차이가 있다. 묵시적인 견해는 아마 선거에서는 결정적일 수 있으나 사람들은 그것을 공개적으로 말하거나 스스로 시인하기를 꺼린다. 바로 인종문제가 제기될 때 인종주의자로 유명한 후보자는 이미 여론조사가 예견했던 것처럼 선거에서 다수 득표를 얻는 일이 발생한다.[15] 그런데 여기에서도 결정되어야 할 것은 다음 중 어느 것이 우선하는가라는 문제이다. 곧 갤럽조사인가 아니면 사실상의 투표인가 또는 이미 공개된 의견인가 아니면 명시적이지는 않지만 간접적으로 추론될 수 있는 진실한 견해인가?

④ 이러한 모든 문제에서 법정책적으로 결정을 했더라도 그 사회에서 현존하는 서로 모순되는 기대들 가운데서 어느 것을 "공통의 기대" 또는 "사회통념"으로 불러야 하는가라는 문제는 여전히 남는다. 이에 대해 맥도갈과 라스웰은 "가장 널리 공통적인 청중의 원칙"(principle of the largest shared audience)으로써 대답한다. 곧 (전국에서) 비교적 큰 집단의 기대가 개개 주 또는 지방의 기대에 앞선다는 것이다(주목할 점은 인종분쟁 때문에 이 "원칙"이 형성되었다는 점이다. 남부의 보편적인 헌법해석은 나머지 전 국가의 해석에 양보해야 한다). 그러나 헌법은 본질적으로 소수보호와 상황에 따라서는 지리적 소수와 인종적 소수에도 봉사하는 것이기 때문에 이 원칙은 전혀 납득이 가지 않고 오히려 거꾸로 매우 의심스럽다. 더 나아가서 이 원칙을 인정한다 하더

---

15) 인종주의자로 알려진 알라바마 *Alabama*주의 월레스 *Wallace*지사가 북부의 몇 주에서 예상치 않은 승리를 얻었던 것은 1964년 4월과 5월 대통령후보에 대해 민주당선호가 가져온 놀라운 결과이다.

라도 법정책적인 결정은 의도한 바와 같이 없어도 되는 것은 아니다. 왜냐하면 많은 경우에 단지 두 가지의 견해만 있는 것이 아니라 지지자를 갖는 셋 또는 그 이상의 의견이 가능하고 그 경우 다수는 존재할 수 없기 때문이다. 이 경우에 사람들은 비교적 다수집단의 "기대"에 우선권을 줄 수도 있다. 그러나 이 집단은 또한 언제나 소수이기도 하다. 사람들은 가상적으로 둘 또는 그 이상의 집단 사이의 "연립"을 생각할 수도 있다. 그런데 여기에서 사람들은 이러저러한 분쟁거리를 "연립형성"의 척도로 만들어야 한다. 다시 예를 든다면 미국에서는 임대차에서 인종차별이 위헌인가라는 문제에 대해 의견이 다른 세 집단이 있다. (A) 화합-찬성, 권위적인 관철-찬성 (B) 화합-찬성, 권위적인 관철-반대, (C) 화합-반대. 이 집단 가운데서 누구도 다수의 의견을 형성하지 못하면 헌법해석자는 화합이나 또는 권위적인 관철을 결정적인 척도로 만들어서 그와 다른 견해는 부차적인 것으로 천명해야 한다. 때에 따라 A와 B가, 혹은 B와 C가 연립하여 다수를 이룬 것으로 보아야 한다. 이에 대한 결정은 공통의 기대 자체로부터 도출되는 것은 아니다.

⑤ 다수견해의 확정도 때로는 법정책적인 결정이 없이는 불가능하다. 미국에서는 인종문제와 같이 극히 몇 안 되는 헌법문제만이 널리 활발하게 토론되고 있다. 그러나 이미 말했듯이 심지어는 이 문제에서조차 1964년의 월레스 *Wallace*지사의 선호성에 의한 승리는 이미 말했듯이 이변이다. 경험주의자는 모호한 감상을 신뢰할 수 없다. 그 이유는 "여론"은 매우 자주 의식적으로 편집에 의해서 뿐만 아니라 때로는 "국민적인 분위기"라는 인상을 자아내려는 목적으로 편집인이나 정치가들에게 편지를 하는 조직된 집단에 의해 이미 조작되기 때문이다. 다수의 기대를 찾아내는 방법으로는 이러한 문제가 결정적 역할을 하는 선거나 또는 여론조사를 하는 수밖에 없는 것처럼 보인다.

그러나 선거 후에 사람들은 보통 어떤 문제가 결국 결정적이었는가를 말할 수 없다. 왜냐하면 대부분 전 문제의 복합체가 논쟁거리가 되었고 또한 전통, 신임, 동정 등과 같은 동기들이 매우 중요한 위치를 차지하기 때문이다.

여론조사에서는 (또한 특정의 문제를 한정시킬 때와 마찬가지로) 질문을 어떻게 작성하느냐에 모든 것이 걸려있다. 질문을 암시적으로 만들거나 어떤 문제에 대한 지적이 결여되면 (예컨대 질문이 단지 화합만을 문제 삼고, 권위적인 관철을 문제 삼지 않는다면) 여론조사는 잘못된 모습을 제공한다. 그러므로 헌법해석자는 관심이 다른 사람들에 의해 행해진 여론조사가 제공하는 인상을 신뢰할 수 없다. 때로는 스스로 정확하게 제기된 문제를 가지고 여론조사를 할 수밖에 없는 경우도 있다. 라스웰·맥도갈식 경험주의가 지니는 이러한 결론은 피할 수 없다. 그러나 그와 같은 여론조사를 진지하게 고려한다 해도 결과는 의심스럽다. 그 이유는 어느 정도 의견들은 특히 짧은, 감정적으로 채색된 선입견을 지닌 정보에 의해서 깊은 영향을 받기 때문이다. 사람들은 국민들의 견해를 찾는다고 하면서 슈프링거 *Axel Springer*의 생각과 "Bild" 편집진의 견해를 발견한다. 그러나 그렇다면 진정으로 이것이 헌법판결을 결정해야 하는 것인가 그러한 견해를 초지일관 주장한다고 해도 대부분의 경우에 사람들은 속수무책이다. 그 이유는 국민들은 헌법분쟁의 문제에 거의 참여하지 못하기 때문이다. 대부분의 문제는 국민들에게는 직접적이고 개인적인 관심과 무관한 것처럼 보이거나 또는 실제로 그러하며, 문제에 관심이 있더라도 매우 어려운 문제가 제기되기 때문에 전문가에게 일임된다.

⑥ "대부분의 사람"의 기대가 아니라 "유능한 사람"의 기대에 소급시키더라도 경험주의의 결론이란 "유능한 사람"의 의견을 결정짓는 것은 근거가 아니라 단지 이러한 근거들로부터 그때그때 얻게 되는 결

과만이 중요하다는 것이 된다. 헌법상의 논쟁에서 다수를 확정하기 위해 사람들은 헌법학자들의 의견들을 일일이 점검하여야 한다. 그러나 이것은 누가 헌법학자인가를 종국적으로 확정할 수 없기 때문에 거의 불가능하다. 사람들은 공법학회의 회원에만 한정시킬 수도 없다. 왜냐하면 유력한 판단이란 그 이외에도 존재하기 때문이다. 곧 법관, 변호사, 공무원, 기자들, 정치가들 그리고 학생과 시보(試補)들도 그들이 특수하게 몰두했던 문제에 대해서는 우수한, 달리 말해 유능한 판단을 내릴 수 있기 때문이다. 그러나 사람들은 학생과 시보들을 포함해서 모든 법률가들의 판결을 고려할 수 없기 때문에 선별기준을 가져야 하며, 그리고 한 사람이 제시하는 좋은 근거가 꼭 그래야만 하는 것이 아니기 때문에 다른 판결이 있어야 한다. 예컨대 사람들은 발표된 의견만을 검토하기로 결정할 수도 있다(법정책적 합리성이란 관점에서 볼 때에는 - 이것은 이미 이야기했듯이 문제되는 것은 아닌데 - 물론 활자화된 것은 모두 유능하고 그렇지 않은 것이 무능한 것은 아니다). 그러나 그렇게 되면 헌법적인 결정권이 법원에서 편집진이나 출판사로 이전된 것에 지나지 않는다. 왜냐하면 출판을 할 것인가 말 것인가는 바로 편집진과 출판사가 결정하기 때문이다.

그러나 유능한 판단의 정도를 세분하면서, 근거의 질을 고려하지 않으려 한다면, 단지 권위에 중점을 둘 수밖에 없다. 물론 헌법학자 가운데서 누가 권위가 있는가에 대해 사회학적 경험적으로 여러 가지를 조사할 수 있다. 권위를 특별히 고려하는 것은, 학자들의 의견에 반대하는 자는 그 의견들을 세심하게 논박해야 한다는 한에서는 또한 합리적인 절차이기도 하다. 왜냐하면 반대하는 자가 논증책임을 지기 때문이다. 그러나 바로 논증책임을 지고 있기 때문에 그의 의견은 견지되는 것으로 입증될 수 있다. 그러나 이러한 가능성도 경험적인 방법에 따르면 배제된다. 바로 여기에 다시 경험주의의 역설이 나타난다.

법학에서의 권위는 실제로 논거를 가지고 상대방을 압도할 수 있기 때문에 권위인 것이다. 그러나 경험주의를 추종하여 논거를 필연적으로 외견상의 합리성일 수밖에 없다고 간주한다면, 권위를 원용하는 것은 아무 소용이 없다.

그러나 모든 이러한 결정들은 필연적이기 때문에 경험적·사회학적 방법은 단지 외견적으로만 기능한다. 곧 법정책적인 가치판단은 경험적인 조사의 결과에 단지 보충적으로 수정하는 식으로 관여하는 것에 한정되지 않는다. 오히려 그것은 이른바 경험적인 절차를 처음부터 줄곧 관통하고 있다. 경험적인 방법으로 충분하다는 외관은 사람들이 결정적인 가치판단으로부터 눈을 돌리고 그래서 가치판단을 볼 수 없다는 점에 기인한다. 그 결과 다시금 법정책적 가치는 성찰되지 않고 합리적으로 수정되지도 않는다. 그렇게 되면 법적 결정은 주관적인 자의나 최소한 무의식적 정의감에 일임되게 된다. 법적 결정은 경험적인 이론이 없이 그런 상태에 있었기는 하다. 그러나 최소한 그러한 점을 의식하고 있었고 그래서 법정책적인 사고를 합리적으로 파악할 수 있는 기회가 성립하였다. 합리화를 쓸모없는 것으로 만들 수 있다는 경험주의의 '의제'(Fiktion)는 이러한 점들을 새롭게 무의식의 세계로 밀어내는 것이다.

제5장

헌법학적 방법으로서의 문제변증법

제1절 토론상황

30. 문제

법해석학의 이른바 "문제변증법적인"(topisch) 구조에 대한 상이한 견해들을 보면, 헌법학의 방법론 논의에서 확실한 공동의 기반으로부터 출발하는 것이 얼마나 어려운지, 그러므로 이 주제가 앞으로는 얼마나 근본적인 관점에서 문제되어야 할 것인가를 알 수 있다. "법적 사고는 문제변증법적이다"라는 명제는 법적 방법론이 여태까지 경험한 것 가운데서 가장 근본적인 도전이며 그리고 그 중요성에서는 지금까지 가장 중요했던 사건, 곧 "객관적" 해석론의 내습과 비등하다. 피백 *Theodor Viehweg*이 이 명제를 공식화하고 그 철학적 배경을 밝히고 난 후[1] 지난 20년간 이 명제는 대단한 결과를 가져왔다. 비아커 *Wieacker*[2]

---

1) *Topik und Jurisprudenz*, München 1953, 2. Aufl.. 1963.

2) 특히 *Gesetz und Richterkunst, Zum Problem der außergesetzlichen Rechtsordnung*, Karlsruhe

에써 *Esser*,[3] 코잉 *Coing*[4]과 같은 지도적인 민법학자들이 이 표제어를 긍정적으로 받아들였을 뿐만 아니라, 정치철학과 법철학도 이러한 자극을 수용했으며,[5] 더 나아가서 헌법이론의 대표자들도 점차 헌법적 사고는 단지 "문제변증법적"으로만 이해될 수 있다는 점에 확신을 보이고 있다. 특기할 것은, 1961년 공법학자 대회의 "헌법해석의 원칙들"이란 주제에 관한 두 발표자, 곧 슈나이더 *Schneider*와 엠케 *Ehmke*[6]가 이와 같은 확신을 그들 논의의 기본으로 삼았다는 점이다. 그들의 주장은 토론에서 몇몇의 명시적인 찬동을 얻었으며,[7] 그 이외에는 전반적으로 방관적으로 주저하는 태도를 보였다.[8]

그러나 헌법적 사고의 문제변증법적인 구조에 관한 이론은 또한 명백한 반대도 받고 있다. 방법론문제에 관한 포르스트호프의 논문의 목표는 무엇보다도 전래적인 해석이론을 이와 같이 상대화하는 것을 반대하는 것이다. 포르스트호프는 이 문제를 그가 마치 사람들이 둘 가운데에서 하나를 선택하지 않으면 안 되는 양자택일의 이론 앞에 서 있는 양 다루고 있다. 예컨대 그가 헌법해석학은 "민법이론의 움직임에 의해 주도되거나 또는 현저하게 영향을 받게 되면 일관적이지 못할 수 있다"라고 말할 때 그는 분명히 민법이론에서 먼저 제기된 법학

1958.

3) 특히 *Grundsatz und Norm in der richterlihen Fortbildung des Privatrechts*, Tübingen 1956, 2. Aufl., 1965.

4) *Die juristischen Auslegungsmethoden und die Lehren der allgemeinen Hermeneutik*, Köln und Opladen 1959.

5) Hennis, *Politik und praktische Philosophie*, Hamburg, 1963; Habermas *Theorie und Praxis*, Neuwied 1963을 보라. 그 밖에도 S. 15 n. 8에 언급된 문헌 참조.

6) P. Schneider, VVDStRL 20, Berlin 1963, S. 34ff.; Ehmke, 같은 책, S. 54ff.

7) 예컨대 Ule, 같은 책, S. 105.

8) 예컨대 쇼이너 *Scheuner*는 103면에서 "이전의 방법을 방어하기 위해 많은 점을 이야기할 수 있다"고 말한다. Pfeifer, S. 110f.; Merk, S. 112ff.

적 문제변증법을 염두에 두고 있다.9) 뵈켄푀르데 *Böckenförde*도 피벡의 「문제변증법과 법학」(Topik und Jurisprudenz) 2판의 출간에 즈음하여 다음과 같은 질문을 던지면서 포르스트호프에 동조하고 있다. "① 저자가 민법학에서 발전시킨 법학의 문제변증법적인 성격이 모든 종류의 법에 똑같이 타당한가? ② 문제변증법적 사고를 가능하게 하는 문제변증법적 사고절차의 내적인 기반, 곧 법적 확신과 법률관의 공통적인 지반은 어느 한도까지 동질적인 사회 또는 적어도 동질적인 법률가 집단에 구속되는 것인가 그리고 이 점은 어느 정도까지 오늘날도 아직 전제될 수 있는가?"10) 또한 민법학자들 사이에서도 피벡의 법적 사고의 문제변증법적 구조에 관한 명제는 논란의 여지가 없는 것은 아니다.11)

문제변증법의 갑작스런 부흥은 근세의 거의 모든 중요한 사상가가 문제변증법에 대해서는 거의 관심을 보이지 않았기 때문에, 심지어 바로 매우 위대한 사상가가 문제변증법에 대해서 매우 저주스러운 말을 했기에 더욱 놀라운 것이다. 예컨대 데카르트 *Descartes*는 어린아이조차도 며칠 안에 배울 수 있는 이 기술은 모든 사물에 대해 수다 떨기를 가능하게 하고, 확실하지 않은 것은 그만두고 아무리 불가능한 것이라도 모든 의견에 대해 무수한 논거를 제시하고 논증하는 데도 어떤 예외에도 대답할 수 있게끔 해준다고 말한다. 그러나 이 모든 것은 학문과는 무관하기 때문에 이 기술은 매우 위험한데, 그 이유는 이 기술은 거만하게 만들고 이성을 망치기 때문이다.12) 칸트 *Kant*가 보기에는 문

---

9) *Zur Problematik*, S. 25.

10) In: Der Staat 1964, S. 517.

11) 예컨대 Diederichsen, Topisches und systematisches Denken in der Jurisprudenz, NJW 66, S. 697-705.

12) Oeuvres de Descartes (Ch. Adam et P. Tannery편), Paris 1897-1909 Bd. VIII, Teil 2, S. 50f. 이에 대하여는 곧 발행될 Oeing-Hanhoff, *Descartes und der Fortschritt*

제변증법은 "보기에만 철저하게 이론인 척하고 말만 많이 늘어놓는"[13] 방법이며, 헤겔 *Hegel*에게 문제변증법은 "달변을 훈련시키고 수다 떠는 데 적합한 것이다."[14] 이와 같은 부정적인 시각이 베이컨 *Bacon* 이후 아주 최근까지 전적으로 지배적인 시각이었다.[15] 그러나 바로 법학에서는 문제변증법이 철학에서보다 끈질기게 보존되어 왔다. 그러므로 18세기 전반기의 비판가는 왜 법률가들은 아직도 '문제변증법'(loci topici)을 강조하는가를 질문하고 이에 대해 다음과 같이 대답한다. "어떤 분야에서는 아직도 어리석은 도구를 말살시켜야 할 여지가 있는데, 확실히 무엇보다도 법학에서 그렇다."[16]

문제변증법에 관한 논쟁은 - 무엇보다도 법학에서 문제변증법의 비판가들에 의해 - 다음과 같은 전제, 곧 사람들은 문제변증법에 대한 찬·반 여부를 결정해야 하며, 그리고 그 여하에 따라 그것을 "다시 도입하든가" 아니면 저버리던가 해야 한다는 전제에서 다루어지고 있다. 만약에 사람들이 결정해야 할 양자택일이 실제로 문제된다면 결국 사람들은 이것 아니면 저것 중의 양자택일에 대한 "신념을 고백해야 하며" 이렇게 해서 방법다원주의는 경화될 것이다. 그러나 방법론논쟁에서 발전을 이룩하려면 우선 그와 같은 질문을 명확하게 해야 한다. 곧 도대체 결정이 문제되는 것인가, 그리고 예컨대 주어진 사례를 "체계연역적인" 방법으로 아니면 "문제변증법적인 방법으로" 해결해야 하는가라는 양자택일이 문제되는 것인가 또는 헌법을 해석하는 방법이 이론상으로는 다양할 수 있으나 단지 한 가지만 있는 것인가 그렇다

---

der *Metaphysik*, Philos. Habil. Münster 1962 참조.

13) *Kritik der reinen Vernunft*, S. 268f.

14) Werke(Glockner 판) Bd. 18, S. 409.

15) 이에 대한 시사와 아래의 인용은 Oeing-Hanhoff, 앞의 책, S. 129f. 참조.

16) N. H. Grundlings, *Philosophischer Discourse* Erster Teil, Frankfurt und Leipzig 1739, S. 390.

면 어느 것이 가장 적당한 이해방법인가? 그리고 이 방법은 올바른 이론을 얻는 데 어느 정도 중요한가? 그리고 방법론은 헌법에서 어떻게 구체적으로 작용하는가? "문제변증법적"-"체계연역적"이라는 대귀어는 실제로 서로 대비되는 것인가 만약에 그렇다면 그 대귀는 폐쇄적인 것인가 아니면 그 이외에도 다른 가능성이 아직 있는 것인가 또는 법적 방법론은 오히려 연역적이지도 문제변증법적이지도 않고 아마도 전혀 다른 종류의 것은 아닌가 그렇다면 어떻게 다른 것인가 그리고 어떻게 우리들은 이것을 추적할 수 있는 것인가. 이러한 종류의 질문에 답하기 위해서는 다음과 같은 고려를 해야 한다. 우선 우리가 "문제변증법"이라는 개념으로 생각하는 바가 무엇인지 명백해져야 한다. 그것도 역사적·언어학적인 세분사항에서 길을 잃지 않고 그러한 사고방법의 독특성과 그러한 사고방법을 법학에서 적용할 수 있는 가능성이 명백하게 되는 한도까지 말이다. 이 점에서 피벡의 저술은 생각을 북돋아 주는 것일 뿐만 아니라 중요한 길잡이로서 유용하다.[17)]

31. 최근의 문헌에 나타난 개념정의

법적 사고는 문제변증법적이라는 명제가 가져온 커다란 성공은 이 명제에 의해 그들 대변자들 공통의 합리적인 의도가 표현되었을 것이라는 추측을 하게 만든다. 최근 법학문헌에서 이러한 시도들을 자세히 특징짓는 일은 전혀 비통일적이다. 문제변증법이라는 개념이 역사적으

---

17) 그럼에도 불구하고 피벡은, 아래에서 밝혀지는 바와 같이, "topik"과 "Problem-denken"을 역사적으로 논박될 수 있고 체계적·개념적으로도 목적에 적합하지 않은 방법으로 서로 혼동하여 사용한다. 그런 이유에서 피벡의 연구는 아래의 논술을 필요하게 만든다.

로 너무 많이 변화했고, 그리고 명확하고 통일적인 의미가 기대되기에는 너무 상이한 공격적 논의에서 논쟁개념으로 사용되어왔음에 틀림이 없다. 최근에는, 현재의 논의상황에 규정되어서, 새로운 뉘앙스로 적어도 여태까지의 역사에서는 그렇게 지시된 바 없는 의미가 두드러진다. 아래에서는 최근의 문헌에 나타나고 있는 본질적인 개념규정 또는 개념서술을 정리하고자 하며 각각이 의미하는 바는 여기에서 해석하지 않겠다. 의미하는 바를 현명하게 파악하게 만드는 시도, 곧 해석은 다음의 고찰로 미룬다.

피벡에게 "문제변증법적"(topisches) 사고는 "모순적"(aporetisch) 사고와 일치하며 하르트만 *Nicolai Hartmann*의 "체계적 사고"와는 반대되는 개념이다.[18] 이와 같은 대비는 "문제변증법"의 전통적인 대표자들에게는 거리가 먼 것이고 또한 이러한 대비의 합목적성에 관해서는 오늘날 아직도 토론을 필요로 한다(이하의 절 참조). 피벡이 "체계적" 사고라는 말 대신 "연역적" 사고라고 말할 때 양자의 의미는 차이가 없다. 곧 피벡은 공리적(公理的)으로 생각된, 피라미드형으로 구성된 법적 체계로부터의 연역을 생각했다(그는 또한 "연역적" 체계라는 말도 사용했다).[19] 연쇄적 연역 또는 수학적 해석을 통한 법문으로부터의 연역을 사안에 비쳐볼 때 의미한 것 같으며, "문제변증법적-체계적"이라는 개념적인 대비는 그것을 명백하게 만들지 못한 것 같다. 피벡에게 "법적 사고는 문제변증법적이다"라는 명제는 법적인 체계를 미리 전제한다든가 추구해서는 안 된다는 것이 아니라 오히려 실무에서 행하는 법적인 기술을 있는 그대로 파악하고 그 기술을 "그때그때 정의로운 것"을 부단히 추구하려는 시도로서 이해하자는 하나의 요청이다.[20]

---

18) 앞의 책, S. 17.

19) 예컨대 S. 51, 64.

20) S. 53과 함께 S. 63.

슈나이더 *Peter Schneider*는 법학적 인식의 "인식적 요소와 주의적 요소"를 구별하는 데서 출발하여 "문제변증법적"인 것을 주의적인 요소를 내포하는 사고과정, 곧 "전적으로 합리적인 것으로 분해될 수 없는" "공통의 논의배경"에 의존하는 사고과정으로 묘사한다.[21](법학에서 많은 애호를 받게 된 "인식적-주의적"이라는 대귀 개념은 자유법학파에서 기원하는 것 같으며 무엇보다도 이사이 *Isay*의 저작[22]에 자극받은 것 같다)

코잉 *Coing*에게 법적 사고는 문제변증법적이다라는 명제가 의미하는 바는 개개의 방법론적인 단계(예컨대 문리적, 체계적 해석 등등)는 동등하게 중요하며 그리고 그 결과들은 서로 교량되어야 한다는 것이다.[23] 에써 *Esser*는 - 잠정적으로 - '관점'(Topoi)이란 말을 다음과 같이 두 가지로 정의한다. 곧 관점은 규범적 구성요건이 아니라 '서술적'(notativ) 구성요건이며, 특정한 법목적에 의해 확정된 개별적용이 아니라 일반적인 법적 사고이다.[24] 그리고 관점은 "실질적인 정의 또는 '법 정책적인' 목표설정에 관한 실용적인 관점들이며, 이것은 폐쇄적인 추론관련성을 포기하고 고대적인 의미에서 논증의 '수사학적' 출발점으로서 문제를 마치 그것이 개별적으로 존재하는 것처럼 '공개적으로' 일반적으로 인정된 이성의 명제, 곧 상식으로부터 접근해 들어간다."[25] 문제변증법적인 원리들은 체계외적인 원칙들[26]과 동일하며 이러한 원칙들은 도그마틱한 원칙들로 될 수도 있다.[27] 그리고 에써는 놀랍게도

---

21) VVDStRL 20, S. 34f.

22) *Rechtsnormen und Entscheidung*, 1930.

23) *Die juristischen Auslegungsmethoden und die Lehren der allgemeinen Hermeneutik*, 특히 S. 23. 참조.

24) Grundsatz und Norm, S. 222.

25) 같은 책, S. 44.

26) 같은 책, S. 53.

어떤 부분에서는 "정확한 문제변증법"을 위해서 상하의 추론관련성을 포기할 것을 주장하고 있다.[28]

다른 저자들도 보통 이것 아니면 저것, 보통 피벡이나 에써 또는 둘 다에 동조하고 있다. 아래에서는 다음과 같은 문제들, 곧 법적 사고의 문제변증법적 구조에 관한 이론은 어떻게 하면 정확하게 이해될 수 있는가, 어느 한도에서 이 명제는 오해될 수 있는가 또는 어떠한 오해가 분명한가, 그리고 마지막으로 문제변증법적인 방법은 헌법학적인 방법을 어느 정도까지 촉진시킬 수 있는가라는 문제를 다루고자 한다.

32. "문제중심사고"와 "체계중심사고"

문제변증법적 방법론에 대한 법적 논의의 기초가 되어 있는 문제변증법에 대한 피벡의 분석은 문제변증법은 "문제중심사고의 기술", 곧 "문제지향적 사고의 기술"[29]이라는 데에서 출발하고 있다. 만일 우리가 다시금 이러한 확정이 법적 방법론에 대하여 가르치는 바가 무엇인가를 질문한다면 그에 대한 대답은 그것은 우선적으로 법학에서 문제중심사고가 다른 사고방법과 본래 어디에서 구별되는가를 명확히 하는 데에 적용된다는 것이다. 이러한 것은 곧바로 명확한 것이 아니라 해석을 요한다. 왜냐하면 연역적 사고방법이나 체계적 사고방법을 사용해서도 법적 문제는 해결될 것이기 때문이다. 법적 문제는 분명히 해당되고 분명한 법률문언이 포섭을 통해서 해결하지 못하는 문제가

27) 같은 책, S. 48.
28) 같은 책, S. 218 n 359.
29) 앞의 책, S. 167.

법원에 제기되는 경우 생긴다. 개념법학이나 산법적으로 철저하게 합리화된 해석단계의 목록체계도 다름 아닌 바로 법적 문제의 해결에 이바지한다. 따라서 문제변증법의 특수성은, 비록 피벡에 의하여 인용된 아리스토텔레스의 '장소'(Stellen)가 이러한 이해에 근접해 있기는 하지만,[30] 단순히 그 도움을 받아 "문제"가 해결될 수 있다는 점에 있을 수 있는 것은 아니다. 아리스토텔레스는 "문제"를, 이는 그 스스로가 이야기하고 있는데,[31] 그것은 이러저러한 것인가(또는 아닌가)라는 형식을 가지는 물음으로 이해하고 있다. 그러한 문제들은 철두철미 수학적 또는 (기호)논리학적 연구의 기초가 되었을 뿐만 아니라, 그곳에서 자명한 체계로부터의 추론의 도움을 받아 대답된다. 그러나 이제 "법적 사고는 문제변증법적이다"라는 명제는 연역적 그리고 체계적 사고에 대해서 특수성을 나타내야 하기 때문에, 이러한 특수성은 문제의 독자성이나 해결방법의 독자성에서 발견될 수밖에 없다.

문제중심사고의 우월성을 입증하는 공범증인으로서 피벡은 하르트만 *Nicolai Hartmann*의 논문 "이상주의와 현실주의의 차안에서"(Diesseits von Idealismus und Realismus)[32]를 인용한다. 하르트만은 그 논문의 서론에서 "선험적" 사고방법과 "체계적" 사고방법을 대비시키고 있다. 이러한 대비에서는 철학이 언급되고 있고 철학이 법적 방법론에 대해서 어떠한 결과를 가져오는가가 자문되고 있다. 하르트만은 칸트가 그의 철학체계를 시종일관 존중한 것이 아니라 항상 되풀이하여 불규칙하게 파괴했다는 것을 지적하는 칸트비판을 암시한다. 하르트만은 칸트를 칸트의 비판자로부터, 체계파괴를 문제 삼음으로써가 아니라 반

---

30) 같은 곳.
31) *Topik* I 4. 4. 아리스토텔레스를 인용한 방법은 피벡(앞의 책, S. 7. n. 8)과 같다. 순서를 나타내는 부호는 책, 장, 절, 문의 순이다.
32) Kantstudien Bd. XXIX(1924), S. 160f.

대로 그것을 확인하고 칭찬함으로써, 보호하고 있다. 곧 체계파괴는 칸트가 그로부터 "생겨나는 곤란성을 수용하고" 그들 때문에 생겨나는 문제들을 파악하고 있다는 것을 바로 증명하고 있다고 하르트만은 이야기한다.[33] 그에 반해서 하르트만이 이의를 제기하고 있는 것은 새로 생겨나는 문제들을 그저 부정하고 그럼으로써 문제연구를 차단시키는 일단 기초된 체계에 대한 경직적인 집착이다. "인간에 의해서 정당화된 체계를 무조건적으로 따르는 것은 … 사고에서의 불성실성, 위조이다."[34]

따라서 하르트만에게 "선험적 사고"는 문제개방성을 뜻한다. 이제 문제는 법적 체계로부터도 문제개방성에 대한 위험이 있을 수 있는가 하는 여부와 위험이 있을 수 있다면 어디에서 생겨날 것인가라는 것이다. "법적 체계"에서는 우선 어떤 법영역에 대하여 교과서적 설명을 하는 것을 생각할 수 있을 것이고, 이는 하르트만이 문제를 거부하고 있다고 질책하는 철학에 대한 체계적 설명과 비교된다. 따라서 사람들이 어떤 법영역의 이론적 체계에서 실제로 나타나는 특정의 문제들을 그것이 이미 정립된 어떤 저자의 의견에 따라 나타나서는 안 되고 그렇기 때문에 그의 체계 내에서 그가 그 문제들을 설명할 수 있을 장소가 없다는 단지 그러한 이유 때문에 부정한다는 것을 생각한다면, 사람들은 하르트만의 철학에서 상상했고 그가 그에 반대하여 이의를 제기한 상황을 만난 셈이다. 그럼에도 불구하고 사람들은 다음과 같이 자문할 것이다. 이미 18세기와 19세기의 전환기에 성문법전의 무흠결성에 의하여 이론이 완전히 희생된 이래 법학을 하는 어느 누가 진지하게 이러한 방식으로 체계를 문제 삼겠는가? 우리는 여러 가지 가능성을 주시하지 않으면 안 된다.

---

33) 앞의 책, S. 167.
34) 앞의 책, S. 164.

① 푸흐타 *Puchta*와 초기 예링 *Ihering*의 이른바 **개념법학**은 문제를 의도와 사항의 그 어느 것에 의해서도 차단하지 않았으며, 오히려 문제를 특정의 방법으로 - "흠결보충적 구성"(트리펠 *Triepel*),[35] 곧 이른바 "전도 방법"을 통하여 - 해결하려고 하였다. 개념법학은 문제를 소위 중립성 속에서 가끔 부당하고 잘못 해결하기는 하였지만 그것을 회피하지는 않았다.

② 만일 어떤 **체계적 교과서**에서 이러저러한 법적 문제가 고려되고 있지 않다면 그것은 저자가 그 문제를 아직 인식하지 못했거나 또는 그 문제를 중요하지 않다고 생각했거나 또는 사람들이 모든 작은 문제를 설명할 수 없기 때문이지, 저자가 문제의 중요성을 인정하면서도 체계에 포섭할 수 없기 때문에 그렇게 하지 않은 것은 아니다. 어떠한 경우에도 이러한 종류의 오해는 아직까지 어디에서도 중요한 것으로 받아들여지고 있지 않으며, 피벡도 교육적 추론체계가 아닌 단순히 법적 추론체계에 대해서 비판하고 있다.[36]

사람들이 법재료를 하나의 체계적 질서 내에 포섭시키려고 시도하는 것이 하르트만의 항변을 받지 않고 그와 반대로 그의 명시적인 동의를 얻으리라는 단순한 사실 때문에 하르트만의 전 저작은 체계적으로 구성되어 있다. 왜냐하면 선험적 사고방법도 "체계가 존재한다는 것과 그리고 아마도 그 자신의 사고에 결정적인 것이 잠재하고 있다는 것을 의심하지 않기"[37] 때문이다. 그럼에도 불구하고 체계를 완전하게 구성하는 일은 "모든 문제노선을 아주 철저하게 조명할 수 있는"[38] 궁극적 이성에게만 가능하다. 물론 가장 많이 연구한 법률가라

---

35) *Staatsrecht und Politik*, S. 22f.
36) 앞의 책, S. 54.
37) 앞의 책, S. 164.
38) 앞의 책, S. 163.

도 체계를 완전히 구성할 수는 없으며, 그것도 법이 그가 거의 영향력을 행사할 수 없는 외적 요인 - 입법과 판결 - 을 통하여 계속 발전되고 변경되기 때문에 할 수 없다. 체계는 언제나 임시적 효력만을 가지는 시도이며 구성이고, 또한 수정으로부터 자유롭지도 않다. 그러한 체계구상의 정당화이유는 한편으로는 교육적 필수불가결성에 있다. 경솔한 다수의 부수적 문제설명은 명확성보다는 혼란을 가져오고 그 결과 이미 발견된 해결책을 지각하고 이미 형성된 법을 언급하는 것을 불가능하게 만들지도 모른다. 정당화이유는 다른 한편으로는 다음과 같은 점에 있다. 곧 개별적 법문들은 모든 방법으로 (공동의 전제와 개념과 이유 등등을 통해서) 서로 교차되어 있기 때문에 관념적으로건 사실적으로건 궁극적으로 인식될 수만은 없는 체계를 이루고 있다. 그렇기 때문에 그러한 체계를 묘사하려는 시도는 지도관점에 따라 여러 가지 방법으로 가능하며 이는 하르트만이 이야기하듯이 "하나의 모험, 하나의 모험적 투척"인 것이다.[39] 따라서 그러한 시도는, 이는 분명한 사실인데, 어느 정도 성공할 수 있다. 이러한 모든 것은 이러한 시도가 주관적 자의의 산물일 뿐만 아니라, 또한 그 속에는 진실이 표현되고 있다는 것을 분명하게 해준다. 그렇기 때문에 많이 인용된 볼프 *Wolff*의 명제 "법학은 체계적이거나 또는 체계적이 아니다"[40]는 진리로 남아 있고 선험적 사고와 완전히 결합될 수 있다.

그밖에도 사람들이 선험학을 체계학에 대하여 절대화시켜 그 속에서 방법상의 교의(敎儀)를 보고자 한다면, 사람들은 자기들이 반대하는 상대방에 속하는 위험, 곧 개방성에 대한 이론적 결핍에 빠질 것이다.[41] 체계와 선험적 사고는 "개방체제"(슐츠 *Fritz Schulz*)[42]에서 합리적

---

39) 앞의 책, S. 163.

40) *Typen im Recht und in der Rechtswissenschaft*, Studium generale 1952, S. 195, 205.

41) 비일란트 *Wolfgang Wieland*는 하르트만이 이 위험을 해결하지 못했다고 생각하고

으로 결합된다.

③ 전통적 **법영역**분류와 관련해서도 하르트만의 논거는 중요하다. 지지부진하게 법발전에 적응하고, 그렇기 때문에 계속해서 일련의 문제들을 파악할 수 없으며 이러한 문제들을 부정하려는 경향을 띠고 있는 체계가 법영역의 기초가 되어 있다. 어떠한 법원도 그러한 문제들에 대해서 관할권이 없다는 사실로부터 위험이 결론되는 한, 법원조직법(제17조)과 개별적 법원조직법과 소송법의 사법구제에 관한 여러 규정과 기본법 제19조 제4항의 보충성조항이 그러한 위험들에 대하여 예방조치를 취하고 있다. 법원은 자기에게 제기된 문제들에 대한 - 특히 헌법의 경우(정치문제, "사법적 자제")에 특정한 전제의 것을 제외하고는 - 재판을 거부할 수 없기 때문에, 문제부정의 위험, 곧 사실상 중요한 위험은 법실무에서는 전혀 존재할 수 없다.

그러나 대학에서는 문제가공을 위한 교수직의 권한과 서적을 저작하는 학문연구기관의 권한이 종종 학문발전을 저해하는 보수적 체계에 의하여 장악되고 있다.[43] 같은 이야기가 수많은 교과규정과 시험규정을 관통하는 관점에 해당된다.

④ 이러한 결함은 법학의 개별분야들 사이의 관계에서보다 예컨대 경제학, 경영학, 정치이론, 정치 그리고 철학이념사와 개념사, 사회학 등등의 **주변분야에 대한 법학의 관계**에서 더 많이 볼 수 있다. 이러한 지식영역으로부터 법학도는, 자발적으로 관심을 갖지 않는 한, 스스로

있다. 하르트만은 심지어 자신의 사고를 대답의 차원이 아닌 문제의 차원에서 하나의 체계 안에 고정시키기까지 하였다고 한다. *Die aristotelische Physik*, S. 31.

42) *History of Roman Legal Science*(1946), S. 69.

43) 예컨대 법제사를 게르만법학과 로마법학으로 분리시켜 놓았기 때문에 잘 알려진 바와 같이 그 4분의 3의 로마법에서 구성된 독일법제사연구는 오랫동안 어려움을 겪었다. 공법과 사법이 분리되어 있기 때문에 양 영역에 걸쳐 있는 한계문제들의 취급이 어렵다(사법형식의 행정, 기본권의 제3자효, 법학방법론 등).

를 황폐화시켜왔고 황폐화시키면서 분리되어 있다. 이 점에서 체계형성을 통한 문제배제에 대한 하르트만의 경고가 가지는 정당성이 매우 두드러지게 나타난다. 이곳에서 이제 사실상 법적 방법론을 위한 다음과 같은 결론이 또한 도출된다. 곧 법제도는 역사적 상황에서 필요가 생겨나거나 정치적 그리고 윤리적 이념의 영향 하에 그리고 현존하는 권력관계와 법률관계를 고려하여 규율을 필요로 하는 폐해가 감지될수 있다는 사실로부터 생겨나기 때문에, 만일 사람들이 법제도를 이러한 배경에서 분리시킨다면, 사람들은 법제도를 전혀 이해할 수 없다. 그러나 이미 지배적인 것이 된 "법적 방법론"의 이해는 이러한 배경을 바로 간과해야만 하는 것으로 계속 믿게끔 하는 결과를 가져왔다. 그러나 오늘날 우리로 하여금 방법론상의 문제에 동기를 부여하는 것은 그것을 관철시킬 수 없다는 것이 도처에서 지각되고 있는 법을 추상화하려는 시도의 결과이다. 그리고 바로 문제가 되는 것은 배제된 문제들을 끌어들이는 것이다.

여기에서부터 "연역적 사고"에 대한 "문제중심사고"의 논쟁을 해석할 수 있다. 곧 삼법적 목록의 도움을 얻어 헌법조문으로부터 결론이 연역될 수 있다는 사고모형은 "법적 사고"는 "정치적 사고"에 중요한 모든 관점들을 간과하여야 할 것이라는 생각에 기초를 두고 있다. 법학의 지평을 이렇듯 부당하게 협소화시킨 것은 정치적 중립성을 유지한다는 선의에서 독자적인 방법에 대해서 맹목적으로 되고 바로 그렇게 함으로써 하르트만의 논증이 적절하게 지적한 정치에 봉사하게 한 용기 없는 법학이었다. 그러나 법원은 제소된 문제를 판결거부라는 죄과를 저지르지 않고는 결코 무시할 수 없다는 위에서 행해진 확인은 정당한 것으로 남는다. 따라서 법원은 문제를 파악하고 결정한다. 그럼에도 불구하고 법원이 그것을 어떻게 하는가 하는 문제에서는 "비법률적인 것으로", 곧 법학도에게는 "체계이질적인 것으로" 간주되고 그렇기 때문에 무시되는 새로운 문제들이 제기된다. 그러한 문제배척은 실제에서는 판결을 결정하는 방향에 중대한 결과를 가져올 수 있다.

또한 연역적 법학도 법원에 제소된 문제를 해결하고자 한다. 그러나 연역적 법학은 경제적, 역사적, 사회학적 그리고 결정적 가치판단의 문제들을 단지 입법자의 관할에 속하는 정치적 문제로 차단하고 입법자나 법률의 가치판단을 분석하는 데 만족하고자 한다. 문제개방적 사고는 이들을 끌어들이고자 한다. 따라서 피벡이 "문제변증법적" 사고라 부르는 것은 "문제지향적" 사고로서 설득력 있는 것으로 될 것이다. 피벡의 저작이 정당하게 해석된다면 법문으로부터는 모든 것이 아주 분명하게 되지 않는다고 생각된다. 왜냐하면 피벡(S. 16ff)은 하르트만과 의견을 같이하여 선험적 사고방법과 체계적 사고방법을 대비시키고 있으며, 그는 후자를 개념법학과 마찬가지로 어떤 법영역을 공리주의화시키고자 하는 법적 사고에만 관련시키고 있기 때문이다(자세한 것은 S. 53ff). 그러한 체계중심사고는 어쨌든 연역적 사고의 특수한 경우일 뿐이다(위의 § 25 참조). 하르트만의 논거는 사람들이 어떤 법영역의 체계화가 아니라 학문의 체계와 이러한 체계에 법학을 선입견을 가지고 분류할 때에만 비로소 성과 있는 것으로 될 것이다. 왜냐하면 어떤 법영역의 공리적 체계로부터 연역하려는 시도는 실제로는 어디에서도 존재하지 않기 때문이다. 오늘날 어떤 법영역이 체계적으로 설명되는 경우 "체계"에서 문제가 되는 것은 수정이 필요한 것으로 증명되는 경우 언제나 수정될 수 있는 재료의 교육적 배열이다. 우리는 "공리"도, "추론된 명제"도 찾아볼 수 없다.[44] 또한 어떤 체계의 존재

---

44) 피벡의 잘못 의도된 논쟁 - 연역적 해석방법에 반대하는 대신에 이미 오래 전에 극복된 공리적 체계의 상대방에 대한 - 이 그의 책에서 볼 수 있는 애매성의 원인이며, 독자들은 그 때문에 많은 오해를 한다는 생각이 든다. 이러한 것 가운데서 가장 오해될 수 있는 부분은 문제해결에 관한 부분인 "체계의 다양

가 "우리의 법사고 속에 의례 전제 된다"[45]는 것도 옳지 않다. 이를 위해서 개념법학은 이익법학에 의하여 계속적으로 배제되어 왔다. 의례 전제되는 것은 사람들이 오래 전에 공리적 체계의 가능성에 대한 생각을 포기한 곳에서 계속 그러한 생각을 주장하는 해석단계에 대한 산법적 목록의 가능성이다.

피벡의 설명은 끝으로 법적 문제는 그 전체적 관련에서 고찰되어야 한다는 것, 곧 문제에 답하기 위하여 중요한 관점의 어느 것도 순 이론상의 선입견에 의하여 차단되어서는 안 된다는 것을 목적으로 하고 있다. 왜냐하면 그러한 때에만 해결책이 "바를" 수 있기 때문이다. 이러한 의도는 특히 다음과 같은 것과 관련하여 찬동을 받고 있다. 곧 수많은 중요한 관점들이 흔히 "비법률적"인 것으로 차단될 수 있다. 그 결과 그러한 관점들이 성찰의 대상이 되지 않고 법관의 직관에 일임되고 만다.

따라서 우선 다음과 같이 말할 수 있다. 곧 문제변증법적 방법은 법률가로 하여금 문제를 그것이 원래 제기된 대로 대할 수 있게 해주고, 법률가가 어떤 것이건 문제해결에 도움이 되는 설명에서 벗어나는 것으로부터 보호해준다. 그러나 문제는 어떻게 그와 같은 일이 행해지고 따라서 문제변증법적 방법의 본질은 정확하게 무엇인가 하는 것이다. 이미 지적된 바와 같이 연역적 해석방법은 환상적이고, 결정을 주관적 자의에 맡기며, 결국에는 주관적 자의를 은폐하기 때문에 문제변증법적 사고방법은 결정에서 자의를 배제하는가라는 문제가 화급하게 제기된다. 지금까지 이야기되어 온 바에 따르면 문제변증법적 사고방법은 "법률의" 권한범위를 "정치적인" 영역에까지 확대시키고 그렇게 함으로써 판결을 정치적 의견과 지지에 내맡긴다는 의구가 짙다. 그렇

성"과 "문제의 불변성"에 관계되어 있다(예컨대 S. 17과 59).

45) Viehweg, S. 56.

기 때문에 우리는 문제변증법을 연구하는 데 법적 사고가 "문제변증법적으로" 증명되는가 여부뿐만 아니라 문제변증법적 사고가 외견상으로만 합리적이거나 "정치적"이라는 의심이 유효한가라는 문제에 대하여도 접근한다.

33. 문제변증법과 웅변술(*Vico*)

나폴리 출신 비코 *Gian Battista Vico*(1668-1744)는 특히 피벡, 헤니스 *Hennis* 등에 의하여 그가 1708년에 저술한 저서 「오늘날의 이성적 학문 방법」(Die Nostri Temporis Studium Ratione)[46]으로써 테카르트적 회의론에 대하여 문제변증법을 보호하고 그 불가결성을 입증한 위대한 기여자로 인정받고 있다. 문제변증법적 사고가 개별적으로 어떻게 행해지는가에 대한 연구는 그렇기 때문에 우선 비코에 관심을 갖고 그가 일반적으로는 어떻게 문제변증법적 방법론을 이해하고 있고 개별적으로는 어떻게 법적 문제변증법을 이해하고 있는가를 살펴야 한다.

비코는 그가 "비판적" 방법이라 부르고 있는 수학적 그리고 자연과학적 방법이 17세기에 이룩한 성과에 의하여 "문제변증법적" 사고방식을 망각에 빠지게 하는 커다란 세력에 의하여 분명히 도전받고 있었다. 비코에게는 그의 언어 사용에 따르면 "우리 시대의" 연구유형과 "고대의" 연구유형(ratio studiorum) 사이의 대립, 곧 "비판적" 방법과 "문제변증법적" 사고 사이의 대립이 전부이다. 비코의 의도는 "비판적 방법"을 제거하는 것이 아니라 문제변증법적 방법을 통하여 비판적 방법을 보완하고 양자를 서로 조화시키는 것이다(Kap. I). 그는 두 개의

---

46) Deutsch-lat. Ausgabe, Übersetzung von Water F. Otto, Godesberg 1947.

상이한 영역, 곧 학문의 비판적 영역(scientia)과, '슬기'(prudentia) 또는 '지혜'(sapientia)의 문제변증법적 영역을 병렬시킨다. 이러한 두 개의 개념은 그의 저서에서 교환 가능한 것으로 다루어지고 있다. 비코는 공적 문제를 해결하기 위해서 적합한 것은 슬기이지, 과학이 아니라고 생각하고 있다(Kap. VII).[47] 따라서 비코에 따르면 법률가와 정치가에게는 자연과학자와는 다른 사고방법이 적용된다. 이제 이러한 사고방법을 발견하는 것이 비코에게 중요시된다.

인용의 방향전환은 비코에게 웅변술이 슬기와 매우 밀접한 관련이 있다는 것을 분명히 한다. 그는 거의 모든 곳에서 "prudentia"를 "eloquentia"와 함께 들고 있다. 이러한 공속성(共屬性)은 플라톤 *Plato*[48] 에서 시작하여 치체로 *Cicero*[49]와 쿠빈틸리아누스 *Quintilian*[50]를 거쳐 비코에 이르기까지 고대와 중세의 교육전통에서는 자명한 것으로 전제되었다.[51] 우리 현대인들에게는 그러한 전통은 결코 곧바로 명확하지

---

47) "물리학자나 기술자가 아닌 공중에, 그것이 재판소건 원로원이건 교회건 간에, 봉사할 목적으로 교육받는 자는 새로운 방법을 연구함에 있어서 어릴 때이건 오랫동안이건 머물러 있어서는 안 된다 … 그는 그때마다 한층 추정적인 것과 한층 개연성 있는 것을 지적할 수 있도록 문제변증법에 몰두하고 자연과 인간과 국가에 대하여 자유롭고 취사선택된 어법으로 양 측면을 논의하여야 한다. 그러나 이는 현대인은 고대인보다 더 많이 배웠고 고대인은 우리보다 더 지혜롭다 그리고 우리는 고대인보다 더욱 진리에 가까우나 고대인은 우리보다 말을 더 잘 한다는 식이 아니라, 우리가 지식에서 고대인을 능가하듯이 우리가 지혜와 이 법에서도 고대인과 동등하게 되는 목표가 달성되도록 행해져야 한다." 앞의 책, S. 75.

48) 플라톤은 "바른 연설가가 되고자 하는 자는 반드시 정의로워야 하고 법을 알아야만 한다"고 진술하고 있다. Gogias, 508 c.

49) De oratore, 3. Buch.

50) Quintilian, *Institutio oratoria* 12, 1.1.

51) 더 이상의 증거는 Lausberg, *Handbuch der literarischen Rhetorik* 32f.; K. O. Apel, *Die Idee der Sprache in der Tradition des Humanismus*, S. 171, 227f., 340. 더 이상의 것은 Gadamer, *Wahrheit und Methode*, S. 16을 보라.

는 않다. 전혀 지혜롭지 못한 사람들이 매혹적인 웅변가일 수 있고 슬기롭고 미래를 내다보는 사람들이 웅변의 재능을 결여하고 있다는 것이 우리의 경험이다.

비코는 명민하였기 때문에 물론 이러한 모순을 범하지 않을 수 있었을 것이다. 그러나 이러한 모순은 그에게는 prudentia를 웅변술적으로 이해함으로써 제거되었다. 곧 prudentia는 진리를 향하고 있지 않고 추구되는 목적을 향하고 있다. prudentia는 타인으로 하여금 진리가 아닌 견해를 확신하도록 할 수 있다는 점에서 최상의 수사학적 기술임이 입증된다. 동시에 훌륭한 목표, 정의 또는 간접적으로 한층 심오한 진리에 봉사한다는 것이 물론 전제되어 있다. 이에 대한 본보기는 무고한 혐의자를 부당한 이유로, 왜냐하면 정당한 이유는 신뢰받지 못할 수도 있기 때문에, 무죄 방면하는 형사상의 변호이다. 그때에 예컨대 허위는 천거되지 않고 단지 이야기될 뿐이다. 연설가는 엄격하게 진실을 고집함으로써 패소한다면 그렇게 해서는 안 된다. 그는 오히려 직접적으로 거짓말을 함이 없이 사실을 문제 삼고 억측을 하고 등등을 하여야 할 것이다.[52] 따라서 '상식'(sensus communis)은 "웅변가가 신뢰할만한 인상을 주는 허위보다 개연성 없는 사실상의 사안을 납득시키기 위해 더 많은 수고를 하여야 하기 때문에 모든 슬기와 더불어 웅변의 규범이다. 그렇기 때문에 우리가 비판적인 교육을 함으로써 우리의 젊은이들이 말하는 기술을 잘 익히지 못하게 될 수 있다는 것을 걱정해야 한다."[53]

---

52) S. 33. 비코는 브루투스 M. Brutus를 비난하고 있다. 비코는 브루투스가 스토아 철학자로서 우리의 비판적 교육을 받았고, 따라서 "단지 진리인 것만을 생각했다"고 이야기하고 있다. 그렇기 때문에 브루투스에게는 밀로 Milo의 변론이 통하지 않았다고 말한다. 그에 반하여 "정평 있는 문제변증법의 전문가"인 치체로 Cicero는 분명히 밀로의 무죄를 이끌어냈을 것이라고 한다. 왜냐하면 그는 진리를 고집할 뿐만 아니라 또한 추정의 관점을 취할 수도 있었기 때문이다.

따라서 문제변증법에 대한 비코의 변론은 웅변에 대한, 곧 풍부하고 확신을 주도록 이야기하는 기술에 대한 변론인 것이다. 이는 현대의 법률가들에게는 무엇보다도 다음과 같은 점에서, 곧 훌륭한 법정변론은 오늘날에도 성공의 수단에 속하며 그 기술이 독일에서는 거의 다듬어지지 않는다는 점에서 본질적이다. 이러한 전후관계에서 비코의 경고와 주의는 숙고의 가치가 있다.[54)]

그러나 어쨌든 이로부터는 사람을 충동질하는 선전적 연설에 제1보가 내딛어질 뿐이다. "웅변술은 주로 경험이 없는 군중을 대상으로 한다"고 비코는 이야기하고 있다.[55)] 따라서 문제변증법은 어떤 수단이 반향(反響)만을 불러일으키는 한, 임의의 그리고 또한 공동의 잔재에 호소하는 저 웅변의 수단으로 기능하고, 그것은 소송에서 정의롭지 못한 사안을 승소하도록 돕거나 또는 정치에서 권좌에 오르거나 그것을 유지한다는 의미에서 슬기의 수단으로 될 수도 있을 수 있다는 의구심이 생겨난다. 이와 같은 것이 비코의 문제변증법의 핵심인 한에서는 그것을 헌법해석의 방법으로 권장할 수 없을 것이다.

웅변술로서의 문제변증법을 이렇게 해석하는 것은 비코의 논문을 읽은 자에게는 실제로 거의 피할 수 없는 것으로 생각된다. 그럼에도 불구하고 사람들은 다음과 같은 것을 첨부하는 것이 정당할 것이다. 곧 비코는 "비판적" 방법에 대하여 문제변증법을 관철시키고자 하지

---

53) 앞의 책, S. 27.

54) 예컨대 법정변호사에 대하여 비코는 다음과 같이 이야기하고 있다. 문제변증법은 논거를 발견하는 기술이며, "연설에서도 논리가 이미 주어진 모든 관점들을 알파벳의 활자처럼 경과하는 기술이다." 그래서 "변호사에게는 무엇보다도 그들이 어떠한 주저도 연기도 허용되지 않는 심리과정에서 주어진 몇 시간을 피고인을 방어하기 위하여 그들을 돕기 위하여 준비가 되어있을 것이 요구된다."(앞의 책, S. 31)

55) 앞의 책, S. 43.

않고 양자를 보완하고자 한다. 물론 문제변증법은 그 자체 선전적 웅변의 기술에서 사용되거나 남용될 수 있는 수단이다. 이 때 비코는 궁극적으로 좋은 일을 위하여 사용하는 것을 생각하고 있고 의식적인 오도는 예외적인 경우에만 권장하고자 한다. 그렇다면 진위를 고려하지 않는 논거창조의 기술로서의 문제변증법은 진위에 대한 비판적 구별이 그에 따라야 하는 제1보일 뿐이다. 그 자체만을 두고 본다면 "두 가지 웅변술의 방법은 흠투성이이다. 문제변증법론자는 종종 허위를 붙들고, 비판론자는 또한 있음직한 것을 수용하지 않기 때문에"라고 비코는 이야기하고 있다.56) 두 가지 오류를 피함으로써 우리들은 학생들에게 "그들이 문제변증법의 상투어에서 풍부한 내용을 얻을 수 있도록" 교육과 지식에서 풍부한 재화를 전수하여야 한다.57) 일단 학생이 무엇인가를 배우고 읽은 다음에야 비로소 그는 비판적 사고를 배우고 그에 대하여 이야기하고 판단할 수 있을 것이다. 이로부터 문제변증법이 가지고 있는 현실적 힘을 이해하게 될 것이다. 곧 그것은 과거의 전래된 정신적 유산을 수용할 것을, 그것도 무의미한 회색의 역사나 미학적 장식으로서 뿐만 아니라 또한 현재에서 판결을 얻는 데 도움이 되기 때문에, 수용할 것을 권고하는 데 밑받침을 제공한다. 이는 예컨대 가다머가 과거의 철학에 대하여 "이들 위대한 사상가들의 글을 이해함으로써 다른 방법으로는 도달할 수 없을지도 모르는 진리가 인식된다"58)고 표현한, 또는 괴테 *Goethe*가 고전이 된 도식에서 "너의 선조로부터 상속받은 것을 소유하기 위하여 상속하라"고 표현한 사고이다.

요약하면, 비코의 변론은 결코 파시스트적 선동웅변가가 최고의 기술로 고양시킨 교활한 웅변술이 아니라 풍부한 인간적 교양의 기초

---

56) 앞의 책, S. 35.
57) 앞의 책, S. 35.
58) *Wahrheit und Methode*, S. 14.

위에서 성숙한 판결을 중재하는 것을 임무라고 이해하는 웅변술이다. 이점에 바로 sapientia와 eloquentia의 원래의 관련이 있다. 우리는 오늘날 "sapientia"를 목적에 적합하게 "교육"이라 번역하지 않으면 안 된다. "지혜"라는 본래의 번역은 우리 현대인들에게는 정확한 의미를 밝힐 수 없다. 왜냐하면 지혜는 웅변적인 능력과 결합될 수 없을 뿐만 아니라, 정신적 유산이 풍부한 지식이 결코 지혜를 보장하지도 않기 때문이다. 그러나 파시즘의 역사가 분명히 한 바와 같이 교육받지 못한 자들 가운데 명백하게 보는 사람이 많이 있고 풍부하게 교육받은 자 가운데에도 바보가 많다. 비코의 관련은 지혜가 아닌 교육이 훌륭한 웅변술의 전제라는 것이다.

그러므로 문제변증법에 대한 비코의 변론은 교육과 박식에 대한 변론이다. 이는 자연과학적 또는 기술적 활동에 원인이 있는, 전통을 망각하고 그에 대하여 자연과학이 직접 아무것도 말할 수 없는 모든 문제에 - 특히 올바른 정치와 입법의 문제에 - 종종 알지 못하기 때문에 판단할 수 없는 정신의 불모상태와 위축에 반대하고 있다. 오늘날 이 문제는 학문의 엄격한 요구 때문에 입증할 수 없는 것을 개연성에 기초한 근거로 받아들이는 대신에 단순히 "납득할 수 있는" 것에 불과하다고 거부하는 데서 생기는 엄격한 학문과 이데올로기화의 관련으로서 시급한 형태로 나타나고 있다. 이는 사실상 헌법방법론논쟁이 직면하고 있는 문제이기도 하다. 이미 설명한 바와 같이 그 위험은 그것이 주관적 자의를 배제하려는 노력을 하는 중에 법을 바로 통제도 없이 자의에 넘겨주는 방법론적 요청을 제기한다는 점이다. 이러한 점에서는 비코의 변론이 오늘날 법학에서 획득한 현실성은 철두철미 정당하다. 그러나 그러한 한에서는 비코의 변론은 또한 대단히 일반적이다. 따라서 우리는 비코로부터 법적 방법론을 위하여 구체적인 그 무엇을 획득할 수 있을까를 자문하지 않으면 안 된다.

34. *Vico*와 법적 방법론

비코에게 중요한 것은 단순히 가능한 한 포괄적인 문헌적 교육이 아니다. 그러한 것은 예컨대 장식적 그리고 화려한 어법의 병기창으로서 형사변호인에게 유용할 수도 있다. 그러나 결정적인 것은 전문교육이다. 법학에서 문제변증법적 교육은 "기억하도록",59) 곧 문제되는 여러 관점을 기억하고 "생각이 미치도록" 도와준다고 그는 명시적으로 이야기하고 있다. 이와 같은 것은 우리들이 우리의 법전들과 주석서들에 대해서 그러한 것처럼 18세기 초의 이탈리아의 로마법의 지배 하에서는 대단히 어려운 과제였다.

따라서 문제변증법에 대한 비코의 변론은 법률가에 대해서는 우선적으로 법에 대한 박식, 곧 법적 자료의 지배에 대한 변론 이상의 것을 의미하지 않는다. 그의 결정적 논거는 "법적 문제변증법에 숙달한 자는 단지 법의 역사를 기억하고 있는 자들보다 한층 쉽게 어떤 법률이 소송과 관계되고 소송에 도움이 되는가를 인식한다"60)는 것이다. 결코 비코는 엄격한 법률 구속에서 벗어나 예컨대 법률외적 "관점"에 따라 문제를 해결하는 법적 방법론을 권장하고 있지는 않다. 그렇다. 놀랍게도 정반대이다.

법적 사고방법에 대한 비코의 입장은 「오늘날의 이성적 학문방법」 (De Nostri Temporis Studiorum ratione)에서 추론된다. 그는 11장에서 방법론상의 문제점에 대하여 언급하고 있다. 그리고 이는 오늘날 다시금 현실성을 갖는다. 왜냐하면 그것은 법률에서 엄격한 포섭이 행해져야 하는가 또는 어느 정도 사법부에 형평을 지향하는 법의 계속형성의

---

59) 앞의 책. S. 34
60) 앞의 책. S. 113.

자유가 주어져야 하는가 여부에 관한 것이기 때문이다. 비코에게 이 문제는 하드리아누스 *Hadrian*황제와 콘스탄틴 *Konstantin*대제 이전의 고대 로마법학과 자기 시대의 법학을 비교하는 것으로 제기되고 있다. 그에게 양자의 결정적 차이는 다음과 같은 점에 있다. 곧 고대의 법학은 법률, 특히 12동판법을 엄격히 준수하며 사안과 법적 의제를 해석함으로써 형평에 맞는 결과를 얻어내었음에 반하여, 후세의 법에서는 법문 자체를 매우 쉽게 변경하여 입법자뿐만 아니라 또한 법학적 해석을 통하여 서로 형평에 적응하였다. 이전에는 "법률은 철두철미 고정적이었다. 그것도 개인의 이익뿐만 아니라 국가 자신도 법에 반하는 무엇을 하도록 강요받고 법학자들이 모종의 법적 의제와 허구를 가지고 도움으로써 법에서는 아무 것도 변경되는 것이 없을 정도였다 … 법적 의제는 그를 통해서 옛날의 법률가들이 현대인들과 마찬가지로 법률을 사안에 대해서가 아니라 사안을 법률에 적응시켰던 고대 법학의 결과와 법률에 대한 예외 이상의 것이 아니다"[61]

  비코에 따르면 의제는 사람들이 법률을 개량하고 전문화시킴으로써 과잉상태가 되었다. "그러므로 사람들은 이전에는 '정의의 학문'(eine scientia iusti)을 가지고 있었음에 반하여, 오늘날에는 '형평의 기술'(eine ars aequi)[62]을 가지고 있다. 곧 이전에는 법은 '일반적이고 고정적'(universalis et rigida)이었으나, 오늘날 그것은 특수적이고 유동적이다. 왜냐하면 학문은 엄격하고 아주 사소한 편차도 보이지 않음에 반하여, 여러 기술은 임의적이고 비고정적이기 때문이다. 바로 그렇기 때문에 이전에는 형평의 조치는 의제를 통하여 법에 동화되지 않으면 정의롭지 못했다. 그러나 오늘날에는 법정립은 호의적인 해석을 통하여 구성요건에 적용되지 않으면 정의롭지 못하다. 그렇기 때문에 과거에는 법

---

61) 앞의 책, S. 99.

62) Otto mißverständlich: "Die Jurisprudenz".

학은 특정의 의제에 의하여 형평의 조치를 법 앞에서도 형평하게 하여 정당화되는 데에 명예를 걸었다. 오늘날에는 애정 어린 해석에 의하여 정의로운 법률이 사실적인 형평성을 포함하는 것만이 문제시된다. 그러므로 예전에는 법률가들은 직업상 말(言語)을 보호했으나, 오늘날에는 직업상 의미를 변호한다 ….'63)

이 부분은 비코가 우리가 사용하는 해석문제에 언급하고 있다는데 대한 모든 의심을 배제하기 위하여 매우 자세하게 인용되었다. 오늘날 비코와 법적 방법론으로서의 문제변증법에 대한 견해에서 널리 퍼진 바에 따르면 사람들은 자명하게 비코가 새로운, 유연한 그리고 형평을 지향하는 법학에 찬성하고, 경직되고 실증주의적이며 미덕과 의제에 의하여 작업하는 자에 대하여 반대한다고 기대할 것이다. 왜냐하면 비코가 명시적으로 이야기하고 있는 것처럼 과거의 '정의의 학문'(Scientia iusti)에 대하여 법률가가 "형평의 관점을 소송에서 발견한다"64)는 것이 새로운 '형평의 기술'(ars aequi)이 가지는 전속적인 성격이기 때문이다. 이러한 '발견'(invenire)은 바로 우리들이 보통 문제변증법적 법학과 결합시키는 것이다.

그렇기 때문에 비코가 신·구 방법론을 형량함에 있어서 단호하게 과거의 방법론에 우선권을 부여하는 것은 놀라운 일이다. 이와 같은 것은 무엇보다도 비코가 여러 번 강조하듯이 그의 견해에 따르면 경직된 실증주의는 웅변을 요구할 것이라는 사실에서 설명될 수 있다(왜냐하면 그는 사안이 희망에 맞는 법률에 적합할 때까지 사안을 정당하게 이야기할 것을 필요한 것으로 생각하기 때문이다). 몇몇 표현으로부터 다음과 같은 추측이 가능하다. 웅변술의 선생에게는 그러한 조건에서 그의 기술이 다시금 무엇보다도 불가결하고 높이 평가되는 여

---

63) 앞의 책, S. 111.
64) 앞의 책. S. 107.

러 조건을 변론할 다소의 직업적 이해관계가 작용할 수도 있다.65)

그러나 비코에게는 객관적 정치적 이유가 있다. "법률의 신성성은 고통을 받아왔다 … 왜냐하면 오류와 예외에 의하여 침해를 받은 법률은 그것이 존중될 근거를 어디에서도 찾아볼 수 없는 일이 종종 있기 때문이다."66) 뿐만 아니라 "고대 로마인의 엄격한 법본질은 국가에도 매우 유용하였다. 왜냐하면 법률을 구체적으로 적용할 때 법률의 엄격함을 지킨다는 것은 타인으로 하여금 법률에67) 대한 외경심을 불러일으키는 것을 뜻하기 때문이다." 비코에게는 이 논거가 다른 무엇보다도 더 중요하다. 왜냐하면 "시민이 알지 못하는 신에 대해서와 마찬가지로 법에 대하여 가장 공경심을 가지고 있는 국가가 가장 행복에 찬 국가"이기 때문이다.68) 비코는 더 나아가서 "새로운" 법학을 그것 때문에 로마적 지배가 "파괴"될 수밖에 없는 불치의 병"으로 표현하는 데까지 이르고 있다. "그리고 따라서 이처럼 방종한 법학은 로마의 권력과 마찬가지로 주로 부패와 웅변 때문에 고통받고 있다."69)

---

65) 비코가 자기 시대의 법학에 대하여 인정하고 있는 몇 안 되는 장점에 대하여 그는 흘려들을 수 없는 표현 속에서 다음과 같이 생각하고 있다. "그렇다면 오늘날 훌륭한 웅변이 더 이상 필요하지 않다는 것은 … 장점이다. … 이전에는 유명한 웅변가를 찾아가지 않으면 안 되었던 반면, 오늘날에는 '차선의 웅변가'(quivis rusticus)가 형평의 이유를 솔직하고 기교를 부리지 않고 설명함으로써 승소할 수 있다."(S. 115).

66) 앞의 책. S. 115.

67) 앞의 책. S. 117.

68) 앞의 책. S. 97.

69) 그러나 그에게는 웅변의 타락이 법률의 신성성보다 더욱 진지한 것으로 마음을 움직인 것으로 보인다. 왜냐하면 법률은 웅변가의 기술 품을 통하여 침윤되기 때문이다. 비코는 형평에 맞는 결과에 반대하지 않았다. 단지 그 결과가 너무 쉽게 도출되어서는 안 된다는 것이다. 방법이 그의 마음을 사로잡고 있다. 법률은 동시에 똑같이 형평에 맞는 것이어서는 안 된다. 왜냐하면 그렇게 되면 "차선의 웅변가가 문제되고 단순히 포섭할 수 있기 때문이다. 오히려 법률은 12동판법과 같이 고정적

이미 이야기한 것으로부터 비코를 우리들이 오늘날 즐겨 "문제변증법적"이란 명칭과 연관시키는 법창조적 형평법학의 공범증인으로 인용할 수 없다는 것을 명확히 하는 데 충분하다. 비코는 바로 입법자의 법정립독점권을 강조하였는데, 그는 로마법 초기에 그러한 것이 존재하였다고 - 역사적으로는 잘못이다[70] - 믿고 있다. 그러나 다른 한편으로는 포섭실증주의도 비코를 원용할 근거가 없을 것이다. 왜냐하면 비코는 법의 계속형성, 물론 개방적인 것은 아니지만, 의제와 권력적 사안해석에 은폐된 계속형성에 찬성하고 있기 때문이다. 이러한 원시적법의 초기단계가 가지는 외견상의 합리적 과정은 오늘날 물론 방법론논쟁의 어느 진영에서도 변호인을 발견하지 못한다.

더 나아가서 비코는 법적 체계형성에 반대하는 공범증인으로서도 적합하지 않다는 것이 분명해졌다. 그의 상대는 물론 끊임없이 진보하는 법에 대한 법학적 가공이다. 이는 중세 '이탈리아법'(mos italieus)이 그의 전성기 전후에 그렇게 하곤 했다.[71] 그러나 체계화경향을 법원(法源)에 대한 역사적 전환기와 연결시킨 '인문주의적 법학'(mos gallicus)도 체계형성적 자연법이론도 그는 그의 논의에 포함시키고 있지 않다.

이고 숭고해야 되며 변화하는 사태에 그리 쉽게 적응하는 것이어서는 안 된다. 그렇게 되면 웅변가는 사안 해석과 의제의 도전을 받고, 형평에 맞는 결과의 도출이 뛰어난 업적이 되며, 시민이 법률에 대하여 가지는 외경은 아마도 웅변가와 거의 공통적인 것이 없게 된다. 어쨌든 비코는 하드리아누스 황제 이후와 로마 멸망 이후의 법의 세분화와 법의 원시적 초기단계의 장점 사이의 연관을 아주 명확하게 하는 것을 몰랐다. 로마법학의 절정을 하드리아누스 황제 이후 거의 100년 후의 파피니아누스 *Papinian*로 보고 있는 지배적 견해는 오늘날 관찰자에게는 매우 설득력 있다. 그러나 이 문제도, 비코의 정치관도 그리고 그 변화도 - 그는 점점 자유적이고 민주적으로 되었다 - 더 연구될 필요는 없다(이에 대하여는 Rainer Specht, *Über den justischen Realismus Gian Battista Vicos*를 보라).

70) 앞의 § 14를 보라.

71) Biagio Brugi, *Per la Storia della Giurisprudenzea e delle Universita Italiane*, Nuovi, Saggi, S. 190f.

비교적 의미의 문제변증법은 일반적 박학다식과 장소에 대한 지식의 기술에 의하여 가능한 한 어떠한 중요한 관점도 간과하지 않는 기회를 얻는 웅변술이다.[72] 법학을 위해서는 단지 그로부터 경험과 지식이 풍부한 법률가가 통찰력과 정신적 질서를 결여하고 있고 그렇기 때문에 그때그때 해당되는 관점을 정확한 순간에 기억해낼 수 없는 법률가보다 더 훌륭하다는 이론을 추론할 수 있을 뿐이다. 문제변증법에 대한 비코의 변론은 법적 해석의 방법에 대하여 그 이상의 결론을 도출하는 것을 허용하지 않는다.

그러나 비코는 피벡, 헤니스 등등에 의하여 문제변증법적 방법론의 제자로서보다도 오히려 문제변증법적 전통과 그 의미를 환기시키고 그를 지적하는 자로서 인용된다. 따라서 법적 사고는 문제변증법적이다라는 명제의 정확한 내용을 추적하기 위해서는 문제변증법의 고전적 대가들에게 관심의 방향을 돌릴 수밖에 없다.

제2절 문제변증법의 헌법상 적용가능성

35. 문제변증법과 아리스토텔레스 *Aristoteles*의 변증법

문제변증법에서 본래 문제되는 것이 무엇이고 그것을 어느 정도까

---

72) 뒤의 §37을 보라.

지 법률가에게 권장할만한 것인가를 해명하려는 시도에서 우리의 관심은 우선 아리스토텔레스에게로 향한다. 왜냐하면 아리스토텔레스는 "문제변증법"이란 개념[73]의 창시자일 뿐만 아니라, 그 본질[74]의 창조자이기도 하기 때문이다.

문제변증법은 그 책의 한 부분을 이루는 소피스트들의 반박과 더불어 Organon의 제5권과 제6권을 구성하고 있으며 그 앞에 두 편의 분석론이 있다. 시간적인 순서에 따르면 문제변증법은 물론 분석론보다 오래되었고, 그것도 그 주요부분 II-VII책에서 그러하다.[75] 그럼에도 불구하고 Organon에 문제변증법을 편차 있게 정리한 것은 논리적으로는 의미 있는 것으로 생각된다. 곧 제1분석론은 제2분석론과 문제변증법에 적용할 수 있도록 일반적인 논리적 추론과정을 발전시키고 있다. 제1분석론은 어느 정도 총론을 이루고 그 뒤에 두 편의 각론이 따르고 있다.[76] 이러한 것을 강조하는 것은 다음과 같은 이유 때문에 중요하

---

73) Viehweg, S. 14.

74) 오늘날 지배적 견해, 특히 *Topik* 159a 36f.를 참조하고 있는 Kapp, *Syllogistik*, Sp. 1055와 소피스트들의 반박 1846 1-3; ders., *Der Ursprung der Logik bei den Griechen*, Kap. I, 특히 11면. 또한 183b, 34ff.를 참조하고 있는 von Kempski, Archiv f. Philosophie 6, S. 349를 보라.

75) 최초로는 Chr. Aug. Brandis, *Über die Reihenfolge der Bücher des aristotelischen Organons*, 1833. 이를 분명하게 입증하는 부분은 제1분석론 1책 30장 마지막 절인 것으로 생각된다. 그러므로 문제변증법을 작성할 때 아리스토텔레스의 의도는 그가 고안한 논리학을 이제부터는 오래된 논쟁술에 적용하려는 것이었다고 피벡이 말한다면 그것은 옳지 않은 것으로 생각된다. 그렇기 때문에 아리스토텔레스의 Organon에 있는 문제변증법은 양 분석론에 의해서 구식이 되지 않았고 후기의 더욱 성숙된 논리화적 작품들의 단순한 전단계로서 통용되어야 한다는 것을 우리는 확신할 수 없다. 이에 반하여 아리스토텔레스의 제8책과 아마도 문제변증법 제1책은 후에, 곧 양 분석론을 저술한 후에 첨가되었고 따라서 문제변증법의 계속적 의미를 인정한다는 논거가 충분한 추측이 있다.

76) Rolfes, *Einleitung zur ersten Analytik*, S. III - V; Kapp, 앞의 책, Sp. 1059.

다. 곧 마치 아리스토텔레스가 문제변증법에서 분석론에서보다는 특수하고 덜 엄격한 삼단논법을 채택한 듯하다는 인상과 그리고 그렇기 때문에 덜 진지하고 자칫하면 "허세"에 근거한 추론과정이 아리스토텔레스를 원용할 수도 있다는 인상이 성립되어 있는 것 같기 때문이다. 우리는 개연적 명제에서 "결론을 내릴" 수 있는 방법론이 중요하다는 문제변증법의 도입 문장 때문에 이러한 오해를 하기 쉽다. 그러나 사실 문제변증법에는 "결론을 내리는 방법"에 대한 언급은 전혀 없고, 단지 그로부터 보통 논리적 추론이 행해질 수 있는 증명될 수 없는 명제들을 납득할 만한 것으로 만드는 방법에 대해서만 언급되고 있다.

따라서 분석론에 대한 문제변증법의 특성은 다음과 같은 점에 있다. 제1분석론은 예컨대 "만일(P이면 Q이다)이다라는 경우에 P이면 따라서 Q이다" 라는 가정적 명제의 형태를 한 삼단논법을 다루고 있다. "P이면 Q이다" 라는 대전제가 진리인 언표를 포함하고 있느냐 여부의 문제도, 또한 "P"라는 소전제가 진리인 언표를 포함하고 있는가 여부의 문제도 이곳에서는 중요하지 않다. 중요한 것은 순수한 논리적 형태이다.[77] 그에 반하여 제2분석론에서는 과학적 입증을 다루고 있다. 이곳에서 중요한 것은 두 개의 가정이 진리라는 것, 그리고 그것도 "단순히 그 자체로서가 아니라, 그것이 결론명제의 진리인 근거를 언표할 수 있도록"[78] 진리라는 것과 그에 따라 또한 결론적 명제도 진리라는 것이다. 이에 대하여 문제변증법에서는 그 진리가 확실하지 않은(비록 그 진리가 충분한 이유에서 받아들여질 수 있다 하더라도) 그리고 그렇기 때문에 또한 결론을 추론하는 것이 불확정적인 가정이 문제된다. 그러므로 문제변증법적 또는 "변증법적" 결론에서 결론의 불확실성은

---

77) Günther Patzig, *Die Aristotelische Syllogistik*, 2. Auflage, Gottingen 1963, S. 13f.를 보라.

78) Rolfes, *Einleitung*, S. III.

전적으로 가정의 불확실성에 있는 것이지 예컨대 결론을 추론하는 문제성 있는 방법에 있는 것은 아니다.[79]

따라서 문제변증법의 특수성은 제차적으로 그것이 그 진리성을 입증할 수 없는 문장을 다룬다는 데, 곧 불확실하고 의심이 생겨날 수 있다는 데에 있다. 만일 문제변증법을 법률가에게 방법론으로서 추천하는 것이 이러한 것이라면 이는 매우 적은 것이다. 그러나 이는 항상 '변경을 가하여'(cum grano salis) 이해될 수 있다. 그러나 법적 방법론의 경우 제1차적으로 문제되는 것은 해당 법문을 찾는 것이다. 곧 그러한 한에서 사람들은 "진리"가 아닌 "법"을 추구한다. 그러나 일단 이러한 차이를 제외한다면 문제되는 모든 경우에 최종적으로 적용되는 법문이 일반적으로 완전한 확실성을 가지고 타당한 것으로 입증되지 않는 것도 아마 바를 것이다. 따라서 그렇다면 "법적 사고는 문제변증법적이다"라는 명제는 법에서 엄격하게 입증하는 학문적 연역의 가능성을 인정하는 데 반대하는 논리적 어법으로 이해될 수 있다. 이 명제는 앞의 절들의 상론에서 입증하고자 하였던 것으로 이해하면 정당하다. 그러나 그렇다면 이 명제는 어떠한 경우에도 어떻게 이해되어서는 안 되는가, 곧 학문적으로 입증하는 식으로 이해되어서는 안 된다는 것을 확정하여 줄 뿐 법적 방법론이 도대체 어떻게 이해되어야 하는가에 대해서는 미결인 채로 남겨두고 있다.

그러나 결정적인 문제는 입증될 수 없는 명제들을 어떻게 하면 그것들이 최소한 고도의 설득력을 가지고 가능하면 합리적으로 통제될 수 있도록 근거에 의하여 뒷받침될 수 있는가 하는 것이다. 이 문제는 법적 방법론의 핵심이다. 왜냐하면 법관은 그에게 제기된 문제를 어떻

---

79) 잘못된 전제로부터 아리스토텔레스가 유효한 결론을 인정하는 데 대하여는 Patzig, 앞의 책, S. 14와 그곳에 인용된 파치히 *Patzig*의 논문 "Aristoteles and Syllogism from false premisses", Mind 68(1959), Nr. 270을 보라.

게 해서든 판결하여야 하고 일반적으로 대답을 거부할 수 없다. 따라서 다음과 같은 세 가지 가능성이 존재한다. 법관은 자신의 문제해결을 올바른 것으로 입증할 수 있거나, 또는 그것을 최소한 합리적으로 토론할 수 있는 근거로써 뒷받침할 수 있거나 그것도 아니면 판결은 자의와 주관성에 일임된다.

이제 아리스토텔레스의 문제변증법에서 실제로 문제되는 것은 가능한 범위에서 입증할 수 없는 명제들을 합리적으로 차단하는 것이다. 따라서 "법적 사고는 문제변증법적이다"라는 명제가 긍정적 의미를 가져야 한다면 아리스토텔레스가 제안하는 방법이 법률가들에게 적용될 수 있는가 여부의 문제가 제기된다.

아리스토텔레스는 문제변증법에서 단순히 불확정적인 명제를 취급하지 않고 "Endoxa"를 취급하고 있다. 이 말을 롤페스 *Rolfes*는 "개연성 있는 명제,"[80] 피벡은 "의견에 해당하는 명제"로 번역하고 있다. 피벡의 용어선택이 - 파스칼 *Pascal*과 흄 *Hume* 이래 - 개연성의 개념과 특수한 연상을 불러일으키기 때문에, 오늘날 더 적절한 것으로 생각된다. 그러나 우리들은 문제가 되는 것은 임의적인 의견이 아니라는 것을 첨가하지 않으면 안 된다. 아리스토텔레스의 의미에서는 토론은 사람들이 아직까지는 관철되지 않은 의견을 표어로써 표현하고 토론에 부침으로써 문제변증법적인 것은 아니다. 따라서 헌법상의 논쟁에서 누군가가 예컨대 "기본권의 제3자효"나 "선호적 지위"를 원용한다면 이는 이따금 인정된다고 생각되는 것처럼 아리스토텔레스의 의미에서 문제변증법적 논증방법인 것은 아니다. 오히려 Endoxa는 "학설에서" 기초된, 학설적인, 바른 의견이다. 아리스토텔레스는 이를 "모든 사람에게 또는 지혜로운 사람의 대부분에게, 그리고 지혜로운 사람 가운데

---

80) Top. I, 1, 1. 인용방법에 대하여는 위의 S. 119와 30을 보라.

서도 모든 또는 대부분의 또는 가장 널리 알려진 자와 가장 명망 있는 자들에게 진리인 것으로 생각되는" 것이라고 특정지우고 있다.[81] 영어판은 "Endoxa"를 "일반적으로 받아들여지는 의견"이라고 아주 훌륭하게 번역하고 있다.[82] 따라서 법률가는 그들이 "지배적인 견해"나 또는 "인정된 학설이나 전승'을 드는 경우 "Endoxa"를 끌어대고 있는 것이다.

이는 사실상 법학에서도 합리적인 과정이다. 그러나 이는 이렇게 Endoxa를 원용함으로써 그 이상의 논증을 피해서는 안 된다는 전제에서만 그렇다. 왜냐하면 법학에서 진보는 지배적인 견해가 도전을 받고 그 불충분성이 보완됨으로써만 가능하기 때문이다. 이와 같은 일이 성공하면 새로운, 이전의 소수설에서 지배설이 구성될 수 있다. 따라서 법적 Endoxa는 더 이상 이성의 모순적 추정을 자체에 포함하고 있지 않다. 우리들은 다른 반대논거가 제시되지 않는다면 Endoxa에 만족할 수 있다. 그러나 그러한 일이 발생하거나 또는 하나의 경우에 확립된 이론이 어떠한 대답을 줄 수 없다면 비로소 법적 문제가 성립한다. 그렇게 되면 논의되어야 하고 그렇게 되면 어떻게라는 문제가 생겨난다. 이에 대해서 Endoxa에 대한 이론은 어떠한 답도 주지 않는다. 오히려 Endoxa는 그것이 숙고되었고 유지되어 왔으며 "지혜로운 자들"에 의하여 인정되어 왔다는 가정으로부터 권위를 갖는다. 그러므로 그의 권위는 바로 사람들이 그의 올바름을 이성적으로 논증할 수 있다는 것을 전제한다.

따라서 우리는 이제까지 "법적 사고는 문제변증법적이다"라는 명제에 대하여 두 가지 의미를 발견하였다. 법적 논증은 연역적으로 입증

---

81) Top. I, 1, 5. 3.
82) 문제변증법판 E. S. Forsters in "The Loeb classical Library", London und Cambridge, Mass., 1960, S. 273을 참조.

할 수 없다. 그리고 법적 논증은 지배적 견해와 확정된 학설에 의존한다. 이 두 가지는 올바르고 그래서 고수될 가치가 있다. 그러나 이것만으로 법적 방법론을 묘사하기에는 아직 충분하지 않다. 법률가가 아리스토텔레스의 문제변증법으로부터 아직도 더 많은 것을 얻어낼 수 있는지 여부의 문제가 제기된다.

아리스토텔레스는 그의 변증법(그리고 그에 속하는 "소피스트들의 반박" - Organon 제6권)에서 플라톤 이래 다음과 같은 보통 행해지고 있던 바와 같은 철학연습대화에 규칙을 주고 있다.[83] 두 명의 학생이 의견을 달리하고 있다. 한 학생(답변자)은 예컨대 그 당시 일상적이었던 "진", "선", "미"[84] 또는 "인간"[85]들의 개념규정과 같은 철학적 명제를 주장한다. 다른 학생(논박자)은 그에게 그러한 개념들이 "아니다" 또는 "그렇다"로 대답될 수 있는가라는 문제를 제기한다. 이때 후자의 목적은 전자로 하여금 그로부터는 처음 주장된 명제들이 유지될 수 없다는 것을 강제하는 것이다.

이와 같은 연습적 토론에서 답변자가 논박자에게 한번 인정한 명제들을 그로부터 바람직하지 않은 결론이 결과된다는 것을 인식하더라도 나중에 그것을 더 이상 취소할 수 없다는 규칙이 효력을 가졌던 것으로 생각된다. 이와 같은 경기규칙을 인정하여야만 아리스토텔레스가 특히 제8책 제1장에서 논박자에게 인정하는 현명한 충고를 이해할 수 있다. 곧 아리스토텔레스는 제8책 제1장의 여러 곳에서 논박자에게 답변자가 무엇에서 빠져나오려고 하는 것을 깨닫지 못하고 그 결과 자인(自認)을 위험 없는 것으로 만들 수 있는 것을 알지 못하도록 문

---

83) 이에 대하여 가장 명확하게는 E. Kapp, *Syllogistik*, 특히 Sp. 1055-1063 과 *Der Ursprung der Logik*, S. 17ff.
84) 그러한 연습 언어의 도입을 권장하고 있는 Platon, *Parmenides* 135 c/d를 보라.
85) Aristoteles, *Topik* I, 4. 4.

제에 포함된 입증고리를 은폐할 것을 권장하고 있다.[86] 답변자는 어느 정도 자인하도록 오도되어야 한다. 이러한 목적에 이르기 위하여 그의 질문들은 우회로를 동원하여야 하고, 비슷한 것만을 이야기하여야 하며[87] "마치 문제가 되는 것은 사항 자체가 아니라, 무엇인가 다른 것인 것처럼" 이야기하여야 하며, "명제에 도움이 되는 것은 보호되어야 한다."[88] 우리가 이와 같은 것을 인식하지 않을 경우 우리는 "결과를 명백히 보지 못하기 때문에 그러한 것을 쉽게 포함시킨다."[89] 또한 논박자는 이따금 아주 샛길로 빠져야 한다. 왜냐하면 "많은 것이 이야기되면 오류가 어디에 있는지 모르기" 때문이다.[90] 모든 충고는 다음과 같은 말로써 끝나고 있다. "따라서 증명을 은폐하는 것이 문제가 되는 곳에서는 이미 인용된 수단을 사용하여야 한다."[91] 그렇기 때문에 "그에 따라 모든 제기된 문제를 Endoxa로부터 결론지을 수 있고 우리가 발언해야 할 경우 모순에 빠지지 않으려면"이라는 말로써 방법을 문제 삼는 문제변증법을 시작하는[92] 문장은 다음과 같이 이해될 수 있다. "논박자에게는 결론의 구성이, 답변자에게는 모순의 회피가 중요하다."(롤페스 *Rolfes*)[93] "결론"은 롤페스가 명확하게 언급하고 있는 바와 같이[94] 반박, 곧 제1분석론에서 발전시킨 삼단논법을 의미하지는 않는다. 오히려 반박은 방어되어야 할 논제에 모순되는 결과가 발생함으로써 후에 경우로써 입증된 자인을 답변자가 하는 식으로 행해진다. 그

---

86) Top. Ⅶ, Kap.1, Abs. 4 Satz 3; Abs. 7-21.
87) Abs. 11, 14.
88) Abs. 12.
89) Abs. 19.
90) Abs. 21, 2.
91) Abs. 22.
92) Top. Ⅰ, 1. 1.
93) Top. Anm.1 zum 1. Buch.
94) 같은 책.

렇기 때문에 답변자가 그의 자인을 후일 철회하거나 또는 그것을 수정된 형태로만 통용되도록 한다면 그는 "모순에 빠져서" 패하게 된다.

그러한 종류의 토론은 직접 법적 방법론에 속하는 것은 아니다. 그러나 비교될 수 있는 것이 있다. 법률전문가의 소견서와 논문이나 강연에는 보통 제일 먼저 독자 또는 청자가 보통 동의하는 경향이 있는 일반적 원칙이 제시된다. 독자 또는 청자는 조금씩 묵시적으로 "긍정"하게 되고, 그렇게 함으로써 자기들이 유효한 것으로 인정하지 않으려는 결론의 기초를 인정하고 있다는 것을 인식하지 못한다. 그러나 독자나 청자는 인정한 가정을 묵시적으로 철회하거나 또는 수정하거나 한정시키는 등등의 기회를 갖는다. 사람들이 첫 번째 청취에서 어디에 잘못이 있는가를 알지 못할 경우 사람들은 이를 나중에 조용히 숙고할 기회를 갖는다. 이와 같은 것은 사람들이 묵시적으로 동의했을 경우뿐만 아니라 어떤 토론에서 명시적으로 동의를 표했을 경우에는 해당되지 않는다. 그렇다. 사람들은 제시된 주장과 인정을 후에 철회하거나 수정할 권리가 서로에게 있다는 것을 인정한다는 전제에서만 의미 있는 토론을 할 수 있다. 사람들이 그렇게 하지 않는다면 사람들은 성급한 자인을 하고 있지 않는가라는 두려움 때문에 끊임없이 타인의 이야기에 의문을 제기하고 불필요한 정의를 요구하는, 그리고 이러한 정의가 주어지더라도 다시금 불충분한 것으로 논쟁하는 등등의 비지성적인 토론을 하게 된다. 따라서 사람들은 다른 사람들이 자신의 사고를 개진하지 못하도록 하고 스스로 성과 없는 이야기에 국한시킨다. 이러한 과정은 자연적 언어나 Endoxa의 영역에서 점진적인 연역 또는 아리스토텔레스가 이야기하는 "변증법적 결론"이 가능하거나 추구되어야 한다는 잘못된 가정에 있다. 고대의 연습적 언어에서는 일차적으로 "철학적 체조"95)가 문제되었고 이성적인 인간 사이의 소통이 그리 문제가 되지 않았기 때문에 이러한 기술은 교육적 가치를 지니고 있었다. 이 기술은 가능하면 조심성 있게 숙고하여 표현하고, 모든 자인을 의심을 갖고 숙고하고 이러한 전후관계에서 모든 명제에 대한 찬성과 반대를 가능한 한 철저하게 생각하도록 교육시켰다. 그러나 상호간에 교육하는 것이 문제가 아니라 법적 문제를 가능한 한 올바르게 해결하는 것이 문제가 된다면 이러한 문제변증법적 과정은 부적합한 것으로 생각된다. 왜냐하면 법적 문제는 이미 본 바와 같이 연역적 방법으로 해결될 수 없다는 것이 특정이기 때문이다.

아리스토텔레스가 II-VII 책 - 문제변증법의 본래의 핵심 - 에서 Endoxa를 가장 정확하게 구성하기 위하여 제시한 규칙들이 이미 이야기한 바와 같이 Endoxa로써 논의해야 하는 법률가에게도 그것이 직접적이건 유추에 의해서건 인용될 수 있는가 여부의 문제가 아직도 남아 있다. 왜냐하면 아리스토텔레스는 "변증법적 기술"이 연습적 대화에 대해서뿐만 아니라 또한 사고의 교환에도 다음과 같은 이유 때문에 유용하다고 생각하고 있기 때문이다.96) 곧 변증법적 기술은 우리로 하여금 "수많은 의견을 열거하고 상대편이 정당하게 이야기하지 않았다고 생각되는 것은 다른 관점에 의해서만 아니라 자신의 관점에서 반박할 수 있도록"97) 가르친다는 것이다. 또한 변증법적 기술은 철학적 학문을 위해서도 우리로 하여금 "양 당사자의 생각을 생각하게 하는" 상태에 있게 해 줌으로써 유용할 것이라고 한다.98) 그러므로 또한 자인에 대한 취소 불가능의 경기규칙이 떨어져 나간다면 문제변증법은 항상 유용하고, 아마도 법률가에게도 유용할 것이다.

중요한 책들에서 아리스토텔레스는 우리가 무엇인가에 관하여 우연

---

95) Kapp, *Syllogistik*, Sp. 1055.
96) Top. I, 2, 2.ff.
97) Top. I, 2. 4.
98) Top. I, 2, 5, 2.

(제2책과 제3책.), 유(제4책), 특성(제5책) 또는 정의(定義; 제6책과 제7책)를 규정하고자 하는 경우 생각해야 할 것을 보급하고 있다. 여기에는 문제변증법이 취급하는 문제들이 총망라되어 있다.[99] 동시에 이러한 규정들은 다음과 같은 10개의 카테고리와 관련되어 있다. 본질, 양, 질, 관계, 장소, 시간, 의도, 소유, 작용, 고통.[100] 이곳에서 아리스토텔레스가 세우고 있는 명확한 취급도식은 결코 시종일관 지켜지고 있지 않다. 물론 이 도식은 아리스토텔레스가 그의 문제변증법으로써 머리 속에 생각했던 어떤 형상을 매개해준다. 개별적으로는 II-VII 책에 예컨대 다음과 같은 형태의 암시가 있다. 곧 빛깔은 백색에게는 우성적인 것이 아니라 그 유이다.[101] 백색이 질이(본질이 아니)라면, 빛깔 또한 질이다(본질이 아니다).[102] 다리가 두 개 있다는 것은 말에 대해서는 인간의 특성이다.[103] 정의에서는 가능한 한 분명해야 하고 개념에는 필요한 것 이상의 것을 제시해서는 안된다[104] 등등. 문제변증법에서 문제시되는 발명의 기술의 본질은 그것이 중요한 것이라면 그러한 이론이나 그것과 비슷한 이론을 간과하지 않고 결정적인 순간에 제시하는 데 있다. 정의하거나 어떤 것에 대한 우연, 유, 특성을 규정하는 것이 문제되는 경우 그러한 이론을 이들 법률가들이 명심할 가치가 있다는 것을 명확히 하기 위하여 이러한 예로써 충분하다. 그러나 논리적 오류를 피하거나 제시하거나 또는 오해를 제거하는 것이 필요하다는 것이 문제가 된다. 그러나 사실들 사이에 어떤 관련이 문제되는 한 모든 종류의 대화가 필요하고 또한 이는 법적 대화에서도 자명하다.

---

99) 그렇게 명시적으로 Top. I, 4, 2, 3.
100) Top. I, 9, I, 2.
101) Top. II, 1. 2. 2.
102) Top. IV, 1. 5. 5.
103) Top. V, 1. 5. 2.
104) Top. VI, 1. 5.

문제가 특히 법적인 문제이고, 따라서 올바른 법규범의 규정이 문제가 되는 경우 본질적인 문제는 진리에 대한 것이 아니라 법에 대한 것이다. 이는 어떤 속성의 정의나 규정 등등이 바른가 여부의 문제는 현실 지향적이 아니라 대립되는 결과 지향적이라는 것을 의미한다. 우리가 기본법 제3조 제1항의 "평등"이 무엇을 의미하는가라는 문제를 "평등"에 관한 철학적 설명에 의하여 규정하려고 한다면 그것은 매우 비법률적인 사고방법일 것이다. 그 경우 우리는 다음과 같은 결과에 이를지도 모른다. 곧 어느 누구도 타인에 대하여 "평등"하지 않고 따라서 이 조항은 의미가 없어서 적용될 수 없다. 또는 불평등은 도외시되어야 한다. 그리고 그렇기 때문에 농부를 위해서 모든 사람은 특정의 지원료를 내야 한다 등등. 법적 개념목록은 그러한 특수한 결과를 그것이 결과 지향적으로 정의하거나 또는 라렌츠 *Larenz*가 이야기하듯이[105] 목적 지향적으로 정의함으로써 피한다. 법적 사고가 개념법학의 모델에 따라 연역적으로 수행되는 한 이미 본 바와 같이 개념체계는 무엇보다도 결과 지향적으로 발전되어야만 할지도 모른다. 법적 어법은 기술적 용어를 사용한다는 말의 뜻은 바로 이것이다. 그러나 기술적 용어의 내부에서 그를 위하여 아리스토텔레스의 문제변증법이 규칙을 제시하는 철학적 설명의 입지는 없다.

따라서 끝으로 법률가를 위해서는 아리스토텔레스의 문제변증법으로부터 다음의 이론을 끌어낼 수밖에 없다. 곧 법률가는 자신의 문제를 해결하는 데도 찬반을 숙고하고[106] 그 때 중요한 관점을 간과해서는 안 된다. 이는 마치 철학자가 그에게 중요한 관점들을 현실화하여야 하고 이를 위하여 아리스토텔레스의 문제변증법이 그에게 도움을 주는 것과 같다. 이는 일반적 지혜이긴 하지만, 그러나 이따금 회상하

---

105) *Methodenlehre*, S. 324.
106) Top. I, 2, 4, 3.

는 것이 아주 도움이 될 수 있는 지혜이다. 그로부터 법적 사고를 위하여 추론될 수 있는 결과에 대해서는 아래의 절에서 다루겠다.

"법적 사고는 문제변증법적이다"라는 명제가 헌법해석방법론을 위하여 무엇을 의미할 수 있는가 하는 문제에 대하여는 따라서 아리스토텔레스의 문제변증법과 관련하여 다음과 같은 세 가지로 요약하여 대답할 수 있다.

① 법적 논거는 연역적으로 입증될 수 없다.
② 법적 논거는 지배적 견해와 확립된 학설에 의존한다.
③ 법적 논거는 그때마다의 찬반을 빠짐없이 숙고하고 어떤 중요한 관점도 소홀히 해서는 안 된다.

이러한 모든 것은 올바르고 합리적이다. 그러한 한에서 "법적 사고는 문제변증법적이다"라는 명제에는 전적으로 동의할 수 있다. 이와 함께 헌법해석방법론을 추구하는 데 진보가 이루어졌다. 그러나 이로써 방법론문제가 결코 해결된 것은 아니다. 문제는 우리가 문제변증법의 역사적 발전에서 더 이상의 것을 인식할 수 있는가 하는 여부이다.

36. 문제변증법(*Aristoteles*)으로서의 이른바 "법적 추론과정"

"문제변증법"을 벗어나는 관점목록을 아리스토텔레스는 그의 「수사학」(Rhetorik)에서 제시하였다.[107] 여기서 중요한 것은 토론에서 동등한 상대방을 굴복시키는 것이 아니라 정신적으로 열등한 대중을 일방적

---

107) *Rhetokrik* II, 23.

으로 설득하는 것이다. 이 경우에도 그 설득이 성공할 수 있으려면 비록 개별적인 경우에 비판적 검토를 받지 않으면 안 되더라도 그 논증구조가 어느 정도는 개연성을 갖고 널리 퍼져있는 견해에서 출발하여야 하며 또 일정한 논리를 갖추고 있어야 한다. 수사학에서 관점의 요소는 이러한 조건을 만족시키는 논증구조의 목록을 사용하고 수사가는 어느 정도 이를 구사할 수 있어야 한다. 아리스토텔레스는 그러한 관점의 목록을 수사가를 위해서 정리하였고 거기서 아리스토텔레스는 약 30개의 관점 - 부분적으로는 논리적인 추론과정을, 부분적으로는 Endoxa를, 또 부분적으로는 범주 - 을 제시하였다. 몇 개의 예를 통해서 우리는 여기서 문제되는 것을 살펴볼 수 있을 것이다.

첫 번째 관점은 '반증'(argumentum e contrario)이다. 아리스토텔레스는 반증에 대한 몇 개의 예를 제시하고 있는데, 특히 다음과 같은 것이 그것이다. 중용은 선이다. 왜냐하면 무절제는 악이기 때문이다. 또 다른 관점은 상호관련성인데, 그 이유는 다음과 같은 것이다. 일방 당사자가 권리와 의무에 따라 행동을 하면 타방 당사자는 그 의무와 권리를 부담하는 것이다. 또 다른 관점은 '물론해석'(argumentum a fortiori)이다. 자기 아버지에게 폭력을 가하는 자는 자기 이웃에게 폭력을 가하는 것이다. 그 밖에 수사학의 관점에 속하는 것으로는 특히 개념규정, 귀납, 사건의 결과, 추론 등이 있다.

이것은 곧 논증유형을 정리하고 목록화 하려는 초기의 시도였다. 그리고 이 절차는 아리스토텔레스가 사고방법에 관한 그의 저서에서 매우 명확하고 정확히 구분을 해 놓았다. 그러나 이러한 수사학적 관점목록의 초보적 형태는 후기관점론의 모범이 되었으며 따라서 독자적인 역사를 형성하게 되었다.

법률가가 특히 주목할 가치가 있는 것은 법적 추론과정으로서 관찰되는 논리적 추론과정이 아리스토텔레스에게는 수사학에서 뿐만 아니라 문제변증법에서도 하나의 관점으로 등장하게 된다는 것이다. 연역적 사고과정에 따른 필연적인 절차라는 생각을 아리스토텔레스가 가졌던 것은 아니다. 오히려 아리스토텔레스는 논리적인 법칙성에 따라서 그 원용 여부가 결정되는 것이 아니고 개별 사안에 따라 수사가 또는 대화자의 그때그때의 관심에 따른 합목적성과 개연성의 결과인 관점으로서 다루었던 것이다. 이는 곧 논리적 추론의 본질과 일치하는 것이다. 왜냐하면 이 이른바 추론과정에서 문제가 되었던 것은 진정한 의미의 추론과정이 아니라 삼단논법을 위한 대전제를 찾는 것이기 때문이다. 물론 그 대전제가 정립된다면 그것은 필연적으로 결론에 이르게 할 것이다. 그러나 그 대전제의 정립 자체가 논리적으로 필연적인 것은 아니다. 예컨대 하나의 사례에서 유추를 선택해야 할 것인가 또는 반증을 선택해야 할 것인가라는 문제에 대한 대답은 그 자체 저절로 나타나는 것이 아니라 논리 외적 관점에 따른 고려를 통해서 이루어지는 것이다.

37. 관점목록과 체계

아리스토텔레스 이후의 문제변증법[108]의 개념과 역사에 관한 문헌

---

108) E. R. Curtius, *Europäische Literatur und lateinische Mittelalter*, 2판, Bern 1954. E. Mertner, Topos und Commonplace, in: *Strena Anglica Festschrift für O. Ritter*, Halle 1956, S 178-224. H. Lausberg *Handbuch der literarischen Rhetorik*, München 1960. Otto Pöggeler, Dichtungstheorie und Toposforschung, Jahrbuch für Asthetik. Bd. V (1960), S. 89-201. L. Oeing-Hanhoff, *Descartes und der Fortschritt der Metaphysik*, Habil. Münster 1962. Karl-Otto Apel, Die Idee der Sprache in der Tradition des Humanismus von Dante bis Vico, Archiv für Begriffsgeschichte, Bd. 8, Bonn 1963. Walter Veit, Toposforschung. Ein Forschungsbericht, Deutsche Vierteljahresschrift

에서 그것이 법적 방법론에 얼마나 유용했는가에 관해서 살펴보려고 할 때 우리는 "관점"(또는 locus)개념에 관한 상이한 두 개의 이해를 구분해야 한다. 한편에서는 관점은 논증이 속하는 유형 또는 범주, 편람에 적혀 있는 표제어, 관점목록의 장 제목이라는 견해가 있는 반면, 다른 한편에서는 관점이 (수사학적) 논증 그 자체라는 견해가 있기 때문이다.

관점을 유형으로 이해하는 것은 아리스토텔레스의 문제변증법으로부터 결정적인 영향을 받은 것이다. 물론 역사적으로 유용했던 것이 철학적 토론연습과 결부된 아리스토텔레스의 대화방법론은 아니었다. 또 문제변증법이 특정의 "추론과정"과 일정한 관련을 갖는다고 하는 생각[109]도 역사적으로는 큰 의미를 갖지는 못했다. 영향을 준 것이 있다면 단지 이러한 상이한 주제에 관해 중요한 논증을 수집하고 유형화하는 사상이었는데, 이는 아리스토텔레스가 그의 제1책에서 제7책까지에서 행한 작업이었다. 그러므로 아리스토텔레스의 관점이란 철학적 토론에서 일반적으로 문제로서 제기되는 논증에 관한 분류관점인 것이다. 이 분류관점이 철학에서 유용했던 것은 사실이지만 그러나 이것은 단지 하나의 대표적인 가능성에 지나지 않는다. 이것은 철학에서는 수정할 수 있는 것이었고 신학과 법학에서는 전혀 다른 관점에 의해서 대체될 수 있는 것이었다.[110] 왜냐하면 문제가 된 것은 그로부터 범주가 귀납되는 범주에 대한 새 시대에 맞는 개념이 아니라(칸트에게

---

für Literaturwissenschaft und Geistesgeschichte 37, 1963, S. 120-163. Kuhn, Zeitschrift für Politik, 1965, S. 101-120.

109) 아리스토텔레스 문제변증법의 서론의 문구는 이러한 오해를 일으키는데, 이는 관점론이 Organon에서 차지하는 위치로부터 아마도 설명이 가능할 것이다. 이에 대하여는 앞의 § 35 참조.

110) 이종(異種)의 문제변증법에 대하여는 Oeing-Hanhoff, 앞의 책, S. 115ff.와 원전을 지시하고 있는 각주 489.

는 이것이 선험적 통각으로부터 이루어졌다), 해석학적 언어에 대한 이해, 선존재의 수집, 정리, 이해에 기반을 둔 전혀 다른 아리스토텔레스적인 이해였기 때문이다.[111] 정언적(定言的) 이해에 따라 관점이 의미하는 것은 예컨대 다음과 같은 것이었다. 일반주제, 어휘, 여러 문장에 적합한 제목설정. 여기서 관점이란 유형화하고 분류하기 위한 기준이다.[112] 문장관련 속에서 "위로"(Trost)란 어휘에 대해서 예컨대 "모든 사람은 죽는다"와 같은 용법을 발견했을 때 정언적 이해에 따르면 "관점"은 이때 "위로"가 되는 것이다.

이러한 모든 관점목록에서 결정적으로 중요한 것은 단지 그것이 논증자로 하여금 사고를 일관되게 진행시킬 수 있는 일정한 도식을 사용할 수 있게 하고 논증자로 하여금 중요한 관점에 이르고 또 중요한 관점의 어느 것도 간과하지 않도록 도와준다는 것이다. 결국 논증이 논리적 필연이 아니면 아닐수록 그리고 논증이 논증자에게 궁리되어야 하면 할수록 따라서 결정적인 순간에 중요한 것을 포착하여야 할 때 문제변증법은 한층 중요한 가치를 갖는다. 따라서 문제변증법은 고대수사학에서는 발명학, 특히 논증발명학의 한 부분이었다.[113] 문제변증법은 그것이 우연을 배제하려고 한다는 의미에서는 기술학의 범주에 속한다. 이것은 마치 맹수의 위치를 파악하는 기술이 사냥기술에 속하는 것과 마찬가지이다.[114] 결국 관점은 이러한 의미에서는 치체로

---

111) Wolfgang Wieland, *Die aristotelische Physik*: Kapp, 앞의 책.

112) Mertner, 앞의 책.

113) 학교에서 전통적으로 가르치는 수사학의 분류는 다음과 같다. ① 발명 (inventio), ② 배열(dispositio), ③ 화술(elocutio), ④ 기억(memoria), ⑤ 발표 (pronunciatio). 이 중 inventio는 다시 다음과 같이 분류된다. a) 서론 (exordium), b) 서술(narratio), c) 논증(argumentatio), d) 결론(peroratio). 판정 또는 장소(loci)에 관한 이론은 특히 argumentatio를 위해 정교하게 발전했다. 그러나 이는 그 밖의 수사방법에 대해서도 적용할 수 있다(Lausberg, 앞의 책, 특히 255-262, 373-399).

의 전통적인 정의에 따라 '논증의 위치'(sedes argumenti),[115] 곧 논증의 근거가 되는 것을 파악하는 것이다.[116] 이러한 상황에 비추어 볼 때 문제변증법이 법학에 유용한 도구가 된다는 것은 거의 자명한 일이다. 곧 문제변증법은 수사학에서 다루어졌으며 법정은 수사학의 가장 중요한 무대가 되었다. 법원에서 문제변증법을 적용하는 데 가장 중요한 것은 화자에게 피고의 부담을 덜기에(또는 경우에 따라서는 부담을 지우기에) 가장 적합한 논증에 이르는 것을 도울 수 있는 도식을 제공한다는 것이다. 최초의, 특히 법정과 관련하여 작성된 문제변증법은 치체로에게서 유래한다(치체로가 그의 친구 법률가인 트레바티우스 *Trebatius*에게 바친 헌사를 참조하라). 쿠빈틸리아누스 *Quintilian*의 수사학에서 법적 관점이론은 모범적으로 완성된 형태를 띠었다. 쿠빈틸리아누스는 '인간에 대한 것'(loci a persona)과 '사물에 대한 것'(loci a re)을 구별하였다. loci a persona에 속하는 것은 예컨대 ① 출신(genus), ② 출생(natio), ③ 고향(patria), ④ 성별(sexus), ⑤ 나이(aetas), ⑥ 교육(educatio et disciplina), ⑦ 신체의 행동(habitus corporis), ⑧ 운명(fortuna), ⑨ 신분의 차이(conditionis etiam distantia), ⑩ 영혼의 본질(animi natura), ⑪ 근면(studia), ⑫ 체면

---

114) Lausberg, 앞의 책, §373.

115) Cicero, *Topica*, 2, 7f.: "그로부터 입증되고 있는 아리스토텔레스의 장소는 이러한 방법으로 언급되고 있기 때문에, 그것을 입증의 장소로 표현하는 것이 허용된다."(Sic enim appeJlatae ab Aristotele sunt eae quae sedes, a quibus argumanta promuntur. ltaque licet definire locum esse argumenti sedem). 또한 Quintilian, Institutio oratoria, 5, 10 20 참조.

116) 철학적·신학적 주장에 대한 논증이 실질적으로 어떻게 획득되는가에 대해서는 Oeing-Hanhoff, 앞의 책, S. 115. 그는 다음과 같은 예를 들고 있다. "신은 단일한가의 여부가 토론의 대상이다. 신은 단일하다는 명제에 대한 논증을 찾을 때 loci에 의존하게 된다. 신의 정의 또는 종류로부터 단일성이 증명될 수 있는가 신이란 무엇인가 하나의 정신적 존재이다. 가분(可分)의 물체와는 달리 정신적인 존재는 단일하다. 단일성은 따라서 신의 본질적인 특성의 하나이다. 신은 정신적인 존재이다. 따라서 … "

(intuendum etiam quid affectet quisque), ⑬ 선관찰(spectantur ante acta dictaque), ⑭ 인격과 성명(persona et nomen)이다. 이러한 목록을 염두에 둔 화자라면 결국 스스로 다음과 같은 질문을 하게 된다. 곧 일정한 관점, 예컨대 피고가 빈곤한 환경에서 출생했으며, 변변한 교육을 받지 못했고 외국인이라는 이유에서 피고에게 경감사유가 적용되는가 하는 것이다. are에 관한 해결 불가능한 일련의 논증을 쿠빈틸리아누스는 다음과 같은 - 불완전한 - 범주에 넣어 놓았다. 근거, 장소, 시간, 종류, 가능성, 경계, 유사성, 관계, 상태의 자리(locus a causa, a loco, a tempore, a modo, a facultate, a finitione, a simili, a comparatione, a circumstantia).[117]

이렇게 문제변증법을 이해하는 경우에 결국 "법적 사고는 문제변증법적이다"라는 명제는 예컨대 다음과 같은 것을 의미하는 것일 것이다. 법적 절차에서 중요성이 있는 논증들은 어떠한 연역적 도식을 수단으로 하여 논리적으로 도출되는 것이 아니다. 오히려 서로 도출할 수 없고 병립하는 개개의 문제들이 존재하며 이로부터는 가능한 한 어떠한 논증도 간과되지 않고 합목적적으로 일정한 순서로 열거될 수 있어야 한다. 따라서 법학자는 중요한 순간에 관련논점을 발견할 수 있어야 하고 가능한 한 중요한 관점을 간과해서는 안 된다. 법학자에게 이러한 능력을 갖추도록 하는 것이 법적 소재를 체계화하려는 모든 시도의 목표가 된다. 미리 체계적으로 구성된 법전화작업을 통해서 법전을 들여다보고 거기에서 관점목록을 찾아내는 작업은 불필요한 것이 된다. 그렇다 하더라도 교과서 또는 주석서에서 예컨대 현행 형법에서 인정된 모든 정당성사유, 면제사유, 책임배제 사유를 정리하는 것은 유용한 일일 것이다. 또 형법학자가 가능한 형벌경감사유를 알고 있는 것은 유용한 일인데, 왜냐하면 이로써 관련 있는 논증을 간과하

---

117) 자세히는 Lausberg, 앞의 책, 377-399.

는 잘못을 범하지 않을 것이기 때문이다. 이러한 정리작업을 우리는 관점목록으로 표현할 수 있을 것이다.

이러한 관점목록과 체계의 관계는 만약 그 체계가 "개방적", 곧 수정 및 보충을 허용하는 것이라면 상반되는 것은 아니다. 오히려 체계는 바로 관점목록으로부터 성립하는 것이며 관점목록은 초보적 체계라고 할 수 있다. 이는 곧 혼란한 소재를 정리하고 일목요연하게 하는 첫 번째 시도인 것이다. 이와 같이 관점개념을 이해하고서 체계로부터 문제변증법으로 복귀할 것을 주장한다면 이는 곧 불가능한 것을 요청하는 것이 된다. 곧 그것은 사상정리를 위한 노력의 원시적인 초기단계로의 복귀를 의미하며 이미 취득된 사고의 명료성을 포기하는 것이 되는 것이다.

물론 법학에서 문제변증법의 옹호자들이 체계사고에 대해서 논란의 여지가 있는 관점을 계속 강조하는 것을 주장하는 것은 아니다. 이들이 목표로 하는 것은 새로운, 체계에서 보이지 않는 논증에 대한 개방성을 획득하는 것이다. 관점에 대한 정언적 이해를 옹호한다는 것은 다음 중 하나를 의미할 것이다. 첫째는 미완성인 관점목록에서 체계화의 시도를 그만두는 것이며, 이를 행할 자는 아무도 없을 것이며 행할 수도 없을 것이다. 둘째는 법소재에 대한 체계화시도를 통해서 새로운, 그러나 아직 정리되지 않은 소재를 정리하려고 시도하는 것이다. 현재에 와서 포괄적으로 법적 관점목록을 만든 예는 미국인 맥도갈과 라스웰에게서 우리가 유일하게 찾아볼 수 있다.[118] 그들이 제시한 것은 형식적 관점이었는데, 이것은 해석과정을 지도하는 것이었지만 법의 해석은 공동체의 정치적 고려에 의해서 결정된다는 적절하지 못한 전제에서 출발하였다. 현대에 와서는 고유한 의미의 법적 관점목록을 개

---

118) 위 § 27 참조.

발하려는 시도는 이루어지지 않았다.

38. 관점과 진실의 발견

관점을 "소재지"와 "윤곽형식"으로서 국부적·정언적인 단어로서 이해하는 외에 "관점"을 일반적으로 사용할 수 있는 논증 그 자체, 곧 어법으로서 이해하는 두 번째 입장이 있고 그리고 있어 왔다. 수사학적 전통이 그 생명력을 잃게 되자 정언적 이해도 그 의미를 상실해 갔으며 어법적 이해가 전면에 나타났다. 이 후자의 의미에서의 수사학적 이해도 관점(=상투어)의 개념에 부정적인 가치판단이 주어지자 - 상투어의 의미에서 -119) 동시에 변화되었다. 고대의 그리고 중세적인 어법적 관점개념은 이러한 부정적인 가치판단을 가지고 있지는 않다. 여기서는 오히려 "일반유형의 사고"(쿠르티우스 *Curtius*),120) 확실한 서론적 그리고 결론적 사고(예컨대 중용의 사고형식), 보편적인 철학적 원칙, 격언에 나타난 진리, 그리고 일반적으로 인정된 유형의 법적 사고가 주장되었다. 아리스토텔레스의 문제변증법에서는 고도의 일반성을 갖는 원칙들이 발견되었다. 예컨대 오래 통용된 선이 단기적인 선보다 더 큰 선이다.121) 관점이란 아리스토텔레스가 원칙을 귀속시킨 장소를 의미하는 것(예컨대 특성, proprium)이 아니라, 원칙 그 자체라

---

119) 이러한 변화와 몰락은 메르트너 *Mertner*(앞의 책, S. 216)에 따르면 천재이론의 영향으로 18세기에 이루어졌는데, 이에 따르면 예술작품의 가치는 독창성의 여부에 따라 결정되었으며 기존의 기술을 사용하는 것은 정신과 재능이 부족한 것으로 평가되었다. 독일에서는 이러한 의미에서 관점개념이 비일란트 *Wieland* 에 의해서 1770년에 처음 사용되었다.

120) 앞의 책, S. 89.

121) Top. 3, 1, 2.

는 이해가 생겨났다. 따라서 이러한 의미에서는 관점의 집합으로서의 문제변증법이라는 것은 "온갖 자료를 모아놓은 잡지"[122], "사고의 저장"인 것이며, 이로부터 적절한 사고가 선택될 수 있다는 것이다.[123]

이러한 의미에서 관점이란 결국 그때그때 적절한 사고에 도달하기 위한 유용한 수단이 된다. 그 사고가 올바른 것인가 하는 것은 문제변증법 자체에서는 대답할 수 없다. 관점을 우리가 성급히 평가하면 의문의 여지가 있거나 충분한 근거 없는 결론에 도달할 수 있다. 그래서 예컨대 보에티우스 *Boethius*는 아리스토텔레스의 관점에서 나오는 원칙 "오래 통용된 선이 단기적인 선보다 더 큰 선이다"라는 원칙을 원용하여 군주정이 집정관제도보다 선한 정치제도라는 논쟁에서 군주정을 옹호하였다.[124] 이러한 논쟁이 물론 문제를 남김없이 토론하기 위해서 충분한 것은 아니다.

그러나 관점은 간접적으로는 가능한 한 많은 관련 있는 논증을 찾아냄으로써 진실발견에 도움을 줄 수 있다. 개개의 원칙들은 상호모순일지도 모른다(예컨대 "유유상종"이란 말이 있는가 하면, "대립되는 것은 서로 통한다"고도 한다). 이것이 구체적인 경우에 진실과 어떠한 관련이 있는가 하는 것은 그 자체로서 결정될 수 있는 것은 아니다. 그러나 문제변증법이 가능한 모든 관점을 찾아내고 이로써 반대의견 또는 찬성의견을 형성하는 데 자료를 제공하는 것을 도와준다는 의미에서는 우리는 결정에 접근할 수가 있는 것이다. 진실발견을 위한 최대의 개연성은 토론과 반대토론이라는 대화과정에 존재하는 것이고 이것은 법적 절차에 제도화되어 있다. 이에 반해 정치적 선전에서는 문제변증법은 단지 설득을 위한 목적에 유용한 논증을 발견하는 것을

---

122) Curtius, 앞의 책, S. 89.

123) Lausberg, 앞의 책, S. 373.

124) Oeing-Hanhoff, 앞의 책, S. 117.

도울 뿐이다. 법정에서는 문제변증법이 그때그때 당사자의 이해에 따라서 이용되는 것이 사실이다.[125] 그러나 여기서는 바로 양 당사자가 사용하는 관점이 상호 모순된다는 것이 진실발견에 도움이 된다. 곧 논증 상호간에 이의가 제기됨으로써 객관적인 심사를 하게 된다. 이 심사를 통해서 동시에 구체적인 문제가 제기될 수 있다. 여기서 문제로 제기되는 것은 어떠한 관련을 갖는 것인가 하는 것이 아니라, 분쟁 당사자 가운데 어느 편이 정당한가, 양 당사자의 진술 가운데 하나가 정당한 것인가, 그렇다면 어느 것이 그것인가 하는 것이다. 문제변증법의 이중적 기능이란 결국 다음과 같은 것이다. 일관된 관점을 찾아내고 이어서 구체적인 문제에 이르게 되며 이것이 곧 진실발견의 기회를 높이는 것이다. 문제변증법이 사고방법으로서 충분한 것은 아니지만 그러나 사고에 유용한 수단이 될 수는 있는 것이다.

그러므로 문제변증법은 다음과 같은 두 가지 전제 조건에서만 진실발견에 도움이 될 수 있다.

첫째, 문제변증법적 논증을 최종적인 것으로 오해하여서는 안 된다. 우리가 토론에 하나의 관점을 제기한다는 것은(예컨대 "기본권의 제3자적 효력", "신뢰보호 사고", "사회국가성", "사물의 본성") 단지 하나의 관점을 지적하고 이것이 존중되고 검토되어야 한다는 것을 의미할 뿐이다. 이로써 진정한 의미의 법적 사고가 행해지는 것이 아니고 단지 하나의 논제가 제기될 뿐인 것이다. 어떠한 사상가보다 더욱 명료하게 토마스 아퀴나스 *Thomas von Aquin*는 문제변증법적 논증의 창출과 그 판단문제, 발견방법(Via inventionis (vel compositionis))과 판단방법(via iudicii (vel resolutionis))을 구분하였다.[126] 관점을 발견한다는 것이 곧 직

---

125) Lausberg, 앞의 책, 373.
126) 토마스 아퀴나스가 기초한 이 구분은 아이작 *J. Isaac*에 의해 정치해졌다. La notion dialectique chez S. Thomas. Revue des Sciences Philos. et Thé ol. XXXIV,

접적으로 학문적인 명료성에 이르는 것은 아니기 때문에[127] 그 발견의 결과에 대한 판단이 요구된다.[128] 결국 관점을 발견하는 것이 불필요해지는 것이 아니고 관점을 발견함으로써 판단을 함에 있어 판단되는 의견이라는 형태로 대상을 제공하는 것이다.[129] 결국 우리는 다음과 같이 이야기할 수 있다. 문제변증법은 의미 있는 가정의 창출에 도움이 된다.

둘째, 문제변증법이 진실의 발견에 봉사하는 기능을 수행할 수 있는 것은 찬성과 반대를 포함하는 사고과정 속에서만, 곧 토론이 이루어지고 공평성에 입각한 비교형량이 이루어질 때 가능한 것이지, 일방적인 설득이어서는 안 된다는 것이다. 이러한 전제가 법적 사고에서 적어도 그 의도에서는 일반적으로 충족되어 있다. 따라서 문제변증법적 수사학을 고려하지 않고 이루어진 유죄판결들은(예컨대 위의 § 30을 보라) 변증법적, 그리고 이것은 결국 법적 문제변증법이 결코 채택하지 않은 것이다. 이러한 의미에서는 보에티우스 *Boethius*[130]가 아리스토텔레스의 예에 따라 완성한 변증법적 발견과 수사학적 발견과의 구분은 의미를 갖는 것이고, 이것은 또 변증법적[131] 방법으로 진실발견을 위해서 노력하는 철학자와 타인을 설득하기 위해서 노력하는 수사학자가 문제변증법에 서로 다른 요구를 하는 결과이기도 하다.[132] 고

1950, S. 481-506. Oeing-Hanhoff, 앞의 책, II. Teil, 2. Kap.: Dialektische Invention und judikative Analyse, S. 82ff.

127) Trin. 6, 1, 1; Post Anal. Prooem., S. 5f. u. m.

128) Post Anal. id.

129) 자세히는 Oeing-Hanhoff, S. 83, 각주 297-302.

130) De Differentiis Topicis(Patrologia Latina. Bd. 64(1860) 1173-1218, 특히 S. 1201.

131) 위의 § 35f. 참조.

132) 수사학적 문제변증법은 라틴어권에서는 특히 치체로에 의해서, 그리고 변증법적 문제변증법은 테미스티우스 *Themistius*에 의해서 완성되었다. 문제변증법은 변론자인 법률가를 위한 것이며 당사자의 이해를 대변하는 것이다. 이에 비해 변

대적 의미에서 대화의 모델이었고 또 그 자체로서 그리스철학[133])의 진원이기도 했던 법적 절차는 문제변증법의 도움을 받을 뿐만 아니라 그것을 수사학적으로 남용하는 위험을 경감시키는 것이기도 하다. 왜냐하면 당사자 사이의 의견교환은 양 당사자에게 유리하게 작용하는 관점을 창출하는 데 도움이 될 뿐만 아니라 그 관점을 사용할 수 있는가에 대한 찬성 또는 반대의견을 형성하는 데 도움이 되기도 하기 때문이다.

39. 논제

법적 방법론으로서의 문제변증법에 대한 지금까지의 고찰에서 우리는 다음과 같은 결론을 이끌어 낼 수 있다.

① "법적 사고는 문제변증법적이다"라는 명제가 말하는 것은 그것을 피할 수 없다는 것이다. 따라서 우리는 그 자체에 대한 찬성 또는 반대의 결정을 할 수는 없고, 단지 그것을 명확히 파악하고 있느냐 그렇지 않느냐에 대한 판단을 내릴 수 있을 뿐이다. 따라서 법적 사고가 문제변증법이어야 하느냐 또는 문제변증법일 수 있느냐 하는 질문은 의미가 없다. 이 질문은 먼저 문제변증법적 논제가 옳은가라는 문제가 규명되고 법적 사고는 문제변증법적일 수는 있지만 그렇다고 해서 필

증법적 문제변증법은 판사 또는 중립적인 참고진술인으로서 활동하는 법률가를 위한 것이다. 따라서 후자의 것만이 방법론과 관련하여 중요성을 갖는다. 그러나 이 양자가 방법론적으로 구분되는 것은 아니고, 사용되는 관점의 종류와 내용에 따라서만 구분된다. 이에 대하여는, Boethius, 위의 책 참조.

133) Günther Bien, Das Theorie-Praxis-Problem und die politische philosophie bei Platon und Aristoteles, in: Philos. Jb. 76(1968/69), S. 264ff.

연적으로 문제변증법적이어야 하는 것은 아니다. 다른 말로 바꿔서 말하면 문제변증법적 방법론은 선택사항이라는 의미에서 결정적으로 부인될 때에만 의미를 갖는다.

② 법적 사고가 필연적으로 문제변증법적인가라는 질문은 쉽게 긍정 또는 부정될 수 있는 것이 아니고 그 개념이 무엇을 뜻하는가가 먼저 설명되어야 한다. 전통적인 이해, 곧 법적 토론에서 문제로서 제기되는 논증 또는 관점을 모으고 정리하는 책으로 된 형태의 관점목록을 찾는다는 것이 결코 주장된 것은 아니었다. **수사학**의 보조수단이었고 그리고 단지 변호사의 변론을 위해서 사용된 치체로 이래의 법적 문제변증법의 주요 흐름도 주장되지는 않았다. 여기서 잘못된 것은 변증법적 문제변증법과 구분되지 않는 수사학적 문제변증법이 지향되었다는 것이다. 마지막으로 고대 또는 중세의 목록에서 우리가 보통 찾아볼 수 있는 그러한 종류의 관점의 사용이 바람직한 것도 아니다.

③ 문제변증법적 사고를 니콜라이 하르트만이 이야기하는 선험적 사고(체계적인 사고와 대립되는)와 동일시하는 것은 오해를 일으킬 소지가 있을 뿐 아니라 합목적적이지도 못하다. 여기서 "체계적 사고"의 특징은 선존하는 체계의 순수성을 유지한다는 목적에서 문제를 유보하는 것이고, 선험적 사고의 특징은 예상할 수 없었던 문제를 설명한다는 목적으로 체계를 수정할 용의가 있다는 것이다. 이러한 의미에서라면 물론 법적 사고는 선험적인 것이다. 그러나 이러한 명제는 시사성이 있을 수 없다. 왜냐하면 문제를 유보한다는 것은 법률가에게는 곧 법적 판단을 거부한다는 것이고, 이것이 법적 구제수단의 결여로 인한 것이라면 기본법 제19조 제4항에 배치되는 것이기도 하기 때문이다. 다른 한편 이것이 법적 흠결로 인한 것이라면 그 법적 흠결의 존재로부터 법적 추론을 행하는 정당성은 오래 전부터 이론의 여지가 없는 것으로 받아들여졌다. 심지어는 "개념법학"에서도 인정되는 것이

어서 개념법학은 개념체계에의 편입을 통해서 법문을 해석하고 보충하려고 하였다. 결국 문제유보 자체가 중요한 것이 아니라 문제**해결**에서 고려되는 관점이 유보된다는 것이 중요한 것이다.

④ "법적 사고는 문제변증법적이다"라는 명제는 이것이 법소재의 이론적 **체계화**시도에 대한 반대라고 이해되어서는 안 된다(이러한 오해는 "문제변증법적" 사고와 "체계적" 사고를 잘못 대립시키는 데에서 생기는 오해이다). "문제변증법"과 "체계"를 대립시키는 것은 역사적인 근거도 없다. 왜냐하면 관점목록은 - 아리스토텔레스에서 시작해서 오늘날까지 - 거의 항상 정도의 차이는 있더라도 미완성체계이었다. "관점"이라는 단어가 가진 본래의 지배적 의미는 "이미 정해진 논증관점"이 아니라 "장소"(곧 목록의 미완성체계에 존재하는 장소)였으며, 여기에서 관점이 발견되어야 한다는 것이었다. 문제변증법적 사고의 논제는 이론적 체계에 반대하는 것이 아니라 체계가 완벽하고 종국적일 수 있다는 선입견에 반대하는 것이다. 오히려 문제변증법적 사고는 "체계개방성", 곧 계속적인 수정, 확대를 수용할 수 있는 개방성을 옹호한다. 그러한 한에서 문제변증법적 사고에 대해서는 오늘날에도 심각하게 이의가 제기되지 않는다.

⑤ 의견이 일치되어 있지 않은 본래의 비판적인 질문은 도대체 무엇에서 이론적 체계를 수정하고 확장하기 위한 관점을 획득할 수 있느냐 하는 것이다. 이에 대한 대답은 실증적으로 주어진(성문이든 불문이든) 법문을 선존하는 해석과 논리법칙과 관련하여 또는 그 밖의 부수적인 원천에서라는 것이다. 우리가 이 가운데서 첫 번째 것을 실증주의적 사고라고 이해한다면 결국 문제변증법은 실증주의에 대한 도전이 된다. 그것도 하나의 요청으로서가 아니라 실증주의는 필연적으로 법현실에 눈을 감는다라는 의미에서이다.

⑥ 다른 한편 모든 반실증주의적 사고가 바로 문제변증법적인 것은

아니다. 특히 문제변증법적 논제가 결코 자연법이론, 또는 가치철학을 신봉하는 것을 뜻하는 것은 아니다. 오히려 이것들을 문제변증법적 사고는 거부한다. 왜냐하면 여기서는 법적 결론이 연역되는 규범이 선존하거나 선존하는 것으로 인식되기 때문이다. 이 밖에 문제변증법적 논제는 모든 가능한 법철학적 사고에 대해서 개방적이고 또 상대주의를 배제하지도 않는다.

⑦ 문제변증법적 논제가 주장하는 것은 단지 법형성의 문제를 공통의 토론을 거쳐서 또는 공통의 토론근거에 입각해서 할 수 있다는 것뿐이다(동일한 문화 또는 가치관념, 지배적인 견해, 상식(sensus communis), 인정된 실질적인 헌법이론 등).

⑧ 문제변증법적 논제를 옹호한 사람들은 이른바 "관점"을 결코 문제해결을 위해서 충분한 것으로 생각하지는 않았다. 관점은 토론을 위한 문제해결의 **제안**일 뿐이다.

⑨ 특히 중요한 것은 고전적 문제변증법을 고찰하면서 우리는 다음과 같은 것을 배울 수 있다는 것이다. 곧 논리학의 창시자인 아리스토텔레스 이후로 이른바 법적 논리의 추론절차는 - 유추, 반증, 강조(a fortiori), 다수에서 소수로(중요한 것에서 덜 중요한 것으로; a majore ad minus) 등 - 단지 관점이라는 것이다. 관점은 삼단논법이 아닌 삼단논법의 대전제로서 적정한 명제이다. 그것은 문제해결을 위한 제안으로서 토론 가능하지만 그것을 사용하는 것이 결코 논리적으로 필연적인 것은 아니다.

⑩ **법적 해석**의 요소 - 예컨대 체계적, 역사적, 목적론적 해석과 같은 - 는 현대의 문제변증법론자에게는 가끔 관점으로 이해되고 있다. 이로써 그들이 주장하고 있는 것은 개별적인 사안에서 문제변증법을 원용할 것인가의 여부는 결코 해석도식에 의해서 미리 결정되는 것이 아니라 다른 토론 가능한 이유로부터 결과되어야 한다는 것이다.

⑪ 그 밖의 관점은 이른바 **"법적 원칙들"**이다. 그리고 이들은 부분적으로는 성문의 원칙들이고(사회국가성, 민주적 기본질서, 인간의 존엄, 자유, 평등 등) 또 부분적으로는 단지 이론적으로 발전된 것들이다(신뢰보호사고, 제3자적 효력, 연방충성의 원칙 및 헌법합치적 해석, 정치문제 등의 절차적 원칙들). 이것들의 특징은 그것이 포섭하기에 적당치 않다는 점이다. 그 이유는 첫째로는 이 원칙들이 불확정개념들이고, 둘째로는 이 원칙들이 부분적으로는 서로 모순되기까지 하기 때문이다. 결국 이 원칙들을 원용할 것인가 여부는 그때그때의 **상황**에 따른 근거를 토론하고 나서 결정되는 것이다.

⑫ 무엇을 근거로 토론에 붙여진 관점을 원용할 것인가의 여부에 관해 결정이 이루어지는가, 이루어질 수 있는가, 그리고 이루어져야 하는가라는 질문에 대하여 문제변증법의 옹호자들은 의식적으로 명료한 대답을 하지 않는다. 그 대신 정의, 이성, 또는 결과적으로는 같은 것을 뜻하는 형평적이고 정의롭게 사고하는 사람들의 의견, 또는 종종 전문가, 합리적으로 사고하는 사람, 또는 시민의 합의가 거론되곤 한다.

그러나 일반적으로 합의는 결여되어 있다. 왜냐하면 헌법적인 문제 또는 헌법절차적인 문제가 생기는 것은 바로 합의의 결여(기본법의 해석에 관한 "다양한 의견 또는 의문" - 기본법 제93조)가 원인이기 때문이다. 그리고 법률가집단이나 사회의 동질성이 결여되어 있다는 것은 일련의 의견의 차이가 무한정으로 존재한다는 것에 대한 설명이 되는 것이다. 이러한 불명확성과 불안정성이 문제변증법에 대한 불신을 일으켰으며 많은 사람들에게는 실증주의이론이 자의적인 해석에 대한 비교적 더 안정된 이론으로 보이게 되었다.

그러나 다른 한편 문제변증법을 채택했다고 해서 토론근거에 대한 합리적인 통찰 그리고 정당한 논증과 정당하지 않은 논증을 구별하는 가능성이 명백히 배제되는 것은 아니다. 일반적으로 이 문제에 대하여는 회의적인 태도가 지배적이기는 하지만, 그렇다고 그것이 그토록 명백하게 부정적인 것은 아니다.

40. 문제들

이 절에서는 문제변증법의 명제가 의미하는 것이 무엇이고 또 어떻게 해야 의미 있게 이해될 수 있는가 그리고 보통 행해지는 비판들이 얼마만큼 오해에 기인하는가 하는 문제들을 명백하게 서술하고자 한다. 그러나 이와 같은 해석의 시도가 제기하는 두 가지 문제점은 종국적으로 결정된 것은 아니다.

① 법적인 사고가 이미 확인된 바와 같은 의미에서 불가피하게 "문제변증법적"이라는 말이 옳은가 아니면 좀 더 엄격한 그리고 법관의 자의에 덜 노출된 법적인 방법이 가능한가?

② 만약 그렇지 않다면 관점을 도입해서 그것을 판단하고 정당화시킬 수 있는 근거를 밝힐 수 있는가 다시 말해서 - 토마스 아퀴나스의 말대로[134] - '문제해결안들'(via inventionis)을 마련한 후에 그것에 대한 판단을(vie iudicii vel resolutionis) 합리적인 방법으로 파악할 수 있는가?

두 번째 질문은 첫 번째 질문이 문제변증법의 명제가 옳다는 의미로 결정될 때에만 중요한 것이 된다. 곧 그 이전에 이 명제를 헌법해석의 다른 구상들과 대비시켜 다른 명제에 대항해서 주장될 수 있는가를 검토해야 한다. 여태까지의 고찰을 돌이켜 볼 때 이 문제를 아래에서 좀 더 규정적인 의미에서 수긍할 수 있을 것이다.

---

134) 위의 § 38, 148 참조.

방법론적 구상의 수는 대강 방법론을 언급하는 필자들만큼이나 많이 존재한다. 그렇기 때문에 각 구상들을 그 근본으로 환원시키는 시도를 유형화하고 고찰하는 것이 허용되어야 한다. 그 유형은 대략 최소한 세 개의 기본 타입으로 나눌 수 있다. 첫째는 해석단계의 목록에 관한 관념이요, 둘째는 체계적인 관념이고, 셋째는 경험적인 관념이다. 물론 그 이상의 유형을 만들 수 있으나 그러나 현안적으로 관심을 끄는 것은 바로 이 세 가지이다. 실무에서 가장 중요한 것은 확실히 첫 번째 관념인 반면 두 번째와 세 번째 이론은 법실무보다는 법해석학과 이론에서 나타나며, 두 번째 이론은 완전히 발전되었고 여러 가지 형태의 것이 있고 세 번째 이론은 단지 착안점으로만 존재한다. 그러므로 첫 번째 이론을 다른 두 이론보다 더욱 상세하게 다루려고 한다.

　이 세 가지 이론에 공통적인 것은 그들이 합리성을 불신하기 때문에 법이성에 관한 논의를 피하려 한다는 점이다. 그들은 법관의 자의라는 위험을 법정책적, 헌법정책적, 목적론적, 가치평가적인 고려들을 배제하거나 아니면 적어도 그러한 고려들이 마지막의 사고단계로서 가능한 한 축소된 범위에서의 '최후해결책'(ultima ratio)으로서 남아있을 때까지 배제하는 방법으로 대비하려고 한다.

　그들이 그러한 일에 성공할 수 있는 경우에만 그들은 문제변증법명제에 대해 자신들의 견해가 옳다고 주장할 수 있을 것이다. 그러나 그들은 실패했고 성공할 수도 없다. 이 점이 분석의 중요한 결과이다. 문제변증법의 명제라는 관점에서 볼 때 그들의 노력은 마치 그들이 문제변증법적인 문제해결안들을 단지 언필칭 논리적 또는 연역적으로 추론된 명제처럼 제시하며 이것을 통해 토론을 피하고 결정적인 근거들을 은폐하는 것으로 보인다. 이에 반해 문제변증법이론은 법적 논리의 추론과정을 포함해서 관점은 항상 단지 문제**해결안**에 불과하며 **문제해결** 자체는 아니다라는 것을 통찰하고 있다. 이 통찰에 따라 우리는 비로소 방법론의 핵심문제에 눈을 뜨게 되는데, 그 핵심문제란 어떤 관점에 의해 그리고 어느 정도의 합리성을 가지고 해결책들의 무류성이 형량되고 논의되었는가 그리고 논의되어야 하는가라는 것이다. 이러한 것이 올바로 이해될 때 문제변증법이론은 그를 비판하는 이론에 대해 비판적이라는 한도에서는 최소한 타당성을 지닌다. 그러나 문제변증법이론은 결정적인 문제는 미해결인 채로 남겨둔다. 아래에서는 이러한 문제들을 다룰 것이다.

제 2 부

법발견에 대한 분석의 시도

제6장

법이성과 법적 해석

제1절 법발견의 단계

41. 구체적 문제제기

　헌법학상의 방법론에서(또한 다른 곳에서도) 생겨나는 수많은 오해의 원인은 착안점과 문제제기에서 무의식적으로 통일성이 결여되어 있기 때문이다. 각자는 스스로가 제기한 문제에 대해 올바른 답을 가지고 있다. 다른 질문을 제기한 다른 사람은 그 질문에 맞지 않는 대답에 대해 이의를 제기한다. 그렇기 때문에 아래에서 다루게 되는 문제에 대해서 가능한 한 오해를 피하는 것이 중요하다.

　① 헌법학자가 어떤 방법을 적용**해야 하는가**, 예컨대 연역적으로 접근하는 것이 바람직한가 아니면 문제변증법적으로 접근하는 것이 바람직한가, 객관적 해석방법을 따라야 하는가, 아니면 주관적 해석방법을 따라야 하는가, 삼단논법적인 포섭에 국한시킬 것인가 아니면 해석

단계의 특정한 목록을 전부 충족시켜야 하나, 목적론적으로 가치를 평가해야 하는가 아니면 그것을 포기하고 법기술적으로 해석해야 하는가 등등의 문제들은 애당초 문제되지 않는다. 다른 한편 그렇다고 단순히 사실적인 것에만 문제가 귀결되는 것도 아니다. 보통 그렇게 하듯이 "규범적인 문제"(법률가는 어떻게 행동해야 하는가)와 "사회학적인 문제"(그는 사실상 어떻게 행동하는가)를 양자택일식으로 대비시키는 것은 문제를 너무 단순화시킨다. 물론 법률가들의 사실적인 사고과정을 묘사하려는 시도가 우선 중요하기는 하다. 그러나 이러한 시도는 항상 사실적인 접근방법을 그와 다른 요구들에 대해 정당화시키는 근거가 무엇인지를 묻는 질문에 의해 유도되어야 한다. 그러나 다른 한편 단순히 우연한 현실을 정당화시키고 이데올로기화시키는 것이 문제되는 것은 아니기 때문에 이러한 근거들의 타당성이 검토되어야 하며 그에 대한 반론에 대하여 그 타당성이 관철되어야 한다. 그렇게 되면 그와 같은 서술은 이와 같은 논의의 기준에 대한 숙고와 실무의 방법을 비판할 수 있는 척도에 관한 질문의 원인이 된다. 그러므로 이런 방식으로는 있어야 할 헌법해석학적인 방법론은 전개될 수 있어도 헌법학적인 강령이나 기존의 방법론, 그리고 형이상학적이고 초월적인 철학의 또는 가치 질서의 강령들로부터 출발하는 대신 - "사물 그 자체에로"라는 구호에 따라 - 실천적 고려들을 토론하는 것을 지향하는 이론은 전개될 수 없다. 그러나 이런 방식을 취함으로써 실천적인 것을 지향하는 이론은 불가능하거나 비합목적적인 것을 요청하는 위험이나 또는 그 밖의 이유에서 현실과 동떨어진 "단순한 이론"에 남아있게 되는 위험을 피하려고 한다.

② 또한 이와 같은 의도 때문에 문제 제기는 *Bonn* 기본법의 지배하에 있는 법적 방법론에 분명하게 한정된다. 헌법학의 방법일반을, 유럽대륙의 법적 방법을 또는 모든 민족과 국가에 타당한 법적 방법 자체

를 제시하려는 공명심은 아마도 매혹적인 위대한 일로 보이고, 그에 비하면 독일의 실무는 한낱 부수적인 문제처럼 보일지도 모른다. 그러나 실제로 그와 같은 시도는 매우 추상적이고 이해관계가 별로 없어서 실패할 것이다. 추상성의 가장 적합한 정도를 넘어서게 되면 모든 단계의 추상화는 곧 현실감의 상실을 의미하며, 그렇게 되면 결국 현실과는 거리가 먼 논리학의 공허한 공식, 순수법학의 단계이론 또는 분석법학의 구조묘사 그리고 선험적인 강령들의 추종할 수 없는 원칙들과 고상한 장난을 하는 수밖에 없게 된다. 오늘날 전 세계에서 그와 같은 장난이 지니는 유혹과 매력은 부인할 수 없다. 그러나 그 대가로 역사와 정치 또는 법적 현실로부터 이탈하게 되었다. 곧 이론과 실무가 서로 무관하게 되었다. 우리의 관심은 바로 이론과 실무를 연결시키는 데 있으므로 전체주의의, 외국의, 중세의, 고대의 그리고 원시적인 다른 제도들의 법적 사고방식은 그들과의 비교연구가 우리의 법실무에 구체적인 도움이 되지 않는 한 고려대상이 되지 않는다. 바로 이런 관심에서 무엇보다도 미국의 헌법해석을 살펴야 한다. 그 이유는 미국의 헌법은 모든 헌법재판체계, 무엇보다도 법관의 기본권적용체계의 모체로서 우리들의 의도에도 특히 유익한 것으로 증명되기 때문이다.

③ 마지막으로 세 번째 관점에서 우리의 문제제기는 구체화되어야 한다. 왜냐하면 헌법에서 실제로 수행되는 법발견의 방법을 묘사하는 것은, 본질적인 것과 유형적인 것을 파악하는 데 주안점을 둔다면, 구체적인 개별사례와 높은 추상성을 다루다 보면 불가능할 수 있기 때문이다. 오히려 그러한 시도는 일반적으로 수행되는 방법을 파악하려고 해야 한다. 변화할 수 있는 폭은 매우 크며, 거의 모든 사실확인에 대해서 이러한 사실확정이 제한적으로 그리고 예외로서 양보되어야만 하는 예를 들 수 있다. 그와 같은 불명확성을 감수하는 것이 결코 무용하지 않다는 것을 미리 강조해 둔다. 왜냐하면 명확성을 추구하는

특정 경향은 일반적으로는 옳다고 할 수 있는 명제를 전혀 학문적인 것으로 인정하려 들지 않기 때문이다. 이러한 경향에 빠진 자는 모든 명제에 대해 하나의 예외를, 때때로 조작적인 그리고 매우 추상적으로만 "생각할 수 있는" 예외를 들이대면서 그 명제를 비판했다고 믿는다. 이와 같은 경향은 추상화경향과 손을 잡는 경향이 있으며 추상화경향과 같이 역사적 현실성의 상실을 의미한다. 이 두 경향은 정치적, 법적 사고에 대한 몰이해에 기인하며 대개는 유토피아적인 혁명정신에서 또는 공적인 생활을 함께 형성해나가는 데 전혀 무관심하기 때문에 생겨난다.

이 모든 세 가지 전제조건은 아리스토텔레스에 의해 시작된 '실천철학'(philosophia practica)에서는 당연한 것이다. 그러나 독일에서는 법이론과 법실무의 거리는 걱정스러울 만큼 오래된 전통을 가지고 있기 때문에 이와 같은 전제들을 다시 상기할 필요가 있다.

42. 법문과 문제점

사람들이 보통 기본법의 "해석"이라고 말하는 것은 헌법에서 법발견을 위해 필요한 전 사고과정의 단지 한 부분에 지나지 않는다. 처음에 존재하고 있는 것은 법문이 아니라(실제의 또는 가상의) 사례이다. 모든 법률가들이 일상적인 일을 숙고하기만 한다면 그것은 아마 자명한 평범한 진리일지 모른다. 그러나 이 자명한 진리를 잊어버리고 따라서 이미 시작부터 현실과 괴리된 이론이 있기 때문에 그러한 이론에 대해 이 진리를 주장하는 것이 불가피하다. 사실상 많은 해석이론은 다음과 같은 생각을 그 저변에 깔고 있다. 해석자는 어떤 법문을 읽고, 그 법문이 다의적이며 흠결이 있다는 것을 인지하고, 그렇다면 법문을 어떻게 이해해야 하는가를 문제 삼고, 해석을 통해 이 질문에 답한다는 생각 말이다. 바로 이런 의미에서 해석은 "학문적인 방법으로 … 법문의 불완전성을 제거하는 정신적인 활동"이라고 정의된다.[1]

이런 생각은 아마도 역사적 문헌을 해석하는 데는 적합할지 모르나 법적 해석에 대해서는 전혀 잘못된 것이다. 왜냐하면 이 정의에서는 법문의 의미를 구체적 법문제와 관련시키지 않고 설명하고 있기 때문이다. 사람들은 법적인 사고과정을 두 단계로 고찰한다. 우선 법문의 의미를 밝히고 나서, 그것을 필요로 하는 사례가 나타나면 해석된 법률을 포섭을 통해서 적용한다. 사실상 사람들이 법문을(실제의 또는 가상의) 구체적인 법문제와 관련시키지 않으면, 곧 법문을 구체적인 법문제를 해결하는 수단으로 다루지 않으면 법문은 해석될 수 없다.[2]

그러나 다른 한편(실제의 또는 가상의) 사례로부터 출발하는 것은 결코 이사이 Isay와 다른 주정주의자들(자유법론자와 법현실주의자)이 생각하는 것처럼 해결책을 먼저 "감정적으로" 찾은 다음 사후에 법률을 빌어 정당화하는 것을 의미하지 않는다.[3] 오히려 이 이론에 대해서는 법문해석과 사례해결 사이의 상호관계를 강조해야 한다. 곧 구체적인 문제와 관련시키지 않으면 법문을 바르게 해석할 수 없지만, 그러나 또한 법문과 관계를 맺지 않고는 문제도 올바르게 해결될 수 없다.

왜냐하면 모든 법적 사고의 기초는 입법자와 헌법제정자의 결정이기 때문이다. 비록 법제정독점이론이 순전히 강령적이고 비현실적이라 하더라도[4] 입법자와 헌법제정자의 특권은 그들이 존재하는 곳에서는

---

1) Keller, S. 44.
2) 이런 의미에서 정확하게는 Heck, AcP 112, 93.
3) 위의 § 15 참조.
4) 로쓰 Alf Ross는 타당하게도 다음과 같이 쓰고 있다. "실증주의의 법적용이론은

어디에서나 인정되었던 원칙이며 그리고 이 원칙을 고수하는 것은 오늘날에도 모든 질서에 없어서는 안 될 전제조건이다.[5] 입법자와 헌법제정자가 결정을 했다면 이 결정은 언제나 구속력이 있다.

법적인 사고는 정통적인 해석이론이 인정하는 것보다 훨씬 더 선존(先存)하는 것과 관련되어 있으며 그것에 의존하고 있다. 곧 법적인 사고는 적어도 실무에서는 선결례를 옹호하는 방향의 추측을 한다. 선결례가 헌법제정자와 입법자의 결정만큼 구속력을 가지는 것은 아니다. 그러나 법적인 사고는 선결례를 근거로 삼으며 선결례와 다른 결정을 내릴 충분한 근거가 없으면 선결례를 고집한다. 이러한 사실을 정통주의자와 주정주의자들이 고려하지 않았다는 사실은 법이론에 치명적인 결과를 가져왔다. 추정컨대 구속적인 선결례를 따라 내려진 결정은 이미 무시할 수 없는 숫자에 이르고 있다. 이러한 점은 법문이 일반적이면 일반적일수록, 따라서 특히 헌법에는 더욱 그렇다. 만약에 단지 기본법과 그 성립사만을 알고 1949년 이래 내려진 중요한 헌법판결을 모른다면 어느 누구도 현행헌법을 안다고 주장할 수는 없다.

정통주의적 해석이론이건 또는 주정주의적인 해석이론이건 간에 이러한 사실을 고려하지 않았다. 주정주의자들은 법적 사고의 "2단계"이론을 단지 어느 정도 전도(轉倒)시켰을 뿐이다. 곧 정통적인 해석이론이 본문의 의미설명과 적용을 구별하는 것과 마찬가지로 주정주의자들은 문제해결과 법문을 통한 정당성문제를 서로 갈라놓을 수 있다고 생각한다. 문제와 선결정의 고유한 상호관계, 곧 법적 사고에 특정적인 법률과 생활사태 사이의 "시선의 왕복"(엥기쉬 *Engisch*)[6]을 이 두 이론

자세히 고찰하면 이론이라고 제시된 정치이다" *Theorie der Rechtsquellen*, S. 181.

5) 위의 §14 참조.

6) *Logische Studien zur Gesetzesanwendung*, S. 14f. 이에 대하여는 Larenz, *Methodenlehre*, S. 203, 221.

은 똑같이 오해하고 있다.

이점은 제도 일반의 의미, 이성과 초당파성의 의미, 법과 정의, 진보와 보수, 성찰과 결정의 의미를 근본적으로 오해한 것과 연관된다. 법해석을 올바로 이해하는 것은 실천철학에 대한 조망을 가능하게 한다. 왜냐하면 법과 법적 사고가 이러한 연관성에서 고찰될 때에만 법해석에 대한 올바른 이해가 가능하기 때문이다.

그러므로 무엇보다도 먼저 법실무의 현실을 파악하는 것이 문제가 된다. 법실무로부터 출발하여야만 사람들이 익숙해져 있는 전래적인 관념들이나 정치적인 강령들이 우리를 잘못된 이론으로 유혹할 수 없을 뿐만 아니라 오히려 거꾸로 사실의 기술(記述)로부터 출발할 때 올바른 이론이 비로소 획득될 수 있다. 그러므로 우선 법발견의 단계들을 잠정적으로나마 조망해서 명백히 할 필요가 있다.

그렇게 될 때 "법문의 불완전성의 제거"로서의 법문해석은 아무런 손상 없이 고립해서 고찰될 수 있는 포괄적인 사고과정의 부분으로 이해될 수 없다는 점이 분명해진다. 오히려 본래의 법문해석은 전후 관련성 없이는 결코 파악될 수 없으며 따라서 해석의 고립은 반드시 잘못된 분석에 이르기 마련이다.[7]

43. 법발견의 단계

① 법적인 사고과정은 생활사태를 언급하는 데 있어서 특정한 사실

---

[7] 정확하게는 Coing, *Die Juristische Auslegungsmethode und die Lehre der allgemeinen Hermeneutik*, S. 35의 페터스 *Hanns Peters* 참조. 법적 해석의 고유성은 Gadamer, *Wahrheit und Methode*, S. 307ff.에서 오해받고 있으며 또한 Betti, *Teoria Generale della Interpretazione*(특히 Bd. II, S. 93f.)에 의하여 흔적마저 사라졌다.

들을 법적으로 아마도 중요한 것으로 고찰하고 강조하는 것으로부터 시작한다. 법의 문외한도 그에게 가해진 침해에 대해 법적으로 처리할 수 있다고 추측하고 이 추측 때문에 법률가에게 문의한다면 우선 첫 발을 내디딘 셈이다. 만약 해당 법률지식이 없는 문외한에게 끊임없이 꼬리를 물고 일어나는 사건들 가운데 특히 어떤 사실이 갑자기 눈에 띄고 그리고 이것에 대해 그가 그것은 아마도 위법 또는 위헌이다라고 자신 있게 말한다면 바로 이런 과정은 베르크봄 *Bergbohm*류의 실증주의자들에게는 전혀 이해될 수 없을 것이다. 그는 이와 같은 개별사실을 보고하면서 암시적으로 이 사실들은 아마도 일반적이고 추상적인 규범의 구성요건을 충족시킨다고 주장하고 있는 것이다. 왜냐하면 비록 그가 문제가 되는 추상적이고 일반적인 요소들을 언급할 수 없거나 정확하게 언급할 수 없다 하더라도 내가 이러한 구체적인 침해를 참아야 하는가라는 질문은 "사람들"이 "바로 그와 같은 것"을 놔두어야 하는가라는 것을 의미하기 때문이다. 그리고 또한 종종 그렇게 표현되기도 한다.

여기에서 두 가지 점을 알 수 있다. 첫째는 '일상적인 이성' (Alltagsvernunft)은 무엇이 옳고 그른지 대개는 안다는 자연적인 신뢰가 그것이요, 둘째는 실정법질서는 일반적으로 옳고 그른 것이 아니다라는 일상적인 이성에 대한 자연적인 신뢰가 그것이다.

이 두 가지의 신뢰가 정당한지의 여부 그리고 어떤 조건에서 정당한지의 문제는 여기서 고찰하지 않겠다. 단지 지적되어야 할 것은 그러한 신뢰는 존재할 뿐만 아니라 법적 절차를 시작하게 만들고 소장을 제출하게 하고 그렇게 함으로써 법적인 판결을 유도한다는 점이다.

② 문의를 받은 법률가의 첫 번째 임무는 아마도 법적으로 중요한 사실들을 생각할 수 있는 여러 가지 추상적 정식으로 옮기는 것이다. 곧 그는 "그런 일을 사람들은 참을 수 없다"라는 생각을 여러 가지 방

법으로 실험을 하듯이 분명히 해 나간다(물론 개별적으로 전개되는 사고단계는 특히 단순하거나 일상적인 일이 문제될 때는 종종 돌발적으로 그리고 상당히 직관적으로 처리된다는 것은 자명하다. 그러나 어렵고 문제가 많은 사안의 경우에 개개 단계들을 설명하기 위해서는 시간이 필요하다). 곧 법률가들은 정확성의 차이는 있어도 여러 가지 문제가 되는 **'규범가설'**(Normhypothesen)을 작성한다. 그 경우에 다음과 같은 변화의 가능성이 생긴다.

   a) 생활사태의 다양한 사실과 사실의 결합들이 중요한 것으로 고찰 대상이 되고 가설적인 구성요건에 의해 표시된다.

   b) 동일한 사실이 서로 다른 추상성을 지닌 개념에 의해 표현된다 (예컨대 생선장수, 소매상인, 도매업자, 상인, 판매자, 계약당사자 등등).

   c) 동일한 구성요건에 대해 상이한 법적 효과가 주어진다(인도, 부작위, 손해배상 등의 청구권 또는 청구권의 부재).

③ 이와 같은 규범가설의 덕택으로 법률가는 비로소 어떤 법규를 들여다보고 어떤 분야의 법률을 찾아야 하는가를 알게 된다. 그는 그가 중요하다고 생각하는 사실을 법이 중요한 것으로 다루고 있는가 하는 질문을 품고 실정 법규를 찾기 시작한다.

사고과정의 두 번째 단계는 이러한 단계와 그것에 이어지는 단계로부터 시간적으로는 명확히 구별되지 않는다. 오히려 법률가는 우선 그에게 명백한 것으로 생각되는 규범가설을 가지고 법률에 접근하며 이러한 규범가설은 만약 그것이 찾아지지 않을 때 변형을 하게 된다. 이렇듯 "다소간 방법론적으로 확정된 실험"(비얼링 *Bierling*)[8]이 문제되며

---

8) *Juristische Prinzipienlehre* IV, S. 47.

이 실험은 법률과 생활사태 사이를 "시선의 왕복"(엥기쉬 *Engisch*)[9]을 통하여 이루어진다.

④ 법률가가 그가 작성한 구성요건에 해당되는 법문을 찾았다면 (그가 생각한 법률효과 또는 그 밖의 법률효과와 함께 - 물론 이것은 문제가 되지 않지만) 그리고 이 법문의 적용가능성이 이 법문을 제한하는 계속적인 판례에 의해 문제가 되지 않는다면 그는 곧바로 포섭할 수 있다.

이것이 실정법체계의 이상적인 경우이고, 포섭실증주의와 법제정권력과 법적용권력을 엄격히 구별하는 법률국가의 헌법모델이 기대할 수 있는 유일한 경우이다. 물론 이러한 일은 실무에서는 자주 발생하지만 원칙이 되지 못하는 단지 극단적인 사례일 뿐이다. 구성요건에서 중요한 법개념이 행정법"각론"의 법률과 명령처럼 구체적이고 특수하면 할수록 그와 같은 문제사례는 더욱 잦아진다. 이러한 법개념이 높은 추상성을 지닌다면 - 예컨대 행정법과 민법 그리고 실체법적인 헌법의 일반적인 법규의 경우처럼 - 특히 법원에 의한 법발전의 여지가 크다.

44. 계속: 선결례와 학설

⑤ 법률가가 자신이 작성한 규범가설에 정확히 상응하지는 않으나 경우에 따라서는 그것들이 규범가설을 포함하도록 해석할 수 있는 유사한 법문이나 일반조항을 발견하게 되는 경우 문제는 실정법질서가 **규범가설**을 포괄하는지 또는 **배제**하는지 여부에로 옮아간다. 이 문제를

---

9) 위의 § 42 참조.

명확하게 하기 위하여 법률가는 우선 주석서나 판례집, 색인집이나 판례목록 또는 특히 해당 최고법원의 **선결례**에 대하여 비슷한 것을 살피게 된다.

이러한 평범한 진리까지도 실무와 거리가 먼 수많은 해석이론은 전적으로 무시하곤 한다. 바로 이 때문에 우리는 법문이 불확정적일 때 논리적, 체계적 등등으로 "해석"을 하기 시작하는 것이 아니라, 우선 선결례가 하나 또는 그 밖의 우리의 규범가설에 접합되는지를 확인하는 법률적인 일상경험을 확정하는 일을 특히 강조하여야 한다. 이와 같은 일이 긍정적인 경우 우리는 선결례를 원용하여 그 이유가 법적으로 견지될 수 있다면 우리의 것으로 삼고 특히 확립된 판례의 경우에는 그것을 요약하거나 단순한 참조의 지시만으로 충분할 것이다.

⑥ 그러나 구성요건에서는 우리의 규범가설에 해당되는 선결례가 법률효과에서는 우리의 규범가설과 상이하다면 우리는 법률의 경우와는 달리 **선결례와 상이한 견해를 취할 수 있다**(곧 판결이유 ratio decidendi를 포기하거나 제한하거나 또는 수정할 수 있다). 그러나 이는 실무에서는 상이한 견해가 정당화되어야 한다는 것, 곧 우리가 훌륭한, 가능성이 많은 이유를 가져야 한다는 것을 전제로 한다. "훌륭한 이유"가 정확하게 무엇인가는 다른 곳에서 상론할 것이다.

단지 이곳에서는 다음과 같은 것을 이야기할 수 있을 뿐이다. (여하튼 유능하고 성공적인) 변호사는 결코 입법자의 의도나 유사한 것을 참조함으로써만 논증하는 것이 아니라, 특히 수많은 가능한 결정과 그 선결례적 효과로부터 생겨날 수도 있을 결과를 진술함으로써도 논증한다. 그가 재판관에게 그가 제안한 판결 이외의 모든 판결이 화가 되리라는 것을 확신시킬 수 있다면, 그는 일반적으로 승소하게 된다.

이와 같은 이유가 결여되어 있다면 실제로는 선결례에 유리한 방향으로 추정이 행해지곤 한다. 대륙법이론은 선결례에 유리한 추정을 원칙적으로 인정하고 있지는 않다. 그러나 실제로는 이러한 추정은 커다란 역할을 하고 있으며 그것도 매우 합리적이고 중요한 이유에서 그러하다. 이에 대해서는 상론될 것이다.

⑦ 선결례가 우리의 규범가설과 일치되지 않는 법문을 구성하기는 하나, 선결례가 다른 한편 동일한 결론에 이를 수도 있는 경우, 그리고 선결례가 그 대신 우리의 규범가설을 판결이유로 만들 수도 있을 경우, 법률가는 바로 그 선결례를 해당되는 것으로 다루도록 제안할 수 있다("그 선결례에서 그 진정한 판결이유는 아직은 인식되어 구성된 것은 아니다"). 결과를 얻어내기 위한 전제는 다시금 이곳에서 이러한 제안이 **정당화**되는 것이다.

⑧ 선결례에 의하여 분명해진 어떠한 법문도 우리의 규범가설과 상응하지 않는다면 우리는 주석서와 교과서에서 학설이 우리의 문제를 받아들이는가 여부를 추적하게 된다(이 때에도 똑같은 다양성의 가능성을 가지고, 그러나 선결례의 경우와 마찬가지로 커다란 비판의 자유를 가지고). 단지 실제로는 명백한 "지배적 학설"에 유리한 추정만이 인정되며, 이는 훌륭한 정당화이유에 의해서만 배제될 수 있다.

⑨ 그리고 난 후에도 문제가 해결되지 않으면 우리는 법률과 선결례와 문헌으로부터 우리의 규범가설에 비교적 가장 비슷한 법문들과 우리가 긍정한 규범제안을 추적하여 구성요건에서의 차이가 법률효과에서의 차이를 정당화하는가 여부의 문제를 설명한다. 이를 설명할 수 있기 위하여 법률가는 법률상 그리고 선결례상 선존하는 여러 규범은 정당화된다는 묵시적 전제나 가정을 하지 않으면 안 된다. 따라서 법률가는 이러한 **전제에서** 자신의 규범가설이 정당화된다고 논증한다. 따라서 문제가 되는 것은, 이는 특히 강조되어야 하는데, 규범가설이 정당화되는가의 여부가 아니라 입법자와 헌법제정자에 의하여 구속적으로(그리고 적용실무에 의하여 추정적으로 구속적인 것으로) 내려진 결

정이 정당화되는가 여부인 것이다. 특히 입법자와 헌법제정자의 우위는 법률국가의 경우 불가피한 전제이며, 이 전제는 아래에서 다시 설명하겠지만, 원칙적으로 또한 존중된다.

⑩ 그러나 도무지 어떠한 법률조문도 규범가설을 내포할 수 있는 것으로 해석될 수 없는 경우에는 법률가는 조문에 "**흠결**"이 있고 따라서 법이, 정확하게 이야기한다면, 규범가설을 포함하는가 여부를 형량할 수 있다. 이러한 목적을 위해서도 규범가설이 정당화된다고 논증하는 것은 충분하지 않다. 여기서도 다시금 규범가설의 포함이 모든 선존하는 법적 결정을 존중하면서 정당화되는가 여부가 문제가 된다.

왜냐하면 "유추"하기 위해서는 규범가설과 실정법문이 "비슷"하다는 것을 확정짓는 것으로 충분하지 않기 때문이다. 오히려 이미 이야기한 바와 같이 **유사성이 중대하다**는 것이 증명되지 않으면 안 된다.[10] 이는 우리가 다음과 같은 것을 보임으로써 증명된다. 유사한 실정법문이 정당화된다는 것을 가정한다면 규범가설에 대한 실정법문의 차이는 상이한 취급을 정당화하지 않고 그와는 정반대로 실정법에 규범가설을 포함시키는 것이 정당화된다. 이곳에서도 우리가 정당화이유를 설명하는 다른 곳에서와 마찬가지로 규범가설이 내포와 배제가 가져오게 될 결과를 상호형량하는 것을 피할 수 없다.

---

10) 이에 대하여는 Arthur Kaufmann, *Analogie und Natur der Sache*, 특히 S. 25-28 참조.

제2절 해석과 결과의 정당화

45. 실정법의 정당화능력

이 요약에서 법발견의 여러 단계가 현실적으로 묘사되었다면 법적 사고는 실정법과 실정법외 합리적 정당화능력의 내적 연관을 묵시적으로 전제하고 인정하고 있다는 것이 명백하다. 일반인은 실정법이 자신을 불법으로부터 도와준다고 믿고, 법률가는 바로 이러한 가정에서 규범가설을 정립함으로써 실정법에 방향을 맞추고, 자신의 결정에 대한 제안을 정당화시키도록 노력함으로써 논증한다. 정당화된 결정일 수도 있을 대부분 어려운 문제와 관련하여 입법자와 헌법제정자의 결정은 구속력을 가지며 선결례는 최소한 가정적이나마 구속력을 가진다. 그러한 한에서 문제에 대한 설명은 생략되고 논증책임은 분배된다. 그러나 항상 정당화사유를 통해서만 대답될 수 있는 법적 문제가 아직도 남아있는지 여부에 대해서는 결정되지 않으면 안 된다.

따라서 사고과정의 처음과 끝에는 정당화의 문제가 있게 되며, 실정법에 대한 관계는 전체 정당화의 문제에 포함된다. 그러나 모든 입법자의 결정은 정당화된 판결에 대한 반대의견과 찬성의견에 우선하며 무조건 구속력을 가진다. 그러나 결정과 의견에서 어쩔 수 없는 모순에 처해지는 사례에서도 시도가 정당화문제에서 시작되는 경우에만 결정을 찾을 수 있다.

현대적 의식에서부터 특히 다음과 같은 세 가지 철학적 주장이 이러한 법과 정의의 관련을 배제하였다.

첫째, 정당화나 정의에 대하여 어떤 반대도 생각할 수 없을 만큼 분명할 수도 있는 언표를 구성할 수 없다.

둘째, 법과 정의의 관련은 결코 필연적인 것이 아니며 오히려 명백한 불법이 실정법의 내용이 될 수 있다.

셋째, 우리의 법률적 법질서는 전적으로 정당화되는 것이 아니며 이익단체, 계급편견과 동일한 것 그리고 온갖 모순에 의하여 부패하고 오래 전에 구식이 되고 시대에 맞지 않는 법이 관철되었다.

동시에 모든 세 가지 주장이 자명하게도 전적으로 정당하다는 것을 미리 강조할 수 있다. 역사가 과거시대의 법형태와 정의관을 친근한 것으로 만들고 인종학이 멀리 떨어진 민족들의 법형태와 정의관을 친근한 것으로 만든 우리의 시대, 그리고 "정의의 이념"을 분명히 조소하고 아주 잔인하게 냉소적이고 우둔한 목적합리주의에 희생시킨 독재국가들의 시대, 그러나 이러한 모든 것이 아직도 개인적 경험에 속하고 있는 시대에는 이러한 의미에서 정의에 대한 모든 언표가 상대적이라는 데 대하여 더 이상 합리적인 토론이 있을 수 없다. 어떠한 이유에서 또한 기본법이라는 조건에서도 법정책적 논증의 합리성이 침해당해야 하는가라는 문제에 대해서는 아래에서(§ 50) 더욱 상세하게 논할 것이다.

그러나 이러한 자인을 하더라도 법과 정의의 관련을 통찰하는 것이 결코 배제되지 않는다는 것을 강조해야만 한다. 다만 문제가 되는 것은 다음과 같은 기초에서부터 상이한 문제들이 엄격히 구별된다는 것이다.

① 한편으로는 독일의 현대 법체계내부에서 정당화논증이 일반적으로 원칙으로 인정되는가 여부의 문제, 다른 한편으로는 개별적인 경우에 정당화논증이 합리적으로 논박될 수 없는가 여부의

문제.

② 한편으로는 법과 그 정당화능력이 연관이 있는가의 문제, 다른 한편으로는 이러한 연관이 필연적으로 존재하는가 여부의 문제.

아래에서 주장되는 것은 정당화논증의 논박불가능성도 또한 법과 그 정당화능력 사이의 필연적 관련도 아니다. 단지 다음과 같은 것이 주장될 뿐이다.

① 현재의 실정법의 거의 모든 개별적 경우에 대하여 정의의 관점에서 뿐만 아니라 이 말이 보통 현재독일의 언어사용례에서 이해되는 바에 따라(비록 언제나 올바른 것은 아니라 하더라도) 합리적으로 받아들일 수 있는 정당화사유가 존재한다.

② 법과 정당화능력 사이의 이러한 관련은 "필연적인" 것이 아니라, 단지 사실상 성립하여 있는 것일 뿐이다.

③ 이러한 관련은 결코 예외 없이 성립되어 있는 것은 아니며, 단지 "대체적"으로만 성립되어 있다.

④ 입법자가 법의 정의를 성실하게 의도하는 것이 아니라 의도가 단지 요구된다는 일이 종종 발생한다.

통상적인 법철학적 문제에 대한 이와 같은 4중의 양보는 물론 법이론의 현저한 단념을 의미한다. 무조건성, 의심의 여지없는 확실성, (시간적) 영구성, 명료성, 최종적 형이상학적 진리성에 대한 요청은 포기되었다. 그러나 이러한 단념에도 주목할 만한 승리가 있다. 곧 이러한 단념은 이론으로 하여금 다시금 법적 현실로 가는 통로를 열어놓고, 이론과 실무 사이의 벌어진 틈을 가교하고 이론을 다시금 실무에 관련짓도록 하는 가능성을 내포한다.

46. 해석을 위한 실천적 의미

따라서 실정법과 법이성 사이의 관련은 법률과 헌법조문으로부터 결과되는 판결이 해석자의 정의에 대한 관념에 따라 수정되어도 된다는 데 있지 않다. 마찬가지로 이러한 관련은 분리된 해석의 최종단계로서 "목적론적" 해석이 인정될 수도 있고 이러한 관련에서 결과의 정의가 고려될 수도 있다는 것에 있지도 않다. 이러한 관련 때문에 궁극적으로 또한 해석의 각 단계가 결과사고에 의하여 위조될 수도 있다는 결론이 도출되지도 않는다. 이러한 모든 것은 단순한 이론에 지나지 않을 것이다.

실정법과 법이성 사이에 관련이 존재한다는 것이 가지는 실천적 의미는 법조문이 이성과 불편부당성(옳든 그르든)하에 놓여지는 경우에만 정당하게 해석된다는 데 있다. 그러한 경우에만 이러한 관련은 그 의미를 가지며 어느 정도까지 확장, 제한 또는 수정적 의미가 적합한가를 분명히 한다. 이러한 관련은 많은 법이론에게는 매우 생소한 것으로 생각되지만 실무에게는 자명한 것이다. 실제 법학교육용 교과서들은 이러한 관련을 이야기하고 있을 뿐만 아니라 그것을 의식하게 만들었다.

예컨대 자텔마허 *Sattelmacher*[11])는 다음을 강조하고 있다.

"우리는 법적 고찰의 결과를 실천이성과 건전한 법감정의 시금석에 따라 다시 검토하지 않으면 안 된다. 그러나 이러한 재검토는 결정에 대한 제안을 궁극적으로 확정할 때 비로소 숙고의 전체결과를 비판하듯이 행해져서는 안 된다. 개별적인 숙고에서의 잘못은 전체

---

11) *Bericht, Gutachten und Urteil*, S. 117.

적인 그 이후의 결과에 해를 가져올 수 있기 때문에 결과가 정당한 가라는 문제는 오히려 일보일보 결과를 준비하는 자와 함께 있어야만 한다."

그는 다음과 같은 결론을 내리고 있다.

"발견된 판결은 그것이 법률과 또한 형평에 상응하기 때문에 올바른 것이다. 이것은 마치 법률의 의미와 목적이 올바르고 납득할 만하게 평가되고 사회적 그리고 윤리적 균형을 창출한다는 이해관계에서 해석되고 주어진 사례에 적용되어야 하는 것과 같다."[12]

그러므로 모든 개념해석, 모든 확장과 제한, 모든 유추와 모든 예외는, 시보들에게 그렇게 가르치는 것과 같이, 그 결과가 어떨 것인가 우리는 이러한 결과를 인정할 수 있는가라는 문제 하에 있다. 그러나 자텔마허는 동시에 다음과 같은 이야기를 더하고 있다.

"그러나 전문가의 소견서에는 이러한 자신에 대한 통제가 보통 더이상 나타나서는 안 된다"[13]

자신에 대한 통제는 사전준비적 사고작용에 속한다. 전문가의 소견서에는 - 그리고 물론 판결에서도 - 그것은 가능한 한 더 이상 표현되어서는 안 된다. 따라서 아주 의식적으로 법적 결론은 마치 순수연역법이나 또는 논리적, 체계적 해석 등등의 결론인 것처럼 행해진다. 그러나 법률가가 자기 자신의 행위를 이론적으로 고찰하게 되면 바로

---

12) 앞의 책, S. 118.
13) 앞의 책, S. 117.

그는 고의로 현실을 도외시하려고 하는 데에 아연하게 되거나 스스로 그러한 것을 시도하고 있다고 느끼게 된다.

이는 아마도 법률가에게 불충분한 이론(그 결과 해석에서 결과의 고찰이 될 수 없거나 그렇게 되어야 할 이론) - 그의 해석을 일차적으로 규정해온 논거를 전문가의 의견서와 판결에서 언급하지 않도록 하는 동종의 이론 - 을 명심케 하는 소박한 양심에서 설명될 수 있다. 그와 동시에 소박한 양심을 가질 어떤 이유도 없다. 왜냐하면 첫째로, 우리는 대안적인 가능성 사이에서 불확실성을 결단을 통하여 종결짓지 않고는 법률과 또한 헌법을 일반적으로 해석할 수 없기 때문이다. 곧 결단을 금지하는 이론은 따라서 불가능한 것을 요구하고 있으며 그러한 한에서 비현실적인, 공허한 요청을 포함하고 있다. 둘째로, 해석자는 결단을 편파적 이해관계와 세상과 동떨어진 독단의 어느 것도 지향하지 않고 불편부당의 이성 - 곧 정의 - 을 지향하도록 노력함으로써 고대로부터 법관직업에 속하고 법관을 추론자동기계로 실추시키려는 노력에도 불구하고 오늘날까지도 국민의 의식 속에서 구속력 있는 것으로 이해되고 있고 요구되고 있는 윤리를 충족시킨다. 그리고 셋째로, 경우에 따라서는 결정적 고려에 대하여 침묵하는 것이 실용주의적으로 정당화되기까지 한다. 곧 경우에 따라서는 이러한 침묵은 판결의 평화효과를 높인다. 한편으로는 결정을 무사공평하고 합리적으로 그러나 다른 한편으로는 법률로부터 외견상 순수하게 연역적으로 끌어낼 수 있다면, 법원은 법률을 모든 이에게 곧 정의로운 결정을 원하는 자에게 뿐만 아니라 또한 적법한 결정을 원하는 자에게도 정당하게 행사한 것이다.

따라서 실무를 고찰하면 우리는 정의와 실정법을 이론적으로 분리하는 것은 우리가 기본법의 지배 하에서 전제할 수 있는 바와 같은 국내정치적 평시상태에서는 단순한 독단이라는 것을 배우게 된다. 이러한 독단은 계급투쟁으로 분열된 사회 또는 "국가"와 "사회"가 적대시하여 망보고 굴복시키려고 노력하는 과도기에는 납득될 수 있고(비록 전투상황에서 사람들이 공통으로 인정되는 법의 커다란 영역을 안중에 두지 않은 결과 나타나듯이 결코 전적으로 정당화되지는 않는다 하더라도) 어느 정도까지는 정당하기까지도 하다. 이러한 독단은 헌법의 정당성이 문제시되지 않고 그렇기 때문에 국내정치적 투쟁이 극복되지는 않으나 조정되고 제어되는 정상적인 사회에서는 한계적 상황에만 타당하다. 그럼에도 불구하고 우리가 그러한 독단을 고수한다면 그 결과는 현실과는 거리가 먼 독단주의이다. 실제의 법률가로서 우리는 실정법의 정의를 전제하고 그에 따라 실정법을 해석하기는 하지만, 그러나 동시에 독단을 옹호하고 그 결과 우리가 늘상하는 것이 거의 가능한 것이 될 수 없게 한 아투어 카우프만 *Arthur Kaufmann*은 이러한 사실을 다음과 같이 웅변적으로 묘사하였다.

> "따라서 도처에서 다음과 같은 사실을 관찰할 수 있다. 자연법의 비판자들은 그들이 법독단주의자로서 사물 자체를 파악하는 순간에 그 자신의 회의적 반대에 더 이상 감명 받지 않고 냉담하게 법에 대하여(결코 법률에 대하여가 아니라) 확언한다. 그리고 비록 그러한 올바르고 진리라고 하는 그러한 확언에 대하여 (정확한) 증거를 제시할 수 없다고 하더라도 그들은 이러한 확언을 올바르고 진리인 것으로 치부한다."14)

---

14) Zur rechtsphilosophischen Situation der Gegenwart: JZ 1963, 137, 140. 물론 역사에서 자연법론의 경우 사정은 다르지 않았다. 자연법론도 독단주의적으로 굳어졌고 현실과의 관련을 상실하였으며 바로 그 때문에 비난을 받았다. 현재 독단에 대한 독단, 자연법이론에 대한 실증주의의 투쟁의 결과는 법철학의 영원한 반추로서, 이전에 정립된 견해에 대한 대화불능의 자부심으로서, 성과 없고 실제적으로 무의미하며 무료한 것으로 생각되게 되었다. 사람들은 해석이론을 포

47. 문헌에 나타난 결과중심의 판단

이 이론에서 실정법과 정당화가능성의 관련성, 그리고 법문해석과 결과의 판단에 대한 고려의 관련성이 결코 배제되어 있는 것은 아니다. 그러나 그 관련성의 의미가 본질적인 문제를 구명할 정도로까지 다루어지지는 않았다. 아래에서는 그 의미를 해석하려는 여러 가지 시도에 대해서 간단히 살펴보겠다.

첫째, 자유법학파와 미국의 "법현실주의"의 일부에서는 모든 법적 해석을 매우 극단적으로 겉으로만 합리적인 것으로 설명하였다. 사실상 모든 법적 사고는 법"감정"에 의해서 결정된다는 것이다. 곧 모든 법적 사고가 목표로 하는 것은 그때그때 올바른 것으로 간주되는 결론에 이르는 것이며 법적 사고는 이러한 사실을 이른바 연역이론으로써 은폐한다는 것이다.

둘째, 법적 사고의 문제변증법적 구조가 대변하는 명제의 출발점은 법률가가 사안의 올바른 해결을 추구한다는 것이다. 이것이 위에서 든 첫 번째 방향과 구별이 되는 것은 단지 그것이 주관적으로 "법감정"에 호소하는 데 만족하지 않고, 문제변증법에서 논증의 방법과 함께 간주관적(間主觀的) 의사소통을 발견했다는 것이다. 이 두 개의 방향에 대

함하는 법이론이 법철학과는 전혀 무관하며 법철학을 방치한다고 생각하는 듯하다. 이러한 숙명적인 오류는 우선 18세기에 독단적 자연법론에 대한 일시적인 감정의 결과로서 등장하였고 그 이후에는 소위 역사법학파에 의하여 만연되었으며 오늘날까지 확고부동한 것이라고 생각된다(예컨대 Savigny, *Juristische Methodenlehre*. S. 50 참조). 그러나 현실적으로는 법이론과 법철학의 분리는 현실을 파악하는 대신에 양자가 현실로부터 분리되어 실제와는 거리가 먼 순수한 이론으로 되었다는 데 대한 간접증거이다(또한 Th. Viehweg, Über den Zusammenhang von Rechtsphilosophie, Rechtstheorie und Rechtsdogmatik, in: *Festschrift für Legazy Lacambra*, 1960, Bd. 1, S. 203ff. 참조).

하여는 그 본질이 이미 위에서 지적되었다. 주정주의는 부분적 측면을 절대화하고 따라서 옳지 않다. 결국 문제변증법적 논제는 그것이 옳다고 하는 식으로 해석될 수 있다. 그러나 그것은 모든 법적 사고과정을 완벽하게 설명하는 데에는 불충분하다.

셋째, 해석단계의 목록을 출발점으로 하는 이론은 결과중심의 판단이 해석에 영향을 미친다는 것을 다음과 같은 것에서 찾으려고 한다. 곧 결과중심의 판단이 마지막 단계로서 결과를 중심으로 해서 볼 때 특별한 가치가 부여된다는 것이다. 결국 이 이론에 따르면 우리는 법문을 먼저 논리적, 체계적 등등으로 해석하지만 마지막에 가서는 거기서 얻어진 결론을 가치판단적 사고과정을 통해서 입증하거나 교정한다는 것이다. 부분적으로 이러한 사고과정은 "목적론적" 해석에 속하는 것으로 지칭되기도 하고,[15] 또 부분적으로는 "목적론적 해석"은 또 다른 문제(법률의 목적, 법률의 이유, 입법자의 이해평가, 법률의 의도 또는 정신 등)를 통하여 특징지어지기도 한다. 그렇다면 결국 결과가치에 대한 고려가 통상 제기되는 질문[16]으로서든 또는 예외[17]로서든 부수적인 사고과정으로서 제기된다는 것이다. 이때 항상 전제되는 것은 가치판단이 없다 하더라도 선행하는 사고과정을 통해서 어떠한 결과가 발견될 수 있으리라는 것이다. 다만 이 결과는 경우에 따라서는 정당하지도 않고, 따라서 일정한 제한된 조건에서만 교정될 수 있는 것이다. 그렇다면 이 사고유형을 통해서 이상적인 해석단계에 근거를 둔[18] 객관성에 대한 주장이 아직 침해되었다고 볼 수는 없는 것이다.

---

15) 예컨대 Engish, *Einführung in das justiische Denken*, 3. Aufl S. 77.

16) 예컨대 Enneceerus-Nipperdey, S. 334f.

17) 예컨대 Reinicke, NJW 1952, 1153, 1156f.: NJW 55, 1662, 1666 : JuS 1964, 421, 427. 문헌소개는, Keller, 앞의 책, S. 117ff.; K. Stern, 앞의 책, S. 218ff.; 맥도갈과 라스웰의 미국식 체계에서도 "최후의 단계"로서 가치 판단(policing)에 의한 결과의 교정이 고찰의 대상이 되어 있다. 위 § 27 참조.

곧 그러한 목록의 형성도 또 적용도 결과에 대한 판단을 계속해서 고려하지 않고는 가능하지 않은 것이다. 그것이 가능하다고 하는 가정은 다음과 같은 이유에서만 견지될 수 있을 것이다. 곧 사용되는 개념이 다양하기 때문에 또 그 개념이 불명확하기 때문에 해석이론이 정연하지 못하고 또 결정적인 것도 아니기 때문에 실천적인 해석자에게 우리가 방법론적 설명을 요구할 수도 없고, 그 설명이 이루어질 수도 없다는 것이다.

넷째, 이른바 "객관적 법률해석방법론"은 "객관적 의미", 이른바 "법률의 의사", 곧 "합리적인 해석자"가 법문에서 법률의 의미를 파악하려는 것이다.[19] 따라서 "객관적인 방법론"은 법률가가 선존하는 것으로부터 결과에 대한 판단을 고려하지 않고 객관적인 연역을 통해서 명료한 결과에 이를 수 있다고 주장하는 이론의 허구성과 자기기만성으로부터의 탈출구가 되는 셈이다. 곧 법이성이 다시 전면에 나타나게 된다. 일반적으로 표현되듯 이러한 방법을 통해서 법을 적용하는 법률가가 입법자 또는 헌법제정자의 결단을 간과하거나 의식적으로 무시하며 이로써 법제정우선권을 경시하고 동시에 이를 은폐하는 위험에 빠지게 된다. 이에 대해 이러한 방법과 반대되는 역사적 방법론은 법률에 대한 충성과 진정한 입법이유를 밝힐 가능성을 더 많이 가지고 있다. 이에 대하여는 나중에 언급할 것이다.

다섯째, "주관적 이론"은 급진적이고 그리고 절대주의에서 이해되는 바에 따르면 법률조문은 (경험적으로 이해되는) "입법자의 의사"에서 해석되어야 한다는 것인데, 이것은 이미 헤크 *Heck*에 의해서 극복되었

---

18) 위 제3장 제2절 참조.

19) 객관적 방법론에 대하여는, Larenz, *Methodenlehre*, S. 30ff, 237ff.; Engisch, *Einführung*, S. 89ff. Keller, 앞의 책, S. 149ff. 이에 대한 대표적인 비판으로는, Heck, AcP 112, 1ff., 특히 67ff., 250ff.

다. 오늘날에는 오히려 "규범적" 의사가 거론되는데, 이는 특히 "합리적인 입법자의 의사[20]를 연구함으로써 밝혀진다는 것이다. 이로써 "주관주의자"와 "객관주의자"는 거의 반쯤은 가까워진 셈이다. 극단적으로 말해서 차이가 있다면 그것은 다만 객관주의자에게 입법자의 의사는 반박의 여지가 없는 반면에, 주관주의자에게는 이것이 반증 가능하다는 것이다. 주관주의자들의 충실한 역사적 방법에 따르면 불합리한 결과에 이를 수 있기는 하겠지만 경우에 따라서는 그것이 주관주의에서도 오늘날 지배적인 3단계이론의 마지막 단계에 가서는 교정이 가능하다.[21] 따라서 대부분의 경우 방법론의 차이가 결과에 영향을 미치는 것은 아니다. 주관주의자들도 결과중심의 판단이 해석에 영향을 미친다는 것을 인정하고 있다.

여섯째, 자주 다단계의 해석방법(논리적, 체계적, 역사적 단계 등)이 견지된다. 그러나 이 때 동시에 보충적 해석순서의 이념이 포기된다. 이 때 개별 해석요소는 동시에 병립하고 그 해석요소들은 서로 모순되는 결과를 낳을 수 있기 때문에 해석자는 이 원칙들을 조화시키고, 공동작용할 수 있게 하여야 한다. 이 점은 예컨대 코잉 *Coing*의 다음과 같은 견해에 잘 나타나 있다. 곧 그는 결과중심판단이 자리를 잡을 수 있는 여지는 "해석관점의 비교형량"에 있다고 한다.[22]

결국 문헌에서 일반적으로 우리는 일정한 현실주의적 경향을 찾아

---

20) M. Rümelin, Schweiz, ZGB S. 31ff.; Heck, AcP 112, 53ff.: Reinicke, NJW 1952, 1037. 여기에는 관련 연방최고법원의 판결이 언급되어 있다.

21) 제1단계: 역사적인 입법자의 의사확인, 제2단계: 입법자의 초기사고와 판단실수를 고려하고 초기흠결을 보충하는 단계, 제3단계: 현대적 법관계에의 적응. 이에 대하여는 헤크의 위에 든 책 외에도, Bender, JZ 57, 593: Reinicke, NJW 51, 681; 52, 1153; 55, 1380, 1662; MDR 57, 193; Liver, *Wille des Gesetzes*, S. 28f.; Erik Wolf, AöR NF 41, 489: Siebert, *Methode*, S. 45; Leisner, DöV 61, 642.

22) 앞의 책. S. 23.

볼 수 있다. 결과중심의 판단, 법이성 또는 어떻게 부르든 간에 법적 사고의 "자연법적 요소를 끝까지 추구하여" 밝혀낼 수 있다는 실증주의의 의제는 여기서는 포기된다. 그러나 이로써 곧 불안정성이 야기된다. 왜냐하면 결과중심의 판단은 항상 주관적 자의를 포함하고, 기본적으로 이는 법률가가 법을 정립하는 정치가의 영역을 침범하는 것이라는 생각이 아직도 지배적이기 때문이다. 따라서 현대의 해석이론은 일반적으로 두 가지 노력을 경주하고 있다. 한편으로는 결과중심의 판단이 불가피하다는 것을 가능한 한 필요한 것으로 인정하면서, 다른 한편으로는 결과중심의 판단의 필연성을 가능한 한 배제하려고 한다. 오늘날 이론의 다양성은 주로 이 두 방향의 노력을 어떻게 한계지우고 조화시킬 것인가 하는 문제를 둘러싸고 생성되고 있다.

이와 관련하여 코잉의 언급이 주목할 만하다. 그는 한편으로는 실증주의의 허구를 매우 명확히 관찰하고 다음과 같이 서술하고 있다.

"결국 결정적인 것은 합리적인 결정이다."[23]

그는 이 합리적인 결정을 정의로운 결정과 동일시하고 다음과 같이 언급하고 있다.

"결국 법질서 자체는 하나의 '시녀'(ancilla)이고, 사회현실에서 고도의 사물관련성을 실현시키려는 것이므로 저자의 견해에 따르면 법적 해석도 하나의 시녀이고, 이는 실정법질서를 수단으로 고도의 사물질서를 실현시키는 데에 봉사하는 것이다."

---

23) 앞의 책, S. 47.

그러나 다른 한편으로 그가 이러한 관찰로 만족한 것은 아니다. 왜냐하면 결과중심의 판단이 해석에 영향을 미치는 것을 그는 "주관적 동기"라고 파악했으며, 따라서 그가 강조한 것은 "가능한 한 이 주관적 동기를 배제"하여야 한다는 것이었다.[24]

이로써 이른바 "주관적 동기"에 의해서 사실상 정의의 시녀인 법질서의 본질적인 의미가 파악된다는 생각은 다시 멀어졌다. 코잉에 따르면 법해석의 목표는 "법문을 이해하고 그 뜻과 정신적 의미를 파악"하는 것이다. 이에는 동감할 수 있다. 그러나 법질서가 "정의의 시녀"라면 법문의 이해란 바로 그 의미에 대한 이해를 뜻하고 해석이란 코잉이 적절히 지적했듯이 "실정법질서를 수단으로 하여" 정의에 봉사하는 것이 된다. 이러한 생각을 매우 진지하게 받아들이면 "목적론적 요소"를 "주관주의적인 것으로 배척"하는 것이 문제가 아니고, 중요한 것은 "목적론적 요소"로부터 주관주의적 요소를 배제하고 지성적으로 지배하여 이를 적용하는 것이 된다. 결국 다른 말로 바꾸어 말하면 중요한 것은 목적론적 요소를 전체적으로 파악하고 이를 합리적으로 이해하며 실정법적용의 과정에 이를 올바로 사용하는 것이다.

페터스 *Hans Peters*는 코잉과의 토론에서 이러한 사고를 다음과 같이 표현했다. (일반 인문과학적) 해석은 존재를 파악하려는 반면, (법적) 해석은 당위를 발견하려는 노력이다.[25] 이는 물론 조금 과장된 대립법이다. 법질서의 의미가 정의에 봉사하는 것이라면 무엇이 법적인가의 의미와 무엇이 법적이어야 하는가의 의미는 적어도 그 경향에서는 동일하여야 한다. 기본법제정자의 과제는 바로 이러한 법적 당위를 실정법화하고 따라서 결국 존재와 당위를 조화시키는 데에 있었다. 따라서 법해석자는 무엇이 합리적이고 정의로운가의 문제를 완전히 도외시하

---

24) 앞의 책, S. 46.
25) Coing, 앞의 책, S. 35, 37.

고는 무엇이 헌법"인가"의 문제를 결코 이해할 수 없다. 코잉이 말하는 정의의 시녀를 이해하지 않고는 우리는 기본법조문의 의미를 파악할 수 없다.

제7장

법적 결정

제1절 법정책적 결정과 헌법정책적 결정

48. 법정책적 결정과 헌법정책적 논증의 구조

우리가 정당화원칙을 파악하려면 먼저 정당화논증의 실제를 파악하기 위한 시도가 방법론적 출발점이 되어야 하는 것은 당연하다. 이때 우리는 우선 법정책적 논증에 주목하는 것이 합목적적이다. 왜냐하면 법정책적 논증은 법적 논증보다는 자유로운, 곧 구속력이 덜한 결단에 따라 행해지고, 따라서 법정책적 논증은 법적 논증에 대한 이해를 돕기 때문이다.

법정책적 논증도 기존의 법에서 완전히 자유로운 것은 아니다. 왜냐하면 법정책적 논증도 전체 실정법의 효력을 전제로 하여야 하기 때문이다. 법정책의 내용은 다름 아닌 기존법 관계를 개정할 것인가 또는 계속 유지시킬 것인가에 관한 것이다. 한꺼번에 모든 법을 논의의 대상으로 삼을 수는 없기 때문에 법정책적 논증은 개별 헌법조문, 법률, 제도 또는 기껏해서 법전화된 전체 법영역을 대상으로 하고 있다. 그러나 여전히 법정책적 논증이 출발점으로 삼는 것은 기존의 전체 법질서이며 여기에 새롭게 제정되어야 할 법도 속하게 된다. 심지어는 혁명의 경우에도 대부분의 법들은 우선은 그대로 유지되고, 기껏해야 후에 점진적으로 개정된다.

법정책적 논증과 헌법정책적 논증은 특정 법안을 토론하고 그 법안에 대한 찬반을 설명하는 것을 특징으로 한다. 논증은 결국 구체적인 입법목표가 설정되고 그 목표가 정확히 표현되었을 때 비로소 시작된다. 공중에게 이러한 법정책적 논증은 일반정치적 논쟁과 혼합되어 있으며, 이 정치적 논쟁은 보통은 짙은 안개나 흐트러진 실뭉치처럼 사안의 핵심을 흐리게 한다. 정치적 논쟁은 이념과 불안감, 그 밖에 중요하지 않은 것과 선입견에 호소하기 때문이다. 의회에서의 심의도 이에 대한 우울한 예가 될 수 있다. 일부 사이비 현실주의자는 이러한 외견만을 보고 그로부터 합리적인 법정책적 토론은 희망사항일 뿐 현실적으로는 존재하지 않는다는 결론을 내린다. 그것은 피상적 관찰의 결과일 뿐이다. 법정책적 논증의 합리성에 대한 언급은 사안의 본질을 파악했을 때 비로소 가능하다. 결국 사안의 본질을 파악하기 위해서는 다음과 같은 표현상의 문제도 논의되어야 한다. 예컨대 쉼표를 삽입할 것인가, "또한" "만약 그것이 아니라면"을 삽입할 것인가, 또는 개별 조문 또는 법률 그 자체를 삽입할 것인가가 문제가 된다. 주제가 구체적이고 세분화될수록, 토론자의 범위가 적을수록 객관성과 합리성의 가능성은 그만큼 커진다. 의회의 위원회와 소위원회에서는 정당정치적 분파가 덜 나타나는데, 이는 의회본회의의 심의 때와는 달리 여기서는 가능하면 서로 상대방을 설득시키려는 의도가 지배하며 따라서 이러한 상황은 논의를 이념적 주변문제에서 해방시켜 정말 중요한 구체적인 이해대립에 한정시키기 때문이다.

법정책적 제안에 대하여 찬반의 논란이 일어나면 이제 문제되는 규범을 입법하면 어떤 결과를 가져올 것인가 하는 문제가 중요하게 된다. 한편에서 해당 규범이 이러저러한 결과를 가져올 것이라는 주장을 하게 되면 다른 한편에서는 이 주장에 대하여 두 가지 방법으로 이의를 제기할 수 있을 것이다. 곧 해당 규범이 그와 같은 예상되는 결과를 가져올 것인가에 대해서 의문을 품든가 또는 그와 같은 결과를 가져오게 되지만 왜 도대체 그와 같은 결과를 가져와야 하는가 하는 것이다. 첫 번째 경우에는 결과에 대해서 "그것이 맞는가"라고 의문을 제기하는 것이고, 두 번째 경우에는 "그것이 중요한가"라는 의문을 제기하는 것이다.

"그것이 맞는가? 해당 규범이 특정 결과를 가져올 것인가"라고 묻는 것은 곧 미래의 발전에 대한 예측을 묻는 것이 된다. 해당 규범의 예상되는 경제적, 정치적, 사회적 결과에 대한 언급이 문제되는 한 이러한 논증은 적어도 원칙적으로는 경험을 통하여 증명될 수 있는 범위에 속한다.

"해당 규범이 예상되는 특정 결과를 가져오는 것이 중요한 것인가, 그 주장은 중요한가"라고 묻게 되면 곧 그 중요성을 정당화하는 문제가 생긴다. 이 질문에 대해서 대답할 수 있는 것은 우리가 논의하는 문제를 중요한 것이 아니다라고 했을 때 어떠한 결과가 나타날 것인가가 구명되어야 한다. 결국 여기에서도 미래의 발전에 대한 예측을 하여야 한다. 여기서 우리가 이미 알 수 있는 것은 결국 논증이 얼마나 복잡하고 불안정하게 될 수 있는가이다. 이것은 또 우리가 이러한 관련에서 주장하는 결과가 중요한 것인가, 그것이 왜 중요한 것인가라고 질문을 함으로써 더욱 복잡해진다.

이론적으로는 이러한 질문과 대답이 무한히 계속될 수 있다고 생각할 수 있다. 그러나 실제로는 우리가 바람직한 것인가의 여부에 대해서 의견이 일치하고 따라서 더 이상의 질문을 제기하지 않을 때 질문과 대답은 끝난다. 이해관계의 중요성에 대한 합의가 이루어질 수 있는 것은 오직 공통의 이해관계가 문제되거나 또는 그것을 우리가 의식했을 때이다. 이러한 상황에서는 토론은 그 자체로서 종결되고 계속해서 질문을 제기하는 것은 의미 없는 일이 된다.

그러나 다른 한편 집단의 이해관계와 개인의 이해관계가 문제되는 경우에도 합의가 이루어질 수 있다. 그러한 이해관계가 사실상 중요한 것으로 인정되는 경우는 그 이해관계가 문제되는 어떠한 다른 이해관계보다도 명백히 근본적인 때이다.[1] 이것은 어떠한 이유에서건 논리필연적으로 인정되어야 하는 원칙도 아니고, 또 언제 어디서나 사실상 그렇게 인정되는 원칙도 아니지만 그러나 현재 독일에서 정당성의 기초로서 인정되어 있는 것은 사실이다.[2] 어쨌든 공공의 이해관계를 충족시키지 않는 집단이해관계에 대한 법정책적 옹호는 이 원칙을 넘어서는 것이다.

물론 사람들은 가능한 한 공공의 이해관계에 합치되는 논증에 우선권을 부여한다. 근본적인 이해관계라는 관점에서 숙고하는 것은 '최후의 수단(ultima ratio)'이다.

예컨대 경제정책상의 축적의 원칙(자본을 많이 투자하면 투자할수록 그만큼 더 많은 경제규제적 조세혜택, 장려금 등을 받게 된다)이 정당화되는 것은 이 원칙에 따른 투자조정이 전체 생활수준을(자기의 소득을 소비해야 하는 자의 생활수준까지도) 향상시키는 데 신뢰할 만

---

1) 이 원칙과 그 상대적 합리성에 대하여는, Kriele, *Kriterien der Gerechtigkeit*, S. 72, 77f. 참조.
2) 이에 대하여는, § 49 참조.

한 방법이기 때문이다. 또는 농업에 대한 보조금은 제1차적으로는 식량정책적 자급자족을 가능하게 하기 위한 공공의 이해관계 또는 농업구조의 유지 등의 관점에 따라 정당화된다. 농장의 유지와 더불어 즉 농촌생활의 계속성은 근본적인 집단의 이해관계로서 제2차적으로만 언급된다. 사회부조, 정신병자를 위한 시설보호, 그리고 또 사회보험도 스스로의 재산과 연금 등을 통해서 생활이 보장되어 있는 사람들에게는 특별한 이해관계가 있는 것이 아니다. 그러나 그러한 것들에 대한 이해관계는 근본적인 집단의 이해관계로서 인정되어 있다. 심지어는 예컨대 집시들과 같은 매우 소규모 집단의 이해관계도 그것이 대립되는 이해관계에 비해서 근본적인 이해관계일 때에는 존중된다.

보통은 근본적인 이해관계의 관점에서 형량하는 것은 필요하지 않다. 왜냐하면 특정 집단의 이해관계를 충족시키는 것이 문제되는 경우에도 **장기적인 관점에서는** 논의되는 법규범에 대한 공통의 이해관계가 적시되는 한 그것은 공동의 이해관계에 관한 문제가 되기 때문이다. 현재는 어느 한쪽에게 유리하게 작용하는 원칙의 적용이 또 다른 경우에는 다른 쪽에 유리하게 작용하기도 한다. 예컨대 안정된 일자리를 가지고 있는 사람들에게는 실업보조의 문제는 직접적인 관심의 대상이 되지 않는다. 그러나 그러한 사람들도 실업자는 보호되어야 한다는 원칙에 대해서 만약에 그들 자신이 실업보조 제도에 의존할 수도 있다라는 것을 자각하게 되면 관심이 없을 수 없을 것이다.

이러한 관점이 더욱 뚜렷이 나타나는 경우는 개인적 관심이 아닌 집단 또는 제도적 관심이 문제될 때이다. 왜냐하면 여기서는 한 집단 또는 제도와의 연관성 때문에 그 관찰방법이 시간적인 범위에서 개인의 생존기간을 넘어서서 확대되기 때문이다. 예컨대 사람들은 처음에는 어떠한 정치적 변혁 때문에 자신의 종교가 소수가 될 수 있는 가능성을 생각해야 하기 때문에 소수의 종교에 대하여 관용을 베풀었다.

곧 법규범으로서 신앙의 자유를 일반적으로 인정한 것은 자기 자신의 집단이나 교회에 도움이 될 수 있다는 것이다. 이러한 관찰방법에 따르면 사람들은 경우에 따라서는 미래세대의 운명과 연대성을 갖게 된다. 일정한 전제에서는 가장, 정당원, 애국자 또는 계급의식적이라는 상황만으로 미래세대와 연대감을 갖고 또 이렇게 해서 일정한 법적 원칙에 이해관계를 같이 하는 것이 가능해진다.

물론 그러한 장기적인 이해관계에 대한 고려는 보통은 다음과 같은 경우에만 형성될 수 있는데, 그것은 자신 또는 자신이 속한 집단이 관련되어 있다고 하는 사실이 단지 추상적으로만 "상상할 수 있을" 뿐만 아니라, 구체적인 상황에 비추어서 진지하게 고려되어야만 하는 경우일 것이다. 청교도가 널리 전파되고, 강력한 힘을 발휘하게 되어 지배적인 개신교공동체를 정치적으로 고려해야 했을 때 비로소 관용에 대한 관심이 상호관련적이라는 주장이 설득력을 갖기 시작했던 것이다. 이전에는 박해받는 이교도에 대해서 이의를 제기하는 사람들이 많지 않았다. 사정은 유태인에 대해서도 역시 마찬가지였다. 우리가 최근세사를 통해서 알 수 있는 것은 반유태주의가 종교적 그리고 인종적 관용이 스스로에게 도움이 될 수 있다라는 통찰을 통해서도 극복될 수 없었다는 사실이다. 여기서는 스스로에게 도움이 될 가능성이 너무나 추상적으로 나타났던 것이다. 그래서 사람들은 아리안족으로서 그들의 지속적인 우월성을 확보할 수 있다는 가능성을 믿을 수 있었던 것이다. 전쟁에 패배하고 나서 이어 국제무대의 장으로 옮기고, 결국 연합국에 의존할 수밖에 없고 나서야 비로소 상호관용이 스스로에게 도움이 된다는 사실을 의식하게 되었던 것이다.

그러나 언제나 - 종교적, 특히 그리스도교적 정신에서 그리고 "인간성", "평등", "정의"라는 표어 아래 - 스스로에게 이익이 되는지의 여부를 묻지 않고 박해받는 자, 고통받는 자와 연대감을 느끼고 그 결과

정의, 곧 불편부당한 그때그때의 근본적인 이해관계를 우선하는 데 힘을 쏟는 사람들이 존재한다. 독일에서는 1945년 독일공동체가 위기를 만나게 됨으로써 이러한 집단이 대단히 증가한 것으로 생각된다. 이러한 집단은 국내외를 불문하고 하나의 정치적 세력으로 나타났으며 이 정치적 세력은 결코 무시할 수 없는 존재가 되었다(이 집단을 무시할 수 없는 이유는 경제적, 군사정치적 이유에서 외국의 공감이 중요했기 때문이다). 평등원칙의 헌법적 보장, 민주적 정치체제의 확립 그리고 정당의회주의체계에서 유권자에게 호소해야 하는 필요성이 정의의 원칙을 존중하게끔 하는데 도움이 되었다. 어떠한 요소가 그리고 그것이 어떠한 세력관계에서 작용하는가 하는 것은 우리에게는 중요한 문제가 아니다.

또 정의의 원칙이 내적 확신에 의해서 주장되는 것인지, 아니면 단순히 전술적 고려에 의해서 요구되는 확신에서 주장되는 것인지 하는 문제도 법정책적 논증 그 자체의 구조에서는 의미가 없다. 자주 단순히 요구되는 것은 사실이지만 그러나 바로 거기에서 원칙이 인정되고 있다.[3] 성공하려면 우리는 우선 그것을 주장해야만 한다. 어떤 이해관계의 대변인도 그가 속한 집단을 위해서 다른 집단보다 많은 자금을 취득하는 것이 좋다든가 또는 바람직하다고 주장하면서 조세혜택 또는 보조금을 요구할 수는 없다. 이 경우 진지하게 받아들일 수밖에 없는 이유를 제시해야 한다. 이것이 다름 아닌 공공의 이해관계이다. 그러나 그것이 불가능한 경우에는 그 해당 집단의 이해관계가 더 근본

---

3) 클라우델 *Claudel*과 같이 위선자에게서는 도덕의 적용이 인정되고 증명될 수 있다는 이유에서 위선자를 풍자가보다 더 높게 평가하는 경우 이것이 비록 공감을 불러일으키지 못하지만 정치적 풍자주의와 그 결과 - 아우슈비치 *Auschwitz* - 를 경험한 세대에게는 적어도 도덕적 영역에서는 공감을 불러일으킬 수도 있을 것이다.

적이라는 것을 납득시킬 수 있어야 한다.

49. 현행 헌법체계의 정당성근거로서의 합리성

　오늘날 아직도 다음과 같은 내용을 갖는 고전적 의미의 자유주의사상을 신봉하는 사람은 없을 것이다. 곧 의회에서는 합리적이고 전체국민의 복지와 정의를 지향하는 의원들이 객관적인 토론을 통해서 서로를 설득하고 따라서 그 심의 결과 결의된 법률은 이성과 정의의 최대한을 의미한다는 자유주의사상을 신봉하는 사람은 거의 없을 것이라는 것이다. 이러한 인식에 도달하기 위해 좌파 또는 우파의 의회주의에 대한 반자유주의적 비판[4]을 언급할 필요는 거의 없을 것이다. 왜냐하면 눈을 더 크게 뜨기만 하면 충분하기 때문이다. 그러므로 항상 최선의 해결방안이 발견되는 것은 아니라는 것을 의심할 사람은 없다. 곧 객관적이고 정당한 논거가 아닌, 가끔은 경제적인 이해관계, 선입견 또 선거전술상의 고려 등등이 법을 제정하는 동기가 되었다.

　이에 반해 다음과 같은 문제에 대해서는 우리가 결코 명백히 알 수도 없고 합의가 이루어질 수도 없다. 곧 실정법에 인식할 수 있는 법이성이 표현되고 있다는 것을 통해서 법적 정의가 얼마나 훼손되어 있으며, 법률가는 도대체 그것에 대해서 어느 정도까지 아직도 믿어도 되는가 하는 문제가 그것이다. 항상 계급이해관계나 또는 집단의 선입견만이 결정적인 역할을 한다고 하는 극단의 주장을 아무런 비판적인 검토 없이 수긍할 수 있는 것도 또한 아니다.[5] 이 견해에 따르면 물론

---

[4] 헌법학에서 중요한 이러한 종류의 비판은 *Carl Schmitt*에 의해서 이루어졌다. Carl Schmitt, *Die geistesgeschichtliche Lage des heutigen Parlarmentarismus*, 2. Aufl, 1926; *Verfassungslehre*, S. 307-319.

"입법자의 이해관계에 대한 가치판단"이 너무 단순화될 것이다. 왜냐하면 이때는 모든 사람이 자기 자신의 이해관계를 대변할 뿐 그 밖의 것에 대해서는 관심이 없다라는 가정을 할 수 있기 때문이다. 이 때 우리는 다음과 같은 가능성만을 염두에 두어야 할 것이다. 곧 한 집단은 그들의 이해관계를 교환의 조건으로 철회한다는 것인데, 이는 곧 또 다른 법률이 논의의 대상이 될 때에는 다른 집단도 그에 상응하는 것을 한다는 것이다. 그렇다면 "주관적 해석"이란 집단간의 그리고 집단 내의 타협과정에 대한 연구에 불과한 것이 될 것이다.

이러한 관찰방법이 물론 현실적일 수는 있을 것이다. 그러나 다음과 같은 문제는 여전히 남는다. 그러한 관찰방법이 정말 현실적인가 그것은 특히 기본법의 제정 그리고 헌법제정회의의 작업방법과 관련하여 정말 올바른 관찰인가 그 곳에서 과연 정말로 집단이해관계의 대변자들이 서로 투쟁하고 상호양보의 흥정을 하고 그래서 "연기적 형식상의 타협"[6]이 이루어졌는가?

그러나 헌법제정회의 심의과정에 대한 자료를 살펴보면 곧 우리는 다음과 같은 것을 인식할 수 있게 된다. 그 곳에서는 집단의 이해관계나 개별적 이해관계가 결정적인 역할을 한 것이 아니라, 공공의 이해관계나 근본적인 이해관계의 관점에서 논의가 이루어졌다는 것이다. 물론 그러한 논의의 합리성이 한계에 부딪히는 것은 사실이다. 그리고 우리는 그것에 대해서 아래에서 더욱 자세히 살펴볼 것이다. 많은 헌법적 논쟁들이 거의 이루어지지 않았거나 또는 이루어졌다고 하

---

5) 예컨대 Carl Schmitt, *Verfassungslehre*, S. 319. 정당은 "유권자의 일부"만을 대표하며, 그의 이익관련적 또는 계급적 확신은 의회에서 토론을 통해서 거의 변화되지 않고, 위원회에서의 논의 역시 "토론이라고 할 수는 없으며", "권력과 이익집단의 상호논의"에 봉사할 뿐이다.
6) Carl Schmitt, *Verfassungslehre*, S. 31ff.

더라도 결정되지 않은 상태로 남겨졌다고 하는 것도 사실이다. 오히려 사람들은 의식적으로 일반적이라고 생각되는 모호한 규정형식으로 만족했으며 자유(제2조 제1항)와 사회국가원리(제20조 제1항), 정당의 인정(제21조 제1항 제1문)과 의원의 전체 국민에 대한 대표성(제38조 제1항 제2문), 연방대통령의 각료임명권(제64조 제1항)과 연방수상의 정책지침설정권(제65조 제1항)과 같은 긴장되고 모순되는 사항 그리고 그 밖의 많은 것에 대한 한계설정을 장래의 해석에 맡기기도 했다. 그 밖에 셀 수도 없이 많은 헌법적인 논쟁문제들을 기본법은 미결정의 상태로 유보해 놓기도 하였다. 그러나 다른 한편 기본법은 많은 결정을 내렸으며 이 결정에 대해서 사람들은 합의하고 있다. 그리고 이 결정은 보통은 여러 가지 이유가 작용한 결과이지, 상호 이해관계의 조정이라는 관점의 결과만은 아니었다.

　이 여러 가지 이유는 독일과 전 세계의 헌법사를 통해서 살펴볼 수 있다. 지난 수백 년간의 경험이 법적 규칙으로 응집되었고 그것은 부단히 의심되고, 또 역사는 부단히 그것을 테스트하였으며, 특히 최근의 경험은 그것을 증명하였다. 곧 총통원칙과 아우쉬비츠 형무소와의 연관성이 이것을 명백히 드러내었다. 또한 이러한 경험은 전체 유럽사에서도 찾아볼 수 있다. 종교적 마찰, 권력의 타락, 야만화, 기아와 궁핍의 재앙, 유태인박해, 종교적 탄압, 경찰의 야만성, 검열, 불안과 공포 이러저러한 불행이 그것을 가져온 이유를 분석하고 그 재발을 방지하기 위한 가능성을 꾀하게 했으며 바로 그러한 이유에서 권력분립, 정신적 자유, 평등, 법적 안정성, 사회국가, 관용, 재산권보호 등등의 원칙이 형성되었다.

　이러한 원칙이 관철될 수 있었던 것은 물론 다음과 같은 두 가지 조건하에서이다. 곧 첫째는 도대체 그러한 이유가 결정적으로 중대하다는 것이고, 두 번째는 불편부당한 형량의 원칙이 근본적인 이해관계의 관점에서 인정되었다는 것이다. 이 두 가지 조건의 존재가 결코 자명한 것은 아니었으며 단지 독일에서는 1948/49년을 특징지었던 특정한 상황 덕분에 이 조건에 대한 내적 확신과 외적 정치적 압력이 작용하여 이 양 원칙을 인정하는 것이 용이했던 것이다. 이 중 두 번째 원칙에 대하여는 앞에서 이미 중요한 것을 언급하였다.

첫 번째 문제, 곧 결정적인 이유에 대하여는 이곳에서 간략하게나마 서술되어야 할 것 같다.

결정적인 이유, 곧 논거의 중요성은 지난 세기에는 그 자체로서 전통과 신의 은사라는 원칙에 대하여 스스로를 관철시켜야만 했던 정치적인 원칙이었다. 자유주의와 보수세력 사이의 갈등은 결국 이성이냐 아니냐[7]라는 문제를 둘러싼 충돌이었다. 그 이유는 보수세력이 도대체 그들의 입장을 옹호할 논거를 가지고 있지 않았기 때문이 아니라, 적어도 그 논거의 일부분은 종교적 성격의 것이었고 그러한 한에서 순수히 합리적인 이성이 결여되어 있었기 때문이다.

전통적인 정당성은 공적 생활이 특히 그리스도교적 성격을 띠었다는 점, 곧 종교는 결코 사생활문제가 아니라는 점에 근거하였다. 왕관과 제단은 상호 보완관계에 있었다. 곧 왕위는 종교의 공적인 성격을 보장하고, 종교는 군주정의 정당성을 주장하고 지지했다. 그러나 종교 자체는 회의론자에 대해서 합리적인 근거를 가지고 스스로를 방어할 수 없고, 우리가 칸트 *Kant* 이래로 알고 있듯이 신은 결코 저절로 "증명"되지 않기 때문에 합리적인 사고 자체에 대한 보수적인 불신은 그럴 듯한 이유가 있었다. 왜냐하면 절대주의는 "자기 스스로를 정당화

---

7) 이것을 칼 슈미트만큼 정확하게 관찰한 사람은 없었다. 왜냐하면 그는 정치에서 합리주의를 가장 현실적으로 그리고 철저하게 반대한 사람이었다. 이성의 모순에 대하여 그는 Donoso Cortes in gesamteuropäischer Interpretation에서 매우 자세하게 비판하고 있다. 또 *Politische Theologie*, S. 75과 주5에 열거된 문헌 참조.

해서는 안 된다. 프로메테우스 *Prometheus*는 무언의 권력에 의해서 바위에 결박되어 있다. 애쉴루스 *Aschylus*(역주: 고대 그리스의 비극작가) 역시 인격화된 권력이 한 마디 말을 하는 것조차 허용하지 않는다. 인격화된 권력은 침묵하여야 한다. 종교가 이성 판단적 강단주의를 문헌화하는 순간, 곧 정치적 절대주의가 공식적인 국가기관지를 발행하는 순간 양자는 종말을 맞는다.'[8]

1918년 천정의 절반, 곧 군주정의 원칙이 무너진 다음 비록 허사로 끝나기는 했지만 나머지 절반, 곧 교회는 여전히 종교가 전체 공생활을 지배할 수 있도록 하는 데 모든 노력을 기울여야 했다. 신앙이 분열되고 대중이 종교를 떠났기 때문에 교회는 법적으로는 "종교공동체"(바이마르헌법 제137조, 기본법 제140조)가 되었다. 이 종교 공동체에 대하여 양보가 행해져 여전히 일정한 특권이(공법상의 법인성 인정, 다원주의적 단체로서의 이익 주장, 교육과 학교조항) 인정되었고 윤리적 도덕적 문제에서는 존경을 받지만 그 밖의 점에서는 일반적 결사와 동등한 취급을 받는다. "영원한 구원에 대한 관심"을 언급하는 것은 "관심"이 일반적으로 사용되는 용어예에 비추어서는 결코 적절한 표현방법이 아니다. 그러나 그렇다고 해서 종교적인 관심이 법정책적 그리고 헌법정책적 논의관련 내에서 통찰될 수 있다라는 것 이상을 뜻하는 것은 아니다.[9]

"구원에 대한 관심"은(비록 그것이 모든 신앙인에게는 자연스러운 것일지라도) 일반적인 이해관계로 인정되는 것은 아니고, 그것을 "믿

---

8) 이 명확한 말들은 하이네 *Heinrich Heine*의 *"Zur Geschichte der Religion und Philosophie in Deutschland"*의 제2책에 있다.
9) 이해관계란 개념은 토론의 의사가 없거나 토론이 불가능한 경우에는 늘 의심의 여지가 있다. "이해관계"와 "토론"개념의 상호관련성에 대하여는 Kriele, *Kriterien der Gerechtigkeit*, S. 63f. 참조.

어"야만 한다고 생각하는 사람들의 이해관계이며, 그것도 그것이 매우 결정적이기 때문에 매우 근본적인 이해관계라는 것이다. 따라서 종교박해는 그에 대하여 어떠한 이의도 제기할 수 없도록 헌법적으로는 금지되어 있다(기본법 제4조). 구원에 대한 관심이 역사상 비신앙의 반대에도 불구하고 얼마나 일반적인 관심으로서 관철될 수 있었던가는 항상 정치적인 판도에 좌우되었다. 물론 그러한 갈등의 경우 법정책적, 헌법정책적 논의가 이루어질 여지는 전혀 없었다. 이것은 바로 그러한 관심이 "공동의 관심"으로 인정된 것은 아니었기 때문이다. 그러나 기본법의 정당성이 일반적으로 인정되어 있는 오늘날 그러한 논의할 수 없는 갈등의 경우는 숫자에서나 그리고 그 중요성에서나 생각만큼 그렇게 많은 것은 아니다. 전체 체계에서는 그것은 단지 예외적인 현상일 뿐이다.[10]

따라서 우리의 법체계와 헌법체계가 합리성에 기초한 것이어서 일반적인 승인을 받고 있다는 명제, 다른 말로 바꾸어 말하면 법정책적, 헌법정책적 논의의 합리성은 우리 헌법체계의 정당성의 기반이 된다는 명제는 제한적이나마 유지될 수 있다.

오늘날 법은 합리적으로(전통적이거나 카리스마적으로가 아니라) 근거지울 수 있으며[11] 점점 합리성을 지향한다[12]는 베버 *Max Weber*의

---

10) 예컨대 종교교육, 도덕률(대강 이혼과 임신중절이 이에 해당된다) 등이 그것이다. 독일천주교 평신도중앙위원회가 선거를 계기로 바드 고데스베르크 *Bad Godesberg*에서 발간한 입법정책적 요구는 약 20-30점에 달하는데, 이 가운데 대부분은 신앙에 특유하게 관련을 갖는 것이 아니고, 누구나 합리적으로 토론할 수 있는 국내·외적 정치문제들이었다. 그 밖에도 교회에 관련된 질문에 대한 답변도 반드시 종교적인 것에 한정되지는 않았다. 예컨대 관용, 교회와 국가의 관계, 교회조약 등등에 관한 논의는 종교적 평화, 국민의 자유 등의 문제이고, 일반적·합리적인, 신앙의 테두리를 벗어나서 논의가 가능한 관점들이었다.

11) *Wirtschaft und Gesellschaft*, 1. Halbband, S. 124f.

12) *Rechtssoziologie*, S. 196.

명제는 원칙적으로 타당하다. 물론 여기서 예측가능성, 형식적 합법성[13]이라는 의미에서 법적 합리성에 대한 베버의 개념은 '전체의 한 부분'(Pars prototo)에 지나지 않는다. 법적 안정성에 관한 근본적인 관심이 존재한다는 것은 확실하다. 그러나 이 관심은 그 밖의 다른 관심과 경쟁관계에 있으며 보통은 이 관심이 관철되겠지만 항상 그런 것은 아니다. 이때 항상 중요한 것은 일반적인 관심이냐 하는 것이고, 이해관계가 충돌하는 경우에는 근본적인 이해관계냐 하는 것이다. 그러므로 항상 새롭게 논의의 대상이 되는 이해관계의 계산이 합리성의 핵심이다. 왜냐하면 합리성은 정적인 것이 아니라, 동적인 것이기 때문이다.[14] 베버가 법적 안정성과 실질적 정의, 그리고 형식적 법치국가와 실질적 법치국가를 구분한 것은 잘못이다.[15] 왜냐하면 실질적 정의는 법적 안정성을 포함하는 것이고,[16] 법적 안정성의 형식원리는 그 정당성을 실질적 정의의 근거에서 합리적으로 정당화된다라는 사실에서 획득하는 것이기 때문이다. 바로 이 원칙을 합리적으로 인정한다고 해서 실질적 정의에 입각하여 법형성을 하는 경우 베버가 예상하듯 결코 주관주의나 비합리주의가 문제될 수 없는 것은 아니라는 것을 알 수 있다.[17] 베버가 예상하는 경우가 나타나는 것은 모든 입법자의 결단이 구속력 있는 것으로 인정되지 않고, 또 선결례가 가정적으로만 구속력을 갖게 되는 때뿐이다. 겔렌 *A. Gehlen*도 다음과 같이 핵심을 적절히 지적하였다. 오늘날 정당성은 "사회적으로 행복한 결과에 대한

---

13) *Rechtssoziologie*, S. 278ff.

14) 이에 대하여는 Dieter Claessens, Rationalität revidiert, Kölner Zeitschrift für Soziologie und Sozialpsychologie 1965, S. 465-476.

15) *Rechtssoziologie*, S. 281.

16) Kriele, *Kriterien der Gerechtigkeit*, S. 82ff. 참조.

17) 이에 대하여는 또한 Hollerbach, Auflösung der rechtsstaatlichen Verfassung? AöR 85, S. 241ff. (1960).

기대"에 근거한다.[18] 이 말의 의미는 결국 법적 원칙을 제시하는 데 있어서 여러 이해관계를 고려하고 형량하는 합리성에 대한 기대에 오늘날 정당성은 근거를 둔다는 것이다.

50. 합리성에 대한 침해

법정책적, 헌법정책적 논증은 원칙에서는 합리적이지만, 그러나 그 합리성은 정치현실에서는 한계가 있으며 훼손되어 있다. 합리성이 정확히 어디에서 침해되고 또 어디에서 침해되지 않는가에 대한 물음은 중요하다. 왜냐하면 입법자와 법원의 결정이 필요한 이유는 법정책적, 헌법정책적인 논거들이 불완전하고 불확실하기 때문이다. 그러므로 법적 사고는 바로 한편으로는 합리성, 다른 한편으로는 결정의 필요성, 이 두 가지 사이의 긴장에 의해 특징지어진다.

우선 배제되어야 할 논거는 이해관계에 대한 토론은 끝이 없다는 궤변적인 논거이다. 물론 실천에 있어서의 종국적인 명제가 이론적으로는 결코 종국적인 것이 아님을 증명하고 그로부터 상대주의나 주정주의를 도출하려는 철학적 사고방식이 있기는 하다. 예컨대 "규범은 우리를 어디로 이끌 것인가"라는 질문에 대해 기아의 재난, 살인에 대한 불안, 독재의 횡포 등에로 이끈다라고 대답한다면, 위와 같은 장난기 있는 이론가들은 더 나아가서 "그것이 왜 나쁜가? 왜 우리는 그런 것을 원하지 않는가? 왜 그 명제가 중요한가?" 등의 질문을 하는 것이다.[19]

18) *Studien zur Anthropologie und Soziologie*, Berlin 1963, S. 255: DVBL, 55, 377.
19) 특히 공산주의자 또는 파시스트로서 우리 정치체제의 정당성을 부정하는 급진주의자들에게서 그러한 질문이 발견되는데, 이것은 명백히 다음과 같은 사실,

그러나 우리들의 전제에 따라 먼저 실무의 분석에 머물러서, 그렇듯 현실로부터 벗어나 "절대적인 확실성"이라는 공상의 세계에 빠져들지 않는다면 위와 같은 연쇄적 질문은 곧 이해관계가 모두에게 공통으로 중요하게 인정되는 지점에서 끝난다는 것을 알 수 있다. 우리는 사람들의 이해관계가 무엇인지 밝힐 수는 있다. 예컨대 건전한 생활을 확신시킬 수 있고 또는 인간의 존엄이나 자율성을 의식할 수 있게 도울 수도 있다. 그러나 궁극적인 관점은 언제나 개개인이 자기의 이해관계를 미리 주어진 것으로 인정하고 있는가 여부에 달려있다. 그래서 예컨대 그리스도교인은 무신론자들이 자기의 진실한 구원에 대한 관심을 이해하지 못하는 데 몹시 놀라는 것이다. 그러나 합리적인 정당성의 기초하에 있는 법정책적, 헌법정책적인 맥락에서는 그와 같은 이해관계는 단지 그것을 인정하는 자에게만 인정될 수 있는 것이다. 토론은 그러한 이해관계를 인정하는가, 인정하지 않는가에 따라 끝이 난다.

더 나아가서 사람들은 그와 같은 질문들을 실천적인 정치적 책임을 결한 순수학문의 영역에서만 할 수 있다. 정부의 공무원이나 또는 정치인으로서 왜 사람들은 경제난국을 감수해서는 안 되는가라고 질문을 하는 것은 스스로를 웃음거리로 만드는 일이며, 더 나아가 그런 질문에 심취한다면 주어진 자리에 적합하지 않은 것으로 판명될 것이다. 왜냐하면, 아리스토텔레스가 말하고 있는 바와 같이, "사람들은 모든 문제, 모든 명제들을 검토해서는 안 되고 단지 의심을 풀기 위해서 훈련이나 건전한 감성이 아니라 이성이 필요한 경우에만 문제를 조사해야 하기 때문이다."[20]

어찌되었든 합리성을 침해하기 때문에 사람들이 현실적으로 고려해

곧 그 밖의 국민들은 "그것은 혁명으로 이끌 것이다"라는 명제조차 "종국적인" 명제로 보통 받아들인다는 사실에 의해 자극받은 것이다.

20) *Topik* 105a, 3ff.(*Rolfes*의 번역).

야 할 일련의 요소들이 존재한다.

첫째, 이미 언급한 바와 같이 법정책적, 헌법정책적 논거들은 토론의 대상인 규범이 가져올 미래의 사회적, 정치적, 경제적 결과를 예견하고자 시도하는 구조를 지닌다. 그와 같은 논거들은 모든 경험과 관찰에 의해 뒷받침되며 매우 커다란 설득력을 가질 수는 있으나 일반적으로 **절대적인** 것은 아니다. 예컨대 사람들은 사형을 다시 도입하는 것이 재산범의 수를 줄이지는 않을 것이라는 것을 범죄통계를 비교해서 매우 설득력 있게 만들 수는 있으나 그것을 증명할 수는 없다.

둘째, 생활경험들은 격언, 원칙, 생활규칙, 슬로건 등으로 보존되어 전래되며, 그리고 나선 때때로 신조로 굳어진다. 그러한 것들은 서로 얘기가 통하면 선입견으로 밝혀지나, 그러나 사람들은 그렇게 하지 않는다. 예컨대 사형은 다른 형벌보다 더 큰 위하효과가 있다는 믿음은 수많은 사람이 토론할 수 있는 대상은 아니다.

셋째, 가끔 순전히 **의도적인 강령주의**가 존재하는데, 그것에 의해 사람들은 무엇인가를 특정짓는 근거를 명백히 할 필연성으로부터 벗어날 수 있다. 사람들은 그 논거가 타당성이 결핍된 것을 알면서도 일반적 이해관계 또는 집단적 이해관계의 근본성을 이유로 법적 규율을 요구함으로써 법정책적, 헌법정책적 논거의 타당성을 확신시킨다. 사람들이 그런 일을 하게 되는 가능한 동기는 다음과 같다. 집단이기주의, 선호하는 집단에 대한 동정, 집단에 대한 선거전략상의 고려, 정치적인 교환 흥정, 위압적인 수단에 의한 압력(치욕적인 비밀공개와 함께 협박) 등등. 의도적인 강령주의는 예컨대 정치가들이 자기들의 양심과는 정반대로 선거전략적인 근거에서 사형의 재도입을 주선하는 경우에도 존재한다.

넷째, 그에 대하여는 앞의 여러 절에서 언급이 되었지만, 오늘날의 **세속화된** 합리화체계 내에서 비이성적인 근거(예컨대 살인자의 교수형은 그 치유기회를 크게 할 것이다)가 가끔 제시된다.

다섯째, 더 기본적인 이해관계가 최소한 요청된다는 규칙은 가끔 무력한 집단이 문제되는 경우, 그것도 그 집단이 특히 거의 동정을 받지 못하는 경우 가끔 공공연한 냉소주의에 굴복한다. 예컨대 사람들은 도처에서 중범죄인을 교수형에 처하는 것이 그를 "먹여 살리는 것"보다 "싸게" 먹힌다는 논증을 사양하지 않는다.

여섯째, 일반적 이해관계와 그 속에 포함된 개인의 이해관계는 종종 좁은 소견 때문에 보이지 않는다. 피고인을 위한 법치국가적 보장장치들이 사람들 스스로가 또는 가까운 집안사람들이 죄를 범할 수 있다는 것을 명백히 하지도 못하고 사람들이 무고하게 의심을 받게 되는 경우에 빠질 수도 있다는 것을 명백히 할 수도 없기 때문에 종종 반대에 부닥친다.

일곱째, 심지어 일반적 이해관계와 개인적 이해관계를 이성적으로 통찰하는 경우에도 **광신** 때문에 이와 같은 것들을 의식적으로 등한시할 수 있다. 공포, 분노, 질투, 복수심 - 이들은 나쁜 조언자인데 - 이 집단화되고 조직화되는 경우 이들은, 예컨대 사람들이 자유를 보장하는 제도를 희생시킴으로써 자유를 수호하고자 하는 경우처럼, 종종 결정적인 영향력을 가지게 된다.

여덟째, 정치적 논거의 확신력은 단지 그 객관적 논리와 수긍되는 이유에만 의존하는 것이 아니라 또한 그 정치적 논거를 제시하는 자의 권위에도 의존한다. 중요한 것은 누가 무엇을 말하느냐, 그가 그것을 어떻게 표현하느냐, 어떠한 상황에서 그것을 말하느냐인 것이다. 이와 같은 사실은 긍정적 의미와 부정적 의미에서 권위가 가지는 영향이다. 곧 논거를 대는 자가 미움을 받고 있다면, 그는 자기의 논거와는 정반대의 확신을 심어주게 된다. 동정과 그리고 특히 혐오는 종종 논거가 가지는 객관적 힘보다 더 강하게 작용한다.

아홉째, 시간과 노동력 그리고 밀어닥치는 일의 양의 관계가 논거의 교환에 자연적인 한계를 지운다. 밀어닥치는 모든 문제를 학문적인 수준에서 설명한다는 것은 실제로 불가능하다. 문제를 해결하지 않으면 안 되는 기간은 대부분의 경우 지나치게 짧다. 종종 어떤 논쟁을 결정하기 위해서는 사용할 수 없고 시간상의 이유 때문에도 제시할 수 없는 전문적인 지식을 전제한다. 그럴 경우 토론은 과도적인 추측에 근거를 둔 결정 때문에 미성숙한 단계에서 중단될 수밖에 없다.

열번째, 사람들은 내려진 법정책적 결정이나 헌법정책적 결정을 신뢰하고 그 결정을 준비하고 모든 조치를 그 결정에 따라 근거지우기 때문에, 사람들은 그것이 나중에 목적에 맞지 않는다고 판명되는 경우 그것을 그대로 둘 수밖에 없다. 곧 그것을 수정하는 일은 불쾌하며 가치가 없을 것이다. 따라서 실제로는 유력한 이유를 통해서만 제거될 수 있는 이미 내려진 결정에 유리한 추론을 한다. 그렇기 때문에 더 중요하지 않은 논거들은 그 밖의 점에서는 철저히 이성적이고, 올바를 수 있더라도 배제된다.

열한번째, 새롭게 공포될 법문은 그 밖의 전체 법체계에 가능한 한 모순 없이 **어울리지 않으면** 안 된다. 이러한 고려 때문에 종종 자체로서는 이성적인 논거가 어쩔 수 없이 부인된다. 사람들은 이 기회에 동시에 법질서의 그 밖의 부분을 새롭게 작성하는 경우에만 위의 논거를 검토할 수 있을 것이다. 그러나 그와 같은 일은 항상 가능한 것은 아니기 때문에 사람들은 당분간 불완전한 새 규정에 만족해야만 한다. 이에 대한 예는 형사소송법 개정법률에서 볼 수 있는데, 그 곳에서는 철저하게 새로운 작업이 이루어지기 때문에 폐해를 최소한 당분간 완화시킨다.

열두번째, 위원회에서 논의가 행해지는 곳이면 어디에서나 몇몇 구성원이 집단의 **대표**가 된다. 이와 같은 일은 자연발생적으로 일어나기도 하고 경우에 따라서는 조직되기도 한다. 참여자와 비참여자, 대변인과 관심이 없는 자 그리고 모든 종류의 중간단계가 존재한다. 의회의 위원회에서는 의원부(교섭단체) 강제뿐만 아니라 또한 작업분배의 필요성 때문에 특히 그러한 집단화가 강제적이다. 그 결과 대변인의 잘못과 비객관성이 가져오는 영향은 전체 정당 또는 그 밖의 집단에 감염된다. 이와 같은 의미에서 대변인이 아닌 자는 대변인이 가장 적합한 논거를 받아들이지 않는 한 그 논거를 거부할 것이다.

열세번째, 끝으로 타협에의 강제가 합리성을 해친다. 정치적 상대방이 양보하는 데 대한 반대급부로 사람들은 다른 경우에 법정책적 근거나 또는 헌법정책적 근거를, 그것이 비록 더 좋은 논거라 하더라도, 관철시키기를 포기한다.

아마도 더 많은 유사한 관점들이 존재할 것이다. 이 설명에서 중요한 것은 현상의 복잡성을 관찰하고 현상을 단순화시키고 그렇게 함으로써 모든 현실주의적 법이론을 애초부터 부정하는 통상적인 입장을 거부하는 것이다. 현상의 단순화는 결국 법정책적 논증과 헌법정책적 논증을 전혀 무의미한 것으로 그리고 그 합리성을 외견적인 것으로 만든다. 그와 같은 입장은 특히 다음과 같은 두 가지이다. 하나의 입장은 의회에는 여러 집단이 대립하고 있으며, 각 집단은 타 집단의 이해관계와 합치될 수 없는 자신의 이해관계를 관철시키려고 노력한다고 생각한다.[21] 결정을 내리는 것은 힘과 다수 그리고 기껏해야 사람들이 의지할 수 있는 한 타협이다. 논증은 이솝우화의 이리와 양처럼 고작 외견상의 정당화구조를 취할 뿐이다.

다른 입장에서 볼 때에는 집단 사이에 객관적 매개가 가능하다. 단지 이와 같은 일은 이해관계의 대립에 원인이 있는 것이 아니라 "가

---

21) 슈미트가 대표적이다(앞의 각주 2를 보라).

치체계"에 원인이 있다.[22] 이들 사이에는 마르크스주의적 입장과 같이 가치체계를 이해관계의 결과로 간주하거나 또는 이상주의적 입장과 같이 이해관계를 가치체계의 결과로 간주하는 입장이 있다. 이 모든 것에 공통되는 것은 그들의 사실주의에 대한 경향은 정확한 관찰이 결여되어 있고 그것이 지나친 속단에 기초하고 있다는 점이다.

51. 성찰과 결단

이미 인용된 그리고 아마도 더 인용할 수 있는 몇 개의 비슷한 관점들 때문에 우리는 법정책적 논증과 헌법정책적 논증이 "원칙적으로" 대단히 합리적일 수는 있지만 현실에서는 그 합리성이 대단히 침해받고 있다는 이해에 이를 수밖에 없다. 따라서 우리는 문제가 되는 것은 개별적인 경우에 다소간 "침해받은 합리성"이라고 말할 수 있다. 법발견의 과정을 현실적으로 이해하기 위해서는 이와 같은 사물의 양면을 똑같이 주시하는 것이 중요하다. 법을 관찰하는 많은 방법이 가지는 현실성의 결여는 한 면을 지나치게 강조하고 다른 한 면을 무시하는 데 그 원인이 있다. 전자의 경우에 법문이 수미일관하게 근거지어진다는 데 대한 분명한 보기를 만나게 된다. 곧 그것은 자연법이론이 옳다는 것을 확신하여 왔다. 후자에 있어서는 정당화시키는 논증이 논란의 여지가 있는 것으로 생각되어 왔다. 곧 그로부터 그들은 상대주의의 옹호자이다. 양자는 현실성을 결여하고 있다. 왜냐하면 양자는 하나의 관점을 절대화하고 있기 때문이다. "철학적 질병의 주된

---

22) 대표적인 것으로 정치적 대립을 세 가지 가치로 환원시키는 Radbruch, *Rechtsphilosophie*, S. 147ff.

원인은 일방적인 식이요법이다. 사람들은 자신의 사고에 단지 한 종류의 예로서만 영양을 공급한다."(비트겐슈타인 *Wittgenstein*)[23] 양 측면을 포함할 수 있을 경우에만 법이론은 다시금 현실을 지향할 수 있고, 현실주의적 법이론에서 시작할 때에만 헌법해석의 문제는 해결된다. 헌법상의 제도들은 이러한 제도들 없이는 일반적이고 기본적인 이해관계가 위협받는다는 성찰적 경험의 결과이다. 이러한 경험으로부터 사람들은 결론을 이끌어 내었고, 위협받은 이해관계를 제도적으로 보호하려고 한다. 그렇기 때문에 우리들은 이 때 결정적이었던 논거들을 올바르게 이해하는 경우에만 헌법을 이해하고 올바르게 해석할 수 있다. 이와 같은 논거들은 언제나 근거가 확실했던 것은 아니었지만, 전체적으로는 유지된 합리적인 논거들이었다. 또한 그러한 논거들은 - 항상 이론의 여지가 없는 것은 아니라 하더라도 합리적인 것이며 - 그렇기 때문에 법과 불법을 지향하는 헌법원리들의 해석을 지배하고 있다.

주정주의에 기초하고 있는, 이러한 논거들과 그 논거들의 합리성을 맹목적인 것으로 만들어버리는 실증주의는 그렇기 때문에 해석절차를 전혀 파악할 수 없다. 실증주의자들이 실제로 해석하여야 하는 경우 그들도 다른 사람들과 마찬가지의 절차를 취하기는 하지만, 그러나 그들은 그들의 방법을 성찰하지 않거나 또는 이론적으로 그 밖의 잘못된 이론을 믿음으로써 그 결과 진정한 합리성이 무의식적으로, 비통제적으로, 모호한 직관으로 남게 되고 그를 통하여 일반적으로는 공공성에 의한 통제 그리고 특수하게는 국가학을 통한 통제를 벗어난다. 마찬가지로 연역적인 자연법이론도 현실적으로 수행되는 해석절차를 파악할 수 없다. 왜냐하면 실증주의는 그 속에 내재하는 합리성

---

23) *Philosophische Untersuchungen* I, Nr. 593.

을 오인하는 반면에, 자연법상의 독단은 이러한 합리성의 역사성, 곧 매우 복잡한 경험에 기초하고 있고 그렇기 때문에 거의 확실하지 않은, 언제나 수정과 계속형성에 개방된 논거뿐만 아니라 또한 이기주의와 독단주의를 통한 그 부패를 오인하기 때문이다.

따라서 한편으로는 논거의 합리성, 다른 한편으로는 동일한 논거의 임시성에 대한 이와 같은 이중적인 관찰만이 법발전의 역사적 절차와 더불어 법적 해석의 방법론에 대한 이해를 가능하게 할 것이다. 그것은 논쟁적인 성찰과 결정의 계속적인 교환의 절차인 것이다. 성찰은 (입법자에 의한 또는 사법부에 의한) 규범정립의 결과를 역사적인 경험이나 경제적, 인류학적, 범죄학적 기타 등의 이론을 적용함으로써 과소평가하고 기본적인 이해관계의 관점에서 규범정립의 결과를 형량하고자 한다. 이와 같은 성찰은 결코 끝이 없다. 그것은 역사적인 경험에서 추론된 견해에서 출발하여 이러한 경험에 입각한 과정이 찾아낸 해석에 좌우된다. 그것은 그때그때의 학문수준에 좌우되고, 또한 법질서의 전후관계에 대한 규범의 영향력을 생각하여야 하며, 그렇게 함으로써 경우에 따라서는 그 밖의 규범을 문제삼고 나서 그 이유를 문제삼지 않으면 안 된다. 요약하면, 그것은 여럿 가운데에서 부분적으로는 인식되지 않는 불확실성을 허용한다. 끝을 모르는 이상적인 정신이라면 확실성에 도달할 수 있을지도 모른다. 그러나 제한된 인간의 정신은 조직화된 협동의 유리한 조건에서 잠정적인, 비록 계속하여 수정이 가능하기는 하지만 결코 완전하지 않은 그리고 궁극적으로 이론의 여지가 없지는 않은 결과에 만족하지 않으면 안 된다. 그러나 잠시나마 법적 규율이 이미 존재해 있어야만 하기 때문에, 결정은 필요불가결하다.[24] 우리는 문제가 되는 규범의 결과와 그를 통하

---

24) 이에 대하여는 H. Lübbe, *Zur Theorie der Entscheidung, Collegium Philosophicum*(Festschrift für J. Ritter), S. 118ff. 참조.

여 침해되는 이해관계의 기초를 가능한 한 존중하고 이러한 존중을 근거로 어떤 규범에 찬성하여 결정한다. 더욱 상세한 설명을 우리는 기다리지도 않고 기다릴 수도 없다. 왜냐하면 그러한 설명에는 끝이 없기 때문이다.

그렇게 해서 만들어진 규범은 유지되어 그 가치를 증명하거나 또는 잘못된 것으로 입증될 것이다. 곧 규범은 법정책상의 비판에 개방되어 있다. 그것은 그 이후의 규범을 위하여 확장되고, 제한되고, 보완될 필요가 있다. 기본적인 이해관계를 침해하는 결과가 발생하는 경우 법은 입법자에 의하여(그리고 특정한 전제에서는 또한 법관에 의해서도) 계속 형성된다. 곧 결정은 수정되거나 또는 보완된다. 그러나 새로운 결정도 아마 종국적인 것은 아니다. 최소한 항상 그 이상의 가공이 가능하나, 사람들이 법을 일반적 이해관계나 또는 무사공평하게 그때그때의 기본적 이해관계를 지향하는 한, 이와 같은 논쟁과 결정, 성찰과 결단이라는 교환의 끝없는 과정에서 법은 정의를 향하여 나아갈 수 있다.

일반적인 법률가의 임무와 특수한 헌법해석의 고유성을 우리는 법정책적 결정과 헌법정책적 결정을 하는 데서 존재하는 헌법제정자와 입법자의 기능을 고려함으로써만 이해하게 된다. 그러나 결정의 기능은, 이것이 이곳에서 문제가 되는데, 법정책적 논쟁과 헌법정책적 **논쟁을 차단하는 것이다.**

항상 모든 사람이 무엇이 법이고 무엇이 불법인가, 이성적이고 무사공평한 관찰을 하는 경우 어떤 규범을 인정할 수 있을 것인가에 대하여 명확히 할 수 있다면 우리는 실정법을 필요로 하지 않을 것이다. 그런 다음에야 바로 이러한 이성법이 효력을 갖게 될 것이다. 곧 실정화는 단순히 사람들로 하여금 법을 존중하도록 하게 하기 위해서만 필요한 것은 아니다. 세분화되지 않은 사회체제에서도 불문법은 기능한다. 그것이 개별적인 경우에 침해당하는가 여부는 그 성문화 여부와는 전혀 관계가 없다. 오히려 실정화는 무엇이 법이고 무엇이 불법인가 하는 것이 앞에서 설명한 이유 때문에 종종 이론의 여지가 있기 때문에 필요하다. 그것을 행운에 맡기려 하지 않는 경우 법의 적용은 명확성을 전제한다. 그와 같은 이유에서 논쟁은 결정에 의해서 중단되어야 한다. 결정을 통해서 논쟁이 대상을 상실하는 것은 아니다. 왜냐하면 논쟁은 결정을 장차 수정하는 데 영향을 미칠 수 있기 때문이다. 그러나 얼마동안, 곧 수정이 있을 때까지는 결정은 유효하다.

왜냐하면 종종 연기할 수 없는 상황이 존재하기 때문이다. 곧 흠이 있는 결정이라도 전혀 없는 것보다는 낫다.[25] 따라서 결정이 없다는 것도 결정을 의미하는 것이고, 그것은 현상유지를 의미하는 것이다. 현상유지에 머무르는 것은 흠이 있는 결정을 하는 것보다 더 비이성적이거나 더 편파적일수도 있다. 법정책적 논의는 원칙적으로 어떤 폐단이 그것을 요구하는 경우에만 나타난다. 역사적 상황이 특정 법정책적 결정을 필요한 것으로 만든다. "**도전과 응전**"은 제도발전의 모델이다.

그 밖에도 매우 빈번히 법정책적 토론은 호의인 경우에도 사람들이 결정을 하려 하지 않는 경우에는 수행되지 않는다. 곧 우선 결정의 결과로부터 그것이 옳았는가 또는 어느 정도까지 그것이 수정되어야 하는가 여부를 배울 수 있다. 사람들은 규율을 시도하고 그 결과를 관찰하지 않으면 안 된다. "**시행착오**"는 종종 제도발전의 전제이다.[26]

---

25) H. Lübbe, 앞의 책, S. 130ff. 참조.
26) 새로운 경제상의 경험을 이유로 과감하게 정치적 결정을 수정하는 것은 "시행착오"를 통한 법역사의 과정을 특히 일목요연하게 해준다.

따라서 법정책적 결정과 헌법정책적 결정의 기능은 우리가 집단이 그의 개별 이해관계나 그 "가치체계"를 관철해온 것을 단순히 소급하는 것만으로는 정확하고 충분하게 설명할 수 없다. 왜냐하면 그 집단이 그를 관철시키는 데 필요한 힘과 다수를 가졌든가 또는 그 집단이 그것을 관철하기 위하여 정치적 상대방에게 타협을 통하여 무엇인가를 희생시켰을 것이기 때문이다.[27] 오히려 결정은 다음과 같은 이유에서, 곧 그들의 논거가 설득력만을 가지고 확신을 불러일으키지 못하기 때문에, 그것이 독단주의, 의도적 독단주의, 집단이기주의 또는 유사한 이유 때문에 부패해 있기 때문에, 또는 경우에 따라서는 그것을 해명하는 것이 사람들이 그 결과를 관찰할 수 있도록 결정이 우선적으로 내려지는 것을 전제로 하기 때문에 결정기한 내에 수행될 수 없는 논쟁을 중단시킨다. 따라서 결정을 밑받침하는 이유는 종종 불확실하고 의심스러우며 잘못된 것으로 입증될 수 있다. 그럼에도 불구하고 그것은 합리적인 이유이다. 비록 그 효과에서 공통의 이해관계에서 있건, 상대적으로 기초적인 집단이해관계에서 있건 간에 그것은 정립된 규범을 예견가능한 것으로 만들거나 또는 그 흠을 가지게 될 결과와 관련되어 있다. 법의 합리성은 이따금 의문시되고 논의의 대상이 되기도 한다. 그러나 바로 "논의의 대상이 될 수 있는" 이유가, 실정적인 의미에서도, 법을 정립하는 결정을 규정한다는 것을 보지 않는다면 그것은 전혀 비현실적인 일일 것이다.

---

27) 그러나 Lübbe, 같은 책, S. 139 참조.

제2절 법적 결정에 대하여

52. 법적 사고와 법정책적 사고

법적 논증은 그것이 입법권에 구속된다는 점과 선결례에 추정적으로 구속된다는 점에서 법정책적 논증과 헌법정책적 논증과 구별된다. 물론 이미 이야기한 바와 같이 입법권도 자신이 이전에 내린 그리고 입법권 이전에 선존하는 결정을 고려해야만 하고 새로운 법을 이미 존재하는 법에 가능한 한 모순 없이 접합시키지 않으면 안 된다. 또한 특히 입법자는 헌법의 테두리를 지키지 않으면 안 된다. 그러나 법률가는 한계가 더더욱 좁다. 과연 그리고 어떤 상황에서 그가 입법권이 내린 결정을 낙후한 것이고 수정이 필요한 것으로 다루어도 되는가하는 문제는 이와 같은 관련에서, 그 자체 하나의 문제로서, 우선은 보류하기로 한다. 그것은 특수한 관점에서 논의되어야 한다. 바로 이와 같은 문제를 분명히 하기 위하여 우선 입법권의 결정은 법률가를 엄격하게 구속한다는 점에서 출발하는 것이 필요하다.

법적 논증과 정치적 논증은 이러한 구속성을 통해서 구별되는 것이지 그 밖의 다른 것을 통해서 구별되는 것은 아니다. 이는 이와는 다른 사소한 확정에서 문제가 되는 측면이다. 따라서 이 말의 의미는 이러한 차이를 도외시한다면 두 가지의 논증방식은 그 구조에서 같다는 것이다. 이는 곧바로 동의를 얻을 수 없고 그렇기 때문에 변론을 필요로 하는 주장이다. 이는 헌법이론에서 아직도 계속해서 지배적인 모델,[28] 곧 법적 사고는 법률의 의미를 이해하고 법률을 포섭을 통해서 사안에 적용하는 것을 목적으로 삼는다는 모델에 대한 도전이다. 이 모델은 그 자체 잘못은 아니나, 지나치게 조야한, 곧 부분적 측면을 지나치게 강조하여 단순화시킨 것이어서 그 결과 법적 사고가 지니는 매우 본질적인 요소들을 간과하게 된다.

사람들은 그 불충분성을 "흠결개념"을 통하여, 곧 법률에는 흠결이 존재하며 법관은 그것을 완결시킬 권능이 있다는 것을 인정함으로써 고려하고자 시도해 왔다. 이러한 인정에서 대단히 흥미 있는 점은 법률가가 의지할 수 있는 조항이 존재하는 곳에서는 조문을 단순히 "이해"함으로써 포섭할 수 있는 법문을 얻어낼 수 없다는 점이다. 민법상의 방법론의 지배적 학파, 곧 이익법학은 이미 오래 전에 "흠결"은, 그 개념이 뜻하는 바와 같이, 결코 예외가 아닌 원칙이라는 것을 인식하였다.

명확하게 알고 있는, 실천적으로 숙고하는 그리고 금세기에 가장 영향력을 갖고 있으며 가장 중요한 법적 방법의 분석가인 헤크 *Philipp Heck*는 법률개념의 확정은 "입법목적과 가치판단에 따라 수행되어야 하고 따라서 … 흠결보충으로 표현될 수 있다"고 생각하였다. 그리고 그는 적절하게 "의심스러운 법적 문제의 대단히 많은 부분, 아마도 대부분의 부분은 법률흠결의 존재에 기인한다"[29]고 추론하였다.

오늘날 우리들은 아마도 더욱 결정적으로 단순한 "이해"를 통하여 포섭할 수 있는 법문의 존재는 예외적인 경우이며, 그렇기 때문에 흠결개념은 분명히 하기 보다는 오히려 혼동시킨다고 표현하여야 할지도 모른다. 흠결개념은 역사적으로는 법질서의 완결성과 성문법전의 무흠결성이라는 도그마에 대한 최초의 도전으로 이해될 수 있다. 그러

---

28) 앞의 § 10 참조.

29) Gesetzesauslegung und Interessenjurisprudenz, AcP 112, S. 174.

나 흠결개념은 이와 같은 논의의 여지가 있는 상황에 구속되어 있고 오늘날에는 기껏 방법론을 이미 오래 전에 극복된 논의의 단계에 고정시키는 데에만 적합하다.[30] 흠결개념이 통하는 장소는 법이론적 사고가 입법권의 "법정립독점"이라는 생각에서 시작되는 곳, 이러한 생각이 그 비합리성을 고백하지 못하도록 하는 것이 문제가 되는 곳이다. 그러나 입법권은 법정립독점권을 가지고 있는 것이 아니라, 단지 법정립우월권만을 갖는다.[31]

흠결개념의 사용은 법적 사고의 고유한 단계와 관련하여 의미를 가지는 것이 아니라 법률조문에서 결과를 부수적으로 정당화하는 단계와 관련하여 의미를 가진다. 이러한 관련에서 사람들은 우리가 한편으로는 해석에 또는 다른 한편으로는 유추 또는 목적론적 환원에 의지하여 정당화시킬 것인가를,[32] 바꾸어 말하자면, 사람들은 일반조항을 우선할 것인가 또는 확장해석된 그 밖의 조항 또는 유추를 우선할 것인가 또는 목적론적 환원의 제한적 개념해석을 우선할 것인가를 결정하지 않으면 안 된다. 어떤 것을 택하는가에 따라 사람들은 "해석" 또는 "흠결보충"(또는 더 적절하게는 "법문보충")에 대하여 이야기하게 된다. 이에 대하여는 아래에서 다시 언급하겠다.

법발견의 고유한 문제는 앞의 § 11에서 이야기한 바와 같이 대전제의 발견이다. 법률조문 또는 헌법조문은 사안과 더불어 제기되는 문제를 명확하고 일의적으로 대답하고 있고, 입법자나 헌법제정자는 사안과 더불어 제기되는 의심스러운 문제를 아주 확정된 의미로 해결하고 문제를 결정했다고 생각되고 있다. 그러나 원칙은 그렇지 않다. 최소한 법에서는 간결한 일반조항들이 상호 균형을 이루고 있는 기본권이 그

---

30) 이에 대하여는 또한 S. 63과 64 참조.
31) 앞의 § 14 참조.
32) 아래의 § 60 참조.

러한 경우이다. 이곳에서 법발견의 문제는 개념들을 목표 지향적으로 확정시킬 수 있을 뿐만 아니라, 또한 한계설정과 형량에 또는 이러저러한 조항 또는 원칙 또는 관점을 끌어들이거나 끌어들이지 않는 것을 결정하는 데에도 있다. 이곳에서 법발견의 문제는 매우 명백해진다. 여기에서 가능한 대안을 배제하면서 소위 선존하는 법문을 원용하는 것이 항상 사람들이 실은 선택을 결정해 온 이유를 은폐할 수 있는 것을 의미한다는 것이 매우 분명해진다. 공공연한 판결이유를 분석하는 데 만족하는 방법론은 오늘날 법이론적 통찰이 제시하는 요구를 충족시킬 수 없다. 오히려 중요한 것은 숨겨진, 곧 본래의 결정이유를 명백하게 하고 그것을 합리적으로 통제할 수 있게 만드는 것일 것이다.[33]

53. 시선의 왕복, 제1단계

생활사태와 법규범 사이의 시선의 왕복(엥기쉬 *Engisch*)[34]은 법적 사안에 직면하게 되는 법률가의 사고를 처음부터 지배한다. 왜냐하면 첫 번째 문제는 어떤 법규범이 사안을 규율하기 위하여 도대체 고려되어야 하는가 하는 것이며, 이를 판단할 수 있기 위하여 법률가는 수많은 생활사태에서 어떤 사실이 중요한 것인가를 알아야만 하는데, 그러나 중요성은 단지 법규범을 통해서만 확정되기 때문이다. 이러한 시선의 왕복을 지도하는 합리성을 가능한 한 정확히 확정하는 것은 법발견의 방법론을 이해하는 기초가 된다.

33) 이에 대하여는 Kriele, Offene und Verdeckte Urteilsgründe, *Festschr. f. J. Ritter*, S. 99-117 참조.
34) 앞의 161 참조.

이와 동시에 사고의 실험은 결정적 요점을 명확히 파악하는 데 도움이 될 수 있다. 만일 우리가 어떠한 법문도 존재하지 않으며 제정된 법문도 그리고 관습법적으로 고정된 법문도 존재하지 않고 법문이 법원에 의해서 비로소 창출되어야 하며, 사안은 그에 대한 근거라고 생각한다면, 사고는 우리가 사안을 사고에 의하여 통제할 수도 있을 법문을 가정적으로 기획함으로써 시작한다. 우리는 가정을 비판적으로 심사하고, 다른 가정을 세우고 그것들을 비교하고 종국적으로 어떤 하나를 결정할 것이다. 이는 "다소간 방법론적으로 고정된 실험"(비얼링 *Bierling*)35)일 것이다. 이렇게 가정적으로 교량된 법규범은 다른 규범과는 (a) 그것들이 생활사태의 다른 사실들을 중요하다고 선언함으로써(곧 그러한 사실들을 구성요건에서 법적 결과를 규정하는 징표로서 수용함으로써), 또는 (b) 그것들이 구성요건에서 동일한 사안을 개념을 사용하여 상이한 추상정도를 표현함으로써(예컨대 어느 개가 "개"라는 개념 또는 "가축", "동물", "동산" 또는 동종의 것과36) 무엇인가를 같이한다는 것에 사실이 존재한다면), 또는 (c) 동일한 구성요건에 상이한 법효과가 귀속된다는 것을 통하여 구별된다.

우리가 어떤 사실이 어떤 추상정도에서 어떤 법효과를 가져올 것인가를 자문할 때 생겨나는 고려를 실정법의 이성법적 근거를 부인하는 자는 결코 이해할 수 없다. 왜냐하면 법관이 가설적으로 생각된, 모든 선존하는 법규범으로부터 자유로운 상황에서 정의가 지배하도록 하고자 한다면 가장 이성적인 규범가설, 곧 일반적 이해관계나 또는 (집단적 이해관계의 경우에는) 비교적 가장 기본적인 이해관계에 봉사하는 규범가설을 선택하기 위하여 규범가설의 개별적인 변형을 하나 또는

---

35) *Juristische Prinzipienlehre* IV, S. 47, Larenz, S. 203 참조.
36) 명사적인 개념과 관련해서 뿐만 아니라 예컨대 발을 문다, 문다, 상하게 한다, 훼손한다 같은 동사적인 개념과 관련해서도 추상화단계는 존재한다.

다른 규범가설이 어떠한 결과를 가져올 것인가라는 관점에서 심사하는 도리밖에 없다. 그러므로 법관의 고려는 구조상 정확히 법정책적 고려와 상응한다.

이러한 고려를 할 때 구체적인 사안과 당사자들이 법관을 도와준다. 왜냐하면 소송은 원고나 탄핵인이 피고가 원고나 탄핵인에게 가한 이익에 대한 침해를 묵과할 수 없다고 생각할 때에만 성립되기 때문이다. 따라서 원고는 다소간 명확한 규범제안과 더불어 법관 앞에 서게 된다. 원고는 사안을 설명함으로써 특정의 사실을 강조하고 그렇게 함으로써 - 명시적으로건 묵시적으로건 - 사람들이 "그러한 것"을 묵과해야 하는가라는 질문을 제기한다. 생활이 흐르는 중에 일어난 수많은 사건들 가운데에서 유독 하나의 "사건"이, 특정 사안이 "법적으로 중요한" 것이라는 가정을 통해서 강조된다. 누가, 어디에서, 언제 그리고 어떻게라는 무수한 개별 사실들을 우리는 무시할 수 있고, 단지 특정의 상황이 문제될 뿐이다. 무엇이 문제가 되는가는 규범가설에 따른다. 따라서 규범가설이 없다면 우리는 하나의 "사건"도 전혀 설명할 수 없다.

원고나 탄핵인은 그에게 질문이 행해지는 경우 사람들이 "그러한 것"을 묵과하여야 한다면 그러한 사실이 일반적으로 어떠한 결과를 가져오는가를 희미하게 묘사할 것이고 그는 자신의 사건을 실제의 예로 듦으로써 증거를 제시할 것이다(이는 바로 경험이 풍부하고 성공적인 변호사의 논증방식이다). 이렇게 해서 그는 예링 *Ihering*이 그의 고전이 된 책 「권리를 위한 투쟁」에서 대가답게 서술한 바와 같이 자신의 주관적 권리를 위해서 투쟁함으로써 객관적 법의 성립에 이바지한다. 일반적으로 그를 부추겨 송사를 하도록 하는 것은 이성법적 확신이며, 그를 분개하게 하고 그에게 피고에 대하여(객관적) 청구권을 가지고 있다는 의식을 부여하는 이성법적 규범이 침해되었다고 하는 감정이다.

이렇게 해서 법관에게 원고는 (또는 변호사는) 법문에서 자유로운 세계에서 이미 규범제안을 한다. 가끔 이러한 원고의 규범제안에 대하여 피고인 스스로는 아직도 경멸이나 회의나 또는 허언으로 피할 수 있다는 그러한 확신력을 가진다. 그러나 종종 피고는(또는 피탄핵인 또는 그 변호사는) 원고의 규범제안을 중요한 논거로써 반박할 수 있거나 또는 원고가 원용하는 규범이 일반적으로는 통용되어야 하지만 지금과 같은 "그러한 사건"에서는 예외가 인정되어야 한다는 것을 납득시킬 수 있다. 만일 그가 이론을 제기하거나 사실을 진술함에 한정되지 않고 법적으로 논증하는 경우 그는 어떻든 이성법적으로만 논증한다. 이는 그가 자신이 이의를 제기한 규범 또는 자신이 제안한 예외규범을 적용한 결과가 무엇이며 그것이 어떤 이해관계를 침해하게 되고 경우에 따라서는 어떤 이해관계가 더 기본적인가 하는 것을 설명한다는 뜻이다. 비록 그가 사실만을 진술한다 하더라도(예: 내가 주어진 약속을 지키지는 않았지만, 그러나 원고는 나에게 본래보다 늦게 이행해도 된다고 말했다), 그는 그러한 말로써 이성법적 규범이 이러한 사실을 중요한 것으로 만든다고 이야기하려는 것이다(그러한 경우에는 우리는 약속된 기간을 지킬 필요가 없다).

모든 법체계에서 당사자는 사실 이외의 것을 진술할 필요가 없다(da mihi facta, dabo tibi jus; jura nouit curia). 그럼에도 불구하고 진술된 사실이 중요한 것으로 취급되거나 또는 최소한 가능한 한 중요한 것으로 고찰되는 한 사실진술에는 언제나 규범제안이 있게 된다. 법관은 명시적 또는 묵시적으로 제안된, 또한 사건진술에 근거하여 고찰될 수 있는 법규범과 그 개념의 추상도 그리고 가능한 법효과의 변형을 이성법적으로 숙고하여야 한다. 이 과정은 다소간 명시적 또는 묵시적으로 수행될 수 있다. 이 규범을 적용한 결과가 어떠할 것이고 어떤 이해관계가 더 근본적일 것인가 하는 데 대한 관점은 성숙한 경험으로부터 올 수도 있으나 선입견에 가득찬 불융통성에서부터 올 수도 있다. 그리고 경우에 따라 규범이 유지되거나 또는 수정이 필요한 것으로 판명될 수 있다.

시선의 왕복은 무엇보다도 사안에 직면하여 법규범가설을 심사하는 것이다. 최초의 가설은 사안을 법관에게 제출하고 그렇게 함으로써 사건을 법적으로 중요하다고 설명하는 자, 곧 일반적이거나 또는 더 기본적인 이해관계에 기여하는 일반적 규범을 통하여 정당화됨이 없이 자신의 이해관계가 침해되었다고 주장하는 자에 의하여 제기된다. 그 이후의 가설은 상대방의 진술과 그리고 그렇게 함으로써 규범이 가장 기본적인 이해관계에 상응하도록 어떠한 사실이 어떠한 추상도로써 어떠한 결과를 가져올 것인가 하는 문제들에 대한 법관의 숙고에서 생겨난다. 규범가설은 사안에 의하여 검증되며, 사안은 규범의 성과를 일목요연하게 해주는 최초의 구체적 예이다. 동시에 그 밖의 예는 그 이후의 설명을 위해서 숙고될 수 있다. 따라서 법률로부터 자유로운 순수한 법관법의 세계에서는 법규범은 귀납적인 방법으로 법정책적 논증을 규정하는 동일한 이성의 관점에 따라 형성될 것이다.[37]

---

37) 특히 에써 *Esser*가 그의 자료가 풍부한 연구(*Grundsatz und Norm*, S. 31, 336ff.)에서 일목요연하게 하고 있는 바와 같이 영미법적 법관법에 의한 법의 계속형성과 대륙법적 법의 계속형성과의 비교는 본질적인 관점에서는 비슷하고 동일한 법제도가 양 법역에서 형성되어 있음을 보여 준다. 에써는 여기에서 연역적 방법으로 "만민법(jus gentium)"의 흔적을 찾을 수 있다고 믿고 있는데 비아커 *Wieacker*는 명시적으로 그를 따르고 있다(*Gesetz und Richterkunst.*, S. 13). 만일 법관법의 성립에 관하여 사용된 고려가 현실화되는 경우 이러한 관찰은 놀라운 것이 아니다. 법관법의 성립이 이러한 고려의 타당성을 증명해준다. 동시에 두 가지 법적 방법론의 유형, 곧 대륙법적 법전법의 "연역적"(법적) 방법론과 영미법적 선례법의 "귀납적"(법적) 방법론 사이의 구별(예컨대, Allen. *Law in the Making*, 7. Aufl., Oxford 1964, S. 162)이 관철될 수 없다는 것은 명백하다. 양 법역에서 연역적 사고와 귀납적 사고는 혼합되어야 한다. 이에 대하여는 또한 Alf Ross, *Theorie der Rechtsquellen*, S. 282f., 436f.참조.

54. 문제발견에 대한 법률의 영향

입법권과 헌법제정권력의 법정립독점권이 아닌 법정립우선권만이 있을 수 있다는 확신으로써 말하여지는 것은 법률국가와 헌법국가에서 법발견은 이미 서술한 순수한 법관의 법창조모델과 원칙적으로는 전혀 상이하지 않을 수 있다는 것이다. 이 모델에 따르면 법적 사고를 특정지우는 사고과정은 모든 법적 사고에 불가피하다는 것이다. 이성법적 규범가설을 형성하는 것은 모든 상황에서 불가피하고 불가결하다. 왜냐하면 그러한 가설을 근거로 해서만 우리는 어떤 "사건"을 설명할 수 있기 때문이다. 곧 생활의 끝없는 흐름에서 특정의 사실을 본질적으로 강조할 수 있기 때문이다. 그리고 규범가설을 근거로 해서만 도대체 법적 문제는 존재한다. 곧 법적 문제는 다음과 같은 문제를 통해서 특징지어진다. 규범가설은 실정법에 의하여 포함되는가 아니면 배제되는가?(또는 여러 개의 대안적 규범가설이 존재하는 경우에는 어떤 실정법문이 규범가설 가운데 하나에 상응하고 경우에 따라서는 그들 가운데 어느 것과 상응하는가?)

물론 이미 문제발견단계에서 법률국가와 비법률국가 사이에는 차이가 있다. 곧 선존 법문의 존재는 문제발견을 용이하게 한다. 법문이 없는 세계의 모델에 따르면 문제는 새롭게 그리고 귀납적으로 발견되지 않으면 안 된다. 그러나 현실적으로는 문제는 수없이 이미 발생되어 있고 그래서 법제도에 화체되어 있고 법률에 기재되어 있는 대답에 이끈다. 따라서 법률지식은 문제에 대한 대답을 알고 그렇게 함으로써 문제를 아는 것을 의미한다. 예컨대 계약법상의 - 이행, 무효, 취소 등 등과 관련하여 - 미묘한 섬세성은 처음부터 존재하지 않는다. 우선 법은 조야하게 도식적이었으며 대부분 가끔 구체적인 경우에 사람들은 새로운 문제를 의식한다. 우리는 이러한 문제들을 결정했고 이러한 결정은 법규범의 형태로 유지되었다. 그렇기 때문에 법률가는 문외한의 사안설명에 보통은 만족할 수 없다. 그 이유는 문외한의 사안설명에는 문외한의 추정적 규범가설에 따라 중요한 사실만이 포함되어 있기 때문이다. 그러나 상담의 대상이 되는 변호사는 그의 법지식으로부터 어떤 문제가 또한 중요할 수 있는가를 알고 있고 그래서 그는 그러한 문제에 대하여 질문한다. 그러므로 변호사가 법관에게 행하는 사안보고는 실정법의 선존성에 의하여 영향을 받는다.

우리가 실정법의 지식으로부터 문제를 의식한다는 것은 전적으로 정확한 진술은 아니다. 법률가가 알고 있는 실정법은 문제에 대한 대답으로 구성된 것이고, 따라서 문제와 대답은 우리에게 동시에 의식되며, 따라서 문제는 해결되며 그와 더불어 더 이상 문제라 부를 수 없다. 문제를 특징지우는 가능한 대안적 규범가설들은 처음부터 해결되어 있다. 이러한 상태에 포섭실증주의이론은 방향을 맞추고 있다.

그러나 대답된 문제로부터 얻어진 모든 지식과 함께 항상 새로운 문제에 대한 새로운 전망이 개시된다. 자연과학과 같은 여타 귀납적 학문에서와 마찬가지로 획득된 인식은 동시에 새로운 지평을 열고 새로운 문제를 가시적이고 화급한 것으로 만들기 때문에 또한 법률가에게는 모든 새로운 법률적 해결은 새로운 문제를 유효하게 한다. 법률가의 지식이 풍부하면 할수록 그만큼 더 그의 문제의식은 철저하다.

모든 가능한 고려의 대상이 되는 규범가설에 대하여 실정법이 긍정적 또는 부정적 또는 선택적 대답을 준다는 것은 희소한 경우는 아니라 하더라도 극단적인 경우이다. 예컨대 본래 연방장관을 지명하는 자는 누구인가, 연방의회인가, 연방대통령인가, 연방수상인가 또는 그 밖의 누구인가라는 문제가 제기된다면 기본법 제64조가 그에 대하여 분명한 답을 주고 그것이 정당한 해결책인가 여부에 대한 모든 논의는 법률가에게는 일단 배제된다(그러한 논의는 법률가가 헌법개정을 제안하려고 하는 경우에는 의미를 가질 수도 있을 것이다).

그러나 그러한 경우는 이미 다음과 같은 이유에서, 곧 그에 대해서는 - 어떻든 공법에서는 - 거의 법적 분쟁에 이르지 않기 때문에, 극단적인 경우이다. 곧 그러한 규정은 일반적으로 준수되고 있다(민법과 형법에서는 사정이 다르다. 곧 살인이 행해지고, 계약이 준수되지 않으며 따라서 법관은 "법률의 입"으로서 활동할 기회가 생긴다). 모든 법 분야에서 항상 새롭게 다음과 같은 문제가 제기되고 있다. 곧 이성법적 고려로부터 나타나는 규범가설이 실정법에 의하여 포함되는가 그렇지 않은가 그동안 헌법에서 행해진 거의 모든 판결들이 이러한 구조를 가진 문제에 대답하지 않으면 안 되었다.[38) 연방대통령은 수상이 추천한 장관의 임명을 후보자의 정치도덕, 정치방향, 전문적 능력을 이유로 거부할 권리가 있는가. 그러한 종류의 문제와, 곧 입법자나 헌법제정자가 차단시키지 않은 따라서 법률가가 관점(법정책적 또는 헌법정책적 논증을 규정하는)에 따라서는 고려해야 할 논의와, 곧 일반적 결정이 어떠한 결과를 가져올 것인가 하는 것과 법률가는 관계가 있다.

따라서 그가 법적으로 정당하게 결정하고자 한다면 그는 그의 결정을 선결례적 효력을 가진 것으로 간주하지 않으면 안 된다. 곧 그는 구체적 사안을 결정할 뿐만 아니라 또한 당분간 유효한 규범을 정립하는 것이며 그렇기 때문에 이러한 규범이 어떠한 결과를 가져오게 될까를 생각하지 않으면 안 된다. 따라서 정치의 지침에 대하여 대통령과 수상이 단지 정도에 있어서 의견의 차이를 가지는 구체적 상황과 관련하여 장관임명거부권을 인정함에 만족해서는 안 된다. 우리는

---

38) 앞의 S. 52의 예 참조.

원칙적인 견해의 차이의 경우에도 따라서 대통령과 수상이 정당정치적 대립의 스펙트럼 속에서 상반되는 정당에 속해 있는 때에도 판결 이유가 적용될 수 있도록 결정하지 않으면 안 된다.

그러한 한에서 법적 사고는 법률과 헌법의 세계 안에 있으며, 법적 사고는 법문에서 자유로운 세계에서도 구조상 동일하다. 이미 지적한 바와 같이 아주 종종 "흠결"이 있기 때문에, 스위스민법전이 그 유명한 제1조 제2항에서 요청하고 있는 바와 같이[39] 법관은 아주 종종 "입법자처럼" 사고하지 않으면 안 된다. 그러나 그럼에도 불구하고 매우 현저한 차이가 있다.

55. 시선의 왕복, 제2단계

흠결의 경우에 법적 사고와 법정책적 사고 사이의 차이는 논의를 법적으로 설명하는 과정에서 입법자 또는 헌법제정자에 의하여 단절된 소논의가 나타난다는 데 있다. 예컨대 법률가는 기본법제정자와 같이 대통령이 장관을 거부할 권리를 통하여 정책지침에 영향력을 행사할 수도 있는 대통령중심제의 장·단점에 대하여 전혀 선입견을 가지지 않고 토론할 수는 없다. 법률가에게는 무엇이 그에 찬성하는 이유이고 무엇이 그에 반대하는 이유인가라는 문제는 차단되어 있다. 그는 수상이 정책지침을 정한다는(제65조 제2항) 데에서 출발하여야만 한다. 물론 그는 예외를 고려할 수 있고 기본법 제64조 제1항과 제65조 제1항의 결정을 요하는 긴장관계 속에 서로 갖다 놓을 수도 있으나 제65조 제1항에 표현된 결정을 단순히 무시할 수는 없다.

---

39) 이에 대하여는 Meier-Hayoz, *Der Richter als Gesetzgeber* 참조.

더 어려운 사안에서는 더 많은 소문제들이 단절되어 있고 그리고 그와 함께 다시금 새로운 문제, 어느 정도까지는 소문제의 소문제가 존재한다. 동시에 그렇게 되면 대부분 이러한 소문제에 대하여 구속력을 갖지는 않으나 추정적으로 구속력을 가진 것으로 취급되는 선결례적 결정이 행해진다. 아래에서 설명하는 예들이 이를 더욱 일목요연하게 만들 것이다.

그러나 항상 법적 사고는 다음과 같은 구조를 가진다. 맨 처음에는 추정적으로 중요한 사실을 표시하고 그럼으로써 하나의 "사안"을 진술하는 데 전제가 되는 규범가설이 있다. 우리가 법률을 알고 있는 한, 우리는 어떤 가설도 구성할 필요가 없다. 대부분, 어떻든 공법에서는, 법적으로 중요한 사안은 명백한 법률침해가 아닌 법적으로 의심스러운 문제에서 성립된다. 그렇게 되면 규범가설의 구성이 불가피하다. 이러한 방법으로 한편으로는 문제되는 대안적 규범가설을 규정하고 다른 한편으로는 규범가설에 의하여 특정된 사안을 규정하기 위하여 시선은 생활사태와 규범가설 사이를 왕복한다.

제2막에서는 규범가설이 실정법상의 법문과 비교된다. 왜냐하면 법률가는 입법권과 마찬가지로 논의 중인 문제, 곧 규범으로서 규범가설을 정립하는 것과 정립하지 않는 것이 어떠한 결과를 가지게 될 것인가를 교량하지 않으면 안 되기는 하지만 그와 동시에 그는 입법권의 전체 결정을 받아들이지 않으면 안 된다. 따라서 그의 시선은 다시금 규범가설과 법문 사이를 왕복한다. 규범가설을 근거로 그는 그가 법률의 어느 곳을 보아야 하고 가능한 한 어디에서 해당되는 법문을 찾아야만 되는지를 알고 있다. 그가 그것을 찾게 되면 그의 시선은 그 법문이 진정 해당되는 것이고 적용할 수 있는 것인지 심사하기 위하여 거두어진다.

법문과 규범가설이 정확하게 동일하면 사안은 결정된다. 그것이 동일하지 않다면 그럼에도 불구하고 규범가설이 실정법에 의하여 내포될 것인가 하는 문제가 제기된다. 결정되어야 하는 문제는 이러한 내포를 법률개념의 상응하는 규정을 통하여 할 것이냐 또는 법문보충을 통하여 할 것이냐 하는 것이다. 두 가지 경우에 헤크의 용어[40]에 따르면 "흠결"이 존재한다. 규범가설의 내포 또는 배제에 대한 문제는 우리가 본래의 법정책적 또는 헌법정책적 문제, 곧 규범가설의 정당화가능성에 대한 문제를 파악함으로써만 대답될 수 있다. 따라서 우리는 우선 규범가설이 법문으로 인정되는 경우(또는 인정되지 않는 경우) 그 결과가 무엇일까를 질문하지 않으면 안 된다. 이는 수많은 개별적 문제에서 분리된 문제이며 이들 가운데 많은 것은 이미 결정되어 있다. 법률가는 이러한 결정들을 그것들이 법정립기관에 의하여 그리고 추정적으로 구속력이 있는 것으로 결정되어 있는 한 구속력이 있는 것으로 취급한다. 그의 문제는 따라서 더 이상 일반적인 것, 곧 가설적 규범이 법문으로서 정당화될 수 있는가가 아니라 가설적 규범이 모든 구속력 있고 반박될 수 없는 추정적으로 구속력 있는 결정들이 정당화될 수 있다는 가정의 **전제 하에** 법문으로서 정당화될 수 있는가 하는 것이다.

그러므로 이러한 관련에서 그의 시선은 쉴 새 없이 규범가설에서부터 문제가 되는 법문으로 그리고 다시 거꾸로 왕복한다. 따라서 "시선의 왕복"은 두 가지 단계에서, 곧 한번은 생활현실과 규범가설 사이에서 그리고 나서는 규범가설과 법문 사이에서 행해진다.

시선이 법문과 생활사태 사이에서만 왕복한다는 생각, 곧 "규범가설"이라는 연결고리를 간과하는 생각은 법적 사고의 핵심, 곧 규범가설의 합리적 고찰을 오인하는 원인이 된다. 우리가 무엇인가가 결여되

---

40) 위의 § 52 참조.

어 있다고 감지하고 있기 때문에 우리는 결여되어 있는 것을 다른 곳에서 그것이 법문의 "상위에" 있건, "위에서부터" 법문에 "영향을" 당연히 행사해야 하는 다소간 형성된 원칙에 접합된 "법이념"이건, 그것이 단어를 해석하는 "목적론적" 또는 "유추적" 요소 속에 있건, "사물의 본성"의 영향에 있건 또는 유사한 방법으로 그 밖의 것에 있건 간에 가져오고자 한다. 그러나 그러한 모든 생각들이 그 자체 잘못은 아니다. 다만 그러한 생각들은 반드시 불명료하고 윤곽이 없다는 것뿐이다. 끝으로는 그의 생각의 결정적 단계들이 아직 설명되지 않고 있다는 것을 귀납적으로 알고 있는 법률가의 경험에 대한 호소이다. 그러므로 이러한 호소는 흐릿한 귀납적 지식을 불러내는 데는 도움을 주나, 그것을 명확하게 하여 의식에로 고양시키는 데에는 도움이 되지 않는다.[41]

56. 이익법학과 유추에 대하여

여기에 오늘날 모든 법적 방법론, 특히 이른바 이익법학의 가장 명

---

41) 따라서 그러한 생각은 그것이 글자 그대로 생각되는 것이 아니라 그러한 생각이 직관을 불러일으킬 것임에 분명하다는 데에서 출발할 때에만 받아들일 수 있는 법적 사고과정을 정서(淨書)하게 된다. 그러므로 예컨대 카우프만 *A. Kaufmann*(*Analogie und Natur der Sache*, S. 31)은 시선의 왕복을 동시적 이중과정, 곧 "한편으로는 생활사태의 규범에의 동화"로, 다른 한편으로는 "규범의 생활사태에의 동화"로 묘사하고 있다. 이는 그렇게 생각될 수는 없다. 왜냐하면 이러한 묘사는 사태는 물론 규범을 부당하게 확정함으로써 법률을 왜곡하는 묘사일 수 있기 때문이다. 이러한 2차에 걸친 "접근"은 상이한 규범가설들을 충분히 음미하여 한편으로는 생활사태와 비교하고 다른 한편으로는 실정법 조문과 비교하는 데서 성립되는 현실의 정서(淨書)이다.

백하고 현실적인 약점이 있다. 이미 언급한 바와 같이, 이익법학은 법률가에게는 개념규정 자체가 이미 "법률형성"이며 그러한 의미에서 흠결보충이기 때문에[42] 주로 흠결과 관련을 가지고 있다라는 것을 명백히 인식하였다. 또 이익법학은 법률가란 입법자가 고려하지 않은 이해관계를 고려할 수 있고 해야만 한다는 것을 인식하기도 하였다.[43] 그러나 흠결을 확인하고 보충하는 데 있어서 이익법학도 다음과 같은 공식에 이르지는 못했다. 곧 우리가 입법자의 가치판단을 유추해서 적용할 수 있다는 것, 곧 입법자라면 "유사한" 또는 "같은 종류의" 이해의 충돌을 어떻게 결정했었을까하는 것을 지향하여야 한다는 것이다.[44] 이것은 물론 잘못된 공식은 아니지만 대단히 모호하고 불충분한 공식으로 결정적인 문제를 해결하지 않고 직관에 맡길 뿐이다.

왜냐하면 두 사물 사이의 "유사성"이란 어떤 징표가 중요한가를 확정하는 특정 관념과 관련해서만 결정될 수 있는 것이기 때문이다. 우리는 한 사람이 동일한 회사의 법적 대리인으로서 동일한 물건을 현금을 대가로 매각하는 두 가지 법적 사례를 생각할 수 있다. 날씨, 시간, 복장, 어투 등등 외관에서는 동일한 것이 한두 가지가 아니다. 다만 대리인이라고 주장하는 것은 한 경우에는 사실이고 다른 한 경우에는 사실이 아니다. 이 두 경우가 대단히 비슷하기는 하다. 그러나 법률가에게는 전혀 비슷하지 않고 오히려 반대인데, 왜냐하면 법률가의 관심을 끄는 것은 오직 법적으로 중요한 세부내용이기 때문이다.

마찬가지로 입법자에 의해서 규율된 이해관계가 "비슷한 종류의 것"인지 따라서 입법적 판단이 여기에도 유추 적용되어야 하는 것인지는 항상 결정되어야 한다. 이 결정의 기준이 되는 관점은 이익법학의

---

42) 기초적인 것으로 Heck, AcP 112, S. 173f. 앞의 § 52 참조.
43) 앞의 책, S. 226.
44) Heck, 앞의 책, S. 124, 226ff.

방법론적 문헌에서는 언급되고 있지 않다.45)

유추에서 명백한 논리적 과정이 추구된다고 하는 생각은 여기에 '비교적 관점'(tertium comparations)이 전제될 수 없으면 모든 논증력을 상실한다는 것을 간과하고 있다.46) 이에 대하여 카우프만 *Arthur Kaufmann*은 다음과 같이 적절히 지적하고 있다. "유추에 의한 결론 대신에(물론 목적론에 합당하지는 않지만!) 논리적으로는 항상 그 반대의 결과가 가능하다."47)

그러므로 우리는 여러 상황을 법적으로 중요하다고 판단하고 또 이에 따라서 두 개의 이해관계를 "비슷한" 것으로 평가하며 이로써 유추에 사용할 수 있는 하나의 관점을 필요로 한다. 이익법학적 방법론에는 바로 이러한 의미에서 "목적론"이 반영되어 있지 않다는 것이 하나의 단점인데, 이것은 일반적으로 우리가 감지할 수 없다. 왜냐하면 우리는 일반적으로 실천적으로 사고하는 법률가의 이성에 대한 신뢰를 가질 수 있기 때문이다.48) 그러나 무의식상태에 존재하는 법적 사고과

---

45) 헤크 *Heck*에게서는 특히 다음과 같은 방향전환이 발견된다. 흠결은 "포섭이 … 가능하지 않더라도, 법관이 권리보호를 해야 하는" 경우(앞의 책, S: 161) 존재한다. 흠결은 "보호가 필요하나, 완전하지 못한 사안"(S. 162)이다. 그에는 "보호할 가치 있는" 경우가 속하고 "다른 경우에는 또한 보호할 가치 있는 것으로 취급되는 이익"이 보호되지 않는 것이다(S. 174). 그러나 "하여야 한다", "보호의 필요 있는", "보호가치 있는"과 같은 개념들은 체계이질적이고 중요하지 않다. 이러한 개념들은 원래 매우 중요한 문제를 불러일으킬 수 있다 하더라도 더 이상 성찰되지 않는다. 헤크는 이러한 개념들과 관련하여 자신의 자신 없음을 분명히 의식하게 되었다. 왜냐하면 끝에 가서는 흠결보충에서 이익 자체가 보호의 필요성이 있는가 또는 보호의 가치가 있는가 여부는 더 이상 문제가 되지 않고 입법자가 "동등한 가치 있는"(S. 226) 또는 "동 종류의"(S. 175) 이익을 어떻게 취급해왔는가 하는 여부가 더 중요하게 되기 때문이다.

46) 또한 Arthur Kaufmann, *Analogie und Natur der Sache*, S. 25ff. 참조.

47) 앞의 책, S. 28.

48) 라이니케 *D. Reinicke*는 유추를 잘못한 연방최고법원의 판결을 비판적으로 설명

정을 밝히는 데 주안을 두는 이론에서는 이러한 법적 직관에 대한 신뢰로 만족할 수는 없다. 그러한 이론은 문제를 제거하거나 또는 해결하지 않으면 안 된다.

법실무를 관찰하면 문제는 저절로 풀린다. 유능한 법률가는 그가 자기가 원하는 대로 판결에 영향을 미치려고 할 때는 "다른 판결의 경우 결과는 도대체 어떻게 될 것인가"라는 주장을 하면서 법원에 영향을 미치려고 할 것이다. 그는 예컨대 다음과 같이 주장할 것이다. 법원은 그 결정이 선결례가 되도록 하여야 할 것이다. 곧 법원은 구체적인 경우에 "적당한" 해결이 무엇인가만을 염두에 두어서는 안 되고 나아가서 마치 입법자와 같이 그 밖의 경우에도 적용될 수 있는 규범을 발견하여야 한다는 것이다. 이러한 상황에서 법원이 X라는 의미에서 결정하면 그것은 그에 상응하는 결과를 갖게 되고 y라는 의미에서 결정하게 되면 또 그에 상응하는 결과를 갖는다는 것이다. 변호사가 그가 주장하는 대안이 공공의 이해관계와 여러 충돌하는 집단의 이해관계 가운데에서 비교적 근본적인 이해관계에 대하여 파국적인 위험을 가져올 것이라는 것을 설득할 수 있게 되면 이로써 그는 (법원이 해석의 여지를 가지고 있는 한) 소송을 승리로 이끈 것이나 마찬가지이다.

이제 남은 문제는 오직 이러한 결정이 법률로부터 "유추를 통해서"(per analogiam) 얻어질 수 있느냐 하는 것이다. 이것은 항상 가능하

하고 있다(JuS 1964, S. 421, 426f.). 결론적으로 그는 이 판결은 결국 "이웃 사랑의 마음에서 행동하는 자에 대한 과형(科刑)"과 마찬가지라고 쓰고 있다. 이에 대해서는 단지 다음과 같은 것이 첨언되어야 한다. 공동이익에 대한 동 판결의 위험한 결과를 지적하는 이러한 이성법적 관점이 적절하기 때문에 바로 그 이유만으로 "유추"는 잘못되었다. 유추가 잘못이고 그것이 잘못된 결과에 이른다는 것도 거의 비슷한 이야기이다. 왜냐하면 유사징표의 중요성을 문제삼고 그렇게 함으로써 유추의 적용가능성을 중시하는 관점들은 또한 이성법적 숙고이기 때문이다. 우리가 바로 그것과 동일한 것(또는 동일하지 않은 것)을 취급하고자 하는 경우 우리는 어디에 이르게 되는가.

다. 왜냐하면 바로 이러한 관점 - 공공의 이해관계 또는 비교적 더 근본적인 이해관계에 대한 규범의 영향 - 은 법정책적 논증의 규정요소가 되기 때문이다. 결국 기술적으로 중요한 문제는 적용하기를 원하는 가정적 규범과 가능한 한 많은 공통점을 가지고 있는 법문을 찾아내는 일이다. 가장 유리한 경우는 예컨대 헤크가 민법 제906조를 용익권자에게 적용하는 일련의 경우와 같이 우리가 많은 공통적인 특징을 발견하는 일이다. 적극적 채권침해를 법적으로 정당화시키기 위해서 우리는 비교적 이와는 거의 관계가 없는 규정으로부터 유추해야 하고, 영업행위에 대한 규율을 정당화하기 위해서는 민법 제242조의 일반규정을 원용하기만 하면 되는데, 왜냐하면 이는 문면상 이 규정이 왜 준수되는가에 대하여 대체로 반대의 것을 말하기 때문이다. 곧 위조문은 채무자로 하여금 특정한 방법에 따라 채무를 이행하도록 하고는 있으나 반대로 상황에 따라서 채무를 이행하지 않아도 된다는 권리를 부여하는 것은 아니다. 그렇다면 여기서 유추의 가능성은 이 조문이 "신뢰와 성실"이라는 단어를 사용함으로써 입법자가 상호 배려라는 관점에서 법을 형성하려는 "규범적 의지"를 표현한 것이라고 볼 수 있는 것이다. 규범제안과 실제 법규범 사이에 일반적으로 보아서는 이와 같은 공통점이 거의 없는 경우에는 규범제안이 입법정책적 논거를 이루는 관점, 곧 규범결과에 대한 고려에 의해서 규정된다면 유추를 정당화하지 않을 가능성이란 거의 없다.

변호사가 전개하는 논거에서와 마찬가지로 법이론문헌에서도 다음과 같은 것이 결정적인 역할을 한다. 여러 가지 법적 대안은 그 결과를 중심으로 검토되어야 하고 이론적 제안은 가능한 한 모든 다른 법적 견해는 공통의 또는 근본적인 이해관계를 침해할지도 모른다는 관점에서 주의깊게 근거지어져야 한다.

항상 그런 것은 아니지만 흔히 이러한 생각은 법원의 판결에서도 뚜렷이 나타난다.[49] 대부분의 경우 법원은 판결의 기초가 된 특별한 관점을 명시하는 대신 법률로부터 그의 결정을 외관상 논리적으로 정당화하는 것으로 만족한다. 그리고 법률가는 실제 그렇게 교육을 받기도 한다.[50]

이러한 상황에서 "역사적" 해석방법과 객관적 해석방법의 논쟁은 사람들이 생각하듯이 그렇게 의미가 있는 것은 아니다. 헤크는 객관적 해석이론을 4가지로 - 의지적, 형식적, 신뢰적, 그리고 보충적 논거 - 집약하였고 그것에 일관성이 없음을 증명하였다.[51] 이것은 여전히 법이론문헌에서 고전적인 업적에 속한다. 법률가는 "객관적인 방법"을 적용하면서 그의 해석이 법형성적 힘을 갖는다는 것을 감추는 기회를 갖는다라는 그의 지적은 적절한 것이다. 입법자의 결정이 구속적이어야 한다고 인정하는 한 우리는 이것을 먼저 이해하는 것이 중요하다. 이미 지적한 대로 결정의 기능은 해당 문제에 대한 논의를 종결시키는 데에 있으므로 우리는 우선 어떠한 논의가 있었는지, 반대 또는 찬

---

49) 헌법의 몇 가지 예: 기본법 제5조 제2항의 "일반적 법률"의 개념해석에 대한 BVerfGE 7, 198(Lüth-Harlan-Urteil)는 모든 일반적이고 추상적인 법문이 아니라 이익형량을 근거로 중요한 법문만이 기본권을 제한할 수 있다. 그 이유는 그렇지 않은 경우 "위험이 발생하고, 시민은 … 지나친 제약을 받고 공동체에 중요한 문제를 공개적으로 이야기하는 없어서는 안 될 자유가 더 이상 보장되지 않기 때문이다(VerfRspr, 5Ⅱ, Nr.10, S. 22). 또는 BVerfG 6, 32: 기본법 제2조 제1항의 의미에서 "거주이전의 자유"는 국가안전보장의 관점에서 제한할 수 있다고 규정되어 있지 않기 때문에 국외여행의 자유를 포함하지 않는다(VerfRspr. 4, S. 4). 임대차량을 사용함에 있어서 필요성을 심사하는 문제에 대하여 Würte.-Bad. VGH는 다음과 같이 선언하고 있다. "오로지 필요성이 없다는 사실로부터 공적 안전이나 또는 공적 교통의 이행능력에 대한 위험이 결론될 수 있기 때문에 더 이상 임대차량사용허가를 부인하는 동기가 있을 수 있는가 하는 데까지 문제는 구체화된다."(VerfRspr. 12b, Nr. 41) 약국판결에서 연방헌법재판소는 비슷한 태도를 취하였다.

50) Sattelmacher의 앞의 S. 169f.의 인용 참조.

51) 앞의 책, S. 67ff., 250ff.

성을 위해서 어떠한 논거가 제시되었는지, 어떠한 견해가 관철되었는지를 알아야 한다. 그러한 한에서는 결정을 회피하고 모든 문제를 개방하는 역사적 방법이 더 많은 명확성과 설득력과 합리성을 보장한다.

그러나 각자의 이해관계에 대한 역사적 연구가 법률가로 하여금 은폐된 법형성의 가능성을 적어도 배제할 것이라는 헤크의 반대명제는 그다지 설득력을 갖지 못한다. 비록 그것을 확인하는 것이 어렵기는 하지만 규범적 의사는 어쨌든 확인될 수 있는 사실이며 그것을 연구함으로써 법률가는 경우에 따라서 일탈적 법형성을 스스로 깨닫게 될 것이라는 생각은 규범은폐적 의지에 대한 조사가 명백한 결론을 보여줄 수 있는 정도로 충분히 이루어졌을 때에만 일관성 있게 주장될 수 있다. 그러나 헤크는 우리가 이미 살펴본 바와 같이 적절하게도 민법은 많은 문제를 해결하기보다는 미해결의 상태로 남겨 놓았고[52] 따라서 많은 의문을 불러일으키는 법적 문제들이 단지 유추를 통해서만 해결될 수 있다는 생각을 하였다. 결국 역사적 방법은 유추가 명료한 논리적 절차이고 이것을 통해서 은폐적 법형성의 가능성이 배제될 때 그것이 추구하는 명료성을 이룰 수 있다. 그러나 실제로는 이와 같은 일이 거의 불가능하기 때문에 역사적 방법을 통해서도 객관적 방법을 사용했을 때와 똑같이 은폐된 법형성이 일어날 수 있는 가능성이 있다. 개념의 규정도 그리고 그 밖의 방법에 의한 "법률의 형성"도 따라서 어떠한 유추도 필요하지 않은 곳에서만 은폐적 법형성의 가능성은 배제될 수 있다. 이러한 경우에는 "합리적인 입법자를 상정하고 행해진 추정"이 반증될 수 없는 것인지 (예컨대 객관적인 방법에서와 같이) 또는 반증될 수 있는 것인지(예컨대 역사적 방법에서와 같이) 하는 것은 큰 차이가 있다.[53]

---

52) 앞의 책, S. 174.
53) 앞의 § 47 참조.

따라서 역사적 방향의 이익법학이 지배적이었음에도 불구하고 그리고 사법분야에서 입법자의 이익평가가 결정적으로 중요한 것이 논의의 여지가 없이 인정되었음에도 불구하고 민법의 가치론적 근거가 50여년의 해석을 통해서 완전히 본질적으로 변화하였다는 것은 놀랄만한 일이 아니다. 1952년 비아커 *Wieacker*는 적절하게도 다음과 같이 지적하고 있다. "오늘날 통용되고 있는 사법, 특히 사법의 일반이론과 채권법은 그 내용이 법전으로부터 추출될 수 있는 것이 아니다."[54] 근본적인 변화는 민법이 변화된 상황에 적응하는 것과 관련되어 있다. 그러나 이것은 입법자의 근본적인 가치판단에 입각해서가 아니고 오히려 규범적 기초인 법률의 사회윤리적 기반이 변화한 것이다.[55] 이 논

---

54) *Privatrechtsgeschichte der Neuzeit*, S. 307f.

55) 비아커는 이 발전을 "자유적 법치국가에서 사회적 법치국가로"란 표어로 특정짓고 이를 수많은 개별 사실과 예로써 증명하고 있다. 그의 다음의 논문(특히 "das Sozialmodell der Klassischen Privatrechtsgesetzbücher", 여러 곳, *Privatrechtsgeschichte der Neuzeit*, § 26, S. 306ff.; Das bürgerliche Recht im Wandel der Gesellschaftsordnungen, in: *100 Jahre Deutsches Rechtsleben, Festschift zum 100. Bestehen des Deutschen Juristentages*, Bd. II, S. 1ff., Karlsruhe 1960.)

이 문제에 대한 비아커의 매우 중요한 설명은 해당 분야의 전문가들에게 주목을 받았고 주로 적절한 것으로 인정을 받았다. 더욱 언급할 만한 가치가 있는 것은 법률에 표현되고 있는 사회정책적 가치들은 해석에서 표준적인 것이라는 가정이 생생하게 남아있는 끈기이다. 이와 같은 가정은, 예컨대 "채권법의 중요한 영역에서 … 최고법원의 판결을 실질적 계약윤리라는 오래된 유럽적 전통을 결정짓는 (물론 무의식적으로라도; 저자의 삽입)것이"(*Privatrechtsgeschichte der Neuzeit*, S. 314.) 그리고 그것도 행위기초에 대한 규정의 경우와 마찬가지로 독일민법전 입법자에 의하여 부분적으로 고려되고 의식적으로 내팽겨쳐진 이성법적 이념에까지 고양되는 것이 옳다면, 절대적으로 유지될 수 없다. 기껏해서 해석은 전적으로 독일민법전에 성문화된 사회정책적 이념을 지향하여야 한다고 요구할 수 있다. 수백 배 고양된 요청은 무력하다는 것이 입증되었고, 그를 되풀이하는 것은 커다란 성과를 이루지 못하였으며, 더구나 이것은 모든 새로운 법제도들 - 양도담보, 행위기초, 기대불능, 기업위험, 계약체결상의 과실, 적극적 채권침해, 인격권, 신탁회사, 사실상의 계약 등등과 같은 표제어로써 설명되는 - 이 소급효를 갖고 다시 폐지되어

리가 실제로 타당하다면 위에서 지적한 변화는 역사적 방향의 이익법학의 이론적 출발점으로는 가능하지 않거나 가능하더라도 적어도 그것은 제한적일 뿐이다.[56] 물론 위의 논리가 결코 절대적으로 어디서나 승인되고 존중되고 있지는 않지만 많은 영향력을 가지고 있는 것은 사실이다. 중요한 것은 이 이론을 옹호하는 사람들에는 위에서 지적한 변화에 스스로 기여한 훌륭한 법이론가들이 속해 있다는 점이다. 바로 그들의 이해관계와 가치평가에 대한 분석이 법형성에 유익한 공헌을 했기 때문에 그들은 비중 있는 이론가에 속하게 된다. 다만 이러한 변화는 천천히만 일어나는 것이기 때문에 의식되지 않는다. 미시적으로 살피면 우리는 "입법자의 가치판단"이 결정적인 기준이었다라는 착각을 한다. 법원과 이론에서 이루어진 수십 년간의 법형성을 뒤돌아 관찰할 때 비로소 많은 은폐된 가치의 변화가 유추를 허용했다는 것이 분명해진다. 따라서 역사적 방향의 이익법학의 중요한 관심사 - 명료성, 개방성, 합리성 - 는 법의 이성법적 기반에 대한 고찰을 요구한다.

야 한다면 어떠한 법적 결과를 가져올 것인가 하는 문제의 어려움에 직면한다. 우리가 이러한 새로운 법제도들의 폐지를 원하지 않는다면 - 그리고 우리는 합리적으로 원하지도 않을 것이다 - 이러한 새로운 법발전에 대한 인정은 독일민법전의 구체적 사회정책적 가치들을 지향하라는 요청을 파기할 것이고 그렇게 되면 그러한 요청은 무력한 것임이 입증될 것이다. 또한 Kriele, Offene und verdeckte Urteilsgründe, 특히 S. 103ff.와 그 곳에 인용된 문헌 참조.

56) Heck, a.a.O., S. 178f.가 "언급된 생활관계의 변화에 의미가 있는 것에는 외부 현상세계의 과정뿐만 아니라 … 또한 입법자가 계산한 바 있는 공동체의 가치이념의 변형도 속한다'라고 하는 경우 그가 이해하는 것은 분명히 다만 입법자의 평가가 역사적으로 매개될 수 있고 변화하는 관계에 법의 적응이 개방적이라는 의미일 뿐이다. 그러나 입법자의 평가에 대한 소위 유추적 관계와 관련하여 법의 규범적 정신은 변경될 수 없다. 그러나 후자는 발생한 것이다.

제8장

헌법적 자유보장의 해석에 대하여

제1절 해석의 필요성에 대한 결정

57. "명백한" 법적 결론

지금까지 살펴본 바에 따르면 헌법법문의 해석에 대한 이론적 이해는 두 가지 근본적인 전제조건에서 출발하여야 한다. 첫째, 헌법제정자의 결단은 (법문해석에 의한 판결이 단순히 가정적으로만 구속력을 가지는 결단인 것과는 달리) 엄격한 구속력을 가진다. 둘째, 해석과정은 우리가 그 법문을 눈앞에 두고 그 다의성과 불명확성을 인식하며 그것을 제거하려고 노력함으로써 해결되는 것이 결코 아니고 그 법문이 (사실상의 또는 가정의) 사건이 발생하여 원용되고 그것이 헌법적으로 중요한 조문이라고 간주되어야 한다. 그러면 법률가는 규범가설을 상정하고 실정헌법이 이 규범가설과 일치하는지 또는 경우에 따라서는 어떤 변형을 통해서 일치할 수 있는지를 설명하여야 한다. 그러므로

"시선의 왕복"은 법적 사고과정을 첫 번째 단계에서 마지막 단계까지 행하는 것을 의미하며 따라서 **모든 해석은 사례의 해결을 의미하고 사례의 해결은 해석을 의미하게 된다.**

법문과 문제의 관계를 가장 쉽게 나타내는 극단적인 경우는 사례해결의 결과가 처음부터 자명한, 곧 단 하나의 규범가설만이 고려될 수 있을 때이다. 예컨대 서독에서 어떠한 방법으로든 고문이 허용되고 인간이 최저생활을 할 수 없으며 강제수용소가 설치된다면 이것이 헌법에 위배된다는 것은 명백하다. 이에 대해서는 이론이 있을 수 없을 것이며 결론은 처음부터 명백하다. 이와 같이 사례가 명백한 경우에 우리는 그 결론을 연방헌법재판소의 구체적인 판결을 근거로 설명할 수는 없으며 우리가 상상해 낸 사례를 가지고 논증할 수밖에 없을 것이다. 그러한 경우가 나타나는 것은 우리의 헌법체계가 붕괴되고 헌법재판이 더 이상 실질적인 보호를 하지 못할 때뿐이다.

또 다른 문제는 위헌성을 어떻게 법적으로 가장 합목적적으로 근거지울 수 있는가 하는 것이다. 그러나 이것은 부차적인 문제임이 분명하다. 다음과 같은 수많은 가능성이 존재한다. 인간의 존엄, 자유, 법치국가성, 민주주의, 법적 안정성과 비례의 원칙, 기본권이념과 그 "본질적 내용"을 원용할 수 있을 것이다. 또 기본권이 성립된 역사적 상황과 많은 자료 속에서 그 정당성이 증명됨으로써 그 결과로 헌법적인 결단이 이루어지고 실정화되었다는 것도 들 수 있다. 이 모든 것이 유용하게 또는 무용하게, 정확하게 또는 모호하게, 또 한층 법문과 관련하여 또는 일반정신사적으로 서술될 수 있다. 그러나 결과는 다르지 않다. 이 조치들이 위헌적이라는 규범가설들은 어쨌든 증명되는 셈이다.

이러한 인식에서 법적 해석이란 아주 추상적으로는 사례로부터 모호한 그리고 다의적인 표현들의 의미설명이라는 이론을 검토하는 경우[1] 이 이론이 대단히 불충분하다는 것을 쉽게 알 수 있다. 예컨대 기본법 제1조 제1항을 문제와 분리시켜 해석하려 한다면 우리는 해결할 수 없는 어려움에 빠지게 된다. 우선 "존엄"이라는 개념징표를 확정하는 작업부터가 끝없는 논쟁을 불러일으킬 것이다. 이 단어를 정의하려고 하면 곧 그 방법론의 문제가 제기된다. 우리는 '출생과 차이'(genus und defferentia)를 진술해야 하는가? 그렇다면 출생이란 무엇인가? "존엄"이란 무엇인가? 이것은 하나의 가치인가 또는 하나의 존재인가? 하나의 은사인가? 그것을 genus라고 결정하면 우리는 또 어려움에 빠지게 된다. 예컨대 가치란 무엇인가? 이와 같이 토론은 끝이 없다. 그러고 나서는 또 genus를 특정화하는 defferentia에 대한 물음에 답해야 한다.

또는 우리는 정의를 해서는 안 되고 그 대신 일반 용어례를 서술해야만 할 것인가 그렇다면 어떤 것을? 일반적인 것을? 그에 따르면 "존엄을 가지고 있지 않은 사람"도 얼마든지 있을 수 있다. 또는 예컨대 교회법에서 전해오는 법적·기술적 용어례도 있지 않은가? 이에 따르면 존엄이란 직무와 관련되어 있다. 또는 철학적 신학적 용어례도 있는데 그렇다면 어떤 것을 의미하는가? 헌법제정권력자의 세계관에 속하는 것인가? 그러나 헌법제정권력자는 다수의 참여자로 구성되어 있다. 곧 천주교신자, 개신교신자, 무신론자, 보수주의자, 자유주의자, 사회주의자 등등. 그리고 그 참여자의 수만큼이나 많은 의견이 존재한다. 또 많은 사람들은 인간의 존엄을 명백히 표현하지 않는 세계관의 신봉자이다. 인간의 존엄을 명백히 표현하는 세계관을 선호해야 하는가 우리는 예컨대 개신교에서 행해진 존엄의 개념에 대한 새로운(헌법제정 이후의) 발전을 고려해야 하는가 또는 우리는 모든 사람이 긍정하는 존엄의 개념에 대한 최소한의 내용으로 만족해야 하는가? 이로써 존엄의 개념이 대단히 내용이 없게 되어서 기본법 제1조 제1항의 본질

---

1) 앞의 § 42 참조.

적인 내용이 침해되는 것은 아닌가?

산 넘어 산이다. 요컨대 "하나의 어휘의 불충분성을 학문적으로 제거하려는 적극적인 활동"[2]은 혼란을 가져오기도 하며 이것은 자의의 가능성을 연다. 단지 문법적, 논리적, 역사적, 체계적 등의 해석방법을 사용하기만 하면 된다고 스스로 다짐하는 것은 우리를 방치하는 것이며 마치 우리에게 의미를 설명할 수 있는 수단이 마련된 것과 같이 행동하는 것이 된다. 이것은 마치 곤경에 빠진 사람에게 나무로 만든 무기를 주는 것이나 마찬가지이다. 그가 그것으로 곤경에서 빠져나올 수 없다면 그것은 그의 책임이라는 것이다.

기본법 제1조 제1항의 예를 통해서 우리는 문제상황과 유리된 해석방법이 불충분할 뿐만 아니라 우리를 오도하고 잘못된 결론에 이르게 할 수 있다는 것을 알 수 있다. 왜냐하면 "하나의 어휘의 불충분성을 제거한다는 것"은 그 표현이 일의적으로 이해될 때 가능한 것이다. 그렇다면 이때 지배적인 견해에 따르면 일의적인 의미를 상대화하는 해석과정은 더 이상 설 땅이 없다. 기본법 제1조 제1항의 명백한 어휘는 인간의 존엄이란 헌법으로 전혀 보호되지 않는다는 것을 가르치고 있다. 왜냐하면 그것은 "침해되어서는 안 되기 때문이다." 문법적 의미는 명백하다. 우리가 한 사람을 어떻게 취급하건 인간의 존엄이 침해되는 것은 불가능하다. 기본법 제1조 제1항을 근거로 제기되는 모든 헌법소원은 따라서 논리필연적인 이유로 기각될 것이다. 전체적인 문맥을 고려하더라도 그 어휘가 "일의성"을 갖는다는 면은 달라지지 않을 것이다. 기본법 제1조 제1항 제2문이 인간의 존엄을 존중하고 보호하는 것을 모든 국가권력에 "의무화"시키고 있기는 하다(그것이 불가침성을 갖기 때문에 전혀 불필요한 규정이라고 할 수밖에 없을 것 같다). 이

---

2) 앞의 § 42 참조.

의무가 단지 반사적 이익이 아니라 주관적인 권리라는 것은 언급되지 않았다. 반대로 제3항에서는 명시적으로 "아래의" 기본권들은 직접 적용되는 법이라고 선언되어 있다. 그러나 인간의 존엄규정은 그 위치에서 앞서 있다.

물론 진지하게 그러한 해석방법을 제시하고 있는 사람은 없다. 그러면 우리가 나아가야 할 방향은 무엇인가? 그러나 이것은 해석이란 항상 "우리는 어떠한 방향으로 가고 있는가"라는 질문을 생각해야 한다는 설명, 바꾸어 말하면 어휘의 "일의성" 또는 "불충분성"이 먼저 결정되어야 한다는 설명의 의미이다. 그러나 지도적인 관점은 법문에 대한 해석은 그것이 구체적인 사건을 올바르게 - 곧 정당화될 수 있는 방법으로 - 해결할 때에만 옳은 것일 수 있다. 그 밖의 것에 대해서는 해석이론가 - 결국 보통은 법률가 - 는 전혀 생각하지 않는다. 그러나 이미 다른 것이 말해졌으며 이로써 정말 의미되는 것은 이론으로부터는 설명이 될 수 없다. 여기서 중요한 것은 오직 현실관련적 해석이론을 얻는 것이다.

58. 의심스러운 법적 결론

그 밖에 대부분의 현실적 문제에서는 헌법적 해결은 자명한 것이 아니라 의심스럽다. 일반인에게는 자명한 것처럼 보이지만 그러나 법률에 명확히 규정되어 있지 않기 때문에 문제를 일으키는 경우를 우리는 예컨대 다음과 같은 것에서 살펴볼 수 있다. 곧 우리는 해외이주권을 처음에는 거주이전의 자유의 의심의 여지가 없는 구성부분으로서 생각하지만 그러나 놀랍게도 기본법 제11조 제1항에 규정되어 있는

거주이전의 자유는 다만 "연방지역 내"에서만 보장되어 있다.[3]

이와 같이 하나의 사건이 문제가 되면 우리는 법률에서 우리의 결정의 근거가 될 수 있는 것이 아니라 그 해결책을 찾게 된다. 이 때 우리는 두 개의 가능성을 가지고 있다. 우리가 법률 자체 내에서 명백히 표현되어 있는 해결책을 찾아서 이것이 곧 우리가 이성법적으로 이해하는 규범가설에 일치하거나(이것은 곧 우리의 문제를 만족스럽게 해결할 것이며 적어도 더 이상 의혹을 불러일으키지 않을 것이다) 또는 우리가 그것을 찾지 못하는 것이 그것이다.

우리가 적용할 수 있는 하나의 법조문을 찾아내고 그 적용이 일정한 결과에 이르며 그 결과가 옳다는 것에 대해서 우리가 의심하지 않는 경우 우리는 그 규범을 곧 적용할 수 있다. 예컨대 어떤 공무원이 기본법 제13조 제2항과 제3항이 요구하는 전제조건이 충족되지 않았는데도 개인의 주거에 침입하였다면 그것은 더 이상의 설명이 필요 없다. 이 행위는 기본법 제13조 제1항에 위반하여 위헌이다. 이 경우 우리는 자료를 조사하고 선결례를 연구할 이유가 전혀 없다. 경우에 따라서 우리는 주석서에서 제13조에 관한 설명을 들쳐볼 것이다. 그러나 이것은 혹시 어떤 다른 이유로 올바른 해석에 대한 의혹이 나타날 수 있지 않을까 하는 것을 확인하는 의미만을 가질 뿐이다.

그러나 대부분의 경우 문제가 그렇게 간단하지만은 않다.

명확한 어휘로 표현되어 있는 해결책이 불충분하거나 또는 명확한 어휘로 표현되어 있는 해결책 자체가 결여되어 있는 경우가 있다. 먼저 첫 번째 경우를 살펴보기로 하자.

이 경우 이론은 대체로 법문이 명확하고 일의적인 경우에는 그 해결이 만족스러운가 여부는 더 이상 논의의 대상이 되지 않는다고 한

---

3) BVerfG 6, 32 참조.

다. 이는 법률가를 입법자의 결정에 구속시키는 권력분립의 원칙에서 나오는 당연한 결과라는 것이다.[4] 이 견해는 원칙적으로 옳기는 하다. 그러나 수정할 필요가 있다.

이러한 것을 우리는 기본법 제12조 제1항의 예를 살펴봄으로써 알 수 있다. 제12조 제1항은 명확한 어휘로 직업선택의 자유에 대한 제한을 규정하고 있지 않지만 그 제한을 인정하지 않는 헌법학자란 없을 것이다. 법문에 나타나 있는 것은 직업**행사**만이 규율될 수 있다는 것, 곧 직업행사만이 국가기관과 형법적 통제의 대상이 될 수 있다는 것이다. 여기서는 직업행사의 종류와 방법만이 언급되어 있으나 직업행사는 직업을 가진 후에야 논의할 수 있는 것이다. 법률이 "허가"에 대해서 규정했다는 것은 법문상으로만 보면 적어도 지배적인 견해에 따라서 직업개시를 직업"행사"가 아닌 직업"선택"이라고 이해할 때에는 헌법위반이 된다. 왜냐하면 기본법 제12조 제1항 제1문은 이 기본권에 대한 법적 제한을 전혀 규정하지 않고 있기 때문이다. 어떠한 형태이건 제한이 도대체 허용되는 것으로 인정된다라는 이러한 결론은 몇 가지 우회적 해석을 통해서만 가능하다.

이 해석은 결코 간단하지 않고 필연적이지도 않다. 그러한 결론을 도출하기 위한 모든 논거는 강력한 반대논거에 의해서 언제나 반박될 수 있다. 왜냐하면 기본법 제2조 제1항의 공동체유보로부터 기본권을 제한하려는 시도는 단순하고 일반적인 법적 논리를 사용하지 않겠다는 생각이다. 예컨대 다음과 같은 것이다. 다른 기본권에는 법률유보가 규정되어 있으므로(제2조 제2항 제3문; 제5조 제2항; 제6조 제3항; 제8조 제2항; 제9조 제2항; 제10조 제2문; 제11조 제2항; 제13조 제2항과 제3항; 제14조 제1항 제2문, 제2항, 제3항; 제16조 제1항 제2문) 기본법

---

4) 앞의 § 10 참조.

제12조가 명시적으로 법률유보를 두지 않았다면 직업선택의 자유는 무제한으로 보장된다는 것이다. 또 같은 논거로 사회국가조항으로부터 나오는 기본권의 제한도 부정할 수 있다. 그 밖에 우리는 사회국가 조항의 의의를 엄격히 해석하면 그것이 연방공화국은 사회적(기본법 제20조 제1항)이거나 또는 기본법이 "사회적" 법치국가(기본법 제28조 제1항)를 구성한다는 것을 확인하고 있다고 이해할 수 있다. 이 두 규정은 - 글자 그대로 해석하면 - 결국 전혀 새로운 법을 창조하는 것이 아닐 것이며(제28조 제1항은 단지 지방헌법에 관한 규정이다) 기본법의 다른 조항에 의해서 창설된 법에 새로운 이름을 부여하는 것일 뿐이다. 그러므로 사회국가조항은 우리가 논리를 거스르지 않고 논증한다면 기본법은 직업선택의 자유가 무제한으로 보장됨**에도 불구하고** 사회적이다. 곧 이 규정은 사회적 요구를 함으로써 이 자유를 제한하는 것을 배제한다는 것을 확인한다는 것이다.

기본법 제12조 제1항 제1문의 표현은 여러 가지 점에서 매우 다의적이다. 예컨대 "직업"이란 무엇을 의미하는가와 같은 극단적인 문제에 대해서는 확실한 대답을 주고 있지 않다. 그러나 직업을 우리가 무엇이라고 이해하든 간에 기본권에 대한 제한이 명시적으로 규정되어 있는 것은 아니다. 그러한 한에서 그 표현은 일의적이다.

이러한 결론은 물론 유지될 수 없다. 이에 대하여는 모든 법원과 법학자들의 의견이 일치되어 있다. 논의의 대상이 되는 것은 어느 정도로 직업의 자유에 대한 제한이 필요한 것으로 여겨지는가이다. 어쨌든 기본법 제12조 제1항은 해석의 필요성이 있는 조항이다. 그러나 이 해석의 필요성은 법문이 불명확하기 때문에 나오는 것이라고 말하는 것은 오해의 여지가 있다. 오히려 사정은 그 반대이다. **우리가 법문을 해석할 필요가 있다고 보기 때문에 법문은 모호한 것이다.**

이것은 중요한 통찰이다. 왜냐하면 이로써 우리는 왜 법문을 해석할 필요가 있다고 여기는지라는 질문에 접하게 되기 때문이다. 그 정직한 대답은 다음과 같다. 왜냐하면 우리는 한 두 예를 통해서 만약 직업선택의 자유가 완전히 무제한으로 보장된다면 그 결과는 어떻게 될 것인가라는 것을 음미하기 때문이다. 곧 우리는 자연히 그리고 직관적으로 만일 직업선택의 자유가 무제한으로 보장된다면 경우에 따라서는 근본적인 이해관계, 곧 직업선택의 자유가 제한됨으로써 침해되는 이해관계보다 더 근본적인 이해관계가 위험에 빠지게 된다는 것을 알 수 있다. 직업의 자유에 대한 제한을 설정하는 여러 법원의 판결은 그 내용이 어떤 것이건 항상 그러한 것보다 근본적인 이해관계에 대한 지적을 한다. 자격증서 또는 권한의 부여조건은 바로 그와 같은 다른 이해관계 또는 공공복리에 대한 위협이 기준이 된다(von Mangoldt-Klein, Art. 12 Anm 5 a, b. 그곳에 언급된 판결 참조). 필요성심사가 허용된 것으로 판단되는 경우에 이것은 근본적인 이해관계의 보호라고 근거지어졌다. 예컨대 음식점영업에서 필요성심사는 국민보건의 유지를 위한 수단으로 여겨졌으며(OVG Münster, OVGE 3, 85) 또는 공공의 안전과 질서에 대한 위험을 방지하기 위한 수단으로 여겨졌다(OVG Hamburg VwRspr. 3 Nr. 49). 반대로 필요성심사가 허용되지 않는 것으로 판단될 때에는 이것이 제12조 제1항의 법문이 명백한 표현에 따라 그러한 위험이 고려대상이 되지 않는다고 주장되지는 않았다. 오히려 그러한 위험이 존재하지 않거나[5] 또는 그러한 위험이 다른 방법으로 극복될 수 있다고[6] 생각되었다. 이로써 기본권을 보호하는

---

[5] 약국법의 위치제한을 철폐하는 경우 질서 있는 약품공급이 국민건강을 위험에 처할 정도로 혼란될 것이라고 이의를 제기한 BVerfG 7, S. 377(약국판결). 또한 차량임대회사 허가시에 필요성심사를 철폐하는 경우 교통의 공적 안전 또는 이행능력이 위험에 처하게 된다는 것이 문제된 Würt-Bad. VGH VerfRspr. Art 12b, Nr. 41 참조.

[6] 약품취급업체와 관련된 위험이 기본법 제12조 제1항 제2문에 따른 직업행사의

것보다 더 근본적인 이해관계를 위해서 기본권의 제한은 필요하고 이때 구체적인 사건에서 문제가 된 이해관계가 고려되는 것이 아니고 기본권을 제한하는 규범이 일반적으로 적용될 때 문제가 되는 이해관계가 고려된다.

59. 개방된 결정이유와 숨겨진 결정이유

직업선택의 자유를 제한하는 지도적 관점을 정당화하는 논증의 이와 같은 시금석과 법적 논거가 부차적이라는 사실은 우리가 법적 논거의 폭넓은 가능성을 확장하는 경우 특히 분명해진다. 곧 이러한 문제에서 하나를 선택하거나 또는 또한 누적적으로 여럿을 선택할 수 있는 대안적 가능성에는 부족이 없다.

예컨대 첫째로, 우리는 **"헌법제정자의 의사"**를 근거로 삼고, 그렇게 하는 데 특정 학력을 요구하는 직업허용의 적법성은 그 자체 당연하다는 만골트 *von Mangoldt*[7]의원의 소견을 근거로 삼을 수 있다. 그러나 우리는 그 밖의 의원들이 이 설명을 넘겨듣지 않았는지 또는 머리를 저음으로써 거절했는지 여부를 알지 못한다. 뿐만 아니라 우리는 원래의 입법자 - 지방의회 - 가 그에 대해서 어떻게 생각했는지를 알지 못한다. 또한 만골트 의원의 이러한 견해가 암시적으로 표현되지 않았고, 이는 "주관적" 해석이론, "암시이론"의 지배적 변형에 따르면 그 존중의 전제일 수도 있을 것이다. 그러나 어쨌든 만골트 의원의 이러한 소견에서 우리는 적어도 입법자의 의사에 대한 징표를 발견한다(물론 우

규율을 통하여 해결될 수 있다고 연방헌법재판소가 상론한 약국판결, a. a. O., S. 409ff.

7) JöR I, 134.

리가 명백한 문언에서 귀결되는 결과를 만족할 만한 것으로 간주하는 경우, 우리는 그러한 종류의 징표를 간과할 수도 있을 것이다).

둘째로, 우리는 자료의 불충분성에 직면하여 그것과 관계없이 무제한적인 직업의 자유는 기본법 제12조 제1항의 의미가 될 수 없으며 그 "**입법이유**"도 아니라고 "객관적"으로 논증할 수 있다.

셋째로, 우리는 **직업행사**의 규율권한을 가능한 한 확대해석하여 그 밑에는 직업개시에 대한 통제는 해당되지 않으며[8] 따라서 제12조 제1항 제2문이 제1문보다 우위에 있다고 주장할 수 있다.

넷째로, 우리는 그 밖의 기본권에 규정되어 있는 법률유보로부터 오는 반론을 무시함으로써 기본법 제2조 제1항의 공동체유보를 모든 기본권에 구속적인 것으로 선언할 수 있다.[9] 동시에 다시금 개별적으로 제한하는 개념들을 정의하는 수많은 가능성이 생겨난다. 우리는 "헌법합치적 질서"를 예컨대 매우 기본적인 헌법원리라 이해할 수 있을 것이고, 또는 또한 전체 실정법질서가 합헌적인 방식으로 생겨났거나 또는 극단적인 단계들 사이에 어떤 단계를 결정하는 경우 전체 실정법질서로 이해할 수도 있을 것이다.

다섯째로, 우리는 그 개념규정적 문구에도 불구하고 사회국가조항으로부터 요청적 의미를 추출해냄으로써 기본법 제20조와 제28조의 사회국가조항으로부터 한계를 근거지울 수 있다.[10]

여섯째로, 우리는 기본권을 그 속에 내재적인 기본권"체계"의 발로

---

8) OVG Münster, VerfRspr, Art. 12b, Nr. 6시 뮌스터 행정법원은 이러한 극단적 견해에 머무르고 있지는 않다. 앞의 Nr. 13참조. 이러한 해석을 따르고자 하는 경우 그와 같은 법규정이 필요성과 비례성의 원칙들을 충족시키는가 여부와 직업선택의 자유를 무가치하게 만드는가 여부에 따라 헌법적으로 심사할 수 있는 가능성을 포기해야만 할 것이다.
9) 예컨대 Dürig, JZ 57, 171은 그러한 입장이다.
10) 예컨대 Bachof, VVDStRL 12, 42.

로 간주하고 이러한 체계로부터 제한적 "흠결보충"을 정당화하려고 시도할 수 있다.[11]

일곱째로, 우리는 모든 기본권에는 법률에 의한 제한가능성이 "내재"하고 있다고 주장할 수 있다. 바꾸어 말한다면, 만일 청구권 때문에 공동체에 필요한 법익의 존립이 위협을 당하는 경우 그것을 주장해서는 안 된다는 것이 "기본권의 총체개념"이라고 생각할 수 있다.[12]

여덟째로, "기본권의 총체개념"에 제한을 가하는 대신에, 기본권을 "그 자체" 무제한적인 것이나 제한할 수 있는 것으로 간주할 수 있다. 곧 특수한 이유가 기본권의 배제를 정당화하는 한(연방헌법재판소가 그렇게 하듯이) 기본권의 배제를 인정할 수 있다.[13]

아홉째로, 우리는 무제한적 직업자유에 의하여 희생된 사전통제는 후발적인 경찰통제에 의하여 다시금 보상되어야 한다는 것을 지적함으로써 직접 "목적론적"으로 논증할 수 있다.[14]

열번째로, 우리는 기본권의 합헌성은 물론 기본권의 "공동체관련성"의 "합헌성"을 주장할 수 있다. 그 결과 기본법본문을 검토하는 해석은 본문과는 상관없이 획득된(자연법적인 또는 역사적으로 근거지워진) 생각이 어디에선가 "표현"될 것이라는 데에 환원된다.[15]

열한번째로, 우리는 기본권제한을 보호법익의 "더 고차적인 가치"를 가지고 정당화할 수 있다.[16]

---

11) 예컨대 Scheuner, DöV 56, 66.

12) BVwG DVB Ⅰ, 1956, S. 100은 그러한 입장이다(v. Mangoldt-Klein, Art. 19. Anm. V4c 참조).

13) 예컨대 - 입증할 수 있거나 또는 고도의 개연성 있는 - 매우 중요한 공동체의 이익에 대한 위협이 그를 필요한 것으로 만드는 경우에 직업허용의 객관적 조건을 정당한 것으로 취급하고 있는 약국판결이 이러한 입장이다.

14) 예컨대 Forsthoff, *Zur Problematik der Verfassungsinterpretation*, S. 21 참조.

15) Uber, *Freiheit des Berufs.*

16) Eike von Hippel, *Grenzen und Wesensgehalt der Grundrechte.* 이에 대하여는 Der Staat

아마도 기본법 제12조 제1항 제1문에 대한 제한을 법적으로 근거지우는 더 이상의 가능성이 발견될 수 있을 것이다.

법원의 판결에서 이러한 법적 논거 가운데 하나가 나타나는 경우 그것은 유일하게 가능한 그리고 오로지 올바른 것으로 나타난다. 우리가 폭넓은 가능성을 염두에 두는 경우에 비로소 이러한 표현이 얼마나 바르지 않은가 하는 것이 분명해질 것이다. 오히려 논거는 부차적이다. 곧 법원은 그때마다 **이러한 논거를 선택하는 것**을 결정하지 않으면 안 된다. 그와 같은 선택을 규정하고 규정하여야 하는 이유들에 대해서는 아래에서 언급할 것이다. 법적 논거는 이미 받아들여진 결과를 정당화하는 데 이바지할 뿐만 아니라 또한 그 결과를 최소한 그 변형에서 영향을 주고 판결을 선결례로 만들고 그렇게 함으로써 판결에 일반적이고 법정립적인 성격을 부여할 수 있다. 그럼에도 불구하고 어떠한 방법으로 제한을 합목적적으로 근거지울 수 있고 그 결과 제한의 범위가 어디까지인가 하는 문제는 정의 때문에 제한이 필요한가하는 것이 분명한 경우에 비로소 제기된다. 그러한 한에서 제한을 법적으로 근거지우는 것이 고유한 가치를 가지기 때문에 법적 논거가 부차적이라는 사실에는 변함이 없다.[17]

66, 254ff.

17) 이와 같은 견해는 바호프 *Bachof*의 견해이기도 하다. "기본법에 의하여 전제된 사회적 구속은 자유의 외적 구속이 아니라, 자유에 내재하는 것이다. 동시에, 우리가 기본권의 공동체관련성을 일차적으로 기본법 제20조와 제28조의 사회국가선언으로부터 추론하는가, 우리가 그것을 기본권체계의 흠결보충적 전체관찰로부터 획득하는가 또는 마지막으로 기본법 제2조 제1항에 대한 개별 자유권들의 특수성에도 불구하고 그곳에서 거명된 세 가지 법익으로부터 사회에 대한 자유의 본질적 한계를 발견하는가 하는 것은 단지 이차적인 의미만을 가진다."(Freiheit des Berufs in: *Die Grundrechte*, III, 1. Halbband, S. 155; 금지가 삽입되어 있음).

60. 해석이냐 법문보충이냐

우리는 두 가지 방법으로, 곧 우리가 그 개념을 제한적으로 해석하거나 또는 분명한 예외를 확정함으로써 기본권을 제한할 수 있다. 예컨대 우리는 "자유로운 직업선택"은 법률에 의한 직업허가요건을 통해서 전혀 침해되지 않는다고 말하거나 또는 허가요건은 "자유로운 직업선택권"(기본법 제12조 제1항 제1문 자체의 문언에 따라)의 제한을 의미하나 이에 대한 예외는 정당화된다고 말할 수 있다. 왜냐하면 … 첫 번째 경우에는 해석 또는 문구해석을 이야기하고 있고, 두 번째 경우는 특히 "목적론적 환원"[18]이기는 하지만 법문보충[19](흠결보충)을 이야기하고 있기 때문이다.

양자의 구별은 여러 면에서 중요한 문제이다. 왜냐하면 두 종류의 제한에서 전혀 상이한 방법을 적용한다는 데에서 출발하고 있기 때문이다. 그럼에도 불구하고 사실은 그렇지 않다. 제한의 전제는 물론이거니와 제한을 구체화시키는 고려도 동일하다. 모든 경우에 문제의 시작은 예컨대 허가조건을 전혀 인정하지 않는 경우 우리는 어디로 갈 것인가 하는 것이다. 우리가 기본법 제12조 제1항이 보호하는 이해관계보다 더 기본적인 이해관계가 침해된다는 결과에 이르게 되는 경우 어떠한 방법으로든 제한이 뒤따르게 된다. 사람들이 둘 가운데 어느 것을 선택하는가 하는 것은 이미 본 바와 같이 법률본문의 제한이 문제가 되는 한 2차적인 문제이다.

물론 사람들은 제한적 해석과 목적론적 환원 사이의 구별에 커다란

---

18) Larenz, *Methodenlehre*, S. 260, 296ff.

19) v. Mangoldt-Klein, Einleitung IV, 6은 이 용어를 제안하고 있다. 그 곳에서는 해석과 법문보충에 대한 상위개념으로서 "법발견"(Rechtsgewinnung)이 제안되고 있다. 앞의 서론 주1 참조.

비중을 두는데, 그 이유는 그것이 한편으로는 법률적용과 다른 한편으로는 법률보충, 법의 계속형성 사이의,[20] '이차적 법률'(secundum legem)과 '실정법에 반하는'(praeter legem) 법발견 사이의, 본래의 의미의 해석과 흠결보충 사이의 경계와 관계되어 있기 때문이다. 이러한 경계는 전래의 방법론에서는 중요한 의미를 갖는데, 그 이유는 법의 계속형성이 법관에게 바로 허용되는 것이 아니라 특정 정당화전제에서만 허용되기 때문이다. 지배적인 방법론은 그 구별표지를 "가능한 문구의 의미"가 해석을 허용하는가 아니면 그것을 넘어서야만 하는가 하는 문제에서 찾고 있다.[21] 이와 같은 표지는 카나리스 *Canaris*가 설명한 이유에서 또한 찬성을 받고 있다. 그러나 방법론은 하나의 해석이 가능한 단어의 의미와 결합될 수 있는가라는 문제에 대하여 논쟁이 있기 때문에 경계가 유동적이라는 것을 또한 인정한다.[22] 단어의 의미는 일반적인 언어사용, 경우에 따라서는 또한 입법자의 특수한 언어사용으로부터 결과할 수 있기 때문에 사정은 더욱 그렇다.[23] 그러한 경우를 우리는 한편으로는 법을 단순히 "해석"하고 계속 형성하지 않는 데 가치를 두는 경우와 다른 한편으로는 일반적 언어사용상 단어의 의미가 만족할 만한 해석을 허용하지 않는 경우에 인정할 수 있다. 예컨대 기본법 제12조의 경우 우리는 철저하게 직업취득에 대한 국가의 금지가 자연적인 단어의 의미에서 "직업선택"을 전혀 침해하지 않는다고 생각할 수 있다. 왜냐하면 "선택"이라는 단어의 자연적 의미는 우리가 직업을 취득하는 경우 결정, 곧 이미 완결된 내적 과정을 표현하기 때문이다.

---

20) Larenz, *Methodenlehre*, S. 260 참조.
21) Larenz, *Methodenlehre*, S. 243f., S. 260; 또한 다른 구별시도를 증명하고 거부하고 있는 Canaris, S. 19-23도 보라.
22) Canaris, S. 23, 각주 22.
23) Larenz, S. 242ff.

직업취득은 가능한 단어의 의미를 더욱 확장시킨다 하더라도 결코 메울 수 없을 것이다. 그러나 그렇다면 기본법 제12조 제1항 제1문은 결코 취직을 제한하지 않을 것이고, 우리가 "자연적인 단어의 의미" 외에 직업취득을 포함하는 기술적 단어의 의미를 인정하지 않으려는 경우 그 조문은 대상을 잃게 될 것이다.[24] 우리가 이와 같은 것을 인정하는 경우 기술적 단어의 의미가 나타내어야 하는 범위가 어디까지인가 하는 것은 단지 결단의 사항일 뿐이다. 우리는 이를 다음과 같이 정의할 수 있다. 필요한 직업선택의 제한은 "해석"의 과제, 그것도 "목적론적 환원"의 과제이다.

그러한 종류의 기술적인 단어의 의미확정은 우리가 쓸데없는 궤변에 빠져들려 하지 않는 경우 거의 언제나 가능하고 심지어는 필요하기까지 하다. 또한 제한이 아닌 확장이 문제가 되는 경우에도 사정은 다르지 않다. "주거"란 단어의 가능한 의미는 분명 일반적 언어 사용에서 사무실공간과 상점공간을 포함하지 않는다. 그러나 기본법 제13조 제1항 "주거는 불가침이다"는 영업상의 목적에 사용되는 공간 또한 보호한다.[25] 우리는 이와 같은 것을 유추를 통한 흠결보충에 의하여 근거지울 수는 있으나 그렇게 함으로써 유추를 통한 흠결보충은 기본권의 경우에 허용되는가 하는 문제에 직면하게 된다. 왜냐하면 그렇지 않은 경우 사법부가 입법부로부터 스스로 결정하는 데 필요한 법재료를 박탈할 수도 있기 때문이다. 또는 우리는 자연적인 언어사용 대신에 영업공간을 포함하는 "주거"의 기술적 단어의 의미를 표준적인 것으로 선언한다. 후자가 더 분별 있는 것으로 생각되며 또한 법이론의 견해인 것으로 보인다.[26] 구별표지, 곧 "가능한 단어의 의미"는 따라서

---

24) 그렇다면 그것은 (부족된) 직업을 행사하거나 또는 어떤 특정의 직업을 행사하는 데 대한 허용조건을 넘어서는 장애에 대한 부장일 것이다.
25) v. Mangoldt-Klein, Art. 13, Bern. III 1.

"모호하기는 하지만, 그러나 아직도 사용할 수 있는"[27] 것이다. 더구나 이러한 구별표지는 대단히 모호하고 단어의 의미를 기술적으로 확정하는 가능성을 통하여 조작될 수 있기 때문에 그것은 실제로는 거의 아무런 의미도 없다. 단어의 의미가 명백하고 단어가 위치해 있는 법문이 이끄는 결과가 만족할 만한 것이기 때문에 어떤 단어를 해석할 필요가 없는 한계상황이 존재할 뿐만 아니라 또한 자연적인 단어의 의미를 통해서도 또한 어떤 의미심장한 기술적 정의를 통해서도 결과에 도달할 수 없는 또 다른 한계상황이 존재한다. 그러나 이러한 **양극단 사이의 매우 넓은 영역에서는 단어해석뿐만 아니라 또한 흠결보충이 가능하고 선택의 여지가 있다.** 따라서 이와 같은 중간영역은 해석의 넓은 영역과 흠결보충의 넓은 영역 사이의 협소한 한계영역이 아니라 두 개의 좁은 경계선 사이의 아주 넓은 영역이다.

그렇기 때문에 우리가 좁게 해석할 것인가 또는 "목적론적 환원"을 통하여 한정시킬 것인가, 넓게 해석할 것인가 또는 유추를 통하여 흠결을 보충할 것인가 하는 데 대한 결정은 실제로는 어떤 "단어의 의미가 가능한가"에 방향을 맞추는 것이 아니라 이러저러한 해석방식이 법영역의 전후관계에 어떻게 정돈되며 그 결과는 무엇인가 하는 것에 방향을 맞춘다(그러나 이는 결정이 결국에 가서는 다시금 정의의 시금석에 방향을 맞추는 것을 의미한다). 직업자유의 제한을 법적으로 지지하려는 11가지의 상이한 가능성 가운데에서 몇몇은 해석의 범위 내에서 다른 몇몇은 목적론적 환원의 범위 내에서 유지된다. 우리가 그들 가운데 하나 또는 여러 개를 결정하는 경우 이와 같은 차이는 거의 어떠한 역할도 하지 않는다. 오히려 결정적인 것은 이러저러한 경

---

26) v. Mangoldt-Klein, 앞의 책. 참조; 조문의 문구 자체만으로는 결정적인 것이 아닐 것이다.
27) Canaris, 앞의 책, S. 23.

우에 좁은 제한이 가능한가, 그것이 필요한가, 예컨대 우리가 수미일관하게 그 밖의 자유권을 제한하고 특수한 한계를 상대화시키는 기본법 제2조 제1항의 공동체유보에 근거하는 경우 그 결과는 무엇인가, 우리가 갈 수 있는 범위는 어디인가 그때그때 어떤 결과가 나오는가 등등과 같은 문제들이다. 이러한 문제들 앞에서는 단어의 의미가 제한적 해석을 허용하는가 또는 그것이 제한적 법의 계속형성을 강제하는가와 같은 외견상 중요한 문제는 무의미한 것이 되고 만다.

61. 형식적 법치국가와 실질적 법치국가

이제까지 설명한 것으로부터 우선 결론지울 수 있는 것은 기본법 제12조 제1항 제1문이 "불명확"하다는 것만으로는 이를 해석할 필요가 없으며, 해석은 단순히 불명확성을 제거할 목표를 가지지 않는다는 것이다. 오히려 정의를 이유로 하여 기본권제한이 요청된다고 간주되고 **그렇기 때문에** 기본권의 문구는 해석이 필요한 것으로 생각된다. 이로부터 우선적으로 기본권의 문구가 불명확하고 그와 더불어 제한을 제2차적 법적으로 정당화하는 수많은 가능성이 고려된다는 결론이 나온다. 따라서 극단적으로는 다음과 같이 말할 수 있을 것이다. **해석의 목표는 많은 경우에 불명확성을 제거하는 것일 뿐만 아니라 또한 불명확성을 우선 일차적으로 드러내는 것이기도 하다.**

이로부터 본문해석의 필요성을 본문의 다의성과 불명확성으로부터 결론짓는, 따라서 "해석"을 "어떤 문구의 불완전성을 학문적인 방법으로 제거하는 정신적 활동"[28])으로 정의하는 모든 법적 방법론은 불충분

---

28) 앞의 § 42 참조.

한 것으로 나타난다. 이러한 견해는 로마법상의 상속법에 기원이 있는 명제, 곧 "말에 모순이 없으면 법원은 희망을 허용해서는 안 된다"(cum in verbis nulla ambiguitas est, non debet admitti voluntatis quaestio)[29]에 그 전형을 두고 있다. 중세 이래 이 명제에 대하여 우선은 교회법에서 "입법이 지연되면 법원은 중단해야 한다"(Cessante ratione legis cessat lex ipsa)[30]라는 반대규칙이 주장되기 시작하였다. 우리는 이곳에서 다시금 두 개의 관점이 모순되나 그 둘 가운데 하나가 다른 것을 언급함이 없이 거명되는 경우 권위를 누린다는 통상의 현상을 만나게 된다. 이 곳에서는 상호 배척하는, 그러나 그 모순성이 아직까지 정확히 논의되지 않은 2개의 법적 해석에 관한 이론이 대립하고 있다. 어떠한 경우에도 우리는 둘 가운데 어느 하나가 자신을 관철할 수 있으리라고 말할 수는 없다.

이 두 가지 이론의 배후에는 두 가지 상이한 법의 철학, 곧 이미 고대에서부터 전래되어 현재의 헌법학에서는 형식적 법치국가냐, 실질적 법치국가냐? 법적 안정성이냐, 실질적 정의냐?와 같은 논쟁으로 이끈 실증주의를 지향하는 법의 철학과 정의를 지향하는 법의 철학이 있다. 헌법학이 일련의 전투를 배열하고 수없이 행하고 수없이 상대편에 의하여 비난을 받아온 고백을 끝없이 독백처럼 반복하는 것 이상이 되어야 한다면, 곧 전투가 현실적으로 행해져야 하고 논거에 논거가 제기되고 교량하듯이 상론되어야 한다면, 해석이론이야말로 그러한 논쟁이 행해져야 할 장소이다. 왜냐하면 상이한 법적 사고에 관한 이해 위에서 그리고 법발견에 관한 상이한 견해 위에서 논쟁은 끝까지 첨예화되기 때문이다.

---

29) D. 35. 2, 25. 1; 또한 D. 34. 5.3도 참조.

30) 이 규칙의 역사에 대해서는 Krause, Zschr. d. Savignystiftung. Kanonist Art, Bd. 77, S. 82ff. 참조.

철저한 실증주의자는 기본법 제12조 제1항을 해석할 필요성이 있는 것으로 만드는 것이 정의라는 것을 전적으로 인정할 수 없을 것이고, 그 결과 그는 직업자유의 제한을 위한 법적 근거를 대는 것이 부차적 성격의 것이라는 것을 인정할 수도 없을 것이다. 오히려 그는 이러한 것이 기본적 이유라는 것을 주장하지 않으면 안 된다. 왜냐하면 그는 그러한 경우에만 그의 실제적인 해석결과가 "법률로부터" 결과한다는 실증주의의 핵심명제를 유지할 수 있을 것이기 때문이다.

실증주의적 방향과 정의지향적 방향 사이의 이와 같은 분열은 순이론적인 것이다. 실무에서 양자는 정의지향적이고 해석과정은 둘 다 같은 방식으로 수행된다. 오로지 그들이 행하는 것에 대한 이론적 이해가 한 쪽에서는 다른 쪽에서 보다 진리에 더욱 가깝다.

올바른 실무와 잘못인 이론의 이와 같은 싫지는 않은 병행은 불충분한 해석이론이 해석결과는 곧바로 "불명료성을 제거함으로써" 법률로부터 획득된다는 허구의 유지를 허용하는 한 끝이 없을 것이다. 법철학적 기본의도에 대한 올바른 이해는 정의가 해석 자체를 지도하고 규정한다는 사실에 의하여 모든 베일이 벗겨짐으로써 비로소 이루어진다. **법철학의 문제들은 해석이론에서 분명해진다.**

이미 상론한 바와 같이 지배적인 새로운 해석이론은 해석에 대한 정당화논증의 영향력을 소위 "목적론적" 또는 "규범론적" 해석을 사고과정의 요소로서 간주하거나 또는 법의 계속형성의 부정이 "매우 참을 수 없는 결과"에 이르게 되는 예외적인 경우에 법관에게 법의 계속형성을 인정함으로써 참작하고자 한다.[31] 지금까지의 상론에서 실은 이와 같은 규범적 요소가 해석과정이 대답하여야만 하는 문제를 미리 제기함으로써 그 밖의 모든 해석과정을 지도한다는 것이 분명해졌을

---

31) 앞의 § 47 참조.

것이다. 이미 보아온 바와 같이 어느 본문이 어느 정도 명확하고 일의적인가 하는 문제는 이성법적 논증이라는 시금석에 따라 저절로 결정된다.

이를 통찰하기 위해서는 무엇보다도 우리가 본문을 추상적으로, 곧 구체적인 문제에 대한 관련 없이 해석할 수 있으리라는 가정을 포기하는 것을 전제로 한다. 법적으로 중요한 해석은 어떻든 우리가 법문을 하나 또는 여러 개의 실제적인 또는 가정된 사례와 대비시키고 그 사례를 해결하고자 시도하는 경우에 비로소 가능하게 될 것이다. 그렇게 되면 우선 구체적인 법적 문제는 앞에서 인간의 존엄 조항을 실례로 들어 설명한 바와 같이(§ 56) 법문을 추상적으로 관찰하는 경우 **제기될 수도 있는 해석상의 난점들을 덧없는 것으로 만드는** 것이 자명해진다. 둘째로, 그렇게 되면 위에서 직업자유의 조항을 실례로 들어 설명한 바와 같이(§ 57) 구체적인 법적 문제는 법문을 추상적으로 고찰하는 경우 제기되지 않을 수도 있는 **해석상의 난점들을 만들어낸다**는 것이 분명해진다.

따라서 우리는 다음과 같이 이야기할 수 있다. 곧 어떤 본문이 명백하고 일의적인가 하는 여부는 결코 명백하고 일의적인 것이 아니다. 우리는 이와 같은 것을 추상적으로 관찰되는 본문을 보고 알아낼 수 없다. 바꾸어 말하면 어떤 본문의 해석필요성은 결코 일의성이 결여된 결과가 아니다. 오히려 사정은 반대이다. 곧 **어떤 본문의 일의성 또는 다의성은 단지 해석필요성에 좌우될 뿐이다.** 그러나 어떤 본문을 해석할 필요가 있는가 여부는 구체적인 문제에 직면해서 비로소 나타나고 해석이 정당화하는 결정을 허용하는가 하는 여부에 좌우된다.

이미 상론한 바와 같이 그러한 경우에 입법자나 헌법제정자의 결단을 구속적인 것으로 받아들이고 선결례를 추정적 구속력 있는 것으로 받아들이는 그러한 결정이 정당화될 수 있다는 것을 간과해서는 안 된다. **법적 안정성의 원리는 그 자체 실질적 정의의 원리이다.** 이러한 것을 인정하지 않는 곳에서는 기본적인 이해관계가 침해된다. 그렇기 때문에 추상적이어서는 안 되고 실질적 정의에 반하는 행위에 대하여 어찌할 도리가 없어서도 안 된다. 정확하게 공평무사한 관찰에서와 같이 이성적으로, 곧 일반적 이해관계 또는 더욱 기본적인 집단이해관계에 봉사하는 것이어야 한다. 예외적으로 그것이 더 이상 이와 같은 방법으로 정당화될 수 없게 되자마자 그것을 후퇴시키는 것이 또한 이성적이다. 그러므로 우리가 충분한 이유를 갖는 경우 우리는 선결례와 편차를 나타낼 수도 있고 아주 극단적인 예외의 경우에는 입법자나 헌법제정자의 결정을 무시할 수도 있다. 그러나 그러한 것은 거명된 관점에 따라 토론에서 입증되어야 한다. 분명히 그러한 경우에 - 정당화논증에서 종종 그러하듯이 - 우리가 지나치게 경직적으로 법적 안정성의 원리를 고수하거나 우리가 법적 안정성의 중요성을 지나치게 과소평가한다면 이는 잘못 결정된 것이다. 그러나 실제로는 그와 같은 잘못은 그 결과가 명확해지는 것으로써 나타나게 되고, 그렇기 때문에 그러한 잘못은 저절로 수정된다. 곧 우리는 언제나 다시금 중용을 근거로 진자운동(振子運動)을 한다.

그러므로 형식적 법치국가냐 또는 실질적 법치국가냐 하는 논쟁은 강령으로 경직된 두 개의 잘못 사이의 논쟁이다. **실질적 법치국가는 형식적 법치국가를 포함하고 형식적 법치국가에 한계를 설정한다.** 구체적 문제를 결정하는 데 대한 정당화가능성은 모든 곳에서와 마찬가지로 이곳에서도 결정하기 위한 척도이다. 곧 이성법적 숙고는 법을 철저하게 지배한다. 법적 법발견을 지도하는 관점을 분석하는 일은 법철학적으로 조건지어진 원칙논쟁과 이를 통하여 조건지어진 "법치국가"의 헌법적 개념을 해결하는 열쇠이다.

제2절 자유와 기본적인 이해관계

62. 미국을 일견함

모든 헌법체계의 어머니로서 우리의 특별한 관심을 끄는 미국헌법의 경험은 헌법해석이 최소한 경향에서나 원칙에서도 정당화논증의 기준을 지향하고 있음을 입증하고 있지만은 않다. 미국헌법의 경험은 그 이상의 것, 곧 만일 헌법해석이 정당화논증의 기준을 지향하지 않을 경우 결과가 어떠할 것이며, 불충분한 법철학이 정의의 기준에 대하여 직관적으로 존재하는 이해를 엉망으로 만들어 놓음으로써 법적 상식을 해치는 경우 해석이 어떻게 되는가를 가르쳐주고 있다. 그 결과는 헌법재판이 한편으로는 법관이 가지는 권한의 한계를 외람되게 유월하는 것과 다른 한편으로는 기본권을 공허한 것으로 만드는 자제적 자기겸양 사이에서 우왕좌왕하게 된다는 것이다. 그렇기 때문에 우리가 미국의 경우를 잠깐 살피는 것은 비교법적 여론(餘論)이 아니라, 논제를 더욱 명확히 하고 그것을 조급하게 팽개치는 것을 경고하는 데 이바지한다. 이미 다른 곳에서 토론의 상태에 대하여는 설명하고 토론하였기 때문에,32) 이곳에서는 몇 가지 특히 알려진, 또한 독일에서도 자주 언급되는 미연방대법원의 판결에 접근하는 것으로 충분할 것이다.

해석의 문제는 특히 수정헌법 제1조와 관련하여 중요성을 갖는다.

---

32) Kriele, JZ 65, S. 242ff.와 Der Staat 65, S. 195ff. 포괄적인 것으로는 Ehmke, *Wirtschaft und Verfassung.*

동 조항은 그 밖의 주요 자유권과 함께 언론의 자유를, 그것도 기본법 제5조의 표현을 훨씬 상회하는 내용으로, 곧 "언론의 자유"를 무제한 보장하고 있다. 그 본문은 다음과 같다.

"의회는 언론이나 출판의 자유를 박탈하는 … 어떠한 법률도 제정해서는 안 된다."

우리가 이 조문을 추상적으로 관찰하여 문자 그대로 받아들인다면 모든 종류의 언론의 자유가 보장되고 있다. 그러나 언론의 자유보다 더 기본적인 이해관계를 보호하기 위해서는 어떤 제한이 불가피하다는 것과 그렇기 때문에 국가반역, 위증, 명예훼손, 선동 등등은 헌법의 보호를 받을 수 없다는 것은 명확하다. 그러한 한에서 "바로" 언론의 자유는 그러한 예외를 처음부터 제외시켰다는 것을 우리가 주장할 수 있기 때문에 그에 대해서는 어떠한 논쟁의 여지가 있는 해석의 문제가 있어 본 적이 없다.

이 수정헌법조항의 해석은 제1차 세계대전 중 일정한 정치적 견해의 표현이 형벌을 받게 되자 진지하고 매우 논란의 여지가 있는 문제로 되었다. 이미 미국역사의 초기단계에 정치적 의견의 자유를 억압하려는 시도가 있었으나 그러나 이 나라는 언제나 그러한 시도를 정치적 수단을 통하여 극복하였다.[33] 이른바 1917년의 간첩에 대한 법률이

---

33) 1798년의 Alien and Sedition Act를 가지고 권력을 잡고 있었던 보수적 공화주의자들은 제퍼슨 *Jefferson*적 공화주의자(현재 민주당의 선구자)의 진보적 여러 이념의 보급을 방해하고자 하였다. 그러나 이 법률은 지극히 현명하게도 연방대법원에 규범통제를 받기 위하여 제소되지 않았다. 그 이유는 제퍼슨이 전적으로 공화주의자 출신으로 구성된 법원을 불신하였고 숙명적인 선결례를 회피하고자 하였기 때문이며(Mason-Beaney, The SC p. 285를 보라) 또한 제퍼슨이 이러한 미국인의 자유에 대한 본능을 해하는 억압의 시도를 근거로 자신의 인기

사회주의당의 서기장, 셴크 *Schenck*[34]를 유죄로 결정하자 비로소 언론의 자유를 제한하는 문제가 헌법적으로 첨예한 것으로 되었다. 셴크는 징집에 대하여 저항할 것을 주장하는 평화적 삐이라의 배포에 책임이 있었고 이는 동 법률에 따르면 범죄가 되는 행동이었다. 미국역사에서 가장 위대하고 가장 지각 있는 법률가의 한 사람인 유명한 홈즈 *Holmes* 대법관하의 미연방대법원은 이 법률과 이 법률에 근거를 둔 셴크의 유죄판결은 합헌이라고 판결했으나 동시에 언론 자유의 침해에 엄격한 제한을 가하려고 노력하였다. 곧 전쟁이라는 특수한 상황에서만 언론의 자유에 대한 이러한 침해는 허용될 것이다. 왜냐하면 이러한 침해에 대한 전제는 무제한의 언론은 경우에 따라서는 "명백하고 현존하는 위험을 가져"올 수 있을지도 모르기 때문이다. 이와 같은 이른바 "명백하고 현존하는 위험의 원칙"(clear-and-present-test)을 설명하기 위하여 홈즈는 다음과 같이 이야기하고 있다. "자유로운 언론을 철저하게 보호한다고 해서 수많은 관객이 있는 극장에서 '불이야'라고 소리침으로써 소란을 일으키는 사람을 보호할 수는 없을 것이다."

이 예는 감명적이다. 그러한 소란 때문에 사람들이 서로 부딪치고 짓밟는 위험이 생겨나리라는 것은 분명하다. 따라서 홈즈는 이곳에서 분명히 기본적인 이해관계, 곧 생명과 건강에 대한 위험을 상정하고 있다. 또한 전쟁의 경우에 언론자유의 침해를 명백하게 제한한 것은 명백하고 현존하는 위험이라 할지라도 단순히 덜 기본적인 이해관계의 위험이 문제되는 경우에는 결코 충분하지 않다는 것을 암시한다. 왜냐하면 행정부에 대한 민주적 비판은 명백하고 현존하는 위험 - 곧 행정부의 다수에 대한 - 을 의미할 수도 있기 때문이다. 그러나 이는 그 어떠한 이해관계에 대하여 위험을 가져오지 않을 수도 있다. 그러

와 1800년 선거에서 승리를 미리 확보할 수 있도록 하고자 하였기 때문이다.
34) Schenck v. U. S., 249 US 47(1919).

한 것은 "명백하고 현존하는 위험의 원칙"에서는 이야기되지 않았다. 그러나 후일 특히 홈즈와 카르도조 Cardojo와 함께 가장 명망 있는 금세기의 연방대법원판사 브랜다이스 Brandeis는 "명백한" 그리고 "현존의"(또는 그의 말에 따르면 "임박한"(imminent))과 같은 개념들을 명확하게 규정하였을 뿐만 아니라, 또한 "실재적 해악"(substantive evil)의 위험이 문제되어야만 하리라는 것을 첨가하기도 하였다.[35](후일 사람들은 "실재적 해악" 대신에 또한 "진정한"(serious) 또는 "중대한 위험"(grave dangers)에 대하여 언급하고 있다). 브랜다이스는 언론자유의 제한은 "국가를 파괴하거나 또는 진정한 범죄(그것이 정치적인 것이든, 도덕적인 것이든)로부터 보장하기 위하여" 필요한 경우에만 허용될 수 있을 것이라고 설명하고 있다.

이러한 논거로써 1919년의 「캘리포니아 주 과격 노조 처벌법」(Kalifonische Criminal Syndicalism Act)은 합헌이 되었다. 이 법률은 "범죄, 태업활동(고의적이고 악의적인 유형재산의 파괴나 훼손으로 정의된), 재산에 변경을 가하거나 산업을 통제하거나 또는 정치적 격변을 일으키기 위하여 "행하는 수단으로서의 폭력행위 또는 테러적 방법"의 선전을 금하였다. 그 밖에도 브랜다이스는 그러한 범행을 목적으로 하는 집단의 조직과 그 구성원을 유죄에 처했다.

브랜다이스는 그 논거에서 이 법의 유지가 정치적 - 또는 급진적 - 반대자를 억압하기 위한 사면장으로 남용될 수는 없고, 오히려 언론의 자유와 같은 이렇게 중요한 권리의 제한은 그것이 더 기본적인 이해관계를 위해서 필요하다는 것이 확정되는 경우에만 허용되리라는 것에 커다란 가치를 두고 있다.

---

35) Whitney v. California 274 US 357 (1927); 일치된 견해.

"자유로운 언론과 집회의 기본권이 침해되었다고 주장되는 때에는 언제나 피고에게 그것이 행해질 때 진정한 위험이 존재하였는가, 그러한 위험이 있었다면 그것이 임박한 것이었는가, 그러한 위험이 입법부가 규정한 엄격한 제한을 **정당화시킬 만큼 실제적이었는가** 하는 문제를 피력할 기회를 주어야만 한다."[36]

이 문장은 정당화논거에 의하여 수정헌법 제1조를 제한적으로 해석하는 것 이외의 아무것도 아니다. 그렇게 "기본적인 권리"는 그러한 위험의 해결이 제한을 "정당화시킬만큼" "실제적인" 위험을 해결하기 위하여 필요한 경우에만 제한될 수 있다. "그만큼 실제적"이라는 것은 바로 "**더 기본적인**" 권리에 대한 위험이다.

이와 같은 것은 방법론적으로 매우 교훈적인 Bridges v. California 사건[37]에서 행해진 대법관 프랑크푸르터 *Frankfurter*의 소수의견에서 매우 명백하게 선언되었다. 캘리포니아 *California*에서 물의를 불러일으킨 노조지도자에 대한 형사소송이 진행되는 중에 법원은 양쪽에서 압력을 받았다. 한편으로는 그 밖의 노조지도자들이 법원의 결정을 이행하게 되면 로스앤젤리스 *Los Angeles*의 항만과 전 태평양 연안이 파업으로 바뀌게 될 것이라고 공공연하게 경고하였고, 다른 한편으로는 반대편 신문이 "법관이 집행유예를 선고하는 경우 중대한 실수를 범하는" 것이라고 경고하였다. 양쪽은 "법정모욕죄"로 유죄판결을 받았다.[38] 연방대법원은 이 판결을 위헌이라고 파기시켰다. 곧 연방대법원은 이 판결이

---

36) 필자의 강조.

37) 314 US 252(1941).

38) "법정모욕죄"는 형식상으로는 법원에 대한 경범죄에 대한 질서벌에 비교할 수 있다. 그러나 법정 밖에서의 경범죄는, 특히 여기에서와 같은 법원에 대한 공갈죄의 시도는 더 중한 형벌에 이를 수 있다.

수정헌법 제1조에 보장된 언론의 자유에 대한 침해라고 선언하였다. 이에 대해서 프랑크푸르터 대법관은 소수의견에서 다음과 같이 썼다.

" … 법원의 공정한 재판을 보장하는 것은 언론의 자유나 출판의 자유를 박탈하는 것이 아니다. … 사실상 이들 자유 자체는 그 정열이 나타나고 그 정신이 극단적 법적 사고에 의하여 왜곡되지 않는 자유로운 사법에 의존하고 있다."[39]

이는 사실상 결정적인 문제이다. 기본권적 자유를 보장하는 일이 법원을 강제하려는 시도가 유죄라는 사실에 의존한다는 것이 진실이라면 이는 바로 다음과 같은 것을 이야기하고 있다. 곧 법원에 대한 공갈을 유죄로 하는 이해관계가 언론의 자유에 대한 이해관계보다 더 기본적이다. 두 가지 이익이 직접적인 의존관계에 놓이는 경우 그에서 보여질 수 있는 - 유일한 경우는 아닐지라도 - 분명한 사안은 하나의 이해관계가 다른 하나의 이해관계보다 더 기본적이라는 것이다.

그렇다면 법원에 대한 공갈을 유죄로 하는 것이 언론의 자유보다 더 기본적인 이해관계라는 것이 사실상 맞는지 여부의 문제가 남게 된다. 특정의 경우에는 철저히 그럴 수 있다. 기본권적 자유는 그 사법적 관철이 보장되는 한에서만 보장된다. 그러나 사회적 세력집단이 파업과 폭력행위를 행사하겠다는 위협으로써 법원의 결정에 영향력을 행사하게 되는 경우에는 더 이상 그렇지 않다. 왜냐하면 그러한 집단들은 개별적인 판결에서 공갈을 통하여 기본권침해를 야기시킬 수도 있을 것이기 때문이다. 뿐만 아니라 기본권의 계속 성립을 보장하고 있는 헌법 일반이 위협받는 결과를 가져와 법질서 일반의 보호가 의

---

39) id., S. 284. 필자의 강조.

문시될 수도 있을 것이다.

물론 연방 대법원의 다수는 프랑크푸르터의 생각을 따르지 않았다. 그들의 견해에 따르면 문제된 판결은 그에 따라 더 기본적인 이해관계가 우선하는 원칙이 적용되지 않기 때문에 위헌이었다. 오히려 연방 대법원은 공갈의 시도가 애초부터 영향력이 없고 그렇기 때문에 무해라는, 바꾸어 말하면 더 기본적인 이해관계(곧 사법의 보호)가 전혀 문제시되지 않기 때문에 (이 경우에는 전혀) 무해하다고 생각하였다. 위협을 "법원의 과정에 대한 실재적 영향 그 자체로서 관찰하는 것은 우리가 주요가정으로 받아들일 수 없는 재판관의 확고부동성, 지혜, 명예의 결여 탓으로 돌리는 것일 것이다"

압력을 받은 법관은 "사실 자체에 의하여 협박받지는 않으며, 우리는 그들의 가장 명백한 언사가 법원의 과정을 옆으로 밀어낼 수도 있으리라는 것을 믿지 않는다."

물론 판결이 정당해야 한다면 '이 법관'이 이 경우에 위협을 받지 않을 것이 중요한 것이 아니라, 그러한 위협이 일반적으로 법원을 위협하여 판결에 영향력을 행사할 가능성이 있는가 여부가 문제될 것이다. 우리가 정당하게 판단하고자 한다면 우리는 이 결정이 하나의 규범을 이루도록 선결례로서 작용하는 데 적합한가 여부와 이러한 규범이 이루어진 결과 어떤 이해관계가 문제되는가를 언제나 자문하여야 할 것이다. 이렇게 본다면 프랑크푸르터 대법관의 반대견해는 다수의 견해보다 더 설득력 있는 것으로 생각된다. 왜냐하면 일반적인 경험에 따르면 우리는 법관의 판결이 폭력의 위협에 의하여 영향을 받을 수 있는 가능성을 고려하지 않으면 안 되기 때문이다. 그러나 기본권의 보호는 법원이 위협에 무력하게 맡겨진다면 더 이상 보증되지 않는다. 따라서 프랑크푸르터는 그의 반대의견에서 더 우선적인 이해관계에 우선권을 부여하였고 또한 이를 설명했기 때문에, 우리들은 이러한 그

의 상론을 "매우 사려깊고 통찰력 있는 법적 언급"의 하나로 정당하게 표현할 수 있다.[40]

63. 계속: 흠 있는 해석의 예

해석은 언제나 그 방향을 정당화논증의 기준에 맞추고 있는 것은 아니다. 해석이 그렇게 하지 않는 한 이와 같은 일은 기본권의 공동화(空洞化)를 가져오거나 또는 상대세력을 자극함으로써 간접적으로 기본권의 보호를 해치는 문언을 주장하는 결과가 된다. 또한 이에 대해서도 미국의 예는 우리에게 과소평가할 수 없는 자료를 제공한다.

문언상 제안할 수 없는 헌법적 보장에 대한 제안은 "명백한, 임박한 그리고 실재적 위험"이 이를 불가피한 것으로 하는 경우에만 허용된다는 홈즈와 브랜다이스에 의하여 정립된 규칙은 결코 연방대법원의 유일한 지도노선으로 남아 있지는 않았다. 오히려 동 법원은 헌법의 훌륭하지 못한 수호자로서 이러한 기본권에 대한 침해를 거부하고 헌법적 보장을 하나하나 희생시키는 경향을 보여 왔다. 그가 거부한 감정을 가라앉히는 대신 오히려 종국적으로 매카시주의(극단적 반공주의)가 미국의 자유전통을 심각한 위기로 몰 때까지 소심한 거부 때문에 새로운 욕망을 일깨워 왔다는 것이 분명하다. 그리고 나서야 비로소 다수의 연방대법관들은 이러한 발전에 공동의 잘못이 있고 그들의 책임을 다시금 의식하게 되었다. 매카시주의를 극복하는 데 연방대법원은 한 몫을 하였다. 현재 연방대법원은 이미 차지한 것이라고 생각되는 영역을 주장하고 그에 대한 권리를 자신의 것으로 자부하는 급

---

40) Clyde E. Jacobs. *Justice Frankfurter and Civil Liberties*, S. 74.

진적 상대방에 반대하여 법과 불법을 구별하는 법적 해석을 다시 자기의 것으로 획득하려는 것을 파악하고 있는 것으로 생각된다.

이곳은 이러한 과정의 여러 단계를 묘사할 장소는 아니다. 오히려 겉으로는 설득력을 가지나 사실은 미국의 헌법을 위험에 빠지게 한 그리고 미국에서와 마찬가지로 독일에서 나타나는 몇 가지 특징적 논거에 주의하여야 한다. 그와 동시에 "명백하고 현존하는 실재적 위험의 검증"의 점진적 발전을 다루는 것이 아니라는 것이 강조되어야 한다. 오히려 이러한 기준이 항상 되풀이하여 많은 판결의 기초가 되어 왔다. 물론 이러한 일은 매우 기본적인 위험이 존재하는가 여부의 문제가 긍정적으로 대답되고 그렇기 때문에 기본권의 제한이 허용될 수 있는가라는 문제가 제기되는 경우 종종 발생하였다. 그러나 명백하고 현재적인 그리고 기본적인 위험이 결여되어 있기 때문에 위헌으로 선언된 일련의 결정들이 행해져 왔다. 그와 함께 이러한 기준을 더 이상 고려하지 않는 일련의 판결도 병행되고 있다.

이와 같은 판결은 이러한 기준이 처음으로 정식화되어 판결의 기초가 된 후 일 년이 지났을 때 이미 시작되었다. Pierce v. USA[41]사건에서 연방대법원은 반전 삐이라가 "적의 있는 행동과 불충성과 의무의 거부를 충동하는" 경향을 가지고 있고 그렇기 때문에(1917년의 간첩법에) 기초한 이 삐이라에 대한 형사소추가 유효하다고 판결하였다. 동 법원은 합헌성에 관하여 - 홈즈와 브랜다이스의 반대의견에 대하여 - 우려를 표명하지 않았다. 또한 "정부와 헌법의 형태, 군인과 선원에 대한 불충성적이고, 모독적이고 야비하거나 또는 비방적 언사"를 금하고 "말이나 행동으로써 독일제국을 지원하는 모든 행위"를 금지하는 법률이 합헌이 되었다. 그러나 이와 같은 전쟁감정의 기형적 현상은 과도

---

41) 252 US 239 (1920).

적 방일임이 입증되었다. 그러나 항상 이러한 기형적 현상은 "명백하고 현재적이며 실재적인 위험의 검증"을 자의에 맡기는 것을 허용하는 선결례를 만들어 내었다. 그러나 이러한 가능성은 "냉전"과 매카시주의의 시기에 비로소 숙명적인 결과를 나타내기 시작하였다. 공산주의자들과의 투쟁이 문제되는 한 연방대법원은(1940년의 Smith Act와 같이 의문시되는 법률이 자유로운 정치적 토론이 아닌 범죄행위를 촉구하는 데 반대하는 한) 곧 "명백하고 현재적이며 중대한 위험"에 방향을 잡고 있는 한 합헌이라는 논거를 피력하였다.[42] 동시에 미국에서 공산주의자들의 항시적 무력과 관련하여 국내정치에서 공산주의자들의 위험은 단지 새로운 유형의 국제적 정치상황에 의하여 감정적으로 된 시대의 망상이 아닌가 하는 여부와 또는 공산주의자들의 무력은 그들을 탄압한 결과가 아닌가의 여부가 문제되었을 뿐이다. 어떻든 이러한 판결들은 "위험"의 기준을 최소한 원칙으로 고집하였고 - 최소한 외견상 - 위기를 철저하게 구제하였다.

그러나 그러는 동안에 기본권(시민적 자유)과는 모순되는 법률이라 하더라도 위헌이 아닌 것으로 취급되어야 한다는 경향이 확산되었다. 이러한 경향은 그들 자신이 취한 처분과 법률의 합헌성을 판단하는 것은 법원의 사항이 아니라, 일차적으로 정치적 기관의, 특히 입법자의 사항이라는 "사법자제"의 이론에 근거를 두었다. 법원은 극히 예외적인 경우에만 간섭해야 한다는 것이다. 경계가 어디일 것인가에 대한 기준은 다양하게 결정되었다. 어떠한 경우에도 기본권은 입법자의 성향에 맡겨지게 되었고 그 결과 "공허한 것으로 되었다."[43]

이러한 결과는 방법론적으로는 법적 해석이 헌법조문에 의하여 행해지지 않고 더 이상 본문이 제한과 해석을 필요로 한다는 것을 정당

---

42) 예컨대 Dennis v. US 341 US 494 (1951).
43) 앞의 S. 228과 232 참조.

화하도록 시도되지 않음으로써 달성되었다. 그 대신 헌법을 보호하고
자 하는 이해관계와 소송대상이 된 법조에 봉사하려는 이해관계가 동
등한 무게를 가지게 되었고 그럼으로써 이러한 이해관계는 "균형"화
되었다. 그러나 그러한 사고방식은 법률가의 것이 아니기 때문에 법률
가는 자제하고 헌법적 판결을 거부하여야 한다고 한다.

그러므로 법적 과정이 정당화논증에서 떠나는 순간에 합리성은 희
생된다는 것이 분명하다. 그렇게 되면 시민은 주관적 "가치"에 맡겨지
거나 법관의 소신에 내맡겨진다. 또는 법관이 시민 자신에게 이러한
것을 보호할 권한이 있다는 것을 거부하고 - 겸손히 "자제"함으로써 -
정치권력의 위헌적 자의에 시민을 내맡기게 된다.

64. 자유보장의 특성

앞에서 든 몇 가지 예로써 자유권은 더욱 기본적인 이해관계를 보
호하기 위하여 필요한 경우에는 제한될 수 있고 제한되어야 한다는
것을 분명히 하였다. 이것이 정당하다면 이러한 자유의 보장은 모든
기본적인 이해관계를 보호할 수 있는 것이 아니라, 다른 이해관계를
우선해서 충족시켜야 충족시킬 수 있는 이해관계를 보호할 수 있다는
것이 명확하다. 모든 사람이 일반적 이론적으로 의식되지 않은 헌법을
구체적으로 해석한다는 것을 자명한 것으로 전제하는 것은 사실이다.
그렇다. 우리가 헌법은 가장 기본적인 이해관계를 보호하는 것이 아니
라 그보다는 덜 기본적인 이해관계를 보호한다고 이야기한다면 그것
은 거의 불쾌하게 들린다. 헌법은 "기본법", 곧 그로부터 그 밖의 모든
법이 비로소 "유출"되는 기본적인 법률이 아닌가?

그러나 우리가 헌법을 통하여 보호된 이해관계의 덜 기본적인 특성을 통찰하는 것을 배제하지 않는다는 것은 헌법과 또한 해석의 실제에서 매우 중요하다. 왜냐하면 이와 같은 통찰은 결과적으로 수많은 문제들을 해결하는 데 도움이 되기 때문이다. 따라서 헌법이 아니라 단순한 법률 - 형법, 행정법, 민사법 등등 - 에 의하여 보호되는 더욱 기본적인 이해관계가 존재한다는 것을 확인한다는 것은 결코 불쾌한 일이 아니다. 사람들은 이와는 반대로 헌법은 "더욱 고차원적인" 이해관계와 관계가 있다고 말할 수도 있을 것이다. 그 밖의 법률들은 "고작" 유행병, 수해, 사고, 살인 그리고 사기로부터 우리를 보호할 뿐이다. 그에 반하여 헌법은 인격의 자유로운 발현, 신앙행위나 양심의 자유, 사적 영역의 보호, 자유로운 직업선택 등등, 곧 의미가 풍부한 그리고 우리에게 가치 있는 것으로 생각되는 인생의 전제조건인 바로 그러한 이해관계들을 보장한다. 그러므로 언제나 그것을 보호하는 것이 대단히 중요한 기본적인 이해관계가 문제된다.

그러나 바로 가장 중요한 이해관계가 문제가 되는 것은 아니기 때문에 그러한 이해관계는 특히 위험에 처해 있고 그를 법적으로 보호하는 것이 그렇게 힘들게 쟁취되어야 했다. 어떠한 이해관계가 기본적이면 기본적일수록 그 이해관계는 그만큼 더 일반적이고 그 기본성은 그만큼 더 명백하다. 언제나 생명이 위험에 처해지는 것을 원하는 사람은 없다. 그렇기 때문에 사람들은 자연과 경솔과 살인 기도와 같은 생명을 위협하는 위험에서 자신을 보호하기 위하여 법률이 있어야 한다는 것을 쉽게 통찰한다. 오늘날 그 지도자가 하트 *Herbert Hart*인 분석법철학에서는 최소한 살인으로부터의 보호를 "최소한의 자연법"으로 인정하고 있다.[44] 이와 같은 홉스 *Hobbes*적 전통에 서 있는 초보적 견

---

44) Hart, *The Concept of Law*, S. 188ff.

해에서 가장 기본적인 이해관계인 생명이 가장 명백한 이해관계라는 것을 알 수 있다. 모든 체제, 심지어는 전체주의체제에서도 생명은 살인뿐만 아니라 여러 가지 위험에 의하여 위협받고 있다는 것이 철저하게 인정되고 있다. 그리고 사람들은 그러한 위험들을 행정법, 형법 그리고 민법에 의해서 해결하고자 시도하고 있다. 물론 공포체제에서는 평등의 원리가 결여되어 있고 그렇기 때문에 모든 사람들은 언제나 모든 법익 그리고 심지어는 생명까지도 박탈될 수 있다. 그러나 명백히 공포체제에서도 규칙적 인간 사이의 왕래에서 일어나는 살인과 고통의 위협은 형벌을 받고 건축법규가 성립하여 있으며 유행병은 치료되고 우리는 의식주와 난방 등등에 대한 최소한의 수요를 확보하기 위하여 노력하고 있다. 어떻든 요구를 많이 하지 않는 성격의 사람들이 억압을 받는 자에 속하지 않는 한 그들이 그러한 체제에 매우 만족하게 되는 것은 바로 이러한 상황이다. "더 고차적인 이해관계"가 나타날 때에야 비로소, 곧 우리가 인격 또는 어떻든 권력과 일치되지 않거나 또는 타인의 정신적 위축과 조화될 수 없는 인격을 발현시켜야 하기 때문에 인격의 자유로운 발현권과 관계되는 경우에야 기본권은 중요한 것으로 된다. 헌법에는 기본적인, 그러나 그 기본성이 모든 사람에게 극히 명백할 만큼 기본적은 아닌 모든 이해관계를 보호하는 것이 속하게 된다.

하나의 법문에 의하여 보호되는 이해관계의 기본성이 더 명확하지 않으면 않을수록 그만큼 더 그 법문은 위험에 처하게 되고 그만큼 더 주의 깊게 그 법문은 보장되지 않으면 안 된다. 이는 헌법해석이 지향해야 할 진리이다. 이미 이야기한 바와 같이 헌법이 매우 기본적인 이해관계를 보호하지 않을 경우 그를 이해하기 위해 특히 성찰이 필요하다. 우리는 모든 것이 법문에 달려 있다는 것을 항상 새롭게 눈앞에 그려보지 않으면 안 된다. 이러한 목적을 위해서 우리는 법문이 결여되어 있고 의식되고 그러한 한에서 모든 또는 특정한 인간의 집단의 "더 고차적인 이해관계"가 충족되지 않은 채 남아있는 상황들을 염두에 두지 않으면 안 된다. 요약하여 말한다면 헌법에 조문화된 역사적 경험을 그려보지 않으면 안 된다. 곧 우리는 첫째로 중요한 사실들을 알아야 하고, 그러나 둘째는 인간의 위축에서 오는 고독과 그에 대한 분노를 자기의 것으로 삼지 않으면 안 된다. 법치국가적 헌법의 부재에 대한 역사적 경험이 스스로의 체험에 기초하는 한 - 1945년 이후와 같이 - 법치국가적 헌법의 의미에 대한 이해는 비교적 널리 유포되어 있고 생생하다. 이 시점에서 멀어져 헌법의 존재에 익숙할수록 그에 대한 이해는 더욱 더 명시적으로 의식화되고 성찰을 통해 가교될 필요가 있다.

사정이 그렇기 때문에 헌법은 권력구성과 입법의 절차를 규율하고 있을 뿐만 아니라 또한 권력에 실체법적 제한을 가하고 있다. 더 기본적이고 더 명백한 이해관계가 문제된다면 우리는 그 보호를 자신만만하게 단순한 입법자에게 일임할 수도 있을 것이다. 지금까지 어디에서도 입법자는 살인을 사면하거나 교통법규와 행정을 부정하는 생각에 이른 바가 없다. 그러나 헌법상의 조문은 위험에 처해 있고 침해될 수 있기 때문에 보장되고 보호되지 않으면 안 된다. 비록 매우 기본적인 이해관계를 보호하는 법문이 종종 개인에 의해서 침해되기는 하나 그렇다고 그 유효성이 그 때문에 손상되지는 않는다. 그러나 헌법상의 조문은 입법자 앞에서는 불안정하다. 그렇다, 바로 그것들은 입법자의 처분에서 자유로울 수 있기 때문에 헌법조문인 것이다.

우리들은 이러한 생각의 방향을 회전시켜 헌법에 "성문화된" 법문이 도대체 무엇에 도움이 되고, 왜 다른 법문이 아닌 이 법문이 헌법에 수용되었는가를 질문할 수 있다. 이에 대한 대답은 다음과 같은 것임이 분명하다. 곧 헌법에는 다음과 같은 법문들, 곧 한편으로는 보다 덜 기본적인, "고차적인" 이해관계, 곧 다른 한편으로는 신중히 성찰할 경우 그것의 보호가치성이 명백해질 수 있을 만큼 기본적인 이해관계들이 정치권력에 의하여 특히 위협받은 법문들이 속하여 있다.

65. 가교

헌법해석이 그 밖의 법해석에 비하여 특히 어려운 이유는 이와 같이 헌법에 의해서 보호되는 이해관계가 "우위"를 갖기 때문이다. 지배적인 정당성원칙에 따르면 독일에서는 실정법은 정당하고 부당하지 않다는 의미를 갖고, 곧 일반적인 그리고 비교적 매우 기본적인 이해관계에 불편부당하게 봉사한다는 의미를 갖는다는 데서 출발하며 우리가 이 실정법을 이러한 의미에 맞추어서 해석한다면 구체적인 사건에서 정당함과 부당함을 구별하는 어려움에 따라서 해석의 어려움이 생겨나는 것이다.

이와 같은 관점에서 더욱 기본적인 이해관계를 규율하는 일반 실정법이 한층 세분화되어있는 반면에 헌법은 몇 개의 간결한 조문으로 만족하고 있는 것은 역설적인 사실이다. 본래는 그 반대이어야 할 것이다. 예컨대 민법과 형법에서는 타인의 생명과 신체, 재산을 침해하는 자, 또는 일반적인 수요충족의 조건을 방해하는 자는 그에 대한 책임을 진다는 내용을 가진 일반조항으로 충분할 것이다. 왜냐하면 그러한 조항이 물론 많은 경우에 의문을 나타내겠지만 그러한 의문점들은 적어도 많은 부분은 합리적인 사고를 통해서 해결될 수 있기 때문이다. 민법전이나 형법전을 자세히 살펴보지 않은 사람들도 그들과 법적 문제를 논의하게 되면 이 문제에 대해서 법전에는 무엇이 규율되어 있는가 하는 것을 알 수 있게 될 것이며 이러한 것은 부분적으로는 스스로 자명하다. 확실히 많은 부분이 그들에게 교육소재로서 그리고 사회적 윤리의 특징적 환경으로서 매개될 것이며 이것은 가끔 중요한 역할을 수행한다. 그러나 그러한 사람들이 이러한 것을 기반으로 해서만 실정법에 대한 지식을 획득하게 된다는 상대주의의 가정은 그것이 가끔 부정할 수 없는 도그마로서 주장되기는 하지만 증명되지 않는 가정 이상의 것은 아니다. 그것의 정당성이 의심스럽다고 하는 것은 상이한 정당성과 문화체계에서도 근본적인 법은 매우 비슷하다고 하는 사실에서도 알 수 있다. 왜냐하면 이러한 사실은 가장 쉽게는 모든 체계에서 가장 기본적인 이해관계는 같다고 하는 것에서 설명되기 때문이다. 그러한 이해관계에 관한 한 우리는 경험 있고 지적인 인간이 기본적인 이해관계에 대한 법적 보호가 대체로 어떻게 형성되어야 하는가를 생각할 수 있는 것 이상의 것을 기대할 수는 없다.

문제가 좀 다른 것은 명료하게 나타나 있지 않고 따라서 상이한 법체계에서 그에 상응하여 상이하고 부분적으로는 전혀 존중되지 않는 그러한 "고도의 이해관계"가 문제될 때이다. 여기서는 계속해서 논쟁이 발생할 여지가 있지만 이 논쟁은 결정을 통해서만 해결될 수 있다. 따라서 이러한 관점에서 보면 헌법은 간결한 법문으로 구성되어서는 안 되고 상세한 법전화가 이루어져야 한다. 그러나 실제로 그렇지 않은 가장 중요한 이유는 헌법이 비교적 새로운 법영역이라는 데 있다. 근본법은 2000년 이상 점진적으로 발달해 올 수 있었다. 이 과정은 헌법의 성립에 선행하는 것이었으며 따라서 그러한 전개과정은 헌법해석자, 곧 제1차적으로 법관에게 위임되어 있었다.

헌법해석을 특히 어렵게 하는 두 가지 사실, 곧 헌법은 "고도의 이해관계"를 규율하고 또 헌법은 간결한 법조문으로 구성되어 있다는 사실로부터 우리는 헌법, 특히 기본권을 담당하는 사람들이 신학자, 존재론자, 가치철학자들이며 그들은 헌법의 해석에 나름대로의 의미에서 특정한 방향을 제시하려는 노력을 하였다는 것을 알 수 있다. 이것은 결코 놀랄 만한 일이 아니며 오히려 정당한 노력이기도 하다. 그러나 여기에서 중요한 것은 헌법해석을 합리적인 방법으로 행하는 것이고 되도록이면 헌법해석과정에서 일방적인 영향력이 행사되는 것을 방지하는 것이다. 그렇지 않으면 헌법해석은 세계관적으로 그리고 편파적으로 수행되는 논전장이 될 것인데 이것은 본래는 입법과정에서 조정이 되어야 할 것이다.

그렇게 합리적으로 통제할 수 없는 헌법해석이란 민주적 정당성을 갖는 입법자의 권한을 무시하고 또 입법자의 특권을 무시하는 것일 뿐이다. 더 나아가서는 미국의 예에서 알 수 있듯이 헌법재판에 대한 정치적 불신을 낳고 이는 자의든 타의든 헌법이 권위를 상실하는 결과가 될 것이다. 이 두 경우 모두 헌법재판의 자유보호기능은 위험에 빠지게 된다.

한편으로는 헌법재판의 합리적인 자제와 다른 한편으로는 헌법재판이 그의 과제를 과감하게 수행하는 것과의 조화는 고도의 합리성을 전제로 한다. 현대의 정당성 전제조건에서[45] 합리성이란 곧 권위를 보장하는 것이며 헌법재판제도는 바로 이 권위를 필요로 한다. 왜냐하면 헌법재판제도는 정치적으로 민감한 제도이기 때문이다. 헌법재판이 국민의 신임을 받지 못하면 헌법재판은 곧 입법자에 의해서 파괴되거나 그 기능이 마비된다. 연방헌법재판소조직법을 교묘히 개정하여 예컨대 재판관선거와 재판소구성에 대하여 조작을 하게 되면 헌법재판소는 기능을 상실하게 될 수 있다.

최대한의 합리성을 요구하는 것은 판결에 결정적이고 그 판결을 정

---

45) 앞의 § 49 참조

당화하는 논거를 명백히 하고 가능한 한 사이비 정당화논거 아래 은폐하지 않게 한다는 것을 의미할 뿐 아니라, 헌법제정자의 결정에 구속력을 부여하고 선결례에 대하여 추정적 구속력을 부여한다는 것을 의미하기도 한다. 헌법에서는 바로 이 두 번째 것이 중요하다. 입법자가 법을 세분화하지 않을수록 중요한 것은 법관법이다. 법관법에서 - 결국 주로 법률에 규정되어 있지 않은 영역에서 - 규범을 존중한다는 것은 바로 선결례가 존중된다는 것을 의미한다. 기본법은 간결한 법문으로 구성되어 있고 헌법의 형성은 헌법재판에 위임되어 있기 때문에 선결례로부터 법발견의 방법을 가능한 한 합리적으로 획득하는 것은 매우 중요한 의미를 갖는다.

제3부

법원에 의한 법발전

제9장

선결례의 추정적 구속력

제1절 연구현황

66. 독일법계와 영미법계의 선결례추정

선결례의 추정적 구속력은 모든 법률가가 매일 만나는 당연한 일이다. 법률가가 새로운 법적 문제를 만나게 되면 그는 관련 있는 법 뿐 아니라 바로 참조될 만한 판결을 통해서 방향을 잡는다. 법률가는 판결에 대한 지식 없이 법을 문법적, 논리적 등등으로 해석하는 것이 아니라 판결이 매개해주는 해석의 맥락에서 법을 파악함으로써 그의 사고를 시작한다. 법원이 관련 있는 판결을 간과하거나 무시하게 되면 패소한 변호인은 당연히 이 사실을 근거로 상소하게 된다. 특별한 반대근거가 존재하지 않는 한, 상소법원에게도 역시 선결례가 부인되었다는 사실은 문제되는 판결을 번복하는 근거가 될 수 있다. 상급법원은 이전의 견해를 논의에 붙일 특별한 이유가 존재하지 않는 한, 스스로의 선결례를 벗어나지는 않는다. 결국 상급법원은 논증책임을 인정하고 있으며 이로써 선결례추정의 원칙을 인정하고 있다.

법실무에서 이 모든 것은 문제가 되지 않는다. 그리고 선결례추정의 원칙이 그렇게 무력한 것이라면 더 이상 설명할 필요도 없을 것이다. 이 연구는 바로 이론이 실무와 관련을 갖게 하는 의미를 갖는다. 그리고 이것은 이론을 잘못된 실무에 맞추고 이로써 이론의 비판적 기능을 제거하려는 것이 아니라, 바로 그 반대이다. 곧 이론으로 하여금 현실에 대한 이해, 그리고 이로써 실질적 비판의 가능성을 다시 찾아주려는 것이다.

지금까지의 사고에 따르면 선결례의 추정적 구속력이 갖는 실질적 의미는 쉽게 파악할 수 있고 이로써 우리는 입법자가 결코 입법독점권을 가지고 있는 것이 아니라, 가장 중요한 입법권자라는 것을 알 수 있다. 결국 사법권에게는 그 밖의 중요한 결정을 존중하는 범위 내에서이긴 하지만 흠결보충의 권한이 부여되어 있다. 1900년 민법전이 효력을 발생한 이래 민법의 발전을 살펴보면 우리는 법전화로 인해서 문제가 결정되었다기보다는 더 많은 문제가 해결되지 않은 상태로 남아 있다는 것을 알게 된다. 이것을 다른 말로 표현하면 법규정보다 더 많은 흠결이 존재한다는 것이다. 나아가서 헤크 *Heck*가 적절히 지적했듯이 모든 개념규정은 법률의 형성이고, 그러한 한 흠결의 보충이기 때문에[1] 법적 결정에는 그만큼 미결정의 여지가 많고, 따라서 흠결의 개념은 사실상 파악하기가 힘들다. 현실적인 문제는 법관에게 흠결을 보충하는 권한을 부여하는 것이 아니고, 법관이 판결에 의하여 법을 형성하는 자유가 광범한 것에 비추어 법관에 선존하는 구속력과 법적 사고의 규칙 및 합리성을 보장하는 것이다.

---

1) 앞의 S. 196 참조.

이 문제에 대해서 이론은 아직까지는 속수무책이다. 표현된 판결이유와 은폐된 판결이유는 이론적으로는 명확히 구별되지 않았으며 표현된 이유를 본질적인 것으로 그대로 받아들였다. 이러한 표현된 이유는 언제나 논리일관하지 못했고, 그 이유는 바로 거의 대부분 똑같이 근거지어질 수 있는 대안적 가능성이 존재했기 때문이다. 궁극적으로 결정적인 이유임에도 불구하고 왜 특정한 이유가 원용되었는가의 문제는 고려되지 않았다. 이러한 문제는 해석단계의 적용문제와 법적 논리의 결론형태의 선택의 문제 또는 체계와 관점의 문제뿐만이 아니고, 입법자의 이익판단이 유추 적용되는 이론에 대해서도 타당하다. 왜냐하면 입법의 단계에서도 우선 "유사성"에 대한 고려가 결정되어야 하지만[2] 이 결정을 좌우하는 관점은 그것이 바로 중요한 점임에도 불구하고 고려되고 있지 않기 때문이다.

모든 이론의 중심을 이루는 것은 법적 결정이 어떠한 방법으로든 명백히 "법률로부터 도출될" 수 있다는 것이다. 그러나 현실에서 법적 사고는 규범가설을 출발점으로 하며 이로써 이성법적 논란의 문제를 제기한다. 법적 구속이란 이러한 문제들, 또 이밖에 이에 관련된 문제들이 입법자가 결정함에 따라서 결정되는 것이며 법률가는 이 결정을 더 이상 문제 삼지 않고 정당한 것으로 간주한다는 것을 의미한다. 그러나 입법자는 그가 법영역을 법전화한 곳에서 자신의 우월권을 부분적으로만 사용하고, 사용할 수 있기 때문에 법원에 의한 법발전에 커다란 여지를 남겨놓았다.

이론은 법원이 행한 결정의 정당성문제를 법으로써 된 것으로 간주하기 때문에 이러한 법관의 자유가 어떻게 행사되느냐 하는 문제에 대하여는 침묵을 지킨다. 그러나 법실무는 이것을 제멋대로 남용한 것

---

2) 앞의 §56 참조.

은 아니고 법률에 대한 구속 이외에 부가적인 구속을 인정하였다. 곧 스스로의 결정에 대한 추정적인 구속력이 그것이다.

이러한 문제와 관련하여 영미법계와 대륙법계의 차이는 오랫동안 우리가 생각했던 것처럼 그렇게 뚜렷했던 것은 아니다. 영미법학을 비교법적으로 잠깐 살펴보는 것은 우리의 법발전을 이해하는 데도 도움이 될 것이다. 근본적인 차이가 있으리라고 하는 생각 - 대륙법계의 법적 사고방식은 "연역적"이고, 영미법계의 사고방식은 "귀납적"이라는 등의3) - 은 대륙법계에서는 입법자가 법제정독점권을 가지고 있다는 생각 때문일 것이다. 이에 대하여는 이미 사비니 *Savigny*가 문제를 제기하였다. 그러나 사비니는 우리가 오늘날 알고 있는 것, 곧 아무리 세밀하게 법전화를 하더라도 귀납적 법형성의 여지를 배제할 수는 없고 따라서 법전화는 그가 생각하듯이 그렇게 염려스러운 것은 아니라는 것을 보지 못했다.4) 우리의 법적 사고에서 귀납적인 성격은 법전화가 되었다고 해서 전혀 줄어든 것은 아니다. 왜냐하면 결정된 문제보다는 결정되지 않은 문제가 언제나 더 많기 때문이다. 다른 한편 영미법계에서는 입법자가 법제정권을 더욱 빈번하게 사용함에 따라서 대륙법계에 접근하게 되었다.

영미법계에서 법률의 숫자가 늘어남에 따라 영미법계가 대륙법계에 접근하고 있다는 것을 많은 사람들이 지적하였다.5) 그러나 이 문제만을 중심으로 해서 두 법계가 접근하게 된 것은 아니다. 더욱 중요한 것은 선결례추정에 관한 것이다. 영미법계에서도 판결은 일반적으로 엄격한 구속력을 갖는 것이 아니라, 추정적 구속력을 가질 뿐이다. 선결례구속에 관한 관념은 영국의 이론에서 19세기 전반부에야 나타났으

---

3) 예컨대 Allen, *Law in the Making*, S. 162ff. 참조.

4) 사비니에 대하여 자세한 것은 앞의 §§ 16-18.

5) 예컨대 Schnitzer, *Vergleichende Rechslehre* I, S. 320ff.는 이를 목표로 삼고 있다.

며6) 자연법에 대한 비판과 특히 벤담 *Bentham*을 통한 법전화이념의 보급과7) 거의 때를 같이 하는 것이다. 추정적 구속력 대신 엄격한 구속력의 원칙이 관철된 적은 없다. 상급심, 곧 상원과 그 가운데서도 공소원은 자기구속력을 가지며, 모든 하급심들은 자신의 선결례에 무조건 구속되고 있다.8) 그 밖에 영국의 법원에는 (그것이 상급법원의 판결이 아닌 한 충분한 이유가 있으면) 판결을 번복하는 것이 허용되고 있다.

이것이 영국에서는 미국에서보다는 소극적이다. 곧 매우 중요한 근거가 존재하느냐에 가치가 두어지고 있다. 미국에서는 이 점에 관한 한 비교적 광범한 법관의 자유가 인정되어 있다. 이러한 자유를 특히 헌법문제에 관한 한 연방대법원은 적지 않게 사용하고 있다. 그러나 판례를 번복할 때에는 충분한 이유가 있어야만 정당화될 수 있다. 곧 선결례추정의 원칙이 극복되어야만 하며 그러한 경우를 우리는 '파기'(overruling)라고 부른다.

타당하지 않은 선결례를 적용하지 않을 선택적 가능성이 인정되면 이때는 선결례가 적절하지 않고 사건의 중점이 다른 데에 있다고 주장된다(distinguishing). 물론 모든 사건은 정도의 차이는 있지만 조금씩은 다르며 항상 어느 정도의 차이가 발견되고 우리는 그것을 관찰할 수 있다. 그러나 모든 이러한 세밀한 차이가 중요성을 갖는 것은 아니

---

6) 이에 대하여는 Rupert Cross, *The Precedent*, S. 17f.

7) 이 점을 Radbruch, *Der Geist des englischen Rechts*는 충분히 관찰하고 있지 않다. 그는 그가 영국적 사고에 따라 오로지 법의 본질적 목적이라고 간주하는 법적 안정성을 지나치게 일방적으로 강조하고 있다(S. 38-50). 형평의 불가피성은 선결례의 엄격한 구속성에서 나오는 것이 아니라, '소장'(writs)에 대한 소의 구속에서 나온다. 이에 대하여는 Schnitzer. 앞의 책. S 285.

8) James, *Introduction to Englisch Law*, 5th ed., London 1962, S. llf. 참조.
최근에 상원은 공식적으로 앞으로는 그 선결례를 엄격하게 고집하지 않겠다고 선언하였다. 이는 이성의 승리이다(House of Lords Official Report, Vol. 276, No. 43, col. 677 von 26. 7. 66).

며, 규범의 변경을 정당화하는 것도 아니다. 어떤 차이가 중요한 것인가 하는 것은 근거제시의 맥락에서만 찾아볼 수 있다. 이 때 결정적으로 중요한 것은 구 규범을 새로운 전혀 다른 사건에 적용함으로써 필요 이상으로 일반적으로 또는 상대적으로 기본적인 이해관계를 침해하는 결과에 이르지 않는가 여부이다.

그러나 이러한 사실에 대한 고찰이 영국에서나 미국에서도 전혀 명백히 이루어진 것은 아니기 때문에 관련이 없는 사안을 원용하게 되기 쉽다. 그러나 영미법계의 법률가들은 세밀한 유사성에 대한 판단을 정치하게 연구하지는 않았다. 왜냐하면 정당성을 부여하려는 논증의 기준이 명시적이지도 않고 또 의식되지도 않았지만 그것은 존재하는 것으로 판단되었기 때문이다. 왜냐하면 이 기준을 살피는 데 법철학적 요청이 문제되는 것이 아니라, 일반적인 언어사용의 서술(이 점에서 영국의 언어사용례는 독일의 그것과는 다르다), 곧 정의, 곧 정치적 그리고 법적 논증이 충족시킬 것을 적어도 요구되어야 하는 조건이 중요한 것이기 때문이다. 정밀한 유사성판단에 대한 비판과 법관들이 스스로 느끼게 되는 불만 때문에 미국에서는 점점 "사안의 차이에 대한 판단"(distinguishing) 대신에 "파기"(overruling)의 수사적 방법을 채택하게 되었다.

대륙의 법률가들에게 파기가 허용된다고 하는 것은 당연하다. 그러나 대륙법에서도 법관이 자의적으로 기존의 선결례를 무시할 수는 없다. 곧 법관의 선결례파기는 면밀하고 더 설득력 있게 근거지어질 수 있을 때만 가능하다(볼프 *Wolff*).[9] 이것은 하급심판결과 상급심판결의 관계에서뿐 아니라, 최고법원의 판결이 스스로의 판결에 대하여 어떠한 태도를 취하느냐에도 역시 적용된다. 따라서 선결례에 대한 대륙법계

---

9) *Verwaltungsrecht* § 28 IV b 2.

법관의 태도는 영미법계 법관의 그것과 크게 다르지 않다.

차이가 있다면 다음과 같은 것이다. 영미법계에서는 선결례파기가 일반적으로 동급법원 사이의 관계임에 비해서 독일에서는 법관은 상급법원의 판결을 파기할 수도 있다. 그 밖에 두 법계의 차이는 하나의 경향의 문제이다. 대륙법계에서는 선결례의 파기가 영미법계에 비해서 사실상 쉽게 이루어진다. 영미법계의 법이론에서는 법관들에게 타당하지 않은 이유를 내세워 사안에 따라 다른 판단을 하기보다는 선결례를 파기할 수 있도록 함에 반해서, 대륙법계에서는 반대로 법관으로 하여금 기존의 선결례를 면밀히 관찰할 것을 주의시키는 것이 필요하다.

결국 두 법계에서 본질적인 것은 같다. 곧 선결례가 구속력을 갖지만 그것이 무조건적인 것은 아니고, 선결례를 파기할 충분한 이유가 있을 때에만 파기는 가능하다. 요컨대 반증할 수 있는 선결례추정의 원칙이 적용된다. 그러므로 두 법계에서 모두 법원에 의한 법형성은 성찰과 결정의 상호작용에서 이루어지고 있다.

67. 실정법의 암시

선결례추정의 원칙은 독일의 해석이론만이 아니라, 대체로 대륙의 해석이론에서 보통은 간과되고 있다. 법이론에서 선결례는 법적 견해를 어떤 다른 방식으로 표현하는 것에 불과한 것으로 다루어진다. 곧 그것이 계속된 판결을 통해서 "관습법"으로 형성된 것이 아닌 한, 주의를 환기시키고 경우에 따라서는 설득력을 가지는 것이지만 그러나 구속력을 갖는 것은 아니라는 것이다. 그러나 그럼에도 불구하고 법실무에서는 선결례추정은 당연한 것이다. 문제에 대한 해결책을 찾는 법률가는 관련 법조문 이외에도 관련 선결례를 참조하게 되는데 그것도 이러한 선결례로부터 법적 논증을 위한 참조를 얻기 위한 것이라기보다는 선결례를 참조하는 것이 구체적인 논증을 위해서 필수불가결하기 때문이다.

이러한 법실무에 적용되는 선결례추정은 법률가에게는 하나의 관습으로서 규범적으로 주목해야 할 사회적 사실일 뿐만 아니라, 우리 실정법의 원칙이기도 한 것이어서 여러 가지 방법으로 반영되어 있고, 또 판결에서는 긍정적으로 구속력을 갖는 것으로 취급되고 있다.

① 기본법은 제95조에서 "연방법의 통일성보장을 위하여" 최고연방법원의 설치를 규정하였다. 사람들은 독일기본법 제97조 제1항에 따라 법관은 "법률"에 구속될 뿐 선결례에 구속되는 것은 아니라고 주장하겠지만, 이때에도 우리는 기본법 제95조를 간과해서는 안 된다. 기본법 제95조가 의미하는 바는 바로 선결례의 통일, 곧 모순되는 법원의 해석을 피하려는 것이다. 그런데 선결례추정이 원칙이라고 하는 원칙이 없다면 이 제도는 무의미하다. 왜냐하면 최고법원의 판결이 적어도 추정적 구속력이라도 갖지 않는다면 선결례를 통일하려는 시도는 처음부터 성공할 수 없을 것이기 때문이다.

지금까지의 경험에 비추어 볼 때 최고법원의 설치가 반드시 필요한 것은 아니라는 것이 밝혀지기는 했지만, 이것은 바로 사법부 자신이 스스로 통일을 이루었기 때문이다. 최고법원의 설치가 필요하지 않다는 것으로부터 곧 선결례추정의 원칙에 대한 반증이 가능한 것이 아니라, 바로 그 반대이다. 곧 그것은 선결례추정의 원칙이 실무에서 어느 정도로 준수되고 있느냐 하는 것을 가르쳐 주기 때문이다.[10]

---

10) 이에 대하여는 "판결의 통일성을 유지하기 위하여" 최고연방법원들에 공통의 원(院)을 도입하고 자명성과 마찬가지로 선결례추정의 원칙에서 출발하는(기본법 제95조와 관련한) 기본법개정에 대한 정부초안과 최고연방법원들의 판결의

② 같은 생각에서, 곧 판결의 통일을 통한 법질서의 통일을 위해 입법자는 연방헌법재판소와 그 밖의 연방법원에서 법원 내의 여러 원 사이에 서로 모순되는 판결이 이루어지지 않도록 고려해야 한다. 다른 한 원의 판결에 나타난 법적 견해를 벗어나는 것은 같은 법원의 다른 원에게는 허용되지 않는다. 이에 대한 결정은 전원합의부[11] 또는 보통은 다수위원회에 유보되어 있다.[12] 이러한 기구들은 또한 보통 근본적인 법적 문제에서 통일된 판결의 보장이라는 요청을 위해서 필요하다면 소집될 수 있다.[13] 이러한 장치들은 연방법원의 결정에 적어도 어느 정도 추정적 효력이 부여되어 있지 않다면 그 의미를 상실할 것이다. 같은 법원의 각각의 원에게 선결례를 파기하는 것이 법적으로 도대체 금지되어 있다는 것은 예외적인 규정이기는 하다. 이 예외적인 규정 때문에 판결의 파기가 완전히 배제되는 것은 아니며, 특별한 결정절차에 유보되어 있는 경우에는 정당화될 수 있다. 그러나 이와 같은 예외적인 선결례구속이 문제가 아니고, 중요한 것은 이 복잡한 절차가 명백히 선결례추정의 원칙에 입각해서 마련되어 있다는 것이다.

③ 이와 같은 맥락에서 연방헌법재판소의 판결은(연방헌법재판소법 제31조의 구속력을 제외하고) 지방(支邦)헌법재판소를, 연방법원의 선결례와 형법사안에 관한 한 고등법원의 선결례는 고등법원을 그리고 연방행정법원의 선결례는 지방행정법원을 구속하고, 위 각각의 하급법원은 상급법원의 선결례[14]를 파기하려고 할 때에는 연방헌법재판소

통일성을 유지하기 위한 법률에 대한 정부초안(Bundesdrucksache 61/65)을 보라 (JZ 65, 31f.를 보라).

11) § 16 I BVerfGG.

12) 예컨대 § 136 I GVG, § 11 Ⅲ BVerwGG, § 45 Ⅱ S. 1 ArbGG, § 42 SozGG.

13) 예컨대 § 137 GVG, § 11 N VerwGO, § 45 Ⅱ S. 2 ArbGG.

14) Art. 100 Ⅲ GG, § 120 Ⅲ, § 121 Ⅱ GVG, § 56 V Ordnungswidrigkeitsgesetz, § 132 Ⅱ Ziff. 2 VwGO.

또는 연방법원에 제청할 의무가 있다.[15] 이로써 연방 전역에 판결의 통일성이 보장된다. 그러나 지방고등법원만이 제청의무를 갖기 때문에 판결의 통일성은 선결례추정의 원칙이 전제될 때 비로소 이루어질 수 있다는 것은 명백하다. 왜냐하면 선결례추정의 원칙은 지방고등법원 사이의 합의를 하급법원에 자동적으로 확대시킬 것이기 때문이다.

④ 선결례추정의 원칙은 법관의 직무위반에 관한 해석을 둘러싼 판단에 중요한 기준이 된다(특히 독일민법 제839조). 곧 법관 또는 행정공무원이 중요한 선결례를 간과하면 그것으로 곧 과실이 인정된다. 변호사나 공증인도 본질적으로 중요한 선결례를 간과했다면 그들은 이에 대해 의뢰인에게 책임을 진다. 최근의 판례에서는 선결례추정의 원칙이 인정되는 명백한 경향이 있다. 이때 그것은 한 법원이 직접 상급법원의 선결례에 대해서 뿐만 아니라, 상급법원도 자기 자신의 선결례와 또 동급법원의 선결례를 존중해야 한다는 의미이다. 심지어는 여러 하급법원 사이에서도 선결례추정의 원칙은 승인되고 있다.[16]

⑤ 선결례추정의 원칙이 사실상 승인되고 있다는 가장 명백한 증거는 선결례로 인정된 법을 법관이 부인하는 경우 그것이 상소이유가 된다는 사실이다. 상소란 본래는 판결이 법에 위반하거나 또는 행정소송법에서와 같이 연방법률에 위반한 경우에만 가능한 것이다.[17] 민사소송법과 형사소송법에 따르면 법규범이 전혀 적용되지 않았거나 또는 올바르게 적용되지 않은 경우에 법은 위반된 것이다.[18] 법원이 법

---

15) RG 59, 381; 60, 392; 91, 127; 107, 118; 125, 25; 125, 299; ·RG Warn. 1925, Nr. 30; RG JW 1927, 2203; BGH MDR 1958, 496; 특히 Wolff, §25 V 를 보라.

16) 독일법을 위해서도 많은 교훈을 주는 스위스법에 대한 특히 면밀한 분석과 증거는 Germann, *Präjudizien als Rechtsquelle*, 1960; Zschr. f. Schweiz. Recht NF Bd. 68(1949), S. 297ff. 또한 Sauer, *Die grundsätzliche Bedeutung der höchstrichterlichen Rechtsprechung; ders., Juristische Methodenlehre*, 특히 §§ 44ff.도 참조하라.

17) § 549 I ZPO, § 337 I StPO, § 137 I vwGO 참조.

적 원칙에, 곧 행정법에서는 결과제거청구권이나 기속재량, 행정행위의 취소, 희생보상 등등을 부인했을 때 이것이 상소이유, 곧 법규범에 대한 위반이라고 할 수 있다. 같은 것이 독일 민법 제정 이후 수십 년이 지나서야 형성된 민법상의 여러 제도, 그것이 민법 제242조에 기초한 것이건(예컨대 법률행위능력, 권리남용, 실효, 악의에 대한 이의, 기대가능성, 형식남용의 금지), 모호한 유추에 의한 것이건(예컨대 적극적 채권침해, 계약체결상의 과실, 예비적 부작위소송, 민사상의 희생보상청구, 신탁, 위임, 기업위험, 인격권, 자기위험행위, 사실상의 계약 등등)에 적용된다. 상소가 이와 같이 법적으로 인정된 제도위반을 근거로 할 수 있다면 그것은 승소의 가능성이 보장되어 있다고 할 수 있다.

통설은 이러한 사실을 승인된 법원의 관례에 의해서 "관습법"이 성립되었다고 한다. 그러나 이러한 설명은 불충분하다. 왜냐하면 상소가 이미 꽤 체계가 갖추어지고, 이름이 부여되어 있는 법적 제도에 근거한 것이 아니라, 단순히 정도의 차이는 있지만 근본적인 선결례를 부인한 사실을 근거로 한 것일지라도 이 경우에도 적지 않게 승소할 가능성은 존재하기 때문이다. 단 한 번의 판결에서 형성된 법이 위반된 경우에도 보통은 이것이 상소이유가 되는 법위반으로 인정되며, 나아가서 상급법원이 그의 선결례에서 형성된 법견해에 집착하려고 하는 경우에는 언제나 그렇다.[19] 선결례를 간과한 것이 오랫동안 상소의 근거가 되는 법규범위반으로 취급된 다음에야 비로소 관습법이라는 것이 성립된다. 따라서 선결례를 통한 관습법의 형성은 선결례의 추정적 구속력을 전제로 하는 것이며, 그렇다면 결국 선결례의 구속력을 설명하는 데에는 부적합하다. 선결례의 구속력에 대한 설명은 결국 다음과 같이 할 수밖에 없다. 곧 선결례추정의 원칙이 하나의 법적 원칙으로

---

18) § 550 I ZPO, § 337 I StPO.

19) 또한 Germam, *Präjudizien als Rechtsquelle*, S. 46f. 참조.

서 실정법에서 - 이론적으로는 몰라도 적어도 실무에서는 - 일반적으로 승인되었거나 또는 묵시적으로 전제되었다는 것이다.

68. 법원론(法源論)의 선결례추정

선결례추정의 실무에 대하여는 다음과 같은 이론적 견해들이 표명되고 있다.

① 이른바 전통적인, 오늘날에는 거의 추종되지 않는 이론에 따르면 법관은 단지 법률을 적용하고 해석한다고 하며,[20] 선결례추정의 원칙은 기껏해야 사회적 사실일 뿐이라고 한다. 선결례의 추정적 구속력이 가지는 규범적 의미는 여기서는 **부인된다.** 선결례에 표현된 법적 견해는 개인의 법적 견해와 같은 의미를 가질 뿐이라는 것이다. 이러한 견해가 법적 사고에 도움이 될 수는 있으나 그 이상의 의미를 갖는 것은 아니라고 한다. 법원이 선결례에 따르더라도 그것은 우연히 그 판결이유에 설득력을 발견했기 때문이지 그 밖의 이유가 있는 것이 아니라는 것이다.

판결의 통일성이라든가 법제도의 계속적이고 유기적인 발전과 같은 것은 이러한 이론에서는 관심사가 아니다. 왜냐하면 이러한 전통적인 견해에 따르면 해석이란 단지 법문의 불명확성을 제거하는 과제를 가지는 것이기 때문이다. 따라서 결국 이 이론에서 중요한 것은 "해석이 올바를" 수 있는가와 또 해석이 설득력을 갖는가일 뿐이다.

이 이론은 특히 그 법이 법전화작업이 이루어진 법영역에서 광범한 지지를 받았다. 행정법이나 노동법과 같이 일반이론이 대부분 판결을

---

20) 앞의 § 10 참조.

통해서 발전된 영역에 종사하는 사람들은 그들이 종사하는 법영역 이외에서도 선결례에 의한 법발전에 대해서 강한 긍정적인 태도를 가졌다.

실무에서 이러한 이론은 법원이 상급법원의 판결을 번복하려고 할 때에 필요하다는 것이다. 그래서 예컨대 연방법원은 연방헌법재판소의 판결과 다른 의견을 가질 때 그것을 다음과 같이 피력하였다.

"독일법에서는 예컨대 법원조직법 제136조와 같은 제한된 예외를 제외하고는, 법원 그리고 모든 상급법원은 판결이유에 제시된 법적 견해를 다른 법원이나 그 밖의 다른 법원이 자발적으로 따를 것을 예상하고 있다."[21]

예컨대 기본법 제1조와 제2조(예컨대 인격권, 확신에 반하는 취소판결)에 대한 연방법원의 헌법해석을 하급법원이 반대하여 제출한 상고에 대하여 연방법원이 어떤 반응을 보일 것인가를 우리는 상상해볼 수 있다. 이러한 제청을 연방법원은 기각할 것이며 이때 그 근거로 민사소송법 제549조, 제550조를 들어 하급법원의 판결이 연방법원의 선결례를 통하여 형성된 기본법의 법적 형태를 적용하지 않았거나 또는 올바르게 적용하지 않았기 때문에 법률위반이라는 사실을 들 것이다.

이러한 사태에 처하여 우리는 하급법원이 기본법 제1조와 제2조를 위반하지 않았기 때문에 연방법원이 올바르지 않다고 생각해야 할 것이다. 또는 우리는 하급법원의 판결을 인용할 수 있는데, 이 때 우리는 다음과 같은 주장을 할 것이다. 곧 연방법원에 의해서 발전되고 기본법 제1조와 제2조에 의해서 정당화되는 제도는 기본법조항에서 "당연히 도출"되는 것이고, "단 하나의 올바른" 해석방법이라는 것이다. 그러나 이 두 가지 경우는 모두 현실성이 없다.

---

21) 54년 5월 20일자 결정. VerfRspr. § 31 BVerfGG, Bindungswirkung Nr. 8, S. 9=BGHZ 13, 265. 이 판결에 대해서는 아래에서 연방헌법재판소법 제31조 제1항의 설명과 관련하여 상론될 것이다.

이론과 실무를 조화시키려면 우리는 "규범"으로서 적용되어야 하는 유일한 것이 무엇이냐에 대하여 이론적으로 미리 형성된 견해에 집착해서는 안 된다. 곧 우리는 **실무란 일정한 구속력을 규범적인 것으로 전제한다**는 사회적 사실에서 출발하지 않으면 안 된다. 그런 다음 그러한 사실의 규범성의 근거를 탐구하고, 이것을 계속해서 적용할 것인가 여부를 검토하여야 할 것이다. 이러한 고려를 통해서 우리는 비로소 미리 형성되어 있는 이론이 과연 그리고 어느 정도까지 정당한 것인지를 알 수 있게 된다.

　　연방법원이 그의 판결에 일정한 구속력을 주장할 수 있다는 것은 사실이다. 하급법원이 예컨대 연방법원의 명백한 판결을 부인하고 연방법원이 그 판결을 기각할 때에는 연방법원은 매우 명확한 언어를 사용할 것이다. 사태가 여기에 이르면 심지어는 법률의 곡해나 직무위반이 고려될 수도 있을 것이다.

　　구속력이 다만 추정적일 뿐이라는 것은 이제 전혀 다른 문제이다. 법원은 선결례를 부인해서는 안 되지만 그러나 법원은 다른 한편 선결례를 검토하고 반대이유가 존재한다면 그것을 근거로 해서 선결례의 태도를 변경할 수도 있다. 다만 이 때 논증**책임**은 스스로가 부담하여야 한다. 위에서 지적한 판결에서 연방법원은(자신의 논증에 만족했기 때문에) 아마도 자세한 언급을 하려 하지 않았고, 매우 모호한 표현으로서 만족하려고 했다.

　　② 선결례 그리고 특히 "일관된" 판례가 가지는 실제적 의미는 매우 명백하여 그것을 부인하는 것은 오늘날 예외현상이 되었다. 오히려 사람들은 선결례를 "고전적" 판결이론과 어떻게든 조화시키고자 한다. 가장 애용되는 형태는 관습법의 원용이다. 곧 법원에 의하여 만들어진 법제도들은 그것이 관습법적으로 국민에게 받아들여지는 경우 그리고 그러한 한에서 실정화된 법이라는 것이다.[22] 그것은 관습법으로서 심

지어는 제정법까지 변경할 수 있다고 한다.[23]

이 이론으로써 포섭이론은 구제된 것으로 생각된다. 관습법적 법규범은 실정법상의 규범과 마찬가지로 포섭될 수 있는 규범이다. 그러나 사실상 문제는 다만 선회할 뿐이다. 왜냐하면 관습법은 선결례로부터 법발견 과정이 종결되는 경우 비로소 존재하기 때문이며, 그런 다음에야 새로운 규범은 관습법으로 이행되기 때문이다. 그러나 법관은 무엇을 근거로 관습을 형성하고 어떤 근거로 그가 그러한 정당성을 갖는가 하는 기본적인 문제는 "관습법"에 관한 이론으로서는 거의 다루어지지 않는다. 포섭을 통해서는 관습법은 성립될 수 없다. 왜냐하면 실정법에서 포섭이 문제되는 한 어떠한 새로운 법도, 또한 일차적으로 형성되고 있는 관습법도 포섭을 사용할 수 없기 때문이다.

또한 우리는 예컨대 예비적 부작위소송 - 이는 레만 *Lehmann*에게는 "법관에 의한 법의 계속형성"의 최고의 예이다[24] - 이나 또는 주장자가 그 진실을 확신하고 있는 주장을 강제로 철회시키는 것이 인간의 존엄과 합치될 수 없다는 원칙 그리고 비슷한 규범이 관습법이 될 수 있다는 것을 거의 상상할 수 없다. 왜냐하면 법원의 관례는 "관습법 형성에 대한 동인(動因)"일 뿐 그것에 **"일반적인 관행"**[25]이 첨가되어야만 하기 때문이다. 그러나 이는 의제적이다. 어쨌든 우리는 국민의 법감정이 지나칠 정도로 법관의 법계속형성을 반대하지 않을 것을 요구할 수 있을 뿐이다. 법원에 의한 새로운 규범의 적용은 관습이 된다.

그러나 관습은 그 자체로서 법원(法源)일 수는 없다. 반사작용을 통한 우연한 행동이 일상적으로 반복되는 경우 우리는 관습을 이야기한

---

22) 예컨대 Lehmann, *Allgemeiner Teil des BGB*, §3 V 1, S. 23을 보라.
23) 앞의 책, S. 13.
24) 앞의 책, § 3 III §2, S. 20.
25) 앞의 책, § 3 V 1, S. 23.

다. 우리는 우리의 법원에서 우연한 판결이 내려지고 그것이 반사적으로 반복되는 것을 원치 않을 것이다. 오히려 표준적인 것은 최초의 판결과 그 반복을 결정짓고 있는 이유이다.

그렇기 때문에 선결례추정을 위해서는 관습법형성을 위하여 요구되고 있는 것처럼 최소한 30년 **이상의 장기간**의 관행을 필요로 하는 것이 아니라 오히려 개별적 선결례가 있으면 곧 법추정을 한다. 또한 관습법에서와 같이 원칙이 본질적으로는 변경되지 않은 채 남아 있어야 하는 것이 중요하지도 않다. 선결례추정은 그와는 무관하다.

선결례가 곧바로 추정적 구속력을 가지는 것으로 간주되기 때문에 관습법은 선결례 일반을 통하여 성립된다. 그리고 그렇기 때문에 선결례를 따르고 또한 그렇기 때문에 선결례를 따르는 것이 관습이 된다.

그러므로 우리는 정당하게 다음과 같이 말할 수 있다. "관습법과 선결례는 원칙적으로 상이한 법원이다."[26] 이에 따라 의무부과력도 상이하다. 관습법은 구속적이나, 선결례는 단지 추정적으로만 구속적이다.

③ 법원에 의한 법형성을 이론적으로 부정하는 하나의 변형은 엄격한 법률적용이 "아주 참을 수 없는" 것일 경우 "조야한 예외적인 경우"에만 법적용을 도외시하고 법률과는 상이한 법을 만들어도 된다는 이론이다.[27] 확실히 '실정법에 반하는'(contra legem) 명시적인 판결이 불가피하게 되는 경우가 존재한다. 그러나 거의 언제나 포섭 원칙으로부터의 이탈은 '법률 외적인'(praeter legem) 법의 계속형성으로 또는 몇몇 구성기술에서는 심지어 '법률에 부수적인'(secundum legem) 법형성으로 불린다.

그러므로 우리는 예컨대 양도담보라는 법제도에 이르기 위하여 무

---

26) Germann, *Präjudizien als Rechtsquelle*, S. 49. 그 곳의 각주 3에 있는 문헌 참조.
27) Rümelin, *Erlebte Wandlungen*, S. 45f.; G. u. D. Reinicke, MDR 1957, 193, JUS 1964, 427 참조.

소유담보권(독일 민법 제1205조, 제1206조)의 금지를 "아주 참을 수 없는" 것으로 표현할 필요가 없었다. 우리는 이 문제를 우회하여 민법 제930조를 해석하였다. 그 제도는 이 규정의 불명확성을 해석으로 제거함으로써 성립하였다. 사람들은 법률에 부수적으로 결정하는 일반조항의 사용에는 더 자유롭다. 예컨대 행위기초이론의 근거를 민법 제242조에서 찾는 것이 이에 속한다. 신중히 고려된 논거를 가진 법원에 의한 법의 계속형성은 거의 언제나 법률 외적으로 또는 법률에 부수적으로 획득된 것으로 설명될 수 있기 때문에 명시적인 결정에서는 실정법에 반할 여지가 없다. 그러나 "비인내이론"이 실정법에 반하는 결정에 시선을 고정시키는 경우, 이는 이 이론이 법원에 의한 법형성의 현실을 보고 있지 않다는 것을 의미한다.

④ 헤크 이래 지배적인 **이익법학**(그 변형은 이른바 인과관계법학, 목적론적 법학, 가치법학이다)은 법원에 의한 법형성에 여지를 부여하기는 했다. 왜냐하면 해석의 목표가 더 이상 법률의 불명확성을 제거하려는 것이 아니라, 법률에 표현된 가치와 이해관계의 타협을 유효하도록 도와주는 것인 한, 법률 외적인 법발견이 정당화되기 때문이다. 그러나 선결례의 기능에 대한 이해는 이 이론과는 바로 결합되지 않는다. 왜냐하면 법률의 여러 가치가 법률의 문언으로부터 해석을 통하여 매개될 수 있고 그 결과 여기에서도 언제나 하나의 "올바른" 해결책만이 존재한다고 가정되기 때문이다. 법정립작용과 법적용작용의 기능적 분리라는 허구는 이러한 구별을 통하여 법관은 언제나 법률의 문언이나 또는 법률의 가치를 적용한다는 것을 정당화한다. 법원에 의한 법형성의 결과 법률의 정신이 변화하는 한 그것은 허구이다. 헤크가 발전시킨 해석에 대한 이른바 "주관적" 이론과 함께 고전적 영향 속에서 규범적인 "입법자의 의사"를 지향하는 이익법학은 입법자의 정신의 변경을 인식할 수 없거나 또는 그것을 잘못된 발전으로 선언하

지 않으면 안 된다.[28]

⑤ 새로운 방법론은 점증적으로 법원에 의한 법형성, 그것도 특히 민법분야에서 행해지고 있는 법원에 의한 법형성 앞에 서있다. 민법분야에서는 현실이 눈에 띄게 현저하다. 곧 민법전만을 가지고는 거의 어떠한 법적 문제도 해결할 수 없으며, 특히 총칙과 채권법에서 그러하다. 오히려 선결례에 대한 길잡이로서 주석서의 도움이 필요불가결하게 되었다. 이러한 현실을 이론적으로 극복하기 위한 노력으로서 이것을 고전적 포섭이론과 조화시키려는 노력이 등장하게 되었다. 이와 같은 조화는 원칙적으로 두 개의 법영역을 병렬시키는 방법으로, 곧 한편으로는 (해석대상인) 실정법의 법영역과 다른 한편으로는 이른바 "흠결"보충적 법관법의 법영역으로, 법률에 부수적인 법발견과 법률 외적인 법발견으로 행해진다. 이미 본 바와 같이 이러한 경계획정은 의제적이다.[29] 사람들이 흠결보충에서 법률 및 법유추라는 허구에 더 이상 만족할 수 없는 한, 이러한 구별은 실정법 이외에 고유한 법원을 가진 특별한 **"법률 외적 법질서"**를 인정하는 결과가 된다.[30] 우리들은 관점목록, 원칙, 원리, 표준, 형평의 원칙, 사물의 본성, 발전된 이론, 법원의 관행, 일반적 그리고 특수적 법원칙 등등을 이야기한다.

기본법이 공포된 이래 기본법상의 일반조항, 특히 제1조, 제2조와 제20조를 인용하고 그렇게 함으로써 법원에 의하여 만들어진 법을 헌법으로 표시하는 악습이 점점 만연되고 있다. 헌법 내에서 사람들은 지나칠 정도로 즐겨 "가치"와 "가치체계"를 이야기한다. 법원에 의하여 만들어진 법이 혼란스럽고 통제할 수 없게 발전되고 있는 것으로

---

28) 자세한 것은 앞의 § 56.

29) 앞의 § 60을 보라.

30) 비아커의 논문에 대한 특징적 부제목 Gesetz- und Richterkunst: Zum Problem der außergesetzlichen Rechtsordnung을 참조.

보이고 따라서 "법률적용에의 귀환과 법률해석의 고전적 규칙에로의 귀환"에 대한 요청의 목소리가 높아가고 있는 것은 놀랄 만한 일이 아니다. 그러나 이러한 요청에 대해서는 그것이 필연적으로(그것도 법관의 찬탈의사로부터가 아닌, 사실에 기초한 필요 때문에) 성과가 없을 수밖에 없으며, 그리고 그렇기 때문에 그것은 현실로부터 이론을 분리시키는 것 이상의 것을 이룰 수 없다는 이유로 반대가 제기되고 있다. 법적 현실이 피벡 *Viehweg*[31] 비아커 *Wieacker*,[32] 라렌츠 *Larenz*[33]의 저작들 그리고 특히 「법관에 의한 사법(私法)의 계속형성에서의 원칙과 규범」(Grundsatz und Norm in der richterlichen Fortbildung des Privatrechts)이라는 에써 *Esser*의 기념비적 작품에서 본질적으로 올바르게 묘사된 것은 논란의 여지가 없다. 다만 설명이 여러 곳에서 아직까지는 충분하지 못할 뿐이다.

법적 사고는 종종 그것이 외견상 그러한 것처럼 혼란스럽지 않다. 그리고 법적 사고의 내적 질서와 계속성을 이론적으로 파악하는 것은 가치가 있다. 그리고 이와 같은 것은 우리가 법원에 의한 법발전의 형성과정을 관찰함으로써만, 곧 선결정에 대한 결정의 관계를 더욱 자세히 탐구함으로써만 행해질 수 있다. 선결례로부터 법을 발견하는 방법을 분석하는 것은 관점목록, 원칙 등등의 기능과 의미를 해명하는 데 도움이 될 것이다.

---

31) *Topik und Jurisprudenz.*
32) 앞의 S. 210f., n. 55 참조.
33) *Mothodenlehre.*

제2절 선결례추정원칙의 근거

69. 실천적 관점

선결례의 추정적 구속력에 대한 근거를 밝히려는 시도는 기술적, 법학적 이론의 관점에서 볼 때 유용할 뿐만 아니라, 정치적, 도덕적 이성의 기능을 살피는 데도 도움이 된다. 이로써 우리는 예컨대 "이러한 (법제도) 세계를 내적으로 결합시키는 것"에 대해서 구명할 수 있다. 이러한 근거가 일반적으로 사용되는 어휘, 곧 법적 안정성, 예측가능성과 같은 용어로 완벽하게 표현되는 것은 아니다. 또한 이러한 관점이 본질적인 것도 아니다.

오히려 선결례의 추정적 구속력은 이성법적 이론의 맥락에서만 파악될 수 있다. 이 때 이성법적 이론은 제한된 합리성, 곧 이성법적 논증의 합리성을 한편으로 하고, 같은 논증의 임시성을 다른 한편으로 한다. 곧 이성법적 이론은 한편으로는 대화, 성찰, "제도가 가지는 부담경감기능"의 진보를, 다른 한편으로는 대화의 단절, 결단, "제도가 가지는 부담경감기능"의 유지를 통하여 특징지어진다. 선결례추정은 이로부터만 파악될 수 있는 것이기 때문에 거꾸로 그 근거를 찾으려고 하는 노력은 현재 적용되고 있는 법과 우리를 둘러싼 제도적 현실의 이성법적 근거를 밝혀준다.

선결례추정을 인정하는 근거를 찾는 작업은 물론 이론적인 관심사만은 아니다. 일반적으로 선결례추정의 원칙은 법률가에게는 그가 실천적으로 작업을 한다면 당연한 것으로 취급되며, 다만 이론적으로 이해가 되지 않을 뿐이다. 그러나 다른 한편 선결례가 선결례추정의 원칙으로부터 벗어나야 한다고 명시적으로 규정하는 법이론도 존재하고, 그러한 이론이 어느 정도 받아들여지기도 하였다.[34] 그들의 주장은 법문을 추상적으로, 곧 관련된 사안을 고려하지 않고 관찰하면 법문을 해석할 수 있는 가능성은 대단히 다양하며, 따라서 법관은 그에게 주어진 자유를 충분히 활용하라는 것이다. 이때 그들이 주장하는 논거는 모든 사안이 "나름대로의 정의(正義)를 스스로 지니고 있다"는 것이다. 하나의 사안을 해결하기 위해서 다른 비슷한 사안에 대한 선결례를 원용하는 것은 이와 같은 내재적인 정의를 부정하는 것이다. 이러한 주장에 대하여는 우선 다음과 같은 일련의 실천적 이유가 제기되어야 한다. 우선 이성법적 근거에 대한 깊은 이해를 전제로 하지 않고, 감정론자에게도 명확한 그러한 근거가 문제가 된다. 이러한 근거는 선결례 추정의 원칙에 대한 입장을 지지하는 것뿐만 아니고, 필수불가결하게 만드는 근거이다.

① 자주 인용되지만,[35] 그러나 중요하지 않은 논거는 다음과 같은

---

34) 가장 극단적인 입장은 자유법학파의 극단적 분파(예컨대 *Isay, Rechtsnorm und Entscheidung*) 또는 미국에서는 "현실학파"의 극단적 분파(예컨대 Herbert Hart jr., The Time Chest of the Justices, 73 Harvard Law Review 84(1959)에 대한 논쟁인) Thurman Arnold, Professor Hart's Theology, 73 Harvard Law Review 84, 1959이다. 아놀드 *Arnold*는 판결은 법관의 정치적 희망에 따라서만 결정되며 선결례가 가지는 구속력은 단지 외견적일 뿐이라고 논증하고 있다. 이에 대하여는 앞의 §§ 12, 15를 보라.

35) 영국적 사고에 따른 법의 목적에 대한 라드브루흐 *Radbruch*의 - 보충이 필요한 - 설명에서는 법적 안정성이 선결례의 구속력에 대한 유일한 규정이유이다. *Der Geist des engl. Rechts*, S. 38ff.; 또한 La securité en droit d'après la théorie anglaise (Arch. de Phil. de droit 1936). Philipp S. James, "*Introduction to Englisch Law*". S. 10에는 다음과 같이 쓰여 있다. 선결례가 구속력을 가지는 데는 두 가지 이유가 있다. ① 결정책임을 타인의 어깨에 부담시키려는 심리적 이유. ② 법적 안정성이라는 현실적 이유. 시보를 위한 자텔마허 *Sattelmacher*의 표준적 교과서에는 법적 안정성만이 논의

것이다. 선결례추정의 원칙은 적어도 어느 정도는 결정의 예견가능성과 법적 안정성을 보장한다. 선결례가 "사안에 따른 판단"을 할 가능성이 있다는 것을 물론 우리는 염두에 두어야 할 것이다. 그러나 많은 법영역(특히 노동법과 임대차법 분야)에서 완만한 법적 방법론에서 결과하는 법적 안정성에 대한 침해는 그것이 심할 경우 법적 거래에서의 계획과 주석서 또는 판례집으로부터 법정보를 얻을 수 있는 가능성을 부인하게 될 것이다. 처음부터 존재하는 불안전한 예견가능성은 타협의 결과이며, 해석은 불가피하게 모호할 수 밖에 없기 때문에 결코 극복될 수 없을 것이다. 경험이 많은 변호사라면 많은 사안과 관련하여 이루어지는 선결례추정의 원칙으로 해서 그가 재판관을 개인적으로 알지 못하더라도 그의 소송의뢰인에게 비교적 확신을 가지고 법적 상태에 대해서 설명해줄 수 있을 것이다. "법현실주의학파"의 지도적 인사의 한 사람인 미국의 법관 르웰린 *Llewellyn*은 최근의 저작에서 상고심에서의 선결례중심적 방법론을 연구했는데, 여기서는 사실문제가 아니라, 법적 문제만이 판단되며 이미 소송의 초기단계에 어떤 사실관계가 판결대상인가에 대한 불안정성이 배제된다고 한다. 그는 다음과 같이 말하고 있다. "상고법원의 작업은 예측가능한 것이 사실이다. 이것은 충분히 예측가능한 것이어서 노련한 변호사라면 비슷한 사건에 대한 유용하고 가치 있는 판단을 할 수 있다."[36] 이러한 개연성의 확률을 그는 약 80%로 잡았다. 독일에서도 동일한 연구를 한다면 아마 이러한 결과가 나타날 것이다. 이러한 사실만으로도 선결례구속의 원칙을 정당화하기에 충분할 것이다.

② 비교적 그 중요도가 낮은 실천적 관점은 경제적인 관점이다. 이것은 상급법원과 하급법원의 관계에서 다음과 같은 기능을 수행한

되고 있으며, 예외적으로 부수적 언급을 하고 있다(S. 117).

36) *The Common Law Tradition(Deciding Appeals)*, Boston and Toronto 1960, S. 4.

다. 하급법원의 판결이 상급법원의 판결과 다르다면 이 하급법원의 판결은(이 하급법원의 판결이 새로운 그리고 설득력 있는 근거를 갖지 않는 한) 파기 환송될 것이다.[37] 결국 하급법원의 판결이 상급법원의 판결과 다를 경우, 새로운 법적 **구제수단**이 동원되는데, 이것은 불필요한 시간적 경제적 낭비인 셈이다.

③ 이미 언급했듯이 선결례추정의 원칙을 옹호하는 이유는 일반적인 규범을 적용하는 경우에만 평등과 정의가 보장되며 바로 선결례구속을 통해서 일반적인 규범의 적용이 보장될 것이기 때문이다. 두 개의 같은 사례를 불평등하게 다루면 이로써 적어도 두 사례 가운데 하나에서는 불의가 나타난다.[38] 따라서 이전의 선결례를 존중하지 않는다는 것은 기본적인 법감정을 해치는 것이다. 선결례구속을 벗어날 수 있는 것은 이전의 선결례가 잘못된 것이고, 따라서 바로 정의를 이유로 해서 새로운 선결례가 필요하다는 것이 인식되었을 때이다. 바로 이것은 선결례파기가 특별한 정당성을 필요로 한다는 것을 의미한다. 선결례를 파기하려는 자는 논증책임을 진다.

④ 이 세 번째 관점도 소송의뢰인을 **판사가 반대의견**을 가지고 있음에도 불구하고 승소로 이끈 경험이 있는 변호사에게는 당연하게 보이는 매우 실천적인 측면을 가지고 있다. 법관이 확고하게 자리잡은 판결과 다른 내용의 결정을 하는 것은 비교적 드문 일이다. 마치 바그너 *Wagner*가 그의 저서에서 판사에 대해서 서술했듯이 재판관을 정의의 화신으로 이상화하지 않고, 법관의 인간성, 감정상태, 사회적 세계관적 선입견과 개인적 관심의 역할을 올바르게 판단하는 것은 대단히 중요한 일이다.[39] 현실적으로는 판사도 인간적인 정열을 가지고 있으며,

---

37) Schneider, MDR 1962, S. 252ff.를 보라.
38) Kriele, *Kriterien der Gerechtigkeit*, S. 32 참조.
39) A. Wagner, *Der Richter*, 앞의 책(앞의 S. 29 n 12를 보라).

그가 결정해야 하는 절차에 전적으로 중립적일 수는 없다.[40] 엄격하게 관찰하면 법관의 판결이 자주 모호한 내용을 갖는 것은 놀라운 일이 아니다. 오히려 놀라운 것이 있다면 법문(또는 국제법상의 조약)을 추상적으로 관찰했을 때 광범한 해석의 여지가 존재함에도 불구하고, 그래도 공정성이 충분히 반영된다는 것이다. 이때 판사의 직업윤리와 판사의 개인적 도덕성이 과소평가될 수 없는 역할을 하는 것이 사실이다. 그러나 그렇다고 해도 선결례의 추정적 구속력이 제도적으로 보장되지 않는다면 그것들은 기댈 곳이 없을 것이다.

⑤ 관련 선결례가 존재하지 않고, 반대방향의 판결이 해석상 가능한 경우에도 선결례추정의 원칙은 관련 선결례의 정당성을 어느 정도 확보하는 효과를 가진다. 왜냐하면 법관은 판결이 **앞으로의 결정에 대한 선결례**가 될 수 있다는 것을 항상 염두에 두어야 하기 때문이다. 여기서 하나의 원칙이 생기는데, 이에 따르면 현재 불이익을 받는 자를 유리하게 하거나 반대로 현재 유리한 자를 불리하게 할 수 있다는 것이다. 이러한 사실을 숙고하지 않으면 안 되는 법관은 개별적인 사건에 대한 판결에서보다 훨씬 지속적인 책임을 부담하는 것이며, 법관은 그가 개별적인 판결에서 침해하는 개인적인 이해관계를 중화시킬 수 있다는 관점을 고려해야 한다.[41]

⑥ 선결례추정의 원칙은 법관의 독립성을 보장하는 데 대단히 본질적인 도움을 준다. 법문을 추상적으로 관찰할 때 나타나는 해석의 가능성이 광범하기 때문에 결정 전후에 법관에게 영향력을 행사하려는

---

40) 바이마르시대의 정치적 형사재판의 이중적 척도에 대해서는 J. Gumbel, *Vier Jahre Mord*, 1923, 이 법관의 국적이 국제재판소에서 결정에 영향을 얼마나 미쳤는가는 I. von Münch, Archiv für Völkerrecht 1961/62, 1ff.가 입증한 바 있다.

41) 특히 Michaelis, Über das Verhältnis von logischer und praktischer Richtigkeit bei der Sog. Subsumtion, *Göttinger Festschrift für das OLG Celle* 1962, S. 117ff. 특히 S. 136, 142는 이러한 관점을 지적하였다.

시도가 종종 있을 것이다. 그런데 이 때 법관은 선결례를 원용하고, 그 선결례의 효과를 지적함으로써 개별적인 선결례에 영향력을 행사하려는 시도를 유효하게 저지할 수 있다.

70. 부담경감과 계속성

이 모든 관점보다 더 중요한 것은 선결례가 추정적 구속력을 가짐에 따라 법률가가 이제 개별 사건의 많은 부분을 스스로가 숙고해야 하는 부담에서 부분적으로 해방된다는 것이다. "**제도의 부담경감기능**"에 대한 이론은 이러한 맥락에서는 "인류학적, 생물학적" 맥락에서 분리된 의미를 갖는다.[42] 법률가는 선결례추정을 부인할 수 있는 논거가 제시될 때에만, 곧 특별한 근거가 있어서 사건을 사실상 새로이 생각할 필요가 있을 때에만 비로소 이미 판결이 이루어진 문제를 새롭게 고찰하면 그만이다.

그러한 이유가 없을 때 법률가는 법원에 의하여 발전된 제도와 이론적 구성이 정당하다는 것을 신뢰한다. 이론이 이미 구성된 전형적인

---

42) A. Gehlen, *Mensch und Institution, Anthropologie Forschung*, S. 69, 70ff. 기본적인 것으로는 *Der Mensch, seine Natur und seine Stellung in der Welt*, 1940, 6. Aufl. 1958; *Urmensch und Spätkultur*, 1956. 제도의 부담경감기능에 대한 주장을 판단하는 데 우리는 적절한 객관적 관찰을 제도를 기능적으로 인간의 생물학적 결함상태에서 설명하는 철학적 표현으로부터 분리하여야만 하고 분리할 수 있다. 겔렌 *Gehlen*의 문맥은 - 정신, 역사 그리고 도덕성의 신용절하를 통하여 특징지어지는 - 낭만적 전통에 정신적 고향을 두고 있는 사람들에게만 전적으로 이해될 수 있고 내용적으로 받아들일 수 있다(또한 아래의 S. 264 n. 46참조). 이와 같은 전통 때문에 생겨난 현대세계에 대한 내적 거리감은 그러나 이 세계의 고유성에 대한 관찰을 예리하게 하여 조망의 협소함에 관계없이 본질적이고 가치충만적 관찰을 하게 한다.

사례의 하나가 문제될 때 법률가는 그 결과의 정당성을 의심하지 않고, 그러한 이론구성을 이용할 수 있으며, 그럼에도 불구하고 이의가 없는 결론에 도달할 수 있다. 선결례가 없는 상태에서 민법전을 보고 우리가 오늘날 적극적 채권침해, 계약체결상의 과실 등으로 부르는 사례를 결정해야 하는 법관을 상상해보자. 이때 법관은 그에게 닥친 복잡한 문제에 대해서 책임 때문에 지나친 부담을 느끼게 될 것이다.

그러나 실제로 법관은 제국재판소의 선결례를 원용할 수 있기 때문에 어려움을 가지지 않을 것이다. 법원에 의하여 형성된 이론은 이미 모든 측면에서 검토가 되었다. 이 이론들은 학자들이 제안해서 기초한 것이고, 이미 비판을 받았으며, 또 충분히 토론을 거친 후 많은 수정과 보충을 거쳐서 적용할 수 있는 것으로 판단된 것이다. 오늘날 정당한 것으로 일반적으로 인정된 이론구성에 도달하기 위해서 얼마나 많은 정신적 작업과 협력이 필요했던가를 염두에 두면 다음과 같은 것이 명백해진다. 재판을 통한 해석작업이 전혀 이루어지지 않은 법률을 개별 법률가가 판단해야 한다면 그는 그에게 판결을 위해서 주어진 짧은 시간 안에 비슷한 결론조차도 내리지 못할 것이다. 법관은 법률을 적용하는 것이 아니라, 선결례를 통한 해석에 반대할 충분한 이유가 없다면 이미 선결례를 통해서 해석된 법률을 적용하는 것이다.

그 밖에 법관에게 제기되는 유일한 질문은 그가 결정을 내리는 사례가 이전의 사례와 다른가, 다르다면 얼마나 다른가, 곧 그가 이전의 판결을 무시할 만큼 차이가 있는가라는 의문이다. 이 문제만이 그에게 제기된다. 그러나 이 문제만으로도 종종 충분히 어렵다.

이러한 관점은 헌법해석에 관한 논의에서는 처음에는 거의 나타나지 않았다. 왜냐하면 새로이 제정된 기본법에 선결례가 존재하지 않았고, 따라서 최초의 선결례는 독자적으로 형성되어야 했기 때문이다. 오늘날 여전히 아직 법원에 의한 해석의 대상이 되지 않는 조문이 있다.

물론 최초의 선결례들은 대단히 문제가 있기는 하다. 이러한 선결례에 대하여 우리가 말할 수 있는 것은 그러한 선결례가 가끔 결정적인 중요성을 지니는 수도 있지만 결코 법문의 해석에 관한 문제 전체를 구명하는 것은 아니며, 매우 특별한 문제에 관한 하나의 사례에 대한 결정일 뿐이라는 것이다. 선결례로 창조된 규범은 따라서 여기서는 그 밖의 수많은 보충, 제안 그리고 세분화를 필요로 하는 것으로 남는다. 최초의 선결례도 그것이 아마도 그 후의 판결보다는 중요성이 더하겠지만 매우 부분적인 일보에 지나지 않는다. 판결이유에 결정과 관련하여 필요 없는 설명부분은 빠져야 한다는 기본원칙은[43] 헌법에서도 타당하다. 물론 선결례가 사건결정에 영향력을 행사한다고 하는 고려는 불필요한 것이 아니고 바로 반대로 창설적 효력을 갖는다는 것은 항상 되풀이하여 강조되어야 한다.[44]

특히 헌법분야에서 우리는 다음과 같은 것을 생각할 필요가 있다. 곧 존엄, 자유, 평등, 법적 안정성, 사회국가 등과 같은 일반조항은 그것이 불확정적이기 때문에 문법적, 논리적, 체계적, 역사적 그리고 가능하다면 목적론적 해석방법으로 사실상 모든 조항을 임의로 해석할 수 있다는 것이다. 그런데 바로 선결례추정의 원칙이 실무에서 인정되어 있기 때문에 헌법에 관한 완전한 해석상의 혼란은 피할 수 있다. 선결례추정의 원칙에 의해서 비로소 계속적인 법형성, 중요한 법학적 논증, 그리고 오늘날 헌법으로 적용되는 것에 관한 명확성을 획득할 수 있었다. 선결례추정이 없다면 모두가 일반조항을 자기 나름대로 해석하려고 할 것이다. 그렇게 되면 완전한 혼란이 올 것이며, 또 그 결과 헌법상의 일반조항에 대한 해석이 관련 정치권에 백지위임되게 된다. 오늘날 중요한 일반조항의 범위에서도 대체 적용되는 법을 추출할

---

43) 예컨대 Sattelmacher, 앞의 책, S. 200 참조.
44) 앞의 § 69 "제5" 참조.

수 있는 것도 오직 선결례추정의 원칙이 있기 때문이다.

19세기 초 사비니가 당시의 법전화작업에 대하여 "민족정신"이라는 개념을 들어 반대했을 때 그가 강조한 것은 "자연적인", "유기적인" 법발전의 중요성이며, 이로써 그는 계획적인 법"제정"에 반대했던 것이다.45) 사람들은 사비니의 이러한 "자연성"을 강조하였고, 사비니의 생각을 법형성의 합리성에 거역하는 비합리주의로서 해석하였고, 그 때문에 칭찬하였다.46)

이러한 해석은 적어도 다음과 같은 질문을 받았다. 곧 "자연성"이라는 것이 합리적인 사고에 대한 반대는 아니라는 것이다. 왜냐하면 법발전은 사비니에 따르면 합리적으로만 논증될 수 있는 법학에 달려있는 것이기 때문이다. 사비니가 반대한 것은 포괄적인 계획이다. 왜냐하면 여러 세대에 걸친 법률가들의 노력과 계속적인 수정과정을 통해서만 합리적인 것은 점차로 발견될 수 있기 때문이다. 이러한 해석을 통하여 "민족정신"에 관한 이론의 핵심적인 내용은 오늘날 우리에게도 수용될 수 있는 것으로 생각된다. 이 때 물론 법학은 사법권과 더불어 하나의 요소로서만, 그것도 사법권에 봉사하는 요소로서만 고려의 대상이 된다.47)

---

45) 앞의 § 16ff. 참조.

46) 예컨대 Carl Schmitt, in: Die Lage der europ. Rechtsswienschaft(*Verfassungsrechtl. Aufsätze*. S. 386 특히 S. 429). 슈미트의 설명은 전진 속에 순간적인 그리고 억제적인 건전한 영혼력을 파괴하는 이해력에 대한 도식을 기초로 하고 있다. 사비니는 "억제자"로 이해된다(S. 429). 이는 윤리지향적인 정신의 본질을 이해하지 못하고 그것을 점증적인 지성과 혼동하는 그리고 그렇기 때문에 인간을 원하지 않고 그러나 반드시 "건전한 영혼력"(정신이 이를 지향할 때에만 건전한)을 저속하고 비천한 본능에 양도하는 루소 *Rousseau* 이래 다양하게 변형된 낭만주의의 도식인 것이다(Klages, *"Der Geist, als Widersacher der Seele"*, 1929, 3. Aufl. 1954).

47) Coing, 앞의 S. 39, Anm. 36 참조.

71. 진보와 보수

성찰과 결단의 관계는 법원에 의한 법발전에서는 진보와 보수의 관계를 규정하며, 사법권을 비교적 보수적이게 보이게 한다. 불법을 방지하기 위해서 필요하다면 기존의 법을 개정하는 것은 가능하다. 그러나 개정의 필요성이 없다면 기존법률은 계속 적용된다. 모험과 실험은 입법자의 특권에 속하며, 법관의 권한은 아니다.

모험과 실험이 물론 진보를 위한 필수적인 요소이기는 하다. 특히 경제정책과 형사정책 그리고 그 밖의 법분야에서도 일정한 예상가능한 위험을 스스로 부담하지 않고는 합리적인 질서는 창조되지 않는다. 하나의 법률이 합리적인가 여부에 대한 질문은 법률을 제정하고 그것이 지켜지는가를 관찰함으로써만 판단할 수 있다. 예컨대 19세기 초 영국에서 절도죄에 대한 사형을 폐지했을 때 이로써 재산범죄의 숫자가 급증하리라는 예상과 관련해서 격렬한 논쟁이 있었다. 이러한 우려에 대해서 당시 반박할 수는 없었지만 그럼에도 불구하고 그 법을 시행하였다. 그리고 나서 재산범이 증가하지 않고, 오히려 감소하였다.[48] 당시 경제 장관 에어하르드 *Erhard*의 경제정책적 조치가 성과를 거둘 것인가에 대하여 경제학자들은 매우 다른 견해를 가졌다. 우리는 결과적으로 잘못된 제안으로 밝혀지는 것을 완전히 배제할 수는 없다. 경험을 통해서만 이론은 그 정당성이 밝혀질 수 있는 것이기 때문이다. 그러한 많은 예에서 우리는 법발전을 위해서는 입법적인 실험이 필수불가결하다는 것을 알 수 있다.

제3의 권력인 사법부에는 법형성에서 실험을 행할 권한이 없기 때문에 제3의 권력을 "보수적인" 권력으로 특징지울 수 있다.[49] 그것이

---

48) E. Cardozan, *The roots of evil*, London 1937, S. 139.

보수적인 성격을 가지고 있기 때문에 의심을 받는 경우도 있다. 선결례구속의 원칙에 대한 비판에서 자주 보이는 논리는 법발전을 저해하는 법원에 의한 법발전의 이론에 대해서 일반적으로 불만이 있다는 것이다. 사법부의 보수성을 판사집단의 사회적 위치로부터 설명하려는 시도가 있었다.50) 재판, 특히 헌법재판을(외견상으로만 방법적인) 선결례구속을 고려하지 않고, 사회진보의 정점에 위치시키려는 주장도 있다.51) 이것이 이루어지지 않은 이유에 대하여는 이미 언급하였다. 여기서는 단지 다음과 같은 것을 보충할 수 있을 것이다. 곧 이러한 보수주의는 비판의 대상이 아니라, 오히려 환영할 만한 것이며, 그것도 "진보적인" 생각을 가졌다거나 또는 실정법질서가 되도록 신속하게 그리고 광범하게 불법으로부터 해방되고, 정의에 접근하기를 바란다면 더욱 환영해야 한다는 것이다.

첫째, 제3권력의 보수주의는 순화된 보수주의로서 법형성의 가능성을 열어놓고 있고, 합리적인 논증에 폐쇄되어 있지 않다는 사실을 우리는 잊어서는 안 된다. 순화된 보수주의란 기존의 것이 옳다고 하는

---

49) 그러나 전래된 법이 부당한 것으로 입증된 경우에도 그것을 무조건 고수하고자 하는 사람들은 스스로를 "보수적"이라고 자칭한다. 그러나 우리는 그들을 "반동주의자"라 부르는 것이 나을 것이다. 그들은 태도의 비이성적 극단성 때문에 반드시 혁명적 태세로 전환하게 된다. 법은 그들의 의사에 반하여 진보하기 때문에 그들은 더 이상 보전하려 하지 않고 복고하고자 한다. 그들은 사회적 현실성을 상실하고 그들의 목적을 달리는 달성할 수 없기 때문에 "낡은 질서"를 재건하고 "이익과 가치"를 구하고자 시도하는 가운데 공산주의적으로 그리고 테러적으로 된다.

50) Walter Richter, Die Richter der Oberlandesgerichte der Bundesrepublik. Eine berufs-und sozialstatistische Analyse, Hamburger Jahrbuch für Wirtschafts-nnd Gesellschaftspolitik, 5. Jahr, Tübingen 1960, S. 241 ; Ralf Dahrendorf, Bemerkungen zur sozialen Herkunft und Stellung der Richter an den OLGs, Beitrag zur Soziologie der deutschen Oberschicht, ebd. S. 260ff.

51) 예컨대 Rodell, *Nine Men*, 이에 대해서는 Kriele in "Der Staat", S. 65 195, 206ff.

추정만을 주장하는 것은 아니다. 명백한 불법 - 그것이 어쨌든 정의를 실현하려 하고 법원에 법형성의 가능성을 열어 놓고 있는 실질적인 법의 일반원칙에 반하는 경우에 - 은 수정된다.

둘째, 이로써 주장되는 것은 규범은 명백한 불법을 내용으로 하지는 않는다는 것이다. 보존되는 것은 불법이 아닌 규범이다. 따라서 순화된 보수주의란 제1차적으로는 바로 **진보적인 제도를 유지하는 데** 이바지한다.

우리는 추가로 다음과 같은 것을 말할 수 있을 것이다. 곧 **셋째,** 진보적인 제도는 특별히 유지될 필요가 있다. 왜냐하면 그것이 특히 도전을 받기 때문이다. 기본적인 이해관계에 이바지하는 규범은 모든 정치적인 조건에서 그것에 의문이 제기되면 재창조된다. 그러나 진보는 바로 가능한 한 모든 사람을 위하여[52] "더 커다란" 이해관계를 발전시키고 충족시키기 위한 자유를 목표로 하는 것이며, 이것은 달성되기가 대단히 힘들 뿐더러, 그것이 달성되었다고 해서 그냥 유지되는 것도 아니다. 자유를 보장하는 제도의 유용성은 원시적이고, 균형되지 않은 성격을 가진 사람들에게는 당연한 것이 아니다. 그러한 제도를 자신의 단기적인(예컨대 선거전략적인) 이해관계를 위해서 언제든지 포기할 준비가 되어 있는 냉소주의자나 기회주의자도 존재한다. 그리고 우리는 인식력을 갖춘 사람의 경우에도 안정된 이성이 있다고 무조건 신뢰할 수도 없다. 어쨌든 단기적이고 정치적인 정렬이(예컨대 매카시주의와 같은) 언제든지 나타날 가능성이 있다는 것을 염두에 두는 것이 현명하다. 바로 헌법은 다른 법과는 달리 해석을 위한 지속적인 원칙이 방법론적 기초로서 형성되어 있어야만 실효성을 가질 수 있다. 선결례구속의 원칙이 점차 완화되더라도 이러한 완화는 진보라

---

52) 앞의 § 64 참조.

는 이익을 위해서 바람직한 것이라는 생각을 위기의 시대에도 멈추어서는 안 될 것이다. 법관의 자유는 진보와 반동, 그리고 정의뿐 아니라 불법을 위해서도 이용될 수 있다. 단단한 건물이라야만 폭풍을 견뎌낼 수 있는 법이다.

더욱 중요한 것은 **넷째**, 보수란 진보의 한 부분이라는 것이다. 왜냐하면 진보란 개별적인 세대가 이룰 수 있는 것 이상의 **경험의 축적**을 필요로 하기 때문이다. 자유를 보장하는 제도는 과거의 경험의 반영이며, 어느 정도 농축된 진리이고, 따라서 일시적인 성찰만으로 그 전체 의미를 파악할 수는 없다. 우리는 그것이 명백히 무의미한 것이 아닌 한 그것을 신뢰해야 한다. 왜냐하면 그렇게 하지 않는다면 우리는 그것을 완전히 잃어버릴 것이기 때문이다.

저항과 혁명을 불가피하게 하는 역사적 상황이 있을 수 있다는 것은 명백하다. 그러나 진보를 위해 실현된 혁명은 언젠가 한번은 퇴보에 이르며, 적어도 몇몇의 영역에서는 그러하다. 특히 형사소송법과 정신적 자유는 예민한 영역으로 입증되어 있다. 그들을 희생양으로 삼는 야만성은 보통 극복된 야만성보다 더 잔인하다. 장기적인 회복과정을 거쳐서 이전에는 폐쇄되어 있던 더 나은 진보를 위한 길이 열리는 기회가 생겼다고 해서 그것이 다른 영역에서 이루어지는 후퇴를 항상 정당화하는 것은 아니며, 심지어는 이러한 희망을 저버리기도 한다. 자유주의적 제도를 유지하는 것만으로 충분한 것은 아니다. 그러나 정치적인 관계에 따라 진보가 이룩된다면, 이러한 제도는 더 나아가기 위한 충분한 기초가 된다. 그것 자체가 장기간에 걸친 진보 과정의 산물이다.

법의 진보는 학문의 진보와 마찬가지로 여러 세대에 걸쳐 지속적인 **제도화된 협조** 속에서 이루어진다. 학문의 영역에서도 다른 학자의 연구성과를 신뢰해야 한다. 모든 것을 언제나 검토하는 것은 불가능하다. 연구결과에 대한 의심은 구체적인 이유가 있고 그 연구결과에 대한 반대근거가 있을 때에만 허용된다. 그 밖의 경우에는 타인의 연구성과는 자기연구의 기초가 된다. 이와 같은 신뢰적인 협조관계가 없다면 대량의 지식과 학문적 발전은 불가능할 것이다.

다섯째, 법발전의 보수주의는 그것이 통찰력을 축적하기 때문만이 아니라, 새로운 통찰의 필요성에 의해서 일단 이루어진 결정을 더 이상 검토하지 않음으로써 새롭게 내려지는 결정을 더 신중하고 객관적으로 근거를 가지고 숙고하는 것을 가능하게 하기 때문에 법발전에 이바지한다. 이미 이루어진 선결례를 결정의 기초로 삼을 수 있고, 또 이미 이루어진 결정은 특별한 이유가 없는 한 의심하지 않는 것이 합리적인 생활의 원칙이라고 할 수 있다. 선결례의 본질은 이미 언급했듯이 아직 조정이 이루어지지 않은 문제를 결정하는 데 있다.[53] 선택된 직업, 거주주택, 배우자문제, 법률행위 등등에 대해서 수정하기 위하여 늘 그 정당성을 검토한다면 결코 의미 있는 작업이 이루어질 수 없을 것이다. 그것은 마치 곤샤로프 *Gontscharows*(1812-1891. 러시아의 작가)가 쓴 소설의 주인공 오블로모프 *Oblomow*(1859년 작)와 같이 추상적인 가능성의 세계에서 공상을 하는 것과 마찬가지이다. 우선 결정을 하여야 새로운 결정에 대한 가능성이 열린다. 겔렌 *Gehlen*이 제도의 부담경감기능이라고 부르는 것은 바로 우리를 짓누르는 성찰과 결정으로부터 부담을 더는 것이다. 물론 모든 결정은 자유롭게 의문이 제기되고 새롭게 숙고될 수 있다. 그러나 특별한 이유가 있는 예외적인 경우에만 의심하고 일반적으로는 이미 이루어진 결정을 기초로 하는 것이 합리적이다. 왜냐하면 그래야만 진보가 가능하기 때문이다. 따라서 우리가 사법권이 순화된 보수주의에서 바로 진보의 조건을 창출할 수 있다고 생각하는 것은 결코 지나친 생각은 아니다.

---

53) 앞의 7장 참조.

제10장

선결례로부터 법을 발견하는 방법

72. 문제: 선결례의 중요성

법적 문제가 제기됐을 때 법률가들은 먼저 관련 있는 법률을 그리고 그 다음에는 관련 선결례를 참조하게 된다. 법적 문제와 관련된 선결례가 존재하지 않을 때 또는 그 선결례로부터 만족할 만한 결과를 얻지 못할 때 비로소 다른 방법을 찾게 되며 이로써 경우에 따라서는 해당 선결례가 제기된 문제에 적용될 수 없다는 것도 알 수 있게 된다. 이와 같이 법적 문제가 제기됐을 때 첫째로 검토해야 할 것은 그 법적 문제와 관련된 선결례를 우리가 어떻게 파악할 수 있으며, 그 선결례로부터 법적 결과를 획득하는 것이 어느 정도 가능한가하는 것이다. § 68에서 이미 언급한 법이론의 상태를 고려하여 볼 때 독일문헌에서는 이러한 문제가 거의 인식되어 있지 않으며 따라서 이러한 문제가 거의 언급되지도 않았다. 반면에 영국과 미국의 문헌에서는 이러한 문제가 대단한 관심을 끌고 있다. 독일의 법체계가 일차적으로 판례법이 아니며 또 선결례가 구속력을 갖는 것도 아니지만 선결례추정의 원칙이 가지는 실질적인 효용성 때문에 영미계통의 문헌도 우리에게 커다란 도움이 될 것이다.

법해석이 방법론적으로 확립된 규칙에 따라 합리적으로 통제할 수 있는 방법으로 수행될 수 있는가, 아니면 판결은 결국 법관의 자의에 지나지 않는 것인가라는 우리가 제기한 근본적인 문제의 관점에서는 선결례의 원용이라는 문제에 대해서 우선 회의가 있게 된다. 따라서 선결례의 원용 여부가 법관의 임의에 맡겨져 있는가, 또 우리는 개별적 선결례를 "적용", 곧 포섭할 수 없기 때문에 법의 규범적 성격이 의심스럽게 되는 것이 아닌가라는 문제가 우선 제기된다. 이 문제상황을 우리는 다음과 같이 요약할 수 있다. 어떤 사건도 다른 사건과 같은 것은 아니며 모든 사건은 나름대로의 특성을 갖는 것이기 때문에 어떤 특성이 중요성을 갖고 어떤 것이 중요성을 갖지 않으며 어떤 차이점은 우리가 무시해야 하고 또 어떤 차이점에 대해서는 우리가 다른 판결을 해야 하는가를 파악하기 위한 방법이 있어야 할 것이다. 그러한 방법이 도대체 있을 수 있는가라는 회의적인 질문이 되는 것이다.

두 개의 사건이 같다든가 또는 비슷하다든가 하는 직관적인 판단만으로는 합리적인 통제에 기초를 둔 방법론연구가 만족할 만한 것이 될 수 없다. 왜냐하면 그러한 방법론에서는 같은 점과 다른 점에 대한 결정적인 문제가 바로 해결되지 않은 상태로 남기 때문이다. 두 사건에서 그 특성이 같으면 같을수록 그 두 사건의 유사성은 증대한다. 그러나 사례는 법적으로는 모든 가능한 관점에서가 아니라 법적으로 중요한 관점에서만 비교된다. 이 문제에 대하여는 이미 앞의 § 56에서 상세히 설명하였다.

그러므로 어떤 사실이 중요한가는 적용되는 법규범에 따라 달라질 수 있으며 그것은 마치 어떤 법규범이 적용될 것인가라는 문제에 대한 결정이 그 사건의 특성에 달려 있는 것과 같다. 결국 두 사례가 비슷하다고 말할 수 있는 것은 우리가 이미 문제된 사실의 중요성을 결정하는 규범을 파악하고 있을 때에만 의미가 있다. 그러나 다른 한편 우리가 그러한 규범을 이미 알고 있다면 선결례를 원용할 필요 없이 그 규범에 직접 포섭하는 것이 가능할 것이다. 그러나 그러한 규범을 우리가 알지 못한다면 선결례의 중요성을 판단할 수 있는 어떤 기준도 우리에게는 없는 것이다. 그렇다면 결국 선결례를 원용하는 방법은 진정한 방법론이 될 수는 없는 것이다.[1]

이와 같은 이유에서 우리가 선결례를 규범의 적용사례로 파악하는 것이 타당할 것이다. 또한 판례법은 규범법이다. 우리는 선결례로부터 직접 사례를 결정하는 결론에 이를 수는 없다. 오히려 다음과 같은 2단계적 사고가 필요할 것이다. 선결례로부터 그 선결례의 기초가 된 규범, 곧 판결이유를 추론하고 나서 이 규범에 해당 사안을 포섭한다.[2]

이것은 물론 단지 전체 사고과정의 한 단면을 서술한 잠정적인 도식일 뿐이다. 왜냐하면 이미 언급했듯이 규범으로부터 비로소 선결례의 중요성을 추론할 수 있을 것이기 때문이다. 그러므로 선결례와 관련해서도 중요한 것은 "적용할 수 있는" 규범을 발견하는 것이며 이것을 매개로 제기된 법적 문제를 해결할 수 있다.

그러므로 문제는 선결례의 결정이유인 규범을 어떻게 발견할 수 있을 것인가이다. 이 문제에 우리는 여러 가지 방법으로 접근할 수 있을 것이다. 예컨대 중요한 영미법이론을 비판적으로 언급함으로써도 가능할 것이고, 또는 이론적 이해의 범위를 발전시킴으로써도 가능할 것이다. 아마도 독자의 공감을 가장 쉽게 얻을 수 있는 가장 합목적적이고 가장 명료한 방법은 법적 사고과정을 경험적으로 관찰하고 이로부터

---

1) 이와 같은 결론이 일련의 소위 미국의 "현실주의자들"에 의하여 사실상 도출되었다. 예컨대 Jerome Frank, *Are Judges Human?* 1931.

2) 이는 영미이론에서는 이론이 없다. "구속적인 선결례의 유일한 부분은 판결이유이다." Rupert Cross, *Precedent in Englisch Law*, Oxford 1961, S. 33. 또한 Llewellyn, *Präjudizienrecht und Rechtsprechung in Amerika*, Leipzig 1933, 2. Teil II: *Die Feststellung des Präjudiziensatzes*, S. 22f.와 IV: *Wirkungen des Präjudiziensatzes* S. 93ff. 참조.

귀납적으로 이론적 이해를 획득하는 것일 것이다.

73. 계속: 선결례적 법규범의 결정

그러므로 우리가 해결해야 하는 딜레마는 다음과 같은 것이다. 우리는 관련된 선결례에서 규범을 찾는다. 그러나 우리는 규범을 미리 가지고 있을 때에만 선결례의 관련성을 결정할 수 있다. 이러한 딜레마를 해결할 수 있는 유일한 방법은 결국 다음과 같은 가정에 있다. 곧 우리는 우리가 관련된 선결례를 찾는 데 적용할 규범을 미리 알고 있는 것은 아니지만 규범가설을 이미 알고 있고 그것을 확인한다는 것이다. 바꾸어 말하면 법적 사고과정에서 획득된 규범가설이 가능한 한 정확히 적용될 수 있는, 곧 의심의 여지없는 규범을 확인하거나 부인하는 선결례를 찾아내는 것이다.

그러나 우리는 가끔 일정한 변형을 거쳐서야만 원용할 것인가의 여부를 결정할 수 있는 선결례에 부딪히게 된다. 그러한 경우에 우리는 추상화의 정도를 확대하거나 축소하고 또는 구성요건요소를 추가하거나 제거하고, 또 예외규범(…이 아닌 경우)으로 보충하기도 한다. 그러한 경우에는 선결례의 관련성을 결정하기 위해서 규범가설을 변형시킬 필요도 있으며 그 선결례가 변형된 형태로서 해당 법적 문제를 해결하기 위해서 중요성을 계속해서 가질 수 있는가를 검토해야 하는 경우도 있다.

이러한 방식으로 결국 선결례에서 법을 발견하는 과정도 우리가 위에서 이미 언급한 바와 같이 "시선의 왕복"을 본질로 한다. 요컨대 규범가설과 법명제라는 2단계 사이의 시선의 왕복, 곧 이 경우에는 결국 규범가설과 판결이유 사이의 시선의 왕복이다.

그 밖에도 적절한 규범가설을 발견하기 위해서는 문제된 사안을 둘러싼 생활관계를 파악해야 함은 물론이다. 그렇다면 결국 또 다시 제1단계, 곧 사안과 규범가설 사이에 시선의 왕복이 있어야 한다. 바로 규범가설을 변형해야 할 필요성 때문에 우리는 그 변형이 현실적인 문제를 파악하고 있는가를 항상 검토해야 한다. 문제가 되는 것은 예컨대 추상화의 정도가 매우 낮은 개념이 선택되었을 때에도 구성요건요소가 충족되었는가 하는 것이다.

위에서 설명한 법률로부터 법을 발견하는 도식에 따를 때 선결례로부터 법을 발견하는 것도 한편으로는 규범가설을 생활관계와 비교하고, 다른 한편으로는 그것을 판결이유와 비교함으로써 수행된다고 하는 것은 놀라운 일이 아니다. 선결례로부터 법을 발견하는 일이 다른 방법으로는 전혀 가능하지 않다는 것은 이러한 기본적인 가정이 법률로부터의 발견에 대해서도 옳다는 것을 증명한다.

그러나 이러한 증명을 통해서 우리는 우리 법의 **이성법적** 기반에 대해서 언급하는 것이 의미가 있고 필수적이라는 것을 새롭게 알 수 있다. 왜냐하면 규범가설의 형성과 사고는 이성법적 과정, 곧 규범결과에 대한 고려를 전제로 하기 때문이다. 현재의 지배적인 정당성체계의 조건에서 이러한 사고과정을 지도하는 관점은 공공의 이해관계 또는 상대적으로 더 기본적인 집단 이해관계일 수밖에 없다.

그렇다면 우리가 제6장에서 제8장까지 특히 § 53에서 § 55까지 서술한 것은 선결례로부터 법을 발견하는 문제에 대해서도 그대로 타당하며 따라서 이에 대해서는 그 부분을 참조하는 것으로 충분할 것이다. 그러나 선결례로부터 법을 발견하는 것은 다음과 같은 특수한 어려움이 추가되기 때문에 더욱 복잡하다.

법률에서 우리는 추상적으로 표현된 법문을 만난다. 그러나 선결례에는 일반적으로 그러한 법문이 존재하지 않으며, 그러한 법문이 결정이유에 포함되어 있다 하더라도 우리가 그것을 직접 적용할 수 있는 것은 아니며, 그 사건에 독자적인 결정이유로서 제시해야만 한다. 그러므로 모든 경우에 결정이유가 무엇인가 하는 것을 우리 자신이 명료하게 하지 않으면 안 된다.

결정이유에 대한 문제가 어떠한 이유에서건 의심스럽게 되면 우리는 전체 판결을 해석해야만 한다. 주문으로부터는 일반적으로 아무것도 얻을 수가 없으며 소송이 기각되었을 때는 더욱 그렇다. 또 소가 인정되고 피고에게 예컨대 일정한 급부의무가 명해지더라도 역시 마찬가지이다. 사건의 내용에 대한 설명에도 원칙적으로는 법문이 포함되어 있지 않으며, 모든 확정된 사실이 법적으로 중요하다고 하더라도 역시 마찬가지이다. 왜냐하면 항상 확정된 사실이 중요한 것이 될 수 있는 여러 관점이 가능하기 때문이다. 그러므로 결국 우리는 구성요건으로부터는 일련의 규범가설을 발견할 수 있을 뿐이며, 여기에서 사건 내용은 여러 가지 변형과 추상화정도를 띠게 되고 또 긍정적 또는 부정적 결과가 고려된다.

판결을 하는 법관의 입장에서 볼 때 어떤 규범가설이 중요하며 올바른 것인가 하는 것은 우선 판결이유에 나타난다. 그러나 판결이유만으로는 부족하고 이미 언급했듯이 그 판결이유가 결정이유로서 추상적 법규를 형성하고 있더라도 역시 마찬가지이다. 왜냐하면 이 법규가 지나치게 일반적이거나 추상적이고 또는 예외를 허용하지 않는 식으로 표현되어 있어서 문제된 사안에 적용될 수 있는 것인가에 대한 결정을 하여야 하기 때문이다. 우리는 선결례를 심지어는 다음과 같이도 해석할 수 있다. 곧 외관상 결정이유로서 주어진 법규가 실제로는 전혀 결정이유가 아닐 수도 있다는 것이다. 이때 우리는 다음과 같이 말할 것이다. 판결을 내린 법관이 자기 나름대로의 결정을 하였으며 그가 원한 것을 전혀 이해하지 못하고 결국은 사실상의 결정이유를 전혀 올바르게 구성하지 못했다는 것이다.

선결례에 대한 해석의 여지가 대단히 넓다고 하는 데 대하여는 거의 이론이 없다. 따라서 선결례로부터 법을 발견하는 일이 도대체 이성적인 절차가 될 수 있는가 하는 문제에 대하여 회의가 제기되고 이러한 회의가 규범가설에 대한 찬반논쟁이라는 비교적 합리적 논증을 통해서도 제거될 수 없을 것이라는 것은 이해가 간다. 왜냐하면 바로 판결을 통해서 규범가설을 인정할 것인가의 여부는 해석자의 자유로운 결정에 맡겨지는 듯하기 때문이다. 판결로부터 법을 발견하는 일은 자의를 가장한 "신화"에 불과하다고 하는 영미의 법이론가들이 스스로를 "현실주의자"라고 하는 것은 이해가 간다. 그러나 이것은 성급한 결론이 될 수 있다. 아래에서는 합리성을 중심으로 판결로부터 법을 발견하는 사고과정을 분석해 보겠다.

74. 판결요지와 부수적 의견

"우리는 선결례에서 규범을 발견한다"라는 이야기는 선결례를 검토하는 법적 사고과정에 대한 불충분한 이론적 이해에 기반을 두고 있다. 바로 이 법적 사고과정으로부터 해결하기 어려운 많은 문제들이 생겨난다. 왜냐하면 우리는 미리 규범가설을 가지고 판결에 접근하며 되도록 정확히 문제되는 사안에 적용될 규범가설을 평가하는 판결을, 곧 문제된 규범 그대로든지 또는 변형된 형태로든지 그 규범의 적용가능성을 보여주는 판결을 찾기 때문이다.

우리가 선결례를 찾아나가는 과정에서 만나는 첫 번째 것은 판결요지이며 이것을 우리는 판례집, 주석서, 판례요지 모음 등등에서 찾아볼 수 있다. 판결요지는 해당 사안이 포섭되는 규범을 제시한 것이거나 또는 일정한 방향으로 적용되거나 또는 적용될 수 없게 하는 법규에 포함된 개념의 정의이다. 그러므로 결국 판결요지는 그 자체로서든 또는 다른 부분과 함께로서든 판결의 기초를 이루는 규범을 명료화하려는 시도이다. 연방헌법재판소와 그 밖의 연방최고법원의 판결요지가 공간되는 것이 일반적인 현상이 되었다는 것으로부터 우리는 법원이 세심하고 권위 있는 규범의 문장화에 커다란 의미를 부여하고 있다는 것을 알 수 있다. 이것은 장래의 사건에서 선결례를 적용할 수 있다는 의미를 가지기 때문에 판결요지는 선결례중심적 방법론에서 중요성을 가질 수 있다는 사실은 명확하다.

제국법원은 판결과 관련하여 판결에 한 두 개의 질문을 제기하는 데 만족하였다. 그러나 그러한 질문은 정확하게 제기된 것은 아니었기 때문에 "긍정" 또는 "부정"으로만 대답할 수 있는 성격의 질문은 아니었다. 이러한 결과로 판결을 명료히 작성하는 일은 주석자에게 전적으로 위임되어 있었으며 이 때 오해가 발생할 여지가 있었다. 판결요지란 판결을 행하고 그 판결을 결정한 규범을 가장 잘 알고 있는 법원의 어느 정도는 권위 있는 문장이다.

판결요지가 곧 포섭이 가능한 법규로서 다루어져서는 안 된다고 하는 것은 이미 잘 알려져 있는 사실이다. 판결요지는 법률가에게 잠정적으로 판결이유에 어떠한 법적 견해가 전개되고 근거지어져 있느냐에 대해서 알려주는 기능을 한다. 종종 판결요지를 통해서 핵심적인 판결이유가 나타나기도 하고 또 종종 그것은 몇 개의 문장으로 구성되어 있기도 하다. 이 두 경우에 판결이유에 나타나는 유보, 제한, 전제조건들은 나타나 있지 않다. 결국 판결요지는 일반적으로는(예외에 대하여는 아래를 보라) 판결의 이유를 가교하는 것 이상의 것이 아니고 판결요지는 구체적인 사건에서 논쟁점이 되어 있는 규범제안에 대해서 법서술과정에서 어떠한 견해가 밝혀져 있느냐하는 그러한 결정을 발견하는 데 도움을 줄 뿐이다.

그러나 이러한 법서술은 이미 어느 정도는 가정적인 성격을 가질 뿐이다. 선결례법에 관한 이론은 "판결이유"와 단순한 "부수적 의견" 사이의 차이를 강조하고 판결에서 사건내용에 대한 서술이 갖는 의미를 강조하고 다른 사람들은 다른 것을 강조한다. 그러나 중요한 것은 선결례법에서 "구속적인" 결정규범을 발견해내는 일이다. 이로써 제기된 문제점이 의미를 가지고 따라서 그것에 대해서 앞으로 논의하겠다. 그러나 선결례에서 법서술에 주어지는 의미가 - 단지 사소하거나 또는 잠정적인 것에 불과한 - 과장되어서는 안 된다. 이러한 맥락에서 르웰린 *Llewellyn*은 부수적 의견과 판결요지에 대해서 "이른바 부차적인 선결례로서의 효력"만을 부여하고 있다.[3]

부수적 의견이 갖는 이러한 의미가 부차적인 것은 우리가 선결례에 접근할 때 이미 잠정적으로 작성된 규범가설을 가지고 접근하고 그러므로 우리는 "선결례로부터 어떠한 결정규범이 도출되는가"라고 하는 추상적인 질문이 아니고 "그 선결례가 우리의 규범가설을 적용할 수 있게 하는가 아니면 적용할 수 없게 하는가 또는 변형시키는가"하는 구체적인 질문을 염두에 두고 읽게 된다. 판결의 결정이유에 우리가 가정한 규범이 어떠한 변형도 없이 명백히 표현되어 있는 경우에는 그 해당 문구가 실제 "결정적" 이유에 해당하는지의 여부는 중요한 것이 아니다. 그렇게 확인된 우리의 법적 견해가 옳다는 것을 의심할 아무런 여지가 없다면 우리는 우리의 사고를 이것으로 끝내고 우리의 법적 견해를 해당 결정을 원용하면서 뒷받침할 수가 있다. 나아가서

---

3) *Präjudizienrecht und Rechtsprechung in Amerika*, S. 14. 본질상 비슷한 것으로 또한 Allen, *Law in the Making*, 7th ed., Oxfofd 1964, S. 20ff.

결정이유의 해당 구절이 올바르다는 것에 대해서 의심의 여지가 없게 되면, 그 사건을 자세히 살펴보는 것조차 필요 없게 된다. 이로써 우리는 선결례를 언급하면서 해당 문구의 페이지를 첨가하면 될 것이다.

결정이유에 나타난 법서술이 갖는 중요성은 경우에 따라서는 단순한 판결요지를 공간하고 이전의 판결요지를 원용하는 것을 그 판결요지가 법적 견해를 충분히 표현하고 결정을 일반적으로 인식함으로써 법적 견해를 인식하는 데 도움이 안 될 때에는 정당화된다. 실제로는 단순히 결정요지를 인쇄할 필요성은 충분히 있다. 그렇지 않다면 그것이 그렇게 충실히 필요한 것으로 여겨지지는 않을 것이다. 이 사실은 판결요지와 부수적 의견, 그리고 선결례의 판결이유에 표현된 법서술의 실질적 중요성을 증명하는 것이기도 하다.

결국 선결례로부터 법을 발견하는 방법은 우리가 스스로의 규범가설을 통해서 그 중요성을 제시하고 경우에 따라서 결정요지를 매개로 발견하는 결정이유에 포함되어 있는 법서술에 사용되어야 한다. 법적 견해는 우선은 그것이 결정이유인가 또는 부수적 의견인가라는 질문과는 독립하여 "선결례적 법규범"으로서 다루어진다. 이 문제에 대해서는 다른 곳에서, 곧 나중에 다루게 되는 전후관계에서 중요한 것이 될 것이다.

75. 선결례적 법규범의 확장

예외가 있기는 하지만[4] 선결례의 법서술은 구속적인 것이 아니다.

---

[4] 예컨대 § 16 I BVerfGG, 또한 각하의 경우에 상고심법원의 법적 견해에 대한 구속력, 예컨대 §565 II ZPO 참조, 그 밖의 점에 대해서는 앞의 § 67을 보라.

선결례란 도대체 규범적으로 "구속력이 있는" 것이 아니고 잠정적으로 추정을 근거짓는 것일 뿐이다. 선결례에 나타난 법서술에 대해서 우리는 그것이 옳지 않다고 생각하면 그것이 "부수적 의견"이든 또는 "결정적 이유"이든 무시할 수 있다. 그럼에도 불구하고 그것은 위 § 69-71에서 설명한 이유 때문에 법서술을 처음부터 무시할 수 있는 것이 아니고 단계적으로 그것을 극복하는, 곧 법서술에 포함된 규범을 출발점으로 삼고 그것을 필요하다면 수정하고 변형시키는 사고과정에서 단계적으로 극복하는 것이 이성적인 절차이다. 선결례로부터 올바른 규범이 대단히 모호해서 그것을 제한, 확장 또는 변형을 통해서도 획득될 수 없을 때 우리는 비로소 선결례를 포기하게 된다(overruling).

이러한 방법으로 해석자는 대단히 중요하고 어려운 문제, 곧 "헌법 또는 법문을 어떻게 올바로 해석할 것인가"라는 문제로부터 해방되어 "선결례해석으로부터 어느 정도 벗어나는 것이 필요할 것인가"라는 문제로 넘어가게 된다. 이때 해석자는 그 벗어나는 이유만을 제시하면 되고 이로써 간단하고 쉽게 파악될 수 있는 사고과정에 대해서만 해석자는 책임을 지고 곧 법발전의 계속성에 이바지하게 된다.

결국 선결례규범으로부터 필요 이상으로 벗어나지 않는 것이 중요하다면 이러한 맥락에서는 이른 바 "과잉금지의 원칙"이 적용된다. 이때 우리는 약간의 변형으로 동일한 결과에 이를 수 있다면 선결례규범을 필요 이상으로 무시하거나 전혀 다른 방식으로 표현하는 것을 되도록이면 피해야 한다. 우리가 법적 사고과정을 이론적으로 해명하고 합리적으로 파악하려면 선결례규범으로부터 벗어난다는 사실에 대해서는 조심스럽게 주의를 기울일 필요가 있다.

이 문제에 대하여는 영미법계에서도 비교적 문헌이 많지 않다. 이 문제는 어떻게 **판결이유**가 **부수적 의견**으로부터 구별될 수 있는가하는 질문으로서 확정되는 것이기도 하고 또 그것이 전부이기도 하다. 곧 이 문제는 모든 힘을 흡수한다. 사실상 이 문제는 실제로는 또 중요하지 않은 것이 아니다. 그러나 이러한 맥락에서 다음의 설명을 통해서 명백하게 되듯이 이 질문은 문제를 해결하기 위한 적당한 출발점이 될 수 없다. 왜냐하면 한편으로는 부수적 의견도 그것이 잘 근거지어져 있으면 어느 정도 매우 실제적인 권위를 갖게 되기 때문이다.[5] 다른 한편으로 우리는 "결정적인 이유"가 옳지 않다고 생각하면 그것을 무시하게 된다. 더 나아가서 결정적인 이유와 부수적 의견 사이의 구분에 대해서 만족할 만한 설명을 하려는 것이 지금까지 시도되었지만[6] 다음에 언급할 이유 때문에 그것이 명백히 성공할 수는 없었다. 따라서 지금까지 중심적인 위치를 차지해왔던 이러한 **구분의 문제**는 제쳐두고 그 대신 판결이유에 표현된 법견해로부터 **단계적으로 벗어나는** 과정이 분석되어야 한다.

첫째, 우리는 만족스럽지 못한 선결례에 나타난 법견해를 그것이 한두 개의 개념의 **추상화정도의 확장**을 통해서 합리적인 것으로 보여지는가를 중심으로 관찰할 수 있다. 이 때 유추라는 언어가 딱히 적당하다고는 할 수 없기 때문에 또는 매우 넓은 상위개념을 사용하기 때문에 확장된 추상화 대신에 유추가 필요하다.

연방행정법원은 장거리화물운송에서 허가제한(화물운송법 제9조)을 특히 다음과 같은 논증으로 합헌으로 판단하였다. "화물수송차, 그 가운데서도 특히 중화물수송차는 교통안전에 대단히 큰 위험을 띠고 또 승용차에 비해 도로부담이 크기 때문에 허가제한이 필요하다."[7] 같은

---

5) Allen, 앞의 책, S. 263.

6) Allen, 앞의 책, S. 267. 경계확정기준을 표현하려는 여러 시도들에 대한 상세한 비판적 시도들에 대한 상세한 비판적 토론을 Rupert Cross, 앞의 책이 제공하고 있다. 더 나아가서 Riezler, Ratio decidendi und obiter dictum im UrteiI, AcP 139, 161 참조. 그 밖의 것은 아래의 § 77을 보라.

7) BVwG 3, 21=VerfRspr. 12(b) Nr. 105.

이유로 베를린 고등행정법원은 PBefG 제9조 제2항의 합헌성을 검토하면서 "이것은 정규버스노선에 대해서도 동일하게 적용된다"고 판단하였다.[8]

결국 고등행정법원은 버스가 화물수송차는 아니었기 때문에 화물운송법의 합헌성에 대한 선결례적 법규범에 포섭할 수는 없었지만 이 법규범을 확장하였다. 이 때 적당한 상위개념(예컨대 대형자동차)이 있는가 여부는 중요한 것이 아니었다. 여기서는 사실상 고도의 추상화가 이루어졌다. 그것이 가능했던 것은 그 추상화가 정당한 것으로 보였기 때문이다. 곧 "교통안전에 대한 고도의 위험"은 기본법 제12조 제1항에서 보호되는 이해관계보다는 더 근본적인 이해관계의 침해를 의미했고 따라서 교통안전에 대해서 동일한 위험이 존재하는 곳에서는 어디에서나 기본권의 동일한 제한이 이루어지는 것이다.

미국의 "현실주의자"의 한 사람인 올리펀트 *Oliphant*는 많은 주목을 받은 논문[9]에서 모든 선결례적 규범에서 개념을 임의로 추상화할 수 있다라고 주장하였다. 결정이유로서 주장되는 것이 어느 정도 추상화되어 형성되었는가 하는 문제는 통제할 수 없는 자의의 문제라는 것이다. 따라서 우리는 선결례에 나타난 법서술과 또 "결정구속"의 원칙과 독립하여 선결례구속의 원칙에 집착해야 한다는 것이다.

그러나 이때 첫째로는 법의 이성법적 기초가 간과되었는데 이것이 정당한 추상화의 정도를 표현하는 데 하나의 기준이 된다. 우리가 위에 든 예에서는 예컨대 올리펀트에 따르면 연방헌법재판소는 화물수송차라는 개념 대신에 'Magirus' 또는 "자동차"라는 개념을 사용하고 이 개념 사이의 추상화단계를 선택할 수 있을 것이라는 것이다. 그러나 교통안전에 대한 이성법적 서술과 관련해서 전자의 개념은 너무 협소

8) BOVG 6, l=VerfRspr. 12(b) Nr. 132a.
9) A Return to Stare Decisis, 14 ABAJ 71, 139(1928).

하고 후자의 개념은 지나치게 광범한 것일 것이다.

나아가서 올리펀트는 선결례추정이 부담을 줄이는 기능을 한다는 것과 또한 지방고등행정법원의 위에서 지적된 간략한 문장에 나타나 있는 계속적인 법형성의 가치를 간과하였다. 올리펀트에 따르면 연방행정법원의 판결은 전혀 중요하지 않은 것이며 지방고등행정법원은 기본법 제12조 제1항의 제한적 해석의 문제를 기본적으로 새로이 전개했어야 했을 것이다. 그러한 방법으로는 어떠한 법제도도 발전할 수 없으며 법적 안정성이나 판결의 예견가능성이란 이미 존재하지 않는 것이다.[10]

둘째, 법결과에 영향을 주는 구성요건의 **제거**는 개념의 추상화의 확장과 비슷한 기능을 한다. 그래서 예컨대 접종피해를 이유로 한 희생보상청구권이 성립하기 위해서는 접종의무가 있다는 것이 필요하지 않고, 행정기관으로부터 권고를 받은 것으로 충분한 것이다. 결국 판결은 희생보상청구권에 대해서 지금까지 법원에 의하여[11] 전개된 원칙에 대체로 일치하고 있으며 단지 한 점에서는 새로운 이론을 전개했는데, 이것은 지금까지 요구되었던 청구권요건의 하나를 더 이상 요구하지 않는 것이었을 뿐이다. 이로써 판결은 희생보상청구권에 관한 선결례적 법규범의 범위를 실질적으로 확장시켰는데, 이는 마치 판결이 이전에 희생보상청구권의 요건을 정의하기 위해서 사용한 개념의 하

---

10) 올리펀트는 딸에게 약혼파기를 사주한 아버지의 책임을 묻지 않은 판결의 예를 설명하고 있다. 이로부터 상이한 추상화단계에서 가능한 법규범의 단계가 도출된다.
    ① 아버지는 딸에게 혼인에 대한 약속을 파기하도록 유발할 특권이 있다.
    ② 양친은 그러한 특권이 있다.
    ③ 양친은 딸과 아들에 대하여 그러한 특권이 있다.
    ④ 모든 사람은 혼인을 약속할 특권이 있다.
    ⑤ 양친은 자녀에 의하여 행해진 모든 약속에 대하여 그러한 특권이 있다.
    ⑥ 모든 사람은 누군가에 의하여 행해진 모든 약속에 대하여 그러한 특권이 있다.

11) BGHZ 31, 187=VerfRspr 14(c) Nr. 106.

나를 고도로 추상화시키는 방법으로 사실상 희생보상청구권의 법원에 의한 법규화의 범위를 확장시킨 것이다.

76. 설결례적 법규범의 제한

선결례적 법규범을 제한하거나 포기하는 것이 반드시 선결례의 포기를 뜻하는 것은 아니다. 곧 구체적인 판결은 원칙적으로 잘못되지 않은 것으로 선언된다. 오히려 구체적인 판결이 취하는 판결이유가 제한적으로 수정되어 그 판결이유들이 구체적인 판결들을 더욱 지탱할 수 있게 되거나, 또는 똑같이 선결례적 판결들을 지탱할 수 있게 하는 다른 이유로 대체된다. 여기에서는 우선 선결례적 법규범의 제한에 대하여 언급하겠다.

셋째, 선결례적 법규범이 지나치게 추상적으로 표현된 것이 입증되고 a) 선결례적 법규범의 개념들 가운데 하나 또는 여러 개의 것이 **제한적으로 이해되거나** b) 선결례적 법규범이 설명적인 예외를 부가함으로써(… 한 경우에는, … 을 제외하고는, … 아닌 경우 등등) 표현을 통하여 제한됨이 입증되는 경우 선결례적 법규범으로부터 거리감을 갖게 될 가능성이 고려된다.

구체적인 사례가 a) 제한된 이해의 결과 더 이상 선결례적 법규범에 포섭될 수 없거나 b) 예외에 속하는 경우 판결의 결과는 선결례적 법규범을 엄격히 적용하는 경우와는 다르게 된다.

우리가 현실적인 사례를 모종의 이성법적 근거에서 선결례적 규범에 포섭시키지 않으려고 하는 경우에만, 선결례적 규범을 수정할 계기가 성립한다.

예컨대 연방헌법재판소는 처음에는 공법상의 주관적 권리는 기본법 제14조의 재산권보장의 범위에 속하지 않는다고 판결하였다.[12] 이 명제는 지나치게 광의임이 입증되었다. 따라서 연방헌법재판소는 이 명제를 보증될 뿐 이행되지 않은 공법상의 주관적 권리는 기본법 제14조의 재산권보장의 범위에 속하지 않는다고 제한하였다.[13] 최초의 표현에서 연방헌법재판소는 이와 같은 선결례적 법규범을 엄격히 적용함으로써 기본성의 관점에서 이익형량이 명해진 것으로 생각되는 재산권보장의 확대해석을 차단시키리라는 것을 염두에 두지 않았다.[14]

넷째, 구성요건표지의 첨가는 경우에 따라서는 선결례의 포기를 의미할 수도 있다. 그러나 마찬가지로 선결례적 사례의 구성요건적 전제가 자체에 존재하고 그것을 판결이유에서 언급하는 것이 필요하지 않다고 간주될 수도 있다. 그와 같은 상황에서는 구성요건표지의 첨가는 단지 선결례적 법규범의 제한으로서 영향력을 행사하게 되나, 결과에서는 바로 앞에서 설명한 개념제한이나 예외를 첨가한 사례들에 있어서나 마찬가지이다.

---

12) BVerfGE 2, 380.

13) BVerfGE 14, 293.

14) 연방헌법재판소는 최초 판결에서 재산권보장을 공법에까지 확장하게 되는 경우 그 결과가 어떻게 될 것인가를 숙고하였다. "입법자는 일단 인정된 공법상의 재산권적 지위를 장차 개선시킬 뿐 결코 악화시켜서는 안 될 것이다. 그렇게 함으로써 경제적 그리고 사회적 관계의 변화에 법이 적응하려는 모든 노력은 불가능해질 것이다." 동시에 동 재판소는 예컨대 공무원이 획득한 재산권적 청구권은 국가적 보장의 신뢰성에 대한 신뢰를 동요시키게 될지도 모른다는 것을 숙고하지 않았다. 그러나 전체 국가질서는 이와 같은 신뢰에 근거하고 있기 때문에 이러한 신뢰를 유지하는 데 갖는 이해관계는 전자를 전제하는 입법자의 경제정책자유에 대한 이해관계보다 더 기본적이다. 이와 같은 연방헌법재판소의 설명은 법적 개념구성에 대한 구상적(具象的)인 예를 제공한다. 이 설명은 "재산권"개념의 규정의 불확실성이 논리적, 문법적 방법 등등을 통하여 제거되는 것이 아니라 이성법적 고려에 의하여 지배되고 있음을 가리키고 있다.

따라서 연방법원은 예컨대 전염병에 걸렸다고 의심할만한 짐승의 살육을 수용으로 간주하였다.[15] 이에 대하여 연방헌법재판소는 특히 다음과 같은 논증으로 반대하였다. 수용에는 그보다 넓은, 연방법원이 고려의 대상으로 삼지 않은 구성요건적 전제, 곧 수용에는 당사자의 독자적인 이해관계에 봉사하는 것이 속한다는 것이다. 이와 같은 논증이 이 자체로서 연방법원의 선결례를 포기할 수 있는가 여부는 당사자가 전염병에 걸린 짐승 외에 그를 보호하기 위하여 예방접종을 해야 하는 건강한 가축을 가지고 있었는가 여부에 의존한다.[16]

다섯째, 선결례의 구체적 결정은 법규범 교환을 통해서, 곧 판결이 근거하고 있는 법규범을 배척하지만 동시에 그 판결을 지탱해 줄 수 있는 법규범을 그 자리에 대체시킴으로써 유지된다. 그러한 경우 우리는 보통 다음과 같이 논증한다. 이 다른 법규범이 "원래" 생각했던 것이다.

이와 같은 전후관계에서 "규칙"(rule)과 "원칙"(principle) 사이의 차이가 가지는 의미가 분명해진다. 곧 법규범 교환시의 전형적 논증은 선결례법관이 자신의 판결의 근거로 삼은 판결이유가 "단순히" 규칙이라는 주장을 넘어서게 된다. 원래 법관은 판결을 지도하는 "원칙"을 인식하지 못한 것이다.

바로 이것이 오랜 시간에 걸쳐 계속적인 법관에 의하여 제도가 형성되는 가장 중요하고 가장 뛰어난 수단이다. 우리가 법관법의 제도사를 소급해 보는 경우 우리는 종종 종국에 가서는 관철된 이론적 논거

---

15) BGHZ 17, 137=VerfRspr. 14(e) Nr.26.
16) 이러한 종류의 문제를 해명하기 위하여 영미법계에서는 변호사에게 선결례에 관한 법원문서의 열람이 인정되고 있다. 그에게 중요한 것은 해당 사례에서 문제되는 것이 진정 선결례인가 여부를 판단하는 것이다. 그것이 선결례라면 그는 파기가 아닌 사안의 차이에 따른 판결을 변론할 필요가 있고 이는 대단히 승소할 가능성이 크다는 것을 뜻한다.

가 최초의 해당 선결례의 기초가 되지 않았음을 발견하게 된다. 따라서 예컨대 우리는 "계약체결상의 과실"에서 오는 책임을 예약(보호계약)에서 추론하였고, 신탁회사를 오랫동안 대표로 취급하여 왔다.[17]

법관에 의한 기본법해석은 아직까지는 사법(私法)에서와 비슷하게 제도형성의 범례가 되기에는 연륜이 짧다. 그러나 법규범교환의 사례는 이미 많은 수가 존재한다. 예컨대(기본법 제12조의) 똑같은 기본권제한은 선결례에서 기본법 제2조 제1항의 일반적 유보제한을 수단으로 해서, 그 후의 선결례에서는 "내재적" 제한의 개념이 생겨났고, 동일한 수용은 처음에는 예견가능성의 척도를 수단으로 해서 나중에는 개별적 침해의 척도가 생겨난 것과 같다.[18]

---

17) 법규범교환을 통한 그와 같은 종류의 제도형성에 대하여는 특히 Esser, *Grundsatz und Norm*, S. 161ff.; Larenz, *Methodenlehre*, S. 316을 보라. 계약체결상의 과실에 대한 구체적인 예는 Nirk, Die Lehre von der culpa in contrahendo in rechtsvergleichender Darstellung, Rabels Zeitschrift 18(1953), S. 310을 참조하라.

18) 법규범교환가능성의 실제적 의미는 *Oliphant*, 앞의 책의 다음 예로써 명백해진다. "근로계약은 예컨대 근로자의 임금청구권은 양도할 수 없다는 조항을 포함할 수 있다. 동 조항에도 불구하고 근로자는 양도를 시도할 수 있고 양자는 임금에 대하여 고용주를 고발할 수 있는지를 법원은 판결할 수 있다. 이 판결은 일반적 명제의 수많은 부분의 첨예화된 예로서 사용할 수 있다. 누구는 청구권을 재산권으로서 다루고 재산권의 외부적인 면을 주장하는 넓은 일반적 명제의 방향으로 가고, 또 다른 누구는 원리에 반하는 계약조항을 다루는 다른 똑같이 넓은 일반적 명제에 이르고, 또 다른 자는 근로관계에서 발생하는 청구권에 대한 개인에 대한 넓은 명제에 이른다"(Llewellyn의 번역, *Präjudizienrecht und Rechtsprechung in Amerika*, Teil II, S. 49f.). 이 예는 노동법의 경우에서와 같이 새로운 그리고 그렇기 때문에 이론적으로 아직까지는 확립되지 못한 법영역에서 이성법적 제도형성이 어떻게 개방되어 있는가 하는 것과 법규범교환의 허용이 얼마나 중요한 역할을 하는가를 가리키고 있다. 이와 같은 숙고는 또한 헌법에서도 점증적으로 커다란 역할을 하게 될 것이다.

77. 판결이유와 부수적 의견

선결례의 포기를 피하기 위한 표현으로서 선결례적 법설명을 배척하기 위하여 판결이유와 부수적 의견을 구별하는 일은 이미 앞에서 본 바와 같이 수많은 수단 가운데 하나에 지나지 않는다. 수많은 수단들 가운데에서 이를 구별하는 것은 영미법계에서뿐만 아니라 또한 독일에서도 이를 혼동한다면 많은 혼란이 발생할 것이기 때문에 중요하다. 독일에서도 이 문제는 특히 선결례에 구속되거나 또는 그에 반하는 것이 특수한 절차를 통해서 행해지는 규정들과 관련하여 중요성을 갖게 되었다. 이와 같은 사례들에서 우리는 일반적으로 판결이유(또는 판결의 "결정적 이유")로부터의 차이가 문제되지 단순한 부수적 견해와의 차이는 문제되지 않는다는 데에서 출발한다. (상이한 규정들에서 상이하게 해석되는) 조문들을 더욱 정확하게 규정하기 위하여 이곳에서 연구되는 선결례로부터 상이한 여러 단계의 차이에 대한 분석이 허용된다.

이러한 차이를 전제한다면 다음과 같은 경계선을 그려낼 수 있다. 부수적 의견은 선결례법원이 자신의 판결에 부여한 근거와 관련하여 필수불가결의 법에 대한 설명이다. 따라서 여기에서 문제되는 것은 본질과 직접적으로 전혀 관계가 없는 부수적 의견이 아니라 저자에게 이따금 본질과 관련하여 인상을 준 표현(따라서 일반적으로 "그 외에도 …" 또는 "덧붙여 언급할 것은" 등으로 시작될 수 있는)이며, 이는 본래의 "부수적 의견"(obiter dicta)[19]이다. 또는 그러나 이와 같은 부수적 의견들은 있을 수 있는 오해를 피하는 데 기여할 뿐만 아니라 그러한 한에서는 명확화에 기여하고 오해를 명확하게 하여 논거의 의미

---

19) Llewellyn, 앞의 책, S. 14; Cross, 앞의 책, S. 85.

를 정확하게 이해시키는 강의를 하지 않도록 해준다는 점에서 필수불
가결하다.

예컨대 그러한 부수적 의견은 TV판결에서 행한 연방헌법재판소의
언급이다. 이에 따르면 이 판결의 결과 사영방송이 배제되지 않는다.[20]
이와 같은 것은 이야기될 필요가 없었을 것이다. 왜냐하면 이와 같은
것은 동 재판소가 독일TV주식회사의 위헌선언을 다른 이유에서 찾고
있는 것으로부터 명백하기 때문이다. 그러나 동 판결을 세심하게 읽지
않는 독자에게는 그와 같은 오해가 쉽게 생길 수 있으며, 따라서 이러
한 언급은 정당한 근거를 정당하게 이해하는 데 기여하게 된다. 그러
나 우리가 만일 이와 같은 언급을 단순한 부수적 의견으로 기술한다
면, 이로써 사영TV방송이 헌법적으로 허용되는가 여부의 문제는 결코
선결례가 아니라는 이야기가 된다.

이처럼 부수적 의견을 "논거의 전후관계에 필수불가결한" 것으로
기술하는 것은 오늘날의 지배적 이론과는 전혀 일치하지 않는다. 오늘
날의 지배적 이론은 판결이유와 부수적 의견을 엄밀히 구별하는 것을
수단으로 하여 선결례를 배척하는 모든 단계를 정당화하고자 한다. 가
장 과격한 설명에 따르면 판결이유는 구체적 판결의 '필수조건'(conditio
sine qua non),[21] 곧 그것으로써 "판결의 사활이 좌우되는"[22] 또는 "판
결주문에서 표현된 판결이 그 중점을 잃지 않으려면 반드시 고려되어
야 하는"[23] 법설명이다. 만일 우리가 법규범교환을 포함하는 법설명배
척의 단계들을 주의하고자 한다면, 선결례의 이유에서 공식화된 법설

---

20) BVerfGE 12, 264 = VerfRspr Art. 5 Abs. I S. 2 Nr. 4, S. 5.

21) Geiger, NJW 54, 1057(1060) bei c).

22) BVerfGE 3, 261, 264; Jesch, Zur Bindung an Entscheidungen des BVerfG über
Verfassungsbeschwerden, JZ 54, 528.

23) Bullinger, Das Ausmaß der Bindung an das Konkordatsurteil des Bundesverfassungs-
gerichts, DVBl. 58, 10(11); Bachof, NJW 54, 510 (512)도 비슷한 입장을 취하고 있다.

명은 **언제나** 결정에서 벗어남이 없이 수정할 수 있고 그러한 한에서 대체할 수 있다는 것, 곧 우리가 이러한 공식에 따른 모든 것을 그때그때 구속력 없는 부수적 의견으로 취급할 수 있다는 것이 분명해진다. 바로 이것이야말로 이와 같은 시금석의 의미이고 목표이다. 선결례 배척의 모든 단계는 가능하고 정당화된다.

이와 같은 의도는 예컨대 알렌 *Allen*24)이나 이미 웜보 *Wambaugh*25)와 같은 부분적으로는 필수조건이론의 대변자인 영미법의 이론가들에게는 잘 알려져 있었다. 이들과 이들을 추종하는 저자들에게 문제가 되는 것은 바로 선결례법에서의 신축성이다. 그들은 엄격한 결정원칙의 효력에도 불구하고 법관에 의한 제도와 법형성에 문을 열어놓고자 한다. 알렌은 그의 기념비적 저작에서 구체적인 선결례와 그에 포함된 법설명은 결코 구속력을 가진 것이 아니라, 단지 선결례의 기초가 된 "원칙"을 가지고 있다는 것을 되풀이하여 강조하는 데 노고를 아끼지 않는다.26) 그리고 그는 그에 대한 예리한 표현을 찾아낸다.

> "원칙은 기본적이고 선결례는 부차적인 것이다. 만일 우리가 이러한 사실을 망각한다면, 선결례는 좋은 하인을 얻는 대신 사악한 주인을 얻게 된다."27)

원칙은 결코 확정적인 것이 아니며, 정의의 관점에서 수정될 수 있다.

---

24) 판결이유는 "권위에서 연역된, 그것에 기하여 법원이 결정에 이르는 원칙, 소극적으로 표현한다면 그것이 없으면 법원이 이르러야 할 결정에 이를 수 없는 원칙"이다(*Law in the Making*, 7th. ed., Oxford 1964, S. 259).
25) 판결이유는 "그것이 없으면 사건이 달리 결정되는 일반적 원칙이어야 한다." *Study of Cases*, 2nd ed., 1894, S, 18.
26) 예컨대, S. 232 n. 2, 259, 263, 266ff., 285f., 298f., 356.
27) S. 285.

고양된 신축성의 의미는 선결례법이 항상 정의와 조화를 이룬다는 것이다.

"만일 선결례가 오로지 원칙을 발견하기 위하여 채택되는 것이 사실이라면, 원칙이 정의를 발견하기 위해서만 채택되는 것 또한 사실이다."[28]

알렌은 이러한 사고에 영국법의 구체적인 예를 첨부하고 다음과 같은 결론을 내린다.

"끊임없이 법을 사회적 여건에 적응시키는 것은 바로 이와 같은 권리와 이성의 지도원칙이다. 양심적이건 비양심적이건 법관은 원칙적으로 그리고 끊임없이 그들을 계속 형성해나간다."[29]

또한 샐먼드 *Salmond*도 같은 뜻의 이야기를 하고 있다.[30]

이와 같은 모든 것은 확실히 현실적인 고려이며 전적으로 타당하다. 그러나 계속적인 법형성이 판결의 필수조건이 아닌 선결례적 법설명을 부수적 의견으로 취급할 수 있다는 것을 통하여 가능해진다면, 이는 법적 진보가 또한 "비양심적으로" 수행된다는 것을 의미한다. 왜냐하면 우리는 법설명이 판결의 필수조건이 아니라는 것 외에 다른 정당화가 필요 없이 선결례의 법설명을 부수적 의견으로서 언제라도 포

---

28) S. 298.
29) 앞의 책, S. 299.
30) "그렇다면 어째서 법원은 새로운 원칙 또는 현행법을 보충하는 판결이유를 추론해내는가 그것들은 진실에 있어서는 자연적 정의, 편의 또는 상식 바로 그것이다"(*On jurisprudence*, 7th ed, 1942, 202).

기할 수 있게 되기 때문이다. 그리고 우리가 보아온 바와 같이 결코 그렇지는 않다.

그러나 선결례로부터 멀어지는 모든 단계는 성찰되지 않을 뿐만 아니라, 그 모든 단계들은 찬성하지 않는 법설명을 부수적 의견이라고 부르는, 언제라도 마음대로 할 수 있는 논증과 결합될 수밖에 없을 것이다.

따라서 필수조건이론은 미국의 "현실주의자들"이 판결이유를 제한하려는 의도가 근본적으로 아주 옳다는 결과가 된다.

"만일 당신들이 규칙이 이성의 일부라고 하는 견해에 동의하고, 그것이 부수적 의견이라고 이야기하지 않는다면 규칙은 대단히 단순한 것이다."31)

지도적인 "현실주의자" 가운데 한 사람인 프랑크 *Jerome Frank*에 따르면 판결이유는 "결정의 결과도 아니며 또한 법원이 그것에 근거하여 결정하는 규칙"도 아니다. 중요한 것은 오히려 "원칙", 그것도 "올바른 원칙"인 것이다. 그러나 "올바른 원칙"이 어떠한 것인가는 나중에 선결례를 적용하는 법관이 결정한다.32) 르웰린도 매우 비슷한 생각을 하고 있다.

---

31) Lord Asquith, in: Journal of the Society of Public Teachers of Law (N. S.) vol. 1 (1950). S. 359. Cross, 앞의 책, S 46에서 인용.

32) "이전 판결의 권위적 부분은 이전의 사례에서 법관에 의하여 고지된 규칙이 아니며, 법관이 그 당시 생각했던 것은 그가 적용하고 있다고 생각한 규칙의 뒷면이다. 현재의 사례에서 법관을 구속하는 것은 법관이 현재 결정하는 것이고, 그것은 '진정한' 원칙 또는 이전의 결정에 포함된 "법적 동기"였다. 그렇다면 절차적 목적을 위해서 사례는 법관이 사후의 사례에서 의미한다고 말하는 것을 의미한다."(*Court on Trial, Myth and Reality in Amerika Justice*, Princeton 1950)

"판결이유, 곧 선결례의 규칙에 대한 법원 스스로의 생각과 사례의 진정한 규칙 사이에는 차이가 있으며, 나중에 다른 법원에 의해서 어느 편을 들 것인가가 정해진다."[33]

필수조건이론은 독일에서도 원칙적으로 주장되고 있으며 이미 이야기한 바와 같이 연방헌법재판소에 의하여 인정되고 있다. 영국과 미국에서는 이 이론은 철저하게 의문시되고 있고 결코 지배적인 것으로 된 적이 없다. 그 이유는 사람들이 그 이론이 실무에서 선결례의 법설명이 가지는 의미를 인정하지도 않고[34] 또한 선결례법의 기본원칙 가운데 하나인 법적 안정성을 보증할 수도 없다는 감정을 가지고 있기 때문이다.

현재 영국의 이론에서 아마도 지배적인 학설은 굳하트 *A. L. Goodhart*[35]에 의하여 정립된 학설이다. 그에 따르면 사람들은 일차적으로 선결례법원에 의하여 중요한 것으로 취급되는 사실들을 고찰하지 않으면 안 된다. 법설명은 그로부터 어떤 사실이 중요한 것으로 취급되는가 하는 것이 결론지워지는 한에서만 중요하다. 이 이론의 기초가 되어 있는 것은 법관은 선결례의 근거에 도식화된 규범의 추상화정도를 수정할 자유를 가질 뿐 구성요건표지를 첨가하거나 무시할 자유는 갖지 않으며 더군다나 규범을 교환할 자유는 없다는 생각이다. 선결례 배척이 필요한 것으로 증명되는 경우 이는 굳하트에 따르면 명시적 파기를 통해서만 행해진다.

보덴하이머 *Bodenheimer*[36]와 크로스 *Cross*[37]의 제안은 이보다 더욱 좁

---

33) *The Bramble Bush*(1930 ed.), S. 52.

34) Cross, 앞의 책, S. 47ff.

35) *Determining the Ratio Decidendi of a Case: Essays in Jurisprudence and the Common Law*, S. 1.

다. 그들의 제안에 따르면 선결례에 구체적으로 표현된 법원의 법관점이 결정적이다. 그와 더불어 추상화정도의 확장이나 유추적 적용이 배제되는 것은 아니다. 그러나 그 밖의 선결례이반의 과정은 벌써 파기를 의미한다고 한다.

이로부터 판결이유를 결정하는 것에 대하여 두 가지 견해가 있다고 극단적으로 이야기할 수 있다. 첫 번째 견해에 따르면 선결례법원은 자신의 표현을 통하여 다소간 무엇이 판결이유인가를 스스로 결정한다. 그러나 두 번째 견해에 따르면 무엇이 판결이유인가를 결정하는 것은 그 후에 선결례를 적용하는 법원이다.[38] 전자를 "법관점이론", 후자를 "필수조건이론"이라 한다. 그 차이는 선결례가 하나의 판결을 둘 또는 다수의 법관점을 중첩적으로 근거지우는 경우에 특히 명백해진다. 곧 법관점이론에서는 모든 이유가 중요하나[39] 필수조건이론에서는 어느 것도 중요하지 않다.[40]

법관점이론은 비교적 극소의 편차로 파기를 의미한다는 단점을 가진다. 파기는 특정의 경우에는 법률에 의해서 배제되고, 그것이 허용되는 경우에도 사람들은 그것을 피하기를 즐겨하기 때문에 법의 계속형

---

36) *Jurisprudence*, Cambridge, Mass, 1962, S. 380. 이에 따르면 문제가 되는 것은 "첫 번째 판결의 기초를 이루는 공적 정치의 이유가(첫 번째 법원이 법적 명제의 형태로 행한) 똑같이 두 번째 사례에서 적용될 수 있는가" 하는 여부이다.

37) 앞의 책, S. 75f. 이에 따르면 판결이유는 "결정에 이르는 필요한 단계로서 법관에 의하여 명시적이건 은연중이건 대변된 법의 규칙이며 … 그것에 의하여 사례가 권위로써 인용된 법적 명제이다. 그러나 사례의 진상이라는 빛에 비추어 판결과 다른 사례의 판결을 해석하는 것은 법관의 실무이다."

38) 또한 Glanvile Williams, *Learning the law*, 6th ed., S. 72도 같은 견해임.

39) 예컨대 Cross, 앞의 책, S. 47f.

40) 예컨대 Geiger, Die Grenzen der Bindung verfassungsgerichtlicher Entscheidungen, NJW 54, 1057(1058); Bullinger, Das Ausmaß der Bindung an das Konkordatsurteil des BVerfG, DVBl 58, 10(11).

성을 방해하거나 또는 잘못하여 우회로를 가게 된다.

필수조건이론은 비록 법의 계속형성에 여지를 부여하기는 하지만 구체적인 근거들을 표현되지 못하게 하는 단점이 있다.

이 두 가지 이론은 부담경감기능과 법의 계속성 때문에 실제로 매우 의미 있는 선결례회피를 점진적으로 숙고하게 하는 것을 저해하는 단점이 있다.

78. 선결례적 법규범의 '포기'(overruling)와 결과

특별한 이유 없이 선결례적 판결은 예외적으로 구속력을 갖는다. 그 포기는 허용되지 않는다. 그러나 그에 대한 훌륭한 이성법적 근거가 존재하는 경우, 곧 일반적인 이해관계를 위해서 또는 더욱 근본적인 이해관계를 위해서 필요하다는 것이 설득력을 가지는 경우에는 그 포기가 허용된다.

이와 같은 확정은 우리가 궁극적으로 이성법적 고찰을 지향하는 경우 선결례를 심사한다는 것은 과도한 것이라는 오해를 쉽사리 불러일으킬 수 있다. 이에 대해서는 다음과 같은 것을 상기하지 않으면 안 된다. 곧 이성법적 의문제기를 불러일으키는 문제는 매우 힘들고 가끔은 끝이 없다. 그렇기 때문에 논쟁을 선결례를 포함하여 이미 존재하는 법으로부터 가능하면 차단시킨다는 것은 부담경감과 계속성의 이유에서 이성적이다. 그렇게 되면 남게 되는 문제는 다음과 같은 것일 뿐이다. 곧 이미 존재하는 결정이 대체적으로 이성적이라는 전제에서 이 경우에는 무엇 때문에 편차가 필요한가?

따라서 숙고는 선결례적 법규범에서 출발하여 앞의 § 72 이하에서 개관된 규범으로부터의 회피의 절차를 밟게 된다. 따라서 우리는 우선 선결례적 법규범이 지나치게 추상적으로 표현되었는가 여부와 그 개념을 제한하거나 또는 명시적인 예외를 통하여 제한시킬 필요가 있는가 그리고 이러한 경우 선결례결정을 적합하게 하는 제한이 필요한가 여부에 대하여 묻게 된다. 경우가 그렇지 않다면 우리는 선결례적 법규범이 구성요건표지의 추가를 필요로 하는가 그리고 그것도 선결례적 사례의 사안에 존재하지 않는 구성요건표지의 추가를 필요로 하는가를 심사할 것이다. 그리고 이로써 어떠한(이성법적으로) 만족할 만한 결과가 이루어지지 않는 경우에 비로소 선결례적 법규범이 전적으로 포기되고 다른 것으로 대체(그것도 선결례적 사례의 구체적 결정을 지지할 수 없는)되어야 하는가 여부의 문제가 제기된다.

법적 사고가 이와 같은 과정을 밟는 경우에만 그것이 명시적이든(법관에 의한 과정이 그에 가능한 경우), 순간적인 직관이든 간에 계속성과 유연성, 법적 안정성과 정의 사이에 진정한 중용이 성립하게 된다. 독일 법원의 판결이 증명하는 바와 같이 영리하고 경험이 풍부한 법관은 실무에서 이러한 방법을 취할 것이다. 그렇기 때문에 이곳에서 일차적으로 문제가 되는 것은 실무에 권고를 하는 것이 아니라 실무에서 행해지는 방법을 이론적으로 해설하는 것일 것이다.

동시에 무엇보다도 직접적으로 좋은 실무와 나쁜 실무를 구별할 수 있도록 하는 척도가 발견되어야 한다. 이와 같은 일은 훌륭한 실무를 규정하는 근거를 의식적인 것으로 만듦으로써만 그 이론적 타당성을 검토하고 설득력 있는 것이 되게 함으로써만 가능할 수 있을 것이다. 나쁜 실무의 특징은 이러한 근거를 직관적으로 파악하지 않고 따라서 그를 고려하지 않는다는 점이다.

다음의 이야기는 요약된 결론이다. 우선 우리는 어떤 실무가 훌륭하고 어떤 실무가 나쁜 것인가를 알지 않으면 안 된다. 그 다음에야 비로소 우리는 훌륭한 실무를 모범으로 삼아 그 실무를 지도하는 근거에 따라 우리를 지도할 수 있게 할 수 있다. 실무에서 행하는 분석적 고찰방법으로부터 좋은 실무와 나쁜 실무를 판단하는 척도를 획득하지 않는다면 우리는 그러한 척도를 세상 어디에서 획득할 수 있겠는가. 왜 실무에서 그렇게 하고 달리하지 않는가를 성찰함으로써 비로소 하나의 실무가 다른 실무와는 다른 것이 분명해진다.

따라서 우리는 실무의 고찰방법으로부터 척도를 획득하는 것이 그 실무가 나쁘다 하더라도 그때그때의 실무를 정당화하는 데로 오도할 수 있다는 것을 두려워할 필요가 없다. 왜냐하면 나쁜 실무는 좋은 이유건, 타당성이 있는 이유건 또는 일반적인 이유건을 불문하고 이유를 결여하고 있다는 것으로부터 알 수 있기 때문이다.

법이론이 모든 종류의 독단적 법원론(法源論) 때문에 희생되어 왔다는 것이 요약된 결론이다. 선결례는 우리 법체계에서 기껏 자극이 될 수 있을 뿐 그 밖의 점에서는 거의 고려 대상이 되지 않는다는 명제는 법원에 대한 독단론에서는 수미일관하다. 그러나 이는 독단론적으로 경화된 추상화의 영역에서 그러한 것과 마찬가지로 근거가 없다. 이 명제는 실무와 친교를 맺지 않음으로써 훌륭한 견해에 대한 직관적인 이해를 각성시키지 않는다면 법률가를 결과적으로 나쁜 실무로 교육시키는 것이 될 것이다.

이와는 반대로 실무를 규정하는 이유들을 분석함으로써 법원론을 검토하는 것을 도와줄 수 있다. 단순히 법률조문이나 헌법조문으로부터 법을 발견하는 것은 법관에게 자유로운 활동영역을 보증하게 될 것이다. 그러나 독일의 법원은 선결례가 이미 행한 해석에서 조문에 근거를 부여하고, 사정이 그때그때의 규범가설의 공평한 이성을 필요로 만들듯이 지속적으로 소폭의 사고과정에서 선결례로부터 편차를 두고 그리고 기껏해서 선결례를 파기를 통하여 포기하는 것에 한정시켜 왔다.

동시에 법관은 한편으로는 선결례로부터의 편차나 포기의 근거에 대하여 이성적인 정보를 제공할 수 있어야 한다는 것이 명백하다.

다른 한편으로는 법관은 이러한 소폭의 진보에 근거를 제공하는 것으로 만족하고, 이러한 근거의 결과 이러한 소폭의 진보가 행해지지 않는 경우 일반적인 이해관계 또는 비교적 기본적인 이해관계가 손상되게 된다. 따라서 아직까지 다음과 같은 문제는 한 번도 제기된 바 없다. 그 자체 어떤 것이 이성적인 판결일 수 있을까. 그 대신 다음과 같은 물음만이 제기된다. 존재하는 모든 법적 그리고 선결례적 결정이 불편부당하고 이성적이라는 전제에서 어떤 것이 이성적인 판결이겠는가?

따라서 법이성은 분명히 다음과 같은 것이다. 법이성은 제도적으로 이미 이룩된 바가 잘못인 것으로 증명되지 않는 한 제도적으로 이미 이룩된 것의 상호협조와 그 유지가 보장되는 소폭의 것 이상으로 관철될 수는 없다. 따라서 법이성은 위에서[41] 기술한 복잡하고 방해를 받는 합리성을 통해서 규정된다. 대체적이고 개요적으로 질문을 제기한다면 공평무사하고 이성적인 법질서의 모습은 어떤 것일까 또는 무엇이 이성이고 정의인가. 그러나 이와 같은 질문에 대해서는 거의 대답이 주어질 수 없을 것이다.

그러나 그러한 질문에 대답을 주는 데, 곧 그로부터 해방되는 데에 고전적 자연법이론과 이성법이론은 실패하였다. 이들은 결론적인 대답을 주지 못했기 때문에 감정주의, 상대주의 그리고 포섭실증주의에 길을 열어주었다. 불필요한 도식과 그 밖의 불명확한 추상화가 없어진 반면 법관의 법발견의 실제성은 제도에 위임되었다. 그 결과 나쁜 실무는 비판을 받지 않거나 또는 그것이 전혀 도달할 수 없는 논거로

---

41) 7. Kapitel, S. 177-194.

비난받았다.

　선결례로부터 거리를 두는 것에서부터 그 포기에 이르기까지 개별적인 단계를 분석하는 것은 따라서 이론적 그리고 실천적 측면을 갖는다. 한편으로는 이와 같은 분석은 법원론을 수정하고 모든 법실무의 이성법적 근거에 대한 시선을 포함한다. 그렇게 함으로써 이와 같은 분석은 우리를 도와 실천철학의 중요한 측면을 얻게 하거나 다시 획득하게 해준다. 동시에 다른 한편으로는 그와 같은 분석의 결과 우리는 개별적인 경우에 선결례를 경솔하게 멀리하거나 포기하게 하는 것은 물론 선결례에 경화되어 사려 없이 고집하는 것을 훌륭하고, 객관적이고 명료한 근거로써 비판할 수 있다.

연방헌법재판소 결정의 구속력
(연방헌법재판소법 제31조 제1항)

79. 문제점

연방헌법재판소의 판결에 대해서도 선결례추정의 일반원칙이 적용되는가 또는 이 판결들에 대해서는 그 이상의 구속력이 주어지는가하는 문제는 활발한 논쟁을 불러일으켰다. 이 논쟁은 "연방헌법재판소의 판결은 연방과 주의 헌법기관과 모든 법원과 행정청을 구속한다"는 연방헌법재판소법 제31조의 해석을 둘러싸고 행해지고 있다. 원래 널리 보급된 견해는 이 규정을 다음과 같이 해석하고 있다. 이곳에서 "판결"이란 판결과 **판결을 지탱하는 이유**로 이해되어야 한다. 이에 반하여 반대의견은 "판결"을 구체적 쟁송대상의 판결(경우에 따라서는 이유로부터 해석되는 판결주문)에 한정시키고자 한다. 달리 표현한다면 이와 같은 논쟁에서 문제가 되고 있는 것은 연방헌법재판소법 제31조 제1항은 연방헌법재판소의 확정력 있는 효력(경우에 따라서는 확정력의 주관적 한계의 확장)을 규정하고 있는가 여부에 대한 문제이다.

따라서 제1설에 따르면 연방헌법재판소의 판결이유는 기껏해야 필요한 경우에[1] 특히 소각하의 경우에 판결주문의 해석에 끌어들일 수 있다는 것이다. 제2설에 따르면 연방헌법재판소의 판결이유는 그것이 "중요한" 것인 한,[2] 또는 "직접적으로 중요한" 것인 한,[3] 어떻든 그것이 기본법의 해석에 적용되는 한, 직접적으로 구속력을 갖는다.[4]

연방헌법재판소법은 이 논쟁을 문언이나 또는 증명할 수 있는 입법자의 의도 가운데 어느 것에 의해서도 명확하게 결정하지 않았다.[5] 연방헌법재판소법 제31조 제1항의 규정은 이성적 의미를 갖는다는 전제에서 우리는 이 조문을 사람들이 이성적 의미를 확인하고자 한다고, 곧 사람들이 이 논쟁을 이러저러한 견해로 이끌 수 있는 결과를 고려하여 결정하고자 한다고 해석할 수 있을 뿐이다. 몇몇 저자들은 이 두 가지 견해를 불쾌한 것으로 취급하고 있는데[6] 이는 정당하다. 곧 이

---

1) 특히 54년 5월 20일자 연방법원민사부의 결정이 그러하다. JZ 254, 489ff. 또한 Schneider, DVBl 51, 1(2); Baring 19, ZBR 54, 65(69); Lucas, NJW 54, 1273(1274); Schäfer, NJW 54, 1465(1468)도 같은 입장이다. 연방헌법재판소법 제31조 제1항의 효력을 제한할 것을 우선 Arndt, DVBl 52, 1이 주장하였고, 그를 Bursche, DVBl. 57, 597; Goessl, *Organstreitigkeiten innerhalb des Bundes*, S. 208ff.; Jesch, JZ 54, 528; Kadenbach, AöR 55, 385; Kern, DVBl 54, 273; Merk, AöR 1955, 355; Peters, JZ 54, 589; *Das Recht auf freie Entfaltung der Persönlichkeit*, S. 10ff.; Schnorr, RdA, 54, 95와 323; Willams, JZ, 54, 525 따르고 있다.

2) 특히 이는 연방헌법재판소 자신의 견해이기도 하다. BVerfG 1, 14; 3, 261; 4, 31; 6, 325와 여러 곳, 또한 Bullinger, DVBl 58, 10; Forsthoff, DVBl 54, 69; Geiger, *Kommentar zum BVerfGG*, S. 114ff.와 NJW 54, 1057; Schumann, *Verfassungs und Menschenrechtsbeschwerde gegen richterliche Entscheidungen*, S. 91; Stein-Jonas Schönke, *Kommentar zur ZPO*, 17. Aufl., § 322 II 5a. E. Zweigert, JZ 52, 321을 보라.

3) Lechner, *Kommentar zum BVerfGG*(1954) § 31. Anm. 2; Scheuner, DVBl 52, 613.

4) 예컨대 Bullinger, 앞의 논문이 그러하다.

5) 이에 대하여는 BGH GSZ, 앞의 책, S. 492를 보라.

6) 중요한 판결이유가 구속효를 가질 것인가 여부의 문제에 대한 바호프 *Bachof*의 언급은 특징적이다. "그러나 그에 찬성하는 생각이 무게가 있음에도 불구하고 그에 대한 찬성이 나에게 불쾌감을 준다는 것을 고백하지 않을 수 없다"(NJW 54, 510; 또한 DVBl 54, 37과 225). 쇼이너 *Scheuner*는 (그것이 "직접적으로 중요한 한") 판결이유의 구속력에 찬성하였다(DVBl 52, 613). 그러나 후에는 그에

두 가지 견해는 중대한 결과로 이끈다. 그러나 또한 두 가지 견해는 다른 견해의 결론을 피하는 것을 문제삼고 있는 한 정당하다.

80. 중요한 판결이유의 구속력?

중요한 판결이유가 구속력을 갖는다면 **첫째로**, 헌법적 성찰이 연방헌법재판소에 의하여 독점되는 단점이 있다. 그러나 헌법이해를 진보적으로 수정하는 일은 그 속에서 헌법이 현실화되고 기본법의 영역에서 결정되는 전체의 구체적 사례에서 생겨나는 논거의 흐름을 필요로 한다. 따라서 연방헌법재판소의 그때그때의 판결이 정당했는가 여부의 문제는 전적으로 법학을 통한 비판에 일임될 수 없다. 왜냐하면 우선 종종 사례에 대한 법관의 구체적 의견의 상치는 최선의 법적 견해에 이르게 해주기 때문이다. 다른 한편에서는 연방헌법재판소의 법적 견해와 차이를 보이는 법원의 판결들도 이러한 견해의 차이를 생겨나게 한 성찰과 함께 연방헌법재판소를 논의에 가담시키는 반면, 연방헌법재판소에 의한 학문적 비판의 수용과 존중은 거의 전적으로 우연한 상황에 의존하기도 한다.

이와 같은 단점을 예컨대 법원조직법 제136조에 정규소송절차가 규정되어 있는 것처럼 연방헌법재판소의 법적 견해와 상이한 경우에 결정을 내리기 위하여 사람들은 부득이한 경우 모든 법원이나 또는 최소한 연방법원 그리고 최종심에서 결정되는 한 지방최고법원, 고등법

반대하였다(DöV 1954, 641). 레히너 *Lechner*는 연방헌법재판소법 제31조 제1항을 당위규범으로 해석하고, 그 결과 (직접적으로 중요한) 이유가 통상적인 경우에는 구속력을 가지나 중대한 반대이유가 있는 경우에는 예외가 있을 수 있다고 중간의견을 발표하였다.

원 등등에 의무와 권리를 법률적으로 도입함으로써 입법론적으로 해결할 수 있을 것이다.[7] 이와 같은 제안은 이미 자주 행해져 왔다.[8]

그러나 이와 같은 해결은 문제가 있다. 왜냐하면 법률안제안권을 분산시키면 분산시킬수록 연방헌법재판소의 부담은 그만큼 더 가중될 것이기 때문이다. 그 결과 분명히 몇 개의 원을 확대하여야 하고 이는 다시금 연방헌법재판소법 제16조의 규정이 실천될 수 없을 만큼 원 사이에 의견의 불일치를 가져올 것이 틀림없다. 그러나 연방법원에 제안권을 독점시키면 독점시킬수록 우리가 극복하고자 하는 잘못은 그만큼 더 충분하게 해결될 수 없을 것이다. 그뿐만 아니라 아마도 단지 소송기피가 원인이 되어 제국재판소의 "전원합의부공포증"과 비슷한 현상이 일어나 규정이 효력 없는 것으로 될 것이다. 요컨대, 재판규정은 실현될 수 없거나 효력이 없는 것으로 된다. 연방헌법재판소의 법적 견해가 가지는 선결례적 구속력, 헌법적 성찰과 헌법해석의 순화와 수정을 어렵게 할지도 모른다는 사실은 법률적인 규율을 통해서도 해결될 수 없을 것이다.

둘째로, 연방헌법재판소가 자신의 이유를 표현하는 경우 연방헌법재판소의 법적 견해가 가지는 선결례적 구속력은 연방헌법재판소 자신을 지나치게 혹사시키게 될 것이다. 연방법원의 민사부는 매우 적절하게 다음과 같이 언급하고 있다. "연방헌법재판소가 판결이유에서 구체적 사안에 대한 판결의 범위에서 분쟁을 넘어가는 일반적 논거를 선택하는 경우, 연방헌법재판소는 이러한 논거가 그 자체 판결이유의 파악이 포함하는 가능한 사례형성의 사유가능한 분화를 가리키는가 여부를 간과할 수 없다."[9]

---

7) 더 이상의 예에 대해서는 앞의 § 67을 보라.

8) Williams, JZ 54, 525와 NJW 54, 1633; Bachor, NJW 54, 510; Göhring, NJW 54, 1061. 반대의견 Schäfer, NJW 54, 1465.

구체적 사례를 넘어서는 논거를 연방헌법재판소는 제시할 수도 없고 제시해서도 안 된다. 그리고 회교국의 법관식법학은 피해야 하며 판결은 일반적 규범과 일반적으로 통용되는 해석에 방향을 맞추어야 한다. 연방헌법재판소는 다른 법원과 마찬가지로 다른 같은 경우에 판결되는 것과 같이 이 경우에도 해야 되는가 여부를 자문할 때에만 올바른 결정을 내릴 수 있다. 따라서 연방헌법재판소는 사례들을 같은 것으로 만드는 중요한 표지가 어떤 것인가를 제시하지 않으면 안 된다. 따라서 연방헌법재판소는 규범에 방향을 맞추어야만 하고 그 논거에서 규범을 표현하지 않으면 안 된다. 그러나 모든 사람을 대상으로 할 수도 없고, 또한 끝없이 성찰할 시간이 있는 것도 아니며 결정이 내려지지 않으면 안 되기 때문에 모든 생각할 수 있는 변형을 고려하라는 것은 전혀 불가능한 요구이다.

따라서 우리는 이미 도식화를 "감행"하지 않으면 안 되고 그를 수정하는 것은 미래의 결정에 위임하지 않으면 안 된다. 우리가 이와 같은 일을 미래의 결정에 위임할 수 없고 그 대신 표현이 구속력을 갖는다면 책임성 있는 법관은 성찰을 어느 시점에서 중단시키고 결정을 내리려는 위험을 무릅쓸 수조차 없을 것이다. 그렇게 되면 경솔이냐 판결거부냐의 양자택일만이 존재하게 된다. 찬반에 대하여 충분히 숙고하는, 그리고 나서 그러나 필요한 경우에는 판결을 지지하는 규범이 미래의 판결에서 개선될 수 있다는 믿음 속에서 이성적 중용이 판결을 내린다는 것은 표현의 구속효를 통하여 불가능한 것으로 될 것이다.

이러한 관점에 어떤 실천적 의미가 주어지는가 하는 것은 우리가 같은 재판부의 법관이 판결을 설명하는 데 결과에서 일치하지 않을 뿐 논리에서 일치한다는 사실을 주목하는 경우 분명해진다. 이러한 경

---

9) BGH GSZ, JZ 54, 493 우측.

우가 확실히 종종 있다는 것은 미연방대법원의 경우 오늘날 분명하다. 왜냐하면 그 곳에서는 '반대(소수)의견'(dissenting opinions)뿐만 아니라 또한 '(합치된) 반대의견'(concurring opinions)도 보통 공표된다. 곧 법관의 법적 견해는 상이한 논거를 통해서도 법원의 결과를 지지한다.[10] 만일 현실적으로 연방헌법재판소의 중요한 판결이유가 구속력을 갖는다면 결과에 대해서는 일치하나 중요한 이유에 대해서는 동의할 수 없는 법관은 다음과 같은 딜레마에 빠지게 된다.

a) 법관은 영원히 토론만 계속하고 더 이상 판결을 내릴 수 없거나,

b) 몇몇 법관은 더 이상 자신의 견해를 고집하지 않고 그들이 정당한 것으로 간주하지 않는 어떤 논거를 감수하거나,

c) 끝으로 누구도 더 이상 자신의 이유를 관철시키지 않는 최소한의 도식에 합의하게 된다.[11]

이러한 대안들 가운데 어느 것도 이상적인 것은 아니나 두 번째의 대안이 분명 최소한의 혐오감을 줄 것이다. 그러나 이와 같은 것을 감안한다는 것은 이유가 구속력이 없다는 것을 전제한다. 왜냐하면 그러한 경우에만 자신의 견해를 관철시킬 것을 포기하는데 대하여 책임을 질 수 있을 것이고 그러한 경우에만 다수의 법관은 소수의 법관에 대하여 그들의 법적 견해를 관철시키는 것을 포기할 것을 예측할 수 있기 때문이다.

셋째로, 판결이유의 구속력이 "중요한" 이유에 한정되어야만 하기 때문에, 어떤 이유가 "중요한" 것인가에 대하여 극도의 불안정성이 성립되게 될 것이다. 이와 같은, 이미 위에서 상술한 연방법원의 우려가

---

10) 이에 대하여는 아래의 § 85를 보라.

11) 이와 같은 마지막 위험이 커다란 위원회에서 성립된다는 것이 자르슈테트 *Sarstedt*에 따르면 제국재판소의 "'horror pleni"(위원회 공포)를 찬성하는 주요근거에 대한 상세한 설명이었다. *Die Revision in Strafsachen*, 4. Aufl., S. 43.

타당하다는 것은 중요한 판결이유에 대한 두 가지 주요이론(필수조건 이론과 법관점이론)이 어떤 차이가 있는가를 해설한 § 77의 설명에서 강조한 바 있다. 이미 본 바와 같이 문헌이 행해왔던 바는 바로 이와 같은 어려움이다.

81. 확정력의 확장된 주관적 경계

만일 우리가 연방헌법재판소법 제31조 제1항을 이 조항 때문에 "확정력의 주관적 경계"가 구체적 절차의 당사자를 넘어서 헌법기관, 법원 그리고 행정청에까지 "확장된다"고 해석하는 경우[12] 우리는 민사소송상의 범주를 그것이 어떠한 의미도 갖지 않고 단지 혼란과 손해만을 일으킬 헌법에 적용하는 것이다.

첫째로, 우리는 연방헌법재판소의 판결 일반이 실질적 확정력을 갖는가 여부를 질문하지 않으면 안 된다. 우리는 결코 모든 법원의 판결이 실질적 확정력을 갖고, 따라서 연방헌법재판소의 판결도 또한 그러하리라는 것을 자명한 것으로 전제할 수는 없다. 실질적 확정력을 인정하는 객관적 이유를 망각하게 하고 헌법재판에서 생겨날 수도 있을 반대이유를 숙고하는 것은 선입견일 뿐일 것이다.

확정력이라는 제도는 분쟁당사자 사이에 분쟁사항이 종국적으로 해결된다는 장점 때문에 또한 잘못이고 부당할 수도 있는 판결이 더 이상 수정될 수 없다는 단점을 감수한다. 이와 같은 단점은 개별적인 경우에 대단히 쓰디쓴 결과를 가져올 수도 있으며, 심지어는 예컨대 누군가가 잘못된 판결 때문에 전 재산을 잃게 되는 경우 이는 당사자에

---

12) 예컨대 Jesch, 앞의 책; Kadenbach, 앞의 책, 참조.

게는 비극을 의미할 것이다. 그러나 다른 한편으로는 확정력이 없다면 판결을 통한 해결이란 있을 수 없을 것이다. 해결하는 이익이 더 정당하게 해결하는 것보다 근본적이기 때문에 형량의 결과 확정력을 택하게 되고, 가능성의 범위 내에서 판결이 정당할 수 있도록 주의가 행해지는 한 그러하다.[13] 이를 위해서 확정력의 효력은 일반적으로 분쟁당사자에 한정되고[14] 선결례적 효력은 단지 구속력이 아닌 추정적인 구속력이 성립하도록 주의가 행해진다. 잘못 판결된 법문제는 다른 당사자를 가진 다른 절차에서는 언제나 새롭게 논쟁의 대상이 된다.

이와 같은 민사소송상의 고려가 곧바로 헌법에 적용되는 것은 아니다. 예컨대 우리가 연방과 지방 사이의 분쟁에서 행해진 헌법재판이 나중에 수정할 필요성이 있는 것으로 증명된다고 생각한다면 우리는 그것을 공동체의 이익을 위하여 감수하여야만 하는 개인적 불이익이라고 할 수는 없다. 이와 같은 불이익의 당사자는 바로 공동체 스스로이기 때문이다. 잘못이 다른 당사자들 사이의 미래의 절차에서 방지될 수 있을지도 모른다는 것을 신뢰할 수는 없다. 해당 지방의 주민들은 확정력이 지방에 대해서만 영향을 미치고 잘못을 다른 지방에서 반복하지 않도록 연방헌법재판소를 강제하지 않는다는 생각에 만족할 수 없을 것이다. 연방헌법재판소가 기관 사이의 분쟁이나 지방 사이의 분쟁을 잘못 판결하고, 새로운 사실을 법정에 가져오지는 않으나 제시된 사실이 단지 어떤 이유에서 새롭게 조명되는 경우 절차는 다시금 반복될 수도 있을 것이다. 요약해서 말하자면, 이러한 경우에 숙고의 결과는 다른 결과에 이르게 된다. 곧 실질적 확정력은 헌법의 경우에는 자명한 것이 아니다.

우리는 원칙적으로 소송의 재수용이 원칙적으로 배제되지 않는 경

---

13) Kriele, *Kriterien der Gerechtigkeit*, § 28, 29 참조.
14) § 325 ZPO 참조.

우라 하더라도 연방헌법재판소의 판결이 분쟁을 우선적으로 해결한다는 것을 고려할 수 있다. 좌우간 어떠한 이유에서이건 연방헌법재판소의 다른 판결이 기대되지 않는 한 사안은 종국적인 것이다. 따라서 확정력을 인정할 근거는 확정력을 반대할 이유보다 사법(私法)에 비하여 적다. 잘못된 판결을 고집한다는 것은 그것을 정당화하는 관점의 무게가 적어지는 만큼 참을 수 없는 것으로 된다. 그리고 이곳에서 고찰의 대상이 되고 있는 분쟁당사자의 수가 매우 적기 때문에 확정력은 헌법을 독단적으로 고찰하는 결과가 되고 무의미한 수정을 금지하는 것을 의미하게 된다.

이러한 모든 것은 물론 연방과 지방의 기관이 아닌 개인이 헌법재판의 당사자가 되는 경우, 곧 헌법소원과 기본권실효와 법관탄핵의 경우 적용되지 않는다. 여기에서 문제가 되는 것은 확정력이 재판을 종결시키는가 하는 것이다. 그러한 경우에만 예컨대 우리는 헌법소원의 완고한 반복에 반대할 수 있을 것이며 그러한 경우에만 기본권실효와 법관탄핵소송에 연루된 개인은 사태가 해결되었다고 확신하게 될 것이다. 다른 한편으로는 잘못된 판결이 단지 개인과 관련되어 있는 경우에 한하여 감수될 수 있을 것이다.15) 따라서 이러한 경우에 실질적 확정력을 규정하는 것은 철저히 이성적이다. 이와 같은 것을 연방헌법재판소법은 명문으로 규정하고 있다. 기본권의 실효와 헌법소원에 대해서는 제41조 이하와 제96조에, 법관탄핵에 대해서는 재수용 근거를 명문으로 제한하고 있다(제61조). 따라서 입법자는 이러한 경우들에 대해서 헌법재판소결정이 가지는 확정적 효력을 특별조문으로 규정하였

---

15) 무엇보다도 법률에 대한 헌법소원이 문제되는 경우, 지방자치단체는 직접적으로 판결과 관계가 있게 될 것이다. 그러나 이러한 경우에는 연방헌법재판소법 제31조 제2항에 따라 고려가 행해지는 법적 명확성과 법적 안정성이라는 특수한 관점이 관련된다.

으며, 이는 이러한 효력이 특별규정이 없다면 성립될 수 없다는 의미이다.

따라서 헌법상의 판결이 실질적 확정력을 가지지 않는다면 확장될 수 있는 실질적 확정력의 주관적 한계도 있을 수 없다.

둘째로, 그러나 헌법재판소의 판결이 실질적 확정력을 가지는 한 - 예컨대 헌법소원, 기본권실효와 법관에 대한 탄핵에서와 같이 - 확정력의 주관적 한계의 확장에 대하여 언급하는 것은 무의미하다. 왜냐하면 이러한 경우에는 연방헌법재판소의 판결은 원칙적으로 형성적 효력을 가지기 때문이다. 비록 우리가 행정행위의 합헌성이나 또는 기본권의 실효에 대한 판결에 대하여 선언적인, 따라서 비구성적인 효력만을 인정한다 하더라도 행정행위의 합헌성과 기본권의 효율성의 추정은 결과적으로 그 판결은 실제의 효력에서는 형성적 판결과 동등한 것으로 된다.

형성판결의 특정은 '**모든 사람에게**'(inter omnes) 효력을 가진다는 점이다. 예컨대 헌법소원에 의하여 행정행위나 법원의 판결이 "파기"되는 경우 그와 같은 고권행위가 당사자에 대해서만 파기된 것이라 말하기는 대단히 힘들다. 동법 제31조에 규정된 주관적 확정력 제한의 확장 때문에 그와 같은 고권행위는 일반적으로 파기된 것이며 따라서 이러한 파기는 모든 사람이 존중하여야 한다.

그와 같은 특수한 언급은 그 기원을 사법(私法)에서 발전된 관점에서 찾을 수 있다. 사법에서는 당사자가 소송의 주도권을 가지는 급부쟁송이 원칙이며 그렇기 때문에 또한 '당사자 사이의'(inter partes) 효력이 원칙이다. 그렇기 때문에 사법학자의 눈에는 모든 사람에게 미치는 형성적 효력은 예외로 생각된다. 확정력제한의 "확장"이라는 개념은 모든 사람에게 미치는 효력은 예외적인 것이라는 것을 표현한다. 그러나 이와 같은 용어는 형성적 판결이 원칙인 헌법(그리고 또한 비슷한 것으로 행정법)에서는 의미가 없다. 이곳에서는 "확장할" 수 있는 확정력의 주관적 한계가 존재하지 않는다. 또한 연방헌법재판소법 제31조 제1항의 규정이 없다면 파기된 고권행위는 분쟁당사자들에 대해서만 파기되지는 않을 것이다.

셋째로, 연방헌법재판소법 제31조 제1항은 확정력의 주관적 한계와 관련된 것이라는 견해는 결국 이 규정을 전적으로 공동화시키는 것과 마찬가지 결과가 된다. 그에 따르면 연방헌법재판소법 제31조 제1항은 결국 연방헌법재판소의 판결 일반은 존중되어야 한다는 것, 따라서 예컨대 위헌으로 파기된 행정행위는 계속해서 존립하는 것으로 취급해서는 안 된다는 것을 이야기할 뿐이다. 그러한 한에서 이 규정은 자명한 이야기만을 하고 있는 것이며 결국 전혀 필요 없는 것이다.

이율배반적이기는 하지만 이 견해는 그렇지 않을 경우 다른 규정, 곧 연방헌법재판소법 제95조 제1항 제2문은 대상이 없게 된다는 것으로써 근거지어진다. 따라서 사람들은 연방헌법재판소가 명문으로 달리 규정하지 않는 경우 헌법소원에 의하여 파기된 행정행위는 파기되기는 하지만 금방 다시 새롭게 발급될 수 있고, 그것도 헌법소원청구인에 대해서 뿐만 아니라 비슷한 경우에 처해 있는 제3자에게도 발급될 수 있다고 생각한다.[16] 그 결과 이와 같은 사고는 또한 행정법에 전용되고 행정법원에 의해서 파기된 행정행위라 하더라도 곧바로 동일한 형태와 동일한 근거로 새롭게 발급될 수 있다고 주장하고 있다.[17] 이

---

16) 예컨대 Jesch, 앞의 책은 연방헌법재판소법 제95조 제1항을 원용하여 명시적으로 같은 견해를 이야기하고 있다. "소원을 제기한 자가 기본법 제131조에 대한 법률을 통하여 자신의 기본권이 침해되지 않았다는 확인만이 구속력을 갖는다." 기본법 제131조에 대한 법률이 그 밖의 당사자의 기본권을 침해하는가 여부에 대한 구속력 있는 확인은 이 법률의 효력에 대한 일반적 구속력이 있는 언명과 마찬가지로 관계가 적다. 동지 Kadenbach, 앞의 책, S. 418.

17) Manfred Goessl, *Organstreitverfahren innerhalb des Bundes*, Berlin 1961, S. 208ff.

에 대한 논거가 특징적이다. "반복된 처분은 분쟁대상에 속하지 않는다." 연방헌법재판소법 제95조 제1항 제2문은 이 규정에 따라 연방헌법재판소가 반복금지에 대하여 판결할 수 있고, 판결하지 않아도 된다고 한다면 불필요한 것이고, 이해할 수도 없는 것일 것이다.[18] 연방헌법재판소판결의 구속력을 둘러싸고 행해지는 토론의 논거의 출처는 분명하다.

연방헌법재판소법 제95조 제1항 제2문이 어째서 의미 있는 규정으로 이해되는가에 대해서는 아래에서 언급할 것이다(§ 83). 여기에서 지적할 것은 단지 이와 같은 논증에서 포섭실증주의의 법학방법론은 그 최종의 승리를 축하하였으며 동시에 비합리적인 것으로 되었다는 것이다. 포섭실증주의에서는 법이성이란 존재하지 않으며, 그렇기 때문에 법관의 경우 이성법적 성찰에 참여할 수 없고, 그 결과 또한 이성법적 결정에 참여할 수도 없다. 시선의 왕복은 문제되지 않으며, 단지 중요한 것은 법률에 분쟁대상을 포섭하는 것일 뿐이라고 사람들은 생각하고 있다. 그 결과 법관의 판결은 철저히 구체적 분쟁사건과는 관련 없이 행해진다. 따라서 예컨대 행정청이 행정법원의 판결이나 또는 연방헌법재판소의 판결에 의견이 불합치할 경우 이 견해에 따르면 행정청이 법원과 소모전을 벌여 법원이 전개한 법원리들을 완강하게 존중하지 않고 파기된 판결들을 끊임없이 반복하고 이러한 방법으로 재판이 종국적으로 차단되고 법통제의 전 제도가 기능할 수 없도록 법원의 부담을 가중시키는 것도 전적으로 정당하다.

그러나 행정법의 경우에는 다행스럽게도 개별적 견해를 문제삼고 있고, 이러한 상황에서 행정재판제도의 체계는 아직도 기능한다고 할 수 있다. 예컨대 행정법원에 의한 행정행위의 파기는 행정청이 그것에

---

18) 앞의 책, S. 210.

흠이 없다고 생각한다 하더라도 흠 있는 행위를 반복하지 말라는 금지를 동시에 포함한다는 것은 지배적인 학설뿐만 아니라 지배적인 실무이기도 하다.[19] 그러나 이와 같은 개별적 견해의 기원은 전래의 그리고 아직도 독단적인 방법론이다. 그렇기 때문에 입법자가 헌법소원과 관련하여 이러한 사정을 문제 삼지 않고 그 대신 이러한 이론이 현실화되고자 하는 경우를 연방헌법재판소법 제95조 제1항 제2문의 규정으로 배려한 것은 환영할 만한 일이다. 이 조항의 해석에 대해서는 나중에 살필 것이다.[20]

82. 해결책의 제안: 선결례의 구속력

이와는 반대, 곧 한편으로는 중요한 판결이유의 구속력과 다른 한편으로는 구체적 판결주문의 구속력은 결코 순수한 대안을 제시하지 않는다. 그렇기 때문에 다음과 같은 제안이 제시되어야 한다. 연방헌법재판소법 제31조 제1항은 이제까지 하나 또는 그 밖의 대안적 이론에서 제기된 의문에 기초를 제공한 기본법과 연방헌법재판소법의 모든 규정들과 조화를 이루고[21] 더 나아가서는 그렇게 생각되듯이 일치된 이성적 의미를 부여하고 결국에 가서는 결코 우려되는 결과를 발생시키지 않을 제3의 방법으로 해석되어야 한다.

연방헌법재판소의 판결은 선결례로서 헌법기관, 법원 그리고 행정청을 구속한다. 그러나 판결이유는 그렇지 않다. 그 대신 선결례적 법

---

19) 예컨대 die Kommentare zur VWGO: Ule, § 12 1Ⅱ b; Klinger, § 121 D3C; Evermann-Fröhler, § 42 n. 42를 보라.

20) 아래의 § 83을 보라.

21) 아래의 § 83을 보라.

규범을 배제하는 모든 단계에서부터 법규범의 교환에 이르기까지의 과정은 허용된다. 따라서 그 밖의 선결례추정 대신에 연방헌법재판소의 판결에 대해서는 선결례적 구속력이 인정된다. 곧 선결례적 판결을 '파기'(overruling)할 권한은 전적으로 연방헌법재판소에 독점된다. 그에 반하여 모든 종류의 판결이유와의 차이와 수정과 대치는 자유롭다. 오로지 모든 배척단계에서 선결례추정이 구속력을 갖는다. 따라서 우리는 언제라도 연방헌법재판소가 판결의 기초로 삼은 법규범이 지나치게 협의나 광의 또는 전적으로 잘못이라고 논증할 수 있으며 이러한 범위 내에서 헌법해석에 대한 비판과 수정과 계속형성에 참여할 수 있다. 그러나 우리가 결론적으로 연방헌법재판소의 선결례적 판결과 상치하게 될 수도 있는 헌법해석이 정당하다는 확신에 이르는 경우 연방헌법재판소법 제31조 제1항에의 구속은 이러한 판결을 관철시키는 것을 저해한다.

따라서 이 제안은 한편으로는 "중요한 판결이유"에 대한 물음이 중요하지 않게 된다는 점에서 구별된다. 표현된 판결이유에 대해서는 오직 법적 사고과정 내에서 추정이 주어질 뿐이다. 따라서 판결이유는 전적으로 포기될 수도 있다. 다른 한편으로는 이 제안은 "판결의 구속력"은 선결례적 구속력으로 이해되지 단순히 "확정력"이나 구체적 판결의 효력으로 이해되지는 않는다는 점에서 구별된다.

우선 이와 같은 제안에 대해서는 다음과 같은 이론이 뒤따른다. 곧 그에 따르면 판결은 중요한 판결이유와 더불어 구속력을 가지나 판결의 "필수조건"인 그러한 판결이유만이 "중요한" 것이라고 한다. 우리가 "필수조건"이라는 개념을 문자 그대로 취할 경우 극소수의 표현된 판결이유만이 대체불가능하다는 것이 분명해진다. 곧 우리는 이유를 "교환"할 수 있고 또한 다른 이유를 가지고도 동일한 결과에 이를 수 있다.

필수조건이론에 대하여 이곳에서 주장되는 견해가 가지는 차이점은 여기에서 주장되는 이론이 표현된 판결이유에 대한 선택원칙을 제공한다는 점이다. 곧 표현된 이유들 **가운데에서** 필요불가결한 것만이 판결이유이다. 그러나 우리는 본질을 더욱 극단적으로 파악하여 이유를 다른 것에 의하여 완전히 대치하는 가능성을 고려하지 않으면 안 된다.

이와 같은 제안의 실천적 결과는 어떤 법원이 연방헌법재판소의 법적 견해와 의견이 일치하지 않는 경우 나타난다. 만일 연방헌법재판소가 이와 같은 다른 견해를 기초로 삼을 경우 다른 결과가 반드시 오지 않는다면 그 법원은 연방헌법재판소의 법적 견해를 채용하지 않고 그 대신 다른 법적 견해를 채용할 수도 있다.

따라서 그 법원은 우선 - 다른 개별적인 법영역과 마찬가지로 - 연방헌법재판소의 법적 견해를 적용하게 되는 데에서 생겨나는 불이익을 열거하고 연방헌법재판소의 견해를 비판함으로써 자기 자신의 법적 견해를 근거지울 수 있다. 그러나 그렇게 되면 그 법원은 자기 자신의 법적 견해를 근거지우는 데 있어서 연방헌법재판소가 도달한 구체적 판결이 정당하게 유지되는가 여부의 문제를 제기하지 않으면 안 된다. 이와 같은 것이 긍정되는 경우 그 법원은 자신의 견해를 판결의 기초로 삼을 수 있다. 이와 같은 것이 부정되는 경우라 하더라도 연방헌법재판소를 비판하는 것이 방해받을 수는 없다. 그러나 그 법원은 연방헌법재판소법 제31조 제1항을 원용하여 자신이 헌법상의 선결례의 구속력 때문에 이러한 견해에 효력을 줄 수 없었다는 것을 선언하지 않으면 안 된다.

연방헌법재판소와의 마찰이 연방헌법재판소는 어떤 법률을 합헌이라 선언하고 법원은 위헌이라고 선언함으로써 성립하는 경우 선결례는 기본법 제100조에 따라 새롭게 성립될 여지가 없다. 반대로 기본법 제100조는 헌법의 계속형성의 의무를 부과하고 있기 때문에 그와 같은

것은 연방헌법재판소법 제31조 제1항에 따라 결코 방해받지 않는다.[22]

그러나 정반대로 분쟁이 연방헌법재판소는 어떤 고권행위를 위헌이라 간주하고 법원이나 행정청은 그와 의견을 같이 하지 않는 경우에는, 법원이나 행정청은 연방헌법재판소법 제31조 제1항에 따라야 한다. 이 법률이 이와 같은 선결례적 구속력을 규정하고 있다는 것은 우리가 이러한 방법에 의해서 기본권이 그 공동화로부터 실효성 있는 것으로 될 수 있다는 것을 생각한다면 철저하게 분명하다. 법원과 행정청에 대해서도 보호되어야 하는 기본권은 연방헌법재판소의 선결례에 구속력을 인정하지 않을 경우 자신의 기능을 다할 수 없을 것이다. 기본법이 세부화되고 완숙한 형태를 갖춘 법전이라면 사정은 아마도 다를 것이다. 그러나 기본권에 문제되는 것이 그 속에 수많은 것을 포함시켜 해석할 수 있고 동시에 공동화시켜 해석할 수도 있는 공허한 일반조항이라면, 그러한 한도에서 연방헌법재판소판결의 선결례적 구속력을 통해서 쉽사리 기본권을 공동화시키는 데 대한 모종의 보장책이 마련될 수 있을 것이다. 예컨대 연방헌법재판소가 어떤 종류의 가택수색을 위헌이라 선언한다면 경찰청은 그러한 방법을 합헌이라 간주하고 다른 경우에 다시 사용할 권리를 가질 수 없게 된다.

83. 그 밖의 법률로부터의 논증

연방헌법재판소의 판결이 선결례적 구속력을 가지는가라는 논쟁의 대상이 되어 있는 문제에 대한 설명은 법률에 의하여 결정이 내려져

---

22) 이를 넘어서는 제출권은 이미 앞의 S. 292에서 설명한 것처럼 현행법을 추천하지는 않을 것이다.

있는 한 다른 모든 문제들로부터 차단되어 있다. 이와 같은 전후관계에서 일련의 연방헌법재판소법과 기본법의 규정들은 관계가 있고 중요하다. 제안된 해결책은 이들 때문에 문제되는 것이 아니라 오히려 증명된다. 그럼에도 불구하고 여태까지의 토론은 일련의 문제를 제기한다.

① 이미 이야기한 바와 같이 수많은 저자들은 특히 연방헌법재판소법 제95조 제1항 제2문을 이 조문은 연방헌법재판소에 대하여 특별한 경우에 예외적으로 그 판결에 선결례적 효력을 주는 것을 허용한다고 해석하여 왔다. 사람들은 이와 같은 특별한 언급이 결여되어 있기 때문에 장래의 동일한 사건의 경우 당사자에 대해서 뿐만 아니라 제3자에 대해서도 구속력이 없다고 한다.[23] 이와 같은 해석은 결코 이론의 여지가 없는 것은 아니며, 연방헌법재판소법 제95조 제1항 제2문은 이러한 이론으로부터 생겨날 수 있는 위험에 대한 보호책의 기능을 가질 수도 있다는 것은 이미 설명된 바 있다. 어떤 기관이 선결례적 구속력을 완고하게 부정하고 예컨대 파기된 행정행위를 재발급할 위험에 대하여 구체적 근거가 존재하는 경우 연방헌법재판소는 자명하게도 그것이 위헌이라는 것을 명확하게 재판에서 선언할 수 있다.

그러나 이와 같은 관점을 제외한다면 연방헌법재판소법 제95조 제1항 제2문은 좋은 의미를 갖는다. 곧 동 조문은 연방헌법재판소로 하여금 특정의 판결이유를 판결주문에 수용하여 특정한 **소수의견**을 애초부터 **배제**할 수 있게 한다. 예컨대 우연히 야간에 행해지고 그렇지 않아도 위헌적인 가택수색에 대하여 헌법소원이 제기되는 경우 연방헌법재판소는 무엇이 "반복"인가를 확인할 수 있다. 그리고 그렇게 함으로써 수색이 "야간"에 행해지기 때문에 위헌이라는 잘못된 해석을 배제

---

23) Jesch, 앞의 책, S. 323; Kadenbach, 앞의 책, S. 415; Goessl, 앞의 책, S. 208; 또한 위의 § 81.「제3」을 보라

할 수 있다. 바로 판결이유가 소수의견을 허용하고 심지어는 "사고에서 교환될 수" 있고 따라서 구속력이 없기 때문에 경우에 따라서는 행정청이 "어리석게 행동하고" 이성적으로 정당화될 수 없는 소수의견의 도움을 받아 선결례적 구속력으로부터 벗어날 수 있다는 것을 두려워할 근거가 있을 수 있다. 예컨대 주간에 수색을 반복할 수도 있다는 것이며, 이 경우 똑같이 위헌적이다.

연방헌법재판소법 제95조 제1항 제2문은 구체적인 경우에 그러한 위험을 방지할 가능성을 부여하기 때문에 구체적인 근거는 판결이유가 아닌 판결이 선결례적 구속력을 가지는 연방헌법재판소법 제31조 제1항의 해석의 타당성을 입증한다. 왜냐하면 연방헌법재판소법 제95조 제1항 제2문은 아래의 두 가지 전제에서만 이해될 수 있고 합리적인 것으로 생각되기 때문이다. 한편으로는 선결례적 구속력이 없다면 구체적인 쟁송대상을 넘어서는 반복금지는 구속력이 없고 효과도 없다. 다른 한편으로는 판결이유가 곧바로 구속력을 갖는다면 반복금지는 불필요할 뿐만 아니라 대상도 없다.

② 이와 대단히 비슷한 것이 연방헌법재판소법 제67조 제3문, 제69조, 제72조 제2항, 제74조에 적용된다. 이에 따르면 연방헌법재판소는 구체적 판결을 제외한 소송절차에서 판결문에서 기본법조항의 해석을 위해서 중요한 법적 문제를 결정할 수 있다. 이곳에서도 예외적인 경우에는 판결이유는 판결주문에 포함되고, 그 결과 판결이유는 선결례적 구속력을 가지고 특정의 **소수의견을 배제한다.** 연방헌법재판소는 당사자가 다소간 궤변론적 소수의견의 도움을 얻어 판결의 고유한 의미에서 멀어지려 한다는 두려움이 근거가 있는 경우 이러한 가능성을 이용한다.

③ 끝으로, 우리는 기본법 제100조 제3항으로부터 연방헌법재판소법 제31조 제1항을 둘러싸고 행해지는 논쟁에 대한 논증, 주장될 수 없는

논증을 확인하고자 시도하여야 한다. 연방헌법재판소의 판결과 다른 판결을 내리고자 하는 지방헌법재판소가 사안을 연방헌법재판소에 제출하지 않으면 안 된다는 사실로부터 우리가 어떤 두 번째의 가정을 첨가시키는가에 따라 결론은 두 가지 방향을 띤다. 연방헌법재판소의 판결 스스로가 선결례적 구속력을 지니지 않고, 연방헌법재판소법 제31조가 구속력을 규정하고 있지 않다면, 우리는 기본법 제100조 제3항에서 특별히 지방헌법재판소에 대한 예외적 구속력을 통찰하지 않으면 안 된다.24) 그러나 연방헌법재판소의 판결이 연방헌법재판소법 제31조를 근거로 이미 구속력을 가진다면 기본법 제100조 제3항은 지방헌법재판소의 특권을 의미한다. 곧 다른 법원들은 연방헌법재판소와 다른 견해를 기본법 제100조 제1항과 제2항의 경우에만 제시할 수 있음에 반하여, 지방헌법재판소는 언제나 그렇게 할 수 있기 때문이다.

우리가 기본법 제100조 제3항에 대한 자료로부터 이러한 방향 또는 저러한 방향에 대한 명확한 결정을 얻을 수 있다면 이는 따라서 연방헌법재판소법 제31조 제1항의 해석에 대한 역추론을 허용할 수도 있을 것이다. 그러나 자료들로부터는 기본법 제100조 제3항을 수단으로 연방헌법재판소 결정의 선결례적 구속력에 대한 논쟁 중의 문제가 차단되거나 결정될 수 있다는 결론이 나오지는 않는다. 아직까지 논쟁의 대상이 되어 있는 문제는 이러한 의미에서는 한 번도 제기되지 않았다.25) 하물며 판결의 성숙도에 기여한다는 것은 말할 필요도 없다. 그 결과 기본법 제100조 제3항으로부터는 어떠한 측면에서도 근거가 확실한 논거를 얻을 수 없다.

---

24) 예컨대 Jesch, 앞의 책, S. 530은 같은 견해이다.
25) JöR 1, S. 736ff 참조.

84. 하나의 예

많은 토론을 거친 1954년 5월 20일의 결정[26]으로 연방헌법재판소법 제31조 제1항의 해석을 둘러싼 논쟁에 활기를 준 연방법원 민사최고심 판부는 수많은 오해에 근거를 주기는 하였지만 결과에서는 이곳에서 발전시킨 원칙들을 철저히 존중하였다. 연방헌법재판소판결의 선결례적 구속력을 부정하고 구체적인 분쟁에 대한 판결만을 구속시키고자 하는 이미 인용된 문헌들은 부당하게 이 결정을 원용하고 있다.[27]

동 최고심판부가 제기한 문제는 오직 판결이유가 구속력을 가지는 가 또는 단지 판결이 구속력을 가지는가 여부였을 뿐이다. 이는 판결이 선결례적 구속력을 가지는가 또는 구체적 결정 자체가 존중되는가 여부와는 전혀 다른 문제이다. 이와 같이 두 개의 문제를 구별하는 것이 어째서 필요한가를 판결이유에 대한 설명과 특히 영미의 "법학"(jurisprudence)문헌을 지시함으로써 분명히 하였다. 동 심판부는 단지 판결이유가 구속력을 가지지 않는다고 말했을 뿐이다. 그리고 이는 보통 이야기되듯이 옳다. 판결의 구속력이 선결례적인가 여부의 문제를 동 심판부는 앞의 이야기로써 긍정적으로도 부정적으로도 답하지 않았다. 그러나 동 심판부는 연방헌법재판소의 선결례적 구속력을 함축적으로 전제하였다.

논쟁의 대상이 된 선결례에서 문제가 된 것은 이른바 공무원판결이다.[28] 연방헌법재판소는 기본법 제131조에 속하는 사람들의 법률관계를 규율하기 위한 1951년 5월 11일의 법률[29] 제77조 제1항 제1문에 대

---

26) BGH 13, 265.
27) 앞의 S. 290 각주 1 참조.
28) BVerfG 3, 58.
29) BGBl I, S. 308.

한 몇몇 헌법소원을 각하하였다. 그 가운데에는 특히 남편이 오데르-나이세강 경계 저편 지역의 공무원이었고 이미 1945년 5월 8일 이전에 연금수령권이 있었던 2명의 과부가 제기한 헌법소원도 있었다. 헌법소원이 대상이 된 규정은 기본법 제131조에 속하는 사람들은 제131호 법률의 청구권을 제외하고는 연방이나 또는 연방 내에 소재하는 공법상의 고용주에 대하여 그들의 이전의 근무관계나 근로관계에서 생기는 그 이상의 청구권이 없다고 규정하고 있다.

연방헌법재판소는 상이한 지방법상의 규정들이 동부지역의 연금수령권자들보다 국내의 연금수령권자들의 지위를 더욱 잘 대우하고 있지 않기 때문에 동 규정은 기본법 제3조 위반이 아니라고 판결하였다. 왜냐하면 이와 같은 차이는 "당해 지방과 이와 같은 사람들의 범위가 밀접하게 결합되어 있다는 데에 기초를 두고 있기" 때문이다.[30] 공무원관계는 1945년 5월 8일 소멸되었고, 그렇기 때문에 수용청구권이 성립하지도 않으며[31] 또한 제131호 법률의 규정이 특히 직업공무원제도의 전래적 규정과 상이하지도 않기 때문에[32] 동 규정은 기본법 제14조의 공무원과 고용직에 관한 기본법 제33조 제5항도 침해하지 않는다. 그 밖에도 동 조항은 1945년 5월 8일에 이미 연금청구권이 있던 자에 대하여 이와 같은 청구권이 1945년 5월 8일에 소멸되지 않았고, 국가질서의 파괴와 전후(戰後)의 일반적 생활수준에 직면하여 그 청구권을 행사하는 것이 신의성실에 따라 허용되지 않는 권리 행사라는 것을 가정하더라도 지방들이 그들의 재정적 급부능력의 범위 내에서 종전 행정기관의 배려업무를 인수했다면[33] 기본법을 위반하지도 않는

---

30) 앞의 판결. S. 158=VerfRspr. Art 3 I Nr. 41.
31) 앞의 판결. S. 136.
32) 앞의 판결, S. 138.
33) 앞의 판결, S. 157과 160f.

다는 것이다.

　연방법원은 이 일이 있고 난 잠시 후 오늘의 니더작센 지방(支邦)의 지역에서 1938년에 정년퇴직한 프로이센의 공무원이 동 지방에 대하여 1945년 5월부터 1949년 9월까지의 연금을 소급하여 지급할 것을 주장한 소송에 대하여 판결하지 않으면 안 되었다. 이 공무원은 1943년 소집되어 후일의 소련점령지역으로 이주하였고 그의 연금을 그곳에 적립된 프로이센 정부금고에서 받았다. 전후 그는 오늘의 니더작센지방으로 돌아왔고 소련군점령지역의 금고에서 그의 연금이 지급되지 않았더라도 그가 당연히 받았어야 할 배려금을 받지 못했다. 제131호 법률 제77조 제1항은 그가 제기한 청구권을 제외하고 있다.

　연방법원은 그의 청구를 인용할 만한 것으로 간주하고 그와 같은 배제를 위헌이라고 간주하였다. 배려금을 순 기술적으로 지급하는, 행해지는 장소가 어느 특정한 날짜에 어느 특정한 장소에 있다는 관점은 내부적으로 그리고 법적인 내용에 따라 이러한 청구권이 성립하는가 또는 소멸하는가라는 문제와는 전혀 관계가 없으며 그렇기 때문에 기본법 제3조 제1항을 위반한다고 한다.[34] 그 밖에도 동 청구권에 대한 거부는 기본법 제14조와 제33조 제5항에 위배될 것이다. 왜냐하면 배제청구권은 그것이 이미 1945년 5월 8일 이전에 성립되어 있었고 기본법 제33조 제5항은 기본법 제14조에 대한 특별법으로 간주될 수 없기 때문에, 기본법 제33조 제5항이 이미 성립해 있는 재산권적 가치 있는 청구권을 보호하지 않는다면 특히 그러하기 때문이다. 이에 따라 동 민사심판부는 기본법 제100조에 따라 판결을 연기하고 제131호 법률 제77조 제1항의 위헌문제를 연방헌법재판소에 다시 판결해줄 것을 요구하였다.

---

34) 앞의 판결, S. 313 f.

이러한 상론으로써 연방법원은 공무원판결의 선결례적 구속력을 어떠한 방법으로든 문제 삼지 않았다. 이와 같은 것을 가정하는 자들은 연방헌법재판소법 제31조 제1항의 실제적 무의미성에 관한 그들의 원칙을 연방법원의 상론의 해석에 끌어들였고 부당하게 연방법원의 권위를 주장하고 있다. 이와는 반대로 연방법원은 심지어 자신의 법적 견해를 근거지움에 있어서 결과적으로 연방헌법재판소의 선결례적 결정은 동일한 것이라는 것을 강조하고 있기까지 하다. 그리고 이는 이미 주어진 척도에 따르면 중요한 문제이다. 우리가 말할 수 있는 한 선결례는 존중된다. 자기 자신의 법적 견해를 근거지움에 있어서 선결례적 결과와 달라야 한다면 이는 파기, 곧 연방헌법재판소의 선결례와 관련하여 연방헌법재판소법 제31조 제1항에 의하여 허용되지 않는 것으로 선언된 선결례의 파기를 뜻한다.[35] 곧 연방법원은 동 사례에서

---

35) 연방최고법원은 "헌법소원의 파기"를 이 사안에서 확인판결의 효력을 가진다는 말로 번역함으로써 - 이는 타당하다 - 구체적 결정의 의미를 획득하였다. 동 법원은 이와 같은 전제에서 연방헌법재판소의 결정은 다음과 같을 것이라고 상설하고있다. "공무원관계에서 지금은 소련이나 폴란드에 의하여 점령된 오데르-나이세강 저편에 속하는 지역의 프로이센 지방공무원이 문제가 되고, 이 지역의 금고로부터 부양금을 받지 못하고, 1945년 5월 8일에도 부양금을 공화국 내의 지역에서 받지 못한 경우, 제131호 법률 제77조 제1항이 현재 공화국 내에 거주하고 있는 부양청구권 있는 자가 1951년 4월 1일 이전의 시기에 대하여 연방정부나 또는 그 밖의 연방지역 내의 공행정청에 부양청구권을 갖지 않는다고 규정하고 있는 것은 기본법과 합치된다." 그리고 나서 연방최고법원은 다음과 같이 상설하고 있다. "이와 더불어 사회법원(GSZ)에 계류 중인 문제와는 결정적인 차이가 명백해졌다. 전자의 사건은 니더작센지방 영역에서 발생한 것임에 반하여 공무원판결에서는 부양관계가 성립되는 공무원관계는 오데르-나이세강 저편의 구 독일제국영역에서 발생하고 있다. 그 때문에 이 경우는 헌법상의 판단에서 결정적 의미를 가지는 … 특성을 가지게 된다." 이 문장들은 연방법원이 공무원판결을 구속력 있는 선결례로 간주하고 있다는 데 대한 모든 의심을 불식시키기 위하여 상세하게 인용이 되었다. 동 법원은 제131호 법률이 선결례에 따라 위헌적인 불법을 행하고 있지 않은 구체적인 소원제기인 Z와 K에 대

동부의 공무원이 아닌 국내의 공무원을 다루고 있으며, 바로 이러한 차이가 헌법적으로 중요하다는 것을 강조하고 있다.

이와 같은 차이가 편차를 정당화하기 위한 목적을 위하여 가공될 것인가 또는 선결례의 모호성을 가시화시키기 위한 목적을 위하여 가공될 것인가 하는 문제에 대하여는 더 이상 상론할 필요가 없다. 중요한 것은 단지 어떻든 연방법원이 방법론적 원칙으로서 위계의 필요성과 선결례적 구속력을 인정하고 있다는 것을 강조하는 일이다. 동시에 이 사례에서 위계에 대한 방법론적 필요성이 처음으로 성립하지는 않았다는 것이다. 연방법원이 하나의 법률규정을 위헌으로 취급하고자 하였기 때문에 동 법원은 기본법 제100조에 따라 사안을 연방헌법재판소에 제출할 수밖에 없었으며, 따라서 이와 같은 의미에서 독자적인 판결을 할 수 없었으며, 따라서 어떻든 선결례 자체를 문제 삼고 연방헌법재판소로 하여금 새로운 판결을 촉구할 수 있었다.

85. 경합적 판결이유와 반대의견

지금까지의 숙고는 어느 정도까지, 헌법재판에서 경합적 판결이유와 반대의견의 공포가 권장할 만한가라는 문제에 대한 의견표명을 허락하는 몇 개의 관점을 제공하였다.

주지하듯이 미국에서는 다수의 판결과 의견을 달리하는 개별 판사의 법적 견해가 대법원의 공식판례집에 함께 공표된다. 때때로 이러한 실제가 연방헌법재판소의 경우에도 도입될 것이 추천되기도 한다.[36]

하여 언급하지 않고 바로 동독에서 추방당한 공무원에 대하여 언급하고 있다. 그렇게 함으로써 동 법원은 주어진 추상적 징표를 갖춘 사람이라 하더라도 그들이 헌법소원을 제기하지 않은 한 결정에 구속된다는 것을 인정하고 있다.

이와 같은 제의는 아직까지 관철되지 못했다. 그러나 그러한 제의는 충분한 지지를 받고 있다. 왜냐하면 미국의 실제가 가지는 장점이 현저한 반면 우려되는 위험은 단지 사소하거나 또는 거의 사실상 존재하지 않기 때문이다. 이 연구와 관련하여 그에 대한 찬반을 빠짐없이 설명할 필요는 없고 단지 지금까지의 연구결과인 몇몇 관점을 적음으로써 논의에 이바지하고자 한다.

비록 부분적이기는 하더라도 헌법재판소의 판결이유가 선결례적 구속력을 갖는다면, 경합적 이유들을 물론 허용할 수 없을지도 모른다. 왜냐하면 어떠한 경합적 이유라도 절대다수를 얻는 일이 없지 않아 있기 때문이다.37) 따라서 법원의 공식적 이유는(곧 상대적 다수의 이유는) 절대다수에 의해서(비록 상이한 이유이기는 하지만) 승인받지 못하기 때문이다. 그와 같은 공식적 이유를 선결례적 구속력을 가지는 것으로 선언하는 것은 절대적으로 추측할 수 없는 것은 아니다. 그러나 이미 이야기한 바와 같이 판결이유가 아닌 판결만이 선결례적인 구속력을 가지기 때문에 극복할 수 없는 장애는 결코 생겨나지 않는다. 이로써 개별적 판결이유를 인정하는 데 대한 매우 중대한 반대이유는 제거되었다.

법원이 외부에 대하여 일치되게 행동하는 경우, 곧 법원이 공중에

---

36) 예컨대 Bachof: Diskussionbeitrag zu "Richter und Verfassung", in: *Die Verfassungsgerichtsbarkeit der Gegenwart*, S. 855. *Friesehahn*의 동의, 같은 곳 858; 더 나아가서 Ehmke, VVDStRL 20, S. 69 Anm. 67; 이제는 연방헌법재판소법 제30조 제3항을 보라.

37) 예컨대 Mapp v. Ohio(367 US 643; 1961)사건에서는 9명의 법관 가운데 3명의 법관은 판결이유에 찬성하고 있다. 3명의 법관은 특히 경합적인 이유를 제시하고 있고, 3명의 법관은 공통의 소수의견을 제시하고 있다. 예컨대 Baker v. Carr(369 US 186-1962)사건에서는 더욱 다양하다. 2명의 법관만이 공식적 견해를 책임지고 있고, 3명이 경합적 의견을 제시하고 있으며, 2명은 각각 다른 소수의견을 제시하고 있다(그리고 아홉 번째 법관은 판결에 참여하지 않았다).

대하여 전혀 존재하지도 않는 곳에서 일치성을 정말로 믿게 하는 경우에만 보장된다고 믿는 법원의 권위에 대한 고려는 덜 중요하다. 판결자유의 활동여지는 보이지 않고 법원이 분명하고도 선존하는 법을 유보하에 가능한 방법으로 적용하였다는 인상이 성립하는 경우 일반적으로 판결의 평화기능에 유리하리라는 것은 분명 인정할 수 있다. 그러나 이와 같은 논증은 이러한 인상이 종국적으로는 판결이유의 구속력을 통해서만 보존될 수 있다는 것을 사람들이 눈앞에 두는 경우 설득력을 잃게 된다. 잘못된 외관은 물론 터무니없이 이미 연방헌법재판소와 그 밖의 법원 사이의 논쟁을 통해서 파괴되고 더욱이 제131호 법률의 합헌성에 대한 논쟁에서와 같이 격렬성을 띠는 경우 그러하다. 연방헌법재판소의 판결에 대한 학계는 물론 언론이나 정당의 공개적 비판도 또한 이에 이바지한다. 그러나 누구도 연방헌법재판소의 법적 견해가 공적 논의에서 벗어나기를 희망할 수는 없다.

그 밖에도 시대의 경향은 공적 생활을 일반적으로 지성화하고 합리화하는 방향으로 나가는 듯하다. 그렇기 때문에 이미 오늘날 "분명한(일의적인)" 법적용이라는 고권적 외관이 대다수의 사람들에게 간취되지 않는가 그리고 그 효력이 잘못되지 않는가가 아니라 경우에 따라서는 정반대로 정직한 다수의 결정으로서 참기 어려운 월권으로 받아들여진다는 것이 최소한 문제가 된다. 끝으로 미국의 경험은 헌법에서 법적 견해의 상이성이 법원의 권위에 해가 된다기보다는 반대로 득이 된다는 것을 가리키고 있다. 왜냐하면 상이성이 모든 사람으로 하여금 논쟁을 종결짓는 전권을 가지는 심급이 필요하다는 것을 분명하게 해주기 때문이다.

상반된 판결이유를 공표하는 데 찬성하는 주된 이유는 판결이 높은 질을 취득하고 소수의견에서 가끔 헌법의 토론과 계속형성을 위하여 매우 가치 있는 자극이 발견된다는 데에 있다.

다양한 의견이 나타나는 경우 헌법재판관들은 현재 진퇴양난에 빠져 있다. 한편으로는 그들은 시간의 급박함과 판결강제 때문에 논의를 그것이 원칙적인 것인 경우에도 항상 끝까지 토론할 수 없다. 다른 한편으로는 그들은 판결과 관련해서뿐만 아니라 연방헌법재판소법 제13조 제1호, 제2호, 제4호, 제9호의 경우에는 판결이유와 관련해서도 단순다수결을, 그리고 손해를 주는 판결(연방헌법재판소법 제15조 제2항)의 경우에도 심지어 절대적 2/3 다수결을 이루어내지 않으면 안 된다. 탈출구는 어느 한 견해를 포기하는 데에 있다. 격언에 따라 더욱 현명한 견해가 포기되는 경우 더욱 훌륭한 법적 견해는 더욱 나쁜 견해에 희생될 것이다. 아니면 사람들은 누구도 자신의 견해를 주장하지 않고 아마 누구도 진심으로 확신하지 않는 더욱 약한 관점에 타협하게 된다.

그에 대해서 어느 한 헌법재판관 스스로가 권위를 가지고 의사표명을 한다고 하더라도 독자로서는 많은 판결에서 그것이 그와 같은 타협의 결과이며, 그것이 더 근본적이고 설득력 있게 논거가 제시될 수 있다는 추측을 최소한 가질 수 있다. 어떻든 미국의 경험은 명백한 견해의 논쟁이 가장 성과가 있는 것으로 입증되었으며 본시 소수논거로서만 표현되었던 관점들이 후일 지배적인 것으로 되었다는 것을 가리키고 있다. 미국헌법이 소수의견을 공표하는 데서 얻어낸 이익은 우리에게 우리가 통일된 법적 견해라는 허구를 통하여 잃은 바를 분명히 해 준다.[38]

---

38) 바로 미연방대법원 판사들 가운데서도 예컨대 *Harlan d. A, Holmes, Brandeis*와 같은 유명한 "소수견해 주장자"가 있다. 역사는 후일 그들의 소수견해가 더욱 현명하고 더욱 정당했다는 것을 입증하였다. 후배 법률가들은 그들의 소수견해로부터 결정적인 것을 습득하였고 후일 이를 관철시켰다. 예컨대 수정헌법 제1조를 적용하는 데 "명확하고 현존하는 위험의 원칙"(clear-and-present-danger-Test)이나 "사법자제"(judicial restraint)"의 이론은 후일의 판결이유에서 관철되었다.

제2판에 대한 추기

1953년 비아커 *Wieacker*가 "오늘날 효력을 가지고 있는 사법, 특히 그 일반이론과 채권법은 법전으로부터는 더 이상 읽어서 알 수 없다"고 표현하고 난 이래 그리고 어느 정도까지는 민법전의 정신적 기초가 변화하였기 때문에,[1] 그 후 1956년 에서 *Esser*가 민법발전의 획기적인 형태학을 내놓은 이래[2] 법에 대한 심중한 그리고 현실주의적 숙고가 시작되었다. 오래된 사고도식은 바야흐로 법과 윤리, 법관과 법률, 실정법과 실천이성, 민주주의와 법치국가의 관계에 대한 새로운 견해에 양보해야 할 입장에 처해 있다. 진리에 맞는 법이해는 점증적으로 그 원칙적 의미에서 민주적 헌법국가의 정당성의 경우에도 인식되고 있다. 이 책에서는 특히 실정헌법에 대하여 그러한 법이해가 가지는 의미를 고려하여 이와 같은 테마에 대한 토론의 중간결과를 이끌어내고자 한다. 제2판에서는 제1판이 출판된 이래 이루어진 중요한 발전의 측면을 최소한 개요적으로나마 다루고 저자의 견해에 따르면 미래의 토론을 성과 있는 것으로 만들 수 있는 문제지평을 파헤칠 기회를 가

---

1) "Vom liberalen zum sozialen Rechtsstaat": F. Wieacker,, Das Sozialmodell der klassischen Privatrechtsgesetzbücher und die Entwicklung der modernen Gesellschaft, jetzt in: *Industriegesellschaft und Privatrechtsordnung*, 1974.

2) J. Esser, *Grundsatz und Norm in der richterlichen Fortbildung des Privatrechts*, 3. Aufl, 1974.

져보려고 한다.

이 추기에서는 요약적인 예견을 통하여 원칙문제를 해명하고, 심화시키고 그리고 속행하는 데 도움을 주는 몇 가지 제안을 하고자 한다. 추기에서 여러 관점을 요약하는 것을 제외하고는 책의 내용을 변경시키지 않는 것이 독자에게는 산발적 수정보다 일목요연할 것이다. 개별적인 점을 보완하고, 수정하고 각주에서 상세하게 설명하는 것에 한정시켜 가필할 수 있었더라면 좋았을 것이다. 왜냐하면 이 책의 본질적 사고과정은 발전을 통해서 대체로 확인되었고 긍정적인 평가를 받았기 때문이다.

그러나 사람들이 오래된 대답들을 확장시키고 상대화시킨다면 그것이 해석학적 근거를 심화함으로써건, 방법론적 규준을 제공함으로써건 새로운 문제에 대하여 오래된 대답을 할 수 있다고 생각하는 자들로부터 이 책은 격렬한 비판을 받아왔다. 게다가 그들은 새로 생겨난 문제에 공개되면 법률의 구속력이 위협을 받을지도 모른다고 우려하기 때문에 우리는 반드시 오래된 대답에 머물러야 한다고 생각하고 있다. 이와 같은 염려는 설명이 오해받거나 변조되는 경우 그래서 단락적(短絡的)인 추론이 행해지는 경우에만 근거가 있다. 매우 중요한 반대에 대한 비판적 토론은 이와는 정반대로 중요한 문제를 회피하거나 외견적 합리성의 외관 뒤에 그러한 문제를 숨기는 이론들을 고집하는 것보다 법의 법치국가적 형식과 구속력의 방법론적 문제를 현실적으로 분석하는 것이 요구된다는 것을 가리켜 주고 있다. 그러한 한에서 근본적인 문제에 대하여 명확히 되는 것은 대단한 실천적 의미를 가질 수 있다.

제1판에 포함되었던 "주요논지"는 삭제되었다. 그 이유는 필연적으로 조야할 수밖에 없는 표현이 오해의 원인이 되기도 하였지만, 더 나아가서 그 때문에 많은 독자들이 이 책에 특유한 생각을 이해하지 못하는 원인이 되었기 때문이다. 그 대신 **이 책의 핵심부분**을 구성하고 있는 § 42-44, 곧 고소인이 당한 불법의 경험에서부터 판결논거에까지 이르는 법발견단계의 간결한 그리고 이곳의 더욱 소박화된 소묘를 참고하기 바란다. 그 뒤의 것은 이 소묘를 엄밀하게 표현하고, 설명하고 이론적으로 숙고한 것이다. 그 앞의 것은 이와 같은 사건의 중요성을 나타내는 통상적인 법발견이론에 대한 비판이다. § 42-44는 이들을 따로 읽는다 하더라도 이전의 "주요논지"보다 기본적 사고를 더 명확하게 매개한다. 왜냐하면 귀납적 분석은 본질상 짧은 공식으로 매개되거나 대체될 수 없는 성찰이기 때문이다.

1. 결정책임

새로운 방법론과 전통적 방법론이 어디에서 구별되는가를 하나의 표제어로써 표현하고자 한다면 그것은 "책임성 있는 결정"이라고 할 수 있다. 법률가는 생활사태에 법률을 적용함으로써 규범형성에 참여한다. 법률가는 해석함으로써 법문과 그 개념을 확대해석할 것인가 또는 축소해석할 것인가 여부, 예외와 유보를 가지고 생각할 것인가 여부, 종결적 규정으로 간주할 것인가 또는 유추를 통하여 보충할 것인가 여부, 문구를 입법이유를 통하여 상대화시킬 것인가 여부 등등을 구속력 있게 확정한다. 요컨대 법률가는 법이 어떤 규범가설을 포함하는가 또는 배제하는가 하는 문제에 직면해 있다. 따라서 그는 구체적인 사례를 판결할 뿐만 아니라 **현행 법규범의 정확한 내용에 공동책임**을 진다. 그렇기 때문에 그는 자신의 공직윤리에서 법률에 성실하여야 할 뿐만 아니라 불편부당하고 정의로워야 할 의무가 있다. 따라서 법률가는 법관으로서 또는 공무원으로서 책임성 있는 결정을 준비하고, 내리고 그리고 근거를 제시하여야 한다. 그리고 변호사와 이론가는 책임성 있는 판결이 무엇인가를 제시하고, 법학자는 후진 법률가들이 책임 있는 판결을 내릴 수 있도록 그들을 교육시킨다.

이에 반하여 전통적 방법론은 결정의 자리에 법률로부터의 "올바른 추론"을 갖다 놓는다. 입법자가 이미 결정을 내렸다는 것이다. 법적용자에게 문제되는 것은 **이미 존재하는 결정을 찾아내는 것**이라는 것이다. 물론 우리는 몽테스키외 *Montesquieu*와 의견을 같이 하여 1800년경의 법전편찬의 시대에 잉태 중이었던 재판관을 "법률의 입"으로 본 견해를 넘어설 수는 있다. 그러나 이는 전통적 방법론에서는 입법자의 결정을 발견해 내는 것이, 사람들이 예전에 가정했던 것보다 더 복잡하다는 것을 의미할 뿐이다. 곧 해석학, "이해", "체계원칙"에의 귀환, 논리학, 구체화요소와 해석요소가 필요하다는 것이다. 복잡성 때문에 오류의 개연성이 높아지고, 이러한 사실로부터 대안적 결정가능성이 설명된다는 것이다. 방법의 정당성은 정당한 결론에 이르고, 방법에서의 오류는 잘못된 결과에 이를 것이라는 것이다.

정의에 대한 윤리적 요청은 오직 입법자에게만 향하고 있다. 법률이 정의롭고 법관이 법률을 바르게 적용하고 있는 한 재판관은 정의롭다. 정의롭지 못한 결과는 재판관에게는 그가 방법적인 오류를 범할 수도 있다는 것을 가리키는 "경계신호"(라렌츠 *Larenz*)[3])의 기능을 가질 뿐이다. 요컨대 법적용자는 방법론적으로 조작하는 지식인으로 나타나며, **그의 윤리는 법률에 대한 충성과 방법론적 면밀주도를 다함으로써 끝나고**, 그밖에 결정, 책임 그리고 윤리적 요청으로부터는 면제되어 있다. 학자들의 견해가 나누어지는 핵심개념은 수미일관하다. 그것은 여러 가지 변형, 곧 이성적인 절차, 이성적인 논증, 이성적인 결정, 실정법에

---

3) *Methodenlehre der Rechtswissenschaft*, 3. Aufl, S. 336.

집적된 법이성, 이성의 진보사로서의 헌법사 등등으로 나타나는 "이성"이라는 핵심개념이다(내가 이러한 연관에서 가끔 사용한 이성법적 논증이라는 개념은 17, 18세기의 이성법체계와 관련이 있다. 그러나 그에 대해서 이 책에서는 비판적인 언급만을 하였다). 문제가 되는 것은 **우리의 법발견의 실제에서 실천이성이 명시되는가** 여부와 그로부터 법적 방법론을 위하여 무엇이 추론되는가 하는 문제이다.

법적 방법론과 논리학의 전통적 교과서들은 "이성"을 독특한 방법으로 금기화시켰다. 이 개념은 부정적으로 사용되지는 않는다. 이 개념은 또한 대체되거나 분화되거나 상론되지도 않는다. 오히려 사물이 방법론으로부터 추방된다. 법학은 "과학"이고, 그 방법은 "과학적"이어야 하고, 방법상 정당하여야 하며, 역사적, 해석학적 등등이어야 한다. "scientia"와 "prudentia"사이의 - 과학과 이성학 사이의- 구별은 επιτημη 과 ψρογηοιδ에 대한 아리스토텔레스의 구별에 상응한다. 그러나 독일어에는 그 짝이 없다. 토마지우스 *Thomasius* 시대 이래 "Jurisprudenz"에 대한 독일어 역으로는 "법학"(Rechtswissenschaft)이 채용되었고, "prudentia"라는 단어에 있는 사물에 대한 이해가 상실되었다. **"prudentia" 는 자연과학이나 정신과학의 어느 것과도 동일하지 않다.** 그것에는 정신과학적 해석학이 속하기는 하나 그것이 전부는 아니며, 이는 논리나 경험과도 마찬가지이다.

우리의 방법론교과서들에 이성이 많이 포함되어 있지 않다는 것이 아니라, 그들에 포함되어 있는 것이 반쪽의, 따라서 완전하지 않은 이성이라는 것이다. 진리의 절반에 대해서, "이해", 해석학, 내적 체계, 해석의 준칙, 구체화요소, 법적 논리학 등등에 대해서 전통적 방법론이 최근에 이르기까지 본질적인 것을 이야기하였다. 이제 관심의 중점이 진리의 나머지 절반에 놓여지는 경우 이는 전통적 방법론의 옹호자들이 가정해온 바와 같이 이룩한 것의 가치를 평가 절하하는 것이 아니라 반대로 그것을 인정함을 뜻한다. 우리는 물론 자신들이 새로운 문제 제기에 대하여 이미 필요한 것을 이야기하였고, 그 이상의 노력은 지나친 것이거나 그러한 노력이 없더라도 결과가 기대된다고 하는 전통적 방법론의 주장을 물리치지 않으면 안 된다. 핵심적인 문제는 이러한 또는 저러한 해석기준을 **수용할 것이냐, 수용하지 않을 것이냐** 하는 문제와 구체적인 법발견행위에서 이들 해석기준 사이의 관계에 대한 문제인 것이다. 실무에 있는 법률가들은 이 문제와 관계가 있고, 방법론의 이론가들도 그들이 실천적으로 되자마자, 곧 해석자로서, 변호사로서, 법관으로서, 공무원으로서 또는 교육자로서 활동하게 되자마자 이 문제와 관계가 있게 된다. 그러나 그들이 다시금 방법론을 하게 되자마자, 그들은 그들이 실무가로서 실제로 행하는 바를 성찰하지 않는다.

왜 예컨대 유추냐, 반대추론이냐? 왜 흠결보충이냐(청구인용), 단순한 흠결확인(청구각하)이냐? 왜 성립사적 해석 또는 현시점적 해석이냐, 목적론적 해석요소, 가치 결정적 특정한 구조, 문제변증법, 해석학적 체제를 채용하느냐 또는 채용하지 않느냐? 왜 기본권의 제한을 내재적 공동체유보 또는 그 밖의 헌법규정에서 추출하느냐 등등. 이와 같은 왜라는 물음에 대한 대답은 해석기준 자체에서는 발견되지 않는다. 물론 그것은 해석기준의 적용과도 분리될 수 없다. 법률가는 언제나 유추 또는 반대추론, 단어의 의미 또는 입법자의 의사 등등을 논의하지 않으면 안 된다.[4]

그러나 이와 같은 논증에는 "한 걸음 한 걸음"(자텔마허 *Sattelmacher*)[5] 왜 이러한 해석요소가 채용되고 추상적으로 관찰한다면 고려될 수도 있는 다른 해석요소에 대하여 우선순위를 가지는가 하는 문제가 수반

---

4) Esser, Über die Unentbehrlichkeit des juristischen Handwerkzeugs, JZ 1975, S. 555ff.
5) Sattelmacher-Sirp, *Bericht, Gutachten, Urteil*, 27. Aufl, S. 157.

된다. 이와 같은 왜라는 물음은 법적 논증을 불필요한 것으로 만드는 것이 아니라 그와는 반대로 **왜라는 물음을 그 내적인 면에서 관찰하는 경우 바로 다름 아닌 법적 논증**인 것이다. 법적 방법론이 주로 지금까지처럼 법률논증의 외부 또는 내부에 향하는가는 관심과 중요성 그리고 결론의 풍부성의 문제이다. 그러나 "내부"에 대한 문제가 전혀 존재하지 않는다고 생각하거나 또는 그것이 법적 논증과는 별개이고 분리된 것으로 생각한다면 그것은 근본적인 오해인 것이다.

2. 결정책임은 제거될 수 있는가?

전통적 방법론에서는 이와 같은 **왜라는 문제를 도외시하거나** 또는 여러 가지 방법으로 무시하려는 것이 특징이다.

해석지표를 끌어들이는 것과 끌어들이지 않는 것 또는 구체적인 경우에 그 상호간의 관계를 어떻게 조작하는가 하는 문제가 이따금 제기되기는 하지만 다시금 밀어제쳐진다. 전통적 방법론의 대변자들은 이와 같은 왜라는 문제를 **해석론적 출발점**을 심화시키거나 또는 **방법상의 규준**을 순화함으로써 피할 수 있다고 생각한다. 예컨대 라렌츠 *Larenz*와 그의 제자들은 첫 번째 방법을 취하고 있고, 최근에 특히 뮐러 *Friedrich Müller*는 두 번째 방법을 취하고 있다.

① 이와 같은 문제에서 라렌츠의 해석론적 출발점은 지적인 체념에 귀결하고 있다. 무엇 때문에 이러저러한 해석표지를 끌어들이거나 끌어들여서는 안 되는가라는 물음에 대하여 그는 그가 더 이상 분석할 수 없는 "창조적 정신활동"이 문제되기 때문이라고 대답한다.

"관계와 해석표지 상호간에 대하여"란 절에서 그는 다음과 같은 단계구조를 제안하고 있다. ① 단어의 의미, ② 법률의 의미관련, ③ 입법자의 규율의도와 규범의 목적, ④ 입법자의 개연적 규범관, ⑤ "객관적·목적론적 표지", 곧 사물의 본성, 규범영역의 본질구조, 내재적 법원리, 항변의 자유, ⑥ 헌법합치적 해석, 고차적인 단계는 부분적으로는 예컨대 단어의 의미와 의미관련이 "상이한 해석에 여지가 주어지는 한" 제3단계를, "이제까지 설명된 표준이 충분하지 않은 경우" 제5단계를 끌어들이는 것처럼 단지 보충적으로만 끌어들여져야 한다.

언제 이와 같은 기준이 충분한가? 언제 그들은 상이한 해석을 허용하는가? 왜 이러한 순서를 따르는가? 예컨대 왜 우리는 단어의 의미를 다른 경우에는 입법이유를 원용하여 상대화시키면서 몇몇 경우에는 단어의 의미에 머무르는가 등등. 이와 같은 문제들은 각 경우마다 결정을 필요로 한다. 라렌츠는 이와 같은 문제들을 다루지 않고 멈추어서서 우리에게 다음과 같은 확정을 남겨준다. 곧 해석표지들의 어떠한 고정적인 서열관계가 성립되어 있지 않더라도 "그들은 상호관련 없이서 있는 것이 아니라, 기능의 연합과 합동유희에 있다고 보아야 한다. 그들은 교호적 관련에 있으며 그들의 그때그때의 비중은 그들이 개별적인 경우에 교부하는 것에 따라 규정되지는 않는다." 문제가 되는 것은 "산수의 계산문제가 아니라 창조적인 정신활동이다."(S. 335)

이것이 방어와 공격을 위한 전체 기반이다. 방어: "전체적으로 수많은 해석문제는 방법에 맞게 풀린다" 공격: "따라서" 방법론적 과정을 무가치한 것으로, 마치 문제가 되는 것이 자의와 임의이고 그와 반대로 방법선택의 이성이 아닌 것처럼 "방법선택을 전혀 임의적인 것으로 선언한다"는 것은 옳지 않다는 것이다. 끝으로, 놀라운 자백이 뒤따른다. 해석자에게 "요구되는 것은 그가 상이한 해석관점들을 고려하고, 그가 왜 이곳에서 이 관점을 결정적인 것으로 간주하는가에 대하여 근거를 제시하는 것이다." 바로 그렇다면 어떻게 해야 하는가? 이 자리에서 라렌츠는 멈추어 서고 있다.

해석론적 출발점을 대표하는 다른 자들은 대답을 "법률의 목적"(예컨대 힌덜링 *Hinderling*)에서 또는 "법률의 정의"(예컨대 흐루슈카 *Hruschka*)에서 찾는다.

힌덜링은 "생산적인 이해에 의하여 발견된 법률의 '목적'이 해석방법의 선택을 지도한다"고 생각하고 있다.[6]

그는 "해석방법론이 해석자의 주관을 배제할 수 없다"고 설명한다. 그러나 그는 이를 방치하지 않고 해석을 "생각된 것을 새롭게 생각하는 것"으로 해석하는 "실존적 해석론"의 의미에서 현실적이고 생산적인 이해의 요청에 구속시킨다. "법률의 수정"을 포함하는 법관에 의한 법의 계속형성은 특히 법률을 입법자보다 더 잘 파악하는 이해의 결과라는 것이다.

흐루슈카는 "법이라는 본질"은 "정의에 대한 모든 법이해의 경향"을 조건지운다고 한다.[7] 힌덜링에서처럼 구체적으로 진술할 수 있는 법률의 목적뿐만 아니라 또한 법률의 일반적인 정의요구권도 해석의 조건이자 목표라고 한다. 이로부터 사실상 법률의 계속형성과 수정 또한 법률의 원래의 목적을 넘어서 이해될 수 있다는 것이다. 이와 같은 출발점은 또한 이 책에서 설명한 법과 정의의 관련과 상통한다(S. 45). 그러나 또한 흐루슈카의 출발점은 이미 존재하는 것에 대한 "이해"의 분석에 한정된다. 그는 이해를 통하여 결단을 보충할 수 있다고 믿고 있다.[8] 그는 "결정"을 단순히 "비합리적인" 결단이라 표시하는 대신 "단순한 결단"이라 표시하고 있다. 그렇기 때문에 그는 "법이해에서 통찰이냐, 결정이냐"라는 물음에 대하여 "법현상을 통하여" "법원칙 자체"의 통찰이라고 대답한다. 이러한 출발점은 해석론적 선결문제에

---

6) H. G. Hinderling, *Rechtsnorm und Verstehen*, 1971, S. 256.

7) J. Hruschka, *Das Versthen von Rechtstexten*, 1972, S. 71, 각주 2.

8) 앞의 책, Abschn. XIV.

머물러 있다. 확실히 법률 또한 이해되어야 하고, 법문은 그 "청구권"으로부터 "정당한 분쟁해결책"을 제시할 수 있다고 이해될 수 있는 것이 타당하다.[9] 그러나 이와 같은 이해는 우리가 흐루슈카의 출발점으로부터 다음과 같이 도식화할 수 있는 구체적 사안해결이라는 본래의 법적 작업에 편입된다. 곧 법문의 정의는 이러저러한 규범가설을 내포하는 것 또는 배제하는 것을 요구하는가? 이 문제에 대하여 대답하기 위해서는 이성적으로 근거지어진 결정을 필요로 한다.

결정하지 않고 외견적으로만 통찰하고 이해하는 곳에서는 사람들은 결정에 대한 책임이 없다고 믿는다. 동시에 사람들은 법의 생동적 변천을 사물에 맞게 파악할 가능성을 부정한다. 예컨대 양도담보를 발전시켜 온 법률가는 독일민법전의 무점유저당권의 거부를 "더 잘 이해해 온 것인가?" "자유주의적·개인주의적" 정신에서 "사회적 신뢰보호의" 정신으로 민법이 발달해 왔다는 것은(비아커) 도대체 독일민법전을 더 잘 이해한 것인가?

② 방법론상의 규준을 순화함으로써 법률가의 결정책임을 가능하면 배제하려는 특히 감명 깊은 시도를 뮐러가 하고 있다.[10] 그에게는 처음부터 법의 발전과 변천을 사실적으로 파악하는 것이 그리 중요하지 않고 올바른 법적 사고를 위한 "규정적" 규칙을 제시하는 것이 중요하다. 이러한 규칙으로부터 설명될 수 없는 법발전은 바르지 못한 법발전이며, 비판되어야 할 법발전이다.

대단히 복잡한 체계에서 그는 해석요소를 "규범적으로 형량하고" "객관적 표준"에 따라 "서열을 매기고" 이들 규칙 사이에서는 다시금 우위규칙에 따라 배열하고자 한다. 법적 합리성은 방법론적 규칙을 가진 산법적 계산기술로 해소된다. 이러한 모든 것에도 불구하고 "우월

---

9) S. 65.
10) F. Müller, *Juristische Methodik*, 2. Aufl, 1976.

적 지위도 우월적 규칙도"11) 존재하지 않는 곳에서는 합리성은 끝나고 만다. 그렇게 되면 방법에 대한 존중은 "비합리적으로" 이해된 가치평가에 내맡겨질 수밖에 없다. 그러므로 뮐러에게는 법적 합리성은 자기의 방법론상의 규칙을 적용하는 데서 끝난다. 그렇다면 따라서 "선이해와 방법선택" - 모든 법적 방법론의 본래의 비판점 - 은 "그것들이 개별적인 경우에 발전되고 발전 중에 있는 방법적 요소로서 근거될 수 있는 한 통제 가능한 작업의 요소이다. 그렇지 않은 경우 그것들은 비합리적이거나 또는 숨겨진 카드를 가지고 작업한다."12)

이제 이러한 계산놀음은 법적 사고과정에 폭을 제공할 수 있기는 하지만, 그러나 모든 경우에 예외 없이 가능한 대안에 이를 뿐이다. 그들 사이의 결정은 그렇게 되면 결국 또는 뮐러의 체계에서는 성찰되지 않는 본질논증에 의해서만 근거지워질 수 있다. 이와 같은 것은 본문 자체가 분명한 결과에 이르는 경우 효력을 갖는다. 왜냐하면 그렇게 되면 법률가는 그가 문구를 예컨대 목적론적 이유에서 상대화시키지 않는 것인가 여부를 결정해야 하기 때문이다(앞의 § 58 참조). 예컨대 기본법 제19조 제3항이 "기본권은 내국법인에게도 효력을 갖는다"라고 규정하고 있는 경우, 판결은 "국내의"라는 단어를 정확하게 해석하지만, "법인"이라는 단어를 정확하게 해석하고 있는 것은 아니다. 이와 같은 구별은 이성적으로 근거지어질 수 있으나, 뮐러의 우위규칙을 가지고는 그렇게 할 수 없다. 따라서 이와 같은 사실로부터 우리는 다음과 같은 것을 배우게 된다. "의심스러운 경우에는 … 문법적 그리고 체계적 해석의 부분적 성과가 그 밖의 구체화요소의 성과보다 우선한다."13) 물론 그렇다. 그러나 문제는 바로 의심스러운 경우가 존재하는

---

11) S. 200/201.

12) S. 137.

13) S. 203.

가 여부인 것이다. 의심은 어디에 근거를 두는가? 그것은 어디서 오고, 어디로 가는가?[14]

뮐러의 방법상의 체계가 고유의 "규정적" 요구를 충족시키고 실제로 "따를 수 있는" 것이 되어야 한다면, 그 체계는 최소한 다음과 같은 문제에 대답하지 않으면 안 될 것이다. 곧 어떤 문구가 그 자체 분명한 포섭을 허용한다 하더라도 언제 그 문구는 상대화될 수 있는가? 그러나 벌써 이렇게 간단한 문제를 우리는 방법상의 규칙을 가지고 대답할 수 없고 경우마다 그것을 숙고함에 있어서 방법상의 규칙이 전혀 도움이 되지 않는 본질논증에 의하여 대답한다. 뮐러는 더욱 복잡한 문제에서, 언제나 결정적 장소에서 중지할 수밖에 없다. 여럿 가운데 하나의 예를 들어보자. 뮐러는 헌법은 "결코 흠결보충, 유추형성, 창조적 법의 계속형성 등을 통해서 … 결정 규범을 … 대치하는" 것을 수권하고 있지 않다고 생각하고 있다. 오히려 흠결이 있는 경우에는 "절차적 상황에 따라 결정하여야 한다"고 한다.[15] 사실 그러한가? 정당에 대한 재정보조의 경우를 생각하면 그것 자체에 의심을 갖게 된다. 그는 기껏해서 기본법은 "일련의 규범적 징표를 제시한다"고 생각한다. 그러나 이러한 징표가 충분한가 그렇지 아니한가를 둘러싸고 바로 "의심이나 견해의 다양성"이 생겨나고 있으며, 그 때문에 법적 결정심급이 필요한 것이다. 전체적인 방법상의 산법이 이전과 마찬가지로 결정적인 문제에서 우리를 현명하게 한다. 이와 같은 것은 철저히 전체 방법체계에 적용된다. 그러므로 그와 같은 방법의 개연적인 합리성의 정체는 **방법선택을 지도하는 본질관점이 시야에서 차단되는** 한 외견

---

14) 헌법해석방법이 논의되고 있는 문제지평을 거부하고 있는 E. W. Böckenförde, NJW 1976, 2089ff.는 또한 본문의 일의성의 확정은 이미 해석의 결과라는 사실을 오인하고 있다.

15) S. 208.

적 합리성일 뿐이다. 방법론은 항상 본질의 핵심이 문제되는 곳에서 중단된다.

그 밖에도 전체 방법규준의 발전과 순화 또한 표시되지 않는 실질적 본질관점에 의하여 지도되지 않으면 안 될 것이다. 그렇지 않다면 법률가들이 규칙을 전체로서의 방법체계로서 뿐만 아니라 또한 개별적인 경우에 법적용에서 뮐러의 규칙을 따르는 외에 그들에게 무엇이 남을 수 있겠는가? 전체 체계는 저절로 지탱되는 것이 아니라, 그를 지탱하는 근거를 필요로 한다. 그러나 이러한 이유에 대한 물음이 입증될 수 없다고 배제되는 곳에서는 뮐러는 "경험"을 참작하라고 하고 다시금 설명을 중단한다. 곧 그의 "우위규칙"은 "규범적으로 수용된 것이 아니라 비판적으로 실천하고 경험에 의하여 개선되어야 한다"는 것이다.[16] 이로써 법적 방법론의 구상이란 장(章)은 끝난다. 그러나 바로 이곳에서 문제는 시작된다.

뮐러에 따라 법실무의 현실은 학습의 원천이 아니라 전적으로 판단의 객체이어야 한다면 경험은 무엇에 방향을 맞추는가? 물론 뮐러에 따르면 "실무의 경향"을 기술하는 일은 전적으로 "합리적 법적 방법론의 가능성과 한계에 관한 의식의 첨예화"에 기여한다.[17] 그는 이로써 실무의 경향은 그 자체 규범적 의미를 갖지 않는다고 말하려고 한다. 이는 우리가 실무를 비판적으로 판단하는 것을 유보하는 한 정당하다. 그러나 그것을 판단할 수 있기 위하여는 우리는 우선적으로 왜 실무는 실무가 행동하듯이 그렇게 행동하는가를 이해하고 있어야 할 것이다. 이러한 이유들을 성찰함으로써 비로소 비판적인 판단척도를 얻을 수 있다. 우리가 실무를 대함에 있어서 올바른 행동의 규칙을 배우고 판단하는 아리스토텔레스 이래의 모든 실천철학의 기본적 관점-모든

16) S. 209.
17) S. 185.

직업교육의 기본적 경험이 뮐러의 경우에는 성찰되고 있지 않다. 실무의 경험에 대한 이론의 무관계성은 물론 독일법학의 다음과 같은 오래된 전통을 계속시키고 있다. 곧 방법론은 실무지향적이 아니라 이론지향적이고, 이론은 스스로를 실무에 대하여 자율적인 것으로 생각하고 있다.

라렌츠는 물론 뮐러도 전통적 방법론을 지키려는 의도에서 이 책을 오해하고 있다. 라렌츠는 우선 이 책을 "자유권적으로" 해석하고자 시도했다. 그의 「법학방법론」 제2판의 목차는 그가 제3판에서 온건하게 만들고 개선할 정도로 잘못되었다. 그러나 새로운 표현에서도 이 책의 저자는 그가 생각하는 바와 이야기한 바를 재인식할 수 없었다. 라렌츠는 특히 나에게 문제가 되는 것은 법률의 기초를 이루는 가치평가를 어디에선가 중단시키고 이성법적 숙고를 종속시키며 그러한 것을 통하여 대체시키는 "각 경우마다 미리 행해지는 이해관계평가"라고 주장한다(S. 146). 그러나 이 책은 **정반대의**, 곧 라렌츠에 의하여 커다란 영향을 받은 방법론에 의하여 중단된 해석학을 더 생각하고 각 경우마다 미리 행해지는 이해관계평가가 법을 해석자의 주관에 내맡기게 된다는 것을 분명히 하려는 경향을 따르고 있다. 중요한 것은 바로 법적 해석은 이성적인, 불편부당한, 일반적인 그리고 개별적인 경우를 초월하는 관점을 지향하여야 한다는 것을 파악하는 것이다. 이러한 관련으로부터 라렌츠가 반대하는 **선결례추정**의 실제적 그리고 이론적 의미가 또한 분명해질 것이다(아래의 각주 29와 34 참조).

뮐러는 라렌츠가 제2판에서 주장했으나 그 사이 포기한 설명을 다음과 같은 주장에 연결시키고 있다. 곧 내가 방법적인 구체화를 이성적인 추론에서 "분리"[18]시키고자 하는 반면, 반대로 방법적인 구체화

---

18) AöR 1970, S. 154ff., 158.

와 이성적인 추론을 동일한 사고과정의 두 측면으로, 어느 정도 그 외적인 측면과 내적인 측면으로 설명하고 있다고 한다. 그는 이와 같은 "분리명제"에 다음과 같은 추론, 곧 나에게 문제가 되는 것은 "여백이 남겨진 해석의 시도"와 "무의식적(spontan) 결단"(S. 168)에 의하여 특징지어지는 "새로운 형태의 법실현"(S. 158)이라는 것을 연결시킨다. 이와 같은 잘못된 사고를 그는 나중에 특유의 논쟁으로 고양시켰다(*Juristische Methodik*, S. 93ff.와 196f.). 이 책에서는 해석요소를 끌어들여 "다른 방법으로 이룩된 결과를 정당화하는 눈을 깜빡거리는 통로와 은폐기술에" 환원시켰다고 한다(S. 196). 어떤 다른 방법으로란 말인가? 뮐러는 "직관적으로 그리고 '무의식적으로' 법정책적으로 '올바르고' '정의로운' 결과를 예측하고, 예감하거나 또는 구상하는"(S. 197) 시도를 통하여 법을 발견하는 방법으로라고 생각한다. 문제가 되는 것은 "헌법실현활동으로부터 이론적이고 방법적인 구체화규칙을 배제하는 것"이라는 것이다 (S. 96). 뮐러는 내가 "포섭할 수 없는" 헌법규범을 … 중요하지 않은 법적 사안을 결정하는 데 … 사용하지 않도록" 해야 한다고 믿고 있다 (S. 98).

이와 같은 모든 잘못된 해석은 아마도 단순히 라렌츠는 물론 뮐러도 이 책의 숙고가 바쳐진 문제영역을 차단하고 그들이 이와 같은 숙고를 이와 같이 특수하게 왜곡함으로써 그들의 사고틀에 맞추는 데서 설명될 수 있다.

결정책임은 배제될 수 있는가라는 물음에 대하여 우리는 법률의 "이해"나 "규범지향적 결정과정의 학문현실적 기술"의 배후에(Müller, S. 264) 결정책임을 은폐함으로써 의식적으로 그럴 수 있다고 대답할 수 있다. 이와 같은 책임제거의 필요성은 다시금 결정책임이 사실상 없는 이론지향적 방법론이라는 오래된 독일의 전통에서 설명될 수 있다.

3. 실무지향적 방법론이냐, 이론지향적 방법론이냐

전통적인 방법론과 새로운 방법론 사이의 차이는 주로 전통적 이론은 일차적으로 법실무가 아닌 이론을 지향하고 있다는 점에 있다. 그것은 라렌츠의 저작이 이유를 가지고 「법학방법론」으로 불리우지, 법실무의 방법론으로 불리우지 않는 것처럼 법학방법론이었다. 법실무와 이론 사이에는 본질적인 기능상의 차이가 있다. 법의 계속발전에서 양자는 방법과 책임에서는 상이하지만 협조한다.

법관은 **결정**하지 않으면 안 되고, 법학자는 단지 **제안**할 수 있을 뿐이다. 법이론가가 연구하여 얻어내는 것은 그와 편차를 보이는 선결례의 고리보다는 더 올바르고, 더 이성적이며, 본질과 체계에 더 적합할 수 있다. 그러나 이와 같은 것은 판결이 수정될 때에 비로소 관철된다. 이론적인 비판은 그것이 법관에게 확신을 심어주고 새로운 선결례의 고리가 그들의 견해를 유효하게 하며 그들의 견해를 법질서 속에 동화시킨다는 희망을 갖고 산다. 이에 반하여 판결이 채택하지 않거나 무시하는 이론은 단순한 "견해"로 남아있고 고작 판결을 변화시킬 수 있을지도 모른다는 기대에서만 계속하여 주장될 수 있다. 이와 같은 기대가 계속적으로 물거품으로 돌아가는 경우 그 견해는 실패한 것이며, 현실로 되지 못한다.

이론적 제안과 법관의 결정 사이의 이와 같은 차이를 강조하는 것은 결코 이론에 대한 과소평가를 의미하는 것이 아니라 그와는 정반대로 그것이 효력을 발할 수 있다는 데 대한 논증이다. 이론적인 문제에서는 매우 종종 수많은 견해가 있다. 하나의 이론적 견해만이 **"계속적인 판결"**에 **침전**됨으로써 "관철될" 수 있다. 거꾸로 어떤 이론적 견해는 실무가 선결례추정을 인정하지 않을 경우 "관철될" 수 없다.

그렇기 때문에 이론은 평등한 취급, 계속성, 수미일관성 그리고 **비**

모순성을 스스로 보장할 수 없다는 것을 고려하여야 한다. 그러나 개별적인 이론가가 하나의 **체계**에서 작업하는 경우 고려할 수 있고 고려하여야 하는 관점들이 존재한다. 이러한 관점들은 제안된 체계에 포함되어 있으나 아직 구속적인 법에 포함되어 있지는 않다. 이론가의 이상은 자기가 얻은 체계를 법실무가 삭제하지 않고 유보 없이 그 결정 발견의 확고한 기초로 고양시켜 주는 것이다. 그러나 법관은 다른 생각이다. 그에게는 **이론가들로부터 제시된 다수의 제안**이 존재한다. 이론가는 법원이 수미일관하게 계속적인 판결에서 오로지 자신의 견해만을 따르고 다른 이들의 견해를 잘못된 것으로 인식한다고 희망해도 된다. 다른 이론가들도 또한 동일한 것을 희망한다. 법관에게 상이한 이론적 제안들은 이제까지의 판결들에 의하여 획득된 의견들과 그가 논쟁하는 것이 정당하다는 데 대한 징표이며 고무이다. 그가 책임을 지는 결정에 찬성하는 논거들과 관점들은 그에게는 환영할 만한 것이며, 이를 그는 다수의 논문, 주석서, 교과서 등등에서 발견한다. 그러나 동등한 취급, 수미일관성 그리고 비모순성은 그에게는 저절로 생겨나지는 않으며, 단지 그 선결례추정이 그 근거가 되는 **계속적인 최고법원의 판결**을 통해서만 생겨난다.

이러한 사실은 실무에게 모순 없는 체계를 얻기 위한 노력이 비생산적일 수도 있다는 것을 의미하지는 않는다. 비생산적일 수도 있는 경우는 이와 같은 노력이 선결례추정을 인정하지 않는 경우, 곧 이론이 법원실무와 협조적인 토론을 하는 대신에 **자신이 진리라는 것을 주장하고 실무가 이론에 종속될 것을 요구하는 독백**이 자리하는 경우이다. 현실은 이와 같은 경우를 간과한다. 이에 반하여 법실무를 체계적으로 배열하고 또한 비판적으로 조명하려는 이론적 시도는 필요불가결하고 법실무에게는 종종 표준적이기는 해왔다. 물론 이론은 관점과 논거를 제공함에 만족해야 하고 모순 없고 흠결 없는 체계를 관철시키려고 해서는 안 되었다. 규정보다는 많은 "흠결"이 존재하고, 우리의 성문법전은 문제를 해결하기보다는 미해결인 채로 방치한다. 체계적인 작업을 통하여 흠결을 성문법전의 원칙들로부터 보충할 수 있으리라는 수많은 이론가들의 주장은 비현실적이다.

그렇기 때문에 우리의 성문법전이 "문제를 해결하기보다는 미해결인 채로 방치한다"는 것을 확인하는 데에서(§ 52) 이론적 노력에 대한 과소평가를 보고자 한다면 그것은 잘못이다. 카나리스 *Canaris*는 헤크 *Heck*에까지 소급되는(AcP 112, 174) 이와 같은 확인을 "모험적인 것"으로 거부하고 있다.[19] 따라서 이와 같은 확인은 고도의 독백적 체계관점에서만 나타난다. 그러나 법전공포 후에도 이론이 필요한 경우가 있다면 그 이유는 우리의 법률들이 그렇게도 많은 문제들을 미해결인 채로 방치하기 때문일 것이다. "흠결"은 법률가가 유추를 통한 흠결보충의 기술을 수단으로 흠결이 있다는 것을 명시적으로 인정하는 곳에서뿐만 아니라 미해결인 법적 문제가 판결과 이론에 의하여 해명될 필요가 있는 곳에서도 존재한다. 그렇기 때문에 비아커 *Franz Wieacker*는 독일민법전은 문제를 해결하기보다는 많은 문제를 미해결인 채로 방치한다는 이 책에서 행해진 확인을 "뛰어난 정신적 착상"(Aperçu)이라고 생각한다. 이에 반하여 카나리스는 "사실상 이 문장은 (민법전을 포함하는) 모든 성문법전의 문제점을 적절하게 표현하고 있다. 대법전에 대한 이론적 문헌과 판결은 이 글에 대한 유일한 칭송 이외의 다른 것이 아니다"[20]라고 생각한다.

법관은 이중의 토론관련, 곧 구체적 절차의 관련과 일반적 **법학적 토론**의 관련에 처해 있다. 법관은 해당 이론서를 고려하여 그것이 자

---

19) Claus-Wilhelm Canaris, *Systemdenken und Systembegriff in der Jurisprudenz, entwickkelt am Beispiel des deutschen Privatrechts*, Berlin 1969, S. 247 FN 54.
20) Zeitschrift für Rechtstheorie, 1970, S. 117.

신의 관할과 일차적으로 필요하고 가능한 한 정확한 판단대상인 사안의 형상화를 통하여 부담을 허용하는 한 판결이유에서 그에 동의할 수 있다(그리고 마땅히 해야 한다).[21] 학문적 토론은 어떠한 시간적 제한도, 참석자의 제한도 그리고 미해결인 문제를 배제하는 것도 알지 못한다. 그리고 그것은 논거와 근거연관을 축소하거나 조야하게 할 필요가 없으며 선결례를 고려할 필요도 없다. 견해에 대한 토론은 합의가 이루어지지 않는 한 계속 행해질 수 있다. 그러나 법관은 **결정을 강요**받는다. 그의 문제는 절차와 당사자를 규율하고 시간을 제한하는 구체적 사례를 통하여 한정된다. 미해결인 채 남아있는 의문, 문제 그리고 의견의 상이성은 끝없이 토론될 수 있으나 언젠가는 중단되지 않으면 안 된다. 그러므로 법관은 한편으로는 매우 제한된 조건에서 법학적 토론에 참여하고 다른 한편으로는 그의 결정원리의 결과에 대하여 사고상으로는 물론 현실적으로도 책임을 져야 하고 이를 통하여 책임의 무게는 가중된다.

물론 이론가도 책임질 수 있는 제안만을 하고자 하나 책임을 지기가 어렵기 때문에 그는 의식적으로 그의 제안이 우선 검증되고 반대이유에 대하여 방어되고 토론된다는 것을 분리한다. 그는 중요한 관점을 간과하지 않았는지에 대하여 결코 확신을 가질 수 없다. 그리고 그는 그러한 확신을 가질 필요도 없다. 왜냐하면 그는 학자로서 다른 많은 학자들과 협동하고 그렇기 때문에 그는 한번쯤 "시도하여" 토론에 붙일 수 있고 그래야만 한다. 학문적 논의가 그의 인식결과가 가지는

---

21) 연방최고법원장인 피셔 *Robert Fischer*박사는 쾰른 *Köln*대학교 법과대학에서 행한 미발간의 강연에서 문헌연구를 위해서 연방법원판사들이 시간적 가능성이 매우 제한되어 있음을 지적하고 다음과 같은 원칙을 강조한 바 있다. 서류의 내용에 대한 세부적이고 정확한 지식은 절대적으로 얻을 수 없다. 그에 반하여 해당 문헌에 대한 지식은 기대된다. 그러나 긴급 시에는(그리고 실무에서는 종종 사실이 그러한데) 후퇴하지 않으면 안 된다.

가능한 실제적 영향력에 대한 직접적 책임으로부터 자유롭다는 것은 바로 학문발전의 조건이다.[22] 요약하여 말한다면, 학문에서 토론은 무제한적이고 학자는 직접적인 결과에 대하여 책임을 지지 않는다. 실무에서 토론은 제한되어 있으며 결정을 내리는 자는 전적으로 책임을 진다.

이론과 판결, 제안과 결정 사이의 관계는 사실로부터는 아니나 최소한 의식으로부터 제거시켜도 좋은 경우 부분적 방법론의 "규정적" 자기이해 속에서 전통은 아직도 영향력을 가지고 있다. 이러한 전통, 곧 법적 방법론이 가지는 정치적 의미는 얼마 없어 출간될 하버카테 *Görg Haverkate*의 박사학위논문에서 일목요연하게 설명되고 논의될 것이다.[23] 자신의 정신적 고향을 이와 같은 전통에서 발견하는 자는 포르스트호프 *Forsthoff*와 같이 "법치국가에서부터 사법국가로의 발전"[24]을 단지 폐위로 생각할 수밖에 없다. 그러나 그 위에서 그가 자신의 규정을 반포하는 높은 준마는 돈키호테의 늙은 말일 뿐이다.

4. 이론과 연구에 대하여

이론과 법실무의 이와 같은 관계로부터 이론과 연구를 위한 직접적인 결과가 도출된다. 우리는 법과대학에서 법학의 후진들뿐만 아니라 또한 일차적으로 **책임질 수 있는 결정의 능력**을 습득해야 하는 미래의 법관, 공무원, 변호사, 정치인 등등을 교육하지 않으면 안 된다. 이와

---

22) 베버 *Max Weber*를 인용하는 Hermann Lübbe, *Theorie und Entscheidung*, 앞의 책, S. 24f.

23) 1977년 발간.

24) Der Staat, 1969, S. 523ff., 526f., 특히 S. 330 각주 31 참조.

같은 능력은 법률과 지도적 판결에 대한 지식을 전제로 할 뿐만 아니라 또한 그 이유를 이해하고 토론할 능력을 전제로 한다. 이와 같은 것은 오직 법과 친근하여 경험을 얻을 때에만 이루어진다.

학생들이 과제로서의 연습시간에 보고서를 작성하지 않으면 안 되는 경우 어떤 방법론상의 규칙을 우리는 학생들에게 가르쳐야 하는가? 우선적으로 어떻게 그리고 어디에서 그들이 법률과 그리고 나서는 주석서와 자료색인집 등등에서 선결례적 판결을 찾는가? 어떻게 그들이 그들의 사안을 해결하기 위하여 해당 선결례를 찾는가, 그 기초를 이루는 원리를 획득하는가, 그것을 부수적 의견과 어떻게 구별하는가, 어떻게 원리를 확대 또는 제한함으로써 가능한 적용가능성을 설명하는가 그리고 경우에 따라서는 어떻게 논증적 토론을 통하여 그로부터 - 그리고 이것도 비판적인 또는 보충적인 이론적 문헌들을 평가함으로써 - 자유스러워지는가에 대한 지도가 중요하다.

법적 논리와 **법적 방법론**이 사비니의 해석요소들을 쓸 수 있도록 보완하고 세공하기는 하였지만, 그러나 우리는 학생들에게 "법적 논리"와 또는 이론의 필요로부터 단절된 "법적 방법론"을 추천하지는 않는다. 보고서를 작성해야 하는 학생은 선결례를 도외시할 수 없고 예컨대 뮐러가 가르치듯이[25] "목적론적 요소, 규범영역요소, 이론적 요소, 이론요소, 해결기술적 그리고 법정책적 또 헌법정책적 요소를 고려하는" 시도를 통하여 어떤 규범을 구체화시킬 수 없다. 그는 법실무에 대하여 논증적으로 토론하고 결정에 책임을 지며 규범을 이미 해석한 자의 사고상의 선작업에 언급하는 경우에야 비로소 문제의 수준을 파악하여 공부하는 것이다.

이론은 이미 오래 전에 학문적 이론의 전통적 자기만족성과 분리되

---

25) *Juristische Methodik*, 2. Aufl., S. 266.

었다. 하나의 체계를 기초하고 수십 년간 상이한 판결을 변화 없이 새롭게 진열하는 "계속적인 판결과 다른 견해"를 소문자로 인쇄해 넣는 교과서는 희귀한 것이 되었다. 그 대신 판결의 선결례적 효력에 힘입어 독일에서 법으로 통용되는 것이 가르쳐지고, 무엇 때문에 그에 대한 이유가 설득력이 없으며 어떻게 하면 더 훌륭하게 결정될 수 있을 것인가 그리고 그 이유는 무엇인가 하는 것이 부언된다. 요컨대, 선결례추정은 인정을 받게 되었다. 단지 많은 방법론들만이 이와 같은 사실을 아직까지 고려하지 않고 있을 뿐이다.

사비니의 커다란 영향을 받은 이론적 자족성의 조건하에 학생은 그가 복습지도교사에게서 단순히 "복습하지" 않고 자기 자신의 시험준비를 하였던 경우 전적으로 정당하게 행동하였다. 국가가 법률후진을 양성하기 위하여 비용이 많이 드는 교육장소를 유지했던 반면에, 학생들은 개인적인 그리고 언제나 욕구를 충족시켜주지 못하는 교육자의 급료를 지급하거나 또는 심지어는 좋은 보수를 받는 시보나 경험이 많은 학생들에 의하여 대학연습과목의 "지도"를 받지 않으면 안 되었다. 이미 135년 전에 슈타인 *Lorenz von Stein*은 법학이론의 실무에 대한 무지를 비난한 바 있다.[26] 이와 같은 실무에 대한 무지는 점차 그 기반을 상실한 복습교사를 정당화하였다. 대학교수는 공직이며 그가 젊은 법률가를 실무에 적용할 수 있게 교육시키는 경우에만 지고 있는 책임을 다하는 것이다. 그렇게 함으로써 학문적 후진은 상실되는 것이 아니라 획득되는 것이다. 그가 실무에 대하여 신뢰를 가지면 가질수록 그는 그만큼 더 확신을 가지고 실무를 이론적으로 비판할 수 있다. 법관직의 자격을 교수자격의 전제로 삼은 법과대학은 그렇기 때문에 정당하게 행동한 것이다.

---

26) 앞의 S. 22, FN 1을 보라.

인생은 끝없는 상상력을 가지며 우리가 생각해낼 수 있는 것 이상의 수많은 놀라운 사건들을 생산해낸다. 판결을 공부한다는 것은 현실, 곧 사건의 규범성, 법률과 정의, 결과와 결과에 대한 책임이 그것에 분리될 수 없을 정도로 속하고 서로 관련되어 있는 현실을 배우는 것이다. 우리가 학생들로 하여금 이러한 현실의 전체의 복합성에 몰두하도록 가르치는 경우에만 우리는 그들이 실제적인 결정책임을 질 수 있도록 준비시키는 것이다. 우리가 책임질 수 있고, 이성적이며 그리고 정의로운 결정에 대하여 마음의 준비가 되어 있을 경우에만 우리는 우리 법 일반을 이해하고 해석할 수 있다.

실제적인 책임을 지향하는 이론의 새로운 경향이 종국적으로 관철되면 국가는 제1차 법률시험을 국가고시로 삼는 것을 거부할 수 있다. 그러나 1차 시험이 순수한 대학졸업시험으로 되는 경우에 비로소 공부와 시험은 서로 완전히 일치한다. 그렇게 되면 복습교사는 실제로 복습교사가 되고 고유한 교육자가 되지 않는다. 그리고 법학공부는 진짜 법학공부가 되고 더 이상 - 거리가 있듯이 - 허구가 아니게 된다.

5. 결정과 선결례추정

실무지향적 법발견의 이론에서는 결정, 결정의 결과 그리고 결정책임이 관심의 중점에 위치한다. 많은 저자들에게 "감정적", "주관적", "임의적"이라는 관념연합은 "결정"이라는 개념과 연결된다. 그러나 문제가 되는 것은 "훌륭하게 근거지어진" 결정이다. 훌륭하게 근거지어졌다는 것은 어떠한 의심과 견해의 다양성이 더 이상 존재할 수 없다는 것을 뜻하지 않는다. 정반대로 그러한 것이 존재하지 않는다면, 곧 통일이 이루어진다면 결정이 필요 없을 것이다. 결정한다는 것은 끝까지 성찰한다기보다 구속력을 창출한다는 뜻이다. 그러나 이로써 성찰이 부정되는 것은 아니다. 성찰은 "임시적 상황"에 인도하고 중단되지는 않는다. 오히려 성찰은 결정에 대한 법적 비판 속에서, 곧 심급과정에서, "사안의 차이에 따른 판결"과 파기에서 그리고 법률개정에서 속행되고 새롭고 더 훌륭한 결정과 또한 결정의 수정을 가져온다. 그러나 결정의 확정력은 구체적 사건해결의 수정을 배제한다. 그럼에도 불구하고 결정의 선결례적 효력은 언제나 수정될 수 있다. 그러므로 판결이유는 단어가 가지는 이중적 의미에서 "논의될 수" 있다. 곧 판결이유는 취소될 수 있기 때문에, 그리고 또한 합리적인 논증을 허용하기 때문에 논의될 수 있다.

법적 방법 선택의 합리성은 다음과 같은 세 가지 요소에 근거한다. ① 원리에의 지향, ② 일반적 이해관계의 관점이나 이해관계가 충돌하는 경우에는 그 기본성의 정도의 관점에서 원리의 결과에 대한 형량, ③ 형량의 공평무사성. 이러한 세 가지 요소를 분명히 하기 위하여 논평적 언급을 하기로 한다.

법적 결정의 합리성은 첫째로 "준칙"(Maximen), "규칙"(rules), "원리"(principles), 소위 "판결이유"를 지향할 것을 전제한다. 법률가는 구체적인 경우뿐만 아니라 동일한 경우를 염두에 두고 결정한다. 칸트 *Kant*의 말을 빌려서 이야기한다면, **그는 그의 결정의 준칙이 일반적 준칙이 될 수 있도록 결정한다.** 바꾸어 이야기하면, 그는 그의 결정이 가지게 될 미래의 선결례적 효력을 고려한다. 이전의 선결례를 회고하는 것이 이에 상응한다. 이전의 선결례는 구속력을 갖지는 않는다. 그렇다면 성찰과 수정은 차단당할지도 모른다. 그러나 이들은 "선결례추정", 곧 지금까지의 판결에 대한 논증적 언급에 근거를 둔다. 법적용자는 "의심스러운 경우에는" 이전 결정의 판결이유를 기초로 삼고 그와 편차를 보이는 데 대한 이유가 있는 경우에만 편차를 보인다. 이와 같은 실무에서 통상적인 선결례추정의 과정은 동시에 판결을 정당화할 수 있는 준칙에 접합시키기 위한 조건이다.

　선결례추정이 행해지고 그 결과로서 법원에 의하여 규범이 형성되면 법창조는 입법자의 손에 독점되는 것이 아니라, **입법자와 법관이 함께** 법창조에 참여하게 된다. 우리가 보통 입법자와 법관의 관계를 주인과 시종의 관계로 묘사하는 것에 대하여 이의가 없는 것은 아니다. 그러나 법관은 어느 정도 광범위한 위임권을 가진 시종이다. 그는 입법자의 지시에, 그것이 존재하는 한, 복종하지 않으면 안 된다. 어떠한 지시가 없으면 그는 잠정적으로 결정권한을 위임받은 것이다. 그가 입법자의 의도에서 그와 같은 권한을 사용하지 않는 경우 입법자는 장래를 위하여 새로운 또는 더욱 분명한 지시를 할 수 있다. 법률은 법원에 의한 법발전의 한계이다. 물론 판결은 입법자가 침묵함으로써 이와 같은 발전이 자기가 의도하는, 바라는 것을 인정하는 경우에는 오래된 법률에 포함되어 있는 법규칙들을 계속 형성하고 재형성할 수 있다. 형법에서는 이와 같은 방법으로 독일형법전이 원래 예견하지 않았던 정당화사유와 면책사유가 발전되었다. 다른 한편으로는 형벌구성요건의 새로운 발전과 확장적용은 입법자와 헌법제정자에 의하여 금지되었다. 이에 반하여 민법에서는 청구권의 기초와 법제도의 새로운 발전(예컨대 적극적 채권침해, 계약체결상의 과실, 사실상의 계약관계, 신탁회사, 영업기반의 고려 등등)은 입법자에 의하여 묵시적으로 승인되었다. 신뢰를 악용하지 않는 것, 곧 입법자의 의사에 반하여 법문을 발전시키지 않는 것은 법관의 윤리에 속한다. 그러나 이와 같은 일이 발생하는 경우 입법자는 법적 문제를 자신의 수중에 장악하여 법발전을 수정하고 법관을 새롭게 구속하지 않으면 안 된다. 그렇기 때문에 법관은 그가 입법자와 대체로 공감대를 형성하고 있다는 데에서 출발할 수 있는 한 원칙적으로 새로운 법률보다 오래된 법률을 더 자유스럽게 계속 형성할 수 있다. 성문법전이 법실무의 기초를 이룬다는 것은 따라서 반쪽의 진리일 따름이다. 법실무는 이론가의 방법론을 염두에 둔다. 다른 반쪽은 성문화된 법이 법원의 법발전을 통하여 그를 지탱하는 기초에까지 변화될 수 있고 그렇기 때문에 새로운 법전편찬은 법실무로부터 성장한다는 것이다.[27]

전통적 방법론은 선결례를 단지 법률을 **올바르게 해석하기 위한 표준**으로서만 끌어들이고 있다. 선결례는 단순히 "사실적 효력"을 가지거나, "법인식원천"이거나 또는 어떻든 "관습법의 원천"이 될 수 있을 뿐이다.[28]

이 문제에서 아마도 저자와 에써 *Josef Esser* 사이에는 확실한 차이가 있다. 또한 에써에게 선결례는 단지 "법률적 질서표본을 통한 의심스러운 지시에 직면하여 올바른 인식과 결정을 위한 표지, 곧 개념, 표준, 가치척도 그리고 평가관계에 '실정법 내재적으로'(intra legem) 필요한 엄밀성을 얻기 위한 노력에서 인정되는 것과 같은 표지"[29]일 뿐이다. 내가 에써를 올바르게 이해했다면, 그는 법학적 이론을 위한 선결례의 의미를 말하고 있지, 판결을 위한 선결례의 의미를 말하고 있지는 않다. 이러한 전제에서만 나는 동의할 수 있다.

그러나 이론은 법원에 의하여 아직 해석되지 않은 성문법전과 그 전사(前史)와 성립사에서 출발할 수는 있다. 선결례가 자신의 해결책에 대한 제안을 입증하는 경우 선결례는 그와 같은 것을 "자신의 정당성에 대한 표준"으로 끌어들일 수 있다. 그렇지 않은 경우에는 선결례는

---

27) Robert Fischer, *Die Weiterbildung des Rechts durch die Rechtsprechung*, Karlsruhe 1971을 보라.

28) Larenz, 3. Aufl., S. 424. *Friedrich Müller*의 법적 방법론은 더 이상 선결례를 전혀 고려하지 않는다.

29) Esser, *Vorverständnis und Methodenwahl*, S. 195.

그와 같은 것을 잘못된 것으로 거부할 수 있다. 그러나 법관에게 선결례는 논증의무를 전환시킨다. 그가 선결례의 이유에 반하여 확신을 주는 반대이유를 관철시키지 못하는 경우 선결례의 이유는 출발점일 뿐만 아니라 결정발견의 기초가 된다. 법관은 물론 선결례의 이유에 대하여 구속당함이 없이 논쟁할 수 있다. 법관이 선결례의 이유에 대하여 이의를 제기하거나, 다른 견해를 취하거나 또는 극복하는 경우 그는 이론적 견해를 충분히 이용하고 끌어들여 논증한다. 그에게 사정은 다르게 나타난다. 곧 선결례는 올바른 이론을 위한 "표준"이 아니라, 이론, 특히 "지배적 학설"이 선결례를 정당하게 논증하는 논증에 대한 표준인 것이다.

물론 라렌츠는 법관이 선결례에 유리한 추정에서 출발하는 것을 "위험한" 것으로 간주한다. "위험은 법원이 그 부당성에 대한 이유가 끈질기게 나타나지 않는 경우 선결례를 검토함이 없이 수용할 수 있다고 믿는 데에 있다. 그에 반해서 선결례의 정당성에 대한 '추정'은 그에 대하여 진지한 의심이 성립되는 경우 이미 충분한 것이 아니다.[30] 그러나 그와 같은 진지한 의심은 § 72-78에서 묘사된 바와 같이 그 관계를 문제 삼는 데서부터 시작하여 그 확대와 제한을 거쳐 파기에까지 이르는 선결례를 지탱하는 준칙의 해석을 유발한다. 그러나 진지한 의심이 이와 같은 사고활동의 처음뿐만 아니라 마지막에도 존재하고 단지 선결례의 관련성이 확고부동한 것인 경우에는 어떻게 하겠는가? 그러한 경우 우리는 다른 임의적인 해석을 "시행착오"의 준칙에 따라 그저 시험해 보기만 하여야 하는가? 또는 "의심스러운 경우에는" 여태까지의 확립된 판결에 머물러야만 하는가?

후자가 "선결례추정"을 인정하는 실무의 방법이며, 이는 충분한 이

---

30) *Methodenlehre*, 3. Aufl., S. 423 N 144, 또한 Larenz S. 315를 참조하라.

유를 가지고 있다. 선결례추정은 결정이 준칙을 지향하기 위한, 동등한 취급을 위한, 법적 안정성을 위한, 계속성을 위한, 이론적으로 발전된 법제도를 법으로 실현시키는 가능성을 위한 조건이다. 그리고 이러한 조건은 복잡성을 축소시켜 부담을 경감하기 위하여 필요불가결하다(§ 69-71). 이러한 모든 것은 전통적 방법론이 간과했거나 또는 법률을 적용하여 법을 구체화시키는 의미를 오해한 관점이다. 선결례추정은 생활과 밀접한 법적 방법론을 위한 출발점이다.[31]

---

31) 정당하게 Sattelmacher-Sirp(27. Aufl.)은 다음과 같이 이야기하고 있다. 선결례는 "법률유사적 구속력"을 갖지는 않으나, 법관은 판결의 목표를 향하여 노력하는, "실천적 작업방식", "영속성과 균형" 그리고 "자기통제"의 이유로 "이제까지의 법발전과 조화 있게 판결을 내릴" 것이고 "어디에서 그가 확신을 심어주는 선결례를 따르거나 선결례를 보완시키거나, 계속하거나, 제한하거나 또는 거부하여야만 하는가"를 알지 않으면 안 된다(S. 40f.). 그러나 반박의 여지가 있는 선결례추정이 인정받게 되는 경우 그것은 해석이론을 상세하게 논하지 않으면 안 된다. "Sattelmacher"의 새롭게 쓰여진 방법론에 대한 부분은 그 출처가 실제 법관의 기술상의 경험이 아니라 학문상의 이론적 토론인 그리고 그렇기 때문에 다른 책의 지혜를 나누어 갖지 못한 부분을 포함하고 있다. 27판 17면의 도표와 그에 대한 설명은 그러한 설명이 오해되고 실제 사용할 수 없는 것이 될 만큼 사고과정을 지나치게 단순화 시키고 있다. 예컨대 사안이 "규범에 접근하여 적응되지" 않고(S. 16) 그대로 남아있다. 그러나 사안이 "법적으로 중요하지 않은 사실과 법적으로 중요한 사실을 분류함으로써 환원된다"(S. 17)는 것은 옳다. 규범은 "축소"되지 않고 사실상 가치평가를 통하여 특정 선택과정이 문제되는 수축과정의 기초가 되지는 않는다(S. 17). 그러나 "구체적인 사건의 해결과 관련하여 규범을 해석함으로써 구체화 된다"는 것은 옳다(S. 17). "사안과 규범 사이의" 시선의 왕복은 법적으로 중요한 사안을 특정지우지도 못하고 규범을 해석할 수도 없으며 더구나 사안과 규범이 "점점 축소되고" "결국 같아지도록 서로가 접근하게" 될 수도 없다는 것은 옳다. 오히려 우리는 규범가설을 규정하여야 하고, 시선은 규범가설과 법률, 규범가설과 사안 사이를 왕복한다. 규범가설을 구성함에 있어서 해당 선결례뿐만 아니라 내려질 결정의 장차의 선결례적 효력도 또한 어떤 역할을 한다. 규범의 구체화, 여태까지의 판결의 고려, 결정결과(S. 14), 전통적 방법론상의 규준(S. 33ff.)의 고려, 실천적 정의의 숙고를 통한 "계속적 대동"(S. 157)은 직접 병렬될 수 있는 것이 아니라 통일적 사고과정

특히 포르스트호프의 공격은 방법론이 선결례추정의 의미를 인식하지 않을 경우 그것이 현실적인 것과 가능한 것으로부터 얼마나 멀어질 수 있는가를 분명히 해준다.[32] 이 책의 제3부에 대한 포르스트호프의 서평은 바로 다음과 같다. "결론은 선결례와 - 왜 사실 그런지 - 연방헌법재판소의 결정의 구속효에 할애되어 있다."(S. 526) 대답은 명약관화하다. 왜냐하면 기본법은 이론에 대해서가 아니라 판결을 통해서 발견된 또는 아직 해결되지 않은 문제에서는 이제까지의 해석을 기초로 그리고 판결에 의하여 필요불가결한 최소한의 계속성을 유지할 것을 요구하는 해석의 실제에 대해서 유효하기 때문이다. 포르스트호프는 소위 고전적 영향을 받은 "법적 방법"을 최소한 "입법과 행정의 실무"를 위하여 유지하고자 한다. 그렇지만 연방헌법재판소의 결정은 이론이 아닌, 연방과 지방의 헌법기관과 모든 법원과 행정청을 구속하기 때문에 기본법은 어떤 이론적 해석이 아닌 결정을 통하여 구속적으로 되어진 해석 속에서 효력을 갖는다(이러한 해석 속에서 기본법은 포섭을 통하여 적용된다. 해석이 수행된 후에는 이 책은 포르스트호프가 S. 524에서 주장하고 있는 것처럼 포섭의 최종적 사고과정에 반대하지 않는다). 따라서 이 책의 설명은 "현재의 상황에 적합하지 않은 것은 아니다"(S. 526)라는 비판만 남게 된다. 그렇다. 그와 같은 것이 기도한 바였다.

선결례에 유리한 추정은 근대의 민주적 헌법국가에서 정당화된 **법제도의 합리성에 유리한 추정**의 특수한 법적 경우이다.[33] 우리의 법문화와 헌법문화는 진보사의 결과라는 것을 전제한다면 진보의 조건은 우

에서 의미 있는 관련을 이룬다.

32) 예컨대 이 책에 대한 *Forsthoff*의 서평 Der Staat, 1969, S. 523ff. 참조.

33) 더욱 자세한 것은 Kriele, Gesetzesprüfende Vernunft und Bedingungen des rechlichen Fortschritts, Der Staat, 1967, S. 45ff. 참조.

리가 이미 이루어 놓은 바를 유지하는 것이다. 일견해서는 "자명한" 것으로 생각되지만, 이미 이루어 놓은 것은 실제로는 대단히 복잡한 것이고 우리가 그의 모든 역사적 조건도 또한 그 위험성도 한꺼번에 눈앞에 그려볼 수는 없기 때문에 장래의 진보의 조건에는 이미 이루어 놓은 것의 합리성의 추정에 대한 반박이 속한다.[34] 추정에 대한 반박은 신중하게 생각된다. 곧 추정은 그 수정을 제안하는 자에게 논증의무를 부과하는 의미를 가질 뿐 분명한 이유가 없는 경우 계속적인 법실무를 고집하는 자에게 그러한 의무를 부과하는 기능을 가지지는 않는다. 우리의 정치적 사고의 합리성은 이해관계, 감정 등등에 의하여 침해받고(앞의 § 50) 이와 같은 침해는 법이론에도 방사될 수 있기 때문에 이성은 오직 계속적 성찰과 결단 속에 이루어 놓은 것을 유지하는 평가적 관계에서만 존재할 수 있다(§ 51).

6. 결정규준의 결과

이전의 선결례에 대한 고려뿐만 아니라 또한 미래효가 선결례추정에 찬성하는 이유이다. 곧 법관은 판결이 **장래**의 결정에 대하여 선결례로 될 수 있다는 것을 언제나 염두에 두지 않으면 안 된다(S. 161, 또한 S. 203을 보라). 이는 선결례가 개별적 경우의 이해관계에 의해서가 아니라 동일한 여러 경우에 똑같이 사용할 수 있는 규준에 의해서

---

34) 17세기 영국의 법학자들에 있어서 헌법국가를 구성하는 사고의 이론적 기원에 대해서는 Kriele, *Einführung in die Staatslehre. Die geschichtlichen Legitimitätsgrundlagen des demokratischen Verfassungsstaates*, § 35 와 S. 131 참조. 지난 세기의 정신적 논쟁이 법의 진보사로 귀결되었다는 가정에 대한 이유에 대해서는 같은 책, § 47("진보")와 정치적 절차와 법원의 절차의 유추해석에 대한 설명, 특히 §§ 26과 48을 보라.

지배되는 전제이며, 그리고 이는 다시금 최소한 칸트 *Kant* 이래 공동선이 된 것, 곧 윤리적 행위와 정의로운 결정의 최소조건인 것이다. 이러한 법문제에 계속적인 판결이 존재하지 않거나 또는 잘못된 것으로 입증되었기 때문에 고등법원이 계속적인 판결에 의존하지 않는 경우 고등법원이 내리는 결정은 새로운 선결례의 시작이 된다. 그러므로 동 법원은 구체적인 경우에 대한 결정을 훨씬 넘어서는 책임을 진다.35)

그러므로 결정은 구체적 절차에 참여한 자뿐만 아니라 예견할 수 없는 미래의 불특정 다수인에게도 영향을 준다. 결과의 결과와 부수적 효력 외에 이러한 결과는 무한정이기 때문에 책임은 축소되어야만 한다. "복잡성과 축소"란 문제영역은 특히 루만 *Niklas Luhmann*에 의하여 사회과학논의의 중심적 테마 가운데 하나가 되었지만 "선결례추정"의 현상과 관련해서는 아직까지 인정받지 못하였다. **복잡성의 축소**라는 목적에 기여하는 것을 요약하면 규범가설을 숙고하고 분리함에 있어서 실천적인 법적 방법론의 다음과 같은 일련의 요소들이라 할 수 있다.

① 분쟁 대상을 통하여 명확해진 **결정**에 중요한 문제들에 한정

② 모든 해당 **법률**과 그 밖의 법규범에의 구속

③ **선결례추정**, 곧 "의심스러운 경우" 선결례지향

④ 상응하는 경우의 법률에의 소급 구속과 모든 **세부적 문제**와 세부적 문제의 세부적 문제에서 선결례에 상응하는 추정적 지향

---

35) "이성법적 숙고"는 "바로(각 경우마다 행해지는) 이해관계 평가에 이른다."는 독특한 방향전환에서 라렌츠는 나와 의견을 달리한다(3. Aufl.). 2판 S. 324는 더욱 예리하다. 정의를 위해서 중요한 것은 "개별적인 경우를 정의롭게 … 결정하는 것이 아니라 모든 동일한 경우를 동일한 방법으로, 곧 하나의 규범에 따라 결정되는 것"이라고 내가 생각하고 있다고 한다. 이에 대하여 나는 단지 다음과 같이 이야기할 수 있을 뿐이다. 그렇다! 라렌츠는 경우에 따른 정의의 고려를 정당한 것으로 간주(3. Aufl, S. 280, 336)하나 선결례추정은 부정하고 그리고 그렇기 때문에 왜 법관이 자기가 행한 결정이 가지게 될 선결례적 미래효를 함께 생각하지 않으면 안 되는가를 근거지울 수 없다.

⑤ 선결례추정의 부인, 곧 미해결인 부정적 결과에서 '사후무효'(ex nihilo)는 아니나 준칙의 수정과 필요한 경우에는 "파기"로 이끄는 판결이유에 대한 논증적 논의에 의하여 계속된 판례의 수정가능성.

⑥ 법학문헌의 언급과 그에 대한 논증적 토의

⑦ 장차 내려질 결정의 선결례적 미래효, 곧 판결이유의 일반적 효력이 장차 가지게 될 **결과**에 대한 고려

판결규준이 가지게 될 결과에 대한 숙고는 실무에서는 자명한 것이며 피할 수 없다. 그러나 "법적 결정이 판결규준의 결과를 지향하여야 하는가"[36) 여부에 대한 루만의 물음은 법률가에게는 이해될 수 없는 것이며 중요하지도 않다. 법적 결정은 판결규준의 결과를 지향하고 있고 이 점에서는 아무것도 변하는 바가 없고 변할 수도 없을 것이다. 이와 같은 것은 선택의 문제가 아니기 때문에 문제가 되는 것은 이러한 원칙이 잘 선택되었는가 하는 것이 아니다. 루만은 다음과 같이 생각하고 있다. "우리가 결과를 방향지정점 또는 정당화관점으로 적용하고자 하는 경우(!) 모든 부수적 결과, 결과의 결과, 다수의 결정을 집적한 결과 나오는 한계효 등등을 고려하지 못하도록 하는 눈가리개를 사용하지 않으면 안 된다.[37) 우리가 그렇게 하고자 하지 않는다면 결정은 결과가 없게 되는가? 우리는 그에 대한 책임을 어떻게 해서든 모면할 수 있는가? 루만의 반대는 그 기도와는 달리 전혀 다른 것을 입증하고 있다. 곧 첫째로, 결과의 복잡성은 반드시 법적 방법을 통한 환원, 특히 부정될 수 있는 **선결례추정**을 강제한다. 둘째로, **결과에 대한 개방적 토론**은 현대사회에서 결정의 결과가 복잡해지고 독립하게 될수록 더욱 시급한 것으로 되고 이는 또한 이 책에서 대변된 의견이기도

---

36) *Rechtssystem und Rechtsdogmatik*, Stuttgart 1974, S. 7.

37) 앞의 책, 35.

하다.

이와 같은 결과에 대한 토론은 법실무와 법학적 이론에서 행해질 필요가 있을 뿐만 아니라 또한 다른 학문분야, 특히 사회학의 참여를 통해 본질적인 관점을 얻게 된 것을 고맙게 생각한다. 그러나 이 말은 **법학이 사회학의 인식을 통합한다는 것을 의미할 뿐**, 반대로 사회학이 법학을 통합할 수도 있다는 것을 의미하지는 않는다.

루만은 체계이론을 일종의 새로운 기초철학으로 고양시키고 전체 법이론을 "사회체제의 체계이론 속에 변형된 윤리학"으로 재편시키고자 한다.[38] 이와 같은 천연덕스러운 프로그램은 모든 법률가가 루만을 읽고 이해하게 되는 경우 실현될 수 없게 될 것이다. 왜냐하면 법적용은 책임성이 따르는 실무이고 그 속에서만 책임이 정당화될 수 있는 실제적 조건들을 존중하지 않으면 안 되기 때문이다. 루만 이전 시기의 유럽적 이성의 전통은 체계이론에 의하여 낡은 것이 되지 않았다.

결과에 대한 고려를 법적 의식에서 제거하라는 충고는 전통적 방법론의 매력이 기초하고 있는 널리 퍼져있는 필요에 반한다. 결과에 대하여 고려함으로써 우리는 결정책임, 판결, 정의 그리고 불편부당성의 짐을 벗고 우리의 책임을 기술성, 방법적 정확성 또는 해석론적으로 올바른 이해에 제한시킬 수 있을 것이다. 그러나 우리가 의식적으로 결정책임을 회피한다면 우리가 현실적으로는 책임질 수 없는 결정의 부담을 지게 되는 위험이 성립된다. 자연과학에서와는 달리 법학분야에서는 현실의 부정은 현실에 영향을 끼친다. 우리가 결정과정에 대한 현실 앞에 우리를 세우지 않을 경우 우리는 결정과정을 합리적 통제와 자기통제로부터 해방시키는 것이다.

우선, 누구도 우리에게 어떻게 하면 우리가 판결을 통한 해석작업

---

38) *Zweckbegriff und Systemrationalität*, Tübingen 1968, S. 138.

의 내적 조종을 피할 수 있는 방법을 지시해 준 바가 없다. 형량이 필요하다는 사실은 귀납적 분석의 결과이지, "요청"은 아니다. 이와 같은 것은 우리가 언어적으로 분명한 법률조문을 대상으로 "단순히 포섭하는" 경우에는 모든 법적 결정에서 예외 없이 타당하다. 곧 그러한 경우에 우리가 이성적인 사고를 차단시킬 수 없다는 것은 우리가 언어적으로 분명한 법률에서, 예컨대 "내재적 유보" 또는 비슷한 것을 끌어들여 해석하지 않으면 안 된다는 사실로부터 분명하다(§§ 57, 58 참조). 그러므로 그러한 비슷한 해석수단에 대한 거부는 근거된 결정에 근거하고 있다. 곧 어떤 조문이 "일의적이다"라는 확인은 이미 해석의 결과인 것이다(§ 58).

더 나아가서, 문제제기에 대하여 해명하지 않는 것은 문제가 중요하지 않다고 생각되는 것을 의미한다. 어떠한 전제에서 문제는 방법선택의 이성적 근거가능성에 따라 중요하게 되는가. 그것은 구체적 결정상황의 책임에서 중요하게 될 것이다. 우리는 결정의 결과와 그 최종적 이유에 대한 명백성을 추구하는데, 그 이유는 우리가 그렇게 함으로써 책임에 적합한 **자기통제**와 안전성을 획득하게 되기 때문이다. 우리가 이 이유에 대하여 외부를 고려함으로써 협동적인 토론의 길이 열린다. 이해관계의 결과와 근본성이 점점 투시할 수 없는 것으로 되어가는 현대의 복잡한 사회에서 우리는 이와 같은 협동에 점점 많은 것이 의존한다는 것을 알고 있다. 개방적 토론은 정당성을 입증하거나 또는 미래의 경우에 그것을 비판하고 수정하게 할 것이다. 이와 같은 두 가지는 구체적인 결정책임을 지는 자에게는 중요하나 스스로가 책임 있는 결정으로부터 곧 바로 면제되어 있다고 믿는 자에게는 덜 중요할 것이다. 왜냐하면 그에게 법적 사고는 이미 존재하는 산법이나 해석학적 규칙을 적용하는 것이 전부일 것이기 때문이다.

끝으로, 구체적인 결정상황에서는 모든 미해결인 문제가 끝까지 토론되는 것을 기다릴 수만은 없고 언젠가는 "결정하지" 않으면 안 된다. 그러나 우리는 "비합리적으로" 결정하지 않고, 특히 **비완결적 합리적 설명**을 근거로 결정한다. 그러므로 우리는 이와 같은 전체 과정 속에 이성적 법계속형성을 접합시킨다. 성찰은 계속되며, 새로운 경험이 가공되고 우리는 잘못된 결정이 미래에 수정될 수 있다는 것을 믿어도 된다.

7. 결과에 대한 기대와 무사공평한 형량

결과형량의 합리성은 우리가 그 세 가지 요소, 곧 결정규준의 결과의 관념, 평가 그리고 형량을 눈앞에 그려보는 경우 더욱 분명해질 것이다.

첫째로, 결정규준의 결과의 **관념**은 우리가 무엇보다도 해당 인간의 상황에의 "감정이입"으로 표시할 수 있는 행위를 요구한다. 그러나 감정이입은 "감정"이 아니라, 통찰이다. 더 정확하게 이야기하면, 문제가 되는 것은 내적 동일화의 행동이다. 우리는 우리의 주관을 개입시키지 않고 반대로 가능하면 주관을 도외시하고 그 대신 결정의 결과를 행하지 않으면 안 되는 자의 입장에 서고자 한다. 이들은 소송당사자일 뿐만 아니라 미래를 향한 선결례가 가지는 영향 때문에 불확정 다수이기도 하다. 그들에게는 부담이 강요된다. 곧 그들은 그들의 직업, 재산, 기업체, 노후보험청구권, 개인적 자유 등등을 상실한다. 그러나 결정준칙이 다르게 나타날 경우 정당한 청구권을 가지고 있다고 생각되는 다른 당사자의 이해관계나 또는 범죄로부터의 보호, 국민건강이나 또는 자연환경이나 또는 또한 연방공화국의 존립의 보호와 같은 공동체의 이해관계가 문제된다.

둘째로, 우리는 결과에 대한 어느 정도의 **사전평가**를 어떻든 피할 수 없다. 그러나 이곳에서도 문제가 되는 것은 주관적 "감정"이 아니라, 인생경험을 토대로 한 개연성의 기대이다.

셋째로, 불편부당한 형량은 생각할 수 있는 자신의 관련성을 가능한 한 후퇴시키고 한 당사자나 다른 당사자의 입장에 자신을 놓고 관련된 어떤 자의 이해관계가 더욱 "**기본적인가**" 하는 것을 "시선의 왕복을 통하여" 매개함을 뜻한다. 이해관계가 충족되거나 무시되는 경우 그것은 무엇에 의존하는가? 한 당사자의 만족은 경계선상에서 관찰한다면 다른 당사자를 충족시킬 수 있다는 데 대한 현실적 조건인가? 이해관계는 서로 어떻게 제약하는가? 어떤 관계가 존재하는가? 전체적으로 이해관계의 전개와 충족에서 극대화를 이루고자 하는 경우 어느 쪽이 우선순위를 차지하는가? 이와 같은 문제에는 '내적인'(forum internum) 외부의 정치과정의 역사적 변증법이 시행되고 있다. 그러나 이는 우리 법의 성립사에는 문제의 복잡성이 법률과 선결례를 통하여 철저하게 축소되고 있을 정도로 숙고가 이미 널리 행해지고 있다는 제한을 갖고 있다. 결정을 내리는 자는 법집단을 세부까지, 그것도 **이미 선존하는 모든 결정을 기초로 하여** 보완하지 않으면 안 된다.

결과형량의 사실은 귀납적 분석의 결과일 뿐만 아니라, 또한 그것을 지도하는 일반적 이해관계의 관점 또는 이해관계가 충돌하는 경우에는 "**더 기본적인 이해관계**"의 관점이기도 하다.

그렇기 때문에 라렌츠가 "그때마다 '더 기본적인' 이해관계에 따라 결정하여야 한다"는 요청을 나에게 전가시키고, "이해관계가 그때마다 '더 기본적인가 하는 것은 항상 분명한 것은' 아니다(3판, S. 146)[39])라고 확정하고 있는 것은 두 가지 오해인 것이다. 귀납적 분석을 시도하

---

39) Rüthers, *Die unbegrenzte Auslegung*, Tübingen 1968, S. 441도 후자의 이의를 제기하고 있다.

는 자는 적용가능한 표준을 입법자로 비약시키지는 않고 누구에게 대해서도 무엇이 결정적인가를 지시하지 않는다. 뿐만 아니라 그는 표준의 명확성과 "적용가능성"을 조금도 책임질 수 없다. 복잡한 문제와 정치적 의견이 다양한 역사적 세계에서 어떤 이해관계가 그때그때 더 기본적인가 하는 것이 항상 명확할 수 있다면 그것은 대단히 놀라운 일일 것이다. 이와 같은 일은 우리가 결과와 해당 이해관계를 종종 개관할 수 없기 때문에 분명할 수 없다. 또한 사실상 더 기본적인 이해관계가 아닌, "더 고차원적 가치"가 관철되어 온 반대 예가 존재한다. 이와 같은 두 가지 경우에서 시간이 흐름에 따라 수정되는 잘못된 결정이 내려지거나 또는 우리가 이루고자 하는 그때마다의 현실적 조건을 대가없이 무시할 수 없다는 것을 가르쳐 주는 정치적·사회적 대혼란이 초래된다. 뿐만 아니라 충돌하는 이해관계가 똑같이 기본적인 경우도 있다.[40] 이와 같은 경우에는 결정의 이성은 두 개의 똑같이 주장될 수 있는 해결책이 이렇게든 저렇게든 결정될 수 있다는 것에 기초한다. 이러한 한계**상황**만을 주목하려는 만연된 경향이 있다. 이로써 이론은 편안해지고 매우 복잡한 현실 앞에 항복하게 된다.

형량의 문제는 사실상 대단히 복잡하다. 종종 사실상 더 기본적인 이해관계는 법학에서뿐만 아니라 또한 헌법정책적 그리고 입법정책적 정당투쟁에서도 쓰디쓴 경험과 이데올로기 투쟁의 오류와 혼란의 우회로를 통해서 세대에 걸쳐 계속되는 **성찰과 결정의 과정**에서 비로소 획득된다. 더 기본적인 이해관계를 인식하는 데 실패하는 경우 결정은

---

40) 그가 예를 잘못 선택했음에도 불구하고 라렌츠는 이 문제를 S. 146에서 제기하고자 한다. 그렇다면 무엇이 "인기 있는 사람의 개인적인 상황에 대하여 모든 것을 알고자 하는 충격에 굶주린 대중"의 이해관계의 충족에 의존하겠는가? 물론 많은 것이 개인적 영역의 보호에 의존한다. 이와 같은 이해관계가 더욱 기본적이라는 주장에 대해서는 그렇기 때문에 풍부한 예가 발견된다.

수정이 필요한 것으로 입증되고, 자유로운 토론이라는 수정장치가 이데올로기적 경화의 결과 배제되는 경우에는 재난이 초래된다. 이와 같은 것은 미래에도 다르지 않을 것이다. 정의와 진보의 표준은 역사와 현재의 정치적 그리고 법적 현실보다 아주 단순할 수 있을 것이다.

그럼에도 불구하고 전체적으로 관찰한다면 헌법국가, 형법, 절차법 등등의 전개에서는 **진보의 역사**가 있어왔고 지금도 그러하다. 물론 우리는 이미 이루어 놓은 바를 다시금 상실할 수도 있다. 그것을 유지하는 것은 우리가 어느 날 잘못된 현실주의나 잘못된 윤리적 참여 때문에 희생시키느냐 여부에 달려 있다. 실질적 합리성의 문제는 아마도 헌법사에 방향을 둔 국가학의 전체 관련으로부터 명확성과 설득력을 획득하게 된다.[41]

다른 정치체제는 그들의 법을 다른 전제에서 해석한다. 그러나 민주적 헌법국가에서는 모든 국민은 자유에 대한 평등한 청구권을 갖는다는 것, 그리고 그 결과 한 국민의 더 기본적인 이해관계 때문에 다른 국민의 덜 기본적인 이해관계가 희생당해서는 안 된다는 것, 그리고 이와 같은 의미에서 실정법은 - 정치적 입법자가 의회에서 교체되는 것과 관계없이 - 정의를 "지향한다"는 것이 특정적이다(§ 45).[42]

계몽주의의 전통은 기초적 관계를 바르게 평가하고 결정을 형량하는 기초로 삼으려는 노력을 통하여 열광주의의 전통과 구별된다. 우선 사람들이 관념, 평가 그리고 형량이 종합된 이와 같은 행위를 "판단" 또는 "법감정"과 같은 표현에 요약적으로 파악하고자 하는 경우 그에

---

41) 저자는 그동안 이 일을 하였다. *Einführung in die Staatslehre, die geschichtlichen Legitimationgrundlagen des demokratischen Verfassungsstaates*, Reinbeck b. Hamburg 1975, 특히 §§ 5, 8과 10 및 의회주의의 자연법적 기초에 대한 장(§§ 42-49) 참조.

42) 적절하게도 흐루슈카는 "법의 본질을 통하여 근거지어진 모든 법이해가 가지는 정의에의 경향"에 대하여 언급하고 있다. *Das Versthen von Rechtstexten*, München 1971, S. 71 FN 2, 앞의 각주 7 참조.

대하여 반대할 수는 없다. 특히 불편부당한 동일화는 이해행위 이상의 것이라는 것이 그에 대한 찬성근거이다. 곧 그것은 자신의 관련성을 도외시하거나 자신의 관련성을 타인의 관련성보다 고차적인 것으로 결정하지 말 것을 요구하는 윤리적 준비자세를 요구하고 더 나아가서 스스로를 타인의 입장에 놓을 것을 요청한다. 타인의 입장에 "감정이입"하는 것이 불가능한, 곧 방법적인 기술성을 통하여 법률로부터 자신의 결정을 추론하는 정당한 법관을 상상한다는 것은 불가능하다. 그리고 그러한 것은 그가 필요한 관념, 평가 그리고 형량을 행할 수 없기 때문에 불가능하다. 그러나 그가 "정의롭지"는 않지만 그러나 최소한 법률에 따라 그리고 방법론적으로 올바르게 결정할 수도 있을 것이라고 생각하는 것은 커다란 잘못일 것이다. 오히려 그가 방법론적인 법률해석에서 정의의 문제를 배제하지 않고 하나하나 숙고할 때에만 그는 법률에 따라 그리고 방법론적으로 올바르게 결정하는 것이다. 법관의 기술은 법률로부터 기술적으로 추론하는 것 이상의 것이다. 그러므로 Judiz를 "법감정"으로 표시하는 경우, 중요한 것은 문제가 되는 것이 결코 주관, 자의, 비합리성 또는 그와 비슷한 것이 아니라 결정규준의 선결례적 효력을 이성적으로 관념하고 평가하고 형량하는 것임을 의식하는 것이다.

8. 헌법의 특수성?

헌법에 대해서도 그 밖의 법분야에 대해서와 본질적으로 같은 것이 적용된다. 헌법은 비교적 연륜이 짧고, 특히 기본권부문에서는 일반조항형식으로 표현되어 있으며 이성적 형성력이 강하게 세분화된 법영역보다 직접적으로 나타나기 때문에 법발견의 일반이론을 발전시키기에 적합하다는 것이 증명되었을 뿐이다. 전통적 방법론의 옹호자는 이 "법발견의 이론"은 헌법에 대해서는 정당할 수 있으나, 민법에 대해서는 정당할 수 없다는 타협적 공식을 제안하였다. 이와 같은 이야기는 민법이 독일민법전의 발효 이래 재판과 이론을 통하여 계속 발전되지 않았다면, 곧 재구성되지 않았다면, 그리고 이러한 계속발전이 이성과 정의를 요구하지 않았다면, 그리고 이러한 계속발전이 방법적으로 1896년의 독일민법전에서 추론될 수도 있다면 받아들일 수도 있을 것이다. 그러나 이는 순수하게 비현실적인 가정이다.

헌법사와 비교헌법학은 아마도 더욱 명확하게 그리고 더욱 감명 깊게 이성과 법의 현실적 관련을 이해하게 해줄 것이다. 왜냐하면 민주적 헌법국가는 **모든 문화사회의 가장 기본적인 실제적 조건**, 곧 평화, 자유 그리고 정의를 보증하여 주기 때문이다.[43] 헌법사는 가장 기본적인 이해관계가 "더 고차적인 가치"보다 우위를 차지한다는 인식을 쟁취하기 위한 투쟁의 역사이다. 파시스트체제와 공산주의체제에서와 같이 여러 민족이 민주적 헌법국가의 전통으로부터 단절된 곳에서는 가장 기본적인 이해관계, 곧 생명, 신체의 완전성, 활동의 자유, 공포로부터의 자유, 인간 사이의 관계에 대한 신뢰 등등이 직접적으로 위협받는다. 물론 그렇게 되면 그러한 곳에서는 민법도 다른 길을 가게 된다. 권력엘리트가 지배하고 정신적 자유가 파괴당하는 곳에서는 동시에 이성적 진보의 실제적 조건이 파괴되며, 그렇게 되면 법의 발전은 이데올로기적 전제로부터만 이해될 수 있다.

그러나 민주적 헌법국가의 헌법이 **유럽적 이성의 전통이라는 역사적 조건**으로부터만 이해될 수 있다면, 헌법은 이러한 이해로부터만 해석되고 계속 발전될 수 있다는 결론이 나온다. 헌법적인 분쟁 문제가 헌

---

43) 더욱 자세한 것은 Kriele, *Einführung in die Staatslehre*, 1975 참조.

법제도사와 그 곳에서 활동하고 있는 이성과 정의원칙을 배제하는 경우 충분히 논의될 수 없다는 사실은 우리가 판결과 이론이 기본법공포 이후 해결해야만 했고 또한 해결해야만 하는 문제들이 어떤 종류의 것인가를 눈앞에 그려본다면 명백해질 것이다. 개별적인 경우에 개별적인 헌법규범들을 구체화시키는 것만이 언제나 문제가 되었던 것은 아니며, 상호 **긴장관계**에 서있는 주도적 기본원리들을 예컨대

- 한편으로는 헌법이 합의와 평화의 기초라는 자신의 기능을 유지하기 위한 조건으로서 헌법의 정치적 **중립성**, 다른 한편으로는 헌법재판의 **분쟁해결**기능
- 한편으로는 기본권의 효력, 다른 한편으로는 권력분립, 특히 민주적 입법자의 독자적 책임("**사법의 자제**")
- 한편으로는 **정당**의 헌법적 인정, 다른 한편으로는 국회의원의 독립성
- 한편으로는 **헌법의 적**에 대한 방어, 다른 한편으로는 정치적 의사표현의 자유
- 한편으로는 기본권에 부가된 **법률유보**의 인정, 다른 한편으로는 기본권의 공동화에 대한 보호("기본권에 비춘" 법률의 해석)
- 한편으로는 재산권과 기업의 자유, 다른 한편으로는 사회적 구속
- 한편으로는 국가에 대한 방어권으로서의 기본권의 성격, 다른 한편으로는 사권력에 대한 자유의 보호(제3자효의 문제, 헌법위임) 등등을 서로 결합시키거나 또는 서로 형량하는 것이 문제가 되었다.

유보 없이 보장된 기본권이 더 기본적인 이해관계와 충돌하는 경우, 특히 비판적인 문제, 곧 우리가 보통 "**공동체유보**" 또는 "**제한체계**"라는 표제어에서 논의하는 문제가 이와 같은 관련에서 제기되었다. 기본법은 국민건강을 위하여 직업선택의 자유(기본법 제12조 제1항)에 명시

적으로 유보를 두고 있지 않다. 그럼에도 불구하고 기본법은 헌법해석자에 의하여 이러한 기본적인 공동체의 이해관계에 증명할 수 있는 위험이 고려될 수 있다고 간주하는 것이 정당화 되는가? 기본법 제5조 제3항의 예술의 자유는 무제한적이다. 역학적으로 안정되지 못한 예술적 건축물의 건축가는 이를 원용할 수 있는가? 바로 기본법 제5조 제3항에 유보 없이 보장된 학문의 자유는 연구의 목적이 헌법준수를 해칠 것을 필요로 하는 경우 헌법준수의 의무가 면제되는가? 기본법 제4조 제1항의 양심의 자유는 국가에 기본적인 재화를 제공하는 조세거부권을 근거지어 주는가?

판결은 여태까지 이러저러한 방법으로 기본권실효성의 원리를 존중하면서도 더 기본적인 이해관계의 존중을 보장하는 탈출구를 발견해 왔다.

무엇보다도 뮐러는 헌법은 사람들이 헌법에 "이성과 불편부당성의 의도를 종속시키는 경우"[44]에만 의미를 갖게 된다는 가정에 대하여 분명히 명시적으로 반대하고 있다. 그는 "수많은 경우에 현행법은 법정책적으로 논의될 수 있는 기초적 이해관계에 반하여 결정해"왔기 때문에 이러한 전제 없이 해석할 수 있고 해석하여야 한다고 믿고 있다.[45] 그렇다. 그러나 그것은 더 기초적인 이해관계를 위한 경우에 한정될 것이다. 우리가 이와 같은 것을 인정하지 않는 경우, 곧 법이 우리의 이해관계를 충족시킬 현실적 조건들을 보류하고 있다고 가정하는 경우 현실은 보복을 하고 우리는 금방 헌법에 대하여 더 이상 언급할 필요가 없게 될 것이다. 뮐러는 다음과 같이 생각하고 있다. "예컨대 정의는 특정의 기본권적으로 보호된 그리고 그렇게 함으로써 다른 기초적인 또는 더욱 기초적인 이해관계에 불리하게 실제 법률가를 위하

---

44) *Juristische Methodik*, S. 97.
45) 앞의 책, S. 98.

여 구속적인 효력을 가진 실정 규정들을 통하여 실현될 수 있다."46) 그와 같은 일은 입법자가 정치적 압력을 포기했거나 또는 "선거용 선심"으로 보장한 몇몇 법률에서 있을 수 있다. 그러나 잘못된 법률을 법이론의 기초로 고양시키는 것은 잘못이다. 정상적인 경우, 최소한 대법전의 경우, 특히 헌법에 서로, 우리가 법에 비이성을 종속시킨다면, 곧 보호된 이해관계 때문에 "더욱 기초적인 이해관계"를 희생시키려 한다면 법은 오해되고 있는 것이다. 그렇게 함으로써 모든 이해관계를 충족시킬 현실적 조건은 지양될 것이다.

예로써 열거된 모든 헌법해석의 문제영역에서 1949년의 기본법은 의심을 가지고 있었고, 한 원리가 그 밖의 원리에 대하여 또는 그 밖의 원리가 한 원리에 대하여 관철되어야 할 것인가 여부 또는 변증법적 긴장관계가 공통분모를 통하여 또는 상이한 편차를 보이는 형량을 통하여 지양되어야 하는가 여부에 대한 의견의 다양성에 개별적인 태도를 취하였다. 이와 같은 문제들은 토론의 대상이 되어야 했고 결정되어야 했다. 이와 같은 문제들은 헌법적이고 비정치적 문제로서 우리가 기본법을 이성적이고 역사적인 경험의 화제로서 이해한다는 전제에서만 대답될 수 있었다. 해석론, 방법론, 논리학, 구체화의 요소들은 예나 지금이나 다양한 의견들이 법적으로 심각하게 설명되기 위한 최소한의 조건이다. 그러나 종종 매우 예리한 견해의 다툼에서는 가교될 수 없는 반대의 견해가 이러한 의미에서 법적으로 심각하다. 논쟁은 우리가 법적 방법론상의 규칙들을 침해하는 것을 상호 비난함으로써 해소되지 않는다. 이와 같은 비난은 매우 종종 있어 왔지만, 거의 언제나 성과가 없는 것임이 입증되었고 대부분의 경우 철회되었다. 의견의 합치를 가져오거나 최소한 평화를 가져온 것은 이러저러한 문제해결

---

46) 앞의 책, S. 99.

의 결과를 이성적으로 설명한 것이었고 점진적으로 문제의 해결은 연방헌법재판소의 구속력 있는 판결과 이러한 판결에 대한 비판을 통하여 가능한 선결례적 수정의 기대 속에 문제설명을 환원시키는 것을 통해서였다. 우리가 이러한 방법에 따라 **방법문제에 대하여 논쟁하지 않고 문제를 객관적 · 내용적으로 토론함으로써** 우리는 기본법 자체에 내재적인 이성에 효력을 불어넣고 가능한 한 사고의 주관성을 피한다.[47]

이와 같은 고찰로부터 "객관적" 해석에 대한 변명이 옳다는 결과가 되는 것은 아니다. 반대로 저자는 여러 면에서 가능한 한 **"역사적" 해석**과 입법자의 규범적 의사를 지향할 것을 표명해 왔다.[48] 또한 법적 · 기술적 구성에 반대하는 변론이 결론되는 것도 아니다. 이와 같은 것은 반대로 불가결하다. 그것은 헌법상의 해석노력의 결과를 요약하여 충분하지 못한 이해를 가능하게 하며, 모든 분쟁문제를 매번 새롭게 철저히 토론할 필요성의 부담을 덜어준다. 따라서 그것은 복잡성을 축소시킬 조건에 속한다. 그것이 연방헌법재판소의 판결을 통해서 구속적인 것으로 되는 한, 그것은 국가의 실제로 하여금 곧바로 포섭을 가능하게 한다. 또한 그곳에서 선결례추정이 가지는 실제적 의미가 현저히 나타난다.

헌법에서 선결례추정은 무엇보다도 연방헌법재판소 자신에게만 효력을 가지며, 다른 국가기관에 대해서는 이와 반대로 심지어 **선결례구속**이 따른다. 포르스트호프와 마찬가지로 곧바로 이와 같은 사실이 분명치 않은 자도 최소한 그가 법률에 구속을 받고 있다는 것을 자인할 수 있을 것이고, 그 법률은 연방헌법재판소의 판결이 연방과 지방의

---

47) 이에 대하여 상세한 것으로는 Kriele, Recht und Politik in der Rechtsprechung des Bundesverfassunsgerichts, zum Problem des "judicial self restraint", NJW 76, S. 777ff.

48) 이 책의 S. 173, 209; 또한 JZ 1975, S. 224를 보라.

모든 기관을 "구속한다"고 규정하고 있다(연방헌법재판소법 제31조 제 1항). 이와 같은 구속력에서 중요한 것은, 이 책이 증명하고자 시도하고 또한 국가실제에도 상응하듯이, 법적 구속력뿐만 아니라 - 판결이유를 포함하지 않는(§ 79-82) - 선결례적 구속력이다. 이러한 선결례가 구속력을 가지기 때문에 비로소 내용상 논쟁이 있음에도 불구하고 헌법의 규범적 구속력은 가능하게 된다.49)

9. 철학적 윤리토론에 대하여

전통적 법발견의 이해와 새로운 법발견의 이해 사이의 결정적 차이점은 이성, 실천적 결정책임, 도덕 그리고 정의, 요컨대 윤리적 차원이 법발견에서 이미 존재하는가 여부의 문제에 있다. 전통적 방법론에서는 윤리적 요청은 법률에 대한 충성과 공정한 방법적 해석에 축소되기 때문에 실천철학과 법이론은 상호 관련이 많지 않다는 가정이 논리일관한 것으로 생각되었다. 그에 반하여 새로운 법이론은 다양한 관점에서 **윤리를 철학적으로 새롭게 근거지우려는 노력**과 만나게 된다. 심지어 사람들은 "실천철학의 복권"50)과 법발견에 대한 새로운 이해는 현재 역사적으로 시급하게 해결해야 하는 문제들에 공통의 뿌리가 있다고 확인한다. 현대윤리학과 법이론 사이의 강화된 상호교류는 양쪽

---

49) 연방헌법재판소법 제31조에 대하여는 또한 형법 제218조와 관련한 연방헌법재판소판결의 구속력에 대한 저자의 설명, ZRP 1975, S. 74ff.를 참조하라. 어떤 Folgerfall에서의 선결례적 판결이유의 해석과 혼동해서는 안 되는 것은 결정되어진 사례 자체에 대한 판결의 범위이다. W. Endemann, Bindungswirkung von Entscheidungen im Verfassungsbeschwerdeverfahren, in: *Festschrift für Gebhard Müller*, 1970, S. 28은 이와 같은 혼동을 하고 있다.

50) M. Riedel(Hrsg.), *Rehabilitierung der praktischen Philosophie*, 2 Bde. 1972-74.

모두에게 성과 있는 것이 될 것이다.

민주적 헌법국가의 법은 윤리적으로 깊은 영향을 받고 있고 실천적 법률가는 법형성에 참여하고 있기 때문에 법적 규범형성은 윤리학자와 직접적인 관계를 가지게 된다. 법은 세 가지 관점에서 윤리학과 구별된다. **첫째로**, 법은 그 준수가 평화와 자유 그리고 정의 속에서 생활하기 위하여 없어서는 안 될 기본적 규율에 한정된다. 법은, 사람들이 이야기해 온 바와 같이, "최소한의 윤리"이다. **둘째로**, 법은 구속력을 가진 이러한 기본적 규율의 정확한 내용을 정의한다. 법에서 문제가되는 것은 양심 내부의 "자율적" 구속력이 아니라, 개별적인 규율의 내용적 문제성과 관계없이 법의 정당성을 보장하기 위하여 "대체적으로" 자율적으로 법을 받아들이지 않으면 안 되는 경우일지라도 "타율적인" 구속력인 것이다.[51] **셋째로**, 법은 **강제적인** 관철을 통하여 타율적 구속력을 보장한다.

그러나 이러한 세 가지 요청이 법의 윤리적 요청을 지양하는 것은 아니다. 이와 같은 윤리적 요청은 이중의 목표방향을 갖는다. 곧 그러한 요청은 한편으로는 민주적 헌법국가에서 법은 어느 정도까지는 평화와 자유와 정의에 봉사하는 응고된 기본윤리이며 그렇기 때문에(개별적인 법정책적 비판에도 불구하고) 전체적인 법의 정당성에 대하여 원칙적으로 의문을 제기하지 않는다는 것을 이해하는 데 방향을 정한다. 이는 일반적으로 **국민에 대한** 요청이다. 다른 한편으로는 그러한 요청은 법적 규범형성작업 시에 법률에 대한 충성의 범위 내에서 이성과 정의가 지배하도록 하는 데 방향을 정한다. 이는 특히 실천적 **법률가에 대한** 요청이다.

다른 한편 윤리의 영역은 두 가지 관점에서 법률가가 관계되어 있

---

51) 상세한 것으로는 Kriele, *Einführung in die Staatslehre*, 1975, § 4.

는 기본적 규범의 영역을 넘어선다. 우선 윤리는 **"사적안"** 영역, 소집단의 윤리, 개인의 현명성과 자기규율 그리고 종교적 차원과 관계가 있으며, 다음으로는 자유로운 주도에 근거하거나 또는 부인, 현실참여, 희생, 필요한 경우에는 순교에 대한 준비자세와 같이 모든 사람에게 기대할 수는 없고 강제로 요구할 수도 없는 법공동체를 위하여 중요한 행동방식과 관계가 있다. 윤리성과 도덕이 윤리 내에서 생동하고 있다는 것은 민주적 헌법국가에서 법공동체의 생활조건에 속하기는 하지만 그러나 중요한 것은 윤리 자체를 보장할 수 없더라도 법이 전제하지 않으면 안 되는 조건인 것이다.

어쨌든 **법뿐만 아니라 또한 윤리가 관계**되어 있는 영역은 매우 넓다. 그렇기 때문에 법률가를 곤경에 빠뜨리는 많은 문제들이 전통적으로 그리고 현재에도 실천철학에 의하여 이미 철저하게 논의된 것과 이와는 반대로 법률적 결정의 실제가 현재의 윤리학을 새롭게 근거지우는 데 성과가 클 수도 있는 현실적 생활경험을 철학에 매개할 수 있다는 것은 놀라운 일이 아니다.

철학적 윤리학에 대한 최근의 출발점 가운데에서 **"대화"**, **"언어분석"** 그리고 **"일반화"**라는 표제어로 표시할 수 있는 세 가지 유력한 조류가 두드러진다. 이와 같은 세 가지 조류는 엄격히 서로 분리되는 것은 아니고 부분적으로는 서로 결합되어 나타나기도 하나 중점에 따라 유형화된다. 모든 세 가지 출발점들은 새로운 법이론과 광범위하게 만난다. 그 자체 바람직한 상세한 설명은 이 자리에서는 불가능하다. 그럼에도 불구하고 몇몇 주장들의 형성 중인 테마목록은 최소한 암시될 수 있을 것이고 어떤 방향에서 심화된 토론이 성과를 가져올 수 있을 것인가 하는 윤곽을 그릴 수 있을 것이다.

① 우선 **"대화논리학"**(로렌첸 *Lorenzen*,[52] 슈벰머 *Schwemmer*[53])으로부터 윤리학을 새롭게 근거지우려는 것과 "이상적 언어상황"에서 토론적

담화를(하버마스 *Habermas*54)55)) 새롭게 근거지우려는 데 대하여 이야기
해 보자. 이와 같은 시도는 실제문제에서 인간들 사이에 의사의 소통
이 존재한다는 것에서 출발하여 어떠한 것이 의사소통의 조건이며 어
느 정도까지 우리가 그러한 것을 가지고 이익을 볼 수 있을 것인가를
탐구한다. 이러한 출발점들에 대하여 이미 법적 논증의 법철학적 분석
과 수사학56)이 몇 가지 공헌을 하였고, 더 나아가서 항상 의식된 것은
아니라 하더라도57) 소크라테스적 변증법과 법적 변증법 사이의 역사
적 연관58)은 항상 생동적인 것이었다. 법원에서의 절차는 규율된 대화
과정을 포함하기 때문에 법이론은 어떤 관점이 이와 같은 철학적 설
명에 기여할 수 있는가를 문제 삼게 된다. 법이론의 경험으로부터 다
음과 같은 암시를 할 수 있다.

계약이나 조정을 통하여 의사가 소통되지 않는다면 **제3자에 의한 결**

52) P. Lorenzen, *Normative Logic and Ethics*, Mannheim 1969; ders., Scientismus versus
Dialektik, in: *Hermeneutik und Dialektik, Festschrift für H. G. Gadamer*, Tübingen 1970,
Ed. 1, S. 57ff.
53) O. Schwemmer, *Philosophie der Praxis*, Frankfurt 1971; P. Lorenz/ O. Schwemmer,
Konstruktive Logik, Ethik und Wissenschaftstheorie, Mannheim, Wien, Zürich 1973.
54) J. Habermas, Wahrheitstheorie in: *Wirklichkeit und Reflexion, Festschrift für W. Schulz*,
1973, S. 211ff.; ders., *Erkenntiniss und Interesse*, Frankfurt 1968; ders., *Theorie und
Praxis*, Neuwied 1963; J. Habermas und N. Luhmann, *Theorie der Gesellschaft oder
Sozialtechnologie*, Frankfurt 1971.
55) 이에 대하여 비판적인 것으로는 H. E. Gadamer, in: *Hermeneutik und Ideologiekritik*,
hrsg. von J. Habermas, Frankfurt 1971, S. 341 : "경악할 만한 비현실성"
56) Ch. Perelman/L. Albrecht-tyteca, *Trait de l'argumentation*, 2. Aufl. Brüssel 1970; 또
한 1971년도 법철학세계대회의 자료 Die juristische Argumentation, ARSP, Beiheft
N. F. 7, Wiesbaden 1972와 H. Hubien (Hrsg.), *La Raisonnement Juridique*, Brüssel
1971을 보라.
57) H. Lausberg, *Handbuch der Philosophischen Rethorik*.
58) Günter Bien, Das Theorie-Praxis-Problem und die politische Philosophie bei
Platon und Aristoteles, in: Philos. Jb. 76 (1968/69), S. 264ff.

정은 피할 수 없다. 이상적 언어상황의 현실적 조건은 "인식과 이해관계" 사이의 피할 수 없는 연관 때문에 조성될 수 없다(이데올로기 문제). 또한 이상적 언어상황 자체도, 또한 일반적 공감대(합의)도 규범적 결정을 정당화하는 경우 나타나는 **인식문제**의 무궁한 **복잡성** 때문에 이룰 수 없다.[59] 그럼에도 불구하고 주관적 자의에 대한 고백이나 주관적 이해관계의 주장이 존재할 뿐만 아니라 또한 "진보"와 정의에 대한 "**접근**"을 가져오는 합리적 논증도 존재한다. 뿐만 아니라 다른 상대방이 같은 경우에 무제한적으로 이야기할 수 있다는 것을 전제로 한다면 "일방을 변호하는 변호사도 진리발견에 이바지한다"[60](audiatur et altera pars). 그렇기 때문에 법적 결정은 타율적 구속력의 창출을 의미하기는 하나 그렇기 때문에 대화의 단절을 의미하지는 않는다("**정확하게 복종하고, 자유롭게 비판한다**"). 입법자의 결정과 법관의 결정에 대한 법적 비판은(법률개정, 심급, "파기", "사안의 차이에 따른 판결"을 통하여) 개선과 진보를 가져올 수도 있다("**성찰과 결정**"). 분쟁을 절차적으로 규율받는 절차에 구속시킴으로써 분쟁대상을 명확히 하고, 객관화하며, 감정에서 벗어나고, 상대방의 이야기를 경청하며, 논증을 완성시키게 되고 그 결과 정당화 효과를 가져오게 된다.[61] 로렌첸과 슈벰머에 의하여 발전된 대화규칙(누가, 어떤 조건에서, 어떤 주장에, 무엇이라 응답해야 하는가?)은 실질적 논증의무와 입증책임(주장, 이의제기, 항변, 권리를 근거지우는 규범의 권리를 방해하거나 권리를 부정하는 반대규범에 대한 관계, 규범개념의 사안에 대한 관계)[62]을 분배함에

---

59) 앞의 §§ 48-51을 보라. 자세한 것으로는 Kriele, *Einführung in die Staatslehre*, §§ 42-48.

60) 자세한 것으로는 *Einführung in die Staatslehre*, a. a. O., 26, 27.

61) N. Luhmann, *Legitimation durch Verfahren*, 2. Aufl. 1975.

62) Rosenberg, *Die Beweislast.*, 5. Aufl. 1965.

있어서 법적 반대물을 갖는다.

② "**언어분석**", 더 정확하게는 윤리적 내용을 가진 단어에 대한 일상용어의 의미분석은 "가치중립적", 실증주의적 '메타윤리학'(Metaethik)에 귀결되기는 한다. 그럼에도 불구하고 그것은 우리가 예컨대 정의를 원한다고 할 때 그것이 개별적으로 무엇을 의미하게 되는가 하는 인식에 귀결된다.63) 이러한 방법을 "정의"에 관한 언어사용에 적용하는 일을 저자는 이전의 연구에서 시도한 바 있다.64) 그 중요한 결과는 비록 추상적이기는 하지만, 법발견과 헌법사에 관한 나중의 구체적 분석에서 명확하게 되었고 옳은 방법임이 입증되었다. 동일한 경우를 불평등하게 취급하는 것은 양자 가운데 최소한 하나의 경우에 불의를 나타내기 때문에 일반적 준칙에의 정향은 정의의 요소에 속한다.65) 준칙의 판단은 그 결과를 미리 예견함을 전제한다. 그렇기 때문에 그러한 판단은 현실과 인생경험에, 관계를 맺고 변화하는 역사적 조건과 인식에 의존한다.66) 정의는 더 기본적인 이해관계의 관점 - 동시에 이해관계의 전개와 충족의 실질적 조건을 가리키는 관점 - 에서 규범결과를 불편부당하게 형량하는 것을 뜻한다.

더 나아가서 비트겐슈타인 *Wittgenstein*에 연결되는 언어분석철학은 우리가 단어의 의미를 정의를 통해서보다 예를 통해서 더 잘 매개할 수 있다는 데 대한 자각을 일깨웠다. 법적 측면에서 이에 상응하는 것

---

63) Wittgenstein, *Philosophische Untersuchungen*, 1953; G. L. Stevenson, *Ethics and language*, 1945; R. N. Hare, *The Language of Morals*, 1952; K. Baier, *The Moral Point of View*, 1958; H. Fahrenbach, Sprachanalyse und Ethik, in: *Das Problem der Sprache*, hrsg. von H. G. Gadamer, 1967, S. 373ff.; E. von Savigny, *Die Philosophie der normalen Sprache*, 1969.

64) Kriele, *Kriterien der Gerechtigkeit*, 1963.

65) 앞의 책.

66) 앞의 S. 264ff.를 보라.

은 우리가 정의보다는 선결례에 방향을 맞추는 것이 더 좋다는 경험이다. 예컨대 법률가가 어떤 경우가 재산권의 사회적 구속이냐 또는 재산권에 대한 침해이냐 하는 문제에 직면하게 되는 경우 그를 도와주는 것은 통상적인 정의(특별한 희생, 중대성)가 아니라 판결로부터 얻은 예를 분석적으로 비교하는 것이다.

③ 일반화의 문제, 곧 정언명령의 재발견, 새로운 논증 및 변화, 사려 깊은 일반화할 수 있는 정당화를 통한, 곧 준칙을 통한 윤리의 논증은 윤리학에서 "대화적" 그리고 "언어분석적" 출발점의 결과이기도 하지만, 양 출발점과 무관하게 논의된다.[67] 이러한 연관에서는 법은 철학자에게는 아직까지 그것이 주로 선존하는 법률로부터 성립된다는 관점에서만 중요한 것으로 생각되었다. 그럼에도 불구하고 새로운 법이론은 "형성중인 법"에 대한 통찰, 곧 법률을 해석에 의하여 구체화시키는 과정에서 정당화할 수 있는 일반적·추상적 명제들을 발견하고, 계속 발전시키고 유연성 있게 변형시키는 데 대한 통찰을 매개한다. 법의 직접적 현실관련성 때문에 철학적 윤리학의 새로운 법이론은 최소한 자극을 줄 수 있다.

이와 같은 관련에서 가장 중요한 암시는 결정이 가지게 되는 불가피한 **선결례적 미래효**에 대한 암시이다. 곧 구체적인 사례에 대하여 판결을 내려야 하는 자는 언제나 동일한 사례가 미래에 동일하게 취급될 수 있다는 것을 유념하여야 한다. 따라서 우리는 결코 하나의 사례에 대하여 판결하는 것이 아니라, 동시에 일반적 준칙이 되도록 우리가 의욕할 수 있는 준칙에 대하여 판결하는 것이다. 문제의 복잡성은 첫째로는, 이러한 복잡성을 축소시킬 필요성에 이르고 둘째로는, 준칙

67) Singer, *Generalization in Ethis*, 1961; M. Hoerster, *Utilitaristische Ethik und Verallgemeinerung*, 1971; John Rawls, *Theory of Justice*, 1971; Otfried Höffe(Hrsg.), *Einführung in die utilitaristische Ethik, Klassische und zeitgenöisiche Texte*, 1975.

의 가변성과 수정가능성의 필요에 이른다. 양자를 위해서 법적 절차는 특정의 방법들, 특히 **선결례추정**을 마련해놓았다. 선결례추정은 한편으로는 판결의 선결례적 미래효의 상관개념이다. 그것은 그와 같은 한에서는 준칙에 따른 판결의 조건이다. 다른 한편으로는 추정은 "반박될 수 있고" 그와 같은 한에서는 ("사안의 차이에 따른 판단" - 예외와 유보에 있는 준비, 그 개념 징표의 확장과 제한 그리고 "파기" - 을 통한) 준칙의 가변성과 수정을 가능하게 한다.[68] 선결례추정의 일반규칙을 위한 법적 근거는 동시에 일반화시킬 수 있는 준칙의 윤리적 효력에 대한 이유이고[69] 민주적 헌법국가에서 법제도의 이성을 위한 일반적 추정규칙이다(앞의 5 참조).

일반화시킬 수 있는 정당화근거에 대한 방향정립은 더 나아가서 두 개의 평등조항, 곧 평등취급의 원칙(모든 법주체는 평등하게 취급되어야 한다)과 인간평등의 원칙(모든 인간은 권리주체이어야 하고 자유에 대한 평등한 청구권을 가져야 한다)에서부터 결론지어진다.[70] **평등취급**의 원칙은 더 정확하게는 차별적인 취급을 하기 위해서는 특별한 객관적 정당화가 필요하다는 것을 말한다.[71] 이 원칙은 차등취급이 배제된다고 말하지는 않는다. 이로부터 또한 윤리를 위해서는 준칙은 일반적으로 일반화가 필요한 것은 아니며, 오히려 인(人)의 범위를 **유형화시키는 것**(예컨대 성인, 상인, 소매상 등)이 객관적으로 정당화될 수 있다는 결론이 나온다.

원칙적인 모든 인간의 권리의 평등의 원칙은 더 정확하게는 모든 사람이 자신의 기본적 이해관계를 불편부당하게 고려해주는 데 대한

---

68) 선결례적 법규범으로부터의 거리의 단계에 대하여는 앞의 §§ 72-78.
69) 이에 대하여는 앞의 §§ 69-71.
70) *Kriterien der Gerechtigkeit*, S. 90.
71) 이에 대하여는 *Einführung in die Staatslehre*, § 82를 참조하라.

평등한 청구권을 갖는다는 것을 말한다. 그러한 한에서 준칙의 일반화 가능성과 일반화필요성은 원칙적으로 무제한이다. 이로부터 윤리학을 위하여 일련의 공리주의적 윤리학에 통용되는 기본원칙들은 수정이 필요하다는 결론이 나온다.[72] 예컨대 "최대다수의 최대행복"은 극히 소수인 자에 대한 부정을 정당화시킬지도 모른다. "고통회피"원칙은 병자의 살해를 정당화시킬지도 모른다. "공동체의 보호"를 위하여 사소한 채무의 경우에 사형에 처하거나 무기징역을 정당화하게 될지도 모른다.

요약하여 말한다면, 민주적 헌법국가에서 법은 교정으로서의 철학적 윤리학에 기여할 수 있을 정도로 이미 윤리적 경험과 성찰의 화신이다. 다른 한편 새로운 철학적 윤리학은 법발견을 객관적으로 정당하게 이해하기 위한 이론적 노력을 고무하고 그것의 옳음을 입증하였다. 그뿐만 아니라 우리는 한 걸음 더 나아가서 법이론과 윤리학의 평행뿐만 아니라 또한 밀접한 연관을 확인할 수 있다. 곧 전통적 법이론에서는 윤리적 측면이 입법자에 대한 도덕적 호소에서 끝나는 반면, 새로운 법이론은 입법자에 대한 법발견뿐만 아니라 또한 법관에 의한 법발견의 윤리적 차원에 대한 이해를 연다.

---

72) 이에 대하여는 *Einführung in die Staatslehre*, § 5를 참조하라.

Adomeit, Klaus: Methodenlehre und Juristenausbildung, Zeitschrift für Rechtspolitik 1970, S. 176 ff.

------------: Juristische Methode, *Handlexikon zur Rechtswissenschaft*, hrsg. von A. Gorlitz, München 1972, S. 217 ff.

Albert, Hans: *Traktat über kritische Vernunft*, Tübingen 1968.

Allen, Sir Carlton Kemp: *Law in the Making*, 7th ed., Oxford 1964.

Apel, Karl-Otto: Die Idee der Sprache in der Tradition des Humanismus von Dante bis Vico, Archiv für Begriffsgeschichte, Bd. 8, Bonn 1963.

Anschütz, Gerhard: *Die Verfassung des Deutschen Reiches vom 11. Aug. 1919*, 14. Aufl.(4. Bearb.), Berlin 1933.

------------: Empfiehlt es sich, die Zuständigkeit des Staatsgerichtshofs auf andere als die im Art. 19 Abs. I RVerf. bezeichneten Verfassungsstreitigkeiten auszudehnen? Verhandlungen des 34. Deutschen Juristentages(Köln), II. Bd., 196-212, Berlin und Leipzig 1927.

------------: *Deutsches Staatsrecht*, 1914.

Arndt, Adolf: Präjudizien, NJW 60, 856.

------------: Demokratie - Wertsystem des Rechts, in: *Notstandsgesetzgebung - aber wie?* Köln 1962, 9 ff.

------------: Das Bundesverfassungsgericht, 2. Teil, DVBl. 52, 1 ff.

Auburtin, Angèle: Amerikanische Rechtsauffassung und die neueren amerikanischen Theorien der Rechtssoziologie und des Rechtsrealismus. Zeitschrift für ausländisches öffentliches Recht und Völkerrecht, Bd. III, 529 ff.(1933)

Arnold, Thurman: Professor Hart's Theology, 73 Harvard Law Review (1959) S. 84 ff.

Bachof, Otto: Der Verfassungsrichter zwischen Recht und Politik: *Summum ius, summa iniuria. Individualgerechtigkeit und der Schutz allgemeiner Werte im Rechtsleben*, Tübingen 1963, S. 41 ff.

------------: Begriff und Wesen des sozialen Rechtsstaats, VVDStRL 12, 37 ff.

------------: Freiheit des Berufs: Die Grundrechte, Handbuch der Theorie und Praxis der Grundrechte, III. Bd., 1. Halbbd., Berlin o. J.(1958), 155 ff.

------------: und Jesch, Dietrich: Die Rechtsprechung der Landesverfassungsgerichte in der Bundesrepublik Deutschland: JöR NF 6, 47.

------------: Anmerkung zum Beschluß des BGH vom 29. 12. 1953, NJW 54, 510.

------------: Das Bundesverfassungsgericht und die Beamtenverhältnisse, DöV 54, 33 ff.

------------: Beamte und Soldaten, DöV 54, 225 ff.

------------: *Grundgesetz und Richtermacht*, Tübingen 1959.

Baier, Kurt: *The Moral Point of View*, 1958.

Bauer, Wolfram: *Wertrelativismus und Wertbestimmtheit im Kampf um die Weimarer Demokratie. Zur Politologie des Methodenstreites der Staatsrechtslehrer*, Berlin 1968.

Beckmann, Nils: *Precedents and the Construction of Statutes, 7 Scandinavian Studies in Law*, Stockholm 1963.

Bender, Bernd: Zur Methode der Rechtsfindung bei der Auslegung und Fortbildung gesetzten Rechts, JZ 1957, 593 ff.

Bergbohm, Karl: *Jurisprudenz und Rechtsphilosophie* I, Leipzig 1892.

Bergstraesser, A.: Wissenschaftliche Politik in unserer Zeit, Vierteljahresschrift für Zeitgeschichte 1958, 219 ff.

Bettermann, Karl August: Der Schutz der Grundrechte in der ordentlichen Gerichtsbarkeit: *Die Grundrechte*, III. Bd., 2. Halbbd. Berlin o. J. (1959), S. 523 ff.

Betti, Emilio: Jurisprudenz und Rechtsgeschichte vor dem Problem der Auslegung, ARSP 40, 354 ff.

------------: *Teoria Generale della Interpretazione*, Milano 1955.

Bien, Günther: *Die Grundlegung der politischen Philosophie bei Aristoteles*, Freiburg 1973.

Bierling, Ernst Rudolf: *Juristische Prinzipienlehre*, Bd. I-V Leipzig 1894-1917.

Bockelmann, Paul: Richter und Gesetz: *Rechtsprobleme in Staat und Kirche, Festschrift für Rudolf Smend*, Göttingen 1952, S. 23 ff.

Bodenheimer, Edgar: *Jurisprudence*, Cambridge, Mass., 1962.

Böckenförde, Ernst-Wolfgang: Die Historische Rechtsschule und das Problem der Geschichtlichkeit des Rechts: *Collegium Philosophicum, Festschrift für Joachim Ritter*, Basel 1963, S. 9 ff.

------------: Rezension Walter Wilhelm, Zur juristischen Methodenlehre im 19. Jahrhundert: ARSP 48, S. 249 ff.

------------: *Die Organisationsgewalt im Bereich der Regierung*, Berlin 1964.

Boehmer, Gustav: *Grundlagen des bürgerlichen Rechts*, 2. Buch, 2. Abt., Tübingen 1952.

Brandis, Christian A.: *Über die Reihenfolge der Bücher des aristotelischen Organons*, 1833.

Brüggemann, Jürgen: *Die richterliche Begründungspflicht. Verfassungsrechtliche Mindestanforderungen an die Begründung gerichtlicher Entscheidungen*, Berlin-München 1971.

Brütt, Lorenz: *Die Kunst der Rechtsanwendung, zugleich ein Beitrag zur Methodenlehre der Geisteswissenschaften*, Berlin 1907.

Brugi, Biaglo: *Per la Storia della Giurisprudenza e delle Università Italiane*, Nuovi Saggi, Toronto 1921.

Brusiin, Otto: Rezension Josef Esser, Grundsatz und Norm, ARSP 1957, 460 ff.

------------: *Über das juristische Denken*, Helsingfors 1951.

Bülow, Oscar: *Gesetz und Richteramt*, Leipzig 1885.

Bullinger, Martin: Das Ausmaß der Bindung des Konkordatsurteils des Bundesverfassungsgerichts, DVBl. 58, 10.

Cardozan, E.: *The Roots of Evil*, London, 1937.

Canaris, Claus-Wilhelm: *Die Feststellung von Lücken im Gesetz*, Berlin 1964.

------------: *Systemdenken und Systembegriff in der Jurisprudenz, entwickelt am Beispiel des deutschen Privatrechts*, Berlin 1969.

Claessens, Dieter: Rationalität revidiert, Kölner Zeitschrift für Soziologie und Sozialpsychologie 17, 1965, S. 465-476.

Coing, Helmut: *Geschichte und Bedeutung des Systemgedankens in der Rechtswissenschaft*, Frankfurt 1956.

------------: *Die juristische Auslegungsmethode und die Lehren der allgemeinen Hermeneutik*, Köln und Opladen 1959.

------------: *Zur Geschichte des Privatrechtssystems*, Frankfurt 1962.

------------: *Juristische Methodenlehre*, Berlin, New York 1972.

------------: Zur Ermittlung von Sätzen des Richterrechts, Juristische Schulung 1975, S. 277 ff.

Conrad, Hermann: *Die geistigen Grundlagen des allgemeinen Landrechts für die preußischen Staaten Yon 1794*, Kölh und Opladen 1958.

Cross, Rupert: *Precedent in English Law*, Oxford 1961.

Curtius, Ernst Robert: *Europäische Literatur und lateinisches Mittelalter*, 2. Aufl., Bern 1954.

Croce, Benedetto: *Die Philosophie Giam Battista Vicos*, Nach der 2. Aufl. übersetzt von Erich Auerbach und Theodor Lücke, Tübingen 1927.

Danz, Erich: *Richterrecht*, Berlin 1912.

Denninger, Erhard: Besprechung von: F. Müller: Normstruktur und Normativität, Archiv des öffentlichen Rechts 94(1969), S. 333 ff.

------------: *Staatsrecht* 1, Reinbek bei Hamburg 1973.

Dicey, A. V.: *Law and Public Opinion in England during the 19th Century*, London 1909, Neuausgabe London 1962.

Dahrendorf, Ralf: Bemerkungen zur sozialen Herkunft und Stellung der Richter an den OLG. Beitrag zur Soziologie der deutschen Oberschicht, Hamburger Jahrbuch für Wirtschafts- und Gesellschaftspolitik, 5. Jahr, Tübingen 1960, 260 ff.

Dernburg, Heinrich: *Lehrbuch des Preußischen Privatrechts*, I, Halle 1875.

Diller, Georg: Aus der Rechtsprechung des Bundesverfassungsgerichts, JR 63,92.

Diederichsen: Topisches und systematisches Denken in der Jurisprudenz, NJW 1966, 697-705.

zu Dohna, Graf: Zulässigkeit und Form von Verfassungsänderungen ohne Änderung der Verfassungsurkunde, Verhandlungen des 33. Deutschen Juristentages(Heidelberg), 31-44, Berlin und Leipzig 1925.

Dreier, Ralf: Zum Selbstverständnis der Jurisprudenz als Wissenschaft, Rechtstheorie 2(1971), S. 37 ff.

------------: Rechtspolitik und Ideologiekritik, Zeitschrift für Rechtspolitik 1973, S. 95 ff.

Dubischar, Roland: *Grundbegriffe des Rechts. Eine Einführung in die Rechtstheorie*; Stuttgart 1968.

------------: *Vorstudium zur Rechtswissenschaft. Eine Einführung in die juristische Theorie und Methode anhand von Texten*, Stuttgart, Berlin, Köln, Mainz 1974.

Dürig, Günter: Bemerkung zum Urteil des BVerfG vom 16. 1. 1957, JZ 57, 169.

Eckardt, Wolf-Dieter: *Die verfassungskonforme Auslegung*, Berlin 1964.

Ehmke, Horst: Prinzipien der Verfassungsinterpretation, VVDStRL, 20, 53 ff.

-------------: *Wirtschaft und Verfassung*, Karlsruhe 1961.

Ehrlich, Eugen: Grundlegung der Soziologie des Rechts, München und Leipzig 1913.

-------------: *Lücken im Recht*, 1888.

-------------: *Freie Rechtsfindung und freie Rechtslehre*, Leipzig 1903.

Eichenberger: *Die richterliche Unabhängigkeit als staatsrechtliches Problem*, Bern 1960.

Endemann, W.: Bindungswirkung yon Entscheidungen im Verfassungsbeschwerde-
verfahren, *Festschrift für Gebhard Müller*, Tübingen 1970.

Engisch: Sinn und Tragweite juristischer Systematik, Studium Generale,
Berlin-Göttingen 1957, 173 ff.

-------------: *Logische Studien zur Gesetzesanwendung*, 2. Aufl., Heidelberg 1960.

-------------: *Wahrheit und Richtigkeit im juristischen Denken*, München 1963.

-------------: *Einführung in das juristische Denken*, 3. Aufl., Stuttgart 1964, 5. Aufl. 1971.

-------------: Methoden der Strafrechtswissenschaft, Enzyklopädie der geisteswissenschaftlichen
Arbeitsmethoden, hrsg. von M. Thiel, 11. Lieferung: Methoden der
Rechtswissenschaft Teil I, München und Wien 1972, S. 39 ff.

Enneccerus-Nipperdey: *Allgemeiner Teil des bürgerlichen Rechts*, 1. Halbbd., 15. Aufl.,
Tübingen 1959/60.

Ermacora, Felix: *Verfassungsrecht durch Richterspruch*, Karlsruhe 1960.

Esser, Josef: Wandlungen von Billigkeit und Billigkeitsrechtsprechung im modernen
Privatrecht: Summum ius, Summum injuria, Tübingen 1963, 22 ff.

-------------: *Die Interpretation im Recht*, Studium Generale, Berlin-Göttingen 1954.

-------------: § 242 BGB und die Privatautonomie, JZ 1956, 555.

-------------: *Grundsatz und Norm in der richterlichen Fortbildung des Privatrechts*, 2. Aufl.,
Tübingen 1965.

-------------: *Wertung, Konstruktion und Argument im Zivilurteil*, Karlsruhe 1965.

-------------: Methodik des Privatrechts, Enzyklopädie der geisteswissenschaftlichen
Arbeitsmethoden, hrsg. von M. Thiel, 11. Lieferung: Methoden der
Rechtswissenschaft Teil I, München und Wien 1972, S. 3 ff.

-------------: *Vorverständnis und Methodenwahl in der Rechtsfindung. Rationalltätsgarantien der
richterlichen Entscheidungspraxls*, Frankfurt am Main 1972(2. Auflage).

-------------: Richterrecht, Gerichtsgebrauch und Gewohnheitsrecht, *Festschrift für Fritz von Hippel zum 70. Geburtstag*, hrsg. von J. Esser, H. Thieme, Tübingen 1967, S. 95 ff.

------------: Bemerkungen zur Unentbehrlichkeit des juristischen Handwerkszeugs, Juristenzeitung 1975, S.555 ff.

Eyermann-Fröhler: *Kommentar zur Verwaltungsgerichtsordnung*, 3. Aufl., München und Berlin 1962.

Fahrenbach, Helmut: Sprachanalyse und Ethik, Gadamer, Hans Georg(Hrsg.), *Das Problem der Sprache*, München 1967.

Forsthoff, Ernst: Die Bindung an Gesetz und Recht(Art. 20 Abs. III GG), DöV 59, 41 ff. = Rechtsslaat im Wandel, Stuttgart 1964, 176 ff.

------------: Der Jurist in der industriellen Gesellschaft, NJW 60, 1273 = Rechtsstaat im Wandel, 185 ff.

------------: Die Umbildung des Verfassungsgesetzes, Festschrift für Carl Schmitt, Berlin 1959. 35 ff. = Rechtsstaat im Wandel, 147 ff.

------------: Begriff und Wesen des sozialen Rechtsstaats, VVDStRL 12, 8 ff.

------------: *Rechtsfragen der leistenden Verwaltung*, Stuttgart 1959.

------------: *Lehrbuch des Verwaltungsrechts*, 8. Aufl., München und Berlin 1961.

------------: *Zur Problematik der Verfassungsauslegung*, Stuttgart 1961.

------------: *Recht und Sprache*, 1941, Neuausgabe Darmstadt 1964.

------------: Besprechungen von: M. Kriele, Theorie der Rechtsgewinnung, Der Staat 8 (1969), S. 523 ff.

Fraenkel, Ernst: Das richterliche Prüfungsrecht in den Vereinigten Staaten von Amerika, JöR NF 2, 35 ff. (1953).

------------: Die Wissenschaft von der Politik und die Gesellschaft, in: Gesellschaft, Staat, Erziehung, 1963.

Frank, Jerome: *Courts on Trial, Myth and Reality in American Justice*, Princeton 1950.

------------: *Are Judges Human?* 1931.

Frankfurter, Felix: Jerome N. Frank, 24 University of Chikago Law Review, 625 ff. (1957).

------------: Some Reflections on the Reading of Statutes: in Henson (ed.), *Landmarks of Law*, New Haven 1960.

Franssen, Everhardt: Positivismus als juristische Strategie, Juristenzeitung 1969, S. 766.

Friesenhahn, Ernst: Wesen und Grenzen der Verfassungsgerichtsbarkeit: Zeitschrift für Schweizer Recht 73, 129 ff.

Gadamer, Hans Georg: *Wahrheit und Methode, Grundzüge einer philosophischen Hermeneutik*, 2. Aufl., Tübingen 1965.

Gehlen, Arnold: *Studien zur Anthropologie und Soziologie*, Neuwied und Berlin 1965.

------------: *Rezension Johannes Winckelmann*, Legitimität, DVBl. 55, 577.

------------: *Der Mensch. Seine Natur und seine Stellung in der Welt*, 1940, 6. Aufl., Frankfurt 1958.

------------: *Urmensch und Spätkultur*, Bonn 1956.

Geiger, Willi: Die Grenzen der Bindung verfassungsgerichtlicher Entscheidungen (§ 31 I BVerfGG) NJW 54, 1057.

------------: *Gesetz über das Bundesverfassungsgericht*, Berlin, Frankfurt 1952.

Gény, François: *Methode d'interprétation et sources en droit*, 1899.

------------: Science et technique en droit privě positif, I 1914, II ²1927, III 1921, IV ²1930.

Germann, Oscar Adolf: *Präjudizien als Rechtsquelle*, Stockholm, Göteborg, Uppsala 1960.

------------: Prajudizielle Tragweite höchstinstanzlicher Urteile, insbes. die Urteile des schweizerischen Bundesgerichts, Bundesgericht, Zeitschrift für schweizerisches Recht NF, Bd. 68 (1949), 297 ff.

------------: *Probleme und Methoden Rechtsfindung*, Bern 1965.

Gmür, Rudolf: *Savigny und die Entwicklung der Rechtswissenschaft*, Münster 1962.

Goessl, Manfred: *Organstreitigkeiten innerhalb des Bundes*, Berlin 1961.

Göhring, Hans Joachim: Rechtsprobleme in den Verfahren der "BredaFlüchtlinge", NJW 54, 1061 ff.

Goodhart, Arthur Lehman: *Essays in Jurisprudence and the Common Law.*

Grau, Richard: War die Aufrechterhaltung der Abbaubestimmungen für verheiratete weibliche Beamte ohne Erfüllung der Voraussetzungen verfassungsändernder Gesetzgebung zulässig? AöR NF, 10. Bd., Tübingen 1926, 237-246.

Grimm, Dieter: Recht und Politik, Juristische Schulung 1969, S. 501 ff.

------------: (Hrsg.) *Rechtswissenschaft und Nachbarwissenschaften*, Band I, Frankfurt am Main 1973.

Gumbel, J.: *Vier Jahre Mord*, 1923.

Haak, Volker: *Normenkontrolle und verfassungskonforme Gesetzesauslegung des Richters*, Bonn 1963.

Habermas, Jürgen: *Theorie und Praxis*, Neuwied 1963.

Habermas, Jürgen: *Erkenntnls und Interesse*, Frankfurt 1968.

------------: Luhmann, Niklas: *Theorie der Gesellschaft oder Sozialtechnologie, Was leistet die Systemforschung?* Frankfurt 1971.

------------: (Hrsg.): *Hermeneutik und Ideologiekritik*, Frankfurt 1971.

------------: *Wahrheitstheorien, Wirklichkeit und Reflexion, Festschrift für Walter Schulz*, Pfullingen 1973.

Häberle, Peter: *Die Wesensgehaltgarantie des Art. 19 Abs. II GG.* Karlsruhe 1962.

------------: Die offene Gesellschaft der Verfassungsinterpreten. Ein Beitrag zur pluralistischen und "prozessualen" Verfassungslnterpretation, Juristenzeitung 1975, S. 297 ff.

Hand, Learned: *The Bill of Rights*, Cambridge. Mass., 1958.

Hare, R. N.: *The Language of Morals*, Oxford 1952.

Hart, Herbert L. A.: *The Concept of Law*, Oxford 1961, dt.e Ausgabe: Der Begriff des Rechts, Frankfurt 1973.

------------: *Recht und Moral*, dt.e Ausgabe Gottingen 1971.

Hartmann, Nicolai: Diesseits von Idealismus und Realismus, Kantstudien XXIX (1924), 160 ff.

Haverkate, Görg, Offenes Argumentieren im Urteil. über die Darstellung der richterlichen Wertung bei kontroversen Rechtsfragen, Zeitschrlft für Rechtspolitlk 1973, S. 281 ff.

Heck, Philipp: *Das Problem der Rechtsgewinnung*, Tübingen 1912.

------------: Gesetzesauslegung und Interessenjurisprudenz, AcP 112 (1914), 1 ff.

Heller, Hermann: Bemerkungen zur staats- und rechtstheoretischen Problematik der Gegenwart, AöR 55 (1929), 321 ff.

Heller, Theodor: *Logik und Axiologie der analogen Rechtsanwendung*, Berlin 1961.

Henke, Wilhelm: Verfassung, Gesetz und Richter, Der Staat, 3. Bd., Berlin 1964, 433-454.

Hennis, Wilhelm: *Politik und praktische Philosophie*, Hamburg 1963.

------------: Zum Problem der deutschen Staatsanschauungen, Vierteljahresschrift für Zeitgeschichte 1959, 1 ff.

Hesse, Konrad: *Die normative Kraft der Verfassung*, Tübingen 1959.

von der Heydte: Stiller Verfassungswandel und Verfassungsinterpretation, ARSP 39 (1950/51), 461-476.

Hinderling, Hans Georg: *Rechtsnorm und Verstehen. Die methodischen Folgen einer allgemeinen Hermeneutik für die Prinzipien der Verfassungsauslegung*, Bern 1971.

Hippel, Eike von: *Grenzen und Wesensgehalt der Grundrechte*, Berlin 1965.

Hippel, Ernst von: Das richterliche Prüfungsrecht, HdbDStR II, 546 ff.

------------: *Untersuchungen zum Problem des fehlerhaften Staatsaktes*, Berlin 1924.

Hirsch, Ernst E.: Zu einer "Methodenlehre'der Rechtswissenschaft", JZ 62, 329.

------------: Rezension Coing, Die juristischen Auslegungsmethoden JZ 61, 299.

Hoffmann-Riem, W.: Beharrung oder Innovation - Zur Bindungswirkung verfassungsgerichtlicher Entscheldungen, Der Staat 13 (1974), S. 335 ff.

Höffe, Otfried: *Einführung in die utilltaristische Ethik, Klassische und zeitgenössische Texte*, München 1975.

Hoerster, Norbert: *Utilltaristlsche Ethik und Verallgemeinerung*, Freiburg, Miinchen 1971.

Hollerbach, Alexander: Auflösung der rechtsstaatlichen Verfassung?, AöR 85, 241 ff.

Holmes, Oliver Wendell: *Collected Legal Papers*, New York 1920.

Holstein, Günther: Von Aufgaben und Zielen heutiger Staatsrechtswissenschaft. AöR 50, 1 ff.

Hruschka, Joachim: *Das Verstehen von Rechtstexten, Zur hermeneutischen Transpositivität des positiven Rechts*, München 1972.

Hubien, H.: *La Raisonnement Juridique*, Brüssel 1971.

Hubmann, Heinrich: Grundsätze der Interessenabwägung, AcP 155, 85 ff.

Imboden, Max: *Montesquieu und die Lehre der Gewaltenteilung*, Berlin 1959.

Ihering, Rudolf von: *Der Kampf ums Recht*: Ausgewählte Schriften, Nürnberg 1965.

Ipsen, Jörn: *Richterrecht und Verfassung*, Berlin 1975.

Isaac, J.: La notion dialectique chez S. Thomas, Revue des Sciences Philos. et Théol. XXXIV (1950), 481 ff.

Isay: *Rechtsnorm und Entscheidung*, 1929.

James, Philip S.: *Introduction to English Law*, 5th ed., London 1962.

Jellinek, Georg: *Allgemeine Staatslehre*, 3. Auflage., 7. Neudruck, Darmstadt 1960.

Jellinek, Walter: Das Märchen von der überprüfung verfassungswidriger Reichsgesetze durch das Reichsgericht, JW 1925, 425 f.

Jerusalem, Franz W.: Das Problem der Methode in der Staatslehre, AöR 54, 161 ff.

Jesch, Dietricht: Zur Bindung an Entscheidungen des Bundesverfassungsgerichts über Verfassungsbeschwerden, JZ 54, 528 ff.

Jung, Erich: *Die logische Geschlossenheit des Rechts*, 1900.

------------: *Das Problem des natürlichen Rechts*, Leipzig 1912.

Kadenbach, Ernst: Zur bindenden Wirkung der Entscheidungen des Bundesverfassungsgerichts, AöR (80. Bd., NF. 41) 1955, 385-422.

Kantorowicz, Hermann U.: (pseudonym Gnaeus Flavius), *Der Kampf um die Rechtswissenschaft*, Heidelberg 1906.

------------: *Rechtswissenschaft und Soziologie*, Karlsruhe 1962.

Kapp, Ernst: Artikel "Syllogistik" in Paulys Realenzyklopädie der klassischen Altertumswissenschaften, II. Reihe, 7. Halbbd., Stuttgart 1931, Spalte 1046 ff.

------------: *Der Ursprung der Logik bei den Griechen*, Göttingen 1965.

Kaser, Max: Das Römische Privatrecht, I, München 1955.

Kaufmann, Arthur: Freirechtsbewegung- lebendig oder tot? JuS 65, 1 ff.

------------: Gesetz und Recht: Existenz und Ordnung, Festschrift für Erik Wolf, Frankfurt 1962, 357 ff.

------------: Zur rechtsphilosophischen Situation der Gegenwart JZ 1963, 137 ff.

------------: *Analogie und "Natur der Sache"*, Karlsruhe 1965.

Kaufmann, Erich: Die Gleichheit vor dem Gesetz im Sinn des Art. 109 der Reichsverfassung, VVDStRL 3 (1927), 2 ff.

Keller, Adolf: *Die Kritik, Korrektur und Interpretation des Gesetzeswortlauts*, Winterthur 1960.

Kempski, Jürgen von: Rezension Viehwegs: Archiv für Philosophie 6, 348 ff.

Kewenig, Wilhelm: Bericht über die Arbeitssitzung der Fachgruppe für Vergleichendes öffentliches Recht über "Methoden der Verfassungsinterpretation", JZ 62, 229.

Kern, Ernst: Probleme der Rechtsprechung des Bundesverfassungsgerichts zur Verfassungsmäßigkeit der Gesetze gem. Art. 131 GG, DVBI. 54, 273.

Kern, Eduard: Grundsatzliches und Übersicht zu Teil IV (Rechtspflege) im HdbDStR
II, Tüblngen 1932.

Kirchner: *Generell bindende Gerichtsentscheidungen im reichsdeutschen und österreichischen Recht*,
Leipzig 1932.

Kleinknecht, Theodor: Anmerkung zum Beschluß des Oberlandesgerichts Celle vom
21. 12. 27, JZ 59, 180.

Klinger: *Kommentar zur Verwaltungsgerichtsordnung*, 2. Aufl., Göttingen 1964.

Klug, Ulrich: *Juristische Logik*, 2. Aufl., Berlin, Göttingen, Heidelberg 1958.

Kohler: Gesetzesinterpretation, Grünhuts Zeitschrift 13, 1 ff.

------------: Die rechtsschöpferische Kraft der Jurisprudenz, Iherings Jahrbuch 25, 262
ft.

Koschaker, Paul: *Europa und das Römische Recht*, 2. Aufl., München und Berlin 1963.

Krause, Hermann: Cessante causa cessat lex. Zeitschrift der Savigny-Stiftung für
Rechtsgeschichte, kanonistische Abteilung, Bd. 77, 1960, S. 82-111.

Krawietz, Werner: *Das positive Recht und seine Funktion. Kategorial und methodologische
Überlegungen zu einer funktionalen Rechtstheorie*, Berlin 1967.

------------: Juristische Methodik und ihre rechtstheoretischen Implikationen, Rechtstheorie als
Grundlagenwissenschaft der Rechtswissenschaft, Jahrbuch für Rechtssoziologie
und Rechtstheorie, Bd. II, hrsg. von H. Albert, N. Luhmann, W. Maihofer,
O. Weinberger, Düsseldorf 1972, S. 12 ff.

Kriele, Martin: *Kriterien der Gerechtigkeit*, Berlin 1963.

Kriele, Martin: Der Supreme Court im Verfassungssystem der USA, Der Staat 1965,
195 ff.

------------: Felix Frankfurter, JZ 1965, 242 ff.

------------: Oftene und verdeckte Urteilsgründe. Zum Verhältnis von Philosophie und
Jurisprudenz heute. Collegium Phllosophicum (Festschrift für Joachim Ritter),
Basel und Stuttgart 1965, 99 ff.

------------: Anmerkungen zu Urteil des BVerfG v. 25.2. 1975 (§ 218 StGB), JZ
1975, 222.

------------: § 218 StGB nach dem Urteil des Bundesverfassungsgerichts, ZRP 1975,
73.

------------: *Einführung in die Staatslehre, Die geschichtliche Legitimitatsgrundlagen des demokratischen*

Verfassungsstaates, Reinbeck 1975.

Krüger, Herbert: Verfassungsauslegung aus dem Willen des Verfassunggebers, DVBI. 61, 685 ff.

------------: Verfassungsänderung und Verfassungsauslegung, DöV 61, 721.

------------: *Allgemeine Staatslehre*, Stuttgart 1964.

Kuhn, Helmut: Aristoteles und die Methode der politischen Wissenschaft, Zeitschrift für Politik, 1965, S. 101-120.

Kunkel, Wolfgang: Savignys Bedeutung für die deutsche Rechtswissenschaft und das deutsche Recht, JZ 62, 457 ff.

Laband, Paul: *Das Staatsrecht des deutschen Reiches*, 4. Aufl., Tübingen 1901.

Lambert, Edouard: *La fonction du droit civil comparé*, 3 Bde., Paris 1938.

Larenz, Karl: *Methodenlehre der Rechtswissenschaft*, Berlin, Göttingen, Heidelberg 1960.

------------: Richterliche Rechtsfortbildung als methodisches Problem, NJW 65, 1.

------------: Wegweiser zu richterlicher Rechtsschöpfung, Festschrift für Arthur Nikisch, 275 ff.

------------: *Kennzeichen geglückter richterlicher Rechtsfortbildung*, Karlsruhe 1965.

Lask, Emil: *Rechtsphilosophie*, 1965.

Lausberg, Heinrich: *Handbuch der literarischen Rhetorik*, München 1960.

Lechner, Hans: *Kommentar zum Bundesverfassungsgerichtsgesetz*, München und Berlin 1954.

------------: Nochmals zur bindenden Wirkung verfassungsgerichtlicher Entscheidungen, NJW 56, 461.

Lehmann, Heinrich: *Allgemeiner Teil des Bürgerlichen Gesetzbuches*, 14. Aufl., Berlin 1963.

Leisner, Walter: *Von der Verfassungsmaßigkeit der Gesetze zur Gesetzmaßigkeit der Verfassung*, Tübingen 1964.

------------: Betrachtungen zur Verfassungsauslegung, DöV 61, 641 ff.

Lerche, Peter: Stil, Methode, Ansicht: polemische Bemerkungen zum Methodenproblem, DVBI. 61, 690.

Less, Günter: *Vom Wesen und Wert des Richterrechts*, Erlangen 1954.

Lewald, Walter: Schlußbetrachtung der Schriftleitung zu den Beamtenurteilen des Bundesverfassungsgerichts, NJW 54, 1274.

Lipset, Seymour Martin: *Soziologie der Demokratie*, Neuwied und Berlin 1962.

Liver, Peter: *Der Wille des Gesetzes*, Bern 1954.

Llewellyn, Karl N.: *Jurisprudence in Theory and Practice*, Chicago 1962.

------------: *The Bramble Bush, On our Law and its Study*, New York 1960.

------------: *The Common Law Tradition (Deciding Appeals)*, Boston and Toronto 1960.

------------: *Präjudizienrecht und Rechtsprechung in Amerika*, Leipzig 1933.

Lorenzen, Paul: *Normative Logic and Ethics*, Mannheim 1969.

------------: Scientismus versus Dialektik, Hermeneutik und Dialektik, Festschrift für Hans Georg Gadamer, Tübingen 1970.

------------: Schwemmer, Oswald: *Konstruktive Logik, Ethik und Wissenschaftstheorie*, Mannheim, Wien, Zürich 1973.

Lucas, Min.Rat.: Zu den Fragen der Geltung der Eigentumsgarantie (Art. 14 GG) für Beamte und der Grenzen der Bindungswirkung von Entscheidungen des Bundesverfassungsgerichts, NJW 54, 1273.

Lübbe, Hermann: Zur Theorie der Entscheidung, Collegium Philosophicum (Festschrift für J. Ritter), Basel und Stuttgart 1965, 118 ff.

Lübbe, Hermann: *Theorie und Entscheidung*, Freiburg 1971.

Luhmann, Niklas: Funktionale Methode und juristische Entscheidung, Archiv des öffentlichen Rechts 94 (1969), S.1 ff.

------------: *Legitimation durch Verfahren*, Neuwied und Berlin 1969.

------------: *Rechtssoziologie* 1 und 2, Reinbek bei Hamburg 1972.

------------: *Zweckbegriff und Systemrationalität, über die Funktion von Zwecken in sozialen Systemen*, Tübingen 1968.

------------: *Rechtssystem und Rechtsdogmatik*, Stuttgart 1974.

Lukas, Josef: Zur Lehre vom Willen des Gesetzgebers, Festschrift für Laband, Tübingen 1908, S. 397 ff.

Maier, H.: Zur Lage der politischen Wissenschaft in Deutschland, Vierteljahresschrift für Zeitgeschichte 1962, 225 ff.

von Mangoldt-Klein: *Das Bonner Grundgesetz*, 2. Aufl., Band I, Berlin und Frankfurt 1957.

Marcic, René: *Vom Gesetzesstaat zum Richterstaat*, Wien 1957.

Marquard, Odo: Hegel und das Sollen, Philosophisches Jahrbuch 1964, 103 ff.

Mason, Alpheus T. and William M. Beaney: *The Supreme Court in a free Society*, Englewood Cliffs (N. Y.), 1959.

Maunz-Dürig: *Kommentar zum Grundgesetz*, München und Berlin 1958.

Maxwell on the Interpretation of Statutes, 11. Aufl., London 1962.

McDougal and Associates, Studies in World Public Order, New Haven 1960, 42 ft.

------------: The Comparative Study of Law for Policy Purposes: Value Clarification as an Instrument of Democratic World Order, 61 Yale Law Journal, 1962.

------------: International Law, Power and Policy, Hague Académie de Droit International, 82 Recuell des Cours 137 (1953).

von Mehren, Authur Taylor: The Judicial Process in the United States and Germany, Festschrift für Ernst Rabel Tübingen 1954, 67 ff.

Meier-Hayoz, Arthur: *Der Richter als Gesetzgeber*, Zürich 1951.

Mendelsohn-Bartholdy: *Das Imperium des Richters*, Straßburg 1908.

Merk, Wilhelm: Unter welchen Voraussetzungen bedürfen die nach dem 8. Mai 1945 aus politischen Gründen aus ihrem Amt entfernten Beamten bei ihrer Wiederverwendung einer neuen Anstellung? AöR 1955, 346 ff.

Merkl, Adolf: Zum Interpretatlonsproblem, Grünhuts Zeitschrift 42, 541 ff.

Mertner, E.: Topos und Commonplace: Strena Anglica, Festschrift für O. Ritter, Halle 1956, 178 ff.

Merz, Hans: Die Widerrechtlichkeit gem. Art. 41 des Schweizerischen Obligationenrechts als Rechtsquellenproblem, Zeitschrift des Bernischen Juristenvereins Bd. 91, 1955, 301 ff.

Meyer, Georg: *Lehrbuch des Staatsrechts*, in 7. Aufl. bearbeitet von Gerhard Anschütz, München und Leipzig 1914.

Michaelis, Karl: Über das Verhältnis von logischer und sachlicher Richtigkeit bei der sogenannten Subsumtion, Göttinger Festschrift für das Oberlandesgericht Celle, Göttingen 1962, 117 ff.

Morstein-Marx, Fritz: *Variationen über richterliche Zuständigkeit zur Prüfung der Rechtmäßigkeit des Gesetzes*, Berlin 1927.

Müller, Friedrich: *Normstruktur und Normativität. Zum Verhältnis von Recht und Wirklichkeit in der juristischen Hermeneutik, entwickelt an Fragen der Verfassungsinterpretation*, Berlin 1966.

------------: Fragen einer Theorie der Praxis, Archiv des öffentlichen Rechts 95 (1970), S. 154 ff.

------------: Arbeitsmethoden des Verfassungsrechts, Enzyklopädie der geisteswissenchaftlichen

Arbeitsmethoden, hrsg. von M. Thiel, 11. Lieferung: Methoden der Rechtswissenschaft Tell I, München und Wien 1972, S. 123 ff.

------------: *Juristlsche Methodik*, 2. Aufl., Berlin 1976.

------------: *Juristische Methodik und Politisches System. Elemente einer Verfassungstheorie II*, Berlin 1976.

Müller, Horst Joachim: Subjektive und objektive Auslegungstheorie in der Rechtsprechung des Bundesverfassungsgerichts, JZ 62,471 ff.

von Münch, Ingo: Zur Objektivität in der Völkerrechtswissenschaft, Archiv des Völkerrechts 9 (1961/62), 1 ff.

Nipperdey, Hans-Carl: *Die Grundrechte und Grundpflichten der Reichsverfassung*, Berlin 1930.

Nirk, Rudolf: Die Lehre von der culpa in contrahendo in rechtsvergleichender Darstellung, Rabels Zeitschrift 18 (1953), 310 ff.

Oberndörfer, D.: Politik als praktische Wissenschaft, Wissenschaftliche Politik 1962.

Odenheimer, Max Jörg: *Der christlich-kirchliche Anteil an der Verdrängung der mittelalterlichen Rechtsstruktur und an der Vorherrschaft des staatlich gesetzten Rechts im deutschen und fanzösischen Rechtgebiet*, Basel 1957.

Oeing-Hanhoff, Ludger: *Descartes und der Fortschritt der Metaphysik*, ungedr, Diss., Göttingen 1953.

Oliphant, Herman: A Return to Stare Decisis, 14 American Bar Association Journal 71, 139 (1928).

Ossenbühl, Fritz: Probleme und Wege der Verfassungsauslegung, Döv 65, 649.

Patzig, Günther: *Die aristotelische Syllogistik*, 2. Aufl., Göttingen 1963. - Aristoteles and syllogism from false premises, Mind 68 (1959), 270.

Paul, Julius: *The Legal Realism of Jerome Frank*, Den Haag 1959.

Pestalozza, Christian Graf von: Kritische Bemerkungen zu Methoden und Prinzipien der Grundrechtsauslegung in der Bundesrepublik Deutschland, Der Staat 1964, 425 ff.

Perelman, Chaim/Albrecht-Tyteca, L.: *Traité de L'argumentation*, 2. Aufl., Brüssel 1970.

Peters, Hans: Der Streit um die 131er-Entscheidungen des Bundesverfassungsgerichts, JZ 54, 589.

-----------: *Das Recht auf freie Entfaltung der Persönlichkeit in der höchstrichterlichen Rechtsprechung*, Köln und Opladen 1963.

Philippi, K. J.: *Tatsachenfeststellungen des Bundesverfassungsgerichts. Ein Beitrag zur rational-empirischen Fundierung verfassungsrechtlicher Entscheidungen*, Köln, Berlin, Bonn, München 1971.

Pöggeler, otto: Dichtungstheorie und Toposforschung, Jahrbuch für ästhetik V (1960), 89 ff.

Podlech, A.: Wertungen und Werte im Recht, Archiv des öffentlichen Rechts 95 (1970), S. 185 ff.

Radbruch, Gustav: *Einführung in die Rechtswissenschaft*, 9. Aufl. Stuttgart 1952.

-----------: *Rechtsphilosophie*, 4. Aufl., Stuttgart 1950.

-----------: *Der Geist des englischen Rechts*, 3. Aufl., Göttingen 1956.

Raiser, Ludwig: Rechtswissenschaft und Rechtspraxis, NJW 64, 1201.

Rawls, John: *A Theory of Justice*, Oxford 1973, dt.e Ausgabe: *Eine Theorie der Gerechtigkeit*, Frankfurt 1975.

Redmann, Günter: Rezension Reinhold Zippelius', ARSP 1963, 589 ff. Reichel, Hans: Gesetz und Richterspruch, Zürich 1915.

Reinicke, G. u. D.: Die Auslegungsgrundsätze des Deutschen Obergerichts (DOG) und des Obersten Gerichtshofs für die britische Zone, JR 1951, 161.

-----------: Die Auslegungsgrundsätze des Bundesgerichtshofs, NJW 1951, 681 ff.

-----------: Die Bedeutung des Wortlauts bei der Auslegung von Gesetzen nach der Rechtsprechung des Bundesgerichtshofs, NJW 1952, 1033 ff.

-----------: Die Ausfüllung primärer und sekundärer Gesetzeslücken nach der Rechlsprechung des Bundesgerichtshofes, NJW 1952, 1153 ff.

-----------: Zur Frage, ob das Gericht berechtigt ist Uber den Willen des Gesetzgebers Beweis zu erheben, MDR 1952, 141.

-----------: Zur Fortbildung des Rechts durch den Richter, NJW 1954, 1217.

-----------: Die Auslegungsgrundsätze des Bundesarbeitsgerichts, NJW 1955, 1380 und 1662 ff.

-----------: Die Bindung des Richters an veraltete Gesetze, MDR 1957, 193 ff. Reinicke, Dietrich: Eheliches Güterrecht und Gleichberechtigung, NJW 1953, 681 ff.

------------: Ausfüllung von Gesetzslücken durch den Bundesgerichtshof, Jus 1964, 422 ff.

Redslob, Robert: *Die Staatstheorien der französischen Nationalversammlung von 1789*, Leipzig 1952.

Riedel, Manfred (Hrsg.): *Rehabilitierung der praktischen Philosophie*, Bd. I, Geschichte, Probleme, Aufgaben, Freiburg 1972; Bd. II, Rezeption, Argumentation, Diskussion, Freiburg 1974.

Richter, Walter: Die Richter der Oberlandesgerichte der Bundesrepublik. Eine berufs- und sozialstatistische Analyse, Hamburger Jahrbuch für Wirtschafts und Gesellschaftspolitik, 5. Jahr, Tübingen 1960, 241 ff.

Riezler, Erwin: Ratio decidendi und obiter dictum im Urteil, AcP NF 19 (1934), 161 ff.

Rodell, Fred: *Nine Men. A Political History of the Supreme Court of the United States from 1790-1955*, New York 1955.

Rolfes, Eugen: Einleitung zu: Aristoteles' 1. Analytik, Leipzig 1922.

Rill, Heinz Peter: Zur "Methodenlehre der Rechtswissenschaft" von Karl Larenz, österrelchische Zeitschrift öffentliches Recht XV, 281 ff. (1964).

Ritter, Joachim: Die Lehre vom Ursprung und Sinn der Theorie bei Aristoteles, Arbeitsgem. für Forschg. des Landes Nordrhein-Westfalen, Geisteswiss. 1. Köln und Opladen (1952), 32 ff.

------------: *Hegel und die französische Revolution*, Köln und Opladen 1957 (Ed. Suhrkamp, Frankfurt 1965).

------------: *"Naturrecht" bei Aristoteles, Zum Problem einer Erneuerung des Naturrechts*, Stuttgart 1961.

------------: Das bürgerliche Leben, Vierteljahresschrift für wissenschaftliche Pädagogik 32 (1956) 83 ff.

------------: Zur Grundlegung der praktischen Philosophie bei Aristoteles, ARSP 46 (1960), 179 ft.

------------: Freiheit der Forschung und Lehre, Studium Generale 18 (1965), 143 ff.

Riedel, Manfred: *Theorie und Praxis im Denken Hegels*, Stuttgart 1965.

Rostow, Eugene: *The Sovereign Prerogative*, 2th ed., New Haven and London 1963.

Ross, Alf: *Theorie der Rechtsquellen*, Leipzig und Wien 1929.

Roth-Stielow: *Die Auflehnung des Richters gegen das Gesetz*, Villingen 1965.

Rosenberg, Leo: *Die Beweislast auf der Grundlage des Bürgerlichen Gesetzbuchs und der Zivilprozeßordnung*, München 1965.

Rottleuthner, H.: *Richterliches. Handeln. Zur Kritik der Juristischen Dogmatik*, Frankfurt am Main 1973.

------------: *Rechtswissenschaft als Sozialwissenschaft*, Frankfurt am Main 1973.

Rümelin, Gustav: *Werturteile und Willensentscheidungen*, 1895.

Rümelin, Max: *Erlebte Wandlungen in Wissenschaft und Lehre*, Tübingen 1930.

Rumpf, Max: *Gesetz und Richter*, Berlin 1906.

Rupp, Hans Heinrich: Die Nichtigkeit eines verfassungswidrigen Gesetzes und die Entscheidungsfunktion des Bundesverfassungsgerichts, JuS 63, 465 ff:

Rüthers, Bernd: *Die unbegrenzte Auslegung, Zum Wandel der Privatrechtsordnung im Nationalsozialismus*, Tübingen 1968.

Ryffel, H.: *Grundprobleme der Rechts und Staatsphilosophie. Philosophishce Anthropologie des Politischen*, Neuwied und Berlin 1969.

------------: Besprechung von: M. Kriele, Theorie der Rechtsgewinnung, 1967, und: F. Müller, Normstruktur und Normativität, 1966, Deutsches Verwaltungsblatt 1971, S. 83 f.

Salmond, John William: *On Jurisprudence*, 7th ed., London 1942.

Sauer, Wilhelm: Die grundsätzliche Bedeutung der höchstrichterlichen Rechtsprechung für Praxis und Wissenschaft: Reichsgerichtspraxis im deutschen Rechtsleben I, S. 122-153.

------------: *Juristische Methodenlehre*, Stuttgart 1940.

Savigny, Friedrich Carl von: *System des heutigen Römischen Rechts*, Bd. I, Berlin 1840.

------------: *Juristische Methodenlehre*, hrsg. von Gerhard Wesenberg, Stuttgart 1951.

------------: *Vom Beruf unserer Zeit für Gesetzgebung und Rechtswissenschaft*, 3. Aufl., Heidelberg 1840.

Savigny, Eike von: *Die Philosophie der normalen Sprache*, Frankfurt 1969.

Sarstedt, Werner: *Die Revision in Strafsachen*, 4. Aufl., Essen 1962.

Sattelmacher, P.: Bericht, *Gutachten und Urteil. Eine Elnführung in die Rechtspraxis*, neubearbeitet von W. Sirp, München 1972 (26. Auflage).

Sax, Walter: *Das strafrechtliche "Analogieverbot"*, Göttingen 1953.

Schäfer, Hans: Gesetzeskraft und bindende Wirkung der Entscheidungen des

Bundesverfassungsgerichts, NJW 54, 1465 ff.

Schäffer, Carl: *Die deutsche Justiz*, 1928.

Schalcha, Erich: Zur Aushöhlung der Vorlagepllicht nach §§ 121, 136 GVG, MDR 1959, 90.

Scheuner, Ulrich: Das Bundesverfassungsgericht und die Bindungskraft seiner Entscheidungen, DöV 1954, 641.

------------: Die Rechtsprechung des Bundesverfassungsgerichts und das Verfassungsrecht der Bundesrepublik, DVBI. 52, 613 ff.

------------: Grundrechtsinterpretation und Wirtschaftsordnung, DöV 56, 66.

------------: Diskusslonsbeitrag zu "Richter und Verfassung", in: *Die Verfassungsgerichtsbarkelt der Gegenwart*, Köln und Berlin 1962.

schmidt, Eberhardt: Zur Auslegung des § 136 GVG, MDR 58, 815.

Schmitt, Carl: *Gesetz und Urteil*, Berlin 1912.

------------: *Politische Theologie*, München und Leipzig 1922.

------------: *Die geistesgeschichtliche Lage der heutigen Parlamentarismus*, 2. Aufl., München und Leipzig 1926.

------------: *Donoso Cortés in gesamteuropäischer Interpretation*, Köln 1950.

------------: *Verfassungsrechtliche Aufsätze aus den Jahren 1924-1954*, Berlin 1958.

------------: *Verfassungslehre*, 3. Aufl., Berlin 1957.

Schneider, Egon: *Logik für Juristen*, Berlin und Frankfurt 1965.

------------: Wie man Gerichtsentscheidungen kritisch liest, MDR 1962, 522 ff.

Schneider, Peter: Zur Problematik der Gewaltenteilung im Rechtsstaat der Gegenwart, AöR NF 43 (1957), 1 ff.

------------: Prinzipien der Verfassungsinterpretation, VVdDStRL 20, 1 ff.

Schnitzer, Adolf F.: *Verglelchende Rechtslehre*, 2. Aufl., Basel 1961.

Schnorr, Gerhard: Die Rechtsidee im Grundgesetz, AöR 85 (1960), 121 ff.

------------: Die Frage der bindenden Wirkung der Entscheidungen des undesverfassungs-gerichts zum Gesetz zu Art. 131, RdA 54, 95 ff.

------------: Der erneute Vorschlagbeschluß des großen Zivilsenats des BGH zum Gesetz zu Art. 131 GG, RdA 1954, 323 ff.

Schrader, Hans-Wilhelm: Recht und Gesetze, Recht, Staat und Wirtschaft, Bd. III, 78 ff.

Schreiber, Rupert: *Logik des Rechts*, Berlin 1962.

Schröder, Jochen: Rechtseinheit und richterliche Entscheidungsfreiheit, NJW 1959, 1517.

Schubert, Glandon A.: *Constitutional Politics*, New York 1960.

Schulz, Fritz: *History of Roman Legal Science*, Oxford 1946.

Schumann, Ekkehard: *Verfassungs und Menschenrechtsbeschwerde gegen richterliche Entscheidungen*, Berlin 1963.

Schuppert, Folke: *Die verfassungsgerichtliche Kontrolle der Auswärtigen Gewalt*, Baden-Baden 1973.

------------: Verfassungsgerichtsbarkeit und Politik. Einige grundsätzliche Bemerkungen zum Urteil über den Grundlagenwert, Zeitschrift für Rechtspolitik 1973, S. 257 ff.

Schwemmer, Oswald: *Philosophie der Praxis*, Frankfurt 1971.

Schwinge, Erich: *Der Methodenstreit in der heutigen Rechtswissenschaft*, Bonn 1930.

Siebert, Wolfgang: *Die Methode der Gesetzesauslegung*, Heidelberg 1958.

Silving, Helen: A Plea for a Law of Interpretation, 98 University of Pennsylvania Law Review (1958), 499 ff.

Singer, M. G.: *Generalization in Ethics*, New York 1961.

Smend, Rudolf: *Verfassung und Verfassungsrecht*, München und Leipzig 1928.

Sontheimer, Kurt: *Politische Wissenschaft und Staatsrechtslehre*, Freiburg (Brausgau) 1963.

Specht, Rainer: Über den juristischen Realismus Giambattista Vicos, Philosophisches Jahrbuch der Görresgesellschaft 63 (1955), 166.

Spiegel, Ludwig: *Gesetz und Recht*, München 1913.

Stampe, Ernst: *Die Freirechtsbewegung*, Berlin 1911.

------------: *Grundriß der Wertungslehre*, Tübingen 1912

Staudinger, Julius v.: *Kommentar zum BGB*, 10. Aufl., München-Berlin-Leipzig 1936.

Stegmüller, Wolfgang: *Unvollständigkeit und Unentscheidbarkeit*, Wien 1959.

Stein-Jonas-Schönke: *Kommentar zur ZPO*, 18. Aufl., Tübingen 1956.

Stein, Erwin: Die verfassungsrechtlichen Grenzen der Rechtsfortbildung durch die Rechtsprechung, NJW 64, 1745 ff.

von Stein, Lorenz: Zur Charakteristik der heutigen Rechtswissenschaft, Deutsche Jahrbücher für Wissenschaft und Kunst Nr. 92-100 (1841), 365 f., 369 f., usw.

Stern, Jaques: *Thibaut und Savigny*, Darmstadt 1959.

Stern, Klaus: *Gesetzesauslegung und Auslegungsgrundsätze des Bundesverfassungsgerichts*, ungedr. Diss., München 1956.

Stevenson, G. -L.: *Ethic and Language*, Oxford 1945. Boehmer, Bonn 1954, 34 ff.

Strauch, Dieter: *Recht, Gesetz und Staat bei Friedrich Carl von Savigny*, Bonn 1960

Strömberg, Hakan: On the Idea of Legislation, Scandinavian Studies in Law 8 (1964) 221 ff.

Tarello, Giovanni: *Il Realismo Giuridico Americano*, Milano 1962.

Teichmann, Arndt: *Die Gesetzesumgehung*, Göttingen 1962

Thieme, Hans: *Das Naturrecht und die europäische Privatrechtsgeschichte*. Basel 1947

------------: Die Preußische Kodifikation, Zeitschrift der Savigny-Stiftung für Rechtsgeschichte, germanistische Abteilung 57 (1937), 355 ff.

------------: Die Zeit des späten Naturrechts, Eine privatrechtsgeschichtliche Studie, Abt. 56 (1936), 202 ff.

------------: Naturrecht und historische Schule: Forschungen und Fortschritte, 13. Jg. (1937), 220 f.

Thoma, Richard: Das richterliche Prüfungsrecht, AöR 43, 267 ff.

------------: Einleitung zu: HdbDStR, Bd. I, Tübingen 1930.

Triepel, Heinrich: *Staatsrecht und Politik*, Berlin und Leipzig 1927.

------------: Zulässigkeit und Form von Verfassungsänderungen ohne änderung der Verfassungsurkunde, Verhandlungen des 33. Deutschen Juristentages, S. 45 ff.

Uber, Gisbert: *Freiheit des Berufs, Art. 12 GG. Nach einer rechtsgrundsätzlichen Betrachtung der individuellen Freiheit*, Hamburg 1952.

Ule, Carl-Hermann: *Verwaltungsgerichtsbarkeit*, Köln-Berlin 1960.

Veit, Walter: Toposforschung, Ein Forschungsbericht. Deutsche Vierteljahres schrift für Literaturwissenschaft und Geistesgeschichte, Bd. 37 (1963), 120 ff.

Vico, Gian Battista: *Vom Wesen und Weg der geistigen Bildung*, Latein.-deutsche Ausgabe, Godesberg 1947.

Viehweg, Theodor: *Topik und Jurisprudenz*, 2. Aufl., München 1963.

------------: Zur Geisteswissenschaftilchkeit der Rechtsdisziplin, Studium Generale 1958, 334 ff.

------------: Zwei Rechtsdogmatiken, Philosophie und Recht, Festschrift für C. A. Emge, Wiesbaden 1960, 106 ff.

------------: Uber den Zusammenhang von Rechtsphilosophie, Rechtstheorie und Rechtsdogmatik, Festschrift für Legaz y Lacambra, 1960, Bd. I, 203 ft.

Voegelin, E.: *Die neue Wissenschaft von der Politik*, 1959.

Wach, Adolf: Handbuch des deutschen Zivilprozesses I, Leipzig (1885).

Wagner, Albrecht: *Der Richter*, Karlsruhe 1959.

Wambaugh: *Study of Cases*, 2nd ed., 1894.

Warren, Earl: Rechtsprechung in der Krise der Gegenwart, Universitas 20 (1965), 29 ff.

Weber, Max: *Wirtschaft und Gesellschaft*, 4. Aufl., Tübingen 1956.

------------: *Rechtssoziologie*, hrsg. von Johannes Winckelmann, Neuwied 1960.

Weber, Werner: Gewaltenteilung als Gegerwartsproblem, Festschrift für Carl Schmitt, Berlin 1959, 254 ff.

------------: Das Richtertum in der deutschen verfassungsordnung, Festschrift für Niedermeyer, Göttingen 1953, 281 ff.

Welzel, Hans: *Naturrecht und materiale Gerechtigkeit*, 4. Aufl., Göttingen 1962.

Wenger, Leopold: in Jörs-Kunkel-Wenger, *Römisches Privatrecht*, 3. Aufl., 1949.

------------: Antikes Richterktönigtum, Festschrift zur Jahrhundertfeier des ABGD, Bd. I S. 481 ff.

Wengler, Wilhelm: Zur bindenden Wirkung des Konkordatsurteils, NJW 57, 1417 ff.

Werner, Fritz: Rezension Larenz', NJW 1964, 26.

Wertenbruch: *Versuch einer kritischen. Analyse der Rechtslehre Rudolf von Iherings*, Berlin 1955.

Wieacker, Franz: *Gründer und Bewahrer*, Göttingen 1959.

------------: Aufstieg, Blüte und Krisis del' Kodifikationsidee; Festschrift für Gustav Boehmer, Bonn 1954, 34 ff.

------------: *Gesetz und Richterkunst, Zum Problem der außergesetzlichen Rechtsordnung*, Karlsruhe 1958.

------------: Willenserklärung und sozialtypisches Verhalten, Göttinger Festschrift für das OLG Celle, Göttingen 1961, 263 ff.

------------: *Rudolf von Ihering*, Leipzig 1941.

------------: *Zur rechtstheoretischen Präzisierung des § 242 BGB*, Tübingen 1956.

------------: Die juristische Sekunde. Zur Legitimation der Konstruktionsjurisprudenz, Festschrift für Erik Wolf, Frankfurt 1962, 421 ft.

------------: Das Bürgerliche Recht im Wandel der Gesellschaftsordnungen, 100 Jahre deutsches Rechtsleben, Festschrift zum 100. Bestehen des Deutschen Juristentages, Bd. II, 1 ff., Karlsruhe 1960.

Wieacker, Franz: *Das Sozialmodell der klassischen Privatrechtsgesetzbücher und die Entwicklung der modernen Gesellschaft*, Karlsruhe 1953.

------------: *Privatrechtsgeschichte der Neuzeit*, Göttingen 1952, 2. Aufl. 1967.

------------: Gesetzesrecht und richterliche Kunstregel, JZ 1957, 701 ff.

------------: *Zum heutigen Stand der Naturrechtsdiskussion*, Arbeitsgem. f. Forschung des Landes Nordrhein-Westf., Köln und Opladen 1965.

------------: Rezension zu Canaris, Claus Wilhelm: Systemdenken und Systembegriff in der Jurisprudenz, Zeitschrift für Rechtstheorie 1970, 117.

Wieland, K.: *Historische und kritische Rechtswissenschaft*, 1910.

Wieland, Wolfgang: *Die aristotelische Physik*, Göttingen 1962.

------------: Zum Problem der Begründung des Naturrechts, Philosophische Rundschau 4 (1956), 89 ff.

------------: Rezension Ulrich Klug, Juristische Logik, Philosophische Rundschau 4, (1956), 207 ff.

Willms, Bernhard: "Ein Phönix zuviel". Bemerkungen zu zwei Versuchen über Zerstörung und Erneuerung einer Wissenschaft, Der Staat 1964, 488 ff.

Wilhelm, Walter: *Zur juristischen Methodenlehre im 19. Jahrhundert*, Frankfurt 1958.

Wintrich, Josef und Hans Lechner: Die Verfassungsgerichtsbarkeit, in: *Die Grundrechte*, Bd. III, 2. Halbbd., 643 ff.

Williams. Glanville: *Learning the Law*, 6th ed., London 1957.

Wittgenstein, Ludwig: Philosophische Untersuchungen. Oxford 1958.

Wolf. Erik: Rezension Peter Livers', AöR 80, 489 f.

Wolf. Ernst: *Verfassungsgerichtsbarkeit und Verfassungstreue in den Vereinigten Staaten*. Basel 1961.

Wolff. Hans J.: *Verwaltungsrecht* I, 6. Aufl., München und Berlin 1965, II, 1962.

------------: Typen im Recht und in der Rechtswissenschaft, Studium Generale 1952. 195 ff.

Zeidler, Karl: Einige Bemerkungen zum Verwaltungsrecht und zur Verwaltung in der Bundesrepublik Deutschland seit dem Grundgesetz, Der Staat 1962, 321 ff.

Zeidler. Albrecht: *Die objektiven Grenzen der Rechtskraft im Rahmen rechtlicher Sinnzusammenhänge*, Tübingen 1959.

------------: Über die Geltungsdauer der Entscheidungen des Bundesverfassungsgerichts und die Möglichkeiten späterer abweichender Entscheidungen. DöV 55. 335 ff.

Zitelmann. Ernst: *Lücken im Recht*, 2. Aufl., Leipzig 1921.

Zippelius, Reinhold: Zum Problem der Rechtsfortbildung, NJW 64, 1961.

Zippelius. R.: *Einführung in die juristische Methodenlehre*, 2. Aufl., München 1974.

Zweigert, Konrad: Juristische Interpretation, Studium Generale 1954, 380 ff.

------------: Die Verfassungsbeschwerde, JZ 52, 321 ff.

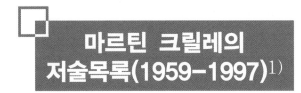
마르틴 크릴레의 저술목록(1959-1997)[1)]

1959

Pater Gundlach und der ABC-Krieg.
In: Hochland 1959, 5. S. 468 ff.

1960

Die Labilität der politischen Vernunft. Betrachtungen gelegentlich eines Vortrags von
William S. Schlamm.
In: Frankfurter Hefte 1960, 2. S. 77 ff.

1963

Kriterien der Gerechtigkeit. Zum Problem des rechtsphilosophischen und politischen Relativismus.
Berlin: Duncker & Humblot, 1963

1964

Samuel I. Shuman, Legal Positivism. Its Scope and Limitations. Detroit: Wayne State
University Press, 1963. Rezension.
In: ARSP 1964, 4. S. 589 ff.

1965

Auf der Suche nach der Vernunft. Internationale Tagung für Rechtsphilosophie in

---

1) 이 목록은 *Staatsphilosophie und Rechtspolitik. Festschrift für Martin Kriele zum 65.
Geburtstag,* 1997, S. 1529-1552에서 Diplom-Bibliotheker Christian Meyer가 정리한
것임.

Bellagio.
In: FAZ vom 30. 9. 1965

Felix Frankfurter (1882-1965).
In: JZ 1965, 8. S. 242 ff.

Kaufmann, Arthur: Analogie und „Natur der Sache". Zugl. e. Beitrag zur Lehre
Vom Typus. Karlsruhe 1965. Rezension.
In: FAZ vom 25. 11. 1965

Offene und verdeckte Urteilsgründe. Zum Verhältnis von Philosophie und
Jurisprudenz heute.
In: Collegium philosophicum. Studien. Joachim Ritter zum 60. Geburtstag. Basel,
   Stuttgart 1965. S. 99 ff.

Der Supreme Court im Verfassungssystem der USA. Ein kritischer Bericht über
neuere amerikanische Literatur.
In: Der Staat 1965, 2. S. 195 ff.

1966

Coing, Helmut: Naturrecht als wissenschaftliches Problem. Wiesbaden 1965.
Rezension.
In: FAZ vom 3. 3. 1966

Eike von Hippel: Grenzen und Wesensgehalt der Grundrechte. Berlin 1965.
Buchbesprechung
In: Der Staat 1966, 2. S. 254 ff.

Nur ein Einzelfall. Plädoyer für einen Außenseiter.
In: DIE ZEIT vom 29. 4. 1966

L' obbligo giuridico e la separazione positivistica fra diritto e morale.
In: Rivista di Filosofia 1966, 2. S. 193 ff.

Rechtspflicht und die positivistische Trennung von Recht und Moral
In: Österreichische Zeitschrift für öffentliches Recht. Bd 16. 1966, 3/4. S. 413 ff.

Staatsrechtslehrertagung in Graz vom 12. - 15. Oktober 1966.
In: DÖV 1966, 23. S. 821 ff.

Wieacker, Franz: Zum heutigen Stand der Naturrechtsdiskussion. Köln u. Opladen
1965. Rezension.
In: FAZ vom 3. 3. 1966

1967

Gesetzprüfende Vernunft und Bedingungen rechtlichen Fortschritts. Überarb. Wiedergabe eines
Vortrags, der unter dem Titel „Gesetzprüfende Vernunft und juristische Methode"
auf dem VI. Kongreß der Internationalen Hegel-Gesellschaft e.V. - 4. - 11. 9. 1966
in Prag - gehalten wurde.
In: Der Staat 1967, 1. S. 45 ff.

Plangewährleistungsansprüche? Habiliatationsvortrag Münster vom 15. 2. 1967
In: DÖV 1967, 15/16. S. 531 ff.

Rechtspositivismus und Naturrecht - politisch beleuchtet.
In: Recht und Politik 1967, 2. S. 41 ff.

Recht und Moral und die Problematik der Reinen Rechtslehre. Erwiderung auf
Walter: Die Trennung von Recht und Moral im System der Reinen Rechtslehre.
In: Österreichische Zeitschrift für öffentliches Recht. Bd, 17. 1967, 3/4. S. 382 ff.

Rossa, Kurt: Todesstrafen. Ihre Wirklichkeit in drei Jahrtausenden Oldenburg u.
Hamburg 1966. Rezension.
In: FAZ vom 20. 6. 1967

Theorie der Rechtsgewinnung, entwickelt am Problem der Verfassungsinterpretation.
Berlin: Duncker & Humbolt 1967(Schriften zum Öffentlichen Recht. Bd 41)

2., um ein Nachwort ergänzte Auflage 1976
Übersetzung: Ins Koreanische von Seong-Bang Hong 1995

Zippelius, Reinhold: Das Wesen des Rechts. München 1965. Rezension
In: FAZ vom 28. 2. 1967

1968

Mängel im Rechtsstudium beseitigen.
In: DIE WELT vom 17. 9. 1968

Rechtspositivismus und Naturrecht - politisch beleuchtet.
In: Tutzinger Texte 1968,4 (=Politische und sozialethische Fragen) S. 63 ff.
[Überarbeitete und ergänzte Fassung eines ursprünglich vor dem Akademischen Symposion gehaltenen und 1967 in Recht und Politik gedruckten Vortrages (s.o), auch abgedruckt in JuS 1969]

Regressive Dialektik.
In: Hegel-Jahrbuch 1968/69. S. 286 ff.

Warum diese Zeitschrift?(als Herausgeber, gemeinsam mit Rudolf Gerhardt)
In: Zeitschrift für Rechtspolitik. Jg 1, 1. S. 2 München: Beck 1968

1969

Antijustizkampagne - was tun?
In: ZRP 1969, 2. S. 38 ff.

Ist die Einheit noch zu retten? 15 Thesen zur Rechtslage im geteilten Deutschland.
In: DIE ZEIT 1969, 52 vom 26. 12. 69/2. 1. 70. S. 40

Mandatsverlust bei Parteiwechsel?
In: ZRP 1969, 11. 241 f.

Notes on the Controversy between Hobbes and English jurists.
In: Hobbes-Forschungen. Berlin 1969, S. 211 ff.

Politische Funktionalisierung des Rechts? Zum Urteil des AG München gegen Rolf Pohle.
In: ZRP 1969, 7. S. 145 ff.

Rechtspositivismus und Naturrecht - politisch beleuchtet.
In: JuS 1969, 4. S. 169 ff.

Zwei Konzeptionen des modernen Staates. Hobbes und englische Juristen.
In: Studium Generale 1969, S. 839 ff.

1970

„Aus Unrecht kann Recht werden". SPIEGEL-Interview über den Polen-Vertrag.
In: DER SPIEGEL 1970 vom 30. 11. 1970

Die deutsche Ostpolitik als Beitrag zur Friedenssicherung.
In: Bulletin des Presse- und Informationsamtes des Bundesregierung 1970, S. 1040 ff.

Erlischt Deutschland als Ganzes? Der Streit um die völkerrechtliche Anerkennung der DDR.
In: FAZ 1970, 113 vom 19. 5. 70. S. 17

Die Herausforderung des Verfassungsstaates. Hobbes und englische Juristen. Neuwied u. Berlin: Luchterhand 1970 (Soziologische Essays)
[Erweiterte Fassung der Antrittsvorlesung unter dem Titel: „Über den Satz: Auctoritas non veritas facit legem", 1966 an der Universität Münster]

Der Streit um die Ostpolitik. Eine Zwischenbilanz.
In: FAZ 1970, 150 vom 3. 7. 70. S. 9

1971

Das demokratische Prinzip im Grundgesetz.
(Gemeinsam mit Werner von Simson)
In: VVDStRL 29 (1971), S. 46 ff.

Kommunisten als Beamte?
In: ZRP 1971, 12. S. 273 ff.
   Der Grenzjäger 1972, 3. S. 11 ff.
   Wie links dürfen Lehrer sein? Reinbek: Rowohlt, 1972.
   S. 24 ff. (rororo 1555 = rororo aktuell)

Nochmals: Mandatsverlust bei Parteiwechsel. Eine Erwiderung auf H. J. Schröder.
In: ZRP 1971, 5. S. 99 ff.

Der Streit um die Rechtslage Deutschlands und die völkerrechtliche Anerkennung der
DDR. (Vortrag auf d. Wiss. Kongreß der Deutschen Vereinigung für Politische
Wissenschaft am 4. Oktober 1971 in Mannheim)
In: ZRP 1971, 11. S. 261 ff.
   PVS 1972, Sonderh. 4. S. 408 ff.

Die Verfassungsmäßigkeit der Ostverträge.
In: Ostverträge, Berlin-Status, Münchener Abkommen, Beziehungen zwischen der
   BRD und der DDR. Vorträge u. Diskussionen eines Symposiums vom März
   1971. Hamburg: Hansischer Gildenverl. 1971. S. 114 ff.

1972

Die Bedeutung der Verträge für den Erhalt der deutschen Nation.
In: Zur deutschen Frage. Eine Dokumentation des Kuratoriums Unteilbares
   Deutschland. Beiträge u. Ergebnisse der Jahresarbeitstagung der Arbeitskreise
   Gesellschaft und Politik 24/25. November 1972 in Berlin. S. 15 ff.

Das Erreichbare ist erreicht.

In: FAZ 1972, 296 vom 21. 12. 72. S. 7 [Betr.: Unterzeichnung des Grundvertrages
mit der DDR]

ESJ Staats- und Verfassungsrecht. Ausgewählte Entscheidungen mit erläuternden Anmerkungen
(ESJ Entscheidungssammlungen für junge Juristen).
München: Beck 1972

Können die Berliner sicherer leben? Zehn Thesen zum Rahmenabkommen der vier
Mächte.
In: DIE ZEIT 1972, 7 vom 18. 2. 72. S. 52

Ordnungsrecht an den Hochschulen. Zur Diskussion des Hochschulrahmengesetzes.
In: ZRP 1972, 2. S. 25 ff.

„Recht und Ordnung".
In: ZRP 1972, 9. S. 213 ff.
Radius 3. Stuttgart 1972, S. 28 ff.

Verfassungsrechtliche und rechtspolitische Erwägungen.
In: Gerechtigkeit in der Industriegesellschaft. Rechtspolitischer Kongreß der SPD
vom 5. -7. Mai 1972 in Braunschweig. Karlsruhe: C.F. Müller 1972. S. 141 ff.
[Betr.: Umweltschutz]

„Wer pokert, darf sich nicht in die Karten blicken lassen". Die Bundesregierung ist
nicht verpflichtet, der Opposition Einblick in vertrauliche Verhandlungsnotizien zu
gewähren.
In: Stuttgarter Zeitung. 1972, Nr. 91.

1973

Das Grundgesetz im Parteienkampf.
In: ZRP 1973, 6. S. 129 ff.

Grundvertrag und Grundgesetz - Auszüge aus dem Plädoyer vor dem Bundesverfassungsgericht am 19. Juni 1973.

In: Recht und Politik, 1973, 4. S. 133 ff.

Legitimitätserschütterungen des Verfassungsstaates.

In: Fortschritte des Verwaltungsrechts. Festschrift für Hans J. Wolff. München: Beck 1973, S. 89 ff.

Pluralistischer Totalitarismus? Eine Auseinandersetzung mit Helmut Schelsky.

In: Merkur, 1973, 301. S. 518 ff.

Pluralistischer Totalitarismus - nochmals befragt. Ein Briefwechsel zwischen Helmut Schelsky und Martin Kriele.

In: Merkur, 1973, 305. S. 988(994) ff.

Unabhängige Entscheidung.

In: ZRP 1973, 8. S. 193 ff. [Bert.: Grundvertrag mit der DDR]

Zur Geschichte der Grund und Menschenrechte.

In: Öffentliches Recht und Politik. Festschrift für Hans Ulrich Scupin zum 70. Geb. Berlin: Duncker & Humbolt, 1973, S. 187 ff.

1974

Lernzielvorschläge für den politischen Unterricht. Vortrag vor dem Kulturausschuß des Landtages des Landes Nordrhein-Westfalen in der öffentlichen Sitzung vom 27. Juni 1974.

Machtprobe auf den Transitwegen. Die Rechtslage und die politischen Konsequenzen.

In: DIE ZEIT 1974, 32 vom 2. 8. 94

Wirtschaftsfreiheit und Grundgesetz. Rückblick und Bilanz am Verfassungstag.

In: ZRP 1974, 5. S. 105 ff.

1975

Einführung in die Staatslehre. Die geschichtlichen Legitmitätsgrundlagen des demokratischen Verfassungsstaates.

Reinbek: Rowohlt, 1975. (Rororo Studium 35 = Rechtswissenschaften)

2. Aufl. Opladen: Westdeutscher Verl. 1981

3., um ein Nachw. erw. Aufl. 1988(WV-Studium ; 35)

4. Aufl. 1990

5. überarb. Aufl. 1994

Übersetzungen: Ins Koreanische 1982

           Ins Japanische 1989

Ernst von Hippel zum 80. Geburtstag.

In: AöR Bd 100. 1975, 3. S. 474 f.

Feststellung der Verfassungsfeindlichkeit von Parteien ohne Verbot.

In: ZRP 1975, 9. S. 201 ff.

§ 218 StGB nach dem Urteil des Bundesverfassungsgerichts.

In: ZRP 1975, 4. S. 73 ff.

Rechtliche Verbürgung von Menschenrechten und demokratischer Verfassungsstaat. Klausur.

In: Wahlfach Examinatorium 7. Staatslehre, Verfassungsgeschichte. Karlsruhe: C.F. Müller 1975. S. 60 ff.

Urteil des Bundesverfassungsgerichts zum Schwangerschaftsabbruch. Anmerkung.

In: JZ 1975, 7. S. 222 ff.

Vor Karlsruhe strammstehen? Das Bundesverfassungsgericht muß verbindliche Entscheidungen fällen Können.

In: Die ZEIT 1975, 10 v. 28. 2. 75. S. 4

Wer entscheidet über die Wirksamkeit von Arzneimitteln?

In: ZRP 1975, 11. S. 260 ff.

Erfahrungsheilkunde 1976, 4. S. 129 ff.

Fragen der Freiheit 1976, 120. S. 99 ff.

1976

Aus der Anhörung der juristischen Gutachter zu verfassungsrechtlichen Fragen des Arzneimittelgesetzes durch den Bundestags-Unterausschuß „Arzneimittelrecht".
In: Fragen der Freiheit 1976, 120. S. 133 ff.

Menschenrechte, Einmischung und Entspannung. Völkerrechtliche Erwägungen zur Ostberliner Polemik gegen Bonn.
In: DIE ZEIT 1976, 35 vom 20. 8. 76. S. 5

Recht und Politik in der Verfassungsrechtsprechung. Zum Problem des judicial self-restraint.
In: NJW 1976, 18. S. 777 ff.

Die Stadien der Rechtsgewinnung.
In: Probleme der Verfassungsinterpretation. Dokumentation einer Kontroverse. Baden-Baden: Nomos Verl.Ges. S. 237 ff.

„Stand der medizinischen Wissenschaft" als Rechtsbegriff.
In: NJW 1976, 9. S. 355 ff.
Fragen der Freiheit 1976, 120. S. 116 ff.

Stellungnahme zum Entwurf des Arzneimittelgesetzes.
In: Fragen der Freiheit 1976, 120. S. 125 ff.

Verfassungswidrigkeit und Verfassungsfeindlichkeit von Parteien und Vereinen (Replik auf Walter Wiese).
In: ZRP 1976, 3. S. 54 ff.

1977

Hans J. Wolff.
In: NJW 1977, 1/2. S. 28 f.

Legitimitätsprobleme der Bundesrepublik. München: Beck 1997(Beck'sche Schwarze Reihe ; 168)

Die Menschenrechte zwischen Ost und West.
Köln: Verl. Wissenschaft und Politik 1977.

Öffentlich-rechtliche Bundes- und Landesgesetze. Ausgabe NRW. Kronberg/Ts.: Athenäum-Verl. 1977. (Hrsg.)

Politische Aufklärung und technische Realität.
In: Neue Zürcher Zeitung 1977, 129 vom 4./5. 6. 77. S. 67

Richterliche Zurückhaltung(judicial self-restraint). Recht und Politik in der Verfassungsrechtsprechung. Rechtsstaat in der Bewährung.
In: Bitburger Gespräche. Jahrbuch 1974/76. S. 183 ff.

1978

Falscher Vorwurf: ein Klima der Unterdrückung. Das Russell-Tribunal mißt mit linker Elle.
In: DIE ZEIT 1978, 9 vom 24. 2. 78.

Freiheit oder „Befreiung"? Der demokratische Verfassungsstaat als Bedingung der Humanität.
In: FAZ 1978, 79 v. 19. 4. 78 S. 10 f.

Freiheit und „Befreiung".
Vortrag gehalten auf der Gründungstagung der Freien Europäischen Akademie der Wissenschaften vom 25. -27. Nov. 1977 in Herdecke, sowie anläßlich der Tagung

des Seminars für freiheitliche Ordnung in der Ev. Akademie Bad Boll vom 6. -8. Januar 1978.

In: Fragen der Freiheit, H. 131, 1978. März/April S. 11 ff.

Die Gewähr der Verfassungstreue. Der Bürger muß auf die Verläßlichkeit der Staatsdiener vertrauen können.

In: FAZ 1978, 236 vom 25. 10 78 S. 10 f.

Der Kampf um die Menschenrechte. Absolutistische Souveränität oder demokratische Selbstbestimmung.

In: Die Kommenden 1978, 4. S. 9 f.

Recht und Ordnung. Eine Kontroverse, die auf Mißverständnissen beruht.

In: Das Parlament 1978, 3. S. 7

Verfassungsfeinde im öffentlichen Dienst - ein unlösbares Problem?

In: Extremismus im demokratischen Rechtsstaat. Düsseldorf: Droste 1978, S. 335 ff.

Wider die alte Schwarmgeisterei. Auf Kommunisten im öffentlichen Dienst kann sich die Demokratie im Ernstfall nicht verlassen.

In: Die ZEIT 1978, 17 v. 21. 4. 78 S. 9 f.

1979

Electoral Laws and Proceedings under a Federal Constitution.

In: Readings on Federalism. Lagos: Nigerian Institut of International Affairs 1979, S. 352 ff.

Die Gewähr der Verfassungstreue.

In: Der Abschied vom Extremistenbeschluß. Bonn: Verl. Neue Gesellschaft 1979, S. 70 ff.

Die Lektion von Weimar. Die Grundentscheidung des Grundgesetzes vor dreißig Jahren und heute.

In: DIE ZEIT 1979, 22 vom 25. 5. 1979

Normenbildung durch Präjudizien.
In: Normen und Geschichte. Hrsg. von Willi Oelmüller. Paderborn:
Schöningh 1979, S. 24 ff.

Recht und praktische Vernunft. Göttingen: Vandengoeck u. Ruprecht 1979.
(Kleine Vandenhoeck-Reihe, 1453)
Übersetzung: Ins Koreanische von Seong-Bang Hong 1992

Der rechtliche Spielraum einer Liberalisierung der Einstellungspraxis im öffentlichen
Dienst.
In: NJW 1979, 1/2. S. 1 ff.

„Stand der medizinischen Forschung als Rechtsbegriff" oder „Was heißt
wissenschaftlich anerkannt in der Medizin"?
In: Pharma-Recht 1979, 1. S. 28 ff.

Wer war mitschuldig? Kollektive Verantwortung gefordert.
(Rezension von: Christoph Lindenberg, Die Technik des Bösen - Zur Vorgeschichte
und Geschichte des Nationalsozialismus).
In: DIE ZEIT 1979, 7 vom 9. 2. 79.

1980

Befreiung und politische Aufklärung. Plädoyer für die Würde des Menschen.
Freiburg, Basel, Wien: Herder 1980.
2., erw. Aufl. 1986.
Übersetzungen:
Liberación e Ilustración, Barcelona 1982
Libertaçao e Iluminismo Político. Sao Paulo 1983
Ins Koreanische von Seong-Bang Hong 1988

Die doppelten Früchte der Nächstenliebe. Ein Beitrag zur Unterscheidung der
Geister in der Politik.
In: Rheinischer Merkur 1980, 23 vom 6. 6. 80. S. 10 f.

Die Lektion von Weimar. (Aus: Befreiung und politische Aufklärung)
In: Fragen der Freiheit 1980, 146. S. 17 ff.

Menschenrechte für Deutsche in Osteuropa - ihre völkerrechtliche Durchsetzung.
Bonn: Kulturstiftung der deutschen Vertriebenen 1980.
Politische Aufklärung gegen neuen Dogmatismus? Interview mit David A. Seeber.
In: HK 1980, 3. S. 120 ff.

Radikalismus/Extremismus.
In: Kampf um Wörter? Politische Begriffe im Meinungsstreit. 1980, S. 351 ff.

Schweigen zum Unrecht. Über Gerechtigkeit und Befreiung.
In: Evangelische Kommentare 1980, 5. S. 270 ff.

1981

Der Pazifismus gefährdet den Frieden. Über das Mißverständnis von Christenpflicht
in einer unfriendlichen Welt.
In: Rheinischer Merkur 1981, 6 v. 6. 2. 81. S. 3

Freiheit und Gleichheit
In: Menschenrechte. T. 1: Historische Aspekte. Berlin: Colloquium Verl. 1981, S. 80
ff.

1982

Kaminski, Andrzej J.: Konzentrationslager 1896 bis heute. Rezension.
In: FAZ 1982, 176 vom 3. 8. 82. S. 19

Eine unrealistische Annahme. Leserbrief.
In: FAZ 1982, 301 vom 29. 12. 82. S. 9

Wie wird Entspannung wieder möglich? Recht als Basis des Friedens.
In: FAZ 1982, 115 vom 19. 5. 1982 S. 7 f.

Fragen der Freiheit 1982, 158. S. 3 ff.

Zwei Wege zur Wahl - beide sind umstritten. Interview.

In: DIE WELT 1982, 234 vom 8. 10. 82. S. 7

1983

Freiheit und Gleichheit.

In: Handbuch des Verfassungsrechts der Bundesrepublik Deutschland. Hrsg. von Ernst Benda, Werner Maihofer, Hans-Jochen Vogel. Berlin: de Gruyter 1983, S. 129 ff.

Führt die Regierung unser Volk dem Untergang entgegen?

In: Berliner Morgenpost vom 13. 10. 1983

Die Grossen Arcana des Tarot - Meditationen. Von Anonymus d'Outre-Tombe. Einführung von Hans U. Balthasar. Hrsg. zusammen mit Robert Spaemann. Basel: Herder 1983. (Sammlung Überlieferung u. Weisheit) Ausgabe A. 4 Bände Ausgabe B. 2 Bände

2. erw. Aufl. 1988

3. erw. Aufl. 1993

Kein Privileg für selbsternannte „Retter der Menschheit"! Der Wille der Mehrheit - Ein Staatsrechtler und ein Mann des 20. Juli nehmen Stellung zum Widerstand gegen die Nachrüstung.

In: DIE WELT 1983, 211 vom 10. 9. 83. S. 17.

Ein Recht auf Widerstand? Demokratie und „Gegengewalt".

In: FAZ 1983, 50. 8.

Das „Recht der Macht". Die normative Kraft des Faktischen und der Friede.

In: Kontinent. Ost-West-Forum 1983, 3. S. 6 ff.

Die Rechtfertigungsmodelle des Widerstands.

In: Aus Politik und Zeitgeschichte 1983, 39. S. 12 ff.

Staatsphilosophische Lehren aus dem Nationalsozialismus.

In: Recht. Rechtsphilosophie und Nationalsozialismus 1983.

   Wiesbaden: Steiner 1983, S. 210 ff. (ARSP. Beiheft 18)

Tomberg, Valentin: Die vier Christusopfer und das Erscheinen des Christus im Ätherischen. Als anthroposophisch-esoterische Betrachtung gehaltene Vortragsreihe in Rotterdam. Vorw., 4 Abb. u. bearb. v. Willi Seiss. Nachw. u. hrsg. v. Martin Kriele. Schönach: Achamoth 1983, 3. Aufl. 1994

Widerstandsrecht in der Demokratie? Über die Legitimität der Staatsgewalt.

In: Frieden im Lande. Hrsg. von Basilius Streithofen. Bergisch-Gladbach: Bastei-Lübbe 1983, S. 139 ff.

1984

Friedenspolitik am Scheideweg.

In: Merkur 1984, 7. S. 803 ff. [Entgegnung auf Jürgen Habermas]

Gesetzliche Regelung von Tierversuchen und Wissenschaftsfreiheit.

In: Tierschutz. Testfall unserer Menschlichkeit. Hrsg. von Ursula M. Händel. Frankfurt am Main: Fischer 1984, S. 113 ff. (Fischer TB. 4265)

Gesetzestreue in der richterlichen Rechtsfindung.

In: DRiZ 1984, 6. S. 226 ff.

   Hogaku Kenkyu. Journal of Law, Politics and Sociology 1990, 3. S. 89 ff. [Übers. ins Japanische]

Menschenrechte und Friedenspolitik.

In: Einigkeit und Recht und Freiheit. Festschrift für Karl Carstens zum 70. Geburtstag. Hrsg. von Bodo Börner, Hermann Jahrreiß, Klaus Stern. Köln: Heymann 1984, Bd 2. S. 661 ff.

Das „Recht der Macht". Die normative Kraft des Faktischen und der Friede.

In: Wehe den Machtlosen! Eine dringende Klärung. Hrsg. von Gerd-Klaus

Kaltenbrunner. Basel, Wien: Herder 1984, S. 43 ff.

Ein Recht auf Widerstand? Kritische Fragen eines Verfassungsrechtlers.
In: Widerstand, Recht und Frieden. Ethische Kriterien legitimen Gewaltgebrauchs.
Erlangen: Martin Luther Verl. 1984, S. 102 ff

Die Rechtfertigung des Widerstands aus der Bergpredigt.
In: Sternbrief der Cornelius-Vereinigung 1984, 1. S. 20 ff.
(Auszug aus: Die Rechtfertigungsmodelle des Widerstands. 1983)

Vorbehaltlose Grundrechte und die Rechte anderer.
In: JA 1984, 11. S. 629 ff.

Ziviler Ungehorsam als moralisches Problem.
In: Faz 1984 vom 10. 3. 84 (Bilder und Welten)
Hessische Polizeirundschau 1984, 6. S. 9 ff.

Ziviler Ungehorsam in den USA und bei uns in der Bundesrepublik Deutschland.
In: Ziviler Ungehorsam? Vom Widerstandsrecht in der Demokratie.
Hrsg. von Wolfgang Böhme. Karlsruhe: Ev. Akademie Baden 1984, S. 9 ff.
(Herrenalber Texte 54)

1985

Nicaragua - das blutende Herz Amerikas. Ein Bericht.
München, Zürich: Piper 1985 (Serie Piper, 554: aktuell) 2. Aufl. 1986
Übersetzungen:
Nicarágua - o coraçao sangrento da América. Mainz 1986
Nicaragua. America's Bleeding Heart. Mainz 1986
Nicaragua. Corazón Herido de America. Mainz 1986
Nicaragua. L'Amérique blessée au coeur. Mainz 1986
Nikaragua - krwawiace serce Ameriky. Warschau 1988

Recht und Macht.

In: Einführung in das Recht. Bd 1. Aufgaben, Methoden, Wirkungen.
Hrsg. von Dieter Grimm. Heidelberg: C.F. Müller 1985, S. 128 ff. (Uni-Taschenbücher, 1362)

Funk-Kolleg Recht. Hrsg. von Manfred Löwisch, Dieter Grimm u. Gerhard Otte. Frankfrut am Main: Fischer Taschenbuch Verl. 1985, Bd 1. S. 81 ff. (Fischer TB, 6865)

Rechtsgefühl und Legitimität der Rechtsordnung.
In: Das sogenannte Rechtsgefühl. Opladen: Westdeutscher Verlag 1985, S. 23 ff. (Jahrbuch für Rechtssoziologie u. Rechtstheorie. Bd 10)

Tomberg, Valentin: Lazarus, komm heraus. Vier Schriften. Einleitung u. hrsg. von Martin Kriele. Nachwort von Robert Spaemann. Basel: Herder 1985, (Sammlung Überlieferung u. Weisheit)

Das Werk Ernst von Hippels. Versuch eines geistigen Portraits.
In: Ernst von Hippel zum Gedächtnis (1895-1984). Reden anläßlich der Akademischen Trauerfeier für Herrn Professor Dr.Ernst von Hippel am 7. Februar 1985 von Günter Kohlmann, Martin Kriele S. 9 ff.

Die Wucht des Emanzipations-Denkens. Zum Abtreibungsurteil des Bundesverfassungsgerichts von 1975.
In: Auf Leben und Tod. Abtreibung in der Diskussion. Hrsg. von Paul Hoffacker, Benedikt Steinschulte, Paul-Johannes Fietz. Bergisch-Gladbach: Bastei-Lübbe 1985. S. 115 ff.

1986

Der Bürgerrechtspakt und der Sozialrechtspakt in Bundesrepublik und DDR und die Menschenrechte in der kommunistischen Interpretation.
In: Politische Bildung - Recht und Erziehung. Hrsg. von Heiner Adamski. Weinheim, München: Juventa Verlag 1986. Bd 2. S. 469 ff. (Veröffentlichungen der Max-Traeger-Stiftung. 2)

Entwicklungshilfe für Nicaragua?
In: Die Welt, 20. 6. 1986

ESJ. Grundrechte. Ausgew. Entscheidungen mit erl. Anmerkungen. - München: Beck 1986.
(ESJ.Entscheidungssammlung für junge Juristen)

Menschenrechte und Gewaltenteilung.
In: EuGRZ 1986, 21. S. 601 ff.
Menschen- und Bürgerrechte. Vorträge aus der Tagung der Deutschen Sektion
der IVR in der Bundesrepublik Deutschland. v. 9.-12.Okt. 1986 in Köln. Hrsg.
von Ulrich Klug u. Martin Kriele. Stuttgart: Steiner Wiesbaden 1988, S. 20 ff.
(ARSP-Beiheft 33)

Menschenrechte und Friedenspolitik.
In: Gießener Universitätsblätter 1986, 2. S. 9 ff.

Die Präzedenzwirkung der Barmer Theologischen Erklärung.
In: Barmer Theologische Erklärung und heutiges Staatsverständnis. Symposion aus
Anlaß des 50. Jahrestages der Barmer Theologischen Erklärung.
Dokumentation e. Veranstaltung d. Kultusministers des Landes Nordrhein-
Westfalen in Wuppertal am 30. Mai 1984. Köln: Greven 1986, S. 17 ff.

Überwindung von Unrecht durch Befreiung Vom Recht?
In: Recht und Gerechtigkeit. Hrsg.: Konrad-Adenauer-Stiftung. Melle: Knoth
1986, S. 31 f. (Im Gespräch 1986,2)

1987

Die demokratische Weltrevolution. Warum sich die Freiheit durchsetzen wird. - München,
Zürich: Piper 1987. (Serie Piper. 496)
Übersetzungen:
Den demokratiska världsrevolutionen. Göteborg 1988
Ins Koreanische von Seong-Bang Hong 1990

Die demokratische Weltrevolution: Warum sich die Freiheit durchsetzen wird.
In: Ist unsere Demokratie noch handlungsfähig? Vorträge und Diskussionsbeiträge auf dem Kongreß des Studienzentrums Weikersheim am 13./14 Juni 1987. Mainz: v. Hase u. Koehler 1987, S. 143 ff.

Edith Stein's "Untersuchung über den Staat".
In: Reden anläßlich der Vortragsveranstaltung: Edith Stein - Lebensweg und wissenschaftliches Werk am 15. 5. 1987, S.40 ff.(Kölner Universitätsreden. 67)

Der „ewige" und der provisorische Friede:
In: Friedenssicherung. Sozialwissenschaftliche, historische und theologische Perspektiven. Münster: Regensberg 1987, S. 37 ff.(Osnabrücker Friedensgespräche. Bd 1)

Gesetzestreue und Gerechtigkeit in der richterlichen Rechtsfindung
In: Oikeiosis. Festschrift für Robert Spaemann. Weinheim: VCH Verlagsgesellschaft 1987, S. 113 ff.
Festschrift der Rechtswissenschaftlichen Fakultät zur 600-Jahr-Feier der Universität zu Köln. Köln:Heymann 1988, S. 707 ff.

Gibt es eine Rangordnung der Menschenrechte? Ihre Entwicklung ist noch nicht abgeschlossen.
In: FAZ 1987, 136 vom 15. 6. 87. S. 13

Menschenrechte und Friedenspolitik. Referat Bossey, 30. 9. 1986.
In: epd. Dokumentation 2/87 (Kann Völkerrecht den Weltfrieden fördern? Drei Referate einer Tagung)

Menschenrechte und Gewaltenteilung.
In: Menschenrechte und Menschenwürde. Historische Voraussetzungen, säkulare Gestalt, christliches Verständnis. Hrsg. von Ernst-Wolfgang Böckenförde u. Robert Spaemann. Stuttgart: Klett-Cotta 1987, S. 242 ff.

Grundlagen der politischen Kultur der Westens. Ringvorlesung an der FU Berlin. Berlin: des Gruyter 1987, S. 29 ff.

Menschenrechte in Ost und West. Hrsg. von Rudolf Uertz. Mainz: v. Hase u. Koehler 1989, S. 185 ff.(Studien zur politischen Bildung.16)

Der neue Fall Küng. In: Rheinischer Merkur 1987, 24 v. 12. 6. u. 26 v. 26. 6. 1987

Schweigen und ertragen? Die Ehre des Bürgers gilt in unserer Rechsordnung fast nichts. In: Die Neue Ordnung 1987, 6. S. 451 ff.

1988

Arzneimittelgesetz und geistige Freiheit. In: Arzneimittel. Was ist Heilung? Stuttgart: Urachhaus-Verl. 1988, S. 35 ff. (Lebenshilfen. 3)

Der Comment des katholischen Milieus. In: Rheinischer Merkur 1988, 53 vom 30. 12. 88. S.16

Freiheit und „Befreiung". Zur Rangordnung der Menschenrechte. Frankfurt am Main: Metzner 1988. (Würzburger Vorträge zur Rechtsphilosophie, Rechtstheorie und Rechtssoziologie.8)

Die Gesundheitsreform bedroht die Therapiefreiheit. In: Die Kommenden 1988, 7. S. 5 ff.

Hans J. Wolff. In: Juristen im Portrait. Festschrift zum 225jährigen Jubiläum des Verlages C.H. Beck. München: Beck 1988, S. 694 ff.

Die linksfaschistische Häresie. Zum Totalitarismus in Nicaragua. In: Totalitarismus contra Freiheit. Begriff u. Realität. Hrsg. von Konrad Löw.

München: Bayerische Landeszentrale für politische Bildungsarbeit 1988, S. 142 ff.

Das Präjudiz im kontinentaleuropäischen und anglo-amerikanischen Rechtskreis.
In: La sentenza in Europa. Univ. degli studi di Ferrara, Fc. di Giurisprudenza.
Padova: Cedam 1988, S. 62 ff.

Der Primat der Wissenschaft vor der medizinischen Heilkunst.
In: Nürnberger Begegnung 1988. Wissenschaftpluralismus in des Medizin.
Edition informed. S. 64 ff.
Ärztezeitschrift für Naturheilverfahren 1988, 10. S, 819 ff.
Erfahrungsheilkunde 1988, S. 603 ff.
Fragen der Freiheit 1988, 193/194. S. 78 ff.

Recht, Gerechtigkeit und Menschenrechte aus der Sicht der Staatsphilosophie.
In: Grundlagen. Zeitschrift der Stiftung Forum für Bildung und Politik e. V.
Nr. 24 (1988). S. 3ff.

Universalitätsansprüche darf man nicht aufgeben.
In: Deutschland-Archiv, 1988, 1. S. 51 f. [Zum SED-SPD-Papier]

Wertewandel und politische Kultur.
In: Freiheit der Wissenschaft, 1988, S. 8 ff.
Gymnasiale Bildung. 38. Gemener Kongreß, 29. 9.-1. 10. 1988. Krefeld:
Pädagogik u. Hochschulverlag 1988, S. 34 ff.

Wie geht es weiter in Nicaragua?
In: Westfälische Nachrichten 1988 vom 16. 1.

1989

„Befreiung in Verantwortung" - Rangordnungen der Menschenrechte?
In: Verantwortung für die Zukunft. Hrsg. von Hermann Flothkötter, Bernhard
Nacke. Münster: Regensberg 1989, S. 193 ff.

Dimitris Th. Tsatsos: Von der Würde des Staates zur Glaubwürdigkeit der Politik. Berlin: Duncker & Humblot, 1987. (Schriften zur Rechtstheorie. 123) Rezension. In: AöR 1989, 2. S. 336 f.

Der Fächer der Königin.
In: Die Welt als Medieninszenierung. Wirklichkeit, Information, Simulation. Colloqium Köln, Lindenthal-Institut, 27.-29. 5. 1988. Herford: Busse-Seewald 1989, S. 11 ff.

Freiheit und „Befreiung". Gibt es eine Rangordnung der Menschenrechte?
In: Lateinamerika und Europa im Dialog. Vorträge und Berichte des Lateinamerika-Kongresses 1987 der Westfälischen Wilhelms-Universität
Münster. Berlin: Duncker u. Humblot 1989, S. 53 ff.

Nach einer abenteuerlichen Manipulation der Öffentlichkeit. Hintergründe des Kölner Investiturstreits.
In: FAZ 1989, 18 vom 21. 1. S, 8

Tomberg, Valentin: Anthroposophische Betrachtungen über das Alte Testament. Nachw. u. hrsg. v. Martin Kriele. 9 Zeichn. u. bearb. v. Willi Seiss. Schönach: Achamoth 1989

Der Widerstand des Paulus.
In: Regensburger Bistumsblatt 1989, 10 v. 5. 3. 89. S. 10

Was fasziniert westliche Intellektuelle an den Diktatoren von damals und heute?
In: MedienDialog 1989, 9. S. 12 ff.

1990

Aktuelle Probleme des Vehältnisses von Kirche und Staat.
In: Internationale katholische Zeitschrift 1990, 6. S. 451 ff.

Ein historischer Tag.
In: DIE WELT 1990, 143 vom 22. 6. 90. S. 2

„Jetzt muß man auseinanderhalten, was nicht zusammengehört - Brandts Ostpolitik und die osteuropäische Revolution".
In: FAZ 1990, 11 v. 13. 1. 90. S. 6

Kandidat der Intellektuellen. Lafontaines Volkstäuschung und sein wirtschaftlicher Unverstand.
In: Die politische Meinung 1990, 250. S. 24 ff.

Nicht verfassungswidrig.
In: DIE WELT 1990, 197 vom 24. 8. 90. [Golfeinsatz der Bundeswehr]

Plädoyer für eine Journalistenkammer.
In: ZRP, 1990, 3. S. 109 ff. MedienDialog 1990, 6/7. S. 15 ff.

Plädoyer für zwei Wahlgesetze. Das Verfahren wäre nicht verfassungswidrig.
In: FAZ 1990, 165 v. 17. 7. 90. S. 8

Die politische Bedeutung des Staatsvertrages.
In: DtZ 1990, 5. S. 189 f.

Replik auf: Stephan Ory, Keine Journalistenkammer [ZRP 1990, 8. S.289-291].
In: ZRP 1990, 8. S. 291 f.

Recht, Vernunft, Wirklichkeit.
Berlin: Duncker & Humblot 1990.

Das Scheitern des Sozialismus.
Köln: Bachem 1990. (Kirche und Gesellschaft. 173)

Eine Sprengladung unter dem Fundament des Grundgesetzes.
In: DIE WELT 1990, 190 vom 16. 8. 90. S.5 [Mit einfacher Mehrheit das
    Grundgesetz in Deutschland ablösen?]

Verdrängte Gegensätze. Wie die Mißstände im Sozialismus heruntergespielt wurden,
In: Die politische Meinung 1990, 249. S.37 ff.

Wann ist ein Land frei? Perestrojka - aber wie? (1).
In: Gehört, gelesen. Die besten Sendungen des Bayerischen Rundfunks 1990,
5. S. 16 ff,

Wahlen in Nicaragua.
In: Votum 1990, 1. S. 5

Wertewandel und politische Kultur.
In: Wertewandel und Lebenssinn/Königssteiner Forum. Frankfurt am Main:
Frankfurter Allgemeine Zeitung. Verlagsbereich Wirtschaftsbücher 1990, S. 85 ff.

Wie der Hauptmann Christ wurde. (Meine schönste Bibelstelle)
In: DIE WELT am Sonntag, 1990, 19 vom 13. 5. 90. S. 55

Zwei Drittel? Nicht nötig.
In: DIE WELT 1990, 75 vom 29. 3. 90. S. 2

1991

Aktuelle Fragen der Verfassungsreform.
In: Kölner Universität. Journal 1991, 3. S 1 ff.

Artikel 146 GG: Brücke zu einer neuen Verfassung.
In: Die Verfassungsdiskussion im Jahr der deutschen Einheit. Hrsg. von Bernd
Guggenberger u. Tine Stein. München, Wien: Hanser 1991, S. 336 ff.
ZRP 1991, 1. S. 1 ff.

Bezaubert und verblendet. Die geistigen Nachwirkungen des Sozialismus.
In: Die politische Meinung 1991, 253. S. 1 ff

Bischöfe immer im Unrecht. Leserbrief.

In: DIE WELT 1991 vom 23. 11. 91. S. 29

Der Bündnisfall.
In: DIE WELT 1991, 29 vom 4. 2. 91. S. 2
Die demokratische Weltrevolution. Warum sich die Freiheit durchsetzt.
In: Rechts-und Sozialphilosophie in Deutschland heute. Hrsg. von Robert
    Alexy, Ralf Dreier u. Ulfrid Neumann. Stuttgart: Steiner 1991, S. 201 ff.
    (ARSP-Beiheft. 44)

Edith Steins „Untersuchung über den Staat".
In: Denken im Dialog. Zur Philosophie Edith Steins. Tübingen: Attempto Verlag
    1991, S. 83 ff.

Der Fall Drewermann.
In: DIE WELT 1991, 251 vom 28. 10. 91. S. 2

Jetzt den Schaden begrenzen.
In: Rheinischer Merkur 1991, 40 vom 4. 10. 91. S. 29[Fall Drewermann]

Keine Wege zur Verständigung. Rezension von: Dokumentation zur jüngsten
Entwicklung um Dr. Eugen Drewermann. Paderborn: Bonifatius-Verlag 1991.
In: Rheinischer Merkur 1991, 49 vom 6. 12. 91. S. 22

Leserbrief.
In: DIE WELT 1991, 162 vom 15. 7. 91. S. 6 [Zum Interview mit Eugen
    Drewermann am 8. 7. 1991]

Neue Verfassung - eine andere Republik?
In: Rheinischer Merkur 1991, 23 v. 7. 6. 91. S. 5

Ohne Gesetz geht es nicht.
In: DIE WELT 1991, 139 vom 18. 6. 91. S. 2

Ohne Macht endet Recht in Ohnmacht.
In: Rheinischer Merkur 1991, 13 vom 29. 3. 91. S. 4

Recht und Macht.
In: Einführung in das Recht 1.: Aufgaben, Methoden, Wirkungen. 2., überarb. Aufl.
Heidelberg: C.F. Müller 1991, S. 159 ff.

Tomberg, Valentin: Anthroposophische Betrachtungen über das Neue Testament.
Geisteswissenschaftliche Betrachtungen über die Apokalypse des Johannes. Nachw. u.
hrsg. v. Martin Kriele. 10 Zeichn. u. bearb. v. Willi Seiss. Schönach: Achamoth
1991.

1992

Aktuelle Fragen der Verfassungsreform.
In: Politisches Denken. Jahrbuch 1991. Stuttgart: Metzler 1992, S. 68 ff.

Des Arztes Menschenwürde.
In: Die WELT v. 9. 9. 92. S. 2 [Betr.: Fristenregelung]

Braucht das vereinte Deutschland eine neue Verfassung? Von den Sehnsüchten nach
einer linken Republik.
In: Zeitschrift zur politischen Bildung. Eichholz-Brief. 1992, 4. S. 71 ff.

Das Für und Wider einer gesamtdeutschen Verfassung. Ein Gespräch mit Claus Offe.
In: Deutschland eine Zwischenbilanz. 1992, S. 58 ff.(Zeitkritische Beiträge der
Evangelischen Akademie Nordelbien.4)

Gründe, der Kirche zu vertrauen.
In: Rheinischer Merkur 1992, 9 vom 28. 2. 92. S. 24

Grundrechte und demokratischer Gestaltungsspielraum.
In: Handbuch des Staatsrechts der Bundesrepublik Deutschland. Hrsg. von Josef
Isensee u. Paul Kirchhof. Bd 5. Allgemeine Grundrechtslehren. Heidelberg: C.F.

Müller 1992, S. 101 ff.

Leserbrief.
In: DIE ZEIT 1992, 27 vom 26. 6. 92. S. 72[Erwiderung auf Martin Merz:
    Mief im frommen Ghetto. 23 vom 29. 5. 92]

Das Naturrecht der Neuzeit.
In: Politik und Kultur nach der Aufklärung. Festschrift für Hermann Lübbe zum 65.
    Geburtstag. Basel: Schwabe 1992, S. 9 ff.

Die neuen Abtreibungsregelungen vor dem Grundgesetz.
In: DVBl 1992, 22. S. 1457 ff.

Die nicht-therapeutische Abtreibung vor dem Grundgesetz.
Berlin: Duncker & Humblot 1992 (Schriften zum öffentlichen Recht. 625)

Plebiszite in das Grundgesetz? Der Verfassungsstaat bekäme Legitimitätsprobleme.
In: FAZ 1992, 262 v. 10. 11. 92. S. 12 f.

Recht als gespeicherte Erfahrungsweisheit. Eine „konservative" Theorie des Staates.
In: Staat und Demokratie in Europa. Hrsg. von Beate Kohler-Koch. Opladen: Leske
    u. Budrich 1992, S. 83 ff. (Wissenschaftlicher Kongreß der Deutschen
    Vereinigung für Politische Wissenschaft. 18)

Der Sinn des Staates im Zeitalter der freien Individualität.
In: Der Staat. Aufgabe und Grenzen. Beiträge zur Überwindung struktureller
    Vormundschaft im Rechtsleben. Stuttgart. Verl. Freies Geistesleben 1992, S. 212
    ff. (Sozialwissenschaftliches Forum. 4) Novalis 1992, 4. S. 10 ff.

Ein Sound, der vieles verrät.
In: Rheinischer Merkur 1992, 4 vom 24. 1 92. S. 22[Erwiderung auf Norbert
    Greinacher und Eugen Drewermann]
Streik ohne Waffengleichheit. Leserbrief.

In: FAZ 1992, 7. 5. 92 [Betr.: Öffentlicher Dienst]

Tomberg, Valentin: Die Grundsteinmeditation Rudolf Steiners.
Hrsg. v. Martin Kriele. Zeichn. u. bearb. v. Willi Seiss. Schönach: Achamoth 1992

„Wahrheit" in Funk und Fernsehen.
Köln: Wirtschaftsverl. Bachem 1992. (Walter Raymond-Stiftung. Kleine Reihe. 52)
In: Offen gedacht. Perspektiven der Zeit. Klaus Murmann zum 60. Geburtstag.
Köln: Bachem 1992, S. 101 ff.

1993

An die Zukunft verraten. Kollaborateure in der Kirche.
In: Rheinischer Merkur 1993, 29 vom 16. 7. 93. S. 24

Der Comment des Milieus. 10 Thesen zum Verhältnis der rheinischen Katholiken zu
Papst und Kirche.
In: Marsch auf Rom. Ein Kampf um Kirche. Hrsg.: Michael Müller. Aachen: M.
Müller 1993, S. 97 ff.

Ethik, Recht, Gewissen.
In: Internationale katholische Zeitschrift 1993, 2. S. 291 ff.

Kein Ausweg für Bonn. [Betr.: Bundeswehr-Einsatz in Bosnien]
In: Rheinischer Merkur 1993, 8 vom 19.2.93. S. 4

Das Naturrecht der Neuzeit.
In: Naturrecht und Politik. Hrsg. von Karl Graf Ballestrem. Berlin: Duncker &
Humblot 1993, S. 9 ff. (Philosophische Schriften. 8) [Beiträge einer Tagung
vom 11.-14. April 1991 in Eichstätt]

Tomberg, Valentin: Sieben Vorträge über die innere Entwicklung des Menschen. 8
Zeichn. u. bearb. v. Willi Seiss. Hrsg. v. Martin Kriele. Schönach: Achamoth 1993

Über jeden Grundgesetzartikel einzeln abstimmen. Aktuelle Probleme der Verfassungsreform.
In: FAZ 1993, 296 vom 21. 12. 93. S. 7

Das Verhältnis von Theologie und Lehramt. Zum Entzug der missio canonica und zur Notwendigkeit der Reform theologischer Fakultäten
In: Marsch auf Rom. Ein Kampf um Kirche. Hrsg.: Michael Müller. Aachen: M. Müller 1993, S. 97 ff.

Zur Universalität der Menschenrechte.
In: Rechtssystem und praktische Vernunft. Hrsg. von Robert Alexy u. Ralf Dreier. Stuttgart: Steiner 1993, S. 47 ff. (ARSP-Beiheft 51)(Verhandlungen des 15. Weltkongresses der Internationalen Vereinigung für Rechts- und Sozialphilosophie. Bd1)

Zuwendung zur Kirche.
In: Von der Lust, katholisch zu sein. 15 persönliche Bekenntnisse. Hrsg.: Michael Müller. Aachen: M. Müller 1993, S. 114 ff.

1994

Bürger ohne Ehrenschutz.
In: Die politische Meinung 1994, 297. S. 49 ff.

Ein Eingriff mit Präzedenzwirkung.
In: FAZ 1994, 215 vom 15. 9. 1994, S. 14 [Mannheimer Deckert-Urteil]

Ehrenschutz und Meinungsfreiheit.
In: NJW 1994, 30. S. 1897 ff. (Vortrag vor der Guardini-Stiftung am 16. 4. 1994 in Berlin).

MedienDialog 1994, 6+7, S. 1 ff. (leicht gekürzte Fassung).

Das Menschenbild des Grundgesetzes. Berlin 1996, S. 132 ff. (Schriftenreihe der . Guardini-Stiftung. Bd. 6)

Justizirrtümer sind niemals auszuschließen. Interview
In: Kölnische Rundschau, 236 vom 11. 10. 94

Die neue Weltanschauungskontrolle.
In: Das Fundamentale Wort und das Schlagwort Fundamentalismus 1994, S. 25 ff.
(Beiheft 58 des Monatsblatts der Ev. Notgemeinschaft in Deutschland
„Erneuerung und Abwehr")

Nochmals: Auslandseinsätze der Bundeswehr.
In: ZRP, 1994, 3. S. 103 ff.

Die Ordnung der Verantwortung - Rechtsethische Fragen der Immigration.
In: Die Neue Ordnung 1994, 2. S. 100 ff.

Sein Schicksal liegt in Häden der Stadt. Interview
In: Kölner Stadt-Anzeiger vom 4. 5. 1994

Zur Rangordnung der Staatspflichten - Rechtsethische Fragen der Immigration.
In: Problemfall Völkerwanderung. Migration, Asyl, Integration. Hrsg. von Wolfgang
Ockenfels. 1994, S. 121 ff.(HUMANUM. Veröffentlichung der Internationalen
Stiftung Humanum)

1995

Recht als gespeicherte Erfahrungsweisheit. Zu einem Argument Ciceros.
In: Liechtensteinische Juristen-Zeitung 1995, 1. S. 1 ff.

Staat, Wirtschaft, Steuern. Festschrift für Karl Heinrich Friauf zum 65. Geburtstag
Heidelberg: Müller 1996, S. 185 ff.

1996

Anthroposophie und Kirche. Erfahrungen eines Grenzgängers. Basel, Freiburg, Wien:
Herder 1996

1997

Dialektische Prozesse in der Verfassungsgeschichte. Abschiedsvorlesung vom 13. 2. 1996
In: Verfassungsstaatlichkeit. Festschrift für Klaus Stern zum 65. Geburtstag.
  München: Beck 1997, S. 15 ff.

Die demokratische Weltrevolution und andere Beiträge.
Berlin: Duncker & Humblot 1997.
(Beiträge zur Politischen Wissenschaft. Bd. 96)

이밖에도 그 후의 저술로는 Grundprobleme der Rechtsphilosphie, LIT Verlag AG, Münster-Hamburg-London, 2003이 있다.

Abkürzungsverzeichnis

AöR   = Archiv des öffentlichen Rechts
ARSP   = Archiv für Rechts- und Sozialphilosophie
DÖV   = Die Öffentliche Verwaltung
DRiZ   = Deutsche Richterzeitung
DtZ   = Deutsch-deutsche Rechtszeitschrift
DVBI   = Deutsches Verwaltungsblatt
EuGRZ   = Europäische Grundrechte-Zeitschrift
FAZ   = Frankfurter Allgemeine Zeitung
HK   = Herder-Korrespondenz
JA   = Juristische Arbeitsblätter
JuS   = Juristische Schulung
JZ   = Juristenzeitung
NJW   = Neue Juristische Wochenschrift
PVS   = Politische Vierteljahresschrift
VVDStRL   = Veröffentlichungen der Vereinigung der Deutschen
            Staatsrechtslehrer
ZRP   = Zeitschrift für Rechtspolitik

옮긴이 소개 _ 홍성방

1952년 제주 출생
고려대학교 법과대학 및 동 대학원 석사박사과정 수료
독일 Köln대학교에서 법학박사학위(Dr. iur.) 취득
한림대학교 교수(1988-1997)
독일 쾰른 대학교 법과대학 '국가철학 및 법정책연구소' 객원교수(1994-1995)
제7회 한국헌법학회 학술상 수상(2005)
사법시험 및 각종국가시험위원, 한국공법학회 부회장, 한국헌법학회 부회장, 한독법
률학회 부회장, 안암법학회 부회장, 한국가톨릭사회과학연구회 회장, 한국환경법학회
부회장 역임
현재 서강대학교 법학전문대학원 교수

저서·역서·논문

1. Soziale Rechte auf der Verfassungsebene und auf der gesetzlichen Ebene, Diss. Köln(1986)

2. 해방과 정치계몽주의, 도서출판 새남, 1988(M. Kriele, Befreiung und politische Aufklärung, 1980)

3. 민주주의 세계혁명, 도서출판 새남, 1990(M. Kriele, Die demokratische Weltrevolution, 1987)

4. 법과 실천이성, 한림대학교출판부, 1992(M. Kriele, Recht und praktische Vernunft, 1979)

5. 법발견론, 한림대학교출판부, 1994(M. Kriele, Theorie der Rechtsgewinnung, 2. Aufl. 1976)

6. 마르크스주의와 수정사회주의, 도서출판 새남, 1996(B. Gustaffson, Marxismus und Revisionismus, 1972)

7. 국가론, 민음사, 1997(H. Heller, Staatslehre, 6. Aufl. 1983)

8. 헌법 I , 현암사, 1999

9. 헌법정해, 신영사, 1999

10. 헌법요론, 신영사, 1999(2005 : 제4판)

11. 환경보호의 법적문제, 서강대학교 출판부, 1999

12. 헌법 II , 현암사, 2000

13. 객관식헌법, 신영사, 2000(2005 : 제4판)

14. 헌법재판소결정례요지(편), 법문사, 2002

15. 헌법학, 현암사, 2002(2009: 개정 6판)

16. 헌법과 미래(공저), 인간사랑, 2007

17. 법학입문, 신론사, 2007

18. 헌법국가의 도전, 두성사, 2007(M. Kriele, Die Herausforderungen des Verfassungsstaates, 1970)

19. 7급객관식헌법, 두성사, 2008

20. 헌법학(상), 박영사, 2010

21. 헌법학(중), 박영사, 2010

22. 헌법학(하), 박영사, 2010(2011: 제2판)

23. 프롤레타리아 계급독재, 신론사, 2011(Karl Kautsky, Die Diktatur des Proletariats, 1918)

24. 국가의 법적 기본질서로서의 헌법, 유로, 2011(Werner Kägi, Die Verfassung als rechtliche Grundordnung des Staates, 2. Aufl. 1971)

25. 국가형태, 유로, 2011(Max Imboden, Die Staatsformen, 1959)

26. 소외론, 유로, 2011(Friedrich Müller, Entfremdung, 2. Aufl. 1985)

27. '사회국가 해석모델에 관한 비판적 검토', '자연의 권리주체성', '독일의 헌법과 행정법에 있어서의 환경보호' 등 논문 다수